共和国亲历亲见亲闻书系

见证共和国

农村改革

全国政协文史和学习委员会　编

中国文史出版社

前　言

　　1949 年中华人民共和国宣告成立，开创了中国历史的新纪元。半个多世纪以来，中国人民在中国共产党的领导下，团结奋斗，艰苦创业，我们伟大祖国发生了天翻地覆的变化。在社会主义革命和建设时期，我们确立了社会主义基本制度，在一穷二白的基础上建立了独立的比较完整的工业体系和国民经济体系，以崭新的姿态屹立在世界东方。在改革开放和社会主义现代化建设时期，我们坚持党的基本路线，开创了中国特色社会主义道路，初步建立起社会主义市场经济体制，经济建设、政治建设、文化建设和社会建设全面发展，综合国力大幅提升，人民生活显著改善，城乡面貌日新月异，国际地位不断提高。进入新世纪新阶段，我们坚持和发展中国特色社会主义，继续解放思想，坚持改革开放，推动科学发展，促进社会和谐，国民经济持续快速发展，工业化、城镇化、市场化、国际化进程明显加快。我们国家的振兴之路，民族的富强之路，越走越光明，越走越宽广。

　　沧海桑田，波澜壮阔。在一个有着 10 多亿人口的大国进行现代化建设，是人类历史上前所未有的壮举。共和国的历史充分表明，中国共产党带领人民在长期的社会主义建设实践中开创的中国特色社会主义道路，是一条实现国家繁荣富强和人民幸福安康的正确道路。无数的历史事实证明，只有共产党才能救中国，只有社会主义才能救中国，只有中国特色社会主义才能发展中国、富强中国。记录共和国走过的辉煌历程，认真总结党领导人民进行社会主义建设的历史经验，可以使人们更深刻地认识到：走中国特色社会主义道路，是历史的选择、人民的选择、时代的选择。坚定不移地走中国特色社会主义道路，坚持改革开放，就一定能够把中国建设成富强民主文明和谐的社会主义现代化国家。

　　人民政协文史资料工作是一项具有统一战线特色的社会主义文化事业。自周恩来同志 1959 年倡导创建文史资料工作以来，各级政协委员和委员们所联系的社会各界人士撰写了数以亿字计的文史资料，以自己的亲身经历、亲见、亲闻记述了风雷激荡的百年历史，为历史研究和爱国主义教育积累了丰富的资料，为社会主义经济建设、文化繁荣和社会进步提供了历史借鉴，发挥了存史、资政、团结、育人的社会作用。文史资料作为历史当事人、见证人对历史事件、历史人物的客观记述，是翔实的、具体的第一手资料，有着鲜活、生动的特点，读来亲切感人。《共和国亲历亲见亲闻书系》文章的作者从各个不同侧面记述了中华人民共和国的发展历程，记述了共和国的建设者自力更生、艰苦奋斗的业绩，字里行间流露着爱国、敬业、拼搏、奉献的精神，谱写了一篇篇共和国建设可歌可泣的动人乐章。《共和国亲历亲见亲闻书系》的问世，对深化中华人民共和国史的研究，对青少年进行爱国主义和革命传统教育，对人们更深入地了解中国国情以至鉴往知来，有着重要而深远的意义。

《共和国亲历亲见亲闻书系》是全国政协与地方政协文史工作部门大协作的成果。这套书的征稿工作自 2004 年 5 月启动以来，在政协委员的积极参与和各界人士的热情支持下，各级政协文史工作者经过三年多的通力合作、辛勤耕耘，各个专题图书将陆续与广大读者见面。

《共和国亲历亲见亲闻书系》在征集、编辑过程中，得到了各相关部门的大力支持与合作。在此，谨向给予我们帮助的单位及有关同志表示诚挚的感谢！

全国政协文史和学习委员会

2007 年 10 月

目　录

四川农村改革

成都农村改革

山西农村改革

山东农村改革

河南农村改革

湖北农村改革

贵州农村改革

后　记

安徽农村改革

我所亲历的安徽农村改革

王光宇

上世纪70年代末80年代初，发端于安徽的以家庭联产承包责任制命名的农村改革，在整个中国的改革开放事业中，曾经发挥过显著的先导作用。用今天的眼光来审视，它的实质是体现了建立社会主义市场经济体制的改革方向，构建农村市场经济的微观基础，使农户成为独立的市场主体，其意义深远，因而在改革进程中具有十分重要的历史地位。正如邓小平所说：中国的改革是从农村开始的，农村的改革是从安徽开始的。所以，我一直认为，安徽农村改革是一项非常宝贵的创新成果，正确地认识它、总结它、继承它，将成为继续推进农村深化改革的精神动力和知识财富。

对于这场改革，万里同志曾发表过一篇内容非常翔实的《安徽农村改革口述史》（中共党史出版社出版），其他一些同志也从不同角度和侧面分别写过回忆文章，这对盘点和总结那段历史，让其成为下一步改革、发展的经验和依据，都是非常必要的、有益的。万里当时作为省委第一书记主政安徽，我任省委书记，分管农村工作，是他发动和推进安徽农村改革的助手。我有幸作为这场改革的亲历者、参与者和决策者之一，觉得也有必要把所见、所闻、所历，尽可能客观地准确地记述出来，和大家共同认识和总结这段历史，从中汲取经验和智慧，以期有助于为进一步深化农村改革服务。

同历史上的任何改革一样，要保证改革的推进和成功，毫无疑义，总要有一批富有远见卓识的组织者、领导者，要有改革的闯将和干将，更重要的是他们的思想、主张、谋略、行动一定要牢牢植根于群众之中，获得亿万群众由衷的拥护和支持。也就是说，改革是由一批有远见的领导人、精英人物、"弄潮儿"和广大群众结合起来共同作用的结果，而这种相互结合和共同作用，又是与社会历史和经济发展规律相一致的。这永远是一个历史唯物主义的命题。安徽农村改革也是这样。它并不是什么人特别聪明凭空想出来的，而是领导者总结群众的创造而形成的；它也不仅仅是某一个地方的独有专利发明，而是有着广泛而深刻的历史背景、社会根源、客观需求和群众基础。回顾一下安徽农村改革的历程，可以帮助我们明晰这一点。

省委"六条"是安徽农村改革的第一个序曲

万里在他的"口述史"中将省委"六条"的制定，称作是农村改革的"头一个回合"，重点是"突破学大寨的框框，坚持以生产为中心"。省委"六条"发布于 1977 年 11 月 28 日，全称是《中共安徽省委关于目前农村经济政策几个问题的规定（试行草案）》。其主要内容是：强调农村一切工作要以生产为中心；尊重生产队的自主权；分配要兑现；允许农民搞正当的家庭副业，产品可以拿到集市上出售；生产队实行责任制，只需个别人完成的农活可以责任到人，等等。

省委出台这个"六条"的背景是：万里于 1977 年 6 月来安徽，首先抓揭批"四人帮"斗争，但他更急切地希望能了解到农村真实情况。他轻车简从，察看了安徽许多农村。在大别山革命老区金寨县，他亲眼目睹已经十六七岁的女孩没有裤子穿；在皖南泾县，农民告诉他现在的生活水平还不如当年新四军在皖南时期；在淮北、皖东，他看到有些穷村，农民家门、窗都是泥土坯的，连桌子、凳子也是泥土坯的，找不到一件木器家具。这样的情景，使他十分吃惊，他感叹地说：解放快 30 年了，农民还这么穷，社会主义优越性到哪里去了？对于这些情况，我作为从 50 年代就分管农村工作的省委书记处书记，而且经常下到农村、住到农村，当然是早已了解的。但在极"左"盛行的年代，我个人也是无力回天的。粉碎"四人帮"以后，我开始对党的农村政策进行反思。万里提出要我准备一个较为完整系统的全省农村经济和农民生活情况以及解决意见的书面材料，向省委作全面汇报。我便推荐和布置省农委周曰礼主持并由各地市农委协同，共同做好这件事。不久，周曰礼拿出一个较为系统的材料出来，内容包括安徽农村落后的生产力水平状况、农民生活艰难情况、人民公社体制的种种弊端、农业学大寨运动出现的问题、农民生产积极性严重低落，等等。8 月下旬，万里、顾卓新、赵守一（顾、赵均是省委书记）和我一起听取了周曰礼的汇报。周曰礼的汇报使万里受到了深深的震撼，使他感到"经济上的拨乱反正比政治上的拨乱反正更艰巨，不搞好经济上的拨乱反正，政治上的拨乱反正也搞不好"。他当即表示自己要拿出80%的时间和精力研究和解决农村问题，并要求我一定要认真指导、帮助省农委进一步搞好调查，会同各地市农村工作部门集体研究，代省委起草一个解决农村问题的文件草稿。10月下旬文件草稿出来后，万里、顾卓新、赵守一和我先后到肥东县解集公社青春大队、长丰县吴山公社四里墩大队等一些地方，分别召开大队干部、生产队干部和社员座谈会，和他们一起研究，交换意见。许多地、县委主要负责人也深入农村就有关政策问题作调查研究。在此基础上，省委于1977年11月15日至21日召开了由各地、市、县委和省直各部门主要负责人参加的全省农村工作会议，经过与会人员的反复讨论，形成了省委"六条"。很明显，这个文件是集体智慧的结晶。

现在回过头来看，省委"六条"那些内容并没有什么特别新奇之处，但在当时的历史条件和政治环境下，出台这些政策规定的确是很不容易的，甚至可以说是冒着极大风险。因为那时还处在"两个凡是"时期，还在强调无产阶级专政下继续革命，继续开展普及大寨县运动，1977年冬天中央还发出一个49号文件，提出今冬明春要把10%的生产队过渡到大队核算，省委"六条"内容许多都在禁区之中。例如提出"以生产为中心"是同抓阶级斗争方针不相符的；提出"生产队可以搞多种形式的生产责任制"同"学大寨"精神是相违背的；提出"尊重生产队自主权"同"过渡到大队核算"则是唱对台戏的。所以，1978年初召开全国"普及大寨县"现场会，万里找了个借口没有去，而让赵守一代表他去，而且交代他说"你去了光听光看，什么也不要说"，"回来以后也不必传达"。我完全赞同和支持万里的主张。

正是在上述历史背景下，省委"六条"一发布，立即受到广大农民和基层干部的热烈拥护，农民的生产积极性被调动起来，同时很快孕育和催生了多种生产责任制的萌芽与成长，农村改革大幕的一角从这里悄悄揭开。

省委"六条"的贯彻执行，也很快引起全国的关注。《人民日报》1978年2月3日以《一份省委文件的诞生》为题予以报道。1978年3月，《红旗》杂志发表了万里的《认真落实党的农村经济政策》长篇文章，新华社也及时转发。省委"六条"的影响逐渐波及全国。

让农民"借地渡荒"是安徽农村改革的第二个序曲

1978年，安徽大部分地区10个月没有下过透雨，许多河水断流，水库干涸。干旱严重程度是我记事以来没有遇见过的。例如巢湖里的水都干了；有的塘中的老鳖旱死了；肥东县八斗岭的群众饮水都是用汽车运去的。全省共造成6000多万亩农田受灾，4000多万人口的地区缺乏生活用水。到了秋季，该种小麦了，号召群众采用打井、深挖沟塘取水办法抗旱种麦，同时采用"三干法"（干地、干土、干下种）种麦，群众不舍得把种子干种下去，怕白白损失了。大片大片的耕地在那里抛荒，群众眼看今后生产生活无指望，非常恐慌。万里问我怎么加快秋种速度？我回忆起1954年发大水，退水很迟，灾情严重，曾采用过"借地渡荒"的办法，收到了明显效果。我向万里建议：现在全省耕地大面积抛荒，与其抛荒，不如借给农民个人耕种，充分发挥各自的潜力，尽量多种一些秋季作物以渡过灾荒。万里考虑良久，说可以试一试，并召开省委常委会专门讨论，于是决定采取"非常措施"——"借地渡荒"：凡集体无法耕种的土地，可以借给社员种麦、种油菜，每人借三分地，并鼓励农民开荒多种，谁种谁收谁有，国家不征粮，不分统购任务。这一措施立竿见影，不仅激发了广大农民的抗灾热情，使全省最终超额完成了秋种计划，而且为在农村广泛推行包产到户、包干到户直接提供了契机和良好条件。

多种形式的生产责任制广泛兴起

在贯彻执行"省委六条"和让农民"借地渡荒"过程中，由于长期推行的极"左"的农村经济政策有很明显的松动，全省许多农村闻风而动，或公开、或暗地、或自发、或有组织地搞起了各种不同形式的生产责任制。1978年春种时，来安县烟陈公社杨渡大队魏郢生产队在全县率先实行"包产到组、超奖减赔"的办法。1978年秋种时，来安县委书记王业美到十二里半公社检查工作，发现了一个全县"产量最低、社员最穷、集体经济最薄弱、农户最脏、病人和小孩最多"的生产队——前郢生产队，王业美问队长："有什么办法能搞好？"这位队长回答："什么办法都不行，只有一个办法，干脆包产到户。"王业美说："我批准你们搞，但这不是县委意见，其他生产队不准搞。"前郢生产队就这样成为滁县地区第一个实行包产到户的生产队。在这同时，肥西县山南公社小井庄生产队以"借地渡荒"的名义，暗地把相邻两队之间的土地借给了农民耕种，看到工作队没有干预，索性将所有的集体土地都借给了农民。附近生产队也有的跟着这样做了。所以说，小井庄也成为最早包产到户的队。同样在这一时期，芜湖县黄池公社西埝生产队也率先实行包产到户，并很快影响和波及邻近的队纷纷效仿。

在来安、肥西、芜湖等县推行包产到组、包产到户过程中，凤阳县马湖公社干部和农民则创造了"大包干"办法。基本内容是：坚持耕地等基本生产资料的公有制，以家庭经营为基础，以联产承包为核心，采取"保证国家的，留够集体的，剩下都是自己的"分配方式。马湖的"大包干"一开始是包干到组，即生产队下面分很多个小组，有的组只有三、五户，基本上是父子、兄弟、叔侄等近亲。因为"组"毕竟还是集体，核算单位划小了，成为"三级半所有制"，不像包到户那么敏感，风险较小，阻力也小，于是在县委领导下，凤阳全县迅速铺开。该县小岗生产队，名为包干到组，实则率先突破了这一形式，在1979年春节期间秘密搞起了包干到户，成为凤阳县农村大包干到户的第一家。后来万里同志和我都去看过，代表省委给予支持。

安徽农民在实践中创造并实行的各种形式的生产责任制，开始时总体上分为两类：一类是联产的，另一类是不联产的。不联产的主要形式是分组作业、定额管理和小段包工、季节性包工；联产的有包产到组，包产到户，大宗作物包到组、小宗作物和经济作物包到户，动石磙子的作物包到组、不动石磙子的作物包到户，水田包到组、旱地包到户，等等。最终都发展成为包产（包干）到户，规范的称法是家庭联产承包责任制。全省于1981年底基本完成。需要说明的是，包产到户与包干到户其实质是一样的，两者实际内容没有什么区别。

肥西县山南公社"包产到户"试点
使省委更加坚定推进农村改革的决心和信心

由省委"六条"和"借地渡荒"所引发的多种形式的农村生产责任制虽然广泛兴起，并非常显著地推动了农村生产的发展，但当时并没有得到中央的认可。1978年底，党的十一届三中全会原则通过了关于加快农业发展的两个文件，即《中共中央关于加快农业发展若干问题的决定》（草案）和《农村人民公社工作条例》（试行草案）。这两个文件总的来说是很好的，总结了七条经验教训，又提出许多加快农业发展的政策措施，但文件并没有完全消除过去"左"的影响。文件中一方面提出"三个可以"（可以按定额记工分，可以按时记工分加评议，也可以在生产队统一核算和分配的前提下，包工到作业组，联系产量计算劳动报酬，实行超产奖励），这有利于放开农民的手脚；但另一方面又提出"两个不许"（不许分田单干，不许包产到户）。万里在参加十一届三中全会讨论文件草稿时，曾一再提出"文件中不要写'不许包产到户'了吧！"未被采纳。

　　文件下达后，经我向万里建议，于1979年2月2日派省农委周曰礼带一批干部组成工作组，到肥西县山南公社宣讲文件。该公社小井庄等生产队，因在"借地渡荒"中早已把土地分到户，这里的干部群众听到文件传达后，失望地说："早也盼，晚也盼，盼来两个不许干"，"我们要求包产到户，如这次一炮打不响，就没有希望了"。周曰礼曾担任过曾希圣的秘书，在1961年参加搞过"责任田"的试点和推行，他深知"责任田"的好处，对农民的心理、感情、要求非常理解和支持，但由于中央文件明确规定"两个不许"，感到很无奈。他于2月5日急忙赶回合肥，当晚就向万里汇报，反映群众对包产到户要求强烈，这件事情怎么向农民表态。万里说：这不是一件小事，明天我们开常委会再说，看大家的意见怎么样。

　　2月6日，万里主持省委常委会议，周曰礼做了汇报。会上，意见不一。有人提出：按中央文件上讲不准干，我们要表态同意农民干，这是违反组织原则的问题。有人建议：如果同意农民干，首先要向中央报告请示，中央同意后，我们再表态。讨论了一上午，意见统一不起来。

　　下午继续开会，万里让我先发言。我在会上回顾了1961年安徽推行"责任田"的实际情况，我说"责任田"对恢复和发展农业生产、改善人民生活、克服困难，对当时扭转形势起到了很大作用。现在说起"责任田"，农民仍非常怀念，他们称"责任田"为"救命田"。我表示可以有领导、有步骤地推行，至少在生产落后、经济困难的地方可以先试行。我还说：过去一二十年不断地批判包产到户，把包产到户说成是走资本主义道路，把大家搞怕了。特别是"文化大革命"时期，安徽有几十万干部因包产到户的问题受到批判，有些领导干部被戴高帽子、游街、关牛棚，把大家搞得谈"包"色变，一直心有余悸。现在如果要群众搞包产到户，首要的问题是要把干部思想搞通，解除他们的顾虑。万里同意我的上述看法，说我对责任田的回顾对人很有启发。他有两句话讲得非常深刻、精彩，也极富哲理性。他说："过去批判过的东西，不一定是错误的；过去提倡的东西，不一定就是正确的，都要用实践来检验。"并且说："十一届三中全会制订的政策，也毫无例外地需要接受实践的检验。"最后万里下了决心，他提出一条建议：把山南公社作为省委的试点，进行（包产到户）试验，搞一年。年底总结，这个办法好，我们就搞；不好，我们就收回来。如果滑到资本主义道路上去，也不用怕，我们有办法把它拉回来。如果收不到粮食，省委负责调粮食给他们吃。我和顾卓新、赵守一立即表态同意万里建议，其他同志也先后表态同意，终于形成一致决议：由周曰礼率一批干部在山南公社搞试点，暂不宣传、不登报、不推广。但这个消息在肥西县不胫而走，"包产到户"捂也捂不住，全县很快就有一半以上的生产队搞了包产到户。其他许多地方听说后，也自动跟着学。省委有的同志觉得面搞得这么大，怕不好办；万里则认为这是顺应了群众要求，坚持不动摇。

在肥西县山南公社试点期间，我曾多次去那里与周曰礼等同志一起深入到群众中了解情况，发现问题，帮助研究解决办法。有一次，省军区一位领导同志到肥西县检查工作，知道这里搞包产到户，他认为这样下去会动摇军心，"毁我长城"，因为战士会要求回家包田，而伤残复员军人自己生产有困难，今后谁还愿意参军？要求当地改正。于是在麦收后，县委正式发文，要求所有实行包产到户的队，一律重归集体经营。这一下子引起一片混乱，信访不断。为此，我去肥西县委参加两次常委会，向他们作宣传解释，才扭转过来。

1979 年 5 月 21 日，万里也亲自去山南公社作调查。农民向他提出："包产到户允许我们搞多长时间？"万里当场答复："你们愿意搞多久就搞多久，什么时候不增产了就不搞。"这一回答给农民和基层干部大大壮了胆。

排除阻力和干扰，坚持推进以家庭联产承包责任制为主要内容和形式的农村改革

推行家庭联产承包责任制，是农村改革的第一步，万事开头难，当时遇到的阻力和干扰确实是异乎寻常的。阻力主要来自政策环境仍然不够宽松，禁区还是甚多；同时也来自长期以来"左"的影响太深，思想不够解放，很多人受条条框框的束缚，难以冲破旧的思维和行为方式；再就是上下左右一些人的责难、非议和干扰很多。这里仅举一例，即可了然全貌。1979 年 3 月 15 日《人民日报》头版头条发表了甘肃省档案局张浩写的读者来信，并加了编者按。按语强调当前人民公社实行的"三级所有、队为基础"是我国社会主义农业的基本经营制度，"应该稳定"，认为"分田到组、包产到组"在政策上有问题，要"坚决纠正错误做法"。这虽然只是一篇读者来信，但《人民日报》作为党中央的机关报，在版面上那样安排，又加上那样的按语，人们自然明白它的意图和分量，所以引起安徽农村干部群众的一时恐慌和猜疑。我向万里汇报后，万里指示用省委名义立即发个代电给各地、市、县委，要求"所有推行责任制的地区一律不动"，"要坚决稳定下来，集中精力搞好春耕生产"。同时，我还按照万里指示精神，要周曰礼组织人针对"张浩来信"内容，写了一篇题为《正确看待联系产量的责任制》的读者来信。在我们的力争下，于 3 月 20 日在《人民

日报》头版头条发表。《人民日报》也加了编者按，承认发表张浩的来信和编者按语中有些提法不够准确，今后应当注意改正。这场风波才得以平息，安徽推行的家庭联产承包责任制才被保住。

1980年1月1日至11日，省委召开全省农村工作会议。万里在会上讲了三个问题：

一、继续解放思想，坚持实践第一的观点。他说，责任制进一步落实了按劳取酬的政策，各种形式的责任制都是在不同的情况下促进和发展起来的，只要有利于充分调动群众的生产积极性，有利于发展生产，符合群众的意愿，得到群众的拥护，就应当允许试行。

二、分清是非，弄清什么是社会主义方向、道路。他说，从实践来看，包产到户原则上不同于"分田单干"，因为包产到户的生产资料实际上还属于集体，有些地方包产到户或责任制到户都是可以的，前提是"三级所有，队为基础，分配统一"。对包产到户要有全面的认识，从整体上说，包产到户对调动群众积极性、提高产量，的确能起到积极、显著的作用。

三、各种形式的责任制都要在稳定的基础上加以完善，加以总结，继续推广。他说，凤阳县采取把对"大包干"有看法的人带到现场去参观，让他们实地感受，消除他们的顾虑，效果不错。各种形式的责任制可以并存，不要一刀切。

万里这次讲话，是对两年来安徽推进农村改革带有总结性的一次讲话，既阐述了他对农村生产责任制问题的深刻见解，又再次表明了坚决排除阻力和干扰，把农村改革持续搞下去的坚定决心。

在这个会上，我也发了言。我说到1980年1月止，统计资料表明：全省实行各种生产责任制形式的生产队已占到总数的83%，其中实行联产责任制的占45%，不联产的占38%。这说明农村改革在迅速推进中，已经成为不可阻挡的大趋势。实践证明，各种形式的责任制都起到了极为明显的积极作用，这说明改革是成功的。在这中间，我认为联产的比不联产的好，优越性更能体现出来。因为联产能够将个人、集体的利益联系起来，在保证集体利益的同时，个人利益也能够得到保证，实现多劳多得，这样就充分调动了群众的积极性，也符合当前的生产力水平和管理水平。我还介绍了肥西县山南公社的试点经验，把山南实行的"生产责任制"归结为："定产到田，责任到户；生产计划，队里做主；使牛用水，全力帮助；收益分配，三者兼顾；执行合同，坚持制度；集体生产，人人爱护；蓄意亏损，依法论处；五保四属，酌情照顾；操心干部，合理补助。"上述 9 句话，是我与周曰礼和山南公社所有试点的干部、群众一起总结、概括出来的，现在看来似乎显得有些繁琐，但在当时历史条件和政治环境下，主要用意在于说明试点"包产到户"并不是简单的"分田单干"，也不是简单的"一包了事"。我这个发言是对万里讲话的呼应，是想以此解除大家种种不必要的顾虑，呼吁大家坚决排除阻力和干扰，大胆推进以家庭联产承包责任制为主要内容和形式的农村改革。

从后来的实践看，这次全省农村工作会议效果是好的，农村改革得以广泛而深入地推进，发展也是比较健康的。

邓小平根据实践所作出的结论，
使安徽农村第一步改革的争论画上了句号

1980 年 1 月全省农村工作会议后不久，万里调中央工作，我到中央党校学习，直到 8 月份才回来。在这段时间内，听说省委领导之间在推行生产责任制问题上产生意见分歧。有的同志不赞成搞"包产到户"、"包干到户"，支持那些没有推行"生产责任制"的县，常常在省委常委会议上发生争论。据说在蚌埠、芜湖、巢湖分三片召开的地市委书记会议上，争论得比较激烈。因而影响到有些县思想动摇，推行生产责任制不积极，如巢湖地区庐江县干群对立就很突出。有些地、县负责同志因为推行责任制态度较为坚决，受到批评指责，产生顾虑，思想上不愉快，工作也受到影响。

1980 年 5 月 31 日，邓小平在同中央负责工作人员的一次谈话中明确指出："农村政策放宽以后，一些适宜搞包产到户的地方搞了包产到户，效果很好，变化很快。安徽肥西县绝大多数生产队搞了包产到户，增产幅度很大。'凤阳花鼓'中唱的那个凤阳县，绝大多数生产队搞了大包干，也是一年翻身，改变面貌。有的同志担心，这样搞会不会影响集体经济。我看这种担心是不必要的。"邓小平的这个讲话传达以后，对于生产责任制的争论逐渐平息下来。接着，1982 年 1 月 1 日中央发出关于农村政策的第一个一号文件，肯定在农村广泛兴起的各种形式的生产责任制都是集体经济的生产责任制。它打破了对包产到户"姓资姓社"的束缚，摆正了包产到户与社会主义的关系，这就为联产承包责任制的确立和普遍推广铺平了道路。家庭联产承包责任制在安徽的普遍推行，收到了立竿见影的成效，农业连年大幅度增产，到 1985 年全省粮食产量已超过430 亿斤，农民生活大有改善，农村一片欣欣向荣。

安徽 1961 年推行的"责任田"，
是农村这场第一步改革的历史渊源

经常有人提出这样的问题：为什么以家庭联产承包责任制为主要内容和形式的农村改革会从安徽最先兴起？我认为，包产到户是农民群众的伟大创造，安徽农民对我国的改革开放，对中华民族的复兴，作出的贡献是巨大的，应当永远载入史册。追溯起原因，应当说是多方面的，就它的历史渊源来说，是和1961 年推行的"责任田"分不开的。1959 年到 1961 年的三年困难时期，安徽同全国一样，深受"左"的灾难，最终导致全省经济社会出现严重危机。特别是农村的问题更加突出，饿、病、逃、荒、死现象普遍大量出现。毛泽东主席和中央其他领导同志对此都很焦急。我那时担任省委书记处书记，分管农业和农村工作，心情十分沉重，深感对不起人民。曾希圣作为省委第一书记，更是焦急不安。他是一位事业心和责任心都十分强烈的领导者，又是非常爱动脑筋刻苦钻研问题的人。从 1960 年开始，他就想方设法在困境中找出一条出路。他着眼于如何充分调动农民的生产积极性，提高粮食产量，摆脱农村的危急局面。经过认真的调查研究和思考，大胆地提出了"田间管理责任制加奖励"办法，简称"责任田"。1961 年 2 月，派省委副秘书长张立治，还有陆德生、周曰礼、赵岭峻等人，组成工作组，到合肥市南新庄搞试点。我和省委其他一些成员，也分别深入全省各地搞调查研究，或搞试点。在普遍调查研究和试点之后，于1961 年在全省推行"责任田"。当年粮食获得大增产。毛主席原来说，安徽能增产 10 亿斤粮食，那就是一件大事了。但这年安徽实际增产粮食近 50 亿斤，除保证安徽自身顺利渡过难关使生产有较大恢复和发展外，还支援河南、山东、苏北等地粮食约 5 亿多斤。1962 年 2 月，中共中央中南局第一书记陶铸、河南省委第一书记刘建勋以及纪登奎等人，来安徽宿县地区商谈豫皖两省协作治水问题，曾要宿县地委书记孟亦奇代为向省委转达他们对安徽干部群众的支援表示感谢。1962 年安徽"责任田"被批判为方向路线性错误，但河南省委给中央的报告却说：安徽给我们省解决粮食问题起了很好的作用，应该为"责任田"恢复名誉。中央许多领导人，如陈云、邓子恢等，对"责任田"也持肯定和支持态度。而邓小平的"不管黑猫、黄猫，能逮住老鼠就是好猫"的名言，也是直接针对"责任田"问题来说的。广大农民群众更是从内心拥护"责任田"。后来"责任田"虽然夭折了，但它仍深深地扎根于群众之中。正如一句古诗所云："野火烧不尽，春风吹又生"，到了改革开放的年代，它又破土而出，生机盎然，并以勃发之势，迅速茁壮成长起来。

正是由于上述原因和背景，胡耀邦于 1982 年以中共中央总书记的身份来安徽视察时，坦率、真诚而又动情地说：我那时对"责任田"是不赞成的，曾向毛主席和中央写了一个考察报告，说搞不好会带来严重后果。我这次到安徽来是还债的。看来如果当时全国都采取曾希圣的办法，我们的国家早就富起来了。曾希圣是中国农村改革的先驱。

安徽农村改革经历了许多风风雨雨，漫长而又曲折，走到今天这一步很不容易。农村第一步改革不仅推动了我省农业经济的大发展，促进农村的复苏和繁荣，还催生了乡镇企业异军突起，有力地促进了全省城市经济的改革和发展，同时也为促进全国农村改革作出了应有的贡献。从这段历史中，我认为需要特别珍视和继承的宝贵精神财富，是解放思想、实事求是的求真精神，是勇于实践、敢为天下先的首创精神，是不怕困难和曲折、锲而不舍的执着精神，是充分相信群众、依靠群众的优良作风，等等。所有这些，在继续推进伟大的改革开放事业中，都应当进一步发扬光大。

党的十七大号召："统筹城乡发展，推进社会主义新农村建设"，并明确指出："解决好农业、农村、农民问题，事关全面建设小康社会大局，必须始终作为全党工作的重中之重"，还特别强调"要加强农业基础地位，走中国特色农业现代化道路，建立以工促农、以城带乡长效机制，形成城乡经济发展一体化新格局"。还明确提出了深化农村综合改革的要求和任务。所有这些，为农村深化改革和进一步发展指明了方向和路径。正所谓"改革未有穷期"，需要我们继续努力，努力，再努力。

中共安徽省委"六条"出台前后

周日礼

1977 年 11 月 28 日，中共安徽省委发出了《关于当前农村经济政策几个问题的规定（试行草案）》，后简称为"省委六条"。这是一个具有重要历史意义的文件。它是在粉碎"四人帮"后，处于迷茫徘徊的中国，突破"左"倾禁区的第一份开拓性文件，为农村的伟大变革吹响了号角，拉开了序幕。

在迷茫徘徊中寻找出路

粉碎"四人帮"后，"四人帮"在安徽的代理人拼命捂盖子，继续推行极"左"政策，有关"四人帮"的人和事没有触动。在此情况下，中共中央决定改组安徽省委领导班子，派万里担任省委第一书记，顾卓新、赵守一任省委书记。1977 年 6 月 21 日，万里到任后，立即采取措施，果断行动，快刀斩乱麻，全面开展清查"四人帮"在安徽的有关人和事。经过两个多月的艰苦工作，清查工作即取得了阶段性成果。在清查过程中，万里不断收到邻省发来的电报和信函，反映安徽省大批灾民外出逃荒，涌进了他们的城市，影响了城市的社会治安，要求安徽派人前去，将这些灾民带回来。万里感到农村问题严重，急于要了解农村的情况。在省委书记王光宇的安排下，于 8 月 21 日（星期日），在稻香楼宾馆西苑会议室召开座谈会，由我（时任省农委政研室主任）全面汇报农村的严重情况。参加会议的除万里外，赵守一、王光宇在场，顾卓新因事未能到会。第二天下午，我又单独向他作了汇报。

我汇报的内容，是从生产上的大呼隆、分配上的大锅饭、瞎指挥，大搞形式主义、浮夸风，农民负担重，以及农业学大寨、农业机械化等方面，列举大量触目惊心的事实，揭露"四人帮"在农村推行极"左"政策，把人的思想搞乱了，把理论和政策搞乱了，把人民公社经营管理搞乱了，把人的积极性搞完了，给农村造成了灾难性后果，安徽成了重灾区，农村经济面临崩溃的边缘。十年动乱期间，全省的粮食总产量一直徘徊在 200 亿斤左右，农民人均年纯收入一直徘徊在 60 元上下，由于价格的因素，农民实际生活水平比"文革"前下降了 30%。全省 70 个县中，有大面积的后进县，即著名的三大片 10 个县，如滁县地区的定（定远）、凤（凤阳）、嘉（嘉山），宿县地区的泗（泗县）、五（五河）、灵（灵璧）、固（固镇），宣城地区的宣（宣城）、郎（郎溪）、广（广德）。全省有 28 万多个生产队，人均年收入 100 元以上的只占 10%，60% 的队只有 60 元左右，40 元以下的约占 25%；还有 5% 的队，约 300 万人左右，常年处在饥饿线上挣扎。从上面这些数字可以看出，除 10% 的队可以维持温饱外，其余 90% 的队成为"三靠队"，即生产靠贷款、吃粮靠返销、生活靠救济。根据各地框算，大约有 30% 的队，即使把全部资产，包括土地、耕牛、农具、房屋全变卖了，也还不清国家的贷款和扶持款。这些生产队名义上有一块集体经济的招牌，实际上是个一无所有的空壳，连简单再生产都不能维持。

汇报进行了四个半小时，大家边谈边议，心心相印，都有言犹未尽的感觉。汇报的这些情况，对万里震动很大。他说，新中国成立之后，我是长期搞城市工作的，对农村情况知之很少，对安徽的情况则是一无所知。新中国成立几十年了，想不到农村还这样穷。万里严肃指出："生产力最活跃的因素是人，我们要发展农业，实现农业的现代化，没有人的高度积极性，一切都是空谈。""看来，经济上的拨乱反正，要比政治上的拨乱反正更艰巨、更复杂，不搞好经济上的拨乱反正，政治上的拨乱反正也很难搞好。"他表示决心说："我要拿出80% 的时间和精力，来研究解决农村问题。省委的其他领导同志，都要下去搞调查研究。你们农办的同志要进一步调查研究，帮助省委尽快搞出几条切实可行的办法。"

万里身先士卒，带头下去调查，看农村，看农民。用三个多月时间，全省大部分地区都跑到了。他下去调查，轻车简从，不给地方领导打招呼，直接进村入户。他亲眼看到了农民吃不饱、穿不暖的种种情景，十几岁的女孩子没有裤子穿，住的房子不像个房子的样子，沿淮、皖东地区有些穷村，房子墙壁是泥巴垒的，门窗是高粱杆编的，桌子、凳子是泥土坯做的，连睡觉的床铺也没有，只是在地上铺一层高粱杆，上面放一张芦席，甚至找不到一件木制家具，真是家徒四壁、一贫如洗呀。面对农村的贫困面貌，万里越看、越听、越问，心情越沉重，越认定非另找出路不可。

遵照万里的吩咐，一方面省农办通知各地市农办，派人下去调查当前农村存在的问题，提出解决的办法；一方面由我带领几位同志，分别到不同类型的地区和不同类型的社队，走村串户，边看边谈，就如何加快农业发展，征求干群意见。9月20日至24日，我们在滁县地委招待所，召开了一次农村政策座谈会，参加会议的有各地市和部分县的农办主任，共35人。这次会议形成了两个文件：一是将会上反映的农村情况，汇编成《宋佩璋（"文革"后期的省委第一书记）紧跟"四人帮"，破坏农村政策造成的严重后果》。为了避免不必要的麻烦，我在这个材料的第一页的左上端加注了"绝密"二字，印发给省委常委参阅；二是经过会议充分讨论，集思广益，形成了《关于当前农村经济政策几个问题的规定（草稿）》。草稿的内容有六个方面，即搞好人民公社的经营管理工作，积极地有计划地发展社会主义大农业，减轻生产队和社员负担，分配要兑现，粮食分配要兼顾国家、集体和社员个人利益，允许和鼓励社员经营正当的家庭副业。这些内容，今天看来，似乎很平常，不足为奇。但在以阶级斗争为纲、农业学大寨时期，这些都成了长期无人敢于逾越的禁区。万里下决心要冲破这些禁区，他多次说过："不要管上面那些假、大、空的叫喊，一定要从安徽的实际情况出发，切切实实解决好面临的许多严重问题。""我们不能只看领导眼色行事，不能只唯上、不唯下，必须对本省人民负责，在我们权力范围内，做我们自己应该做、能够做的事情。"

"六条"草稿送到省委后，10月6日，顾卓新首先批示："这个规定很好，文件也写的明确，可以考虑批转各地执行。但是，一、这些办法是否真能做到？有多大把握？二、各地区的社队收入分配情况如何？每个劳动日多少钱？能否分到现金？三、真正贯彻这个政策，须经过社队彻底整顿，现在下面很乱，没有保证。应考虑明年派社教工作队下去结合完成这个任务。"万里看过后，通过省委办公厅主任于廉，在电话里向我提出："这个'六条'如果能贯彻下去，确实很好，是对农村工作中的极'左'路线敲响了警钟。问题是广大干部群众如何看待，还有没有新的要求，这个意见是否能代表他们的意愿。总之，这事关系到全省广大农民的切身利益，万里和省委其他领导同志，要下去直接听取群众的意见。"根据万里的交待，我们在合肥附近，选择了比较先进的肥东县解集公社青春大队和比较后进的长丰县吴山公社四里墩大队，分别将两个点的公社大队干部、生产队干部、社员代表组成三个小组，顾卓新参加公社大队干部小组，赵守一参加生产队干部小组，万里、王光宇参加群众代表小组，用两个下午，听取发言。当时会场上气氛热烈，发言踊跃。群众意见大致上有两点：一、对允许社员种自留地和经营正当家庭副业，非常感兴趣，表示拥护。二、提出希望，对建立生产责任制问题，政策要放宽些，要相信干部群众是不会胡来的。万里听了大家的发言后，对参加会议的刘家瑞、辛生说："如何尊重生产队的自主权，是当前农村存在的大问题。不解决这个问题，还会出现瞎指挥现象，农业还是上不上去。你们的草稿上只写了一句话，远不够分量，是否加上生产自主权、劳动的自主权、分配的自主权。""生产队既然作为一级核算单位，应当有自主权。做什么，怎么做，应该由他们自己研究解决。过去上面指手画脚，实际上剥夺了生产队的权力，还谈什么积极性！老百姓最懂农业，最懂土地的好孬。最适宜种什么，长什么，能否丰收，他们比我们心里有底，还是让他们当家。如果上面什么都管，反倒把农业搞糟了，这是多年来的教训。"他还一再强调："你们要告诉老周，把我的意见传达到。"在我的主持下，省农办政研室对草稿做了一次重大修改，对"六条"的内容作了调整，单列了一条尊重生产队的自主权，并加上了联系产量责任制的内容。

万里看了修改后的草稿，觉得还是放心不下，他想听听地市县委干部的意见。所以，省委决定于11月15日至21日，召开全省农村工作会议，参加会议的有各地市县委书记和省直机关有关部门负责人。在大会开幕式上，万里没有做长篇报告，首先宣布，这次会议只有一个任务，把省委"六条"修改好。万里简明扼要地指出："安徽是个农业省，农业搞不上去，问题就大了。农村政策怎么搞？主要是因地制宜，实事求是。抓农业机械化是完全对的，但重要的生产力是人，是广大群众的社会主义积极性，没有人的积极性，一切无从谈起，机械化再好也难以发挥作用。调动人的积极性，要政策对头，干部带头，团结一切可以团结的积极因素干社会主义，群众就会积极起来，农业就会上得快。""过去母亲送儿子去参加革命，去当红军，一是为了政治解放，二是为了生活，为了吃饭。现在进了城，有些干部把老娘给忘了，忘了本。我们一定要想农民所想，急农民之所急。"

万里的讲话，只用了十几分钟，会议便转入分组讨论。刚开始的两天，各小组在讨论中，大家情绪激烈，分歧很大，争论很大，持赞成态度的是少数，多数人不赞成。他们认为，这个文件给农民自主权太多了，这样下去会滑坡，会滑到包产到组、包产到户，那样就违背了人民公社"三级所有、队为基础"的制度。甚至有人提出说，这个文件不符合社会主义方向，愿意为会议重新起草。省委领导同志做了大量的说服解释工作，会议情绪逐渐安定下来，对"六条"草稿逐条逐句进行认真研究修改，如有不同意的条文，都能够写出不同意的理由。经过几天的讨论，争论的焦点，集中在包产到组、包产到户问题上。万里根据会议讨论情况，再三考虑后，对会议秘书组同志们说："你们对'六条'草稿再修改修改，不要勉强，多数人思想不通，该让步的就应该让步，我们要耐心等待，允许人家有个转变思想认识的过程。因为他们都是地、县委一把手，具体工作要由他们去做。如果他们接受不了，硬要他们去做，那就会把好事办坏，会搞糟的。包产到组、包产到户这些规定，现在提出来可能不是时候。"我们对"六条"草稿做了最后一次修改，删去了一些大家意见较多的内容。对此，绝大多数人都能够接受了。11 月 28 日，"六条"草稿经过省委常委会议讨论通过，以试行草案形式，转发各地执行。

邓小平看到安徽省委"六条"后，拍案叫好。1978 年春，他出访巴基斯坦，路过四川省成都时，对当时的四川省委第一书记作了一篇高瞻远瞩的讲话："安徽的万里搞了个农村政策六条规定，你们可以参考一下，也可以搞多少条嘛，不能老是原来的老框框。我们在'文化大革命'前，企业管理中那一套是学苏联的，是世界上比较落后的。'文化大革命'后，我们把这一套也砍掉了，那就什么也没有了。农村的路子要宽一些，思想要解放，还是原来的老概念，不解决问题。要有新概念，只要所有制不动，怕什么！工业如此，农业也如此。要多想门路，不能只是在老概念中打圈子。"并让秘书把安徽省委的"六条"交给了四川省委。

省委"六条"产生了巨大威力

省委"六条"经过几上几下，数易其稿，集中了广大干部群众的智慧，反映了农民的意愿，得到了普遍欢迎。在传达贯彻中，干部态度积极，群众衷心拥护，"六条"一经和群众见面，立即在农村产生了轰动效应。干部群众把宣传贯彻"六条"看成是一件大喜事，欢欣鼓舞，奔走相告。许多地方在传达文件时，通知一户只来一人，但很多是全家老小都来了。听传达的人数之多，群众的热情之高，都是多少年来少有的。经过 3 个月的传达贯彻，"六条"的基本内容，在全省范围内做到了家喻户晓，人人皆知，"六条"规定的各种政策得到了全面落实。

在贯彻"六条"过程中，各地首先对生产队的规模进行了调整。当时，生产队的规模确实太大，有的一个生产队达 70 户到 80 户，一般也有 40 户左右。生产队的规模经过调整后，全省生产队总数由 28 万多个增加到 37 万多个。大多数生产队都建立了常年的或临时的生产小组。生产小组规模10户左右，15到20个劳动力。生产小组普遍建立了比较严格的生产责任制，其中有不联产和联产的两种。不联产的实行定额记工或按时记工加评议的办法；联系产量的，采用定产到组、以产记工或田间管理责任到人，田头估产，超奖减赔；也有的采用小宗作物定产到田，责任到人等办法。总之，在一个生产队内，各种责任制办法同时并存，互相间开展竞争，发挥各自的优势。

关于农业生产责任制问题，我们在1978年9月22日前后，选择了长丰县朱集大队（学大寨先进单位）和凤阳县马湖公社进行对比调查。朱集大队实行的定额记工办法，"社员只想千分，不想千斤"的情况是很突出的。马湖公社部分生产队实行的是包产到组，以产计工办法，生产年年发展。通过两个典型对比，明显看出，不联系产量的责任制，实际上没有责任制。

我在马湖公社调查时，凤阳县委副书记、县革委会主任吉绍宏专程来到公社，和我广泛交换意见，从凤阳谈起，谈到全省，谈到全国，整整谈了一天。最后，就生产责任制问题，我们两人跑到野外，坐在田埂上，敞开思想，畅谈看法。吉绍宏是位坚定的包产到户吹鼓手，他长期担任县委和县政府的领导工作，对农村情况比较熟悉，颇有研究，颇有见解，在1959年反右倾时，受过冲击。他很感慨地说："农村问题，从高级社时就开始出现了，焦点是如何对待农民个人利益问题，离开了农民个人利益，办法再多也不能解决问题。在过去20多年中，我们曾采取了很多办法，如学大寨、定额记工、死分活评、死分死记、小段包工、包工到组、路线教育、割资本主义尾巴等等，什么戏法都玩过，什么招数都用过，农业并没有搞上去。农民一年忙到头，连吃饭穿衣都不能解决。"他的结论是，"包产到组小翻身，包产到户大翻身，大呼隆永世不得翻身。"对于包产到户，我们共同的看法是，由于安徽的历史原因，不少人特别是曾希圣为此罢了官，许许多多人为此在"文化大革命"中受到冲击，人们谈包色变、心有余悸的情况相当普遍，不解决这个问题，中国的农业就没有出路。

在建立生产责任制的过程中，各地还普遍开展了"一年早知道"活动。所谓"一年早知道"，就是各家各户根据生产队的生产计划和家庭副业开展情况，计算出全年能够做多少工分，收入多少粮食和现金，人均年收入多少，用表格的形式，公开贴在家门外边的墙壁上，互相监督，开展劳动竞赛。

以上这些做法，对于遏制生产上的大呼隆、分配上的大锅饭，收到了明显效果，群众热烈拥护，有力地促进了生产发展。特别是过去被看成为资本主义尾巴的家庭副业，得到了迅猛发展。从全省510户的典型调查看，1978年，家庭副业收入占家庭纯收入的24%，1979年上升到42%。

1978年2月25日，万里在地市委书记会议上提出："农村要以农业生产为中心。"有的同志忧心忡忡地说，怎么能以生产为中心呢？纲到哪里去了？不怕再批唯生产力论吗？万里解释说："'四人帮'批什么唯生产力论，把人的思想搞乱了，有些同志指导思想不明确，不清楚以什么为中心。农村不以生产为中心，没有粮食，或粮食不够，没有棉花，或者棉花不够，大家吃什么，穿什么。这本来是些普通的道理。"他用坚定的语气说："一定要以生产为中心，一切工作要为生产服务，尽快地把生产搞上去。"在"抓纲治国"的政治气候下，万里敢于提出"以生产为中心"的口号，这是对"抓纲治国"的公开否定，是继"六条"之后，又一石破天惊之语，是农业战线上拨乱反正的惊人之举。

这一年的三四月间，万里又在考虑如何搞好午季粮食分配问题。他向我提出了一大堆问号：麦子的产量为什么这样低？产量为什么长期上不去？农民为什么常年吃不到细粮？你们下去作点调查，为省委决策提供材料。我们在宿县褚栏公社请了几位群众代表，召开了一次座谈会，我谈了来意后，大家众说纷纭。主要意见是埋怨政府不按政策办事，只顾国家，不顾农民，麦子一登场，上面就派干部下来，督促生产队卖粮，说是爱国粮，谁能不爱国呢？粮食任务一完成，再留足种子，剩下的就不多了。每年都要缺半个月到20天的口粮，只有靠瓜菜充饥。有位60多岁的老农民，谈了很多掏心窝的话，他说："上面年年提出要主攻小麦，农民不感兴趣，年年攻不上去。这是什么原因呢？原因就是多收不能多吃。大家就把小麦看成姑娘，姑娘长大了要找婆家，要嫁出去；把山芋看成是儿子，因为山芋干子不好保存，粮食部门不愿多收。农民一年到头靠山芋馒、山芋茶过日子，连烧锅做饭的柴火，也大多是山芋干子。有人就编了顺口溜：山芋是个宝，离它活不了。所以，山芋种植面积越种越多。"我觉得农民这些话，既真实又深刻，既反映了午季粮食分配中存在的问题，也反映了农民的心理状态，便亲自动笔，写了一篇三四页纸的简明扼要的调查报告，派专人坐火车送回合肥。

对午季粮食如何进行分配？国家、集体、个人三者关系如何兼顾？万里在省委常委会议上说，现在农民生活很苦，常年吃不到细粮，今年可否将午季粮食的起购点从65斤提高到75斤，以利于调动农民的生产积极性。他征求分管财经工作的副省长胡坦的意见。胡坦当即要粮食厅的同志当场算账，算盘珠子打得哗哗响。胡坦拿着算账的结果说，起购点65斤，已经不少了，如果再加10斤，午季征购任务很难完成。我插话说，根据我们在各地的调查，今年的小麦长势很好，总产量有望达到50亿斤以上。胡坦笑着说，老周，你是在说梦话吧！万里说，当前，安徽农业生产水平很低，如果只顾国家这一头，不考虑农民利益是不行的。兼顾三者利益的正确做法，应当坚持因地因时原则，按照实际情况办事的原则，丰收的年景，在保证农民多收多吃的前提下，国家可以多购一些；减产的年景，国家应当少收一些，千万不能购过头粮。关心群众的利益，不仅是关系到调动群众积极性的大事，也是关系到加速农业发展的大事。今年，国家宁愿少收购一点，每人增加10斤粮食，让农民能够多吃一些细粮。会议同意万里的意见。就是这么10斤粮食，一下子把几千万农民的积极性调动起来了。

党的政策，是党的生命线。"六条"的深入贯彻，极大地调动了广大农民群众的积极性，为战胜1978年严重旱灾，提供了强大的思想保证和群众基础。1978年，安徽遭受百年不遇的严重旱灾，大部分地区10个月没有下过透雨，许多地区沟塘干涸，河水断流。我国五大河流之一的淮河，只剩下0.5个流量；巢湖因水位太低，停止了航运，在巢湖港，停泊的船只一望无边，有些船只漂浮在淤泥上面动弹不得；定、凤、嘉一带，不少地区人畜没有水吃，沟塘里鱼虾老鳖干死，天上的麻雀因干渴掉落地面，野地里奔跑的兔子因干渴死在路边。全省有6000万亩农田受灾。

所谓"百年不遇"，就是1856年，清朝咸丰六年，遭遇过同样的大旱。那次大旱给农民造成深重灾难。有人翻阅了《合肥县志》，县志记载了这次大旱的惨状：赤地千里，饿殍遍野。庄稼颗粒无收，逃荒者络绎不绝。今天，在共产党领导下，依靠群众的力量，却是另外一片新天地。面对大旱，省委提出"破产抗旱"的口号，拿出大量资金和物资，全力支持抗旱斗争。广大农民群众不惜一切代价，奋不顾身地投入到抗旱中。7月中旬，我陪同顾卓新到沿江一带视察抗旱工作，亲眼看到了从芜湖到繁昌县到铜陵市，在几十公里的江堤上，男男女女，老老少少，人山人海，在严夏酷暑、骄阳似火的高温下，利用各种抽水工具提取江水，大小电动抽水机日夜轰鸣，再通过用塑料薄膜和毛竹架的人工渡槽，将江水源源不断地输送到需要灌溉的田间。再仔细观察田里的庄稼，秧苗生长茁壮，看不到一点受旱的痕迹。面对这样的壮观场面，顾卓新激动地说："群众的力量是伟大的，是可以胜天的。"经过顽强抗争，大灾之年不减产，农民人均年纯收入113元，比1977年增加了47元。有人高度评价说，这是人民群众创造的前无古人的奇迹。

10月，旱情尚未解除，秋种无法进行。在这关键时刻，省委又提出三点政策措施：一是超过计划扩种的小麦，不计征购；二是集体无法耕种的土地，可以借少量给社员私人种麦种菜；三是社员利用"四旁"零星荒地所种小麦、蚕豆、蔬菜，谁种谁有谁收。这些政策措施同"六条"一样，都是符合农村实际情况的，是很得人心的。群众反映说，现在是心顺（心情舒畅）、风顺（干部作风好）、气顺（干群团结一致）。秋种的进度明显加快，播种面积大，全省计划面积2700万亩，加上社员开荒地，总的播种面积达到了3100多万亩；质量好，田间管理做得细致，肥料上的多，这就为1979年午季大丰收打下了坚实的基础。

　　写完这篇材料后，我深切地感受到，1978年，是创造性地贯彻落实省委"六条"的一年，是农村大变革蓬勃发展的一年，是战胜特大自然灾害的一年，因而也是不平凡的一年。

在安徽农村改革的日子里

黄 璜

以大事多、好事多、事事都激动人心、令人振奋而著称的 1978 年，是新中国历史上的一个重大的转折之年。从那一年起，我国进入了改革开放的新时代。

历时已 30 年的改革开放，是从农村起步的，首先取得重大突破的是安徽。在安徽，又是肥西县的山南区充当了农村改革的急先锋，最早在 17 万亩集体耕地上试行"包产到户"，成为我国农村改革之先驱。那时，我刚由省直机关下派到无为县去任职，荣幸地经历了这场改革的全过程，很多人和事仍历历在目，现追记几个片断，以纪念这场具有深远影响的伟大变革。

一

上世纪 70 年代的安徽，正处于灾难深重的"十年动乱"之中，饱受人祸之苦。虽"抓革命，促生产"的口号声震天动地，但背井离乡、流离失所的难民比比皆是，就是地处江淮丘陵的合肥周围，来自凤阳、定远等地的逃荒要饭人群也是络绎不绝，惨不忍睹。那时我正下放在临近合肥的肥西县，充当"五七战士"，接受贫下中农再教育，与农民和灾民常有接触，对他们的处境感受至深。据我所知，安徽这种状况的产生，不是农民没有生产积极性，不是干部不干事，也不能说老天太可恶，存心不帮安徽人民的忙。如将安徽当时的困难归因于这些方面，那是没有触及到问题的实质。实质就在于极"左"路线的翻版——"两个凡是"的长期影响，造成了种种苦难的根源。

在极"左"路线盛行期，人民遭殃，干部自危，都不敢"越雷池一步"，更怕犯意想不到的错误。如说这是思想僵化，那是被极"左"错误路线所致，而不是干群的本能。我是 1953 年从上海调进安徽的，曾在省、地机关和县、区、社的多个岗位上轮转过，和基层干部、群众有广泛的联系，比较了解他们，他们多是敢为天下先、能干大事的人。

二

粉碎"四人帮"的第二年 6 月，东山再起的铁道部原部长万里同志出任安徽省委第一书记，由他组建了新的省委，除调进了顾卓新、赵守一等担任省委领导外，长期在安徽担任省委领导工作的李世农、张恺帆和王光宇等同志也"官复原职"，他们都是安徽农村改革的发起人，也像万里同志那样，在人民心目中具有崇高的形象。安徽的历史应该肯定万里，也应该浓墨重彩地描写他的这些战友，让人民永不忘记他们。

当时有一句俗话："要吃米，找万里"，这是人民对他的肯定和赞扬。万里同志为医治安徽这个"十年动乱"的重灾区亲作调查研究，并在此基础上采取了一系列政治措施、组织措施和经济措施，都取得了很好的成绩。

在万里同志采取的多项措施中，最为突出的是推行农村改革。这是他在开展政治上拨乱反正、正本清源的同时，决心以 80% 的时间和精力，来深入研究的一个领域和着力抓的一件大事。改革的初始阶段是以省委在 1977 年 11 月 7 日下发的《关于当前农村经济政策几个问题的规定》文件为依据的。这个文件简称省委"六条"，其一是尊重生产队的自主权；其二是坚持按劳分配原则；其三是减轻生产队和社员负担；其四是允许和鼓励社员保有自留地和开展正当的家庭副业；其五是搞好经营管理，生产队可以根据不同农活建立不同的生产责任制，只要个人可以完成的农活也可以责任到人；其六是队干部带头参加劳动。文件总的精神既符合党中央 1977 年 49 号文件规定，又在许多方面有新的突破，更为接近安徽农村的实际，是一份为农村松绑、推动农村改革的重要文件。下发之后，干群争相传颂，赞不绝口。

三

省委"六条"出台后的第 5 个月，省委下派我到无为，担任县委第一副书记。1978 年 4 月的一天，已恢复省委组织部副部长职务的赵达同志给我打电话，要我去他办公室，有话跟我讲。他是我崇敬的老领导，又是"文革"期间的难友，让我这个已离开省委组织部多年、现任省上山下乡办公室的处长谈话，一定有急事相托，我如约而至，受到他热情地接待。他告诉我，省委很重视无为县，已为该县选任了一位县委书记，是从大队上来的，工作表现不错，但未在县里工作过，要他主持一个县的工作还有待学习和提高，需从省里派一个曾在县里担任过领导工作的同志去协助他开展工作，我们商量了，认为派你去比较合适，已报省委研究同意，走前，万里同志还要和你谈一谈。这一次谈话，我是听进去了，并有所思，不是所任职务高低，而是我这个深受父亲问题株连，还在戴着"五类分子"（地、富、反、坏、右）子女帽子的人适合不适合担任这个职务的问题。

赵副部长陪我去见了万里同志。当时他刚开完会，还未离开会场。我们进去后，他先问赵，你都说了吗？赵回答后，再没有询问什么情况，也未提及省委"六条"，而是开门见山，直奔主题，着重讲了无为是革命老区，是在全省有影响的人口超百万的大县，历届省地委领导都很重视这个县，最近，省委已任命傅昌堂同志为县委书记，他是从大队书记上来的，人不错，年轻能干事，你去协助他，共同扭转无为的局面，将无为搞上去。现在，正是春耕生产季节，要抓紧去，先去抓生产救灾，千万不要饿死人，必需的粮款，由省里拨给。领导的心情和季节的紧迫，确实是不能再拖延了，也不便再讲什么了，我只得匆忙赴任。

起用我的消息传播得很快，在省直以至地方均有友人恭贺我，给我以鼓励，我也有一股枯木逢春的欣慰感。自在家乡务农的父亲被以现行反革命罪名逮捕入狱后，我和我的家人如陷愁城，再也抬不起头来，整日就像前苏联小说《人世间》主人公霍尔莫夫那样，虽不厌弃生活，但自知前途渺茫，从此也再无他求。现在，省委信任我，地委支持我，朋友恭贺我，我如春风拂面，再也不能在战役还没有结束，就躺在战壕的一边了。

四

无为，地处长江中游的北岸，与芜湖近在咫尺，离合肥也不远，我过去去得少，算不上熟悉，但我对它有一种特殊的感情，起因就在强加于前省委书记处书记张恺帆身上的所谓"大闹无为"事件。1959 年，在"五风"（共产风、浮夸风、瞎指挥风、强迫命令风和干部特殊化风）盛行的安徽，"饿、病、逃、荒、死"十分严重，仅死去的人就以数百万计。无为既是个重灾区，又是张恺老的故乡，他亲到无为检查工作，目睹父老乡亲含泪陈情，当即采取了种种救济措施，但此举却被科以"大闹无为"的罪名，受到极不公正的处理。每当人们忆起张恺帆，我就联想到无为，总是对张恺老和无为有一股亲情感。

接我去无为赴任的是无为籍老司机朱立鹏同志，他欢迎我，还主动给我介绍了无为的一些情况和他的一些看法。在他看来，无为县是比较复杂的，但也不是难有作为的地方，他殷切地希望我去破解"无为"二字，多做有为之事。我何尝又不是这样一种心态呢？

那时的无为县，在传达贯彻省委"六条"后，各方面都有了起色，继续争取有所作为是可能的。而持续的干旱，从冬春直至初秋，是无为190多年来所少见，大部分农作物错过了最佳播种季节，已种的也是严重歉收，甚至绝产。面对又一个大灾年，干群忧心忡忡。正在此紧急关头，万里同志亲到无为，一是筹划引江济巢抗大旱工程，要在无为的凤凰颈安装400台大型灌溉机械，抽长江水入巢，抬高巢湖水位，为江淮丘陵提供抗旱水源。这是史无前例的大动作，绵延数公里的场面十分壮观。二是宣布省委的"借地渡荒"决定。这是省委紧接省委"六条"后又一次采取的具有对农村问题破题意义的特殊政策，主要是借出一部分集体耕种的土地让社员自由种植；鼓励社员在开荒地和"四旁"空闲地种粮种菜，收益一律归己并不计征购。对"借地渡荒"，在一部分县区干部的心目中，只是危难之时的权宜之计，始终没有太大的反响，而在农民群众的心中，则是另一种感情和带有变革性的期盼。对群众的愿望，县委一班人心知肚明，都主张放开些，多借点。当时也确实是多借了点，一些人多地少的生产队，由集体耕种的土地已所剩无几。1979年初春，在"借地渡荒"中受益的农民，不仅不准备退还耕地，还纷纷要求就汤下面，以户承包，并保证完成各项上交任务。

以户承包，责任到户，我1961年在望江县委工作时就亲身经历过，确能增产，深受群众的欢迎。但好景不长，数月后就被上级领导完全否定，有的同志还因此而受到批判和处理。从那以后，许多同志的"恐资症"更为严重，我也是其中的一个。我真正有所醒悟是1978年初夏在黄姑公社作农村调查之后。当时，正在稻场上忙碌的社员看到我，都异口同声地要求土地承包到户，我随即反问他们："你们就不怕资本主义吗？"一位中年社员随即放出一句话："我们社员只知道搞饱肚子。"话虽不多，却极为真诚，对我触动很大，我紧密联系自己的思想实际，是越想越觉得有道理，颇有豁然开朗之感。我早年在上海工作时，曾到过著名的永安公司、先施公司，参观过荣毅仁家族的纺织厂，不要说让农民去弄懂这些企业运作，就是叫我去，也是很吃力的。农民想干的事干部不支持，这是个什么问题？原来是我们患上了"恐资症"，是我们这些人怕犯错误，因此而放不开手脚，不能和农民想在一起，干在一起。想多了，也想得更深了，终于醒悟了。

1979年初，县委一班人以"摸着石头过河"的态度，决定在红庙公社凉亭大队由傅昌堂同志亲自搞试点，我和县委部分同志都参加了。昌堂同志的群众基础好，很多群众在关注他，他的这一举动传播得既快又广，还未等试点出经验就传遍了全县，部分社队也自已动了起来。

有贯彻省委"六条"的工作基础，又有"借地渡荒"的实践，加上1961年"包产到户"的轻车熟路，各区社的行动都很快，以不误农时。这是当时农村工作的大局，是民心所向，众望所归，但也出了不少问题，有累死耕牛的，有为抢水而斗殴以致损毁水利设施的，还有伤及土改运动成果的，多属有待完善的性质，总体上还是健康的。

广大农村在热火朝天，热闹非凡，而在县直机关则是议论纷纷，众说不一。有赞扬默认的，也有批评和强烈反对的。县委研究，有必要加强县直机关的工作，不能让"后院起火"，委托我来操办这件事。在当时，操办这样一件事是有一定难度的，最大的难度来自个别部门的领导和个别新闻单位以及部分省直机关的负责同志，他们的舆论观点已严重脱离农村实际，但有一定的杀伤力，又不得不认真对待。为此，我曾去肥西县考察，他们是先行者，想吸取他们的一些经验和做法。那时的肥西是全省争论最激烈的县，也是越争越坚强的县，据时任肥西县委书记的常振英同志讲，他准备以政府布告的形式支持农村改革，这对我又是一次大的触动，思想也更为坚定。在此以后，我几乎是每周召开一次科局长会议，反复宣传党的十一届三中全会精神，号召依据党的实事求是思想路线去看待事物和形势，紧跟时代的步伐。与此同时，根据万里同志的指导思想，针对"恐资症"，我谈自己的理论思考和思想转变过程；针对联产承包，我强调分清是非界限，不要将经营管理方式的变化上纲上线为分田单干，走资本主义道路；针对已发生的问题，我突出做好完善工作的必要性和可能性。县直机关的干部多是土生土长的本地人，不仅与人民群众有联系，还比较了解群众，人民群众的情绪和要求始终是他们判断事物的重要依据。在群众的感召下，特别是在吃到亲属送来的当时还很紧缺的粮食和食油后，奇谈怪论也就大大减少了。

说一千道一万，都必须落到实处，尤其是要让农民能增产增收。这一年，全县各个方面都有所恢复和发展。在粮食生产方面，首次突破10亿斤大关，比上一年增长12%，油料增产45.1%，国家收购的粮食3亿多斤，破历史最高纪录；在房屋的升级换代方面也是空前的，其中砖瓦房由原来的不足20%提升到

40%以上；外流劳力纷纷返回农村，这在当时也是可喜的现象；乡镇企业和多种经营更似雨后春笋。城乡生气勃勃，处处是充满希望的景象。

五

还是50年代初期，我在上海参加"五四"青年节大会时，亲耳聆听了陈毅元帅关于"三反五反"的讲话，他着重阐述如何看待"三反五反"运动和正确理解其伟大意义，突出强调既要看当前，还要看到未来，要看它三四十年，很可能到那个时候才能理解它的全部意义。深刻理解一项大的变革，是要有个认识过程，这个过程的长短因人而异，但都不可逾越。安徽的农村改革已过去30年，各方面的变化极为巨大，不可同日而语，那难有作为的无为连续7年进入全省十强县行列，区域经济综合实力也连续2年进入中部地区的百强县之列。在30年后的今天，应该是我们共同而又深刻地理解这场改革全部意义的时候了。

在安徽，无为的农村改革不是最早，但也不是坐的"末班车"，它与肥西、来安、凤阳等县都同在一条起跑线上，也都名列前茅。在那个极"左"思潮尚未败退的年代，他们能共同走在全省70多个县的前列确实不容易，能有如此深远的影响也超出人们的所料，人们至今还深情地追忆那个热火朝天的年代更在情理之中。为安徽农村改革撰写的文章和编印的书籍，多是当时真实的写照，已受到社会上广泛的好评。我的回忆，在改革的大潮里只是几滴小小的水花，这篇文章，仅仅是我的所见所闻、所思所想，如有疏漏，欢迎补充和批评指正。

（作者曾任中共安徽省委书记）

风起小岗三十年

陆子修

1978 年 12 月，安徽省凤阳县偏僻的小岗生产队的 18 户农民聚在一起，冒着坐牢的风险干了一件事：把队里的土地分到了户，首创大包干联产承包责任制，为中国改革开放从农村突破铸造了辉煌。

穷则思变。30 年后，当我们重新面对小岗村时，它已不再仅仅作为中国农村改革开放发源地而存在，而更以一个普适价值观而存在，这就是：只有生产的自主与人身的自由，始有经济的发展；只有尊重经济与人性的规律，始有社会的进步。

在当时的政治气候下，作为滁县地委书记的王郁昭（后曾任安徽省省长）以满腔热情的态度支持这种责任制，在省委农村工作会议上要求把包干到户作为农业生产责任制的一种形式予以确认，给"大包干"这个"黑孩子"报上户口，受到时任省委第一书记万里的赞赏肯定。正如万里在省委会议上所言："包产到户不是我们提出来的，问题已经有了，孩子已经生下来了，他妈妈挺高兴，可解决大问题了，你不给户口行吗？王郁昭同志说了，孩子挺好的，给报个户口吧，承认它是社会主义责任制的一种形式。"

小岗再一次踏上起飞的跑道

我们对小岗过去的人和事真是锅堂掏红薯——熟透了。破败的小岗茅草屋不避雨，磙子一停就外流，人人到江浙"数门头"（要饭别称），令人揪心；大包干一出世，尽管是悄悄地，但没有不透风的墙，"影响力"引来了麻烦，说他们搞单干走资本主义路，小岗人丰收的喜悦与对上级的期待、渴求支持的面容，令人动心；大包干包一年，粮满仓，油满缸，户户卖余粮，人人喜洋洋，令人开心。

今日的小岗，一度曾停滞不前的小岗村，在外力的助推下再一次踏上起飞的跑道。

一条宽阔的水泥路修到了村里；一所漂亮的小学建在村上；村南边，600多亩葡萄硕果累累；村北边，一个个种蘑菇的棚子连成一片；在村口，矗立着一栋栋现代信息文化中心和医疗卫生室的建筑群；村道旁，一个引人注目的中型种猪场，象征着现代养殖业的新跨越；小岗人开启了工业致富的大门，村口除了一个面粉厂，还有节能电器厂、钢构厂已经建成投产；村东屹立着万里同志题名的"大包干纪念馆"，一批批外地人正在参观。村里一排排、一幢幢的楼房，取代了过去破败的茅草屋。彩电、冰箱、洗衣机进入寻常百姓家，有4户村民购置了高档轿车。村民们享受着现代文明生活。

举目远视，5月的小岗，田野一片金黄，今年午季又是一个丰收年。小岗村每年人均产粮4000斤，向国家提供商品粮三四十万斤，为国家粮食安全做出了贡献。

小岗村的规模扩大了，成立了村党委。村党委书记由省财政厅派来的工作人员担任。这几年，省委组织部从省、市、县机关选拔一大批年轻党员干部，到村里任职，一方面培养、锻炼干部，一方面为乡村输送领导骨干，促进农村改革发展。这位年轻党委书记已在小岗干了5年，表示小岗搞不上去，他就不回去，与小岗人共谋伟业。我们这些七老八十的人，目睹小岗村的变化，见到这位愿为"三农"献身的基层组织带头人，相信再一次踏上起飞跑道的小岗人，一定会为大包干谱写出更加壮丽的乐章。

风起小岗的背景及其影响力

小岗村的大包干是怎么产生的，它又是如何排除障碍向外拓展的，乃至大包干统一了滁县地区、安徽省……

小岗生产队是凤阳县最穷的梨园公社的一个穷队之一，农业合作化前全村共有34户175人，30头牲畜，耕种1100亩土地。解放后，这个村同千千万万个中国农村一样起了翻天覆地的变化。农民有了土地，有了安定的社会环境，摆脱了封建压迫和剥削，生产积极性空前高涨，生产发展很快。合作化以前，全村正常年景粮食总产都在十八九万斤，好的年成可达20万斤。下中农成分的严家齐，当时全家6口人，3个劳动力，1头牛，种40多亩地，最多一年收过水稻、小麦、高粱、山芋（折粮）、豆类（折粮）共计9200斤，平均每人1500斤。那时全村根本没有外流人员，人们把外流讨饭看成是极不光彩的事。

1955年办初级社时，这个村没办起来。1956年入了高级社，当时办社的工作队说，小岗村一步跨进了"天堂"。入社的第一年景况还可以，全队收了16.5万斤粮食，平均每人600斤口粮，留下种子，其余4万多斤卖给了国家。这4万多斤粮食是小岗村办合作社以来第一次，也是以后23年最后一次向国家做的贡献。1957年反右派反到了小岗生产队，在讨论"优越性"时谁说个"不"字，不管你是贫农雇农，都要被大批一顿，甚至被戴上"反社会主义分子"帽子。从此，政治上鸦雀无声，上面叫怎么干就怎么干。那年冬天，小岗村就开始发粮票吃供应粮了。1958年以后，在农村出现的各种不正常现象，在小岗都发生过。尤其是1959至1961年三年期间，小岗出现了"种20（斤）收18（斤），不用镰刀用手拔"的生产衰败，坠入"饿、病、逃、荒、死"的深渊。队里搞了"责任田"，社员称为"救命田"，好景不长，官方批为"复辟田"，又拢了"大堆"。以后，"文化大革命"又席卷了小岗村，打了10年"内战"。从1966年到1976年11个年头，县、区、社、大队有38人次到这里搞过工作队、宣传队，每年最少1人，最多18人。每期工作队、宣传队都首先抓"阶级斗争"，支持一部分人，整一部分人，搞得生产队干部像"走马灯"一样，换来换去。全队17个男劳动力，有15个人先后当过队长、副队长，20户人家户户出过干部。斗来斗去，人心斗散了，土地斗荒了，粮食斗少了，社员斗穷了，集体斗空了。

小岗生产队尽管遭到错误路线的摧残，但群众对中国共产党和政府还是充满感激之情。从1962年到1978年17年中，全队每年人均分配口粮只有一二百斤，生产生活主要靠政府救济支持，渡过时艰。成立高级社以后，国家共给这个队贷款15632.28元，无偿投资2425元；从1966年至1978年的13年154个月份中，吃国家供应粮的是87个月，吃供应粮达22.8万斤，占13年总产65%，占集体分配口粮总数的79%，还供应各类种子6.5万斤；1978年，小岗队的10头牛和所有农具，都是国家出钱买的。"农民种田，国家给钱，缺吃少穿，政府支援"。许多农民回顾这段历史，都感慨地说："我们都是庄稼人，种了一辈子地，看着庄稼大片荒着，心中如油煎一样。种田人不交一粒公粮，常吃着国家供应的粮，感到惭愧，我们也知道怎么干能多收粮食，但是政策不允许啊！"这是多少复杂的感情，既有感激又有苦衷。

1978年春天，包括凤阳县在内的滁县地区7个县（市）按照地委统一部署，在贯彻党的十一届三中全会精神和中央、省委相关指示过程中，根据群众要求，从实际出发，在全地区有领导、有步骤地推行大包干责任制。在那种谈"包"色变，谈"户"害怕的政治气氛下，这种大包干责任制，始则"一组四定"，后为大包干联产到组，名义上不算突破"三级所有，队为基础"的禁区，是踩着红线行走，这是一种创新的实践。可是，滁县地区不少生产队，感到这种办法还是不行。仅20户115人的小岗生产队搞联产到组时，先划为4个组，后来不行，又划成8个组，还是不行。这块斗红眼的地方，两三户在一起还是"捣"。以后18户社员一起开会秘密搞了"包干到户"，对外称"大包干责任制"。全队517亩地，按人分到户；10头耕牛评好价，两户一头；国家农副产品交售任务、还贷任务、公共积累和各类人员的补贴，按人包干到户；包干任务完成后，剩多剩少都归自己。虽然他们知道只能"包干到组"，不许"包干到户"，但是，他们总觉得这样干能干好，结果还是冒着风险这样干了。

小岗的"包干到户"很快被公社发现了，公社书记觉得这个队太"难缠"，不守政策，几次限期纠正，以免给"包干到组"的政策带来"麻烦"。如不纠正，贷款、化肥、种子不供应。公社书记念起了"紧箍咒"，小岗队长无可奈何，找到了县委书记陈庭元。这位在农村工作几十年，饱尝过酸甜苦辣的县委书记，他想，全县3000多个生产队，一个生产队搞"包干到户"，就算是"复辟"，也无碍大局。于是，他就对公社的同志说："小岗人穷毁掉了，算了吧，就让他们那样干吧！""允许他们干一年，秋后再说吧！"小岗队"包干到户"就这样幸存下来了。实际效果究竟如何？还是让数字说话：全队粮食总产132730斤，相当于1966年至1970年的5年粮食产量总和；油料（花生）总产35200斤，群众说："过去20多年总共也没有收到这么多花生"；生猪饲养量达135头，超过历史上任何一年。过去23年未向国家交售过一粒粮食还年年吃供应，这一年向国家交售粮食25200斤，粮食征购任务只有2800斤，超额7倍多。社员还卖了5000斤山芋干。过去从未向国家交售过油料，这一年卖给国家花生、芝麻24933斤，是国家统购任务（300斤）的80倍。第一次归还国家贷款800元，卖肥猪35头。全队留储备粮1000多斤，留公积金150元。由于生产发展，社员收入大大增加。全队农副业总收入47000元，平均每人400多元，最好的户总收入七八千元，人均700多元，最差的户人均收入250元以上。

小岗的"包干到户"很快在凤阳县一些地方传开，很有"吸引力"或"影响力"，特别在梨园公社，成了群众议论的中心话题。他们说："同一个政府，小岗能干，为什么不叫我们干呢？"尽管公社三令五申，不准"包干到户"，可是1979年秋种时，不少地方采取瞒上不瞒下的办法，一夜之间把田分到户了，把牛分到户了，鸡一叫就下地种麦了。公社干部捂不住了，埋怨小岗影响了大家。小岗影响了一些地方，这是事实，但是，小岗从来没有宣传自己，更无权向其他地方发号施令。为什么小岗能吸引许多地方，许多地方却"影响"不了小岗？这个问题从小岗过去出现的一件事上可以得到回答：1974年，公社党委下决心要改变小岗的落后面貌，公社书记挂帅，人保组长坐镇，一行18人进驻小岗（当时小岗是19户人家）。一位负责人在动员会时说："你们小岗再走资本主义道路不行了。今天我们要左手牵着你们的鼻子，右手拿着无产阶级的刀子，无产阶级的枪杆子、皮鞭子，非把你们赶到社会主义道路上去不可。"18个人兴师动众地"赶了一年"，结果小岗的粮食产量在原来很低的水平上又下降了许多。后来，一位从事过理论工作多年的同志无比感慨地说，这一结局是对"大呼隆"、"大锅饭"的惩罚！小岗生产队过去那么多年捆在一起"大呼隆"，穷到那种地步，谁也不敢搞"包干到户"，大包干是解放思想、实事求是的结果。

　　一次，王郁昭到小岗考察。小岗生产队严俊昌向地委书记倾吐苦衷，渴求支持。王郁昭深思片刻，当即表态说：县委支持你们干一年，我们地委支持你们干三年！包干到户是生产责任制的一种形式，与"分田单干"是两码事。实行这种办法，土地是集体所有，大家凭自己的辛苦劳动，多劳多得，少劳少得，社员又是为兼顾三者利益而生产，它没有偏离社会主义轨道。实行这种办法，对国家、集体和个人都是有利的。大家放心地干吧！"王书记批准我们干三年啦！"小岗村传开了，户户欢天喜地。这一信息，迅速在凤阳县传开，凤阳许多社、队由大包干到组向大包干到户发展，不推自广。1979年夏粮空前丰收，省农委副主任周曰礼撰写《凤阳大包干带来夏粮大丰收》的新闻，刊登在《安徽日报》头版头条上，在全省产生了轰动效应。

　　1979年9月，滁县地委在凤阳县召开了有县委、区委、公社党委书记参加的三级干部会议。这次会议开法不同寻常，一开始就组织大家到城南公社岳林大队岳北生产队实地参观，随意进村入户，访问农民。这个生产队是公社党委书记抓的点。此前王郁昭、陈庭元等人来到岳北生产队调查公正逢公社书记在召开作业组长和社员代表会议，商定定产到组的具体做法。大家争来争去，都说办法太繁琐了，不好办。有几位老社员说，最好的办法是把产量包到组，交足国家的，留够集体的，剩下多少是组里的，既简单又省事，一刀一个血口子，干部省心，社员放心。王郁昭、陈庭元觉得这个办法好，同意他们这样干了。这种责任制名称叫什么？王郁昭说，就叫"大包干"吧！大家都赞成。从此，凤阳县各种联产承包责任制形式都叫大包干，"大包干，大包干，直来直去不拐弯。保证国家的，留够集体的，剩多剩少都是自己的。""大包干，真正好，干部群众都想搞，只要准搞三五年，吃陈粮，烧陈草。"出席地委三干会的同志们在岳林大队岳北等生产队参观访问，不仅感受了社员们的丰收喜悦心情，而且弄通了凤阳大包干责任制的"秘密"，他们是两三户一组，出现许多"父子组"、"兄妹组"，名为大包干到组，实为大包干到户。在会议总结报告时，地委做出了决定，采取什么责任制形式，由群众决定。全地区都可以推广凤阳大包干责任制的做法，作业组规模可以三五户一组，尊重群众意见，由农民当家做主。许多区委、公社党委书记说，地委说到这个地步，已经够了，不要再逼地委表态了。从此，大包干在皖东大地开花结果。

1980 年春节前夕，万里来到小岗生产队，他挨门挨户看了一遍，非常高兴。他笑呵呵地说："这样干，形势大好啊！我早想这样干了，就是没有人敢干。"严宏昌说："我们干了，大家说是开倒车，还能干下去吗？"万里说："地委能批准你们干三年，我批准你们干五年吧！一定要多打粮食，对国家多贡献，集体多提留，社员生活能改善，干一辈子也不是'开倒车'！"严宏昌说："如果有人告我们怎么办？"万里说："如果有人告你们，这场官司我包打啦！"

1980 年 1 月 3 日至 11 日，安徽省委召开全省农村工作会议，研究农村政策，核心是要搞责任制，实行按劳分配。王郁昭在会上作了《顺应民心，积极引导》的大会发言。在发言快结束时，他脱开讲稿郑重提出："要求给大包干到户报个户口，承认它也是社会主义责任制一种形式。"会议经过几天的大会发言和激烈争论，逐步取得共识。万里作了会议总结。万里说："王郁昭同志要求给包干到户报个户口，由不合法到合法。包产到户不是分田单干，分田单干也不等于资本主义，没有什么可怕的。应该承认它是一种责任制形式。我们要满腔热情地帮助它完善，一年二年三年都可以，使农民富起来。"全省农村工作会议的消息和万里的总结报告在《安徽日报》、省广播电台公布以后，像春风一样吹遍了江淮大地，大包干到户迅速在全省推广开来。

这时，包干到户作为一种责任制形式，尚属安徽地方户口。包括安徽在内，一段时期，包干到户是姓"社"还是姓"资"的争论，在全国范围内仍然没有停息。1980 年 5 月 31 日，邓小平《关于农村政策问题》的讲话，拨开迷雾，中央又发了（1980）75号文件，"双包到户"，即"包产到户、包干到户"才第一次在中央文件上有了一席之地。

1982年，中共中央颁发了一号文件，文件的核心和亮点是，第一次以中央文件形式肯定了联产计酬，包产到户、包干到户"是社会主义集体经济的生产责任制"，"是社会主义农业经济的组成部分"。最受农民欢迎的大包干到户责任制，随即以燎原之势，迅速在全国推广开来。

替小岗加油，为大包干喝彩

30年时光过去了，沧桑巨变，举世公认：大包干是中国农民治穷致富的一副灵丹妙药，大包干是中国改革开放的开路先锋，大包干是我们党尊重和支持群众首创精神的丰硕成果。在我们重访小岗的座谈会上，大家如此谈论着。包括小岗在内的凤阳农民为什么能够首创大包干？问题提出，王郁昭深情地说："凤阳小岗村搞起大包干，从历史唯物主义的观点来看，绝不是偶然的。"这位饱经沧桑八十高龄老人，理论造诣颇深，娓娓说道："凤阳是个穷出了名的地方，'自从出了个朱皇帝，十年倒有九年荒，敲着花鼓走四方'，人民生活苦啊！解放后，由于长期'左'的影响，农村生产力一直发展缓慢。十年动乱，国民经济濒临崩溃，民不聊生。小岗村又是凤阳最穷最苦的地方之一。粉碎'四人帮'后，召开了党的十一届三中全会，邓小平力倡解放思想，实事求是。随着实践是检验真理唯一标准的大讨论，全国政治空气趋势于活跃。1978年秋季大旱，加上20世纪60年代安徽'责任田'的背景，以及省、地、县一批冲破'左'的禁锢，勇于探索的干部的支持保护，犹如在一堆干柴上泼了油，一下子点燃起大包干的燎原烈火。"

风起小岗。中国的改革自上个世纪70年代末、80年代初兴起以来，这场伟大的革命真正是历史前进的火车头，她以排山倒海、雷霆万钧之势，改变着中国的面貌。党的十七大以人为本、科学发展等一系列精神，正日益深入人心，激励全党全国人民朝着建设全面小康社会的宏伟目标前进。小岗村30年变革，如今旧貌换新颜，农民人均收入突破了6000元关口，在一个还是以农业为主的地方，这个成绩来之不易！小岗村如何进一步解放思想，深化改革，扩大开放，勇攀高峰，再创辉煌？小岗村党委书记说，我们正站在新的历史起点上，机遇与挑战同在。在全国十大名村中，我们发展水平居后，压力很大。小岗人决心把压力变动力，谋划新的改革发展蓝图。大包干带头人严俊昌、严宏昌说，我们绝不躺在大包干上睡大觉，一定不辜负党和政府希望，弘扬大包干首创精神，放开胆量，迈开步伐，团结奋斗，一步一个脚印，干出新名堂，永远为大包干喝彩。

（作者时任滁州地委政研室主任，后曾任安徽省人大常委会副主任）

小岗村"秘密契约"的内部新闻

李 超

　　曾有不少新闻媒介和出版物就 30 年前安徽省凤阳县小岗生产队社员签订的有关大包干的"秘密契约",存有多种说法和质疑之处。笔者经过多次深入小岗村,与当年"秘密契约"的起草人严宏昌数次深谈,写出此文——

"秘密契约",我终于找到你……

　　1996 年 4 月。

　　凤阳县小岗村当年大包干"秘密契约"起草人严宏昌在中南海看望万里同志后,来到北京中国革命博物馆。在一份编号为《GB54563·秘密协议》的档案中,终于看到了自己亲手所写、已阔别 12 年的"秘密契约"。严宏昌当时激动得热泪盈眶,手捧原件,仔细辩认,连声说:"就是它,就是它,我终于找到你了啊!"

　　往事如烟,但拂不去当事人刻骨铭心的记忆……

　　凤阳,古为淮夷之地,明洪武七年(1374)由朱元璋赐县名。"说凤阳,道凤阳,凤阳本是个好地方。自从出了个朱皇帝,十年倒有九年荒。大户人家卖骡马,小户人家卖儿郎。奴家没有儿郎卖,身背花鼓走四方。"这悲凉的歌声,伴随着同样悲凉的凤阳花鼓点声,世世代代在江淮大地上流传。

　　解放后,凤阳贫苦农民翻身做主人。但由于种种历史原因,特别是"文革"浩劫,凤阳县一直是"生产靠贷款,吃粮靠返销,生活靠救济"。当时又流行一首新编花鼓词:"凤阳地多不打粮,碾子一放就逃荒。只见凤阳女出嫁,不见新娘进凤阳。"最穷的梨园公社小岗生产队 1978 年的粮食收成不足 1.5 万公斤。社员说："三级（公社、大队、生产队）所有二级空，生产队欠大窟窿。"

1978年10月，小岗生产队改选生产队长。队里唯一的中学生、正在外地进行地下"黑包工"的28岁的严宏昌当选为队长，严俊昌当选副队长，严立学当选会计。

看到乡亲们在生产队的地里汗珠摔八瓣地干了一年，到头来还吃不饱肚子。严宏昌找到严学昌（小学毕业）、严俊昌等人合计："干脆分了吧。"严宏昌说，"就是做皇上，也要老百姓吃饱饭呀。""咱分地只能偷着来，瞒上不瞒下。只要交足提留，就不怕上面查。"……随后的日子里，夜幕下严宏昌、严学昌、严俊昌和队里的长者严家芝、关廷珠、严家其等人多次分头协商，最后一致决定"瞒上不瞒下，偷分，但要交足提留公粮，凭良心要对得起共产党"。几位老人鼓励队干部："你们干，有人逮，就是坐牢，全队家家凑粮也要把你们的孩子养到18岁。"

1978年11月24日下午，约3点。村西头第二家，严立华家的破土屋里。小岗生产队20户人家的代表，陆续到来。严宏昌主持会议，告诉大家："咱们丑话讲在前，要干得先交够国家的、留足集体的，剩下全是自己的。"随后，严家芝、关廷珠、严家其等老人提出"生产队长坐牢，小孩先由队里养到18岁"。大家一致赞成。

为了"责任共担"、"谁也不能装孬熊"，他们决定写一份"秘密契约"作为今后的"凭证"。

严宏昌从身上掏出"大铁桥"牌香烟盒纸，准备动笔。有人提出"烟纸不正规"。当时的生产队记工员严立富说："我去拿纸"，随即到隔壁的家里拿来记工分用的16开白纸。

严宏昌执笔，问："今天几号？"有人讲："谁知几号？你就写12月就是了，反正交粮算明年的。"随后，有人附和着说："管，管，就那么写吧。"

严宏昌用那支灌了蓝墨水的"新农村"牌钢笔，写下了一张如下"秘密契约"。

　　1978年12月　地点：严立华家
　　我们分田到户，每户户主签字盖章，如以后能干，每户保证完成每户的全年上交和公粮，不在（再）向国家伸手要钱要粮。如不成，我们干部作（坐）牢剎头也干（甘）心，大家社员也保证把我们的小孩养活到十八岁。

严宏昌、关廷珠、关友德、严立富、严立华、严国昌、严立坤、严金昌、严家芝、关友章、严学昌、韩国云、关友江、严立学、严俊昌、严美昌、严宏昌、严付昌、严家其、严国品、关友申

严宏昌写好后，当众念了一遍，大家表示同意。严宏昌拿出私章，在顶头的自己名字上盖上第一颗鲜红的印章。

随后，从关廷珠开始依次在各自的名字上按手印或盖私章。

这时，人们发现缺关友德、严国昌两户。这两户都是分家单过的人，秋收后已到外讨饭去了。怎么办？人们左右相顾……突然，关廷珠站起来说："关友德是我侄子，我代。"说着，在关友德的名字上按下了手印。严立坤也站起来讲："我是严国昌的儿子，我替俺爸盖。"说着，在严国昌的名字上按下了手印。

就这样，一份史无前例的"秘密契约"诞生了。

严宏昌回到家，把这张神圣的契约夹在一本初一数学书里，然后藏入屋内房梁上的竹筒内。也就在这天晚上，小岗生产队将土地、农机具、牲畜全部分到各户。

"秘密契约"下落不明……

签约的第三天，严宏昌到小溪供销社买墨水，发现墙上挂的日历日期是11月26日。严宏昌这才想起：签约那天是11月24日。

24天后，党的十一届三中全会在北京召开。

1980年5月31日，邓小平同志在中央工作会议上说："凤阳花鼓中唱的那个凤阳县，绝大多数生产队搞了大包干，也是一年翻身，改变面貌。"小岗人的这一举措终于得到了中国最高层的认可。

那静静地躺在严宏昌家房梁上竹筒内的"秘密契约"似乎要被人遗忘了。

1984年春夏之交的一天，来了两位拍电影的同志，欲在该村拍"大包干"的纪录片。严宏昌回忆说："当时我听说来的人是上海电影制片厂的，叫王影东。他多次向我要当年《大包干包产到户合同法》。我不想给他，就和严文学商量，从队里的记事簿上扯下一张纸，我模仿原件写了一份，并叫严立学等人一个人按上几个手印。不料他一看背面是分粮记录，讲'不对，我要原件'。后来，我看瞒不过，就回家从屋梁竹筒里把原件拿出来。一看快5年了，夹在

书里还和当年一样新。我就交给他，他说回去用后就还给我。

到了午收后，严宏昌发现那人还没有来信，很是着急。他卖了粮食，买了车票，找到上海电影制片厂，但人家单位说："没有这个人。"严宏昌呆了，当时眼泪就下来了，这可怎么得了？天哪，那是全村人的心血凭证啊……

回到村里后，严宏昌便把这不幸的事情，原原本本地向村上的父老乡亲们如实述说了。

那年的夏末，曾有一位北京中国革命博物馆的同志也来要"秘密契约"，严宏昌据实将他到上海的事告知。随后他又补了一句，听说那人又好像是中央新闻纪录片厂的，并嘱如能找到，愿捐给中国革命博物馆。

从那以后，小岗村的人们都知道"秘密契约"失踪了。

三次仿制"秘密契约"

随着岁月步伐的迈进，人们越来越认识到农村改革的发源地小岗村历史地位的重要性。而那次失踪的"秘密契约"，不仅受新闻媒介追踪报道的关注，更为著书者引证所必需。

1986 年的一天，一个拍摄《征服饥饿的人们》纪录片的摄制组来到小岗村。为了真实反映当年"大包干"的实况，急需那份当年的"秘密契约"，但原件下落不明啊……为了能使更多的人们了解当年那如泣如歌岁月的实情，严宏昌和当年签约的人们在严家，由严宏昌凭记忆仿制了一份"秘密契约"。就这样，第一份仿制件，出现在纪录片《征服饥饿的人们》中……

随后的岁月里，严宏昌又仿制了两份"秘密契约"：

一次是县里为对外宣传摄制的电视介绍片，是在村外的枣树下"制作"的；另一次，是电视片《命运》（深圳一家影视公司出品），在小岗村民关友章家中"制作"。

1996 年 4 月，时为省人大代表的严宏昌受全村人的委托来到北京中南海，看望曾任中共安徽省委第一书记的万里。当严宏昌汇报到当年"秘密契约"流失时，他的内疚和焦急心情被万里注意到了。万里对他说："听说这个'契约'在中国革命博物馆，你去看看。"

于是，在分别 12 年后，严宏昌终于在中国革命博物馆重新见到了那份事关重大的"秘密契约"，经验证，正是当年的"契约"原件……

"秘密契约"如何到了中国革命博物馆

随着十一届三中全会 20 周年和凤阳"大包干"20 周年纪念日的到来，新闻媒介和各类出版物对小岗村的"关注"逐日升温，特别是关于那张"秘密契约"流失的情况，多种多样的说法，更增添了人们对"秘密契约"真伪的瞩目。

仅以 1998 年为例：

马立诚、凌志著《交锋——当代中国三次思想解放实录》，说"大包干"秘密契约签于 1978 年 12 月；

《南方周末》1998 年 6 月 12 日刊文，称"秘密契约"签定地点严学昌家；

安徽省一家报纸的星期刊 1998 年 9 月 26 日刊文，称"小岗生产队 20 户人家一致同意，并且还为这一极为冒险的举动立下了'生死状'"。

······

于是，存放在中国革命博物馆内的那张编号为 GB54563 的"秘密契约"的真伪成了人们关注的焦点。它，最终是通过什么渠道进入中国革命博物馆的呢？

当事人终于站出来讲话了······

1998 年 9 月 27 日，一封北京的信函寄到了小岗村，收信人严宏昌收到了两份函件，抄录如下：

中国革命博物馆

革保（1998）第 051 号

中央新闻纪录电影制片厂：

1984 年 9 月，我馆张新文同志从贵厂王映东同志处征集到凤阳县小岗生产队包干合同书一份，实属无偿捐献。当时已开过征信单据，特此去函证明。

附中国革命博物馆征集文物清单 2333 号。（复印件）

中国革命博物馆（公章）

1998 年 7 月 8 日

抄：中国革命博物馆保管部

另一份是用"国家经济体制改革委员会"信笺写的证明函，抄录如下：

国家经济体制改革委员会

1984 年，中国革命博物馆筹备"三中全会以来伟大成就展"。我作为中国革命博物馆工作人员，去安徽省凤阳县小岗村征集"包产到户合同书"。据小岗村社员说：不久前，中央新闻纪录制片厂王映东同志来拍纪录片时带走了，叫我要回该合同书，并捐给中国革命博物馆。1984 年 8 月—10 月间，我找到王映东同志。王映东同志坦率无偿地交给我，我用在"三中全会以来伟大成就展览"上。结束后，交中博馆保管部收藏。

    证明人：张新文

1998 年 7 月 15 日

至此，严宏昌才明白，当时他把新影厂误成了上影厂，王映东误成了王影东。

唉，整整 14 年了。

江总书记来到小岗村，当年按印盖章的 18 人，还剩 14 人

1998 年 9 月 22 日，是小岗人难忘的日子。这一天，江泽民总书记亲临小岗视察来了。

"大包干"后 20 年的今天，小岗村粮食产量由 1978 年的不足 1.5 万公斤增至 60 万公斤，人均年收入由 22 元增至 2500 元。江总书记一行在安徽省委书记回良玉、省委副书记王太华、方兆祥陪同下，来到小岗村村史展橱前。总书记将当年的"秘密契约"原件（是从中革博物馆复印的）逐字逐句地念了一遍，连声称赞："好，好，可贵精神，难得勇气。"他还告诉众乡亲："我虽然第一次来到小岗村，但多次听过关于小岗村的介绍，一直想来看看乡亲们，这个愿望，今天终于实现了。"省委书记回良玉说："总书记来安徽视察的第一站就是小岗村，看望的第一户人家就是小岗人。"人们又一次报以热烈掌声。

随后，江总书记一行又来到了严宏昌家。严宏昌和妻子段永霞拿出自家新收获的花生招待总书记一行和省领导。

江总书记详细询问了严宏昌一家的生活情况，听说他家盖了六间瓦房还有余款、余粮，连声说；好啊，好啊。总书记还语重心长地说："农村改革的起点在小岗。当时你们承担风险，揭开了农村改革的新篇章。""希望你们把小岗的明天建设得更加美好。"总书记还叮嘱严宏昌的儿子严德锦"好好读书，为国家的繁荣富强奋斗"。

当年按手印的 18 人，今天还健在 14 位（另 4 位已病逝），他们是：严宏昌、严俊昌、严立学、严立富、严立华、严立坤、关友江、关友章、严金昌、严学昌、严付昌、严美昌、关友申、严国品。

江总书记心系当年，他要和 14 位村民见面、合影。闻讯赶来的小岗人争相问候总书记，气氛十分感人。合影时，摄影师一查只有 13 人。原来，严美昌日前到凤阳山赶庙会去了，没能赶回来……

现任小岗农工商总公司总经理的严宏昌表示一定要带领全村群众落实江总书记的指示，为小岗村的明天更加美好、阔步奔向新世纪而努力奋斗。

回忆肥西黄花村的包产到户

陈锡银

中国的农村改革，应该记住凤阳的小岗村和肥西的小井庄，一个"井"，一个"岗"，形成了中国农村第二次"井冈山革命"。可要说中国农村改革的第一家是肥西县山南区柿树岗乡黄花村时，人们免不了诧异，会问：黄花村？我们怎么不知道呢？事实上，早在1978年夏秋，黄花村人就以土地包产到户的方式突破了在农村推行了25年"吃大锅饭"的集体经营体制，为解决农民的温饱问题开了先河。

大旱催生改革

1978年夏秋，肥西县山南区柿树岗乡黄花村在百年未遇的大旱面前，率先实行了包产到户。当年，江淮大地持续大旱，江河断流、池塘干裂，连淠史杭灌溉干渠也无水可流，很多村庄人畜饮水困难，全省农田6000多万亩受灾，数百万人口受灾情影响。肥西县6861个生产队，有4700个受灾严重，100万亩农田70%减产或绝收，农民忧心忡忡，一筹莫展。

9月中旬，肥西县委、县革委会紧急召开抗旱动员大会，号召各级党政机关和县属企事业单位行动起来，全力投入抗旱、保收、播种工作。当年笔者在肥西县工交办公室工作，随县工办主任解光鹤同志到肥西县高刘区督查抗旱工作。到达乡下后，旱情比想象中严重得多，到处一片枯黄，有的地方连家畜、耕牛都渴死了，有的地方只能靠地方政府和解放军送水度日。

工作队下乡督查的重点是能否把来年午季的农作物种下去。当时县里根据旱情，提出找水打井育苗，到有水源的地方借地育苗。找水育苗已经找不到了，至于借地育苗，当时虽然根据省委文件精神，按每人3分借地给社员种"保命麦"，但由于肥西以岗丘地为主，地下水位低，打井难度大、成本高，为3分地去挖井提水种庄稼，得不偿失，农民并没有多少积极性，这个办法收效甚微。由于旱情持续长，一时间人心惶惶。

肥西县委书记常振英在山南检查抗旱时说，旱情太严重，麦子种不上明年就没指望，要多动脑筋想办法。山南区委书记汤茂林说，省委虽然给了借地渡荒办法，但3分地太少了，恐怕不能解决问题。要想干，60年代曾希圣书记搞的责任田能不能再搞起来。对此，常振英是支持的，但不好明确表态，只答应可以在黄花村试点。

1978年9月15日晚，汤茂林在自己蹲点的柿树公社黄花大队召集24名党员和生产队长会议（笔者注：实际是23名，有一名党员因事未到场，另有汤茂林和蹲点工作队员4人，总计27人），传达省委"六条"的精神和允许借地渡荒的办法，讨论秋种问题。他和大家一番热议后，决定在"借"字上做文章，把麦地、油菜地全部"借给"社员，包产到户，同时商定了"四定一奖一罚"的办法。所谓"四定一奖一罚"，是定任务（每人1亩麦地、5分油菜地）、定产量（麦子200斤/亩、油菜100斤/亩）、定工本费（麦子和油菜都是5元/亩）、定上缴（麦子200斤/亩、油菜100斤/亩），超产100斤奖60斤，减产全赔。

"仿佛骑在老虎背上向前冲"

9月16日上午，汤茂林主持召开黄花大队全体干部会议，讨论"四定一奖一罚"的包产到户方案，大家热烈拥护。17日上午，召开群众大会，宣布包产到户办法，群众拍手叫好；当天下午，各生产队商议分田。18日，黄花大队田地全部"借给"了社员，全大队1037口人，"借"了1590亩耕地。紧接着，山南区委在黄花大队召开现场会，介绍"四定一奖一罚"的包产到户做法，全区7个公社党委书记和革委会主任及部分大队支书到场，一时间轰动全区，捆绑农民手脚20多年的"大呼隆"、"大锅饭"的经济体制从这里被打开了一个口子。

当时，山南区共7社1镇，81个大队，1096个生产队，26000多户，近10万人口。进行这样大面积、大声势的改革，所承担的风险自然很大，特别是区委书记汤茂林，仿佛骑在老虎背上向前冲，弄不好就会摔下虎背，甚至被老虎吞掉。现场会开过没几天，9月21日，便有人写了状告汤茂林的"人民来信"，指责汤茂林在山南搞包产到户代表的是当年曾希圣分田单干的错误路线，中了刘少奇"三自一包"的毒害。这封信，分别寄给省委第一书记万里、六安地委书记徐士琦和肥西县委书记常振英。

在各种压力下，肥西县委后来不得不发出46号文件，不许包产到户，还要山南区委办学习班，限期纠正包产到户。区委书记汤茂林心急如焚。后来，省委书记王光宇来到山南，帮山南区委说了话，肥西县委这才同意，山南区的包产到户不改了。

事过之后，汤茂林不无感慨地说："那天晚上，我们23名党员开会学习省委六条时，你一言、我一语，兴趣上来了，大家都说：就得像曾希圣书记当年搞责任田那样放手敢干。我们一直开到夜里12点多，根本没有考虑会不会蹲班房、杀头的事。我想，只要有产量，群众有收入、有饭吃，即使干错一点有什么关系呢？"

"包产到户，真正了不起"

就在山南区遍地"黄花"开，分田分地，实行包户到户忙秋种时，肥西其他乡镇知情后也闻风而动。10月初，县委召集各区委书记、驻区工作组长会议，贯彻省委"六条"关于借地渡荒精神，各区、乡纷纷将土地划给农民抢种。截至11月中旬，各区、乡基本完成抢种任务。

11月7日，肥西下了一场透雨，农民在土地上移栽油菜和补种大麦等农作物。幸运的是，肥西1979年午季获得大丰收，比1978年增产两倍，上缴国库粮食1980万斤，超额完成全年定购任务，且全年比上年增产136%，农民真正得到了实惠。

当时的肥西县委里仍然有人对包产到户有不同的看法。李尚德接替常振英任县委书记后，在春节后的三干会议上，宣布包产到户只准山南公社搞，其他地方不准搞。对山南公社包产到户则强调"三不"：即不提倡、不宣传、不推广。不久，县委发出2号文件，限制包产到户。1979年3月15日，《人民日报》头版头条发表张浩《"三级所有，队为基础"应当稳定》的群众来信，并加编者按指责包产到户是错误的，是破坏社会主义公有制的行为。一时间各方面的压力纷至沓来。

1977年6月调任安徽省委第一书记的万里同志，对安徽的农村情况做了多次调研，对农民的困苦有着深刻的了解，对大旱后山南区包产到户的做法，也从多种渠道了解了态势的发展，始终坚定地支持山南包产到户的试点工作。

1979年，万里两次到山南视察，5月来了一次，12月又来了一次。12月13日，万里第二次到山南视察时，向区委书记汤茂林提了6个问题。汤茂林一一作了答复。听后，万里连声说："不虚此行，不虚此行！看来怕这怕那都是不必要的。外界传的，有些根本不是问题，有些问题也不是不可以解决的，关键在领导。"万里下队看了几户农家，头一户就说："托万书记的福，我们今年超产了，超产五六千斤。"接下来几家也是如此。万里高兴地说："山南包产到户，真正了不起。"

1979年春季，肥西全县实行包产到户的生产队占总数的23%；夏季占37%；秋秋占50%；年底8199个生产队包产到户，占总数的97%。

1980年5月31日，邓小平同志在《关于农村政策问题》中说："农村改革放宽以后，一些适宜搞包产到户的地方搞了包产到户，效果很好，变化很快。安徽肥西县绝大多数生产队搞了包产到户，增产幅度很大。"

（作者时在肥西县工交办公室工作，现任合肥市政协办公厅副调研员）

追记王业美和来安县的农村改革

尹伊

回顾安徽推行家庭联产承包责任制的历程，在农村改革的功劳簿上，除了有肥西山南人和凤阳小岗人写下的光辉篇章外，作为推行包产到组和包产到户较早的来安县魏郢生产队和前郢生产队的农民，以及当年甘冒风险、敢为农民群众壮胆撑腰的县委书记王业美的业绩，也应彪炳史册。这样，为世人所瞩目的安徽农村改革的功劳簿，才是一部公正而完美的史诗！

"出了纰漏，我这个'七品官'担着"

1978 年的安徽，遭遇了历史上百年罕见的大旱，一连 10 个多月没下一场透雨。和全省各地一样，来安农村库塘干涸，河水断流，群众的生产和生活，面临着极其严重的困难。

就在这年 8 月 19 日晚上，滁县地委书记王郁昭夫妇来到滁县人武部政委王业美家，告诉王业美，地委研究决定派他去来安县任县委书记，特来征求他的意见。王业美二话没说就答应了。王郁昭告诉他，来安县是革命老区，也是出了名的穷县，从 1969 年以来不到 10 年的时间里，共花掉救济款 200 多万元，吃掉返销粮 5750 多万公斤，有三分之一的生产队是吃粮靠返销、生活靠救济、生产靠贷款的"三靠队"。王郁昭还说，这个县不仅旱情严重，人事关系也比较复杂，作为一个老同志，组织上相信他到那里能够开创新局面。王郁昭夫妇走后，王业美对老伴宋佩琳说，他一个人先过去，等安顿好了，再接她到来安工作。

这天晚上，王业美躺在床上睡不着。他想，自己是农民的儿子，又有农村工作的经验，和农民打交道他从心眼里高兴，虽说已经55岁了，患有高血压和冠心病，可比起老黄忠，他还不服老呢！再说，不是学过《实践是检验真理的唯一标准》那篇文章么！天天在机关大院里转，坐在办公室里翻报纸，哪来的实践？是不是真理，又怎么检验……他的心早飞往来安农村了。

王业美到来安县上任后，花了50多天时间，跑遍了全县27个公社、镇。所到之处，他和基层干部、农民朋友促膝谈心，交流思想，了解省委"六条"贯彻落实情况，共商吃饱肚子脱贫致富的大计。

王业美在张山公社跃进生产队了解农业生产情况时，对该队采取的农作物"包栽插、包管理、包收运"和"质量统一验收"的联工计酬办法，进行了详细了解。在8月30日县委常委集中学习时，他联系实际谈了自己的看法。他说："现在农业之所以搞不上去，主要原因在于没有责任制，多劳不能多得，不能按劳分配。必须把责任分到队，建立奖惩制度。"9月初，他来到了年初自发实行包产到组责任制的烟陈公社魏郢生产队了解情况。

魏郢生产队靠近江苏省，是个只有21户人家165亩耕地的小村庄。在1956年以后的20多年中，粮食产量一直在4万斤上下徘徊，一个整劳力出满勤年收入只有135元左右。那些年，上级蹲点的干部来了一茬又一茬，队里的领导班子换了一任又一任，可是一双双结满老茧的手，怎么也没赶走饥饿和贫困；一双双期盼的目光，一直没有迎来报春的红梅……然而，"穷则思变"的种子，随着1978年春天脚步的迈近，不可阻挡地在魏郢人心中萌发了！农历正月十六日这天吃罢晚饭，在社员和干部的强烈要求下，在这里蹲点的大队干部徐士林，召集队干部在队长魏永德家开了一次小会。大家统一认识，决定搞包产到组，接着又开社员大会征求群众意见。大伙一致表示："只要上级同意我们分田到组，分组耕作，秋后若完不成任务，饿死也不向国家要一粒粮食！"到3月下旬，在公社和大队蹲点干部的参与和支持下，他们很快讨论制定出"分组作业，包产到组，以产计工，统一分配"的方案和有关具体措施。

包产到组的实施，极大地激发了魏郢人的生产积极性。两个作业组分到的水利兴修任务，在全公社率先完成后，又投入了抢挑塘泥的战斗。仅用了半个月的时间，就把7亩多面积的魏家大塘里60年未清理过的塘泥全部挑了上来，50多亩春茬田压上了一层黑油油的塘泥。魏郢人包产到组的消息不胫而走，周围的群众私下里也跟着学，跟着干开了。来安县委一位负责同志听了一些反映后，在一次县委召开的全县公社党委书记会上，打断烟陈公社党委书记杨永华的发言，厉声道："魏郢包产到组违背上级精神，那样搞要犯路线错误，不能搞，赶快改回来！"这位负责同志的指责，传到魏郢，引起了人们的思想波动。这时，公社在这里蹲点的干部张家法，在社员大会上说："公社党委研究过了，我们拎着'乌纱帽'，支持你们干！"公社的支持，使社员们的劲头又鼓了起来：组与组之间，人与人之间，明争暗比，你追我赶，农活进度快，质量高。以插秧为例，从5月2日到麦收前，两个组共插秧115亩，比1977年提前40天完成任务，质量也有明显提高。

在魏郢生产队，听了干部的介绍，看了他们的巨大变化后，王业美心里甜滋滋的，笑容满面地对队干部说："干得好，干得好！你们的大胆行动我支持！只要多打粮食，有饭吃，有钱花，就是好办法。不管别人怎么说，你们干你们的，出了纰漏，我这个'七品官'担着！"王业美的话，给魏郢人壮了胆，撑了腰。可在王业美眼里，是基层干部的革命精神，是魏郢人高涨的生产热情，给了他信心和胆识，给了他冲破禁区、大胆实践的决心和力量！

9月中旬，王业美又派县委调研组的同志配合滁县地委调查组的同志，到魏郢生产队调查总结他们的经验。为了在全县推广魏郢生产队的经验，下旬，在全县四级干部大会上，他让魏郢队作了典型发言。

"你们要求包产到户，我批准你们搞"

王业美在调查研究中，了解到这个县十二里半公社有个前郢生产队，是个"嘴插在粮站，手伸在银行"，在全县出了名的穷地方。

这年，由于旱灾严重，午季减产，秋季失收，没等到秋种，前郢队就有不少人家揭不开锅了。10月初，前郢队队长应道昌向在这里蹲点的公社党委副书记狄龙江，提出了包产到户的要求。老狄虽然同意，但不肯表态。他想先向王业美书记汇报，请县委书记拿主意。听了老狄的汇报，王业美被前郢人"包产到户"的大胆要求触动了。魏郢队"包产到组"的做法，从上到下都有人反对，包产到户，不是更触动了一些人那根最敏感的神经么！为慎重起见，面对老狄，他没有马上表态。没几天，王业美来到十二里半公社，叫老狄和他一道去前郢队。

老狄陪王业美来到前郢生产队，叫队长应道昌陪他们先到社员家看看。他们走访的第一户，是上海下放知青张惠芳家。几年前，张惠芳与本队农民唐世和结婚，现在已是3个孩子的妈妈了。王业美走进两间低矮的破草屋一看：家？这哪里像个家呀！房顶上露着簸箕大的洞，上面盖着一块塑料布；几根树棍，撑着快要倒塌的土墙；床上，3个面黄肌瘦的小孩裹着一床破棉絮正睡着；土囤里光光的，一粒粮食也没有。老应介绍说："5口之家仅有的一床棉被，叫她看牛屋的丈夫抱走了。""小张患病，正等着钱治疗。"眼前的一幕，使王业美的心受到强烈的震憾：解放这么多年了，农民兄弟还这样苦，怎么向党向人民交待啊！他立即对身边的县民政局干部说："先给她家一些救济粮、救济款，再给一床新棉被，应付暂时困难。"张惠芳的热泪夺眶而出，哽咽着说："王书记，上级对我家够关心了，老是批粮、批钱，可啥时候才算个尽头啊！听俺队里老年人讲，包产到户能多打粮食，吃饱肚子……"王业美看着张惠芳，坦诚地说："我这次来，就是和大家商量，怎样从根本上摆脱贫困。"接着，王业美在应道昌陪同下，又到社员齐全德、队会计应道本和队长自己家走访察看，情况都差不多。

王业美越看心情越沉重。回到公社，他问公社党委书记王永明，还有没有法子帮前郢队搞好？身旁的老狄插话说："王书记，我上次已经向你汇报过了。现在干部怕犯错误，社员怕不给干，所以不敢干。"王业美若有所思地望了望窗外，突然转过来对陪同的干部们说："只要老百姓有饭吃，什么错误不错误！'寒露油菜，霜降麦'么，现在刚过寒露没几天，可以先每人分二分地播种油菜，渡过旱灾。"应道昌是个大胆汉子，听到这个消息，他自作主张，给社员每人分了四分地种油菜。田分到户后，全队大人小孩齐上阵，风风火火地干开了！

王业美从十二里半公社回到县里的那天晚上，县委常委会刚开始，他介绍了前郢生产队的近况，建议县委批准这个队搞包产到户试点。没想到常委们没有一个人支持。在这种情况下，他没有再多说什么，断然宣布：以他个人的名义，批准前郢队进行包产到户试点。为了避免将来出问题牵累别人，他特别关照县委办公室同志，将这件事记录在案。接着，他又在会上大胆直言："不是讲，实践是检验真理的唯一标准吗，采取这种办法，仅仅是在一个队试点，是否能让老百姓吃饱肚子，通过实践检查一下，有什么不好！老百姓吃不饱、穿不暖，难道我们这些父母官就问心无愧！古时候的唐知县都知道'当官不为民做主，不如回家卖红薯'，难道我们这些共产党人，还不如他唐知县！"

时过立冬，正是移栽油菜苗的季节，王业美又来到了正在抗旱栽苗的前郢生产队，望着人们忙着用脸盆端水、用水桶抬水的动人场面，很感动。当他了解到每人多分了二分地时，不但没有批评应队长，还夸奖他们："都说前郢人最穷、最懒、最落后，可我看，你们从小孩到老人，没有一个懒惰落后的！"接着，他又向队长和社员们宣布："你们要求包产到户，我批准你们搞。但这不是县委的意见，是我个人的意见！"社员们一齐鼓起掌来！一个知青模样的小伙子边鼓掌边大声说；"感谢王书记为我们撑腰！您放心好了，我们一定好好干，为您争光，为应队长争光！"

见群众这样欢喜，王业美对站在身边的狄龙江说："老狄，这件事由你负责，但仅限在这个队试点。你要配合大队，尽快帮他们制定好包产到户的各项措施，只能成功，不能失败。"从这天起，老狄就在前郢住了下来，召开有关会议，制定方案，征求意见。结果把全队289亩耕地按水田、旱地分类，采取土质好坏、远近搭配等办法，全部分配到户，并把耕牛、农具等集体财物也折价处理到户。

这样，在王业美书记的亲自过问下，前郢生产队成了江淮大地上第一个实行包产到户的生产队。这件事，载入了安徽人民出版社1989年出版的《安徽建设40年》一书，也载入了中国农村改革的史册。

"为了老百姓丢官值得"

在王业美到来安的4个多月时间里，"包产到组"和"包产到户"像两颗冬眠的种子，很快在一些生产队的土地上生根发芽，茁壮成长。然而，一些人却将它视为"洪水猛兽"，当作"瘟神"，除了在公开场合对其横加指责外，还从阴暗角落里吹出阵阵冷风，对王业美发起了猛烈的攻击。他们给地委和省委写信，状告王业美。说什么"来安来个王业美，刮起分田单干风"，反映他"不搞抗旱救灾，不抓秋种，一到来安就搞分田单干，是货真价实的单干书记"等等。一时间，流言蜚语，以泰山压顶之势，向他扑来……在这风风雨雨的日子里，12月下旬的一天，老伴宋佩琳从滁县又一次来看他。晚上，老伴端来一盆热水给他泡脚，帮他卷起裤脚。当她又一次看到王业美那肿得像发面馍一样的双腿，用手一按一个窝时，心疼地说："叫你注意自己的身体，少往下跑，就是不听，听说有人告你的状，都告到万里书记那里去了。这么大年纪了，咱又不想升官，何必去冒风险，叫人担惊受怕呀！"

听老伴这样说，王业美这个山东大汉，皱起了眉头，拉下脸来，说："我一不贪污受贿，二不腐化堕落，谁告叫他告！官不是从娘胎里带出来的，是人民给我的。为了老百姓丢官值得！大不了再回山东老家种地去！"

几股暗流，毕竟阻挡不住十一届三中全会的东风，来安县推行家庭联产承包责任制的洪流，也不可能逆转！1979年1月中旬，新华社、《人民日报》对安徽的农村改革作了连续报道。1月21日，新华社播发了陆子修、张广友的文章《灾年创高产，一年大变样——安徽省来安县魏郢生产队实行包产到组的调查报告》，详细介绍并充分肯定了他们的具体做法和经验。前郢生产队包产到户的消息，也很快从山区到圩区，在全县农村传开了，有不少地方还偷偷地学着干起来。王业美发现后，没有批评阻止，而是因势利导，大加鼓励！

来安县农村改革的春潮滚滚，热气腾腾，强烈地冲击着广大干部和农民的心扉。在全县近百个推行家庭联产承包责任制的地方，展现出一幅幅人人动手忙春耕的画卷！这在邻省社队农民的心里荡起了波澜。一天，王业美突然收到江苏省几个农民写给他的信，请他到他们那里看看，他们也想搞包产到户，推广来安县的经验。对此，王业美笑了，但他爱莫能助，只好叫县委办公室的同志给他们回信，安慰邻省的农民兄弟。也许是信来信往走漏了风声，时隔不久，一幅幅诸如"包产到户就是复辟资本主义"、"誓死抵制安徽的单干风"之类的大字标语，赫然出现在邻省和来安的交界地带。王业美望着对面竖起的大幅标语，真是别有一番滋味在心头！

农民是最怕出现倒春寒的，然而，1979 年 3 月 15 日，中国农村改革中的"倒春寒"却突然出现了，那就是《人民日报》发表的那封震惊全国的《"三级所有，队为基础"应该稳定》的张浩来信，及所加的"编者按"。在来安，人们奔走相告，议论纷纷，有人传言："王业美这次肯定要倒大霉，栽大跟斗。重则判刑，轻则开除公职！"一些居心叵测的人，也正等着看王业美的笑话……

此时的王业美，从一些干部回避他的目光中，感到了一种无形的压力。他深知他这个"单干书记"在来安的作为，已经越过"包产到组"的界限，岂不是罪加一等！然而他想，在战争年代，他出生入死，无所畏惧。当年，和他一起参军的 21 个青年，现在活着的不是只有 4 个了吗！他这条命，也是拣来的呀！如今，为了老百姓吃饱肚子，走这条路，究竟犯的什么路线错误？还允许不允许别人去实践？不通过实践又怎么检验？他张浩，能代表几个中国老百姓？不管怎样，他"任凭风浪起，稳坐钓鱼船"。当天下午，他就写信给远在北京部队里的儿子，谈了他对包产到户的看法，并叫儿子王毅作好思想准备：万一出事，他就回山东老家种田……

在人心惶惶，仿佛大祸临头时，王业美没有退缩。当天晚上，他照例主持召开县委常委会。会上，常委们七嘴八舌，一片"纠偏"、"改错"之声，只有王业美一人坚持："搞过的稳定不动，没搞的不再扩大。"面对大家的指责，他又大胆直言："我们是唯实，还是唯上、唯书、唯本本、唯报纸？我觉得，这是对马列主义、毛泽东思想的态度问题。现在，关于检验真理标准的大讨论，也讨论过了；党的十一届三中全会，也开过了，我做的对不对？应让实践来检验。

作为父母官，我还是那句老话："当官不为民做主，不如回家卖红薯'!"会议不欢而散。

在这风风雨雨、谣言四起的日子里，王业美的心和农民贴得更紧了。一天，他来到双塘公社头墩生产队，从淮北讨饭到这里落户的孟老汉一把拉起王业美的手，含着泪说："俺农村刚刚才过上两天舒坦日子，千万不能再变回去啊，王书记!"还有一次，独山公社有个农民托人带口信给王业美，说："王书记要是为包产到户犯错误，我们都要去给他讲情，替他坐牢!"有一次在街上，前郢队有个干部对王业美说："要是开除你的公职，我们敲锣打鼓接您下乡，和我们一起面对黄土背朝天!"多么亲切的语言，多么纯朴的感情，多么无私的情操啊！有农民兄弟和他肝胆相照，风雨同舟，他心里踏实多了。

也正是在这人心惶惶的关键时刻，3月19日以后，滁县地委很快传达了省委第一书记万里的指示："王任重副总理同意我们省委的意见。不管人家怎么讲，联产承包是省委同意的。你们放心干，有什么问题省委负责!"听了这些话，王业美心潮澎湃，热泪夺眶而出。

1979年底，来安县实行联产承包的农民怀着喜悦的心情，向县委交出了一份令人满意的答卷：当年全县粮食总产比1978年增产4.4%。其中：包产到组的队增产3.4%，包产到户的队增产37.1%，"大呼隆"的队减产6.7%。这些数字在王业美眼中，在众人眼中，是最生动、最形象、最有说服力，它蕴含着深刻的哲理，为实践是检验真理的唯一标准这个命题，作出了最好的诠释。

1980年的春节前夕，在来安大部分村庄"谷满仓，猪满圈，树成行，村姑穿花衣，社员盖新房。政策落实好，农村一片新气象"的赞扬声中，王业美想到了一年多来，使他牵肠挂肚的革命老区邵集公社。过去这里虽说年年吃救济、借贷款、要回销，可在推行生产责任制的路上，步子迈得不够大，所以，他早就想来这里看看。一天，他来到这个公社的大刘郢村。进村后走访的第一家，是他的农民朋友何开新。刚到门前，令他吃惊的，是贴在老何门上那幅火红而刺眼的对联。上联是：借一斤吃一斤斤斤不断；下联是：借新账还旧账账账不清；横联是：老牛落在枯井里。新春佳节，来给老区人民拜年，看到这幅贴在竹笆门上的对联，王业美心里很不是滋味。何开新见书记来了，忙走出门迎上前去。王业美握着老何的手，望着门上的对联没有多问，一切全写在这幅对联上了！一了解，王业美才知道，这里由于受极"左"思想影响，推行联产承包责任制步履维艰……

离开何开新家后，王业美边走边对陪同的干部们说："这里是革命老区了，

1943 年，刘少奇、罗炳辉、张劲夫、方毅都住过这个地方。这个村有个李永英老妈妈，当年喝她奶水长大的罗炳辉的儿子罗新安 30 多年后来看她时，因为拿不出东西招待孩子，她就在罗新安来的那天早晨，锁上门，背着包袱，拄着棍，流着泪，到江苏盱眙亲戚家躲起来了！"说到这里，王业美动情地挥着手，"不能再这样穷下去了，要解放思想，实事求是。首先是你们干部，可以先到人家实行包产到户的地方看一看，学一学，作好思想准备，等过罢春节，所有的革命老区，没实行生产责任制的，要全面实行，决不允许再搞'大呼隆'……"

"要不叫你过上好日子，我这个县委书记也就干到头了"

1980 年的初春，王业美到大英公社检查工作。途中，他发现一个瘦弱的少年，在一条水渠旁的草坡上无精打采地放牛。他下了车，走上前问少年是哪个队的？少年望着这位慈祥的长者答话："我是西武公社的，家里穷，来这里给人家放牛。"老王问："小朋友，你们没实行包产到户呀！"放牛少年望着他，答道："我爸有病，弟妹又小，分了田没人种，也没钱买化肥、种子、农药……"

坐在车里，放牛少年的话，久久地在王业美的耳边回荡。他想，没推行生产责任制的地方就不说了，在推行责任制的地方，全县还有多少像放牛少年这样的贫困户，继续在温饱线上挣扎呢？他决定在推行完善生产责任制的过程中，动员全县干部群众，打一场扶贫攻坚的人民战争，让来安县所有的穷苦农民兄弟共同富裕起来！这样，他才能问心无愧，吃得饱，睡得香。

经过有关部门的调查，王业美发现全县还有 5319 个贫困户，占全县农民总数的 6%，其贫困原因不外乎：缺乏劳力、资金，未成年子女多，不懂科学技术等。情况明了后，王业美立即召开县委常委会，统一思想，统一认识，让大家献计献策。接着又配合民政部门成立扶贫办公室，并以县委名义印发文件。文件要求，县、区、乡、大队四级书记亲自抓扶贫。全县 1902 名各级干部都包干到户，并明确了各人的扶贫对象。王业美的这一重大举措，得到了全县各级干部的大力支持。县直机关干部和科局长们，都怀着一颗公仆心，积极投身到扶贫助困的工作中去。

王业美的扶贫对象"在编"的有限，不"在编"的又有多少呢！新河公社七里大队的上海下放户沈宝国家，就是其中一户。

一天，王业美到新河公社检查工作，来到了沈宝国家。老沈说，过去在上海他只会蹬三轮车，"大呼隆"时给队里放牛还能混碗饭吃，现在包产到户，他家就不行了。偏偏"屋漏又遭连阴雨"，不久前，一个小瓦匠乘人之危，托别人借给他300元钱，打他女儿的主意。为了救女儿，他准备卖房子还债，然后再回上海蹬他的三轮车去，再不想呆在这个鬼地方等死了！听了这位老工人的哭诉，王业美动情地说："老沈，房子先别卖，闺女不要嫁，你也不要走。你要是这样回上海，来安40万人的脸就丢光了！你放心好了，我来帮你。要不叫你过上好日子，我这个县委书记也就干到头了！"王业美的一席话，温暖了这位老工人的心。说着，他又从衣袋里掏出仅有的70元钱，塞到老沈手里："这点钱救急不救穷，你先拿着，买点口粮和生活用品，我会帮你一起想办法，挖掉穷根！"见王书记解囊相助，在场的几个干部也从衣袋里掏出钱，塞到老沈的手中。

王业美回城后，很快安排扶贫办的同志，给沈宝国家送去棉衣和两张床。他又帮老沈搞贷款买耕牛、肥料、种子、农药，托人买来100多棵果树苗，让老沈栽在房前屋后，并请来有经验的老农当老沈的农技指导员。收获季节，沈家忙不过来，大队的"帮贫小组"也来人帮他一把。俗话说，人勤地不懒。10月金秋日，老沈第一次买来芦席折子，把自家收获的金灿灿的稻谷堆放在折子里。从这些饱满的籽粒里，老沈看到了一家人辛勤劳动的汗水，更看到了王业美书记所倾注的心血。

11月下旬，王业美又一次来到老沈家。老沈拉起王书记的双手，要给他下跪谢恩："王书记，我在上海花花世界，蹬了那么多年的三轮车，什么样的人我都见过，就是没见过像你这样的官，这样心贴心地帮我这样的穷人。我感谢毛主席，感谢共产党，感谢您王书记！"

王业美忙扶起老沈，望着这位如枯木逢春的老工人，望了望金山似的稻谷，笑道："不要谢我，老沈只要你不再回上海，我就高兴了！要谢，就感谢关于真理标准问题的大讨论；要谢，就感谢十一届三中全会以来的解放思想、实事求是的思想路线；要谢，就感谢邓小平同志！"

一年后，来安县的农村扶贫之花，结出了丰硕之果。1981年9月5日《人民日报》头版头条刊登了《来安县干部包干扶助困难户》的典型报道，并配发了《爱富帮贫》的短评。这一年，来安县共有3000贫困户走上了脱贫致富之路，并被评为全国扶贫工作先进单位。10月下旬，王业美书记应国家民政部之邀，作为代表去北京开会。他在会上介绍了来安县的扶贫经验。并受到嘉奖。当时的民政部长，在会上逢人便夸像王业美这样一心为农民的县委书记。

1983年9月21日，《北京周报》用英、日两种文字和4个版面，发表了题为《扶助贫困农家》的文章，向国外介绍了来安县农村开展扶贫工作的情况。

"要帮忙，就给那些无权、无势、无钱的老百姓帮忙"

来安县的干部群众都说：王业美不仅是个一心为民的父母官，同时也是个铁面无私的父母官。的确如此，王业美的老伴说，当年老王曾对她说过：身为县里的父母官，曾有不少人求他办事、开后门。可有个原则："要帮忙，就给那些无权、无势、无钱的老百姓帮忙。他们最困难，也最需要帮助。"

为此，他利用自己的职权，为老百姓办好事、办实事、开绿灯！但有些干部找他办私人的事，他却铁面无私，坚持原则，不怕得罪人。有个县委常委未过门的儿媳妇招工进了集体单位，她不想干，便找这个常委向王业美求情，要求调一个好的工作单位。王业美语重心长地对那个常委说："你那未过门的儿媳妇，有个大集体单位上班就很不错了。现在，知青下放户回城，只要有个单位，哪怕在街道小厂糊纸盒子，也就满足了。"还有一个县委常委，儿子要结婚，想再盖一间房子，叫县委办公室帮他筹办。王业美知道后，更是直言相劝："你现有住房已经超标准了！你看，万德元副书记盖一个小厨房，都是自己掏钱盖的！"其实，王业美是第一个自己掏钱盖小厨房的。

王业美对县里领导干部要求严格，可对穷苦百姓却倾注了满腔的热情、满腔的爱。农民顾洪成一手养蜂技术，早想搞养蜂的副业，尽快致富。可木材要凭计划供应，做蜂箱的木材哪里来？在他几乎绝望的时候找到了王业美。王业美听了二话没说，骑上自行车找到有关单位商量，帮他解决了40只蜂箱的木材。烟陈公社农民王福山的日子过好了，想买辆拖拉机。可进城一看价格，带的钱不够，他问农机局的人，剩下的钱能否分期付？农机局的同志让他在城里找个担保人来，否则不行。远距县城的王福山，上哪去找担保人呢？走投无路之际，他想到了他的朋友王业美。见农民朋友王福山要买拖拉机，王业美喜出望外，穿着拖鞋就陪王福山来到农机局，亲自签字画押为他担保。见王福山开起崭新的拖拉机，那架式，那风采，笑得王业美合不拢嘴。

为农民群众的脱贫致富，王业美鼎力相助；对领导干部提出的要求，他坚持原则，不徇私情；对待自己他更是从严要求，率先垂范。他的大女儿小时候留下残疾，按政策分在一家大集体单位工作。他始终没有利用自己的职权，给大女儿调一个好的单位。王业美调来安时住的是两间简陋的平房，门窗全坏了。后勤人员在整修房子时，见窗纱也坏了，就顺便换上新的。王业美知道后，到会计室要来购窗纱的发票，当众撕毁，然后掏出15元钱递给会计："窗纱大家都是自己买的，我不能搞特殊!" 1981 年腊月，快过年了，王业美下乡看看。路过肖山水库时，公社党委向王业美汇报工作情况。水库负责人从保管室里拎出 3 条活蹦乱跳的大鱼，悄悄地放在王业美乘坐的吉普车座位旁。上车时王业美发现了，生气地问："是谁把鱼放在车上，拿下去!" 水库负责人忙说："王书记，这两年，您太辛苦了，这几条鱼，您一定要收下!" 这时，王业美从手提包里掏出 20 元钱交给水库负责人："鱼，我收下；这钱，你也要收下!" 说罢，就上车走了。当时市场上的大鱼，也只不过七八角钱 1 斤，3 条鱼总共 10 多斤，哪里要 20 元钱呢? 当天晚上回县城后，王业美把鱼分给随行人员，并严肃地说："要注意干部形象，吃、拿、卡、要，不是党员干部干的。今后下乡，不准将农副产品往家里带。"

"只要老百姓能过上好日子，我比什么都快活"

1982 年 5 月，王业美同志离开来安，调任滁县地委常委、组织部长。1983 年 10 月刚到 60 岁的他，就怀着一颗平民的心离休了。

1979 年的春天，笔者曾以记者的身份到来安县采访过王业美；1984 年秋天，我出差到滁县时，又到他家看望他。当我问起他的身体状况，谈到某些人青云直上时，他坐在沙发上淡淡地笑道："只要老百姓能过上好日子，我比什么都快活。现在，我已经离休了，身体还可以，心底无私天地宽么!"

我说;"了解情况的人都知道，新闻界的人都知道，包产到户是来安搞的最早，作为来安县委书记，你是有贡献的……"

听我这样说，他忙摆手："别说了，老尹同志。你是知道的，我是跟日本鬼子、蒋介石、美国佬打过仗的人，能活到现在，就很满足了，还讲什么名，说什么利? 战争年代，牺牲那么多人，名垂青史的，有几个呢!"

北宋文学家颜之推在《颜氏家训》中有言："上士忘名，中士立名，下士窃名。"我想，坐在我面前的王业美，不就是一个淡泊名利、胸襟宽广的"忘名上士"么!

1988 年 3 月 14 日下午，谁也没想到，正在住宅后院侍弄花草的王业美，突然冠心病发作被送进医院。人们更没想到，因医治无效，当天晚上 11 时，躺在病床上的王业美带着微笑，安详地闭上双眼走了……

王业美病逝的消息，像晴天里的一声霹雳在来安县农村炸响：有的农民在家里摆起香案祭奠他；有的农民去滁县奔丧看他最后一眼；有的农民赶到他的墓前斟上一杯酒，献上一束花，捧上一把家乡的土，寄托哀思。复兴公社走上富裕之路的农民吴庚发，到王业美墓前拿出一瓶酒，哭诉着："业美兄，你为什么走得这样早？家里日子才好过，还没来得及上门报恩，你就走了……"当年的一位孤儿带着孩子跪在墓前，哭得更加伤心："早年我失去父母，是你领着我学会种地，学会做人，成了家，有了孩子。可万万没想到，孩子还没喊你一声爷爷，你就离开了我们……"

当年随万里来安徽采访的新华社记者张广友，后来在他1996年出版的《改革风云中的万里》一书中，对王业美病逝后的情景作了如下描述："1988年，当来安县人民听到他在滁州病逝的消息后，3000多农民怀着十分沉痛的心情，自发地为他送葬。他们有的骑着自行车，有的徒步跋涉，络绎不绝，从几十里以外的来安农村，赶到滁州。许多人都是流着眼泪，哭着来哭着回去的，情景十分感人，震动了皖东农村，震动了江淮大地，人们称他是'焦裕禄式的好干部'。"

王业美去世多年了，可他在来安人民的心中，却永远活着。在他的激励下，来安人民正迈开前进的脚步，迎着21世纪的曙光，在全面推进农村改革的征程上，开创更加美好的未来！

作者附记：在王业美同志生前，笔者曾两次采访过他。写作此文时，又阅读了《农村改革的兴起》一书中有关回忆文章，并采访了王业美同志的夫人和儿子。有关史实，还通过中共滁州市委组织部和来安县的刘汉章先生，进行了核实。在此，一并表示由衷感谢！

（本文作者是安徽人民广播电台记者、高级编辑）

六安地区关于包产到户的两次讨论

汪言海

中国的改革始于农村，农村的改革始于安徽。万里同志曾任中共安徽省委第一书记，为推动这场改革作出过卓越贡献。1992年1月4日，在谈及这场改革的伟大历史意义时，他说："包产到户救了中国，也救了社会主义。"

一个人的体验和认识总是有限的，全面地回顾这"第一步"的艰辛是很困难的。我只想通过回忆原六安地区地、县干部关于包产到户的两次讨论会，从一个侧面让人们去体会感悟，从而更加珍惜今天的改革开放成果。

肥西县1970年代属六安行署管辖，肥西县作为安徽省农村改革的最大发源地，对六安地区各县乃至全省都有很大的影响。因此，地、县干部面临着两难的抉择。当时作为《安徽日报》驻六安记者，我有机会参加六安地区召开的有关会议，有机会记录了地、县干部对包产到户的认识及其转变过程。其中最让我难忘的是1979年8月的县委书记会议和11月的地委劳动致富规划试点汇报会。

需要说明的是，当我打开这些发黄的采访本时，发现这些领导同志，当时对包产到户不论是支持还是反对，总的来说都出于公心，站在维护党的政策和人民利益的立场，谈认识，讲真话，不戴帽子，不打棍子，体现了党的十一届三中全会后实事求是的思想路线和生动活泼的政治局面。最后，大家终于在实践面前逐步统一了认识。

县委书记们的一场争论

1979年8月18日至20日，六安地委召开了县委书记会议，主题是贯彻省委农村工作会议精神。会议传达了省委负责同志万里、王光宇在会上的讲话，讨论了地委《关于完善生产责任制的意见》（初稿）。大家特别注意到万里同志的讲话，他说：不论是包产到组，还是包产到户，还是大队核算，只要能增产、增收、增贡献，我都赞成。

会上，肥西县委书记李尚德同志首先介绍了肥西县搞包产到户的情况。他说，今年春节后，省委政策研究室在山南公社搞包产到户试点，波及全县，目前已有2600多个生产队搞了包产到户，占全县生产队总数的37.1%。他还说，包产到户，80%的户子能增产，15%保产，5%的户子要减产。县委原来的意见是坚决纠正，但阻力大。后来决定积极引导，不强扭，但对包产到户的队"约法十章"。

接着，霍山县委书记黄森同志谈了自己的看法。他说："据我的调查和区、社干部的反映，包产到户确实能增产。但事关重大，我们不敢推广，除深山区的单门独户可以搞包产到户外，我们自作主张研究了三条：第一，个别长期落后，生产、生活靠国家支援，短期内又改变不了面貌的生产队，经县委批准，允许包产到户；第二，个别尖头、滑头的社员，划组时社员坚决不要的，经公社党委批准，允许他包产到户；第三，旱粮包产到户。"他解释，山区旱地零星分散，包产到户好处多。

李尚德、黄森同志的发言，引起了争论。

20日上午，霍邱县委书记首先发言，他说："中央文件明明规定不准包产到户，不准分田单干，但省委在山南搞试验，这个试验又不能装在盒子里试，最容易传染到别的地方，搞得我们不好办。我们说，要听中央的，但下面说，省里能试，我们为什么不能试？

"到底是包产到户能增产，还是包产到组能增产？我认为山南的材料（指省农委政研室《情况简报》第17期）至少有三个问题没有回答：第一，20%的'五保四属'户怎么办？第二，耕牛、农具的折旧费和积累能够提上来吗？第三，多余劳力的出路怎么办？能搞工、副业吗？不可能。出路只有一条：帮工。

"包产到户能增产，我承认。但别看现在积极性高，当农民有了吃的，有了脚踏车、电视机以后，他就不干了。

"怎叫人不怕犯方向性错误呢？中央文件明明不准干，省里却要试。这个问题要辩论清楚。不能说产量高，就不管方向。那么，资本主义国家产量高，我们能不能照办？

　　"关于真理的标准问题，有的以队干的，他说能增产，他是标准；包产到组的，说能增产，他是标准；包产到户的，又说能增产，他又是标准。到底什么是标准呢？

　　"我认为，我们一定要统一认识，哪些能搞，哪些不能搞，赞成哪些，反对哪些，不能含糊。中央文件反对的，一定不能从我们嘴里说它合法。我主张对包产到户要做工作，不做工作是你的问题，做好做不好是另一回事。我们倾向于作业组以产计工，凤阳的大包干容易架空生产队。"

　　参加会议的寿县县委副书记接上说："我同意霍邱的意见。我们回避了过去批判过的问题。今年午季增产，不能完全归功于责任制。7个县，舒城县责任制搞的最少，但农业形势最好。只要领导班子强的，不管搞什么办法都能增产。

　　"今后，要是搞包产到户，哭都哭不回来！农民几千年的习惯，只要几亩土地，不增产他也干。现在的确有30%的户子有劳力、有技术，想单干，特别是原来的富裕中农。

　　"我承认搞责任制工效高、质量好，但统一计划、统一用水、科学种田、农田基本建设，还是集体好。无论如何，集体经济优越性要讲。这话，就是当着万里书记的面，我也敢讲。我的意见：包产到户、口粮田、借地，坚决不搞。"

　　寿县的同志发言后，主持会议的地委副书记史元生同志说："包产到户是不是责任制，我们不去讨论它。"接着，他解释说："万里书记讲只要'三增'，包产到组也好，包产到户也好，大队核算也好，我都没意见。我理解万里书记讲话的意思，并不是提倡包产到户，他有一个'三增'的前提嘛！他还说大队核算只要能搞好也赞成，问题是你有没有本事搞好？"

　　六安县委书记接上说："万里书记讲，只要'三增'就是好政策，好办法；又说只要'三增'，包产到户也没有意见。我们县委认为，要坚决按中央4号、31号文件办事，要排除干扰，统一认识，澄清是非。

　　"单干，不要试，试验几千年了。只要同意干，一个晚上就分掉了，捂都捂不住。我想不通的是，万里书记讲的，能听到，但文件上看不到。各种责任制要搞，但要按中央文件办。我要求在《意见》上写上加强领导一段，提倡什么，反对什么，要旗帜鲜明。"

　　六安县的同志发言后，霍山县委书记黄森同志发表了不同看法，他说："现在，在包产到户问题上，有两个人压力最大，一个是省委第一书记万里同志，因为春上他对肥西山南包产到户点头了；另一个是在座的肥西县委书记李尚德同志，因为全省有名，说肥西在搞单干。

"我调查了一个高佛庵生产队。这个生产队社员缺衣少被,生活靠回销,生产靠贷款。今年3月搞包产到户后才犁田,现在生产面貌大变,不仅不吃回销粮,不要贷款了,还可以向国家作贡献。如果说,这个队搞包产到户是方向性错误,那么汽车公司搞单车核算是不是方向性错误?南斯拉夫70%是个体农民,为什么我们还说他是社会主义国家,而且还要向他学习呢?"

霍邱的同志插话说:"南斯拉夫是南斯拉夫的情况,中国有中国的情况。"

黄森同志接着说:"我的老班长啊(黄森同志曾在霍邱县任过县委副书记),你那个周集、李集公社(两个最落后的公社),用老办法什么时候才能搞上去啊?"

随后,地委书记徐士琦同志发了言,他说:"我们是不是就黄森同志讲的这个具体的生产队来讨论呢?能不能说这个队过去生产靠贷款、吃粮靠回销是社会主义,而现在包产到户后,不靠贷款、回销,还向国家作出贡献,就是资本主义呢?我们怎样理解走群众路线、从广大群众的觉悟程度出发呢?怎么理解列宁说的'退一步是为了进两步'呢?社会主义是搞按劳分配还是搞平均主义呢?怎样做到既有原则性,又要有某些方面的灵活性呢?增产是根本,不增产一切都是空话。不讲包产到户,能不能讲责任到人呢?"

徐士琦同志本意是想引导大家讨论,但他发言时情绪激动,倾向性明显,他发言后,再也没有别人发言了。一场没有结果的争论就这样结束了。

一次变了主题的会议

1979年11月26日至30日,六安地委召开了劳动致富规划试点汇报会。参加人主要是各县分管农业的县委副书记、政研室主任及地直有关部门负责人。在此之前,全区共组织了169名干部,组成工作队,搞了2个公社和8个大队的劳动致富规划试点。这次会议原定的主题是:总结交流各县劳动致富规划试点的经验,以便在全区推广。

在介绍这次会议前,有两个背景材料需要先说明一下。

一是万里同志在10月16日一次会议上的讲话,我的采访本上记录了他关于包产到户的讲话要点:

"十一届四中全会不准搞包产到户,肥西县不要因此而受到影响,还是要走群众路线,干两三年再说……之所以要谈这个问题,主要怕影响群众的积极性。

"包产到户是对极'左'路线的反动,是对不发展生产、不改善人民生活的反动。不是提倡包产到户,而是说在某些地方、某些时候可以搞,还是个好办法。

"包产到户不存在土地买卖问题，没有什么了不起，不要怕，共产党人不为群众利益考虑行吗？没有什么可怕的。

"四中全会通过的文件是很好的，但要注意，还有好多迷信没有破除，为什么就要一大二公？为什么就要三级所有？三级半行不行？两级行不行？甚至一级呢？这个问题要研究，要总结，要破除迷信，解放思想。

"大队核算搞得好的，要很好地总结，报纸要报道……总之，不要一刀切，要实事求是，只要增产就是好办法。肥西县群众愿意那样搞（指包产到户）也可以。"

二是1979年秋种季节，六安地区各县由于受肥西县的影响，群众普遍要求搞包产到户，干部不准搞，与群众顶牛，群众用罢耕、罢种来反抗，全区秋种进度缓慢。在这种情况下，六安地委决定不强扭，对说服不了的，可以让他去搞，但要求加强领导，不能放任不管，并电报请示了省委。

对于万里同志的讲话和六安地委的电报精神，除了肥西县委和霍山县委主要负责同志外，其他县都表现了不同程度的抵触情绪。在这次汇报会上，一开始大家还按议程各自汇报劳动致富规划试点的情况，但谈着谈着就谈到了敏感的包产到户问题上去了。

首先是霍邱县的负责同志开了第一炮，他说："现在农村是大分化、大动荡、大改组（众人笑）。包产到户在周集是全区蔓延，孟集也在冒烟，这样搞下去，耕牛将累死一半。我们的态度是宣传四中全会决定，走集体化道路，不赞成分田单干。万里同志说包产到户搞两三年，我说不如不搞，搞容易，收难，以后要收多少年？我承认生产能搞上来，但集体经济搞垮了，稻场棚要重新置，耕牛要重新买，损失太大。有的人宣传单干无罪，我们宣传走集体化道路难道还犯法？"

霍邱的同志发言后，寿县的同志接上说："我们也受肥西县的影响，百分之六七十的农民要求搞包产到户。三角区的社员说，肥西干不犯法，我们干你能把我们逮起来？你县委比省委的嘴大？搞得区、社干部都在埋怨。我们说，对中央文件不能怀疑，我们多做工作，我们没有责任，责任在省委。"

针对霍邱、寿县负责同志的发言，地委书记徐土琦同志对地委的电报精神作了解释，他说，省委书记王光宇同志对我们的电报讲了三条意见：第一，同意地委的电报精神；第二，一定要加强领导，坚持队为基础，坚持统一核算；第三，"三包"不明确，要搞"五定"：定工、定产、定征购、定积累、定费用。徐士琦同志说："人民群众是主人，共产党不能与群众对着干。世上没有救世主，要靠群众自己解放自己。"地委书记的话不多，但很深刻。

徐士琦同志讲话后，肥西县的负责同志介绍了他们县包产到户的发展趋势，他说："目前全县70%左右的生产队搞了包产到户，而且还在发展中，一个公社开一个师去，也扭不过来。你不准干，他就不干活，怎么办？你捆他？"他主张，只能因势利导，搞完善。

肥西的同志发言后，六安行署分管农业的副专员胡泉同志谈了他在霍邱、金寨两县调查的看法，认为包产到户已是大势所趋。他说："要让群众去讨论，不要怕，只要能增产，就没有什么可怕的。有两条基本原则要掌握：一条，社会主义生产的目的是满足人民的生活需要；另一条是广大群众的愿望。"

但是，霍邱、寿县、金寨、舒城、六安等县的领导同志在以后的发言中，还是坚持按四中全会文件办的意见。会上，两种意见争论得难解难分。

11月29日下午，会议作了一个使人惊讶的安排：请肥西县山南区区委书记汤茂林介绍山南区包产到户情况。地委的原意主要是请山南区介绍完善包产到户、搞"五统一"经验的，但号称"汤大胆"的汤茂林在会上开宗明义，介绍了包产到户的六大好处：

一、生产发展了。全区粮食总产可达11590万斤，比去年增产3190万斤，增长37.7%，比历史最高水平的1976年增产807万斤。1至10月份的社队企业总产值654万元，比去年同期增长36%。社员家庭副业也全面发展。

二、社员收入普遍增加。全区人均纯收入110.6元（社队企业未列入），比去年增收37.6元，比历史最高水平的1976年增收26.6元。90%以上的农户增产增收。他说，原来最担心"五保四属"户子问题大，通过调查，他们绝大多数也增产增收。

三、集体经济壮大了。汤茂林说，往年分配留这留那，只是留在纸上，比如最好的1976年，账面上有储备粮160万斤，实际只有26.7万斤。今年可以提公共积累74.5万元，储备粮258.4万斤，大大超过往年（据笔者了解，这一条是按县里规定的标准测算出来的，其实包产到户后很难搞生产队统一分配，实际上都是以户大包干，即"交足国家的，留足集体的，余下都是自己的"。因此，汤茂林介绍的集体积累数与实际数是不可能一致的）。

四、对国家的贡献增加了。全区粮食征购任务2428万斤，已入库2784万斤，预计全年可入库4000万斤，比去年增加1900万斤，比入库量最高的1976年多卖967万斤。目前，粮站愁收粮没处放，对社员的超售只好凭票限制。

五、整个经济活跃了。全区商品零售总额、社员存款都大幅度地增长，盖新房、添家具的增多。

六、干群关系密切了。

汤茂林同志虽然在后面也讲了包产到户带来的一些新问题，及实行"五统一"的做法，但整个调子是肯定包产到户的，这在当时的条件下是需要勇气的。当然，请汤茂林同志到会上介绍情况更反映了当时六安地委主要负责人的胆识。

汤茂林同志的介绍，使与会人员受到震动。我就听到有的同志议论说："我们搞的那个三年纸上发财规划，人家山南一年就实现了。"很多同志在发言中都说听后受到很大启示，尤其是地委副书记史元生和地委农办主任邹立汉两位同志的发言，给我留下了深刻的印象。

史元生同志说："我一开始也不主张包产到户，认为不要试，已试几千年了。直到8月县委书记会议，我还不承认它是责任制，而认为是责任制中出现的一个问题。秋后到各地看看，发现包产到户确实能增产。说它不好，能增产；说好的，又不能增产，这个理咋讲？现在，全区人均收入50元以下的生产队占总数的三分之一，一年忙到头成了缺粮户、超支户，这样的社会主义他能热心吗？过去搞不好，可以把账记到林彪、'四人帮'头上，现在，他们倒台几年了，我们应该很快地搞上去吧，但我们又没有多少好办法。不是说非要搞包产到户不可，而是我们没有好办法。

"现在，我们面临的选择，要么压制群众，和群众对立，但现在已压不住了，到了不干也得干的时候，你不准他干他自己干，你不承认他自己承认，搞成'四不像'，问题更大；要么面对现实，承认现实，加强领导，搞好'五定'和'五统一'。我现在看，只要搞好统一分配，它就是一种责任制，与分田单干有区别。总而言之，你没有本事搞好的，就给他包到户，是不是倒退？真正的真理就是发展生产，改善生活，生产发展了，就是前进。"

邹立汉同志首先回顾了历史，他说："1957年以前是什么样子？农民种田有自主权，因而丰衣足食，民富国强，夜不闭户，鸡蛋一角钱5个。现在与1957年以前相比，我们的实际工资降低了一半，工人、农民的生活水平也降低了一半，不承认这一点就是空谈家，还在那里讲大批促大干，有什么意思？解放30多年了，还在讨论生产的目的，说明我们脱离群众到何种程度，想想心里能不难受？叶剑英元帅在国庆30周年的讲话，敢于把我们党工作中的好坏、对错向全世界承认，我们做领导的，能不能面向群众，把自己放到公仆的地位上去，听我们的主人———人民群众的意见，而不是相反，唯上，唯本本，我叫群众怎么干，你就得怎么干。"

邹立汉同志还从认识论上作了一些阐述，他说："现在看来，社会主义的道儿到底怎么走，要靠全党、全民去摸索，现成的路子是没有的。各种形式的责任制也是这样，包括中央领导人的讲话，都要在实践中接受检验，而不能事先就肯定什么好，什么不好。安徽（1961年时期）的责任田和山南的实践都说明包产到户是人心所向，大势所趋，我们何乐而不为呢？将来，如果有比这更好的办法，我们再学习就是了。"

史元生和邹立汉两位同志的发言，令人深思，促人反省。

由于整个讨论摆事实、讲道理，使多数与会人员开始校正自己对包产到户的认识，基本上统一了以下三点认识："一、不能与群众顶牛，已干的不能强扭，强烈要求干的不能硬压，一切要从群众的意愿和觉悟程度出发；二、只要搞了'五统一'，特别是统一核算分配，包产到户就是一种生产责任制，与分田单干有严格区别；三、绝不能放任自流，放任自流就可能滑到分田单干的道路上去。与其让农民暗干，不如让他们明搞。对已搞的，要承认它、领导它、完善它，不能采取不承认主义。"

在当时的历史条件下，上述三点认识是很不容易的。实践也说明，这次会议是六安地区推行家庭土地承包责任制的一大转折。这次会议以后，六安地区除舒城县对包产到户抵制了一年外，其他县都很快放开了。

（作者系安徽日报社高级记者）

"张浩事件"的由来及对安徽农村改革的影响

钱念孙

1979 年 3 月 15 日，《人民日报》加"编者按"发表了题为《"三级所有，队为基础"应该稳定》的张浩来信。

《人民日报》刊出"张浩来信"及"编者按"

1979 年 3 月 15 日，恰是春耕大忙时刻。这天一大早，全国农村的千千万万个高音喇叭，像往常一样播送中央人民广播电台的新闻节目。突然，广播报道：当天的《人民日报》在头版加"编者按"发表了批评"分田到组"、"包产到组"的重要文章。赶早下田做活的农民听完广播，顿时目瞪口呆，不知是否应该继续手中的农活；而没有下田的农民听完广播，则不知该到分到组或分到户的地里播种，还是到生产队的大田里上工。

看到《人民日报》，人们悬着的心揪得更紧。在第一版紧挨报头的位置，刊登一封题为《"三级所有，队为基础"应该稳定》的读者来信，编者为强调其内容的重要，还加写了一段长长的按语。写信者名叫张浩，所以后来人们称此事为"张浩事件"。

这封来信在叙述了河南洛阳地区一些社队搞"包产到组"的情况后说道：

现在实行的"三级所有，队为基础"，符合当前农村的实际情况，应充分稳定，不能随便变更。……轻易地从"队为基础"退回去，搞分田到组、包产到组，也是脱离群众，不得人心的。这同样会搞乱"三级所有，队为基础"的体制，搞乱干部、群众的思想，挫伤积极性，给生产造成危害，对搞农业机械化也是不利的。那些干部、群众的怀疑和担心是有道理的，顶着不分是对的，应该重视并解决这个问题。

对于这封信，《人民日报》的态度鲜明：完全肯定。它在所加"编者按"的开头写道："我们向读者特别是农村干部、社员推荐张浩同志这封来信，希望大家认真读一读，想一想，议一议。""编者按"接强调指出：

人民公社现在要继续稳定地实行"三级所有，队为基础"的制度，不能在条件不具备的情况下，匆匆忙忙地搞基本核算单位过渡；更不能从"队为基础"退回去，搞"分田到组"、"包产到组"。我们认为，张浩同志的意见是正确的。已经"分田到组"、"包产到组"的地方，应当认真学习三中全会原则通过的《中共中央关于加快农业发展若干问题的决定（草案）》，正确贯彻执行党的政策，坚决纠正错误做法。

这封来信及"编者按"，对安徽广大干部群众特别是农村干部群众，是一个爆炸性的新闻；对正在如火如荼发展的安徽农村改革，不啻一瓢凉水从头浇到脚。当时，已经实行包产到组或包产到户的社队干部都颇为紧张，有的等待纠正，有的准备挨整。一些正在或准备实行"到组"或"到户"的社队，立刻紧急刹车，观看风向。许多地方的农民停犁搁耙，找社队干部问是不是中央的政策又变了？有的说如果变了，我撒在地里的化肥队里要给报账；有的说如果变了，我一家人给田里挑了那么多塘泥队里要给记工分。而此时，几乎所有的社队干部甚至县委、地委的领导，都在感到茫然不知所措的同时，又一致认为党报发表的决不仅仅是一个普通读者的意见，而是代表中央对农村变革的最新态度。大家猜测，这封来信及编者按一定有来头、有背景。

果然如人们所想，这封来信的发表有其重要背景。1978 年 12 月 26 日，由当时的国务院总理华国锋提议，经全国人大常委会议认定，王任重从陕西省委第二书记升任国务院副总理兼国家农业委员会主任，接替陈永贵主管全国农业工作。王任重在古城西安度过阳历新年后，即赴京城就职。

此时，由安徽率先实行的农村改革，已在全国不少省市的农村展开，农业政策问题的争论不论在上层或下层，都随着农村形势的变化而日益尖锐起来。各地农民分田到组、包产到户，以及在这过程中分农具、抢牲畜、闹分社的消息，接二连三地送到他的案头。如何应付这"山雨欲来风满楼"的局面？多年来实行的人民公社体制和十一届三中全会刚刚通过的《关于加快农业发展若干问题的决议》，都使王任重相信必须稳定农村局势。

为交流情况，统一认识，1979 年 3 月 10 日至 18 日，国家农委在北京向阳宾馆召开农业工作问题座谈会。来自安徽、四川、湖南、广东、江苏、河北、吉林七个省农村工作部门负责人和安徽全椒、广东博罗、四川广汉三个县委的负责人及国务院有关领导参加了会议。座谈会上，围绕联产计酬，特别是包产到户问题，争论激烈。安徽农委副主任周曰礼于 12 日在会上作长篇发言，详细介绍安徽推行联系产量责任制的做法和深受农民欢迎的情况，认为包产到户与包产到组一样，都是责任制的一种形式，各种责任制形式都应当允许存在，由农民自己在实践中加以鉴别和选择。会上多数人认为，包产到户否定了集体经济，破坏了统一经营，本质上和分田单干没有什么差别，应予坚决制止。

许多人听了周曰礼的发言与其辩论，对他的观点感到惊诧而难以接受。国家农委负责人则打长途电话问万里："安徽参加座谈会的同志在会上谈的情况，省委是否知道？是否能代表省委的意见？"

万里回答很干脆："周曰礼同志是省委派去参加会议的，他的发言完全可以代表省委意见。现在已经进入春耕大忙季节，不管什么责任制形式，我们这儿已搞过的不再改动，等秋后再说。"

"张浩来信"引起的骚乱

这天的《人民日报》首先在北京向阳宾馆里引起骚动。参加农村工作问题座谈会的代表们见到报纸，无不议论纷纷，以至正常会议议程无法进行。不过，更为反常的是，几乎所有代表床头的电话都铃声大作，且持续不断。这些电话由各省、市、地、县打来，话筒里都是询问党的农业方针是否又发生新变化。代表们对着话筒说不出所以然，又都拥向参加会议的《人民日报》农村部主任李克林，向她问长问短。李克林是位性格直率的女士，她说：像这样的稿子，正常情况下应先交农村部领导看，同意后才能发到总编室，可这篇没经过农村部，直送总编室发出。至于再追问这篇稿子的其他背景，如来信通过何种渠道直达总编室？"编者按"根据谁的意思写出？李克林直到 10 年以后，才著文将此事经过加以说明；而在当时，她多半保持沉默，被问急了，也只从牙缝里挤出两个字："奉命。"

张浩来信发表后，《人民日报》收到雪片般的读者来信。有的信感谢报社抓住农村问题的苗头，制止了乡下的混乱局面；有的信说见到报纸兴高采烈，他们那儿所有的生产队都已停止分田到组或更为过分的行动；还有的信说，他们河北省汝阳县的领导，就是拿着报纸把已经分为作业组的 315 个生产队，又重新合并起一半，其余的还在做工作之中。

不过，更多的来信则是不同意张浩来信的看法，对"编者按"的半命令式的结论尤为不满。这些信指责报纸发表张浩来信过于轻率，给他们那里带来了混乱。本来，社队干部群众花了很多精力，好不容易分好小组，配好土地、牲口、农具等等，农民们正摩拳擦掌准备大干一场，可如今春耕在即，大家面对党报的意见都不知所措，全乱了套。

这封信作者的故乡河南省洛阳地区伊川县，则有人向报纸透露张浩写信的缘由。张浩是河南省伊川县鸦岭公社黑羊大队人，在甘肃省档案局工作。他的哥哥在洛阳一家工厂当工人，嫂嫂在家乡务农，因要侍奉双亲和带孩子，家中劳力严重不足。春节期间张浩回乡探亲，那里正在建立包产到组的责任制，大约6到8户农民结合为一组。农家自由结合，劳动力强的家庭自然最为走红，而劳动力弱的农户则相对受到冷遇。张浩一家恰恰属于后者，所以才心怀不满地给报社写信。

张浩的信写的是家乡分田的事，因而在家乡伊川县及洛阳地区引起强烈震荡。伊川县委通讯组的谢梦冠在给《人民日报》的信中，着重反映了两个情况：一是许多老实农民和强劳力户，原来很希望搞好责任制，以自己的辛勤劳动获得好收成，可听到广播后认为政策变了，往地里送的粪也不送了。二是少数干活怕出力的懒人，不想搞责任制，乘机造谣说洛阳地委犯错误了，被《人民日报》点名批评了等等，造成县、社、队三级干部思想混乱。为迅速安定情绪，扭转局面，洛阳地委在省委书记刘杰的坐镇指导下，于3月18日至20日紧急召开各县、市委第一书记会议。会上大家你一句，我一句，都对张浩的信十分气愤。洛阳地委常委胡兆祥当场作了一首打油诗：

> 人民日报太荒唐，
>
> 张浩不写好文章。
>
> 一瓢冷水泼洛阳，
>
> 混淆政策理不当。

这首诗代表了参加会议的地、县委书记的思想，更反映了广大农民的心声，一时流传很广。

"张浩来信"及"编者按"在安徽的巨大影响

"张浩来信"及"编者按"的发表，对安徽这样在全国最早实行联产承包责任制的省份来说，自然影响更大。信和"编者按"中所反对的偏向，只是"包产到组"，而安徽早已冲破这一界限，除部分社队实行"包产到组"外，还有不少社队搞起了"包产到户"，远远地走在了河南的前头。

中央人民广播电台播送张浩来信的那个早晨，凤阳县正在召开县、区、社三级干部会议，布置搞好春耕生产的有关事宜。听了广播，从县委领导到公社干部，人人惶恐不安，仿佛大祸临头。一些不主张"大包干"的人，乘机煽风点火：

"这是党报的声音，是农村工作的最新指示！"

"早就说这种办法不管用，看，现在上面批了吧！"

"赶快纠正，不然会犯大错误！"

中共凤阳县委召开紧急常委会，商讨应对之策。一些常委处于矛盾的窘境中：继续搞"大包干"吧，党报已明确说是"错误做法"，硬坚持说不定会"蹲班房"；马上停止"大包干"吧，分到组或分到户的社队已如泼水难收，硬是违背民意强行收拢可能会引起更大混乱。

县委书记陈庭元经过激烈的思想斗争，用几乎颤抖的声调说："从凤阳的实际出发，现在纠偏，后果不堪设想。我们不能再折腾了！大包干才开始，群众的积极性刚焕发出来，如果猛然一停，春耕肯定大受影响。"说罢，他引导大家排除"左"的思想干扰，使县委统一了认识，决定不管报纸怎么讲，干到秋后再说。是好是坏，让实践来检验，出了问题，由县委负责。

比起陈庭元，来安县委书记王业美的处境可就困难得多了。这位从部队转业的山东汉子，1978年8月从天长县调到来安县后，经常深入田头农户，了解农民的愿望和要求，摸索加快发展农业的路子。1978年严冬，他在十二里半公社检查工作时，特意到"产量最低、社员最穷、集体经济最薄弱"的山尧大队前郢生产队，问队干部和群众："究竟什么办法能扭转落后面貌？"大家一致要求把土地包到户，并说这办法一定能把生产搞上去。

王业美心里支持这个要求，但当时没有表态。一回到县里，他就召开常委会，建议县委批准前郢队搞包产到户试点，可常委们没一人支持。在这种情况下，王业美仍没有放弃自己的意见，宣布以个人的名义批准前郢队进行试点。为了避免将来出问题而牵连别人，他特别关照县委办公室同志将此记录在案。做完这一切，他再次来到前郢生产队，向队长和全体社员说："你们要求包产到户，我批准你们搞，但这不是县委的意见，是我个人的意见。"

从此，王业美获得一个绰号："单干书记"。别的社队看前郢队搞了包产到户，纷纷自发仿效，到1979年3月，实行包产到户的生产队在全县已近40%。王业美热情支持农民改革，也深受农民爱戴，但他在县委里却很孤立，不仅绝大多数县委常委反对这位"单干书记"，就是一般干部迎面碰到他也不敢与其多说话，怕他以后犯错误自己受到牵连。张浩来信发表后，县委大院里顿时形成"黑云压城城欲摧"的情势，人们纷纷传说："王业美这次肯定要倒霉，重则判刑，轻则开除公职！"

县委常委开会，现存来安县档案馆的会议记录表明，会上是一片"纠错"之声，只有王业美一人坚持"搞过的稳定不动，没搞的不再扩大"。面对大家的指责，他说："我做的对不对，应让实践来检验。"会议最后，他丢下川剧《七品芝麻官》里那个不畏强权的县官的一句话："当官不为民做主，不如回家卖红薯！"

3月15日清晨，滁县地委书记王郁昭在嘉山县正吃早饭，从广播里听完"张浩来信"和"编者按"，立即意识到问题严重。他匆忙告别，跳上吉普车，径直赶回滁县召集会议商讨对策。10年后，他回忆当时情景说："我的第一感觉，坏了，又要折腾了。"但是他深深明白，正是春耕大忙季节，千万不能折腾，否则将影响全年生产。他让地委办公室主任陆子修起草一份电话通知，迅速告知各县：春耕大忙已经开始，各种生产责任制，不论什么形式，一律稳定下来不要变动，到秋后看实际效果如何再说，如果出问题，由地委领导负责。各县委要做好群众思想工作，集中精力搞好春耕生产。这一电话通知，对地、县主要领导稳定情绪、坚定信心起到了较好作用，但广大基层干部和农民群众仍然惶惑不安，心中没底。

万里坚决稳定生产责任制

3月17日，就在干部群众茫然若失的关键时刻，万里来到了滁县地区。他在全椒县古河区一下车，愁眉苦脸的县、区领导和群众就围了上来，焦急万分地让他给拿主意。万里感到吃惊，没料到《人民日报》的文章竟在下面造成如此严重的震动和后果。面对无所适从的干部群众，他安慰大家说：

"那是一篇读者来信，讲的是他个人看法。他反映的那些问题是支流，不是主流，我们不要受它的影响。不要怕，原来怎么干还怎么干，搞一年再说。"

"可《人民日报》'编者按'明确说，'包产到户'是'错误做法'，'要坚决纠正'！"有的县委领导仍惴惴不安，忍不住说道。

万里有些激动地回答："它说是'错误做法'，我看是好办法。什么是好办法？能叫农业增产就是好办法，能叫国家、集体和个人都增加收入就是好办法，反之就是孬办法。我们这儿，不管谁吹这个风那个风，都不动摇。肥西县有的区、社搞了包产到户，怎么办？我看既然搞了就不要动摇了，一动就乱。政策不可变来变去，农民就怕政策多变，定下来的，就干！"

离开全椒，万里又赶到滁县。在和滁县地委同志谈话时，他赞扬说："你们地委做得对，及时发了电话通知，已经实行的各种责任制一律不动。只要今年大丰收，增了产，社会财富多了，群众生活改善了，你们的办法明年可以干，后年还可以干，可以一直干下去。"

有的领导还是担心，小心提醒说："《人民日报》是中央党报，来头太大，将来不一定招架得住……"

万里显然有些生气，一下提高了嗓门："报纸是公共汽车，哪个不能坐？《人民日报》他可以挤，我们也可以挤！那封读者来信一广播，有的人就动摇了。正确不正确，你自己不知道吗？为什么不看群众，不看实践？究竟什么意见符合人民的根本利益和长远利益，这要靠实践来检验，绝不能读了一封读者来信就打退堂鼓。你们想想，产量上不去，农民饿肚子，是找你们县委，还是找《人民日报》？《人民日报》能管你吃饭吗？"

万里此行，从全椒到滁县，又到来安、天长、嘉山、定远等皖东六县，一路做工作，稳定干部、群众的情绪。可他自己心里也一直暗暗纳闷：《人民日报》怎么突然加"编者按"发出这样一封来信呢？这疑问在到达嘉山县的那个晚上，终于从一个北京打来的长途电话中知晓了大概线索。

1979年3月19日晚上，国务院分管农业的同志从北京打电话到合肥，火烧火燎地要找省委书记。接线员通过省委秘书长知道万里的去向后，把电话由省城转到滁县，又作了一番追踪，电话转至嘉山县委招待所。

这天晚上，嘉山县京剧团首场公演新编历史剧《唐太宗与戴胄》，邀请万里观看。万里已经离开自己的房间，听嘉山县委书记贾长志喊"北京来电话，请万里书记接电话"，他不得不由走廊返回房间接这一北京长途。万里的随行人员和地、县领导都觉得就要发生什么事情，拥挤在门外走廊上等待消息。从房间里传出的声调中，每个人都感到万里的情绪非常激动。大家异常安静，屏住呼吸，捕捉那时断时续、时低时高的话语：

不管怎么说，我们这里已经干开了，就是单干也不能变了……不宣传，不推广，不见报，但要保护群众的积极性！我是"秋后算账派"，一切等秋后再说，不论什么办法，能增产就是好办法。……备个案，搞错了省委检查，我负责！……

这一不寻常的长途电话，不仅路程长，通话时间更长。挤在门口和走廊上的人紧张地等了近40分钟，万里才放下话筒，走出房间。他看着一双双急切探寻的眼睛，立即控制和调整自己的情绪，轻松地对大家说："领导同意我们省委的意见，可以干嘛！"

大家从刚刚房间传出的只言片语，自然感到实际情形比万里若无其事的叙说要严重得多，因而个个面露怀疑神色。万里见状，略带歉意地笑了笑，似乎是对自己的掩饰表示道歉，又似乎什么都不是。不过，他接着提高嗓门朝大家说："不用管人家怎么讲，联产承包制是省委决定的，你们放心干，有什么问题省委负责！"

万里的这些意见很快传到全省各地，广大干部和群众听了无不高兴，仿佛吃了一颗定心丸。接着，省委又发出八条代电，要求各地不论实行什么形式的责任制，都要坚决稳定下来，以便集中力量搞好春耕生产。全省绝大多数地区执行省委指示，取得较好效果；但也有少数地方基层干部怕挨整，群众怕变，致使出现反复，从联产责任制退回到不联产。这其中最突出的是霍邱县，由于"张浩来信"及"编者按"的影响，全县有三分之一的生产队由联产退到不联产。1979年秋收，周边各县普遍比1978年增产，唯有霍邱县比1978年减产20%。

与"张浩来信"展开争鸣

大概是受万里"报纸是公共汽车，哪个不能坐"的启发，安徽当时有许多人给《人民日报》写信，就农业生产责任制问题与张浩来信展开争鸣。其中省农委的辛生、卢家丰两位受周曰礼之嘱，结合安徽实际写出初稿后，于3月下旬从合肥赶到北京。他们在宣武区的一家招待所住下，又对信稿字斟句酌，作了反复修改，然后直接送达报社农村部。

3月30日，他们的题为《正确看待联系产量的责任制》的来信，也在《人民日报》头版显要位置发表。信的开头就尖锐指出："张浩同志的来信和'编者按'，在我们这里造成了混乱。已经搞了以组作业、联系产量责任制的干部和群众，担心又要挨批判了。原来害怕党的政策有变化的人，现在疑虑更大了。有的人看到报纸好像找到了新论据，把联系产量责任制说得一无是处。"

来信还实事求是地说："从安徽各地实践情况来看，实行包工到组、联系产量评定奖惩的责任制，效果很好：一是可以防止定额管理中出现的只讲数量、不讲质量，只顾千分、不顾千斤的倾向，有利于提高劳动效率，提高农活质量；二是责任明确，便于检查、验收、考核劳动成果，实行合理奖惩，做到多劳多得；三是能够使社员把个人利益和集体生产紧密结合，从而更加关心集体生产，充分发挥劳动积极性。"

针对"编者按"的态度，这封信毫不相让："它（包产到组）既不改变所有制性质，也不改变生产队基本核算单位，又不违背党的政策原则，为什么现在却把它当作'错误做法'，要'坚决纠正'呢？为什么一提'包'字就担心害怕呢？在'四人帮'横行时，'包'字被视若洪水猛兽，不仅不准包产到组，就连小段包工也被批判。'四人帮'虽然被粉碎两年多了，但余毒未除，至今还禁锢着一些人的思想，……应该相信大多数群众是有鉴别的，只能划个大杠杠，不能硬要群众只能采用这种办法，而不能采用另一种办法。"

对于辛生、卢家丰的这样来信，《人民日报》也加了一篇长长的"编者按"，题目为《发挥集体经济优越性，因地制宜实行计酬办法》。编者承认：3月15日刊登的读者来信和"编者按"，"其中有些提法不够准确，今后应当注意改正"；同时又指出："包工到组、联系产量是一种新的计酬办法，在试行中出现这样那样的问题是难免的。只要坚持生产队统一核算和统一分配这个前提，不搞包产到户和分田单干，就可以试行。"

不过，《人民日报》在刊登辛生、卢家来的来信的同时，还发表了一篇意见完全相反的信。此信为河南省兰考县张君墓公社党委书记鲁献启所写，题目为《生产队这个基础不能动摇》，对张浩来信及所加"编者按"持完全肯定态度。《人民日报》这次同时发出两封看法相反的信，摆出"不同意见可以继续讨论"的架式，当然意义重大。广大农村干部和群众原来提起的心，现在终于可以慢慢地放下来了。他们从中可以明白：张浩来信和所加"编者按"，并不表示党的农村政策发生了重要变化，而只是对农村变革的各种看法中的一种而已。

1979年以后，由于原来星星点点、偷偷摸摸的农村改革逐步扩大化、公开化，因而引起社会的广泛关注，也引起不同思想观念的猛烈碰撞和激烈论争。

"张浩事件"的风波虽然过去了，但斗争远没有就此结束。

（作者系安徽省民盟副主委、省政协常委、省社会科学院文学研究所研究员）

我是怎样为农村改革开第一腔的

汪言海

1970 年代末至 1980 年代初，我在安徽日报社驻六安记者站工作。1979 年 7 月中旬，我从六安地区农业局的简报上看到了一份调查材料，这份调查对山南区的包产到户列数了"十大罪状"。我想，包产到户既然如此不好，中央文件（指党的十一届三中全会通过的《中共中央关于加快农业发展若干问题的决定》）又规定不许搞，为什么还有人要搞呢？我决心沉下去，查个水落石出。

县委书记坐镇纠正下的采访

1979 年 7 月 20 日，我来到肥西县山南区，发现县委书记正坐镇那里，举办党员干部学习班，搞"思想转弯子"，纠正包产到户。在区委会里，我看到中共肥西县委 7 月 16 日正式下发的 46 号文件，文件强调："不许划小核算单位，不许包产到户。""要把包产到户的（地方）重新组织起来，把各种形式责任制中出现的偏向纠正过来。"这天下午，山南区几百名党员和生产队长以上干部在区委会礼堂听纠正包产到户的动员报告，我旁听了会议。散会时，我发现多数人情绪很差，有的人还气呼呼地说："我不信增产还犯法！"

俗话说：不怕官，就怕管。在县委的高压下，采访很难听到真话。

我首先听了区委书记汤茂林的情况介绍，他给我概括了 8 个字：又想，又怕，决心，担心。他说，又想，是因为包产到户确实能增产。报产量可能有虚数，但午季粮食交售入库是真家伙。他告诉我：正常年景，全区午季麦子交售量为 110 万斤左右，去年最高为 170 万斤。今年到目前为止，已入库 1149 万斤，是正常年景的 10 倍，是最高年景的 6.7 倍多。又怕，是因为"三自一包"

（三自，指自由市场、自留地、自负盈亏；包，指包产到户）已被批臭了，中央文件又明确规定不准搞包产到户，怕犯方向性错误，怕"运动来了吃不消"。汤茂林说："省里只叫试验，至今没有一个领导人白纸黑字表态叫干。"而所谓决心，是指坚决贯彻中央和县委文件，纠正包产到户。他说："叫我们带头搞倒退我们不能干。"最后，汤茂林忧心忡忡地说："一纠正，我担心明年粮食要大减产，向上、向下都不好交代。"从他的担心中，我发现他对包产到户还是很留恋的。

接着我又找区社干部了解情况。白天，我在办公室找他们座谈，他们几乎异口同声说包产到户方向不对、问题多、矛盾大，等等。晚上，当我钻到干部的宿舍个别谈心时，同一个人说法又不一样了。他会和我算他家包产到户后的收入账：增产多少，增收多少，再也不当"超支户"了。我发现，不少干部讲两样话：公开的是一样，关起门来又是一样。当然，也有个别反对态度很坚定，是从内心反对的，比如区农技站站长就是一个，他一口气总结了包产到户的"十二大罪状"，什么"人心干散了，耕牛干累死了，科学种田干停掉了，集体经济干垮掉了"，等等。

为了弄清事实真相，我住到馆北大队唐大郢生产队调查，发现农民对包产到户齐声叫好。听说省报来了个记者调查包产到户，不少农民主动跑到唐大郢向我反映他们的要求。有一个农民叫解广毕，是何冲大队小山头生产队的。他一笔一笔地给我算了增产增收账，说今年不仅不超支，至少比上年多得粮1450斤、钱280元，还有劳有逸。他告诉我，听到县委书记说不让干，他像丢了魂，想不通。他只有小学文化程度，但是他一天没出工，三个中午没休息，给华国锋主席和万里书记写信，反映包产到户的好处。社员们知道后，都要求在上面盖章按手印。他说："我一人做事一人当，犯法坐班房我去，我不连累你们！"他对我说："继续干，不仅今年大增产，明年还要大增产。要是'归大堆'，明年是乌龟过田埂———大跌跤子。"

7月25日，馆北大队大队长赵其安的话给我以强烈的震撼。赵其安说："我们大队年年吃回销粮，我们当干部的脸上无光。听说我们国家还吃进口粮，作为一个中国人我感到不光彩。这个办法（指包产到户）难道不比吃进口粮好？"赵其安问："中央说实践是检验真理的唯一标准，这一条在农村还兴不兴？"

调查报告死里逃生

整整10天的调查，我深深被包产到户的威力所折服，深深为农民的思想、情绪、要求所感染。回到六安后，我鼓起勇气，一气呵成，写了一篇 5000 多字的《关于肥西县山南区包产到户的调查》。我在调查中断言："半年的实践证明，这个办法深受绝大多数农民的欢迎，是现阶段高速度发展农业生产的一个好办法。"

在那个乍暖还寒的季节，我的这篇调查报告，不用说公开报道了，连《安徽日报》的内参也用不上去。当时报社记者部的同志认为这篇调查报告很有说服力，很快编发打出《内部参考》清样送审。但被报社的分管老总封杀，说调查报告"鼓吹单干，与中央精神唱反调"。记者部的同志都十分惋惜，也愤愤不平。在这里，我要感谢记者部黎健图同志，是他在我万般无奈的情况下，挺身而出，冒险将调查报告寄给他在人民日报社的朋友卢祖品。后经人民日报社三位老总审定，我的这份调查报告很快刊登在 1979 年 9 月 6 日第 1493 期《人民日报》的《情况汇编》（机密件）上，呈送中央领导同志参阅。卢祖品还来信转告我要再进一步调查："写一份支持和反对两种意见的比较详细的材料来。"这使我很感动，因为当时决定刊登这样的内部材料也是需要胆识的。

大约在九十月间，省农委政策研究室的同志又把我的这篇调查报告推荐给中国社会科学院写作组，于同年 11 月 8 日在社科院内部刊物《未定稿》增刊上刊用。至此，山南区包产到户的真实情况终于通过两个不同的渠道反映到了中央领导同志面前。

农业上有句俗语叫"八月十五放光明"，意思是说中秋节过后，一年的收成就成定局了。于是中秋节后，我第二次到肥西，在全县范围内进行了为期一个月的调查。一个月后，写了一篇长达 7000 多字的调查报告，题为《关于肥西县包产到户的一些调查材料》，于当年 11 月 3 日被《人民日报》的《情况汇编》第 1624 期刊用。1987 年人民日报社调研组肯定这两篇调查"立论鲜明，论据充分，生动雄辩，是本报反映包产到户问题的最早的两篇情况"。

艰苦的 120 户调查

在第二次调查期间，我用了 10 天时间，逐户调查了 5 个生产队的 120 户农民，用 120 户农民增产增收的数据回答了一些人对包产到户的责难和疑虑。

我所以要调查这 120 户，是为了增加调查报告的说服力。

当时，肥西县乃至全省，对包产到户的争论极其激烈。支持者说包产到户调动了社员的积极性，有很多好处，但反对者马上可以举出很多事例，说包产到户有很多害处，比如说"耕田累死牛，抢水打破头"，而且都有事实为依据。

支持者说能增产增收，并举出很多事实，甚至断言说"华主席只要让我们干三年，城里人就要往乡里跑"；但反对者又能找出一些典型户，说他们减产减收，增收者只是少数富裕户，并断言包产到户会造成穷的穷、富的富、帮的帮、雇的雇。真是公说公有理，婆说婆有理，莫衷一是。

怎么办？对于包产到户的好处与坏处之争，我主要是在依据事实的基础上，在不否定存在问题的前提下，对问题进行具体分析，用两害相衡取其轻、两利相衡取其重的办法充分说理，以理服人；对于增产增收还是减产减收之争，就不能靠分析说理了，必须靠事实，而且靠个别事实还不行，人家会说你以点带面，以偏概全。这就涉及到新闻的真实性原则了，即不光每一个具体事实是真实的，而且从整体上看也是真实的，要求个别事实真实与整体事实真实的统一，现象真实与本质真实的统一。

现在的问题是，对增产增收，必须拿出面上过得硬的整体材料才有说服力。最好是全县增产增收的统计数字，或者是全县向国家交纳征购粮的数字。这都是好几个月以后的事。当时只是大秋作物刚刚登场的季节，不可能有全县的统计数字。这种情况放到现在很好办，搞抽样调查。其实，我当时就是这样做的，只是不知道有抽样调查这个词。根据事物两头小中间大的规律，我和陪同我调查的区委秘书权巡友商定，调查一个先进队、一个落后队、三个中间队，共 5 个生产队。根据当时肥西县集体分配的总体情况，我们确定先进队的标准是上一年人均年集体分配收入为 100 元左右，落后的为 60 元以下，中间的为 70 至 80 元。具体哪个队，到公社拿出上一年的分配大表，我们随意点，点到哪个队，不论远近都要去。

我设计了一个分户调查统计表，按产量和收入两大项调查。至今我还保留了当时 5 个队的调查统计表，以防虎公社赵店生产队为例，每户要调查 35 个数据，其中粮食方面要调查的数据分 3 个项目：当年粮食产量、当年粮食开支、与上年相比；每个项目有若干个子目，共 15 个数据。当年粮食产量中，分大小麦、早稻、中稻、单双晚、豆类、玉米、山芋等 7 项。增收方面更复杂些，还要剔除当年国家提价因素。一户 35 个调查数字，120 户，就是 4200 个数字，最后还要对这些数字进行统计分析。

其中，工作量最大最困难的是这 4200 个数据的采集，要调查到真实的数据很不容易。比如，有的农民怕露富，他就会往少里说。我记得在一户农民家调查，堂屋里的男人在向我们报数字，在房门口站着的女人就向他瞪眼，示意他不要说真话，最后憋不过了，冲着男人说："看你能的，能收那么多吗？到时交不了粮，看你卖老婆吧！"还有一次，有一户报的产量特高，队长后来对我说："他吹，他家三个儿子一个都没有娶媳妇。"遇到少数这样的情况，我们就采取自报公议的办法，即由队干部进行平衡，以求数据的相对准确。一开始很困难，一天只能调查五六户。调查了一个队后，有了经验，进度才快起来。

就这样，我吃住在生产队，一户户地调查了 120 户。不光得到了我所需要的数据，更重要的是我对包产到户有了更深刻的了解。在第二篇调查报告中，120 户的材料及其分析，占有举足轻重的地位，它大大地增强了整篇调查报告的说服力。事实证明，我的工夫没有白花。

我为什么冒险调查包产到户

为什么说是冒险？"文革"中被批的"三自一包"，人人皆知，其中的"一包"，就是包产到户。包产到户，命运多舛，自 1956 年 9 月在浙江省永嘉县诞生后，就像当年的井冈山革命根据地一样，一直处于被围剿状态。为包产到户，全国包括安徽的很多人被打成反党反社会主义分子、反革命修正主义分子、右派分子和右倾机会主义分子，多少人被整得家破人亡，妻离子散，其中不乏党和国家领导人。彭德怀在庐山讲了真话，被打成反党集团首领；刘少奇说三年困难是三分天灾七分人祸，在"文革"中遭灭顶之灾。谈"包"字，犹如谈虎色变。党的十一届三中全会是一个划时代的会议，但这个会议通过的中央文件也明确规定"不准、不许、也不要"搞包产到户，因为人民公社"三级所有，队为基础"是上了宪法的，谁敢碰？从 1978 年底党的十一届三中全会算起，到 1982 年中央 1 号文件正式肯定包产到户是一种家庭联产承包责任制，围绕包产到户，全国争论了 4 个年头。要从 1956 年算起，则是 26 年。其斗争的惨烈，也像井冈山的围剿反围剿一样。在这样的背景下，我深知调查包产到户的风险。

当时的记者管理是大锅饭，干好干坏一个样，干多干少一个样，没有人要我去做这件事，而且有的领导对我做这件事还反感，认为我给他出了难题。我完全可以不做这件事，那就是华君武漫画《永不走路，永不摔跤》中的人物。明知有风险，还有阻力，我为什么自愿地、真诚地做这件事呢？我记得巴金曾说过这样的话："不是我有才华，而是我有感情。"我和巴金不可比，但在这一点上的认识是一致的，我是带着对中国农民的深厚感情来做这件事的。我觉得，只有情动于心，才能行不顾身，也才能文感于人。

我亲身经历了 1960 年代的"五风"（共产风，浮夸风，生产瞎指挥风，强迫命令风，干部特殊化风）时期，亲眼看到我的父老乡亲饿死的惨景。那时我在中学读书，逃过了一劫，是幸存者。这个灾难的根源是反右派和三面红旗（总路线、大跃进和人民公社），前者使人不敢说真话，后者特别是人民公社，把全国农村变成了一个偌大的劳动集中营。万里也曾说过："人民公社实际上把农民变成了奴隶。"而这些，又是苏联社会主义模式在中国的翻版。后来有资料称，苏联的集体农庄使苏联减少600万农户，号称粮仓的乌克兰饿死上千万人。苏联的粮食产量，也一直没有超过沙皇时期。

1979年春季，我在金寨县龚店公社采访备耕生产，采访结束后在生产队长家吃饭。老队长告诉我，合作化初期搞包工包产，一季庄稼每亩只投工20来个；而现在呢，每亩庄稼要投工一百几十个。听了老队长的话后，我留下来进行调查，发现这个生产队116亩土地，1978年总投工2.5万多个，除去林业、副业的投工，平均每亩投工160多个。就算一年种两季，公社化后劳动生产率比合作化包工包产时期下降75%。老队长又告诉我：解放前他帮地主打长工，只要一个小放牛，就可以种三石种（合21亩），而且只干8个月活，农历二月初二上工，十月初二下工。我问："收多少粮食?"他伸出一个指头说："合现在1万斤。"他说："现在一个劳动力只合3亩土地，从正月初一干到大年三十，还把地种荒了。"这就是说当时的农业劳动生产率不仅没提高，反而大幅下降。这个题外话使我对过去坚信不移的、被称为社会主义天堂的人民公社制度产生了怀疑。我回到六安地委政研室翻看各县报表，一计算，每亩平均投工都在80至100个，多的达120个。后来我又从资料中发现，当时全国粮食人均占有量，只相当于2000年前西汉时期的水平。杂交水稻之父袁隆平说过："当人们没有粮食时，一切都不再美好。"当时中国，最需要的就是粮食啊！

邓小平第二次复出后抓科技，地市以上都成立了科技情报研究所，作为内部材料翻印一些发达国家的科技资料。我有幸在六安地区科技情报研究所看到这些资料，令我大吃一惊，也使我大开眼界。资料显示，1976年，美国一个农业劳动力，一年生产11.2万斤粮食、1100斤皮棉、1万斤肉、1500斤鸡蛋、2.5万升牛奶。加拿大则是20万斤粮食、8600斤肉、1300斤鸡蛋、3.3万升牛奶、3800斤油菜籽，还有53吨牧草。而当时，中国一个农业劳动力平均一年只生产1900多斤粮食，肉、蛋等农产品极少。发达国家一个农业劳动力可以养活五六十人，乃至上百人，而中国3亿多农业劳动力却养不活9亿人，还要下放几千万知识青年、干部和城镇居民去当农民。1977年美国小农场主、美籍华人韩丁访问中国，他的讲话令人目瞪口呆。他说，美国的一个农户平均经营600英亩以上土地（合中国3600多亩），其规模相当于中国的一个几百户的生产大队。韩丁本人的小农场 280 英亩，他一年只干 4 个月的农活，纯收入约 1 万美元，其余时间写作和讲演收入 1 万多美元。他家 5 口人，年收入 4 万美元，自称是美国的下中农。而当时的中国呢？六安地区平均劳动日值是 4 角至 5 角，最低的是 8 分钱。淮北农民终年吃山芋干，万里来安徽后，规定午季每人口粮不少于 50 斤麦子，农民就放鞭炮庆贺了。

这是多么大的反差啊！马克思说："超过劳动者个人所需要的农业劳动生产率，是一切社会存在的基础。"列宁则说："劳动生产率归根结底是新制度战胜旧制度的最重要最根本的条件。"邓小平则直截了当地说："贫穷不是社会主义。"这样低的农业劳动生产率只能是贫穷的社会主义。

1978 年 12 月，我又在《匈牙利农业为什么上得快》的资料中看到，匈牙利政府对合作社进行了一些改革，其中的一条经验是"重视自留地经济"。资料说，由于国家重视社员的自留地，使占全国农业用地 15% 的自留地，产生出了占全国农业总产值 36% 的自留地经济。这又使我开阔了眼界。

以上种种情况在我身上逐渐形成了一个合力，一旦有机遇，这种合力就会推着我去抓住这个机遇。这个机遇就是安徽人民在农村第一步改革中的伟大创举。而我，仅仅是一个历史记录者而已。

总之，我之所以能开第一腔，一个是记者的责任心，一个是开阔的眼界，一个是深入实际的调查作风，三者缺一不可，但责任心是第一位的。温家宝总理在给清华大学新闻学院的回信中指出，一个好记者"最重要的是要有责任心，而责任心之来源在于对国家和人民深切的了解和深深的爱"。"最重要的是要有责任心"，我要永远记住这句话。

（作者系安徽日报社高级记者）

安徽农村税费改革的调查

潘小平

2005 年 12 月 29 日下午 3 时零 4 分，十届全国人大常委会第 19 次会议经表决，以 162 票赞成，0 票反对，1 票弃权，决定自 2006 年 1 月 1 日起废止《中华人民共和国农业税条例》。随后，胡锦涛主席签署了第 46 号令，公布了这一决定。新中国实施了近 50 年的农业税条例被依法废止，成为历史档案。

这是一个举世瞩目、万众欢呼的时刻，中国农业从此步入无税时代，媒体上称之为"后农业税时代"。"后农业税时代"立足于对农业的补贴和建立与农村经济基础相适应的上层建筑；而在农民那里，则将这一划时代的举措，直呼为"免皇粮"，誉为"开天辟地头一回"。

"上下五千年，种地不要钱"，从探求税费改革的途径，逐步减轻农民负担，到最终免除农业税，是一个艰难、曲折而又漫长的过程，有很多很多人，做了很多很多艰苦卓绝的工作，才推动了这一历史时刻的到来。而其中尤以安徽为最，安徽以率先改革的勇气，勇于创新的精神，强烈的历史使命感，先全国一步，举全省之力，于 2000 年实行农村税费改革试点，为中央彻底解决"三农"问题，提供了理论储备和政策储备，为推动农村经济社会的发展，做出了不可磨灭的贡献。应该有文字记述这一切。

笔者辗转省城合肥和皖北阜阳市、涡阳县、太和县、五河县及濉溪县，还去了首都北京，遍访了安徽农村税费改革的决策者和参与者，纪录了中国农村继经济体制改革后的另一重大改革——税费制度改革的历史进程，并谨以此文，献给那些为推动历史进步、推动农村经济社会发展，默默实践、默默奉献着的人们。

偷着干、顶着干，先干起来再说

安徽的税费改革，最先是从皖北开始，有自发、摸索、反复等特点。它和2000年安徽作为试点省份，率先在全省自上而下大规模推行农村税费改革，有很大不同，其出发点是解决基层矛盾、缓解现实压力。而皖北的经验，最终也没有作为成功的经验在全省推广。但笔者仍然坚持把皖北的改革，纳入安徽农村税费改革的整体框架。首先是因为，农村税费改革是一个完整的过程，不能割裂开来；其次是因为，在实地采访中，笔者屡屡被一些温铁军说的"小人物"所感动。皖北的自发改革，体现了基层干部的政治良知，是贫苦的北方大地上一个闪光的亮点。

确切地说，"皖北"是指安徽境内的淮河以北地区，在这里，河流是一种有力的划分。如同古人所描述，橘在淮南为橘，橘越淮河为枳。由此可知，淮河以北地区土地相对贫瘠，气候相对恶劣。淮河古称淮水，在气候上是中国南北方的天然分界线，在地域上也是中国南北方的天然分界线。在它27万平方公里的流域面积内，居住着16500万人口，平均每平方公里高达600人，其人口密度雄居全国各大流域之首。因此安徽境内的淮河以北地区，也是全省人口密度最大的地区，总人口高达2400多万。

从1194年黄河夺淮入海至1855年的600多年间，黄河将大约700亿吨泥沙带入淮河流域，使得鲁南的沂、沭、泗水不能入淮，淮河下游地势普遍抬高，淮河被迫从洪泽湖决口入江，无数支流与湖泊淤积废弃，淮河原有的水系遭到严重破坏。淮河流域由原先的"走千走万，不如淮河两岸"，一变而为"大雨大灾，小雨小灾，无雨旱灾"，由此造成皖北地区生态粗粝、生存艰难、民风剽悍。

笔者的叙述，将在这一大背景下展开。

历史将记住涡阳　2006年初冬的一天，当笔者重新来到皖北涡阳的时候，没能像预先所期望的那样采访到李培杰。

李培杰已经退休，在我们不知道的涡阳县城的某一个院落，安度晚年。今天已经很少有人知道，2000年之后，在中国大地进行的自上而下、雷霆万钧的农村税费改革试点，是建立在基层长期默默无闻的探索基础之上，其历史可以追溯到1992年。

至今还有人记得，多年前的1992年12月20日，是个暖晴天，这一天，涡阳县新兴镇大小村子的村头上，都贴上了镇人民政府的通告，引得全镇万人空巷。这份印着镇长李培杰大名的布告宣布：从 1993 年起，全镇"土地承包税费征收制度"实行税费提留金额承包，农民每亩承包地全年上交 30 元，午秋各半，"农民只承担按照政策规定的义务工，不在承担任何费用，不准任何单位和个人擅自向农民摊派或增加提留款"。

公告上有一个错别字，"再"写成了"在"。

围观的农民可不管这些，他们一遍遍读着公告，似乎不敢相信有这样的好事发生。有人挤进去，认真看了看"李培杰"三个字，在心中默默记住了这个名字。

当时涡阳县所在的阜阳地区，是安徽农民负担最重的地区，农民养头牛要缴牛头费，养口猪要缴猪头费，甚至在自家院子里打一口井，也有人来收水资源费，各种收费多如牛毛，归纳起来竟有 100 多种。村干部上门，不是要钱，就是扒粮，再不就是计划生育，农民们愤怒地将他们称之为"要钱、要粮、要命"的"三要干部"。

而村干部们也是有口难言，有诉不完的苦衷。政策千千万，最后都落到基层干部们的头上，要他们去具体执行。上级交给的哪一项任务，不完成都不行，完成得不好也不行。没有办法，只好一年到头登门串户，造成这一地区干群关系的严重对立，因农民负担引发的恶性事件频频发生。

其实阜阳地区的农村干部，除极少数品行不端之外，绝大多数是善良的、朴实的，他们对农民的催逼，更多的是出于一种无奈。更何况还有李培杰，还有一大批像李培杰一样关心农民疾苦、思考农业出路的基层干部。

李培杰是 1992 年 6 月任新兴镇镇长的，虽然几个月来，在他治下的新兴镇，还没有发生什么恶性事件，但李培杰却不敢掉以轻心。新兴镇本身就是农村，身边的工作人员也都是土生土长的农村人，每天听到的、看到的，无不是农民负担之重，农民生活之苦，干群关系之不顺。当时全镇上报的农民人均负担是 52 元，其中农业税 22 元，三提五统近 30 元，但他心里清楚，实际从农民身上收上来的钱，远不止这些。有时几个干部一"嘀咕"，一人多收 10 元钱，收！就收上来。从他了解的情况看，1990 年到 1992 年，各村人均负担少则 140 元，多则 190 元，平均也达到 170 元，而当时全镇农民年人均收入还不到 600 元。1993 年，在他手上，全镇要完成的征收任务更重，农业税 31 万元，农业特产税 24 万元，耕地占用税 2.4 万元，烤烟产品税 81.5 万元，提留统筹款 162 万元，再加上修路、农田水利等等的费用，总共是 320 万元。

这么大的一笔钱，农民如何能负担得起？镇两委班子又如何能完成？

恰在这时，李培杰看到了《农民日报》上一篇署名杨文良的文章：《给农民松绑，把粮食推向市场》，对文章中说到的税费改革很有兴趣，觉得不妨在新兴镇尝试着"税费一把抓，用钱再分家"的办法。这样，既可以税费"一口清"，让农民交得明明白白，又可以杜绝胡乱摊派，层层加码，真正把农民负担减下来。他找到镇党委书记刘兴杰，谈了自己的想法。

刘兴杰比李培杰年轻，年轻气盛，胆子更大。听了李培杰的意见，他当即表示，搞！和李培杰一样，自上任以来，这位年轻的镇党委书记，就一直在寻求减轻农民负担的途径，现在机会终于来了！他二人当即坐下来，按照杨文良文章中提供的办法，进行了一番认真的核算：新兴镇行政人员每月工资支出约为 7 万元，全年是 80 多万元；办公经费精打细算，一年 20 万元；农业税一般是在 50 万元，加上建设费 40 万元，农田水利、植树造林 20 万元，以及"五保四扶" 20 万元，杂七杂八加起来，全镇一年起码要 260 万元左右的经费，才能运转起来。全镇耕地面积一共是 8.7 万亩，细算下来，每亩一年一次性交纳 30 元钱，就能保证全镇全年的财政支出。

"好！"账算出来后，刘兴杰大为兴奋："就按一亩耕地一次性收取 30 元的标准，任何人不得再多收！"新兴镇随即召开了党政联席会议，在镇村干部中形成了改革的共识。镇里选择有代表性的 5 个行政村进行了民意测验，结果有 95% 的群众拥护。

另外那 5% 的群众，不是不拥护，是不相信：每亩只交 30 元，天下有这样的好事？

既是这样，就没有什么好犹豫的了！于是刘兴杰和李培杰一起前往县城，去寻求县委的支持。这两个后来被人们称为"新兴二杰"的农村基层干部，此时心中都还没有底：县委对此，会持一种什么样的态度？所以汇报的时候，二人都忍不住有些小心翼翼。县委书记王保明和县长汪炳云，认真地听取了他们的汇报，当得知他们已经广泛征求了农民的意见，并已在党政联席会议上通过之后，不但明确表态支持他们搞试点，而且当场敲定，来年的 1 月 3 日，在新兴镇召开一次现场会，为他们助威叫阵。

10 月的天气，秋阳灿烂，返回新兴镇的路上，"新兴二杰"非常兴奋。都是农民的儿子，都是在自家的土地上工作，他们深感自己肩上担子的沉重。1992 年 11 月 23 日，新兴镇人民代表大会隆重召开，全镇 110 名人大代表除 2 人因病请假外，全部到会，李培杰代表镇政府作了《切实减轻农民负担，建立土地承包税（费）制度》的报告，经过热烈而充分的讨论，108 名到会代表全部投了赞成票。

在中国人民代表大会的历史上，一个基层乡镇的人代会，审议通过如此重大的改革，还从未有过。

历史将记住这个地方，涡阳县新兴镇。

随后，共和国历史上以镇政府名义发布的第一份改革公告，张贴出来了。这份有着镇长李培杰亲笔签名的公告，多年以来，频频出现在中国各大新闻媒体上。

但在当时，新兴镇首创的农村"税费承包"经验，却不敢让外人知道，因为这毕竟突破了有关的政策界限。他们只能像当年凤阳小岗 18 位按手印的农民一样"偷着干"，先干起来再说。

1993 年元旦这一天，大雪纷飞中，涡阳县几大班子成员齐齐来到了新兴镇，召开县委中心组学习扩大会，专门研讨新兴镇"税费承包"改革。可想而知，刘兴杰和李培杰有多么高兴。可是没有想到，会议刚刚开始，温度就降下来了，县人大的有关领导坚决反对这一做法，理由是：一、农业税是国家制定的，任何人都无权改动；二、亩均 30 元的税费承包额，突破了农民负担管理条例规定的上年人均纯收入 5% 的"高压线"。

虽然亩均 30 元看起来不高，但涡阳可耕地面积多，人均三四亩地，一加起来，就突破"高压线"了。

合情不合法。

原定两天的会，只开了一天，就开不下去了。

但是新兴镇实行税费承包的风声，还是传出去了，又有两个乡镇脚前脚后找到县委，要求学习新兴镇的改革办法。然而就在这时，安徽省人大机关报《人民民主报》发表文章，批评新兴镇改革"名为减轻农民负担，实为加重农民负担"，省人大也随即发文，要求涡阳县人大撤销各乡镇人大的改革决议。

此时刘兴杰已经调任城关镇镇长，李培杰升任新兴镇党委书记，巧得很，接任的镇长名字中也带一个"杰"字，名叫龚保杰。"新兴二杰"也由此成为"新兴三杰"。虽然那两个乡镇打了退堂鼓，李培杰和龚保杰却达成共识：哪怕是撤职、处分，偷着也要搞下去！

1993 年，低调运行的新兴镇税费改革取得了意想不到的成功，以往一年到头反复催要也难要齐的税费，变成了农民自觉上缴。用原新兴镇政府办公室主任赵成云的话说，夏秋两季，在既不调民兵，也不动用派出所、综合办，更不用牵猪牵羊、挖粮骂娘的情况下，仅用了 7 天的时间，新兴镇就全部完成了任务。付庄、张楼两个行政村的农民长期告状，1992 年没完成定购任务，这年只6 天就不仅完成了任务，还把拖欠的部分全部交清。镇政府还宣布，将对额外乱收费现象"追究个人责任"，并奖励举报人，全镇再没出现层层加码乱收费的，群众见了干部也不再寒着脸，而是有说有笑了。

更可喜的是，税费承包激发了农民自发调整产业、产品结构的积极性。到1994 年，全镇苔干、蔬菜、西瓜套红芋、药材、池藕等高效作物种植面积，比1992 年扩大了近 10 倍，涌现了一大批养殖专业户和个体联户加工企业，还带动了农村土地的合理流转，全镇 300 多农户自发转包土地，其中一户转入土地 60亩，秋季一茬优质大豆，纯效益就是 2 万元。

虽说从政策内负担的账面上看，新兴镇的税费承包似乎增加了负担，但是税费承包首次对税费征收进行了规范，真正堵住了伤财闹心的乱收费，比空谈5% 实在多了。

赵成云就新兴镇改革的喜讯给县里写了个小信息，县政府信息科科长王伟，没给领导打招呼，就把这条信息分别报到了国务院办公厅、省政府办公厅和阜阳地区行署。1993 年 11 月，新华社内参、《阜阳日报》、《安徽日报》、《瞭望》杂志等七八家媒体相继予以编发，引来了各地的参观学习者。

新兴镇的这一"壮举"，成为引爆各地农村税费改革的"导火索"，揭开了中国农村税费改革的序幕。

1993 年底，时任省政府政策研究室主任的何开荫到新兴镇调研，提出了一个税费合并、每亩征收百斤粮的方案，建议在完善新兴经验的基础上，在涡阳全面推行。汪炳云县长同意以此方案向省里打报告，可是没有一个部门愿意伸头打这个报告。磨蹭了一阵子，推诿了一阵子，等汪炳云决定以县里的名义打报告给省委时，深受涡阳经验鼓舞的邻县太和县，已经抢前一步，把报告打上去半个月了。

得知这一消息，气得汪炳云把手里的笔记本，重重往桌子上一摔，颓然而叹。

后来居上的太和 得到涡阳县新兴镇偷着搞税费改革的消息，太和县县长马明业精神为之一振。

新近发生的一件事，对他刺激很大：一位儿子正在部队服兵役的军属老大爷，因为交不起负担，被乡政府抓了去，上了手铐，关在一间空屋子里。半夜，老大爷砸开窗户逃了出来，摸黑跑了 60 多里路，天未明时候，敲开了马明业的门。当时马明业刚到太和县上任不久，住在县委招待所。马明业很吃惊，同时也很气愤，当即让公安局来人把手铐打开，又打电话到乡政府，要他们立即来人，把老大爷接回去。

究竟是什么负担，老大爷没有说清楚，实际上马明业也知道，眼下农民负担多如牛毛，恐怕很难有人能说得清。他到任以来，县政府门前三天两头围满了人，小三轮、小四轮、架子车、自行车，围得水泄不通。有时他和县委书记王心云，不得不亲自出去维持秩序。

那一时期，皖北乡村流行的顺口溜有：

> 你要钱，我要钱，要得农民真可怜；
> 先挖粮，后牵羊，实在不行就扒房；
> 喝药不夺瓶，上吊不解绳……

等等，等等。

而在这之前，太和县还出了一件事，更让他生气。有一位老同志，战争年代给省委一个老书记当过警卫员，现在他们老夫妻俩都70多岁了，已经离休多年了，回到农村老家来安度晚年。就这么两个老人，回到地方上以后，地方政府竟要他们每人交80块钱的不得超生保证金。70多岁了，还要交超生保证金吗？荒唐！

这位老同志一生气，给他的老领导写了一封信。

所有这一切，都让马明业坐卧不安。就在这时，邻县涡阳传来了令人振奋的消息，让他看到了希望。他知道新兴镇是偷偷搞试点，也知道目前有关部门对新兴的做法争议很大，但马明业下定决心：搞！光明正大地搞，给省委打报告，在全县搞试点！

而这此之前，为寻找减轻农民负担的办法，摆脱目前的困境，他已经让县农委调研科的宋维春，就农民负担问题，搞了很长一段时间的调研。宋维春从初级社开始就做农村工作，有和农民打交道的经验。而且，他还有一个特殊身份，是"国家长期农村固定跟踪观察点"的观察员。"国家长期农村固定跟踪观察点"是1978年由国家农业部、国务院政策研究室和省农委三家联合设立的，安徽省共设18个，50年不变。他们这儿的观察点设在关北行政村，宋维春对它的跟踪观察，已经前后持续了15年。

宋维春的问卷调查也搞出来了，在旧县、皮条孙、税镇、萧口、大新等几个乡镇、几十个行政村广为散发。这之后他带着财政局的程海刚、张科等几个年轻人，天天在下头跑，摸情况。有一回路过一个村口，看见大树上贴着一张条子，上头写的是：只顾自己喝得欢，不管农民吃和穿。他把这两句话抄下来，交给了马明业。

马明业说：老宋你大胆搞，要钱给钱，要车给车！

他一边说着，一边把自己提包里的东西倒出来，把空包递给宋维春，让他换上。宋维春的提包太破了，提梁都快断了；宋维春的车子也太破了，除去铃不响，到处都响。所以过后不久，宋维春他们再下乡搞调研，就坐上了县政府的吉普车，虽说破点，但比自行车强多了。

问卷调查结果汇总上来了，一把交到县农委副主任邹新华的手上。

早期太和税费改革中又一个重要人物，出场了。

邹新华将问卷调查的结果，写成汇报材料，连夜打印了 8 份，从门缝里塞给了马县长。半夜回来的马明业，连看了 3 遍，随即通知邹新华：以县政府的名义，给省政府打报告！

这就是后来，写进中国农村税费改革进程的《太和县农业税费改革意见报告》。

《报告》在县委、县政府通过之后，马明业带着县财政局长龚晓黎、县农委副主任邹新华和宋维春，马不停蹄赶到了合肥。第一步，就去找省农经委副主任吴昭仁。

之所以先去找吴昭仁，有这么一个缘故。马明业 1987 年就和吴昭仁认识了，1989 年，由省农经委组织各县有关人员，到泰国正大集团搞"公司带农户"模式培训，是吴昭仁带队，两人又在一起朝夕相处了 20 多天。他得先到他那里去摸摸底，看看他是个什么态度。

当时安徽省正在召开全省农村工作会议，听说吴昭仁在会上，马明业就带着他的人，直奔稻香楼会场。

吴昭仁就在会场上，看过太和的《报告》后，身为省农经委副主任的吴昭仁，连说了几个"好"字。他迅速签上自己的意见，然后从会场后面走上主席台，把《报告》递给了主管农业的副省长王昭耀。王昭耀看过之后，立即签字："送兆祥同志阅。在太和县进行农业税制改革，我以为可行，请酌。"

今天的王昭耀，因为贪腐已经落马。但笔者并不打算因人废言，因人废事，记述者应该对事实负责，对真实负责，对历史负责———这是一个起码的原则。

笔者还将本着这一原则，真实记述对安徽农村税费改革产生重大影响的人和事，包括改革中的曲折与跌宕、成功与失误、盲点与亮点。

王昭耀笔下的"兆祥同志"，是当时主管农业的省委副书记方兆祥，此刻和他一起坐在主席台上。方兆祥看了《报告》后，态度也十分明确："精心试点，注意总结，保持稳定。"接下来，《报告》递到了同在主席台上就坐的省政府主管农村工作的副秘书长张锋生的手上，他签下的意见是：按照昭耀同志的意见，请昭仁同志主持论证。

一份报告，在不到一个小时的时间里走完了全程，这在安徽的文件批复史上，不说空前绝后，但截止当时也是绝无仅有。

"先生儿子后起名"论证会是8点半钟准时开始的，先由邹新华上去，从头到尾念了一遍太和的《报告》，然后再讨论。吴昭仁第一个发言，一上来就定调子说，省农经委全力支持。农村太苦了，农民太穷了，基层干部的处境太艰难了。他在农经委干了这么多年，越干觉得问题越多。长江路时常被农民上访的小四轮堵塞，怎么得了？省体改委农村处的处长潘茂群，对太和县的大胆改革也十分赞赏，认为他们的《报告》操作方便，切实可行。接下来，省减负办、省农经委调研处、省政府办公厅的同志，也都发了言，对太和的改革方案，总体上表示支持。

马明业暗暗松了一口气。

局面就是这时开始发生变化的，省财政厅来参加会议的同志突然提出，农业税是国家制定的法律，你一个小小的县长，怎么能说减就减了？

这话是针对马明业的。站在维护国家税法的立场上，站在维护政策法规权威性、神圣性的立场上，不能不说他问得有道理。激烈的争论由此展开，并且越来越激烈。这时又有人提出，太和的改革，叫"农业税费改革"合不合适？这样的提法，是否触动国家税法的根基？是否与国家的大政方针有抵触？

眼看就没法收场了，主持会议的吴昭仁说话了。

那天吴昭仁说了很多话，主要是对太和改革的肯定和支持，但其中最值得记下来的一句话，是"先生儿子后起名"。他说，太和县税改的出发点是好的，既可减轻农民负担，又能减少乡镇干部犯错误，还能促进农村经济的发展，一举几得，这样好的事情，为什么不搞？再说，省委有关负责同志，也都批了字了嘛！至于这项改革具体叫什么名字，我看并不重要，我们可以学广东人的办法嘛，"先生儿子后起名"，先搞起来再说！

会场上乱哄哄的，充斥着争论的声音。省财政厅农税处的同志仍然坚持认为，把税和费混在一起，会坏了国税的名声。越来越多的人，对能否突破中央政策，开始表示怀疑———局面有些难以控制了。

吴昭仁停下来，看看大家，突然提高了嗓门说："我在这里表一个态，如果太和的税改方案得不到批准，我将以农村改革试验区的名义，要求省委批准方案的实施！"

人们静下来，一时间，会议室里鸦雀无声。

当时，阜阳是国家级农村改革试验区，阜阳地委书记是试验区的组长，吴昭仁是副组长。这个试验区，是在国务院农村发展研究中心主任杜润生亲自主持下，由段应碧、周其仁、陈锡文、杜鹰等一大批著名农业专家，于1987年建立的。吴昭仁说这话的意思，无非是表示支持太和改革的决心，无非是表示他个人愿意承担政治风险。

多年之后，2006年的初冬，我坐在邹新华的办公室里，和他谈起那场早已过去的争论，邹新华无限感叹地说，吴主任的话一说完，所有的人都让他震住了。像他那一级的官员，当时能说这个话，胆识、勇气、风骨，实在让人佩服！

此时的邹新华，是阜阳市税改办副主任。窗外阴雨连绵，皖北久旱的大地，尽在无边雨幕中。

吴昭仁的话一锤定音，论证会暂告一个段落。接下来，下午还有一个小范围的讨论会，主要是按照论证会上各方提出的意见，修改太和的《报告》。吴昭仁亲自点将，除已调任省政府参事的何开荫之外，主要是太和县的几位同志参加。马明业把自己的车留下来，让邹新华在讨论会结束后，无论如何也要想办法把何开荫带回太和，以完善县里的税改方案。交代完之后，自己坐长途汽车匆匆赶回去了。

很多年后，邹新华评价说，"没有马明业，就没有太和改革。"

下午的会议规模比较小，县里的同志也敢说话了。宋维春凭借自己多年来对农村情况的熟悉，提出了一个"征实"的办法。所谓征实，就是以粮食代替税款，也就是仿照中国历史上的"什一税"。与其多头要钱，不如定下一亩地交多少斤粮，老百姓一把交了，再不用像无底洞似的，今天往里填一点，明天往里填一点，总也填不满。宋维春把这叫作"一个漏斗向下，一个闸门关死"。话音没落，就得到何开荫的支持。何开荫从1988年开始撰文提倡"费改税"，是农村税费改革的热烈鼓吹者，后来被媒体称为"中国农村税费改革第一人"。在此之前，他就想在河南推行"征实"的税改办法，曾给当时的河南省省长李长春写过信。但是采用"征实"的办法,一亩地定多少斤粮食合适呢?有说 100 斤的,有说 80 斤的,最后也没定下来。

第二天一大早,何开荫坐上马明业的小车,随邹新华他们前往太和。到的时候已是下午,进去一看,县委、县政府、县人大、县政协、县纪委、县人武部六大班子一应俱全,早就等在那里了。坐下就开会,先由马明业把省里论证会的情况做一个汇报。接下来,何开荫就如何制定好这次农村税费改革方案,谈了个人的看法。人人踊跃发言,会开得热火朝天。当晚,号称"快枪手"的邹新华一夜没睡,东方发白的那一刻,把《报告》的复议稿拿了出来。

第二天,六大班子和各个科局的负责人再次聚在一起,对新草拟出来的《报告》展开新一轮讨论。县委书记王心云提出了"三个必须":第一必须达到"减负"的目的,让农民满意;第二必须做到"明白易行,简化程序";第三必须兼顾到国家、集体、个人三方面的利益,争取上级领导的支持。

经过上上下下、方方面面、反反复复的集思广益,一份有着 4 个部分、19 个条款的《关于太和县农业税费改革实施方案》,终于出台了!

《实施方案》决定,从 1994 年 1 月 1 日开始,太和县在全县范围内取消粮食定购任务,改向农民开征公粮,征粮以实物为主,每亩百斤粮,午六秋四,午季小麦,秋季黄豆。如果交实物确有困难,也可按物价、财政等部门共同核定的当年市场粮食价格,折收代金。

这一方案,拟定 3 年不变。

《实施方案》送到省里以后,得到省农经委、粮食厅和财政厅领导的一致认可。最后,吴昭仁亲自出马,做了一些补充和修改,为《实施方案》定稿。

1993 年 11 月 16 日,安徽省人民政府办公厅正式签发了批复意见,一场声势空前的农村税费改革,在有着 139 万人口、175 万亩耕地的太和县,拉开了大幕!

太和县"中国税费改革第一县"的历史地位,就这样确立了!

曲折与跌宕 2006 年 11 月 23 日上午,笔者和太和改革的亲历者,阜阳市税改办副主任邹新华一起,坐在他的办公室里,回顾那场早已成为历史的改革。

太和县的税费改革,1994 年午季就见了成效:全县 31 个乡镇、9168 个村民小组、353459 个农户,午季农业税的征收工作,仅花了短短 5 天时间,就全部完成!

踊跃交粮的农民,在粮站门前排起了长队,有的乡镇干部竟激动得流下了眼泪。过去一年忙到头,催粮、催款、催命,有时任务完不成,大年三十晚上还得上门要钱，被农民骂成黄世仁。现在好了，从收粮到结账，干部两头不沾钱，心里清清白白，手上干干净净。

局势还在向好的方向发展，这年秋季，庄稼虽然受了旱灾，但全县的农业税征收任务，也仅用了 15 天时间就全部完成了。这一年，全县共征收粮食 6527 万多公斤，比国家下达的定购任务，超出了 1774 万公斤。扣除价格因素，农民负担减轻了一半还多。农民留足口粮和种子以后，单商品粮这部分，就让全县农民增收 15000 万元，人均增收 120 元。

周边的几个县受到鼓舞，蒙城、利辛、临泉、界首等地纷纷起来效仿，连在他们之前偷偷摸摸搞改革的涡阳，也大张旗鼓地动起来了。

在阜阳，人们一般把这称作"第一轮税改"。

1994 年 12 月 18 日，中共中央政治局委员、中央书记处书记、中央农村工作领导小组组长姜春云，率 10 个部委的负责同志从河南到安徽来考察，在看了阜阳地区农村税费改革带来的变化后，十分高兴地说："阜阳在抓农村改革方面有突破性的进展，在几个方面都探索了成功的经验。特别是税费制度改革，解决了使农民和农村基层干部都头疼的一个问题，既减轻了农民负担，又改善了干群关系，不仅具有经济意义，而且具有政治意义！"

太和改革模式，由此进入中央决策层的视野。姜春云走后不久，回良玉就在省长办公会议上明确要求：江淮分水岭以北的沿淮一带，尤其是淮北地区，必须全面推行农村税费制度的改革。这之后，太和税改走出了太和，走出了阜阳，迅速在安徽北部 20 多个县市推行开来。

1995 年 2 月，每年一次的中央农村工作会议在北京召开，安徽省委副书记方兆祥在会上代表省委做关于皖北农村税费改革试点的发言，掌声不断。从主席台上下来后，很多省的代表围上去，找他了解情况；散会之后，除西藏外，连上海的会议代表都直接随他一起到了阜阳，进行实地考察。各省市、自治区都在为农民负担重头疼，都希望尽快找到解决问题的办法。

曲折与跌宕，出现在 1997 年以后，阜阳地区第二轮税费改革期间。

那个上午，对于如何看待第二轮税改，我和邹新华有过一番深入的探讨。1994 年，太和县刚开始搞以"税费合并、定量征实、统一征收、分开管理"为特色的征收方式改革时，正好处在我国粮食价格的飙升期，农民应缴的税费，多是按较低的粮食定购价，或是介于定购价和市场价之间的"综合价"折算成征实量上交。比如每亩地百斤粮，乡镇政府以定购价收上来的粮食，可以在较高的市场价上卖出去，所得款项除了补足原有的农业税、"三提五统"外，还有可观的盈余，这就是不受 5% 高压线制约的"第三块资金"。在实际运作中，这笔钱成了多数乡镇上项目、搞建设的资金来源。毫无疑问，这笔暗税的存在，减轻了政府养人的压力，鼓舞了基层政府的改革热情。

但是从 1996 年下半年开始，市场粮食价格迅速回落，1998 年甚至出现了市场粮价低于定购价的现象。推行改革的各地方政府，不仅收不到暗税，连原有的税基也受到影响。可各地所定的税费总额中，早已包含了这笔暗税。于是，阜阳地区的一些地方，开始以收 80 斤小麦加上市场价格较高的 20 斤黄豆，取代原先所定的每亩百斤粮。多数地方则将征实又改为"折收代金"，即把农民原来按照税费总额应缴的公粮数，再以高于市场价的定购价或综合价折算成缴税总额———由此，各级政府又可获得一笔额外收入。

这一出一进，政府只赚不赔，市场风险却转嫁到了农民头上。更有甚者，有的地方把一些不合理、不合法的收费一并列入正税，如一些人所担心的，正税增加了，暗税没减少，其他摊派还没取消，"税费合并、定量征实"的税费改革走到了尽头。

而更大的压力，来自于全国分税制改革。国税、地税分开后，1994 年当年，中央财政收入从上年的 957 亿，猛增到了 2906 亿，增加了近 2000 亿，而地方财政的收入，则从 1993 年的 3390 多亿，猛减到 2311 亿。在这一加一减中，地方政府预算内财政，就变成了"吃饭财政"，很多地方连办公经费都难以保证。太和税改的第二年，国务院明文规定，农民人均增加 25 元"双基教育费"，很多中央机关，公检法司，各个部委，也相继下达了各自的"达标"项目，而所有项目，都统统只给任务，不给经费。

全都是"红头文件"，全都是上级部门的硬性规定，理解要执行，不理解也要执行。很快就有新的顺口溜编出来了：

> 这验收，那验收，都要基层干部筹；
> 这达标，那达标，上头从不掏腰包；
> 这大办，那大办，都是农民血和汗。

太和县不得不对原先的改革方案做出相应的调整，不得不增加包括教育、卫生、武装、档案、统计在内的一系列新的征收项目，使原先"一次征、一税清、一定三年不变"的承诺，大打折扣。

发源于皖北太和的税费改革，如一些专家所预言，走进了"黄宗羲定律"

的怪圈。

1996 年下半年，阜阳市在总结太和经验的基础上，报省政府批准，在全市范围内推行"农村税费征收办法改革"，在皖北，一般称为第二轮税改。因前一段时间，粮食价格波动太大，征实的办法是不能再用了，于是重新恢复征收货币。经过反复测算后，涡阳、蒙城、亳州、太和、界首五地，农民年人均承担的农业税、农业特产税、村提留、乡统筹，控制在 140 元；颍上、临泉、阜南、利辛四地，农民年人均承担的农业税、农业特产税、村提留、乡统筹，控制在 130 元，从 1997 年起，一定三年不变。征收的办法是，农民卖粮时由粮站代扣。阜阳地区北部几个县比南部几个县贫穷。这个负担数字，比起第一轮税改所定的"每亩百斤粮"、"午六秋四"的标准，显然要高得多了。也因此有农村问题专家，对阜阳的这一轮税改，持非肯定的意见。

但是邹新华不这样看，他认为这个负担数字，从表面上看，是比太和第一轮税改所定的负担要重，但是征收办法规范了，所有税费从暗到明，从分到统，从无序到有序，从多人、多项乱收费，到一部门专项统一收费，农民的实际负担其实大大减轻了。当时阜阳农民的实际负担，已经达到年人均 200 元到 220 元。今天的阜阳颍州区委书记，当时的阜阳农经委副主任、市税改办主任姜涛，也不这样看。他认为，阜阳全面铺开的这一轮改革，是艰难的抉择，痛苦的抉择，也是无奈的抉择。历史地看，无论如何，它都是一个大胆的尝试，为后面的改革探索了路径，积累了经验。

要有一种大历史观。

姜涛所说的大历史观，是指不能脱离当时的历史环境，尤其不能脱离当时的历史条件。在没有中央财政支持、没有转移支付的情况下，人均负担只能维持在 140 元左右的标准上，否则五保户谁管？军烈属谁管？民兵训练谁管？民办教师工资谁管？一连几问，问得我无话可说。基层的情况纷繁复杂，所以不能仅仅只看表面。据他说，因为 140 元的标准，大大超过了政策所规定的 5% 高压线，吴昭仁还带着他和邹新华，专门到中央去汇报，争取高层的支持和理解。所以，他郑重引用了邓小平同志的一句话"没有办法的办法，就是好办法"，来说明他们的这一轮税改。

一样是探索，一样是往前走，一样是改革。

也就是在和他们的这次谈话之后，我的思想渐渐明晰。那就是，历史地看待一切人和事，历史地看待改革过程中出现的反复和曲折。邹新华说，你这个东西写出来，要向历史负责，要向事实负责，要向社会负责，要向自己负责。

他还说，没有失败，就没有成功；没有教训，就没有借鉴；没有一步一步往前走，就没有改革。

说得太好了！

自1997年开始在全市推开第二轮税改之后，阜阳市再没有出现过与农民负担有关的恶性案件，中央再没有因农民负担问题通报过阜阳。而在此之前，临泉王营事件、利辛丁作明事件，都曾案惊中央。1998年7月，二轮改革进行期间，温家宝派他身边的工作人员韩长赋到阜阳来暗访，当时温家宝还是主管农业的副总理。韩长赋是从河南坐长途汽车过来的，在没有任何人陪同的情况下，自己看了亳州、界首、太和的一些乡镇，基本满意。他最后来到姜涛的办公室说，家宝同志让我来找你，说着递上来一张名片，正面印着"中央财经领导小组秘书局局长"，反面印着"中央农村工作领导小组组长"。听他的口气，看他的穿戴，姜涛脑子里一片混乱，不知是该相信还是不该相信。当时韩长赋脚穿球鞋，肩背黄挎包，瘦瘦弱弱，东北口音。而且，居然没有一个人陪同，居然是坐长途汽车来的。姜涛赶紧伐个借口，出去给姜春云的秘书李显刚打电话，寻问中央机关有没有这样一个人。一问，居然是真的。

佩服得五体投地。

突破、突破、再突破

五河县位于皖东北淮河中游下段，境内"淮水绕东南，沱浍注西北，惟崇合于潼，汤汤淮以北"，县以淮、浍、崇、潼、沱五水汇聚五河口而得名。五河襟淮带湖，河湖纵横，地势低洼，俗称洪水走廊，常有灾害发生，尤以雨涝干旱灾害为重。

五河县的税费改革，开始酝酿也是在1994年的下半年，时间上并不比太和县晚多少，但一直推迟到1995年才进行，是出于一种谨慎。由此也可以看出，皖东北一带的历史人文，与皖北一带的草莽剽悍，有很大的不同。五河县的税费改革，是省财政厅直接抓的试点。在1990年代中期，税费改革的最初阶段，安徽省财政厅和安徽省农经委，这两个农村税费的上级主管部门，都表现出了相当的政治责任心和政治敏感。有感于太和税费改革对国家税制的触动，财政部门一直想寻求一个新的突破口，希望找出一条既减轻农民负担，又不违背国家税制的改革途径。

五河县税费改革前后进行了三轮，实现了三个第一、四个突破，非常成功。

下去一把抓，回来再分家。五河县是传统的农业县，和皖北一样，农民负担也是长期困扰县、乡两级政府的大问题。太和县税改刚一开始，听到风声的五河，就组织了一班人前去学习，带队的是县委政策研究室主任汤民强。

汤民强教师出身，做过几年县广电局局长，平时爱读书，爱琢磨事情。采访中，他十分爱和我探讨理论问题，这在县一级的干部中，是不多见的。汤民强带队去太和看了以后，很受鼓舞，但同时也敏锐地感到，太和改革触动了国家税制。

太和方案论证会上所发生的争论，也证明了他的敏锐。

汤民强可不想找麻烦，他希望找到一个更容易的突破口。

这之前，县农村税费改革领导小组已经成立，县委任命他为副主任，具体负责。汤民强后来说，这是因为他是第三者，有些局外人的意思，便于一手托两家。他所谓的"两家"，一家是县财政局，一家是县农经委，税费改革首先触动的，就是这两家的利益。而汤民强更大的优势还在于，学生遍及县直各机关和各乡镇财政所、经管站，由他出面协调，利于改革的顺利推行。

在充分调研、反复权衡的基础上，汤民强决定，将五河县农村税费改革，定位在农村税费征收方法的改革上。这样，触及面不大，也比较容易操作。

1995 年初，改革正式启动，汤民强牵头，制定了一个税费征收方法的改革方案。方案的主要内容，可概括如下：乡镇组织，财政结算；税费合一，统收分管；公开透明，依法征收。

这是考虑到受人力、物力和财力的限制，税费改革一次到位不切实际，而采用了由易到难、分步进行的办法。也就是说，从一开始起，五河县就打算将税费改革分做几步走，由此可以看出县委、县政府的稳扎稳打和方案制定者的谨慎、缜密。

这个方案，明确了三点：一、明确了财政是农村税费的征收主体，负责征收的具体业务，乡镇政府组织，镇村两级干部不得随便"沾手"税费。二、明确了农业税、"三提五统"和"排涝水费"合并征收，由财政部门统一与农户结算。"排涝水费"是沿淮县市特殊的收费项目，用于雨季或大灾之年排涝。收上来的资金实行分类管理，农业税进国库，"三提五统"解交农经部门，"排涝水费"解交水利部门。三、明确了农业税费征缴实行公示制，并结合村民自治，给群众以知情权、参与权和监督权。

汤民强说，这其实是借用了基层干部常用的一种工作方法，"下去一把抓，回来再分家"，也是乡村干部们在长期农村工作中最驾轻就熟的办法。

改革方案报省财政厅后，得到充分肯定。由于简化了征收方法，减少了征收环节，同时提高了征收透明度，方案实施后，很受群众欢迎。往年乱成一团的农业税、特产税、"三提五统"、"排涝水费"，现在合并起来，测算到户，张榜公布，再将《农村税费征收通知书》发放到每一个农户，注明征收项目和数额。征收部门严格按照通知书上的数字，按秋季四成、午季六成收取。

后来，全省试点中风行的"征收明白书"，就是从这里演变而来的。

实施的结果，有的乡镇如头铺乡，一个星期就完成了任务；有的乡镇，午季一季就把全年的税费征收上来，大大提高了征收速度，降低了征收成本。

多年以后，回忆起五河的第一轮改革，汤民强往沙发上一靠，欣慰地概括为五满意：一是群众满意。由于改变了以往登门索要、强收强取的工作方法，增加了透明度，群众知道自己该交什么、该交多少，交得心甘情愿，不仅没有怨言和对立情绪，反而积极缴纳。二是乡镇干部、村干部满意。一向令人头痛的税收任务，毫不费劲地就完成了，使干部们从催粮要款、挨骂受气的窘迫中解脱出来。三是银行满意。银行不需要像往年那样发放现金了，而是直接转账，支票结算。四是粮食部门满意。"一把抓"的征收方法，无疑加快了粮食收购进度，确保了粮食质量。五是主管部门满意。县财政局、县农经委、县水利局，皆大欢喜。

五河的胆子也太大了第一轮改革，使五河县委、县政府尝到了"以改革减负担，以改革促稳定"的甜头。1996年下半年，花建慧调任中共五河县委书记后，即指示汤民强着手筹划第二轮农村税费改革方案。这是一位女书记，思维缜密、作风简洁、工作大胆，同时又有女性的敏感细腻。汤民强带着他的工作小组，在半年的时间里，先后制定出14套方案。在上常委会讨论前，他们自己筛选出来8套方案；正式上常委会讨论时，他们又筛选出来四套方案——四选一，仍有很大的余地。

这四套方案，最大的区别在总量，其核心部分却始终没变：取消特产税。

这是一个伤筋动骨的方案，一个公然触动税制的方案，出自一向稳妥谨慎的汤民强之手，很是出人意外。

而在汤民强，则是深思熟虑的结果。说到取消的理由，他讲了以下两点：一、此税种已经严重落后于现实。特产税是在特定历史阶段，为保证粮棉种植面积而设计的税种，社会发展到今天，我们国家的粮食生产已经过关了，棉花生产也已经过关了，不再需要特产税这一杠杆来调节。这个税种的指导思想，和目前的市场经济规律相背离。二、特产税征收难度大，不具备可操作性。特产税的税额，是总产量乘市场收购价格再乘税率，而实际的情形是面积可以测量，产量却无法把握。以果树为例，各种水果都有大年小年之分，大年产量高，价格却低；小年产量低，价格却高，产品总量和产品价格，都无法确定。而且市场经济不比计划经济，计划经济时生产出来特产有国家专门组织收购，市场经济都是农户自己到市场上去卖，一斤苹果，早晨可能卖一块，中午可能卖五毛，晚上可能连三毛也没人买。如此复杂多变，特产税的税额怎么定？又怎么收？而且，社会发展到今天，这个税种还有没有存在的价值和必要？

所以，不如干脆取消。

将这个方案呈上去的时候，汤民强和税改小组的同志们，是很有些担心的，害怕在县常委会上被否决。但让他们意想不到的是，县委书记花建慧态度鲜明地支持这个方案，在稍加修改后，以《五河县农业税费征收改革实施办法（试行)》上报省市有关部门审批。

从常委会上下来后，花建慧和汤民强说了实话：这个方案得越级上报，先争取省里的支持，然后再到市里审批———不然，有可能过不去。

这一下，汤民强心中算是有了底。在花建慧的带领下，他们第一步先到了省财政厅。当时的省财政厅主要领导，仔细看了他们的方案，拔出笔来说：花建慧，你五河的改革搞好了，为中国农村的税费改革趟出一条路来；搞不好，不就你一个小小的五河县嘛———我现在就批！

得到了省财政厅的支持，他们马不停蹄去了省农经委，希望在那里，也能有这样的好运气。这是汤民强和吴昭仁第一次见面，第一次交谈，没想到，没等汤民强把五河这一轮改革的指导思想表述完，吴昭仁就表态说：你只要把人均负担控制在140元以下，我就批！

省主管部门改革的决心如此之大，态度如此坚决，大大出乎他们的意料。回去以后，税改工作小组重新调整了方案，把人均负担定在了138.75元。

这个方案，随后上报蚌埠市政府。原以为有了省里的支持，市里就很容易就通过的，不想有关领导认为，五河方案触动了税制，不肯批。

当时正值市"两会"（人代会、政协会期间），花建慧对汤民强说，老汤，你是人大代表，你在大会上不是有一个发言吗？你把我们的改革方案，拿到大会上去！

真有魄力！

一石激起千层浪，汤民强的大会发言还没落音，下头就炸锅了。有人说你五河的胆子也太大了，居然敢取消特产税，花建慧的县委书记是不是不想干了？

会场闹哄哄一片，说什么的都有，市委、市政府当场决定：召开市长办公会议，讨论五河税改方案。

市长办公会上，争论的焦点集中在改革能不能触动税制上，因为五河的改革方案，不仅取消了农业特产税，还动了计税常产。农业税有三要素：常产、面积、税率，动了计税常产，就动了农业税的根基。花建慧说，既是改革，就有所突破，没有突破，叫什么改革？我们历时半年，综合测算了全县 13 万农户，前后拿出了 8 套方案，是很慎重的———我代表五河县委、县政府，请求市委、市政府批准！

不久，省委书记卢荣景听说了五河的大动作，带着省财政厅长匡炳文和吴昭仁一同来调研。花建慧带着汤民强到他的房间去汇报，听完整个方案后，卢荣景说，"我看这个方案很好，你们再搞细一点，我代表省委支持。"

有了省委书记的亲自干预，五河这个动作很大的税改方案，总算有了转机。方案正式报到省财政厅农税处后，农税处的负责同志建议将"取消特产税"改为"暂缓征收"，即"在计税耕地上种植农业特产品的，暂缓征收农业特产税"。但双方心里都清楚，这一暂缓，就永远暂缓下去了！

1997 年 4 月，历经磨难的五河县第二轮税改方案终于通过，主要内容为"两个稳定、一个调整、一个暂缓"，即："农业税的计税面积稳定不变，计税税率稳定不变；调整了农业税的计税常产，以 1992 年到 1996 年 5 年的粮食产量平均值的 85%，作为计税常产；暂缓征收农业特产税。"

其实在"两个稳定、一个调整、一个暂缓"之外，还有一个小小的突破，那就是取消了加征的花生税。花生和油菜、芝麻一样，都是油料作物，按说也应该和油菜、芝麻一样，不特别征税的，但是地方政府为了增加地方财力，就申请加征了花生税。不知是哪一届政府，也不知是从什么时候开征的，明显的不合理，为什么不趁这个机会取消了？

在全县动员大会上，花建慧说：我们这个方案，是冒险批下来的，所以只能成功，不能失败！要万众一心，上下一致，不能胡来，也不准胡来———谁胡来，我对谁不客气！

一跃成为"部"试点五河县的第三轮改革，开始于 1998 年，而这一轮改革的重点，可以用"费改税"3 个字来概括。按照国家的有关规定，农村的"三提五统"，属于"费"的范畴。老百姓把农业税和特产税，看成是"皇粮国税"，几千年传统思想，认为"完粮"是一个农民的本分；而把"三提五统"看成是乡村干部随意收取的费用，在思想观念上，看得就不像农业税那么重。老百姓有一句话：要想安，先完官。在这里，"官"指官粮，也就是国家规定的税收。历来，老百姓的思想观念，"完粮"先完"皇粮"，只有把"皇粮"交齐了，才能心安、身安、平安。

这样一来，在农业税费缴纳的过程中，就往往出现先交农业税、后交"三提五统"的现象，有的甚至故意拖欠或干脆不交"三提五统"。这在农村有一个专有名词，叫作"尾欠"，"三提五统"征收难的问题也由此形成。

征收难，尾欠多，而且"三提五统"本身也比较混乱，多头征收、多头管理，容易钻空子，加重农民负担。1997年下半年，在第二轮改革取得极大成功的基础上，县委、县政府决定对"三提五统"征收难、管理难、群众意见大等问题进行改革，将农村税费改革向更深一步推进。恰在这时，国家财政部准备出台"费改税"改革方案，年底召开全国各试点单位座谈会，汤民强代表五河参加了会议。五河的改革思路和财政部的这个改革思路一拍即合，因此在会上被定为财政部"费改税"试点县。

由省财政厅的试点县，到国家财政部的试点县，五河一步跨上了一个大台阶。在财政部的具体指导下，1998年6月，经财政部批准，五河县正式下发了《五河县农村公益事业建设税征收实施办法（试行）》（以下简称《实施办法》），决定从1998年开始，在全县农村实施农村公益事业建设税试点工作，将原先乡统筹的五项费用，改为农村公益事业建设税。

根据这个《实施办法》，课税对象为全县行政区域内的农民，包括有承包地、有农业户口的纳税人，有承包地无农业户口的纳税人以及无承包地有农业户口的纳税人。纳税以统计部门批准、农经部门年报中的人均纯收入为依据，人均税额一定两年不变。同时采用地区差别税率，各乡镇适用税率必须报县政府批准，而且最高税率不得超过2%。《实施办法》还规定，农村公益事业建设税纳入乡镇财政预算管理，主要用于乡村两级办学、计划生育、优抚、民兵训练、乡村道路修建等农村社会公益事业开支。

由于当时全国还没有"农村公益事业建设税"这个税种，为了解决税金入库问题，在省财政厅协调下，银行为五河县专门开设了"农村公益事业建设税"资金专户，并专门设计印刷了农村公益事业建设税票。

"费"改成了"税"，征收和管理都规范化了，乡统筹不再像往年那样出现大幅度尾欠。从1995年的"一把抓"到1998年的"费改税"，五河县农村税费改革实践，4年迈了三大步，在全国范围内，创造了3个第一、4个突破。3个第一是：第一个调整农业税的计税常产；第一个取消农业特产税；第一个实施了"费改税"。4个突破是：在农业税费征收方法上有所突破，建立了"税费合一，统收分管"的征管模式；在农业税制方面有所突破，探索了计税常产的调整；在农业特产税方面有所突破，探索了取消农业特产税的路子；在"费改税"上有所突破，将"五统筹"改为农村公益事业建设税。

然而，为五河在全国税改中挣得大荣誉，赢得大名声的，还不是上面的这三轮改革，而是一个辅助性改革——公共财政支出改革。安徽省公共财政支出基本框架的建立，甚至整个农村公共财政支出框架的建立，最初都来源于五河改革的经验。

参与五河县税费改革试点全过程的汤民强也认为，五河对全省乃至全国最大的贡献，在于公共财政支出改革。

公共财政是与市场经济相联系的一种财政分配和管理模式，是市场经济国家通用的财政制度。随着社会主义市场经济体制的发展和完善，我国的各级财政特别是地方财政，将逐步由传统的计划经济财政向现代公共财政转变，这是一个必然趋势。

五河改革从全面规范收支行为入手，在借鉴国际通行的"零户管理"、"集中支付"先进模式的基础上，以"收支直达、财务统管"为主要内容，对整个财政运行方式，进行了一场深层次的、较为彻底的改革，被媒体称之为"脱胎换骨"。

半年以后，安徽省政府在五河县召开全省公共财政支出改革现场会，安徽省委常委、主管农业的副省长张平，对五河县的改革试点，给予高度的评价，认为实施的时间虽然不长，却在推进公共财政支出框架的构建、促进政府职能的转变、增强政府调控能力等方面，大见成效。

现场会上，张平还特别以张集乡为例，说明五河改革的成果。张集乡位于五河、固镇、泗县三县交界，地理位置偏远，农村经济相对落后。实行公共财政支出改革试点后，这个乡当年就实现了财政自给，除保证工资发放和必要的事业支出外，还归还了大部分历年欠账，经济效益、社会效益十分明显。

张平所肯定的"公共财政支出框架的构建"，指的是财政专户和"两个中心"的建立。两个中心一个是采购中心，一个是会计中心。采购中心成立后，100元以上的资金支出，全部集中到县"采购中心"办理。而后来在全省推开的"财政预算中心"，就是从五河县的会计中心演变而来。

改革收到巨大的成效，全国各地前来参观学习的市县络绎不绝。河北省河间市的有关同志，在不到半个月的时间里连来了两趟，第一趟是常委副市长带着财政局长来，第二趟是市长亲自来，并且带来了借鉴五河经验所设计的改革方案。

五河公共财政支出改革以综合预算编制和管理为突破口，以国库单一账户制度改革为重点，以预算统编、会计统配、国库统付、采购统办为主要内容，归结起来就是"收支直达、财务统管"8个字，初步使县级财政实现了公正、规范、节约、高效的运转模式。

这项带有明显公共财政特征的改革，惊动了全国。2000年5月13日至15日，全国的财政专家聚集合肥，举行安徽省财政支出改革理论研讨会，来自国务院发展研究中心、财政部科研所、社科院财贸所等方面的专家学者，充分肯定了五河、霍山、南陵三县，当然主要是五河县，在公共财政支出改革方面所做的探索。专家们认为，安徽公共财政支出改革，构建了公共财政的框架，通过重新界定财政支出范围，明确财政支出预算安排顺序，转变了财政的职能，调整了支出结构，缓解了财政"越位"、"缺位"并存问题。更重要的是，通过预算管理改革，细化了预算编制，增加了预算的公正性和透明度，硬化了预算约束；通过推行政府采购制度和国库集中收付制度，有效地规范了财政资金管理的各个环节，政府的调控能力大大增强。此外，财政支出改革还促进了党风、政风和廉政建设。

参加研讨会的财政部科研所所长何盛明说：公共财政支出改革，打破了"王爷经济"、打破了各部门既得利益；上海财大教授蒋洪说，公共支出的根本出发点是百姓。此后不久，《人民日报》以《皇粮吃出透明度》为题，推出了关于安徽省公共财政支出改革的长篇报道。

一时，五河县公共财政支出改革，成为全国各大媒体报道的热点。

历史选择了安徽

2000年初，中央决定选择安徽作为农村税费改革试点省份时，下面有很多议论。一个普遍的说法是，安徽再次作了中央政策试验的牺牲品；另一个普遍的说法是，安徽官员以个人政治生命为重，牺牲安徽人民的整体利益。之所以会有这样的议论，是基于原先报名试点的几个省份，后来都一一退出来了。在这一章中，笔者将忠实记述中央决策层发生的与安徽试点有关的事，忠实记述省委决策的前前后后。

为了真实地再现事实，笔者在这一章中，部分地采用了口述笔录的形式。

老项我给你200个亿　"老项我给你200个亿"，这话是朱镕基说的。

刚刚从越南出访归来的项怀诚，身穿藏青色唐装，脚踏玄色步鞋，意态闲适地接受了笔者的采访。那是 2006 年 12 月 21 日的下午，在中国社保基金理事会总部大楼，项理事长的办公室里。项怀诚从财政部长的位置上卸任后，担任中国社保基金理事会理事长，非常忙，经常在五大洲四大洋之间飞来飞去。说到税费改革的决策过程，项怀诚披露了一些人所不知的内幕。

1998 年，朱镕基出任国务院总理，3 月底召开九届国务院第一次全体会议，提出他五年的施政纲领。这其实是朱镕基第一次正式以总理的身份和大家见面，一共谈到五项改革，其中一项就是税费改革，点了我的名：老项，这个任务，就交给你了！

1997 年，在中国共产党第十五次代表大会上，项怀诚刚刚当选为中央委员。1998 年九届人大一次会议上，经朱镕基总理提名并获人大高票通过，项怀诚出任财政部部长。项怀诚是有名的学者型部长，广博多闻，并且是出了名的好口才。最为人津津乐道的一个例子是，2002 年 11 月，他参加在香港召开的第十六届世界会计师大会并发表演讲，滔滔不绝，妙语连珠。转过一天，11 月 22 日，香港《文汇报》就用《世界级财长发挥项氏幽默》来报道项怀诚的演讲，并引用香港中文大学校长金耀基的话说：中国有世界级的总理，也有世界级的财长。更著名的一个例子是，有一次记者请他对李登辉的一句话"第三次金融风暴将由人民币贬值引发"发表评论，他应声答道："李登辉先生的话不值得我评论，因为他经常说错话。"

引来掌声如潮，满堂喝彩。

所以当天的采访，基本上是他一个人说，笔者提过问题后，就几乎说不上话了：

我上任以后，提出我任上要完成四件财政大事：一、财政总收入达到 GDP 的 20%，中央财政超过 20%；二、建立一个社会保障体系，也就是打破一个大锅饭，再建立一个大锅饭；三、建立一个公共财政框架；四、实行税费改革。

把这个方案给朱镕基看了以后，他点着其中的一部分说：社会保障这一块，你不行，你现在做，威望还不够，我来做，你来协助我。

说到这里，项怀诚略带揶揄的笑意说：我现在威望够了。

他现在是中国社保基金理事会理事长，威望当然够了。而且他现在手中掌管着高达 2000 亿元的社会保障基金，境外媒体直呼为"老财神"。

上互联网搜索，有关项怀诚的信息有 28900 多条。近 10 多年来，在我国历任财长中，项怀诚的名字恐怕最为老百姓所熟悉。所谓时势造英雄，"项怀诚"三个字的普及程度，应该跟他在财长任上这几年我国的经济形势有关，也跟他所引起的诸多争议有关。但正如项怀诚自己所言，现在回过头去看看，他上任后提出的四件大事，在他任上，基本上都完成了。

1998年，金融风暴对亚洲的影响仍在继续，而在它的波及下，全球经济明显滞缓，国内第一季度工业生产增长率下降，物价水平持续走低，职工下岗人数增加，内需严重不足。1998年我国的出口增长为0.6%，几近为零，而在1997年，这一数值为21%。当时的经济形势一如项怀诚所说，"就好像开汽车，脚在油门上使劲踩，就是上不去。"就在国内经济举步维艰之时，我国又爆发了百年不遇的华南、华中大水灾。作为新上任的财政部长，此时的项怀诚，如履薄冰，如临深渊。

但是关于税费改革，财政上定下来的第一项税费改革，并不是农业税费改革，而是车辆道路税费改革。当时设想的税费改革一共是三项，依次是车辆道路税费改革、农业税费改革、建筑业税费改革，这三块都很乱，当时就选择拿这三块开刀。

当时对项怀诚，反对的意见很多。他后来自己也说：很多人对我讲，老项你要慢一点，"木秀于林，风必摧之；堆出于岸，流必湍之"，你这个样子，对你个人不好。但是我说，哪怕以我下台做代价，也必须坚持。当一个官员，要想不受攻击、不受反对，是不可能的，除非你无所作为，或者你跟着跑。真正立志于改革的人，必须要有自我牺牲的精神。我们这一代人改革，已经幸福得不得了了。

这样，农业税费改革就提到财政部的议事日程上来了。1998年，已经快到年底了，中央要求财政部牵个头，成立一个农村税费改革领导小组，进行具体方案的调研和设计，由我任组长。

这就是"三人小组"的由来。"三人小组"由财政部部长项怀诚、中央财经领导小组办公室副主任段应碧、农业部常务副部长陈耀邦三人组成，三个人再各自从自己的部门抽一个司长，参加到小组工作中来，项怀诚任组长，重大问题碰碰头。在"三人小组"的领导下，用了大约一年的时间搞调研，然后是做改革方案，具体工作由财政部综合司承担。

这也是后来安徽省的税费改革试点，由财政部门主抓的原因。

1999年下半年，我去安徽为农村税改做调研，住在稻香楼。晚上王太华来看我，说了很多。他说现在党在农村的工作很被动，党群关系、干群关系很紧张，农民负担太重，建议我搞个改革试点，从正反两个方面堵死口子。他给我算了一笔细账，说安徽农民的比例，占全国的十分之一，中央要是一年能够帮安徽解决 8 个亿，安徽就能搞税费改革。他还鼓动我说，中央财政只要拿出 80 个亿来，全国农村的税费改革，就算干成了！

王太华的这笔账怎么算出来的，不得而知，能够知道的是项怀诚很受鼓舞，回来就向朱镕基作了汇报。谁知朱镕基一听就说，老项，你不能照王太华的账算，80 个亿是不够的，肯定不够，我给你 200 个亿，你能办成，我就谢天谢地了！

项怀诚听了这话，猛地一愣，没有思想准备，太没有思想准备了。

说实话，中央财政当时没有准备拿这么多钱，连 80 个亿也没准备拿。1998 年我当财政部长的时候，正好赶上"三碰头"：亚洲金融危机；中国经济实行通货紧缩政策，经济增长速度上不去；当年的七、八、九月 3 个月，松花江、长江大水，国家面临很大的困难。一听说要拿出这么多钱来，我有些犹豫。

当时项怀诚手里，确实没有钱。1998 年 6 月 16 日，项怀诚在《人民日报》上发表署名文章《财政宏观调控与启动经济增长》，提出我国应当适时适度地扩大财政举债规模和财政支出，增加投资，刺激消费，促进国民经济增长。项怀诚当上财长的前一年，即 1997 年，我国的财政赤字是 580 亿左右，按当时的财政预算，1998 年的赤字应为 460 亿，比上一年减少 100 多亿。但鉴于当时的形势，中央决定于 1998 年 8 月首次增发 1000 亿元长期建设国债，财政赤字大幅增加。从此，项怀诚的名字就和实施积极财政政策的利弊纷争联系在了一起。作为政策的执行者，项怀诚在财长任上的每一年，都要花费很多时间和精力去做说服工作。而他得到的评价，也一直是毁誉参半。

事实上，后来安徽 8 个亿没有打下来，全国 200 个亿也没有打下来。喔哟哟，盖子一揭开以后，不得了，很多问题都暴露出来了！

项怀诚是江苏吴江人，在京很多年，有时还会带出南方口音。确实如他所说，盖子一揭开，很多问题暴露出来了。在实行家庭联产承包责任制之前，农村负担的直接载体是生产队，农民负担是隐形的。实行家庭承包经营后，农村税费制度也随之发生了重大变化，农民成为各种税费的直接负担者。经过 20 多年的演变，逐步形成了农业税及其附加、农业特产税、屠宰税；"三提五统"；劳动积累工和义务工；基金、集资、各种行政事业性收费以及其他摊派等社会负担这几大块。在改革开放之初，农民曾把这种分配形式概括为："交够国家的，留足集体的，剩下都是自己的。"但是，随着农村改革的不断深入和发展，特别是社会主义市场经济体制的逐步建立，这种沿续 20 多年的税费制度也逐渐暴露出不足与缺陷：一是收费项目繁多。1993 年，国务院在全国范围内开展一场清理整顿涉农收费文件大行动。仅某省就清理涉农负担文件 2977 个。到了 1999 年底，据该省财政厅统计，国家和省级涉及农民的行政事业性收费项目还多达 50 多个。二是收费管理混乱。从村委会到各级国家机关单位，都有合法的收费项目。由于口子多，利益驱动力大，很难控制。一些部门随意提高收费标准，搞搭车收费；一些地方巧立名目，自立收费项目，自定收费标准；还有一些地方和部门脱离实际，急功近利，超出农民承受能力，大搞集资和达标升级活动，加重农民负担。三是农民负担和收入直接挂钩导致收入虚报。1990 年以来，国家规定农民负担不得超过上年农民人均纯收入的 5%。一些地方为了增加乡村财力，就在农民收入统计上弄虚作假，虚增收入，加重农民负担。四是税收政策执行走样。按照税法规定，农业特产税、屠宰税都应据实征收。但不少地方把农业特产税、屠宰税变成了"人头税"、"田亩税"，按人头、田亩数平摊向农民征收。现行的农村税费制度存在着很多的不足和缺陷，直接导致了一些问题的产生。

由于农民负担重，使农民在抵制不合理收费的同时，对于正常的税费征收也产生抵触情绪。农村税费拖欠问题日趋严重，直接影响乡村两级正常职能的运转，有相当一部分村干部拿不到或只能象征性地拿到一些补贴。

种种一切，都直接威胁到农村社会的稳定。

农村税费改革靠什么启动？那么多的问题靠什么来解决？靠钱。当时考虑到第一没有经验，第二也没有这么多资金，只能分批进行，就决定先在安徽做试点———安徽省委有这么个态度嘛。

这期间，在充分调查研究的基础上，针对税费制度、征管制度以及与之相关的政策法规，广泛听取了各部委意见和各地方政府意见后，制定了农村税费改革方案，中共中央政治局通过，2000 年 3 月以"7 号令"发布，在安徽试点。

媒体称项怀诚为平民出身的高官，他于 1963 年进入财政部，从科员、副科长、副处长、副司长、副部长一路走来，直到 1998 年担任财政部部长。用财政部官员的话来讲，项怀诚"是历任财政部长中惟——个在财政部历练多年，财政部培养出来的，有魄力、实践经验丰富、擅长解决疑难杂症的财政专家"。这位平民子弟对生活的要求不高。1980 年代末，已经当了副部长的他，家中还没有电话，并且和别人合用厨房和卫生间。有一次，姚依林副总理的秘书晚上有急事找他，查了半天居然查不到他的电话号码，打到值班室才知道他家里根本没有安装电话。他的夫人在北京的一所回民中学教书，一直是班主任，一辈子连个教研室主任也没当过。直到退休了，他的一儿一女，也没有借高官父亲的光，做的都是很普通的工作。

所以说到农村，说到农民，项怀诚很有感情：

对于我们国家来说，以前是顾不上农民。从建立共和国开始，50 多年间，我们经历了几次局部战争：抗美援朝、支援越南、对越自卫反击战；经过多次政治运动：三反五反、反右、四清、"文化大革命"，真正甩开膀子搞建设，也就 20 来年的时间。50 年代搞建设，是勒紧裤带，一靠农民奉献，二靠工人奉献，三靠知识分子奉献。农副产品的价格低，以保障城市人口低水平的生活；工人工资也是低水平，以保障国家建设。农村税费改革前，国有资产一共是 10 万亿，这 10 万亿国有资产，是靠一代中国人民的伟大牺牲和奉献，才积累起来的。我们是农业税哺育大的，没有农业税就没有政权。城市反哺农村，工业反哺农业，现在就可以提了，就可以分几年，拿几千亿解决农民问题、农村问题，当时就不行。现在国家财政是一年比一年好，一年增长几百个亿。两届政府把农村税费改革推开，深化了农村改革，争取了时间，稳定了农村社会。但是中央也知道，靠税改不可能真正解决"三农"问题，所以提出新农村建设，是全方位适时转移。原先的税改方案不是全免，是大幅度降低农业税，把工商税收延伸到农村去，体现出城乡的平等性。但发展过程中农业税全免了，全免也就全免了，没什么了不得。几百个亿，放在今天的中国，不算什么。

和项怀诚谈话，能够感到他思路的清晰和宏阔。他在任时，虽然积极的财政政策不可避免地带来通货膨胀的隐患，但它也迅速带领中国走出了经济发展的瓶颈，并以每年 7.7% 的增速大幅扩张。项怀诚在财长任上 5 年，我国的财政收入由 9000 多亿元达到了他离任时的 20000 多亿元。有鉴于积极财政政策对国民经济发展的推动作用，朱镕基总理曾评价说：这一届财政，是最辉煌的一届。

朱镕基是一个敢说话、敢拍板的人，最后中央财政不是拿出 200 个亿，而是一下拿出 600 个亿，补贴农村税费改革，他对财政部长项怀诚说：老项你不要太小气嘛！

不吃蜘蛛吃螃蟹　"即便那样安徽也要搞"，是说即便中央财政不给补贴，安徽自费也要搞农村税费改革试点。口述这段历史，已是 2006 年 12 月 18 日的下午，口述人是原中共安徽省委书记、时任国家广电总局局长王太华：

农业、农村和农民问题，始终是关系到我国改革开放和社会主义现代化建设全局的重大问题。1990 年代中期之后，农民负担已经严重影响到农村的稳定发展，严重影响到党在农村的执政地位。1998 年 10 月 14 日，中共中央十五届三中全会通过了《关于农业和农村工作若干重大问题的决定》，《决定》明确提出，要根据社会主义市场经济发展和农村民主法制建设的要求，规范农村税费制度，从根本上治理对农民的各种乱收费，切实减轻农民负担，进一步巩固农村基层政权，促进农村经济健康发展和农村社会长期稳定。至此，农村税费改革以党的决议形式提出，提上了党中央的重要工作日程。

《决定》的颁布，也极大地推动了安徽农村税费改革试点工作的深入开展。1999 年 5 月 13 日，为加强对农村税费改革试点工作的领导，省政府成立了安徽省农村税费改革领导小组，我任组长，我当时是省长，书记是回良玉。当年，省政府就批准了怀远、来安、濉溪、望江 4 县搞试点。

安徽在 1990 年代中后期，出现过多起因农民负担问题引发的群体性事件，经常被中央点名批评，省委压力很大。温家宝 1996 年到安徽来，开扶贫工作会议。一进霍山境内，就看见几个妇女在背树皮……

王太华说的这一段，媒体多次报道过。10 多年来，温家宝是中央领导层深入到安徽农村搞调研次数最多的一个，同时也是让陪同他的地方干部最头疼的一个。为了了解到农村和农民的真实情况，他常常想方设法冲破地方政府的"封锁"，使地方政府很难堪。1996 年 5 月，麦收之前，当时还是中央政治局候补委员、中央书记处书记的温家宝，到安徽检查扶贫工作。一来就约法三章：不搞迎送，不搞陪吃，下去时更不许前呼后拥，一切轻车简从。

当时他的随行人员也是屈指可数，除秘书田学斌、警卫参谋张振海外，中央办公厅秘书局和中央农村工作领导小组各来了一位领导，陪同的还有农业部的一位同志。在往霍山的山道上，温家宝突然招呼司机说："我要方便一下。"谁知车停住以后，他跳下去，一路走得飞快，沿着一条小路就进了前面的村庄。因为是在计划之外，坐在另一辆车里的安徽领导，就很有些措手不及。大家赶忙下车，快步跟了上去。这时几个农民扛着树皮走过来了，温家宝迎上去问："你们这是干什么呀？"一个妇女说："眼下青黄不接，山上没东西可卖，供销社正在收购树皮，听说是造纸用的，就削点树皮去卖，好换点口粮。"当知道一斤树皮才卖几分钱时，温家宝脸上有戚戚之色。

这时刚巧又有一位男青年走过来，当得知他是一位民办教师时，温家宝又仔细问了他的工资情况。这位民办教师说："乡里按规定，一个月补助 50 元，就这 50 元补助，也总欠着，要赶到过年时才能给。"

接下来，一路上温家宝的表情都很沉重。车到了霍山县城后，直接驶进了宾馆。为迎接温家宝的到来，宾馆里喷泉喷涌，灯火辉煌。温家宝的脸色，当时就沉下来了。在听取县里的汇报时，说了一些很不客气的话。

看样子，那一回的陪同视察，给王太华的刺激很深，以至多年之后，还又提到它：

"中央提出搞试点后，让各省自愿报名，一开始有 4 个省报了名，后来除了安徽，都打了退堂鼓。我们是坚定不移的，1999 年下半年，财政厅长朱玉明把 4 个试点县的情况给省委一汇报，省委就决定搞。由于报了名的几个省最后都退出来了，朱镕基很着急。1999 年的全国"两会"上，他参加安徽组的讨论，见到我就说，一个人的一生，能干几件事啊？你王太华把这件事做好了，功德无量！"

采访中，我听到的另一个版本是，朱玉明向朱镕基汇报工作，汇报结束后，朱镕基说：你带个话给王太华，把这件事情做好了，功在千秋，利在当代！

当时安徽如果不应下来，这个试点就搞不成了。对这一点，中央还是满意的。

那时候中央财政没有现在这么大，说是让安徽搞试点，却没说拿出多少钱来，看样子是要自费改革，所以报了名的省才都打了退堂鼓。安徽是个穷省，自己拿不出什么钱来，即便是那样，省委也下决心搞。当时的情况很复杂，也没有什么经验，能不能搞、搞成什么样，谁心里都没有底。很多省陆续退出，只剩下了安徽后，江泽民同志曾在政治局会议上问：王太华还愿不愿意搞啊？

王太华说，"只所以有这一问，是因为安徽答应搞试点时，回良玉同志是省委书记。回良玉同志离开后，我让张平同志给家宝同志带去一句话：回良玉同志离开安徽了，但是我们仍然要搞，搞是省委常委会上定下来的。"

关于这一段，据财政部国务院农村综合改革办公室主任黄维健说，中央之所以希望在安徽搞试点，是出于几个方面的考虑：一是安徽地处中部，有代表性，又是农业大省，农业比重大，农民负担重；二是安徽有改革基础，在此之前有大包干，有太和税改，五河税改，怀远、濉溪 4 县试点等等，省委对农村税费改革重视，有领导基础和群众基础。在那前后，朱镕基和温家宝都几次到安徽调研，他本人在 2000 年一年也 7 次到安徽调研，为决策提供参考。

王太华说："当时我为什么要搞？第一，集体决定了，不能因为哪一个人的离开，就改变集体的决定；第二，更重要的是，对于全国来说，这是个大事，只有税费改革才能减轻农民负担，改善干群关系，巩固基层政权，这是大局；第三，我对成功充满信心。至于怎么搞，暂时还不知道，基本点在于，做任何事情，对谁有利？为谁谋利？

虽然中央到底补不补，补多少，没有说，但我和许仲林同志，还是算了一个账的。算账的结果是，只要补 8 个亿就能干，结果头一年，中央财政补了不少，现在更多。农业税全免以后，一年补安徽 50 个亿。安徽在税费改革中没有吃亏，退出去的省，后来见到我，说他们退亏了，让安徽多拿了几年的中央财政补贴。我说过，不管是蜘蛛还是螃蟹，我们都要吃。不过我们争取不吃蜘蛛，吃螃蟹。吃蜘蛛是失败的，而吃螃蟹首先尝到了螃蟹的鲜味。

安徽试点开始以后，我亲自担任税费改革领导小组组长。安徽探路很不容易，别的省跟在后面，要好走多了。"关于蜘蛛、螃蟹的另外一个说法，是各省都退出以后，王太华感到一个省试点风险太大，思想上有压力。但是中央很急，江泽民、朱镕基都催着表态，最后王太华说：吃！不管是螃蟹还是蜘蛛！

那个下午，王太华的兴致很高，我们甚至探讨了一些理论问题。他认为改革开放以来，由于种种原因，农民收入增长缓慢，有的地区甚至是负增长，农民没有平等地、同步地享受到国家改革开放的成果。由于历史和现实的原因，农村中的基础设施、公益事业等等，这些本来应该是国家投入的公共产品，都要农民来负担，由农业税、特产税和农业税附加、"三提五统"来承担，加上少数农村干部的问题，因此农民负担引发的群体性事件不断发生，激化了矛盾。在新中国的历史上，"三农"问题始终是中国革命的基本问题，是重中之重。没有农民的富裕就没有国家的富裕，没有农民的小康就没有国家的小康，没有农村的稳定就没有国家的稳定。所以对于中国历史来说，对于中国农民来说，税费改革是一个很大的转折，而安徽在这个重点转折关头，扮演了重要的角色。

"这段历史，不能过去就过去了，要有记载，不过，不能记偏了。"

听了这话，我坐端正了，正色道："好。"

你们在做前无古人的工作　现在我们来看看，在农村税费改革试点这件事情上，时任国务院总理的朱镕基，对安徽是如何评价的。

和温家宝一样，朱镕基对安徽，似乎特别有感情。他曾经说过：每当中央对农业作出重大决策时，我往往是会亲自到安徽调查研究的。可以说，我们很多成功的经验都是从安徽来的，安徽为中国农业作出了很大的贡献。

这是极高的评价，尤其是出自朱镕基之口。朱镕基以铁面无私的浩然正气与卓然不群的济世之才而著。1998 年 3 月，朱镕基当选为国务院新一届总理，上任伊始，在国务院第一次全体会议上，他就要求财政部和国家税务总局，把整顿税费作为一件大事来抓。从 1991 年出任国务院副总理，1992 年成为中央政治局常委以来，朱镕基参与国家最高权力和主理中国经济长达 10 余年之久，而也正是在这一时期，中国经济杀出重围，奇迹般突破通货膨胀和通货紧缩交替之中的龙潭虎穴，实现了令海内外经济学家惊诧不已的"软着陆"，进入改革开放后高速发展的顶峰时期。

1999年3月，在九届全国人大二次会议的政府工作报告中，朱镕基庄严承诺："抓紧时间制订农村费改税方案并付诸实施，从根本上解决农民负担过重的问题。"2000年4月14日，在全国省部级主要领导干部财税专题研讨会上，朱镕基进一步强调了农村税费改革的必要性和紧迫性，指出这是当前财税改革的重点，是保持社会稳定、增加农民收入、开拓农村市场、发展农村经济的一个重要措施。

也难怪他对安徽愿不愿意承担试点，那样关切。

由于农村税费改革涉及面广，不仅涉及到经济基础，而且涉及到上层建筑，是全方位的改革，操作起来难度很大，中央决策层十分谨慎。中央采取的，是先试点，再循序渐进全面推开的办法。自2000年安徽进行农村税费改革试点以来，朱镕基连续两年在人代会期间，参加安徽代表团的座谈。2000年3月13日，在人民大会堂安徽厅，他语重心长地对安徽代表说："农业、农村和农民问题，始终是中国改革和发展的根本问题。推进农村税费改革，是从根本上减轻农民负担的一项重大措施。希望安徽作为农村税费改革的试点省，要上下齐心，团结一致，精心组织，周密安排，扎扎实实搞好试点，为全国农村进行税费改革积累经验。第二年，2001年3月7日上午，朱镕基再次来到人民大会堂安徽厅，与出席九届全国人大四次会议的安徽代表座谈。他说："今天我到安徽代表团来，主要是想和大家商讨农业、农村和农民的问题，我现在最担心的就是这个问题。目前，农民收入减缓，这个问题非常严重。今年，中央决定把加强农业和增加农民收入放在经济工作的首位，做好这项工作必须改革，应该说，最大的改革是农村税费改革。怎样减轻农民负担？党中央、国务院决定推行农村税费改革，并在安徽开展试点。安徽有勇气承担这项工作，中央一定支持。"

在有关安徽试点的谈话里，朱镕基不止一次使用了"勇气"这个词。是的，在这样一项重大的改革试点中，需要勇气、需要承担、需要牺牲精神，而安徽省委在历史的关头，是表现出了勇气、承担和牺牲精神的。

正如财政部综合司司长王保安所高度评价的那样："在农村税费改革这场重大的历史变革中，安徽又一次发挥了重大作用。安徽在中国农村改革的发展进程中，一直起到排头兵的作用。回到当时的改革背景中去看，安徽领导层显示出了自己的政治魅力和政治勇气。"

王保安参与了税费改革前期调研和方案设计的全过程，政策设计能力非常强。

就是在那天上午，与安徽代表团的座谈中，朱镕基说了"前无古人"这句高度赞扬的话："农村税费改革，任重道远，在安徽的试点工作是极其艰巨、复杂和繁重的，你们做的是前无古人的工作，把这项工作做好了，取得了成功经验并在全国推广，将在中国的发展史上写下重重的一笔，名留青史，大家要有这种责任感、荣誉感。"

8 天之后，2001 年 3 月 15 日，朱镕基在回答境外记者的提问时说，农村税费改革是一次大的革命，绝不能低估它的重要性、复杂性和艰巨性。这项改革取得成功，我们的农业基础就稳固了，农民就稳定了，我们国民经济的发展就有了更好的基础。我们目前，每年从农民的手里收取 300 亿元的农业税，600 亿元的乡统筹、村提留，再加上乱收费，大约从农民那里一年要拿 1200 亿元，甚至还要更多。我们这一次的锐费改革，就是要把我们现在收取的 300 亿元的农业税提高到 500 亿元，也就是从 5% 提高到 8.4%；把其他的乡统筹、村提留的 600 亿元和乱收费一律减掉。这个缺口很大，中央财政将拿出 200 亿元到 300 亿元来补贴给困难省区市的农村。我们首先在安徽省进行试点，然后再在全国推广。

2001 年，安徽试点全面铺开后，中央开始组建国务院农村税费改革工作领导小组，当时的领导小组办公室，只有王保安一个人。朱镕基特批了 10 个编制，同时特批领导小组办公室为常设临时机构。这 10 个编制，是在中央机关不进一人的情况下特批的。两年之后，2003 年，国务院又特批了 10 个编制，可见中央的决心之大。

"吏不畏我严，而畏我廉；民不求我能，而求我公"。当朱镕基最后一次站在人民大会堂主席台上，最后一次面对全国人大代表和海内外炎黄子孙，作最后一次政府工作报告的时候，5 年前他作为九届人大一次会议选出的新一届政府总理，在同一场所的那番慷慨悲词："不管前面是地雷阵还是万丈深渊，我都将一往无前，义无返顾，鞠躬尽瘁，死而后已"，仍在人们的耳边回响。为了全面了解安徽农村税费改革试点工作的情况，2001 年 7 月 18 日至 21 日，朱镕基不顾高温酷暑，带领教育部、财政部、国家税务总局的有关部委领导，先后到颖上县的五十里铺乡粉坊村、十八里铺乡宋洋小学、庐江县新渡乡调研，广泛听取基层干部群众和教师的意见和建议，留下了一段佳话。

这个，我们在后面的章节中还会写到。

大幕已经拉开，正剧开始上演

2000 年 3 月 2 日，中共中央、国务院颁发《关于进行农村税费改革试点工作的通知》，俗称"7 号令"，确定在安徽以省为单位进行农村税费改革试点。至此，中华人民共和国成立后，继土地改革、家庭联产承包责任制后的又一次农村重大改革，在安徽这片有着深厚农村改革传统的土地上，在全省 5000 万农民的期盼中，全面铺开。

而在此之前，2000 年 2 月 16 日，安徽省农村税费改革领导小组已经成立，省委书记王太华任组长，省长许仲林任第一副组长，同时在省财政厅下设临时常设机构"农村税费改革办公室"，省财政厅长朱玉明任"税改办"主任，副厅长陈先森任常务副主任，具体负责组织和指导方案的实施。

改革的第一目标是减轻农民负担，主要内容是"三个取消、一个逐步取消、两个调整、一项改革"。

可以看出，这一具体目标的制定，和前期改革试点所取得的经验，密切相关。

大幕已经拉开，正剧开始上演。

这是一场艰难曲折、波澜壮阔的乡村革命，有时风云突起，忽然又峰回路转。至此，从最初的自下而上，冒险试水，到今天的自上而下，大张旗鼓，安徽省农村税费改革完成了历史性的跨越。

2000 年最后一天的书记暗访 2000 年 4 月，安徽省委、省政府向全省近 1300 万农户印发了《致全省广大农民群众的一封公开信》，向 35 万个行政村和村民小组印发了《关于开展农村税费改革的通告》，要求各级政府尽快下发，让群众掌握政策，让税费改革家喻户晓。农村税费改革直接涉及到广大农民的切身利益，也直接危及到基层组织运转和乡村干部的切身利益，所以第一步，就是要让广大农民都知道。

《公开信》和《通告》向广大农民详细告知了改革试点的主要内容：减项、压量、治乱，具体做法是"三个取消，一个逐步取消、两个调整、一项改革"。"三个取消"即取消乡统筹费，取消农村教育集资等专门面向农民征收的行政事业性收费和政府性基金、集资，取消屠宰税；"一个逐步取消"即逐步取消统一规定的劳动积累工和义务工；"两个调整、一项改革"即调整农业税政策，调整农业特产税政策、改革村提留使用办法。为确保减负目标的实现，省农村税费改革领导小组明确了四个政策性界限：一是农业税税率不得超过 7%，农业税及农业特产税附加比例不得超过 20％；二是改革后的农民负担不得超过 1997 年的实际负担水平；三是严格按二轮承包合同确定的农业税计税土地面积，统一计税常产的计税方法，统一计税价格；四是村内兴办集体生产和公益事业所需资金采取"一事一议"办法，筹资额每年人均上限不得超过 15 元。

随《公开信》和《通告》一同递到农民手里的，还有一张"明白卡"，注明该农户承包地亩、纳税项目、税率以及全年合计应交的数字。

拿到公开信，皖北勇敢探索了多年的基层干部欢欣鼓舞，农民群众奔走相告。在全省最早进行农村税费改革试点的太和县，为确保税改政策落到实处，从多个环节入手，精心操作，从严把关，坚持做到"八到户"，即税费政策宣传到户，征收任务落实到户，征收清册编制到户，张榜公布到户，纳税通知到户，税票开具到户，征收结算到户，减免落实到户。

但也并不是所有的县市，都积极拥护税费改革，很多地方，没有按照省委、省政府的要求，把公开信发到农民手里，对正在进行的税改和有关政策，也不让群众知道。2000 年 10 月，省委书记王太华接到六安市裕安区游芳冲村村民的一封信，反映他们那里的干部税改不到位。王太华收到信后，十分重视，分别批示有关部门和地方领导，要求认真研究处理。但他还是不放心，2000 年 12 月 31 日，当年的最后一天，王太华决定谁的招呼也不打，轻车简从，亲自到游芳冲村进行一次暗访。

这天一大清早，两辆吉普车就驶出了安徽省委大门，向六安方向驶去。除了省委书记王太华以外，车上还坐着省委常委、省委秘书长王明方。游芳冲村地处大别山麓，属于革命老区，也是贫困山区。因为没有人带路，他们的车一路走走停停，边走边问，经过两个多小时的颠簸，才到达大山深处这个偏僻的小山村。刚一下车，王太华便被村民们认出来了。很短的时间内，省委书记来"暗访"的消息就传遍了全村，男男女女、老老少少从四面八方围了上来。

在村头的一家小卖铺前，王太华招呼围过来的村民坐下，和他们亲切交谈起来。他关切地询问大家，今年的收成怎么样？生活怎么样？负担还那么重吗？他还特别仔细地问到了税费改革政策的落实情况，问每家每户是不是都收到省里统一印发的给农民的一封信了？有关公告是不是按要求在村里张贴上墙了？

了解到的情况是，不仅他们游芳冲村，在他们镇，很多村子的老百姓，都没有收到省里的公开信，公告也没有张贴上墙。王太华随即来到镇政府，检查的结果，明确要求下发到农户手中的"公开信"，已经过去了大半年时间，居然还锁在镇领导的抽屉里，没有下发。王太华非常生气，严厉批评后，限期整改。

在 2000 年下半年，省税费改革领导小组的主要负责同志，常常下去暗访。财政厅长朱玉明随领导小组副组长、主管农业的副省长张平，随便到霍丘县的几个乡镇走走，就发现很多乡镇对税费改革方案不宣传、不动员、不落实、不实施，什么"一封信"、"明白卡"，统统不和群众见面，一味拖延、抵制，装不知道。但毕竟广播、电视每天都在大张旗鼓地宣传，广大农民都知道了税改，个别干部想瞒、想拖，也瞒不过去、拖不下去了。农民往往直接给省领导写信，这一次，张平亲自带着省"税改办"的同志一同下去，也是因为收到了霍丘群众的人民来信。张平回来后，立即抽调专门人员，进驻霍丘进行全面整改，同时对相关责任人，给予严厉处分。

那一年，税费改革领导小组组长王太华、副组长张平，税费改革办公室主任朱玉明、副主任陈先森，多次下到全省各地农村去暗访，因税费改革政策落实不到位，全省处理了一批干部。

艰难的启动，艰难的突破　汪建国是 2001 年 4 月下旬走马上任的，在被任命为安徽省财政厅副厅长的同时，接任安徽省农村税费改革办公室常务副主任。

2007 年 1 月 18 日下午，汪建国在省财政厅接受笔者的采访，非常巧，这天上午，安徽省农村税费改革办公室以机构的名义，"发了最后一个文件"，完成了它全部的历史使命。2007 年起，安徽省农村税费改革办公室，更名为安徽省农村综合改革办公室。

"正是最艰难的时候，一片叫好之声，混杂着一片怀疑之声，一片埋怨之声。"

显而易见，汪建国说的叫好之声，是来自广大农民群众；怀疑之声和埋怨之声，则是来自不同的利益部门。"压力之大，阻力之大，干扰之大，几乎顶不住。"

压力首先来自于农村义务教育。安徽的农村税费改革，是在不得不改的艰难处境下进行的，农村义务教育积累了很多问题：欠发工资，危房在用，辍学率高，运转困难。当时，农村中小学教师因欠发工资上访，和农民因负担过重上访一样，是让各级政府头疼的频发事件。农村义务教育本来就十分脆弱，主要靠向农民集资和教育费附加来勉强支撑，现在再一"税改"，取消了"三提五统"，农村义务教育雪上加霜，几乎瘫痪。

社会上甚至流传这样一种说法：农村税费改革，是以牺牲农村义务教育为代价。

也因此，改革初期，来自于教育界的压力非常大。第二方面的压力来自于农村的基层干部，"三提五统"取消后，村级组织完全失去了财力保障，造成基层干部对"税改"充满疑虑。第三方面的压力，来自于民政、计划生育等等其他社会事业。当时把这三个方面的压力，概括为"三难"。

当初，"税改办"曾有一个十分大胆的改革设想，把乡镇卫生院和计划生育服务站合并，因为完全没有必要在一个乡镇，分设两个医疗卫生机构。但是这一方案，遭到了国家计生部门的反对。国家军委有关部门，也前来安徽调研，因民兵训练经费问题，对税费改革产生疑问。本来，2001 年 2 月 17 日至 19 日，全国农村税费改革试点工作会议在合肥召开，温家宝出席会议并作了重要讲话，会议期间，省委书记王太华还就安徽农村税费改革问题接受了新华社记者的采访。大家都以为下一步要在全国推开安徽经验，结果因为社会各界疑虑太大，会议之后，步子又缓了下来。

这也促使安徽冷静思考：如何才能减小阻力，消除疑虑，取得改革的成功？这就是"三保"产生的背景。

"三保"具体地说，就是保证农民负担不反弹，保证农村义务教育经费投入不低于"税改"前的水平，保证乡村两级组织的正常运转。

为了实现这一目标，各级"税改"部门做了大量的工作。为了保证农民负担不反弹，采取了并乡并村、村级组织"零招待"、限额订阅报刊、涉农收费公示制、在全省开通"168 语音信箱"、责任追究制、督察制等等一系列措施，并且每年一次，派出 80 多个督察组分赴各市县督察，同时辅以暗访、举报等等手段。为了保证农村义务教育，省财政厅多方筹集资金，将农村中小学教师工资上划到县财政统一发放，给农村中小学教师吃了一颗定心丸。不仅如此，省"税改办"还在北方贫困地区的 20 多个县，开展了以补发教师工资为主要内容的大规模"清欠"活动，补发了历年欠发的教师工资 20 多亿，很多农村中小学教师拿到补发的工资，忍不住流下了眼泪。

"一个县一个清欠小组，一共派出了 20 多个组，深入到各乡镇，一个学校一个学校地统计、一个人一个人地核对，然后张榜公布。种种细节，十分琐碎，前后干了好几个月。"汪建国深有感慨地说："有很多气人的事、烦人的事、喜人的事、感人的事，外界很少有人知道。"

为了保证村级组织正常运转，省财政除了将中央转移支付资金和省级财政组织的资金，直接下拨到村，以保证村级利益不受侵占外，还在转移支付中安排专项资金，作为村干部的补助。村级组织虽然不是一级政府，但是很多时候，是代表政府对村民进行管理，代表政府进行工作。设立五保户专项资金、危房改造专项资金等等，都是在制度上取得保证，都是不断实践、不断摸索、不断完善的结果。为了彻底解决五保户供养问题，省"税改办"在全省范围内做了一次调查统计，从1999年统计年鉴上的23万人，扩大到45万多人，年人均补助额也从400元，提高到了500元，得到了社会各界的认可。

"全国看安徽，安徽自己干。"汪建国说："作为试点省份，我们没有现成的模式和经验可以参照，一切都靠自己摸索。2004年以后'税改'的省份，就要轻松多了。中央财政有转移支付，只要把全省农民的人数统计出来，往中央一报，就算万事大吉了。"

"税费改革的初衷，是为了减轻农民负担，但是后来，它的意义远远超出了减负，成为一场生产关系和上层建筑的深刻变革。没有税费改革，就没有城乡统筹战略的推进，没有城乡居民分配格局的调整，没有社会和谐理论的提出。今天，农村综合改革的三大内容：乡镇机构改革、农村义务教育改革、乡镇财政体制改革，都是从安徽试点中来，作为亲历了这段历史的安徽'税改'人，应该感到庆幸，感到光荣。"

让公共财政阳光普照三农这是笔者调查的最后一次采访，采访对象是省财政厅长朱玉明，时间是在2007年1月11日的上午。

联系了很多次，朱玉明都不愿意接受采访。当然，一方面是因为忙，一方面也因为朱的个性，不喜欢张扬。2000年2月，朱玉明以省财政厅长的身份，出任安徽省税费改革办公室主任，6年多的时间里，亲历了安徽税费改革全过程中所有的重大事件和所有的重要时刻。

2000年，安徽省委、省政府以超拔的政治胆略和改革勇气，率先在全国实行税费改革试点之后，一个巨大的改革难题，横亘在税改人的面前，那就是拿什么来填补因税改带来的财政缺口？

在这一年的全国"两会"上，全国人大代表、安徽省财政厅厅长朱玉明的提案，就是要求中央能加大对税改试点省份安徽省的农业转移支付力度。从"家庭联产承包责任制"到"农村费税改革"，农业大省安徽一直是中国农村改革的先行者和探路者，为中国经济社会的发展，尤其是为农村经济社会的发展，做出了任何其他省份不可替代的历史性贡献。2005年安徽省全面免除农业税后，每年将减收19.2亿元，同时增加对农民的粮食直接补贴资金1.85亿元，两项合计21.05亿元。这两项加起来，全省农民人均可增加收入43.8元。

但这是一枚硬币的一面，硬币的另一面是，取消农业税将形成巨大的财力缺口。而对于安徽省财政厅来说，在自身财力没有达到的现阶段，弥补这个缺口，还主要依靠中央财政转移支付的补助。

所以相当一个时期，安徽省财政厅的有关同志，都在向这个方向努力和争取。效果是显著的，安徽省逐年降低农业税税率后，中央财政对安徽省的专项转移支付也逐年增加：2000 年 7 亿元、2001 年 14 亿元、2002 年 17.76 亿元、2003 年 17.76 亿元、2004 年 33.2 亿元、2005 年 45.3 亿元、2006 年 50.73 亿元。

中央没有让安徽"吃亏"，有了中央转移支付的支持，安徽税费改革得以顺利推进。与此同时，省级财政也加大了对农村的投入。早期五河试点中所期盼的"公共财政"的阳光，终于在安徽广大农村的土地上普照。在 2005 年的安徽省"两会"上，朱玉明代表安徽财政对全省人大代表承诺，安徽财政预算年度执行中的超收部分，将继续执行新增财力主要用于农村教育、文化、卫生支出的政策。"2006 年，中央给安徽的转移支付是 50.73 亿元，但是省财政对下却补了将近 70 亿。现在，中央和省两级财政补给镇村两级的钱，已经大大超过税改前的各项税收和'三提五统'的数字了！"朱玉明说。

在 2006 年开始的"村村通"工程中，安徽计划完成投资 42 亿元，开工建设农村公路 1.75 万公里。"村村通"道路，就是我后来在金寨县油坊店乡河口村看见的，张友丽裁缝铺门前的那种路，一般是水泥路面或沥青路面。在此前的 5 年中，安徽已经改建完成农村公路 3.4 万公里，使全省乡镇和行政村通车率，分别达到 99% 和 82%。同时农村居民用电，也实现了"户户通"。

金融对农业的扶持力度，也达到了空前规模：2006 年初，安徽省政府与中国农业银行金融服务"三农"安徽行动计划合作协议签署，中国农业银行将在 5 年内向安徽提供 400 亿元信用额度。这是安徽多年以来，获得的最大一笔支农信贷协议，将重点支持农村基础设施、农村城镇化建设、扶贫开发及农村生态环境保护、农村教育卫生事业等等。

在北京采访的时候，财政系统的人告诉我，在税费改革过程中，朱玉明的最大贡献，还不在于争取中央财政对安徽转移支付的力度，而在于"省直管县"和"乡财县管乡用"制度的创新。为了改变以往支农资金因投入分散、管理交叉而造成使用效率低下的状况，2005 年初，安徽省财政部门主导的"支农资金整合模式改革"在金寨县进行试点。这次改革对"天女散花"式支农资金实现了"六统一"的新管理模式：统一制定规划、统一申报立项、统一下达计划、统一组织实施、统一监督管理、统一绩效考核。"一个漏斗"向下，使全县每年4700多万元各类支农资金流程缩短，效益大增。2006年安徽省将此项改革，铺开到10个县。

金寨改革积累的经验，对探索以县为主整合支农资金的有效途径，拓展财政支农的思路和模式，都具有重要的先行示范意义，直接催生了"省直管县"等财政制度的创新。所谓"省直管县"，是将安徽61个县中的57个县的财政，收为省财政厅直管。上面下来的所有资金，都设立专项资金账户，任何资金都不通过市级中转，而是打到专项账户上，直接从省国库拨到县国库。少了一个中间环节，雁过拔毛、滞留资金、效率低下等等弊端，得以清除。作为创新财政机制的经验，"省直管县"写进了2006年国务院34号文件《国务院关于做好农村综合改革工作有关问题的通知》，同时写进了中共中央关于"中部崛起"的文件，要求在全国范围内推广。这让安徽省财政厅的同志，感到欣慰。

程庄风云突变

正当安徽的农村税费改革试点大张旗鼓、轰轰烈烈地在全省范围内全面推开之际，砀山县发生了政治影响极坏的程庄事件。砀山县位于安徽省的最北端，苏、鲁、豫、皖4省7县交界处，因盛产闻名中外的砀山酥梨，被誉为"中国梨都"。砀山是汉高祖刘邦斩蛇举义之地，黄河故道黄沙万顷，风沙粗砺，以独特的人文地理和强悍的民风而声著皖北。

办班引发事件 砀山以盛产砀山酥梨而名驰天下，也以盛产砀山酥梨而农业特产税沉重。对砀山酥梨开征农业特产税，是在1990年。到了1999年，程庄农民人均负担的各种税费，就占到了上年人均纯收入13.24%，比中央划定的5%的"高压线"，超出了8%还要多！

2000年，按照县里制定的农村税费改革实施方案，程庄镇农民人均负担仍有161元7角，而在实际执行中，镇里又无视中央和省里关于严禁额外加重农民负担的规定，以支定收，擅自将全镇税收增加了155.06万元，人均增加36.12元。在征收的过程中，不仅违反规定，按亩平摊，而且既不张榜公布，也不下发纳税通知单，更不开具税票，好像他程庄镇是一个例外，可以不进行农村税费改革。

但是好在程庄镇的每一户农民手里，都攥着《致全省广大农民群众的一封公开信》，对一切有关税费改革的方针政策，知道得一清二楚。省税改领导小组印制的《关于开展农村税费改革的通告》，也张贴得满街满巷都是，程庄镇这种强行增负、按亩平摊的做法，显然违背了省里的精神，广大农民群众纷纷站出来抵制。

镇党委书记庞家良，见群众拒不执行镇里的决定，决定给他们一点颜色看看。于是，一个由他提议，由镇党委镇政府联席会议通过的"思想政治学校"正式开办，将不能及时如数缴纳税费的农民，集中起来进行"思想政治教育"。在这所临时开办的学校里，镇党委书记庞家良亲任名誉校长，镇长傅正勇任校长，镇里其他党政负责人，分别担任副校长或是教员。

要求完成税费上缴任务的时间确定在6月底，这对于梨农来说，正是"青黄不接"的时候，因为酥梨要等到每年的8月下旬，才能陆续上市。不把梨子卖出去，梨农们手里怎么可能有钱呢？去借高利贷，还不起，也不情愿。这样到了7月份，完不成交纳任务的名单，便由各村的干部提供上来，"政治学校"开始出动车辆和人员，挨门挨户去强行带人。人到了学校以后，首先要掏50元到100元不等的"乘车费"，然后，每人每天还要交20元的伙食费和住宿费。

正值盛夏，躲在屋里不动弹还要汗流浃背，学校却把群众赶鸭子一样地轰到操场上，逼着他们一个个绕圈子跑步。骂声、喘息声、呵斥声响成一片。

程庄镇这种"集中营"似的侵害人身自由、侮辱人格尊严的"法西斯"行为，激起程庄群众的强烈反抗。开始有人串联受害农户，酝酿大规模上访。消息传到县里，县委书记马骏带领六大班子的全体成员，于2000年8月8日晚匆忙赶往程庄镇，连夜组织座谈，希望把事态平息下来。

然而，群情激愤，民怨沸腾，事态已经平息不下去了！

第二天一大早，六大班子成员，包括财政局、农经委、城建局、土地管理局、计生委、民政局等等所有相关职能部门的负责人，和六大班子成员一起，在镇政府会议室，与10名农民代表面对面谈判。程庄的问题，不仅仅是给抗税梨农强行办"学习班"，还有强行结扎、强行火化、强占耕地等等问题，矛盾由来已久，"办班"只是一个导火索。农民代表徐茂联、张庆忠、刘大帅等人态度强硬，根本谈不下来。更让砀山县委、县政府意想不到的是，这边会议室里的谈判还在继续，那边已经聚集起了几十辆农用三轮车，上千人呐喊着，准备上省里去上访！

这一天，是2000年8月9日。

千钧一发拦下来 一说49辆，一说59辆，一说60多辆拖拉机、农用三轮车浩浩荡荡，准备充分、装备齐全地上路了。说准备充分，是说此次上访很多天以前就已开始串联酝酿，有组织、上规模；说装备齐全，是说上访群众不仅带足了食品、饮水，而且带了好几部摄像机、录音机，准备沿途录像。怕在路上被拦截，上访车辆特为选了从河南永城过境的路线。看情形，硬拦是拦不住了，县里几大班子的车辆，只好在后面缓缓跟进，似护送的卫队一般。

合肥不行，就上北京，不讨个说法，誓不回头！

当即惊动了400公里之外的省城，省委指示，无论如何也要拦下来！然而永城、亳州、淮南，一个个关口，一次次拦截，仍然拦不下来。上访车辆一路声势浩大，隆隆轰响，引来无数驻足围观的群众，政治影响极坏！

密切关注事态发展的安徽省委，立即派省委常委、主管农业的副省长张平驱车前往，在距离合肥大约90公里处长丰县的曹庵，与上访车辆碰了个对面。

安徽农村税费改革试点正在进行中，却发生了这样的事情，这让张平感到心情沉重。他站到车上去，先做了一番自我介绍，接下来大声安抚上访群众，让他们静下来，推选出代表，一个一个说。然而炎热、饥渴和长途奔突，使上访群众的情绪激烈而亢奋，根本就不听他在说什么。而且省长会亲自赶来听他们的申诉？鬼才相信呢！

现场一片混乱，而围观的人和车辆，也越来越多。

看着烈日下一张张激愤而愁苦的面孔，张平很难过。他自己就是萧县人，萧县与砀山接壤，同处在黄河故道上，在地域和文化上向来被连成一体，俗称萧砀。不是被逼得走投无路，勤劳纯朴的萧砀人民，是不会采取这样的过激行动的，面对求告无门的乡亲，张平深感责任的重大。

一定要把事态平息下来，一定不能让上访车辆进入省城，一定不能继续扩大影响面，造成更加恶劣的政治影响！

张平诚恳承诺道："大家请回去吧，一定不要再到合肥去了。我以副省长的身份保证，明天就派人到程庄去调查！"

听了这话，上访群众七嘴八舌，争相质问："谁能证明你说的话？谁能证明你是省长？"

这是严重的信任危机，张平更加耐心道："我的副省长身份，假不了，我有多大胆子，敢冒充共产党的副省长？请大家一定相信我！"

就在张平站在车上，反反复复、口干舌燥地做上访群众思想工作的同时，那边，工作人员已经把吃的喝的，送到了群众的手上。群众也终于相信，此刻站在自己面前这个人，就是安徽省的副省长。群情稍稍平复，人们开始静下来，听省里赶来的"大干部"说话。张平耐心地听取了上访代表的意见，同时一条一条宣讲税改政策，经过几个小时的劝说、沟通与对话，上访车辆终于掉转了方向。

所有的人都松了一口气，天色渐渐暗下来了，暮色四合。

重建群众对党和政府的信任 就在上访车辆用政府加上的柴油，掉转头浩浩荡荡往砀山方向开时，省农经委主任助理许伟一行5人，也从省城合肥出发，赶往几百里外的砀山县城。他们先找到县委书记马骏，简单了解了情况，没在县城停留，就马不停蹄地赶往程庄。

刚刚到家的程庄上访群众，听说省里这么快就来了调查组，惊讶而感动。他们纷纷奔走相告，结伴迎出村头，齐刷刷跪在了地上。

这一跪，让许伟深受感动。

省委书记王太华，从调查组了解到程庄农民集体上访的真相，气愤地说："这样对待老百姓，还是共产党员吗？我们要这样的党员干部干什么！"

他当即赶往砀山，亲自处理"程庄事件"。在程庄，王太华详细了解了事件的前前后后，广泛听取了群众意见，并亲自上门，看望了农民代表徐茂联。他回到合肥后不久，中共安徽省纪律检查委员会、安徽省监察厅，就这一事件查处的情况，向全省发出了通报。通报指出，砀山县程庄镇严重违背了中央农村税费改革的政策，无视省委、省政府的三令五申，擅自加重农民负担，特别是举办"思想政治学校"，变相关禁体罚群众，极大地侵害了群众的利益，侵犯了群众的人身自由，伤害了群众的感情，损害了党和政府的形象，破坏了党群、干群关系，造成了很坏的政治影响。对这种我行我素，搞上有政策下有对策，严重违反政治纪律，无视党的原则，背离党的宗旨，造成严重后果的行为，决不能姑息迁就，必须严肃处理。

处理的结果是：开除镇党委书记庞家良党籍；撤销镇长傅正勇行政职务并留党察看一年；撤销镇党委副书记王法洲党内职务；给予副镇长孟凡昌、王岩行政记过；同时对负有领导责任的县委书记马骏、县长沈强，分别给予党内严重警告和行政记过处分。

"程庄事件"以及对事件有关人员的严肃查处，给正在进行的全省农村税费改革，造成很大的震动，给全省农村的基层干部，敲响了警钟。

后任程庄镇党委书记邵波在处理程庄遗留下来的政治欠账问题时，就十分注重与农民代表的沟通。40岁不到的邵波称得上年轻有为，有很高的理论素养和工作能力。他上任的第一天下午，就去拜访农民代表徐茂联，和他进行真诚的沟通与交流。同时抓紧一切机会在观念上教育干部，告诫基层干部要转变作风，不要以权势压人。他说，现在时代发展了，你必须与时俱进。他在大会小会上说的是，砀山这个地方最能体现出"水能载舟，亦能覆舟"的道理，所以必须俯下身来，为群众办实事。

据说邵波有这样一句名言：干群关系绝对不是敌我矛盾，但处理不好，群众违了法，最后甚至有可能转化成敌我矛盾。也因此几个"老上访"，可以直接进入他的办公室，找他"谈事情"。

"临危受命"，程庄的继任者邵波，在极短的时间内建立起了自己的威信，更重要的是，建立了群众对党和政府的信任。

安徽的政治勇气令人动容

2006 年 12 月下旬，笔者到国务院农村综合改革办公室采访，这个部门的前身，是国务院农村税费改革办公室，免除农业税后，更名为农村综合改革办公室。作为安徽税费改革试点的上级主管部门和直接指导部门，原"税改办"副主任王保安和现任副主任黄维健，都对安徽农村税费改革试点给予高度的评价。王保安的原话是：回到当时的改革背景中去看，安徽的政治勇气，令人动容。

回到当时的改革背景中去看，安徽的政治勇气，确实令人动容。王保安说，当时的农业发展，受到各方面因素的影响，出现了阶段性的停滞。从世界范围内看，农业都是一个弱质产业，而中国农业尤其贫弱。"大包干"以后，释放了体制能量，解决了农业发展的内在动力问题，但是发展到一定程度，就再次出现发展乏力、内在动力不足问题。必须有新的突破，大的突破。在其他省份都打退堂鼓的情况下，安徽没有退缩。对于安徽来说，率先改革不仅有经济压力，更有政治风险，所以说在这场改革中，安徽的主要领导人不仅表现出政治勇气，也展示了施政魅力。

据王保安说，为了设计"税改"方案，他先后主持过 12 次乡镇长座谈会，16 次农民座谈会，3 次农村中小学教师座谈会，在报名试点的 5 个省份暗访过 50 个农户，但是方案设计得再好，没有省愿意试点也不行。据王保安说，2000 年 3 月"两会"期间，西北某省的一位省长，和他通电话时，还答应得好好的，可是回去以后就变了卦，他一下子就懵了。1999 年冬，他冒着严寒到安徽来，因为当天已经没有直飞合肥的班机，他只得先飞南京，再转合肥，一路上担心安徽也变卦，思想压力非常大。直到见了常务副省长张平，才彻底把心放下来。"回到北京后，我向'三人小组'做了汇报，谈了三点：一，安徽省委、省政府对农村现状的认识非常清楚，试点的决心很大；二，对中央'七号文件'精神领会很深刻；三，安徽有信心搞好试点，为全国'税改'承担责任。"

"现在有人说安徽占便宜了，但是这个便宜当初也放在你面前，你怎么不占？"王保安笑着反问。

2000 年一年，黄维健也曾先后 7 次到安徽调研，为下一步决策提供参考，为在全国全面推开做准备。他认为，作为惟一的试点省份，安徽表现出极大的牺牲精神，据他所知，原安徽省委书记王太华，曾说过"自费改革"的话，这是为中央分忧，太不容易了。

这一点，笔者在省"税改办"，从原综合小组组长朱维新那里，得到了证实。试点初期，王太华多次说过安徽"税改"要立足于"自费改革"的话，他的理由是，中央既然选择安徽做试点，安徽既然要求率先试点，那么就应该坚持"自费改革"的原则，否则在全国就没有典型意义和推广意义了。

但是全国看安徽，安徽看哪个？也因此 2000 年对于安徽来说，是最艰难的一年，最具考验力的一年，而那一年，中央领导人和各部委负责人，到安徽来得也最多。对于各部委来说，来得多一方面是想了解真实情况，以采取相应措施；一方面是强调部门工作，比如民政部门强调五保户供应、教育部门强调农村教师工资发放、计划生育部门强调基本国策……给改革带来很大压力。"现在好了，"朱维新说："通过改革，五保户设立专项资金、农村中小学教师工资上划到县、设立危房改造专项资金，民政部门、教育部门、计划生育部门，全都受益了。"

有很多突破，包括政策上的突破、体制上的突破、机制上的突破，甚至法律上的突破，因此"如何评价安徽税费改革试点的意义，都不过分。"王保安加重语气说。

在免除农业税后，黑龙江的农民以"上下五千年，种地不要钱"，来表达对政府的感激，也表达自己内心的喜悦。缩小城乡差距，融合城乡经济，是一种世界性大趋势。韩国在 1970 年代，也开展过一场轰轰烈烈的"新村运动"，成就了韩国经济的迅猛发展。2001 年 2 月 16 日，温家宝带着中央 15 个部的部长、全国 15 个省的省长，到合肥主持农村税费改革工作会议，在肯定了一年来安徽税费改革的成绩后，他把话锋一转说："但是，我今天仍然只能给你们打 60 分，刚及格。因为有些事情，往往要较长时间以后，才能看得更清楚，包括宋代的王安石变法，明朝张居正的'一条鞭'法，以及满清王朝李卫在河南搞的'人头捐'，尽管在最初阶段对农民的税赋都有所减轻，但很快就又沉渣泛起，甚至变本加厉，往往每一轮变革，都变成新一轮对农民增加税赋的起点，形成一个怪圈，这就是被后人称之为'黄宗羲定律'怪圈。"说到这里，他停下来，提高声音道："我们共产党人搞的农村税费改革，一定能够突破'黄宗羲定律'的怪圈！"

当时，作为国务院副总理的温家宝，还没有预计到中国农村会在短短几年的时间里，翻天覆地。

是的，中国农村的变化，惟有翻天覆地才能形容。

（作者是安徽省作家协会副主席、《清明》杂志副主编、《安徽文学》执行主编）

我所经历的安徽农村税费改革情况

吴昭仁

2005 年春节前夕,内弟从皖南农村打来电话,要我们回老家过年。他在电话里兴高采烈地说,今年粮食增产,负担减轻,家家收入增多,你们回家看了一定会和我们一样高兴。

农历猴年的腊月二十八日一到家,就见到左邻右舍家家年货都办得很足,正忙着包饺子、做粑粑、写春联,年轻人还准备玩龙灯。岳父母早已去世,他的一个堂弟还健在,我们先去看望这位长辈,他正展纸准备写"门对",见我来了就一定要我写。我拗不过说可以写,但写什么要他讲。他脱口而出:上联写"增产增收增福寿",下联写"减税减费减开支",横批是"生逢盛世"。

我拍手叫绝,老人很高兴,给我一笔笔算起了细账:农业税减少了许多,种粮又给补贴,一亩田各种补助加起来有 25 元,听说年后还补发 6 元。"皇粮国税加村提留款,种一亩地自家只要掏 14 元就行了,而往年最高时要交两三百。省里已出告示,鸡年(2005 年)农业税和村附加全免,政府各项补助不变。这就是说,种田不但一分不交,还有补贴。哪朝哪代有这等好事!"

我提笔书写对联,字写得不好,村里来看的人却不少。于是我和他们拉起了家常。大家七言八语,都说现在村里没有抛荒地了,复种和套种也恢复了,"因为种田划得来了"。

乡间数日,令我欣喜鼓舞,也让我感慨万千,不由得回想起我担任省农村经济委员会副主任时所经历和了解的农村税费改革的一些往事。

农村税费是国家向农民收取的农业税、农业特产税、村提留和乡统筹等税款和费用的总称。农业税和农业特产税国家有税法,按规定的税率依法征收。

农民的税外负担即村提留和乡统筹款，按1991年国务院的规定，不得超过上年本村农民人均纯收入的5%。但安徽的一些地区，随意自立税目、提高税率，说不清道不明的摊派名目繁多，农民所交的税费远远超过规定的标准。农民的沉重负担，引发生了不少性质比较严重的事件，农民负担问题成了党和政府关注的焦点。

安徽发生过的几起因税费引起的重大事件有：

利辛县发生过丁作明因检举农民负担问题被打死的事件，曾公开报道过，中纪委执法监察室主任曾晓东直接带人来查处的。

临泉县一个农民，妻子痴呆，孩子才两个月，家里穷得一贫如洗，吃了上顿没下顿，当地干部还硬逼他上交各项税费。他实在交不出来，只好买了炸药，把家门锁上，准备去塘里炸些鱼卖点钱，一是把年过了，二是把税费交了。当地干部看他家门锁着，就将门撬开，把他家里仅有的一点留作过年的粮食拿走。他知道后跪在地上求他们留点粮食过年，他们非但不同情，反而踢了他一脚。绝望中，他跑回内屋将炸药捆在身上出来引爆了。

1993年太和县县长马明业上任初期，经常接待上访的农民。有一个农民因交不起各种税费，被乡里干部用手铐铐上关押了起来。他趁看守人员瞌睡之机，翻窗逃出，沿着铁路跑了60里地，深夜摸到县政府招待所马明业的房间，跪在地上向县长求救。马明业得知事情经过后非常恼火，当即招呼公安局来人将这位农民的手铐去掉，安排他吃饭、休息。天一亮，就打电话让乡里来人把他接回家，接着又指示县政府办公室："将所有在'案'的正式工作人员立即调离原工作岗位，是招聘人员的立即解聘。"并向县委领导班子提出："老百姓已不堪重负，我们是否能制定一个死规定，固定每人每年上交的数额，并将它作为'红线'，使老百姓和基层干部都清楚，超过了就不行，这样基层干部就不敢胡来了。"在与县委商定后，马明业组织县农经委、县政府办公室工作人员深入基层，认真调查，仔细测算，于当年10月提出将该县农民应交的各项税费改为定量征实、统交分管，即一亩地上缴100斤粮食（60斤小麦、40斤玉米）。除此之外，任何人不得再增加老百姓的任何负担。粮站结算后，属于税的一块交给财政所，属于费的一块交给经管站，如有多余，作为第三块资金，留作以后以丰补歉。县人民法院张贴布告："如果谁破坏了这个规定，依法论处。"此项规定一定三年，保持农民负担"水涨船不高"。

方案提出后，马明业先送到省里给我看，我又转呈分管农业的王昭耀副省长（此人后任省委副书记，因严重贪腐，被判死缓——编者注）。他同意并转呈省委方兆祥副书记。两位领导最后批示由我召开论证会修改充实，再由省政府办公厅正式批复，于1994年开始实行。

过去，农民负担重的一个重要原因是农村税费项目杂、标准多，特别是向农民要钱的文件多、部门多、层次多、时间多、名目多、数额多。局外人不清楚，局内人难掌握。现在将各种税费捆在一起，定量征实，老百姓非常拥护。由于各级领导重视，试验班子工作得力，当年试行就取得了明显效果。农民负担普遍反映较以前减少50%以上。夏粮收获10天后农民就完成了上交任务，基本上没有为负担问题上访。农业两税足额完成，财政满意；集体开支也有一定的钱款，干群关系改善；农民更是欣喜（1996年阜阳市人代会上，农民代表联合提名，将马明业推选为副市长）。1995年1月，中央召开全国农村工作会议，方兆祥同志代表安徽发言，介绍了太和税改和临泉农地流转经验，引起很大轰动，会后各省、市、区都有人去阜阳参观取经。

1995年阜南县又发生一起较大的事件。第二天老百姓就要去挖河了，头天支部书记开会说："现在有些人家还欠各种税费没有交清，我们准备上门索要。"会后他们组成小分队，开着拖拉机浩浩荡荡去农户家催要。拿不出钱的农民说："等你们卖了粮食后再交。"干部说："不交钱就扒粮食。"因为他们"扒"的粮食是按定购价计算的，比市场价要低很多，农民当然不愿意。结果双方对峙起来，一个干部开猎枪打死了一个农民。中央电视台对这一事件曝了光。1996年中央下达有关文件，强调各省若再出现类似的问题，除严肃处理相关人员外，省委书记、省长必须向党中央、国务院写书面检查。有位中央领导还为此专门告诫了我省领导。因此，省委副书记方兆祥同志找阜阳市干部谈话，希望他们所辖的各县不要再出现类似问题，不要再给省里抹黑了。

在这种情况下，省领导让我与阜阳的同志共同商量，把太和县的做法在全市推开。因那时粮价波动很大，"征实"不行了，恢复征收货币。详细测算后，涡阳、蒙城、亳县、太和、界首五县（市）人均限额每年140元，颍上、临泉、阜南、利辛、阜阳五县人均130元。这比实际收取的人均200多元要低得多，农民很满意。这个标准经省政府批准后，从1997年起，一定三年不变。收取的办法是农民卖粮时由粮站代扣。

执行到1998年时，由于国务院颁发了《粮食购销条例》，不允许粮站向农民扣钱。但如果仍由干部上门收，既可能会引发干部贪污挪用，又可能会引发干群冲突，弄不好还要出现前几年的恶案。因此，回良玉以省长名义向国务院书面报告，请求将我省阜阳市作为特例，继续现行的税改办法，理由是1987年中央曾将阜阳定为全国农村改革试验区，中央 5 号文件规定，有些在农村改革中一时看不准的问题，可以先在改革试验区进行封闭式试验，这种试验可以突破某些现行体制和现行政策，以便为中央今后的改革提供理论储备和政策储备。回良玉的报告与国务院下发的《粮食购销条例》有冲突之处，《粮食购销条例》是朱镕基总理签发的，因此报告到达国务院后，没人敢批。接着国务院又下发了《违反粮食购销条例的处罚条例》，主要精神是如果不严格执行《粮食购销条例》，不仅当事人受处分，各级领导还要负责。回良玉派王昭耀和我去北京汇报，我们又让阜阳税改办负责人姜涛、邹新华一同去。到京后我们不敢直接找朱镕基总理，打算先找温家宝副总理。1998 年长江大水，防汛紧张。得知家宝同志将以防汛总指挥长身份去沿江巡视，要到安庆。王昭耀决定立即去安庆。当时飞合肥的机票已经售完，我们只好买了飞南京的机票，再坐汽车连夜赶到安庆。那天家宝同志下午 7 点多钟才从九江抵达安庆，他一下飞机就沿江视察堤防工地，9 点多钟才回宾馆吃晚饭，10 点钟又听取省领导的工作汇报，12 点左右才结束。在这种情况下，我们不好再说什么。第二天一早，他就要飞往南京。省领导让我利用从宾馆到机场这段路程的时间，在车上向家宝同志请示。家宝同志表态：允许你们把阜阳作为特例试行，但如果你们多收一分钱，或者扩大试行地域，不仅立即取消试验权，还要拿你们是问。说这些话时，他特别指着同在一部中巴车里的卢荣景、回良玉、王昭耀三位领导。我们立即表示坚决遵行。这个难题就这样解决了。

由于阜阳的税改在全国影响很大，很多地方都想取经和试行，副总理姜春云、温家宝也都持赞成态度，只是财政部有意见。他们认为这样的改革，把农业的两税与其他费混在一起，征收上来的钱款不能据实反映农民应交的税目与税额，有的农民不种特产品也交特产税，这不符合"据实征收"原则，会坏了财税的名声。姜春云同志说："你们说的是理论，我担任过省委书记，农民的特产税哪有据实征收的，谁清楚哪个农民卖了多少西瓜，得了多少钱？实际上都是均摊的。"

阜阳市税收方案省里批准试行 3 年，1999 年结束。2000 年按中央方案进行税改，原定选择 3 个省试行，后来因其他省不积极，只有我们一个省搞试点。此时我已离开一线岗位，到省政府咨询委当咨询员了，没有直接参与税改工作，那时税改工作交由省财政厅承担。

2001 年 2 月 16 日，温家宝同志来安徽召开有 15 个省参加的税收工作会议。开会的前一天晚上，他专门听取了安徽省委、省政府的试点情况汇报。此前他亲自打招呼，要"长期从事农村工作，现已退出行政岗位的孟富林、陆子修、吴昭仁三人列席会议，并各作20分钟发言。"他在听了王太华书记、许仲林省长汇报和我们三人发言后说："安徽近年来搞税改，确实做了大量的工作，你们执行中央方针、政策是坚决的，社会各界的反应不错，我在农村调查中所接触到的群众都表示欢迎。但是我今天仍然只能给你们打60分，因为有些事情往往要经过较长时间才能看得更清楚。希望同志们不要轻言税改成功，务必不能松懈。""历史上封建王朝多次进行过税改，初期也的确减轻了老百姓的一些负担，但事隔不久，又狂征暴敛再起，往往每一次改革都成为新一轮增加农民税赋的起点，形成了一个'怪圈'，这就是被后人所称的'黄宗羲定律'。""我们这次税改是否能突破这个'怪圈'？我想我们共产党人一定能够突破，因为我们是全心全意为人民谋利益的。"（这是我记录的讲话大意）。2003年家宝同志当选国务院总理前，在全国人大湖北省代表团的会议上，又讲了这个问题。

中央领导非常关心"三农"问题，随着经济发展、国力增强、财政形势好转，国家决定用5年时间，完全免征农业税。2004年家宝同志在全国人大会上作政府工作报告时宣布了这一庄严承诺，当时全场掌声雷动。我在电视上看到许多人热泪盈眶。是啊，哪朝哪代不收"皇粮国税"？我心中顿时涌起一股"生逢盛世"的感觉，尽管我已退休了，但我终于看到了这一天。

家宝同志作政府工作报告的第二天，3月6日，我应中央电视台之约，做客"东方时空"。

主持人张泉灵问："税改后，农民每人一年税费摊多少钱？"我说："60多元。"

她又问："取消农业税后，一年也就少出60多元，这60多元对老百姓来说这么重要吗？"我说："确实很重要。因为最近几年老百姓的收入增长很慢，有的还负增长，取消税赋，就相当于增加了收入。一人减少60或70元，两人就减少了100多元，这就可能解决一个孩子上学的费用。一个家庭5口人，按这样的数额，取消税赋，就等于增加了一人的生活来源。这对老百姓来说不仅经济上十分重要，而且还有一定的政治意义。"

当她又问我对这项工作还有什么建议时，我说："农村基础设施建设要花钱的地方很多，乡、村两级欠债严重，这都是农民负担反弹的隐忧隐患。"我重复了家宝同志当年在安徽的指示：不要轻言税改成功，这项工作仍然不能松懈。

就第一个隐患来说，确实有些县乡财力薄弱，基础设施建设和公益事业建设欠账的比较多，财政入不敷出，有少数地方公务员、教师的工资都不能够按时足额发放。第二个隐患，乡、村两级欠债普遍严重。就我们省来说，财政厅2001年调查，全省1700多个乡镇，平均每个乡镇欠债300多万；3万多个村，平均每个村欠债17万。我个人做过一些典型调查，认为相当多数的乡还不止这个数额，这确实是一个隐患。我认为这个问题的解决，一条是靠经济的发展，随着经济的发展，财力的增强，再逐步地消化一些；另一条，这是更重要的一条，一定要把机构改革、精简人员搞好，大幅减少"吃财政饭"的人，这是成败的关键。

在农村的内弟曾告诉我：解放后农民有两段日子最值得怀念，一是1955年以前，土改分得了土地，互助组、初级社又促进生产，日子过得像芝麻开花节节高，但以后就是"大跃进"、大灾荒。二是三中全会后至1985年，包产到户，家家吃细粮、盖新房、娶新娘、喜洋洋，但后来又不行了，说农民富的太快、富的流油，到处都是"万元户"，城里一搞改革，就在农民头上打主意，要农民为国家多作贡献，各种税费负担简直是无底洞。他说，前两次好日子中间隔了30年，这次"回春"，中间也隔了近20年。现在是"生逢盛世"（指取消农业税），希望今后能一直过上好日子，不要再有间隔了。

但愿我们的各级干部，都能坚决地与以胡锦涛为总书记的党中央保持高度一致，落实温家宝总理在全国人代会上的庄严承诺，千万不要只在经济受挫时想到农业，形势稍有好转后又忘记了农民。要知道，繁荣发达的城市，贫穷落后的乡村，那不是社会主义，更不能成为和谐社会。

（作者时任安徽省农业经济委员会副主任）

农村税费改革的呼吁者何开荫

祝　彦

中国农村在进行了"大包干"的改革20余年后，又走到了历史的十字路口。随着农村中不断加深的各种矛盾和出现的新问题，让关心农村前途的人们焦虑不安，中国农村需要进行第二次改革。可是，第二步改革的出路在那里呢？安徽省政府里一位默默无闻的官员，成为提出突破口的第一人，他就是何开荫。由于他与这场改革的密切关系，曾被人誉为"中国税费改革第一人"。

位卑未敢忘忧国

何开荫具有中国传统知识分子的秉性与品质，即"位卑未敢忘忧国"。也许正是因为他的这种性格，使得他关心国家大事、民族前途，敢于讲实话。而这就使他的人生同那个时代的绝大多数读书人一样，经历了艰难与坎坷。在1957年，那时何开荫还是北京农业大学的一名学生，就因为喜欢思考、发表自己的观点，而被打成了右派。戴着这个罪名，毕业之后，他没有能够回到家乡安徽，而是被发配到北大荒一个偏远的青年农场，在那里一呆就是20年，把整个青春年华都奉献给了那块黑土地。一直到中共十一届三中全会后，右派问题得到改正，已经过了不惑之年的何开荫才调回到自己的家乡安徽省天长县工作。

还是在黑龙江农村工作期间，那时的何开荫头上还戴着令人害怕的右派帽子，但当他看到当地农民生活的艰苦，一种责任感油然而生。他全然不顾自己的身份与地位，决定给黑龙江省委领导写信，并希望能够把信转送给周恩来总理。他在信中提出，希望中国的广大农村能够参照《农垦十六条》的精神，实行农业生产责任制，来激发农民的生产热情，提高产量。因为他从自己工作的军垦农场看到，由于有农垦部长王震制定的《农垦十六条》，生产上实行了责任制，农场的粮食生产普遍要比地方农村高。他写好了信，周围的人都替他捏了一把汗，但他还是把信投入邮筒，在那一刻他想起了马克思的一句话："我说出来，就拯救了自己的灵魂。"

事情的结果并没有想象的那么坏。不久，有人通知他到省委办公厅去。当何开荫志忑不安地来到省委，省委书记的秘书热情地接待了他，并对他说：省委书记对你的信很重视，一连看了几遍，很感动，说"居然有这样一个人，敢写这样的一封信"。书记觉得信里反映的问题很重要，但是他个人不便于把信往上面送，因为他送上去就代表了省委的意见了，建议何开荫"找一个有威望的民主人士向上递"。这次给省委领导写信虽然没有解决什么问题，但是省委领导的这些话使何开荫感动不已。

但是找谁呢？谁是有威望的民主人士呢？何开荫苦苦地思索着。

忽然眼睛一亮，他想到了全国政协副主席孙晓村。因为孙晓村不仅是有威望的民主人士，而且是母校北京农业大学的校长。就这样，何开荫怀着侥幸心理，冒昧地把信和材料挂号寄给全国政协办公厅，由那里转给孙晓村副主席。

可是信寄出后，就杳无音信。

直到1979年，何开荫被摘掉了帽子，在北京见到了老校长，问起这事。孙晓村对他说，当时收到他的信，对他的材料还是很感兴趣的，觉得自己的学生敢在当时思考这样重大的问题，并敢于大胆提出自己的建议，很有勇气和胆识。并赞赏地说，他的思考很有启迪价值。至于为什么最后没有转交给周恩来总理，是因为当时孙晓村看到周总理正受到来自"批林批孔"的巨大压力，处境很艰难，孙晓村不想给总理添麻烦，同时也为了保护何开荫。听了老校长的一番解释，何开荫为自己当时的莽撞举动捏了一把汗。但想到自己的建议被老校长肯定，又很欣慰。

积极投身于农村改革

回到安徽后，本来何开荫可以在家乡安安稳稳地工作了，而且他这时已经是43岁的中年人了，按照正常情况来说，人生应该不会出现大的起伏。但是学农出身，又十分关注中国农村改革的他，正碰上了轰轰烈烈的中国农村改革时代，而他的老领导安徽省来安县委书记王业美是全国第一位个人拍板搞"包产到户"实验的县委书记，于是何开荫离开家乡，跟随老领导走到了农村改革的第一线。也许命运注定了他要与中国农村改革的进程步骤紧紧联系在一起，之后，他又追随积极支持安徽省凤阳县小岗村搞起"大包干"的滁县地委书记王郁昭，冒着风险推行家庭联产承包责任制。由于这场改革的成功，而成为全国农村改革的典范，作为改革的功臣，王郁昭出任安徽省省长。这样一来，何开荫又跟随着被调进了安徽省政府办公厅，专门从事宏观农业政策的研究。

1988 年 10 月，由中央农村政策研究室和国务院农村发展研究中心，联合中国社会科学院、《人民日报》社等几家单位发起了一次"中国农村 10 年改革理论研讨会"。已经调任中央农村政策研究室和国务院农村发展研究中心副主任的王郁昭，特意要秘书给何开荫寄去了会议论文征集函。接到老领导的信，何开荫十分激动，感到一份沉甸甸的信任。他想，中国农村改革 10 年后，又出现了许多亟待解决的问题，但是，中国农村第二步改革的出路在哪里呢？他联系几个同行，并发动在省农科院作物研究所工作的妻子，一起参加了调研。经过艰苦工作，他们初步把农村面临的问题归纳为十大矛盾：一、承包耕地所有权、使用权与产权的矛盾；二、农产品价格与价值相背离的矛盾；三、城乡二元结构与经济一体化的矛盾；四、小生产与大市场，粮食的买难与卖难交替循环的矛盾；五、农民收入增长缓慢与负担不断加重的矛盾；六、封闭的社区结构与大开放大流通的矛盾；七、农村产业结构与就业结构的矛盾；八、相对贫穷与共同富裕的矛盾；九、生产力水平低下与科学技术不相适应的矛盾；十、物质文明与精神文明建设不同步的矛盾。

通过分析调研得来的情况，并根据安徽各地的探索，何开荫觉得下一步中国农村改革最需要解决的问题，第一是土地的永久承包，给农民一个长期的使用权；第二就是必须改革农业税费制度，从根本上减轻农民的负担。经过深思熟虑，他终于写出了《农村第二步改革的出路何在》的论文，寄到北京。这篇论文的撰写开始了何开荫探索农村第二步改革的研究之路。他的这篇论文不仅获得了优秀论文的奖励，而且引起了中央高层的注意。

之后，他又写了《关于深化农村改革的一些设想》一文，交给新华社安徽分社记者沈祖润。在该文中，何开荫提出了"实行什一税"的观点，即对农民的税费征实。文章很快在新华社内参上发表了，1990 年 2 月 17 日国务院研究室在《决策参考》上给予专门介绍。1991 年 1 月份他进京领取国家科委关于"科学技术是第一生产力"的征文奖时，被意外地邀请到中南海。那是 1991 年 2 月 2 日，他来到中南海工字楼，接待他的是国务院研究室农村经济组组长余国耀。余国耀告诉他，对于他那篇《关于深化农村改革的一些设想》文章中的观点，李鹏总理很重视与赞赏，所以国务院研究室特意请他来当面谈谈。这使何开荫备受鼓舞。余国耀和何开荫在农村改革问题上有很多共识，他们越谈越兴奋，居然在简陋的办公室里一谈就是 2 个多小时。临别，余国耀对他说："希望安徽在深化农村改革方面再带一次好头！"

好事多磨，矢志不渝

从北京回来后，由于受到鼓励，何开荫更加有信心地投入到探索农村改革的事业上。1991 年 4 月，经过一番深入的调查研究，他终于拿出了一个可以操作的实施方案：《发展农村商品经济的根本措施——关于深化农村改革的一些设想》。文章中提出了深化改革的 10 项具体措施，其中分别就农村的土地制度、税费制度、户籍制度、产权制度，以及农村的经营制度、融资制度、劳动力转移制度、科技制度、社会保障制度、精神文明建设以及粮食购销制度等，提出了相应的改革措施。但是囿于当时的环境，他的主张反响不大。

1992 年邓小平"南巡讲话"之后，中国大地又吹响了改革的号角。正好这时著名农村问题专家杜润生来到合肥开会，在会上，何开荫把他的文章送给了杜润生。想不到杜润生很快就看完，并找到何开荫，语重心长地对他说："老何啊！沿海我不敢说，我要另外去调查，但我可以断言，你这个措施对中国中西部的广大农村是实用的！"杜老的高度评价，使何开荫深受鼓舞。

会后，在杜润生的推荐下，中共阜阳地委请何开荫去指导并试验他的主张。阜阳本来是要请杜润生去的，但是他因另有任务需要返回北京，对阜阳同志说："现在请我不如叫你们省里的何开荫同志去，他是有办法的人，已经拿出了一个很好的措施了。"就这样，何开荫来到阜阳。正好地委几大班子集中在开会，地委书记王昭耀（此人后任省委副书记，因贪腐触法，被判死缓——编者注）盛情邀请何开荫在会上给大家谈一谈他对农村第二步改革的设想。何开荫被压抑了很久的思考终于有了可以畅所欲言的机会，于是他就在会上把自己多年来深思熟虑的设想全部倒了出来。

讲完之后，他对大家说："这个方案涉及到目前不少禁区，能否真的搞起来，我自己也没有把握。"阜阳地委当即表态："我们决定搞，你来帮助我们一起搞吧！"听了这话，何开荫想到自己的设想可以通过试验成为现实，心里很高兴。但这毕竟是一场改革试验，是有风险的。何开荫列席了地委班子会议，在会上，王昭耀对何开荫说："我们是经国家批准的农村改革实验区，允许搞一些创新和突破。即便有风险，也是由我们地委担，与你没有关系。"这就给何开荫吃了定心丸。

会后，王昭耀陪同何开荫来到选择作为实验田的颍上县。之所以选择这个县作为第一个试验地，是因为当年国务院农村发展研究中心曾经在这个地区进行土地制度方面的改革试验。何开荫认为，深化农村改革最重要的就是土地制度和税费制度的两项改革，既然土地制度改革已经在探索了，那么，下一步亟待解决的重要问题，自然就是农业税费制度的改革了。

颍上县为此专门开了一次县委扩大会议。王昭耀特地到会说明：颍上县同不同意作为农村税费改革的试点，地委不搞包办代替，希望大家充分发表自己的意见。

首先，何开荫详细介绍了自己关于改革的具体设想。然后是自由发言，会场气氛非常热烈，颍上县各级领导纷纷发表自己的意见，形成了阵线分明、难以调和的局面：一方主张干，一方反对搞。任何改革是否成功，首先决定于农民能否理解和认同、支持。如果连县级干部的思想都统一不起来，怎么可能要求把乡镇一级的同志思想统一起来，更谈不上去动员和组织广大农民，去积极参加这项改革了。于是，王昭耀对何开荫说："我们再到涡阳县去看看。"

涡阳县是老子的故里。王昭耀把何开荫介绍给了县委主要领导后，因为地委有重要工作需要他返回，就离开了。临别时对何开荫说："这事急不得，有一点你放心，我支持你在阜阳地区搞税费改革。"

涡阳县也为此召开了一次县委扩大会议，会议开得比颍上县还热烈。当大家听说税费改革的基本原则是："缴足国家集体的，余下都是农民自己的；任何部门和任何人都无权再向农民征收一分钱。"会议就炸开了锅。最后涡阳县也形成了阵线分明的意见，一方赞成，一方反对。当争论不下时，县长汪炳瑜激动地站了起来，把笔记本往桌子上一摔，说道："所有风险我们县委县政府担着。这么多意见我们听到了，知道了，但我们还是要干！"

为了不影响县里班子的团结，何开荫主动找到县长，考虑到县里换届工作即将开始，为了不影响正常的选举，他打算把改革试点的事放一放。县长苦笑说："好吧，就先放一放。"于是，第二天，何开荫不想惊动县里任何领导，他一个人拎着背包，默默地向长途汽车站走去，颇有些凄凉地离开了涡阳。

这时安徽铜陵市正在年轻的市长汪洋的发动下，轰轰烈烈地进行解放思想的大讨论。何开荫给汪洋写了一封信并寄去了自己的材料。汪洋看了信和材料，马上批示给铜陵县，要求县里研究一下实施的可行性。县里主要领导接到批示，非常积极，表示支持，并邀请何开荫来县里指导。然而在县里讨论时，也出现了与颍上、涡阳相同的情况，一方坚决支持，一方坚决反对，僵持不下，各不相让。在这种情况下，何开荫又失望地回到合肥。

三个县的县委扩大会议开得如此热烈，使何开荫预感到，农村税费改革的道路必将是漫长的、曲折的而又充满着艰难险阻的。但是自己既然献身于这场改革事业，就要矢志不渝，奋斗不息。

中国农民的福音

何开荫关于农村税费改革的设想在遭到挫折之后，他并没有灰心丧气，回到合肥后，他继续思考，同时积极寻找改革的支持者。

既然在安徽难以得到试验，现实逼迫何开荫把眼光投向外省。因为在这之前他收到河北省委研究室的来信，对他的深化农村改革的主张很感兴趣。因此他有理由相信，中国绝大多数省区都会对他的这些改革措施感兴趣。他一下就想到河南省的领导李长春。于是提起笔给自己并不熟悉的李长春写信，并附上自己的材料。很快，河南就回了信，并把省委书记李长春和副省长李成玉的指示复印件一起寄来了。河南省委决定"农业税实行征实"，并选定在商丘地区试点。不久，河南省又寄来了感谢函，这些令何开荫十分欣慰，自己辛勤的耕耘终于有了收获。

但是，农村税费改革的脚步迈得还是很艰难。

1998年9月25日，时任中共中央总书记的江泽民来到合肥，就"三农"问题发表了重要讲话，第一次明确提出鼓励农村税费制度的改革，要求大家探索减轻农民负担的治本之策。在这个讲话的号召下，呈胶着状态的农村税费改革，立刻获得了巨大的动力，步伐骤然加快了。1999年3月5日，全国人大九届二次会议在京召开，时任总理的朱镕基在政府工作报告中庄严承诺："抓紧制定农村费改税方案，并付诸实施，从根本上解决农民负担过重的问题。"这期间，何开荫出席了在河北省石家庄市召开的"公粮制改革方案研讨会"，并在会上作了专题发言，他发言的题目是《中国农民的福音：农业税费改革是农民减负增收、理顺农村利益关系、发展农业生产的得力措施》。他的发言在研讨会上引起了很大反响。

2000年3月2日，中央正式发出了《关于进行农村税费改革试点工作的通知》，并决定安徽省以省为单位进行农村税费改革试点。2003年4月3日，新当选的总理温家宝在全国农村税费改革试点工作电视电话会议上宣布："中央决定，今年农村税费改革试点工作在全国范围推开。这是深化农村改革、促进农村发展的一项重大政策。"这个决策，得到全国九亿农民的热烈欢迎与拥护。作

见证共和国农村改革

为"中国农村税费改革第一人"的何开荫看到自己呼唤的福音终于降临到农民身上，感到由衷的高兴，自己孜孜不倦追求的不正是这个结果么！

当然，改革无止境，2003 年 8 月，何开荫对前来向他"取经"的湖北省咸宁区委书记宋亚平说；"我的理解，改革就应该是创新，体制的创新、运行机制的创新、制度的创新；重大的改革，那就应该是一场革命。"他还说："现在面临的问题是，不进则退，退是没有出路的。只有深化改革，而且是综合性的改革，才能够保证达到小康水平，并在此基础上更好地前进。"因此何开荫主张要把"费改税"这场改革作为一项系统工程进行，要进一步完善"费改税"方案，才能把深化农村改革的路顺利走下去。

（到了退休年龄后，何开荫被聘请为安徽省政府参事，仍然在为农村的综合改革出谋划策。他说："现在，党中央、国务院已正式部署在全国范围内进行农村综合改革试点，安徽省委、省政府立即确定了 18 个县进行试点探索，取得了可喜的成绩。今年是农村改革 30 周年纪念，我们将各县取得的经验集中起来，组装配套，制订了一个综合试点方案，大胆地提出了一些新的政策建议。"他还说："农村改革方兴未艾，我们深信，伴随着现代化建设的快速推进，农村经济社会发展的前景一定会更加美好。"——编者补记）

四川农村改革

邓小平与四川农村改革

李学明

邓小平说："四川是改革之乡"。中国农村改革，四川、安徽两个省带头，"我们就是根据这两个省积累的经验，制定了关于改革的方针政策。"（见《邓小平文选》第3卷）20多年过去，人们大多只知道安徽凤阳小岗村1978年12月大包干和那张秘密契约，只知道四川广汉向阳公社第一个撤掉人民公社换上乡政府牌子，却不大知道1978年1月四川广汉金鱼公社包产到组比小岗村早了11个月，更不知道1976年7月广汉西高公社金光村大包干比金鱼公社还早。在新世纪新阶段，回顾邓小平农村改革思想在四川、安徽的实践，对这两个联产承包责任制发源地作一个比较研究，这对于我们进一步认识全社会关注的"三农"问题、全面建设小康社会，其理论意义和实践意义都是不可低估的。

"四川是改革之乡"

1982年9月中旬，邓小平陪同朝鲜劳动党中央委员会总书记金日成来四川，邓小平在成都举行的各界人民欢迎大会上的讲话中说："四川是改革之乡，是我国的一个重要省份，十一届三中全会以后认真贯彻党中央的各项政策，较早地实现了安定团结，工农业生产取得了可喜的成绩。因此，我曾不止一次建议金日成主席来这里看一看。我希望四川人民很好地学习朝鲜人民的优良品质，充分发挥'天府之国'的优势，在各项工作中争取更上一层楼"。四川是改革之乡，主要是农村改革走在前头，是全方位的。其中，有几个显著的标志。

标志之一，广汉县金鱼公社率先包产到组。早在1978年12月26日，《人民日报》报道了这个公社搞"分组作业、定产定工、超产奖励"生产责任制，那时在全国很有影响,人们把金鱼公社称为中国农村经济体制改革的摇篮。

金鱼乡是广汉县东部的一个平原公社,面积 30 平方公里,土地肥沃,气候温和,属都江堰自流灌溉区。全公社有 14 个行政村,129 个农业社,共 8055 户,有 26058 人,可耕地面积 26410 亩,人均只有土地 1 亩多点。

在农村改革前,由于"左"的干扰,金鱼公社虽然经过较长时期的艰苦努力,但工农业总产值也只有 536 万元。其中农业总产值 358 万元,工业总产值 178 万元,人均产值 205 元。粮食总产量 2251 万斤,人均分配只有 63.5 元。这个公社长期处于贫困状态。

1977 年,公社党委在凉水井大队九队进行"定工定产、以产结算、超产奖励"的联产到组责任制试点,调动了广大农民的生产积极性,出现了生产上的精心管理和精耕细作,使当年粮食亩产在 1976 年的基础上净增 120 斤,社员人均分配也有较大的提高。

这个公社在总结九队行之有效的经验之后,于 1978 年在全乡范围内,全面推行了这种生产责任制,从而获得了农村经济的大发展。1978 年工农业总产值达 640 万元(人均产值 245 元),比 1977 年的 536 万元增长 19.2%;粮食总产量达到 2746 万斤,比 1977 年的 2251 万斤增长 22.9%;工业总产值达到 195 万元,比 1977 年的 178 万元增长 8.8%;人均收入达到 101 元,比 1977 年的 63.5 元增长 37.2%。这是他们实行"点上开花、以点带面"所结出的丰硕之果。对此,省委作了肯定:"方向路线没问题,它的优点是调动了农民的生产积极性,产量一定会提高,想搞的人可以搞,不想搞的人可以试点。"根据省委负责同志的意见,省委派出工作组总结金鱼公社包产到组的经验,在全省推广。

1977 年 4 月至 1978 年 10 月担任广汉县金鱼公社党委书记的李明英,曾有这样的回忆:

那是 1976 年 9 月中旬的一个周末下午,当时的省委书记陪同全国人大副委员长姚连蔚慰问松潘、平武地震灾区后返蓉,途经金鱼公社时,因洪水漫过川陕公路惟一通道的漫水桥(即翻水桥)桥面。驾驶员蒋师傅立即请慰问团的同志分批坐上自己的车,他负责送大家过桥。慰问团便首先安排领导坐进驾驶室,其他人站在车箱内,老蒋全神贯注地驾车,凭着多年积累的抢险经验,很快安全过桥。经相互介绍,方知他们是副委员长和省委书记,公社值班人员即请姚副委员长等人到办公室小憩,等候后面过桥的同志。回到成都后,领导先后发来电报和信函,感谢和表扬蒋师傅与金鱼公社的干部群众。次日漫水桥的部分桥面冲毁,给过往车辆和行人带来极大的不便,在当时省委主要领导的关怀下,省上很快批准并拨款兴建了永久性的"万寿桥"。

1977年4月，金鱼公社党委书记李明英到问题较多、困难较大的十一大队蹲点。十一大队的社员提出"只要把农活分细点，干活的人分少点，各人晓得自己去做"。李明英支持九队试行"分组作业，定产定工"的责任制。这一年，全队粮食总产145850公斤，增产42000公斤，增长41.6%，粮食亩产达到972公斤，每亩增产250多公斤。

此事最终惊动了省委，领导到广汉调查，问县委书记常光南为什么搞包产到组？他说："我当基层干部几十年，群众连饭都吃不饱，我有愧。现在粉碎'四人帮'了，既然我当县委书记，就有责任让群众吃饱饭。"领导赞许地点头，并说："你的意见对。先在你们广汉搞个点，要克服过去不讲实际的作法，第一要发展生产，第二要增加群众收入，否则不搞。"并叫他一定要把好这个关。

从1978年1月开始，金鱼公社全面推行责任制。1月中旬，公社党委举办了会计参加的300人培训班，深入到各大队、生产队推行"分组作业、定产定工、超产奖励"的办法。结果，当年的秋收获得大丰收：全公社的粮食总产量猛增250多万公斤，比全县增产比率高出近一倍；亩产750公斤，每亩增加近150公斤，是建国以来粮食增长最多的一年。金鱼公社的干部和社员十分高兴地说："分组干活，责任明确，五统五定，社员鼓劲，粮食增产，农民增收。"

1978年11月至1979年10月，接任金鱼公社党委书记的夏明绪，提供了1978年末的数字：1978年，全社粮食总产量达到1376万公斤，比1977年增长22%，比全县增产比率高出一倍，是全县各公社中增产最多的；平均亩产730公斤，每亩净增155.5公斤；社员人均口粮增加29公斤，人均收入增加31.20元。在1978年大增产的基础上，1979年粮食总产达1466万公斤，比1978年增产90万公斤，又上一个新台阶。

标志之二，广汉西高公社五大队（金光村）实行"大包干"。早在1976年7月，西高公社五大队（金光村）的农民，就实行了大包干，拈阄把土地落到户头。大家只做不说，对外保密。1977年5月，县委书记常光南下乡"微服私访"，看见五大队的庄稼长得好，几经周折，才找到副队长蔡立兴。蔡开始不讲，"你去找队长莫诗富"。经一再追问，他才如实作了汇报。常光南发现了五大队"大包干"的生产责任制，十分兴奋，在全县公社党委书记会上介绍了他们的经验。为了保护农民的积极性，使责任制得以顺利推行下去，常光南在介绍中注意避开"包"字，改用"定"字，并增加"统"字，称之为"五统五定生产责任制"。1977 年 10 月，金光村二队大包干；1978 年底，金光村 9 个队全面实行大包干，都获得了丰收。

标志之三，广汉市向阳乡成为中国撤销人民公社的第一乡。联产承包责任制的推行，必然冲破 1958 年开始实行的人民公社体制。人民公社的基本特征是政社合一，一大二公，是高度的集中和高度的平均主义。1962 年 9 月八届十中全会通过的人民公社《六十条》虽然做了一些改变，但并没有从根本上改变人民公社的性质，严重地挫伤了农民的积极性，给生产力的发展带来了灾难性的影响。

广汉向阳公社成立 20 年，社员人均分配从 68 元到 74 元，只增加了 6 元，青黄不接时有三分之一的人要到外乡去借粮。老百姓说人民公社是瞎"指挥的班子、平调的路子、吃大锅饭的架子、打富济贫的方子"。公社不仅用此手段干预经济工作，而且就连喂 10 只以上鸡鸭的也要割"资本主义尾巴"。70 年代末，改革开放给向阳人带来了发展的机遇，1979 年 7 月至 1980 年 3 月成立了工业、农业、商业三大公司，并在此基础上成立了农工商联合公司，在公司内部签订合同，实行以工效结合、奖惩挂钩为内容的目标责任制，公社的经济职能已被公司所取代。这一举措实际上是对五位一体的人民公社体制实施釜底抽薪，此时的向阳人认为，公社摘牌已经势在必然。

1980 年 4 月，向阳公社领导班子根据进一步改革、实行党政分工、政企分开、各尽其责的思路，考虑从体制上实施重大变革，并向上级作了报告。4 月 15 日，广汉县委书记常光南召开公社党委书记会议，传达了四川省委对向阳公社体制改革报告的批复，研究了恢复乡级建制的具体事宜，并约法三章：不宣传、不登报、不广播。

8 月 18 日，向阳公社召开了人民代表大会，来自群众的代表们充分行使了自己的权利，选举葛民勋为乡长，周继模、俞素清为副乡长。会后，摘下了"广汉县向阳人民公社管理委员会"的牌子，挂上了"广汉县向阳乡人民政府"的牌子，成为中国撤销人民公社的第一乡。公社的牌子摘掉后，原来的生产大队、小队也随之改为村和社，并建立与之相应的经济体制，用经济手段管理经济，一切按经济规律办事，深受老百姓拥护。把易牌一事捅出去的是一位新华社的记者。易牌后的第三天，记者在赴向阳公社吃"陈豆腐"时，于偶然中发现了向阳乡人民政府的挂牌，拍了照，写了内参。不久，全国人大常委会一个电话打到广汉县委办公室，问道："你们把人民公社的牌子取了，有没有这回事？谁叫你们搞的？"半个月后，全国人大又打来电话："中央领导同志同意你们搞试点。"

　　四川省委尊重向阳干部群众的首创精神，并给予了充分的肯定，还把这一举措扩展到了新都县石滩乡、邛崃县桑园乡和新民。接着，又在全省选择了不同类型地区进行了试点。

　　1983 年 10 月，中共中央和国务院颁发了《关于实行政社分开建立乡政府的通知》，要求全国各地以原有公社的管辖范围为基础进行建立乡政府的工作。于是已在中国存在了 22 年之久的人民公社，作为一种体制退出了历史舞台。不久，向阳乡改制为向阳镇。

　　20 多年过去，向阳镇 95% 以上的农户改善了居住条件，汽车、摩托车、各种家电进入农家；粮食总产量较 1978 增加了 335 万公斤；镇里修建了 7 条新街，开通了容量为 1 万门的光纤程控电话；乡镇企业突破了"一砖二瓦三榨油"的小打小闹局面，形成了冶金、化工、建材、机械、造纸、轻纺等骨干企业，产品远销美、日、德、港、台等国家和地区。1997 年，全镇实现财政收入 2060 万元，农民人均收入 2677 元，比 1978 年净增 2422 元。1998 年财政收入再增加 300 万元，人均收入再增加 188 元，成为广汉市率先进入小康的乡镇之一。

　　向阳乡的改革，首先得到了省委的支持。1998 年原广汉县委书记常光南接受《服务导报》采访时说，对于取消人民公社，一开始并没有明确的思想准备，当时想的是成立农工商公司。这一念头起因于 1979 年 6 月的西欧之行，他作为惟一的县委书记代表，随四川省政府代表出访西欧三国。中央给代表团的任务是随便看看，开开眼界；省委给常光南的任务是考察农业。瑞士的一家农庄给了他很深的印象。回来后，常光南一是在广汉搞起了"油菜经济"，大力推广油菜种植；二是在各公社成立农业公司、工业公司和商业公司，将生产责任制引入社办企业和供销社。这样搞起来后，必然要触及公社的体制，其经济职能也将由农工商总公司所取代，从而使得公社事实上失去了管理经济的作用，仅剩下行政功能。下一步就是何时把公社的牌子取下来的问题。但是，在涉及改变体制的问题上，常光南不敢轻举妄动。

　　常光南还与向阳公社党委和有关人员研究，先把社队工业从"人民公社"中拉出来，公社的架子不动，来一个"釜底抽薪"。1979 年 8 月，正式成立"农工商联合公司"，下属工业、农业、商业三个专业公司，人事上采用招聘制度，生产上实行计件工资制度，农业上试行联产承包，逐步改变"三级所有、队为基础"的生产关系，使农民得点实惠。他当时很审慎地要求："不准宣传、不准广播、不准登报、不准挂牌。"

　　1980 年 3 月 30 日，省委召集广汉县负责人到成都金牛坝汇报改革问题。时任省委书记的谭启龙，表示支持广汉的改革。

邓小平的家乡情结

虽然邓小平 16 岁离开四川，走南闯北，但无论走到哪里，他都是一口浓浓的四川口音。他 16 岁到法国勤工俭学，18 岁成为职业革命家；30 岁参加二万五千里长征，过四川的雪山草地；1949 年 11 月，45 岁的邓小平与刘伯承率领大军挺进大西南，在重庆主持西南局工作，到 1952 年 7 月，长达两年时间。

1952 年 7 月，邓小平调到中央工作以后，多次回到四川，视察家乡。1958 年 2 月到四川腹地视察隆昌气井，在新生高组社视察时说："大家随便一点吧，我也是四川人，老家在川北广安县，说起来我们都是老乡。"同年 10 月，邓小平视察剑阁县、梓橦县农村，在绵阳地区还视察工业、武都水利工程。1959 年邓小平视察盐都自贡。

到了 60 年代，邓小平 3 次回到家乡视察。1963 年 11 月，邓小平再次到剑门关视察，并再度到自贡视察了鸿鹄化工厂。1964 年 9 月，邓小平视察川南威远气田。1965 年 11 月至 12 月，邓小平视察西昌、攀枝花钢铁基地。

70 年代中期，邓小平复出后，依然眷恋家乡。他曾给四川领导人写信，要给农民自主权，养猪种菜，解决工人吃菜难的问题。

在改革开放的新时期，邓小平更是眷恋家乡，在全国一些地方多次讲"四川是我的家乡"，推广四川农村改革的经验。他四次回川，住在成都金牛宾馆，听到新修的一幢楼只修了三层后，说："要多修几层，修高一点，不要老是以为我们四川人是土包子。"一口川音，一腔乡情，溢于言表，沁人肺腑。

70 年代，在邓小平被打倒的那些日子里，全国经济濒于崩溃边缘。广安农村一些地方一个劳动日仅值几分钱，群众生活十分穷困。邓小平得知这些消息后深感忧虑。1975 年，邓小平复出后在一次接见外宾谈到中国农业落后、农民生活水平很低时，说："我的家乡广安，人均占有粮食 200 多斤，一个农民年平均收入才几十元，我的家乡就是那个样子。"1975 年 9 月在昔阳、北京召开第一次全国农业学大寨会议，会议期间邓小平在接见四川省委领导人时说："我的家乡来信反映，群众没吃的，生活困难得很，长期打派仗，县委书记是坏人，（群众）要求原来那个姓杨的县委书记回去。我那个家乡叫金广安，产包谷、产大米，过去生活还不错，搞成那个样子，你回四川后要过问一下。"邓小平的话，引起了四川省委的高度重视。两个月后，省委主要负责人便去广安视察、指导工作。

"四人帮"垮台后，1978年2月2日下午，邓小平在成都金牛宾馆接见了"小老乡"、广安县委办公室主任邓欲治、干事黎仁海和驾驶员张家义。他们是头天晚上连夜从广安开车，2日凌晨5点钟才到成都的，带来了广安的土特产白市柚、锦橙和奎阁酒。邓小平对广安乡亲说："你们带来的水果，我们中午吃过了。"卓琳说："他最喜欢酸苦酸苦的那一种。"

行文至此，得顺便插一句。邓小平的女儿邓林回忆说，在邓小平的家里，经常发生一个争论，是广安柚子好，还是沙田柚子好。大多数人认为是后者，他们喜欢甜味；惟独邓小平喜欢广安的酸苦味，这或许是邓小平那永远不能割舍的广安情结。

邓小平对家乡人民的生活十分关切，继续说："对广安的情况，我从报纸上看到了，前几年有点差呀！"邓小平经常从他的妹妹邓先芙（在四川省委办公厅工作）和亲友那里了解广安人民的疾苦。邓小平问："广安今年情况怎么样？"邓欲治说，1977年粮食总产6亿多万斤，人均口粮由1976年的288斤增加到377斤。邓小平想起了58年前的广安，说："我离乡时广安是60多万人口，现在是100万出头，只有6亿多斤，人平500多斤，每人才分300多斤，而且还是原粮，不是米，才多少斤？三七二十一、七七四十九，才260多斤大米，口粮很低哟。"

汇报到农田基本建设情况时，邓小平说："水利基本建设，要多少年不间断地搞才行。过去多少年没搞了，耽搁了。渠道年年垮，这怎么行？要搞点水泥、石灰和石头砌，要牢固点。"

他接着说："农业问题，要很好努力，重要的是粮食。人均1500斤，交国家500斤，分配500斤，队和个人积累500斤。可以别的用，养猪、养鸡。"

他又说："全国有些地方去年受了三个大灾，雹灾、旱灾和风灾，人均产粮1000斤，有的县1500斤还多。"卓琳插话："问题是看政策对不对。"小平说："要看政策对不对，还要靠基本建设搞得好，过得硬。"

对广安提出的1978年粮食亩产达到800斤的计划，邓小平说："广安人多，土地少，800斤是不够的。广安亩产800斤，每人平均才600斤，只等于全国平均数，不够，过不了关。"又说："广安是个大县，报上说现在是90多万亩耕地，人平才8分地嘛，亩产1000斤也不够用……"

他说："种子很重要，土、肥、水、种、密、保、工、管'八字宪法'第四个字是种。种子的地位要提高，要培育种子基地。这么大的县，种子要经常更新。种子好的，每亩要多产一百多到两百斤。全世界都在搞种子，资本主义国家也在搞，他们是资本主义经营方法，每年卖种子。美国有种子公司，每年出卖种子。我们是收起来，选一下，第二年又种下去。那不行，种两年就退化了，必须换新的种子。"邓欲治忙介绍，广安石笋区种杂交包谷效果很好。邓小平说："杂交包谷第二代最好，第三代就退化了。包谷良种推广后过两年就退化了，不行。要经营换种，必须有种子基地。"

邓小平特别叮嘱："回去带话给县委，要把农业搞上去，集中精力把经济抓好！"

这次会见以后，广安白市乡的人民每年秋天都要把新上市的柚子送去，请邓小平尝新。而每年，邓小平的家人都要按市价把钱汇到广安县人民政府。

1986年2月13日上午10点钟，邓小平在成都接见了广安县委、政府和南充地委、行署的负责人。一见面，神采奕奕的邓小平就笑逐颜开，诙谐地说："好啊！今天终于见到家乡的父母官了。"在和大家一一握手时，邓小平一一问了"父母官"的姓名。他对广安的书记、县长说："你们人年轻，有文化，一定要把广安建设好！"当县委书记请邓小平和卓琳回广安视察时，卓琳笑着说："回到四川就算到了家乡，请你们代向家乡人民问好！"

邓小平没为广安的亲友写一张条子，走一个后门，批一个项目。他是广安人民的儿子，也是中国人民的儿子。

改革开放后，邓小平四次回川

第一次是1978年 这年1月，邓小平出访缅甸、尼泊尔后，来到成都，住在蓉城宾馆。

1月31日，宾馆工作人员请邓小平题写馆名。邓小平写了两幅，一幅"金牛宾馆"，一幅"蓉城宾馆"。邓小平说，还是"金牛宾馆"好。省委领导也认为这个馆名好，金牛宾馆这个馆名就这么定下来了。

邓小平说过，不懂川剧，是没有文化的现象。1月31日至2月2日晚，他连续三天晚上观看省、市川剧团的演出。当时，人们心有余悸，川剧的传统剧目还是内部演出。邓小平说，这些戏，为什么只有内部演出？为什么不上广播、电视？邓小平的指示，是对恢复川剧、振兴川剧的巨大支持和鼓舞，使川剧恢复了青春。

这年年初，中国的大地正在孕育着一场伟大的变革。邓小平此时回到家乡，关注家乡，也是对家乡人民解放思想、勇于开拓的巨大鼓舞。

第二年6月26日邓小平到总参四所看望参加全国人大八届二次会议的四川

代表团的代表。他说："我们这次会议的中心，一个是搞四化，要把国家建设好，一个是民主与法制。""'四人帮'把我们国家搞得很穷，有什么优越性？所谓'穷过渡'，穷是社会主义，富是资本主义，这是胡说八道。"他满怀信心地鼓舞乡亲们："到本世纪末，我国的面貌肯定要大变。在座的还得干，因为人家也在前进，世界不是静止的。发展社会生产力，体现社会主义优越性，要干好几辈子。我们几个七八十岁的算一辈，五十岁的算一辈，三四十岁的算一辈。三辈还不够，要四五辈都坚持这个方针。"

1979 年 12 月，谭启龙调四川工作，临行前，邓小平与谭启龙谈话时，肯定了四川的工作，说有两条经验。他说："四川形势发展很好，发展很快。讲经验有两条：一是敢于实事求是，敢于拨乱反正，包括过去曾经批判错了的东西，敢于纠正过来。另一条是省委的领导经常到下面去，倾听群众呼声和意见，制定符合实际、受群众拥护的政策。"然后，邓小平对谭启龙说："听说你也是很喜欢经常往下面跑的。多到下面跑跑看看，确实好处很多。讲经验，主要是这么两条。"

第二次是 1980 年　当年 7 月，邓小平回到四川。

那时天气很热，省委正在开工作会议，一项重要议题是研究贫困山区休养生息、陡峭山坡退耕还林的政策问题。省委书记谭启龙陪邓小平上峨眉山。当时汽车只能开到峨眉山脚下的净水公社，离金顶还很远，就是到万年寺也要步行好几里山路。邓小平兴致很高，要步行登上金顶。大家都不同意，他仍坚持步行到了万年寺。当时峨眉山的路都是泥巴路，很不好走，群众说是"上山脚杆发软，下山脚杆打闪"。从万年寺下山，邓小平拄着一根竹杖，还是坚持步行。途中，他亲切地与沿途的群众交谈。有个老太婆认出邓小平了，喊了声"邓大爷"就下跪，向他行拜礼。小平同志身边的人赶快扶老太婆起来，邓小平同她一起照了相。

邓小平看到沿途一些陡峭的山坡上种着玉米，长得稀稀拉拉，便关切地说："这会造成水土流失，人摔下来更不得了，不要种粮啦，种树吧。"看到路旁一些地种了中药材黄连，他说："种黄连可以，不要去种那几颗玉米。"谭启龙趁便向邓小平汇报：四川山区农民负担太重，生活穷困，省委正在讨论加快发展经济的政策，准备拿出 10 万吨粮食扶持山区发展生产，用于减免长期缺粮农民的负担，不征过头粮；陡峭山坡退耕还林还草，发展多种经营，让山区人民休养生息。邓小平表示了赞许，这更坚定了省委扶持贫困山区发展的决心。回蓉后，邓小平还亲切地接见了省委工作会议的同志，并合影留念。

四川虽然物产丰富，但由于多种原因，生活贫困，不仅粮食缺乏，燃料也缺乏，灶里没柴烧。改革开放以后，农村的沼气建设逐步发展起来。

7月11日，邓小平视察成都市金牛区簇桥公社沼气建设，先是在公社参观了沼气陈列室，听了省委书记杨超汇报四川沼气建设规划后说："四川要搞快一点，先化起来，这对于指导全国农村能源建设有非常重要的意义。"杨超提到沼气建设费用时，邓小平说："沼气化有收益嘛！沼气发展了，生产上去了，社队企业搞起来，会增加收益的。你们要把这笔账算清楚。"

接着邓小平来到簇桥公社五大队二生产队（现在的南桥村），到农户家中看沼气池、沼气炉和队里的沼气动力房。他说："发展沼气可以因地制宜解决农村能源问题。沼气化可以带动社队各种工业的发展。要有一个规划，要有明确奋斗目标和方向，要抓科研。沼气池也要搞三化，即标准化、系列化、通用化。不这样不好管理，也保证不了质量。"邓小平到吴绍洁家，看到蓝色的火焰，兴致很高，仔细询问："烧一锅水要多长时间？""能不能炒菜？""你这火能炒腰花么？"听到满意的回答后邓小平哈哈大笑。看了李家琼家的沼气炉后，高兴地说："火也变了，锅也变了，干净了，卫生了，沼气把过去的土锅土灶都改掉了，真了不起啊！"

结束四川之行，邓小平来到武汉后，又向中央其他领导同志介绍四川成都农村开发利用沼气的情况。邓小平说："这次在四川看到沼气，全国普及可不得了。四川普及沼气，一年就等于600万吨标准煤，搞沼气可以真正消灭血吸虫。卫生条件好了，周围干干净净，好处太多了。南方要普及，要作出规划，要办专门训练班，一批一批地办，不要一哄而上。要搞专业队伍，要搞专业化厂生产各种用具。要给贷款，偿还期可以长些。要解决水泥问题。"

第三次是1982年 这年9月中旬，中共十二大召开不久，邓小平陪同朝鲜劳动党总书记金日成来四川。

邓小平在成都各界人民举行的欢迎大会上说："四川是改革之乡，是我国的一个重要省份，十一届三中全会以后认真贯彻党中央的各项政策，较早地实现了安定团结，工农业生产取得了可喜的成绩。因此，我曾不止一次建议金日成主席来这里看一看。我希望四川人民很好地学习朝鲜人民的优良品质，充分发挥'天府之国'的优势，在各项工作中争取更上一层楼。"

9月21日上午，邓小平陪同金日成乘车来到成都市双流县白家公社顺风大队第二生产队，他对金日成说："今天请你看看农村的沼气。"在生产队长曾德昌家，邓小平向金日成一一介绍沼气灶具及其使用情况。沼气灯点燃之后，金日成看到光线很亮，说："这个东西好。"邓小平说："这东西很简单，可解决了农村的大问题，光四川省，每年就可以节省煤炭600多万吨。"没有坐一下，邓小平和金日成又来到社员周道根屋后的一口沼气池旁。邓小平说："沼气能煮饭照明，还能发电。一家搞一个池子能煮饭照明，几家联合起来就能发电。搞沼气还能改善环境卫生，提高肥效。"

邓小平和金日成又来到社员贾崇林家。看到堆满楼下仓房的稻谷，金日成好奇地问："怎么家家都这么多的稻谷？"邓小平很愉快地说："我们搞了家庭联产承包责任制，包产到户，农民都有粮食了。"

顺风大队二队介绍说，全队有27户人，建有54口沼气池。过去每家人每年要烧一吨煤，现在家家都用沼气煮饭、照明，节省了一大笔开支。沼气的开发利用又改善了环境卫生，提高了肥效，促进了粮食增产。1981年，全队粮食平均亩产1274斤。

临走的时候，金日成用中国话向四川的同志说："看到了你们很好的宝贝。感谢你们的经验，我们农村要好好推广。"

20多年过去，四川的沼气建设得以推广，邓小平视察过的成都市簇桥乡南桥村，发生了历史巨变，成为亿元村。这个乡的"发展广场"上，有一幅邓小平的巨幅画像，表达簇桥人民对邓小平的思念之情。

第四次 1986年 这年的2月2日，邓小平回川过春节。

邓小平一踏上成都的土地，就说："我有半个世纪都没有在自己的家乡过年了，这次可要多麻烦大家了。年岁大了，都会想念家乡，俗话说落叶归根嘛。"他还说：不要太麻烦大家，接待、警卫人员需减少，大家都要回家和亲人团聚嘛。吃的也不能太破费，要按老百姓的习俗来办，以川菜为主，吃家常便饭就行。腊月三十晚上的团年糕和大年初一的挂面加豌豆尖不能少就行。

2月5日，邓小平参加了省委省政府的春节团拜会，他双手合十说："向大家拜年了！"团拜会后，在金牛宾馆接见了广安县的同志。邓小平听他们汇报广安的情况后，语重心长地嘱咐："一定要把广安建设好。"当谭启龙说到广安协兴镇牌坊村的邓小平旧居时，卓琳说："周围多栽点树、竹子，搞好绿化。"邓小平说："不要搞什么陈列馆，最好办成学校。"他还多次说到，"文化大革命"的一个大错误是耽误了十年人才的培养，现在要抓紧发展教育事业。

2月14日，邓小平游览杜甫草堂、武侯祠。

春节前后，他在四川住了差不多半个月的时间。临行前，邓小平与金牛宾馆工作人员合影留念，这是邓小平在家乡最后的一张照片。

四川、安徽之比较

邓小平有言：中国的农村改革，"有两个省带头"，一个是四川省，一个是安徽省。"我们就是根据这两个省积累的经验，制定了关于改革的方针政策。"

四川、安徽这两个省都是最先推行农村生产责任制的。20多年过去了，我们把川皖两省的改革放在一个长过程来考察，看看它们有哪些同与异，对于新世纪新阶段解决"三农"问题，是有意义的。

两省相同的地方：

其一，都是直接在邓小平支持下发展起来的。

在四川：邓小平先后在1978年、1980年、1982年、1986年4次来川，给四川农村改革以具体指导，大力支持。当安徽省委《六条规定》出台后，邓小平还把它介绍给四川省委负责同志。

在安徽：1979年春天，《人民日报》头版发表张浩文章《"三级所有，队为基础"应当稳定》，还在"编者按"中提出对包干到组"必须坚决纠正"，听说还很有来头。在安徽大包干受到非难最困难的时候，万里在北京开会，向邓小平汇报，得到邓小平的坚决支持。1979年，邓小平的黄山之行中，听取了安徽省大包干的汇报，又给予了支持。1980年5月31日，邓小平对中央负责的谈话中，直接讲到安徽肥西县和凤阳县的大包干"一年翻身，改变面貌"。

其二，都是因为太穷，"逼上梁山"的。

在四川：从1958年秋天广汉建立人民公社以来，可以说从未给广汉农村带来过好运。从县统计局的正式统计资料上看，从1959年到1978年20年里，前11年粮食总产量一直低于1958年，后九年推行"以粮为纲"，以"全面砍光"为代价，粮食总产量略高于1958年。农民收入的情况更为可怜，16年（前4年无统计数字，但可以肯定比后16年更低）平均人均年收入仅18.85元。在长达20年时间里，农民们就靠这不到20元钱的收入维持日用开支，其贫困程度可想而知。更为惨痛的是在"三年自然灾害"期间，地处天府之国腹心地带的广汉，竟有4.5万人"非自然死亡"，占1957年总人口的12.7%。

在安徽：凤阳县梨园公社小岗村，是农村改革的先行者。1978年，这个村只有21户农家，110口人，517亩农田，是远近有名的要饭村。干部走马灯，17个壮劳力，先后有15个当过队长、副队长，轮流坐庄。在"人民公社20年时间，小岗人口减少50%，人均口粮由500公斤减少为100公斤。"

其三，都是先由农民发明，然后由县委、省委支持干起来的。

在四川：广汉西高公社五大队（金光村）悄悄包产到户，一律对外封锁。过了几个月，县委书记常光南在下乡时才偶然发现并予推广的。

在安徽：1978年11月24日晚，小岗村召开社员大会，决定包产到户，偷偷地开，不让外界知道。1979年秋，小岗生产队收粮13.2万斤，相当于1966年到1970年5年的总和；卖油料2.4万斤，超过任务的80倍；向国家交纳公粮2.99万斤，完成任务的10倍；人均收入由原来的22元，上升到400元。1980年春节前夕，万里来到小岗，他对生产队长严俊昌和随行的干部说："中国农民是伟大的，马列主义也可以出在小茅屋里。"

其四，都是在省委领导下在全省范围内全面推开的。

在四川：1979年初，中共四川省委在新都召开全省农村工作会议，指名要金鱼公社发言，介绍"分组作业，联产计酬"责任制的做法和成果。各地、市、州分管农业的书记出席了会议，省委领导一直参加会议。当金鱼乡党委书记夏明绪代表金鱼公社在会上发言时，却有几个地区的同志反对，要求终止他的发言。省委领导这时站起来说，让他继续说下去，他是一个农村基层干部，什么"三自一包"不"三自一包"，只要多收粮食，农民有饭吃，我看就是对的。会后，中共四川省委以《简报》形式向全省推广金鱼公社的经验，并强调省委对此认真作了调查研究，认为金鱼公社实行的"分组作业，联产计酬责任制"办法是可行的，路子是正的，方向是对的。《四川日报》、《人民日报》先后作了报道，以后在全省迅速推开。

在安徽：省委制定了《六条》。1977年11月28日，安徽省《关于当前农村经济政策几个问题的规定》（简称"省委六条"）以"试行草案"的形式下发全省各地农村贯彻执行。"省委六条"的基本内容是，搞好人民公社的经营管理工作，根据不同的农活，生产队可以组织临时的或固定的作业组，只需个别人去做的农活，也可以责任到人；积极地有计划地发展社会主义大农业；减轻生产队和社员的负担；分配要兑现，粮食分配要兼顾国家、集体和个人利益；允许和鼓励社员经营正当的家庭副业。《人民日报》以显著位置发表题为《一份省委文件的诞生》，并配发了评论员文章给以支持。这《六条》不仅推动了全省的农村经济政策，而且对全国具有指导作用。万里亲自到有争议的小岗村，大力支持。对报纸的非难，不予理睬，说"报纸不产粮食"。"要吃米，找万里"的民谣传遍大江南北。

其五，都有卓有成效的经验，对全国有很大的影响。

在四川：金鱼公社实行"分组作业、生产定工、超产奖励"的当年，粮食比上年增产 20%。广汉全县粮食产量 1978 年比 1976 年增长 35.29%；1982 年比 1978 年增长 6.45%。全县收入总额 1978 年比 1976 年增长 2.87 倍；1982 年比 1978 年又增长 1.3 倍。1986 年，广汉县实现了三年翻一番，工业总产值 8.6 亿元，为 1983 年的 1.09 倍。目前，广汉县已成为四川省的十强县。

在安徽：小岗村，过去被称为要饭村。1960 年，这个村 170 人饿死 69 人。1978 年 12 月实行大包干以后，次年粮食产量达到 6.5 万公斤，比上年增加 6 倍。从 1957 年起 23 年来，第一次向国家交售粮食和油料，分别超过任务的 6 倍和 80 倍。

分析川、皖两省农村经济责任制相同的方面，使我们对邓小平"有两个省带头"的论断感受更加亲切，认识更加深刻。

两省不同的地方：

两省的差异主要是宣传力度和影响大小不同，金鱼小，小岗大。提起小岗村，18 户庄稼汉子连夜开会，按手印，立下秘密契约，确乎代表了中国农民冲破禁锢的悲壮，人们耳熟能详。这是一个顶天立地的中国农民的形象。还有一个邓小平关于"凤阳花鼓"的著名论断，人们更是耳熟能详。小岗村的名字，在中国大地，作为改革的代名词，人们如雷贯耳。

而金鱼乡呢，其影响就相去甚远。至于比金鱼还早的西高乡金光村，在正式出版物里，几乎没有提到它的名字。无论是在全国有影响的《包产到户沉浮录》、《中国农村改革决策纪事》，还是四川的《邓小平理论与四川的实践》、《邓小平与四川》和《四川农村体制改革》等专著，都没有提及。金光村的材料是内部消息，只在政协文史资料《德阳文史》上有一些披露，金光村的名字被人们遗忘了。

在进入了新世纪新阶段，开始全面建设小康社会伟大事业的关键时刻，我们回顾 70 年代那场农村改革的壮举，重温邓小平指导川皖农村改革的历史，更深刻地理解和继承邓小平的农村改革思想，具有重要的现实意义。

（作者曾任中国四川省委统战部常务副部长、省社会主义学院院长，四川省政协常委、学习和文史委副主任）

南充地区农村包产到户的前前后后

李盛文

邓小平说："四川是改革之乡"，中国农村改革，四川、安徽两个省带头，"我们就是根据这两个省积累的经验，制定了关于改革的方针政策。"

30年前，由中国农民创造的农村家庭联产承包责任的体制改革（农民俗称"包产到户"），席卷了整个中国大地。南充地区的城乡也同样经历了那一场波澜壮阔的巨大变革。

南充地区联产承包责任制，从1977年春极少数偏远地方由群众自发悄悄干起，到1984年基本搞完，历时8年。其间，大致经历了4个阶段：即群众自发阶段（1977年—1978年）、试点徘徊阶段（1979年—1980年）、择优推广阶段（1981年—1982年）、巩固成果阶段（1983年—1984年）。从1985年开始，南充地区查漏补缺，规范运作，并向着副业、林果蚕业、养殖业领域延伸，开始了经济改革由农村包围城市的进程。

乡村黎明静悄悄

1977年初春，寒意还阵阵袭人，南充农村仍然像死一般的寂静。

春节过后，四川省委在成都召开了万人大会。全省的地、州委书记，县、区委书记，公社书记都参加了会议。南充地区领导刘纯夫、郭宪书、李世德、冯希尧等和地区所辖的县、区、公社书记近千人出席了会议。我当时在地区革委会办事组工作，也参加了会议。我们每个人一个小板凳，坐在成都军区北较场的操坝里，听省委书记赵紫阳的报告，报告说今年的工作重点是"一批两打"，即批判"四人帮"，打击派性，打击资本主义。会议强调农村要坚持学大

159

寨，走集体化道路。"万人大会"精神的传达，并没有激起人们的生产热情。

"大寨活，慢慢磨，做快了，划不着"，"大锅饭，大家站，谁也不愿使劲干"。可是，毕竟"四人帮"粉碎了，压在人们身上的石头搬掉了，加之农民渴望吃饱肚子，过好日子，在 1977 年大春栽插时，一些"山高皇帝远"的边缘生产队，就悄悄的扩大自留地，把田坎、地边包到人，有的搞包产到组，分组劳动。南充县斑竹公社七大队一队，土质肥沃，水源充足，本是米粮仓，但长期搞大寨极"左"的那一套，结果弄得年年没粮吃，顿顿喝稀汤。在没有办法的情况下，社员们私下商议，把生产队的田土、农具、劳动力分成 8 个组，实行包工到组，包耕包种包产量。并且约定：只准隐倒干，不准对外说。到了秋天收获时，粮食破天荒，亩产上千斤，人平分粮 600 斤，劳动工分值也由上年的 0.18 元上升到 0.6 元。

下乡调查的县委书记康咸熙发现了，生产队长向他检讨，所有社员为队长求情，希望康书记不要撤队长的职。面对一张张期盼的脸，一双双渴望的眼，康书记能说什么？他知道，上面没有政策，不敢乱开口子。能说的他都说了，想说的他又不敢说。很久，他说出一句让人捉摸不透的话："你们自己看着办吧。"在当时大抓阶级斗争的年代里，这位县委书记发现了"资本主义"，可他没有去批判，也没有向上报告，已经是尽了心了。

其实，在各个县的边远生产队，都在悄悄地搞形式多样、花样百出的包工定产责任制，只不过大队干部装眼瞎，公社干部装耳聋，谁也不上报，大家都心照不宣。一股与当时政策完全相悖的农村责任制变革，在南充大地上悄然地兴起来了。

1977 年 10 月 27 日，省委副书记杨万选、王黎之来南充检查工作。我跟随地委书记刘纯夫去南充县里坝迎接，省委领导一行查看了南充县蟠龙、东观等地的大田生产，听取了"天大旱、人大干，水路不通走旱路"情况的汇报。当省委领导问到有没有"资本主义复辟"情况时，在场的几位地委领导都矢口否认，一再表示要坚持"举旗抓纲"不动摇，坚持农业学大寨不动摇。

1978 年 1 月 20 日，南充地区农业学大寨先进代表大会隆重开幕。全区公社书记以上的农村干部近 2000 人出席会议，传达省委工作会议精神。全省的工作重心是"一批两整顿"：批"四人帮"、整顿国民经济秩序、整顿农村经营管理。大会的主导思想还是大批资本主义。会上，用了三个半天介绍农业学大寨的经验，而对农村悄然出现的分组作业、定额管理闭口不谈，讳莫如深。在讨论中，广安县反映到：因为纠正包产到户，大队干部自杀的有 10 多个、被免职的 20 来个，希望地委能表个态、作个结论。对于这种敏感而危险的事情，地委研究再三，回答是："先搁着，以后再说。"其实意思也很明白，就是让农民自己干，我们只能睁只眼、闭只眼。

1978 年 3 月，中共中央副主席邓小平来川视察，对省委负责人讲："政策问题，现在不是过头，而是不敢搞。对过去行之有效的，经过实践可以巩固社会主义制度的，能促进生产、群众欢迎的制度，都要恢复。政策零放碎打不行，要集中解决一下。"邓小平的讲话，在当时干部的思想上，无疑是一个强烈的震撼。省委很快进行了传达。3 月 15 至 16 日，地委召开县委书记会议，传达邓小平来川讲话精神。但大家都感到茫然，讨论中都认为：还是要听华主席的。对恢复过去的制度存在"三个害怕"：一怕和党中央唱对台戏，二怕搞错了又要挨批斗，三怕包了产集体经济受损失。县委书记会议精神贯彻时，不少公社干部都持抵触情绪，思想不通。阆中县二龙公社第十三大队第一生产队财务队长说：过去的那套制度要不得，坚决不能再要。地委于 3 月 27 日派出基本路线教育工作团赴阆中县柏垭公社搞试点。不过，在实际操作中，工作队只抓挖干板田，抓抗旱，对农村责任制的问题不去涉及，也不过问。

春天的花朵正含苞待放时，4 月的《人民日报》刊发出《实践是检验真理的唯一标准》的文章，一场由邓小平倡导的关于"真理标准"的大讨论，在全国轰轰烈烈地展开了。这就增加了地委对农业生产管理体制进行变革的底气。4 月 14 日，地委召开县委书记学习会，在学习报纸文章的同时，围绕农村责任制展开了热烈的讨论。当时全区包产到组的生产队有 30%，还有 70% 在坚持"社会主义阵地"。面对这种状况，大家认为：包产到组的就是比生产队统一经营的效果好得多，而今已经到了可以"越雷池一步"的时候了，对过去行之有效的管理制度应该大胆地恢复起来。这是一次解放思想的启蒙会，也是开始冲破"左"的思想束缚的动员会。

5 月 18 日，省委书记来南充，我随地委领导去陪同，在南部县皂角、升钟、建兴等地与农民座谈时，农民普遍欢迎搞承包责任制。省委领导指出，合作社时的经验值得研究，把"三定"一搞，社员就不会"磨洋工"了。对于包产，我们不能用简单的办法去限制，不要怕社员搞资本主义，这种干法，1957 年搞过，1964 年也搞过，很好嘛！现在集体搞不起来，分到组去让他们搞，这不影响农业的发展速度。还是要提倡大集体，小自由。省上领导还告诫，至于用什么办法去解决，你们下去调查，农民有许多好的办法。

按照省上领导的要求，地委 6 个正副书记、各县市委书记都奔赴农村，开展1个月的责任制专题调查。6月27至30日，地委召开县、区委书记会议，先参观南充县东观、老君公社，武胜县八一公社，又坐下来讨论。地委号召：不要统得过死，要给社员留一点回旋余地。分组作业也是集体生产的补充，应该放胆让农民自己去试验。这次会议后，不少生产队搞开了包产到组，有些偏僻地方甚至走得更快一些。

尽管四川在搞包产到组，但全国学大寨的势头并没有减弱。根据上面的安排，地委决定组织公社书记以上干部去大寨参观学习。我随地委办、农工部等先遣组于7月14日到山西昔阳，地委副书记郭宪书带领的大队伍1200多人于7月18日抵达昔阳，进行了为期10天的考察学习。大寨大队依然讲的是"宁要社会主义的草，不要资本主义的苗"。参观回去后，胆大的公社书记继续搞包产到组，胆小的便等待观望。

地委领导在调研中发现了这一动向，又于8月15至20日召开县、区委书记会议，引导干部正确认识农业学大寨，端正对包产到组的认识。地委书记刘纯夫在总结会上强调：学大寨主要是学大寨的精神和作风，不能什么都照大寨学。要根据各地情况，只要不搞包产到户，凡是能够增产的责任制，都可以干。地委的鲜明态度，减轻了县、区委书记思想上的压力，全区的包产到组责任制艰难地缓慢推进。

时代总是在前进。从1978年秋天开始，全国的政治气候似乎趋于好转。10月6日，《人民日报》发表了胡乔木的文章《按经济规律办事，加快实现四个现代化》，文章提到"公社、大队和生产队、社员和社员之间的经济关系，都应当实行合同制"。当日地委召开常委扩大会议，着重研究：解放思想就要冲破老框框，看准了的下决心干，充分尊重生产队的自主权。

11月，四川省委批转了广汉县金鱼公社实行包产到组、分组作业的经验。金鱼公社从1977年秋开始，实行"分组作业，定产定工，超产奖励"的联产计酬责任制，大大提高了社员的生产积极性。省委肯定了这一做法，号召在全省推广试行。12月5日，地委召开县委书记会议专题研究学习金鱼公社的经验。会上总结了全区实行的五种责任制形式：一是定额到组，责任到人，另加奖励；二是分组作业，定产定工；三是包产到组，包工包产；四是山坡田坎，以产定工，包给各户，交粮评分；五是包产到户。县委书记们争论激烈，各抒己见。地委书记刘纯夫在总结讲话中要求，全区都必须实行定额计分、超产奖励，超产部分可以3：7分成或者4：6分成。凡是能够定额的，都要尽量搞定额。领导力量强的生产队，田坎可以定产到户，副业可以责任到人。

12 月底，中共中央召开了十一届三中全会。全会提出了解放思想、实事求是的纲要。通过了《关于加快农业发展的决定》，肯定了农村联产计酬责任制的做法。但同时又规定：不许包产到户。党的十一届三中全会，拉开了解放思想的帷幕，奏响了改革开放的序曲。南充地区的农业联产责任制，从此由农民自发的探索迈进到由各级党委有领导、有组织地开展的一个新的时段。

步履蹒跚沉甸甸

在南充实行包产到户的进程中，几多艰辛，几多忧愁，多少失败，多少曲折，只有经历过的人才深知其中的酸楚。

1979 年 1 月 6 日，四川省委常委扩大会议指出：只要不搞包产到户，不搞分田单干，各种办法都可以试验、比较。2 月 17 日，地委在岳池县花园公社召开书记现场会，通过看现场，认清了包产责任制的优越性。决定：包产到组有的地方有点越轨，比如包到了户，也不忙去动，不要急于去纠。

就在全区大力推行包产责任制时，3 月 15 日，《人民日报》在头版显著位置刊登一封"读者来信"并加"编者按"，对包产到组进行猛烈批判，给农村正在进行的联产责任制大泼冷水。为消除报纸上文章的负作用，解决想包产到组又不敢搞的现象，地委于 3 月 31 日召开县委书记会议，相继参观西充县的同德、义兴，南部县的升中、大桥等地。西充县多扶公社反映："我们包产正展劲，报纸上面发了文，区委书记下令停，我们想搞也等于零。"会议要求大家正面认识报纸的文章，按照地委的部署搞下去，决不能"看风使舵观潮头，原地打转不前进。"

9 月 28 日，中共十一届四中全会通过了《关于加强农业发展若干问题的决定》，规定"不许分田单干"、"除某些副业生产的特殊需要和边远山区、交通不便的单家独户外，也不要包产到户"。对包产责任制的提法明显地放宽了政策。10 月底，四川省委发出了 100 号文件，允许将土地总面积的 15% 划给社员户作饲料地。地委立即组织力量到南充县东观公社试点：一是扩大自留地，二是增划生猪饲料地，两者相加人平 8—12 平方丈，不超过土地面积的 15%，实行定产包工，包产指标一定五年不变。三是允许社员利用空闲时间搞副业，编竹器。四是放开自由市场，允许社员上街卖菜卖鸡蛋。这些措施的实行，对当时禁锢的气候是很大的冲击，对期盼的人们也是很大的激励。地委书记刘纯夫、副书记冯希尧、康智盛都到东观蹲点调研，取得经验，指导面上的联产责任制工作。12 月 13 日，地委在东观召开现场会，会上研究：15% 的包产地要划够，即使多划了，也暂时不要退。同时要求，队干部要加强领导，种好85%的集体田地。

面对包干到组的新动向，地委于1月10日召开会议进行分析：一是15%土地承包后，社员是否可以在承包地上自由种植，是否需要干预？二是有的种差了致富慢，怎么办？三是集体85%的大田生产该如何组织？四是超出了分组作业的范畴是否要去纠正？五是有的生产队不愿承包怎么办？对于这些问题，地委会议认真分析后决定召开县委书记会议来进一步统一思想认识。2月25日起，开了5天县委书记会议。与会者以大量的事实证明分组作业的正确性。南充县小龙公社6大队6队，20年换了16个队长，长期落后。定产到组后，当年人平产粮673斤，社员分到钱，有了存款。广安县桂兴公社桂花六队，从1977年初就悄悄分组作业，三年粮食产量增了一倍多。华蓥县工农示范区溪口八大队，地处工矿区，大队办有水泥厂、煤矿、石灰厂、茶场，以前都是亏损，1979年定额包到人后，全部扭亏为盈。广安县反映群众中存在"一个不愿，两个吃亏，三个担心，四个畏难"的情绪，即不愿种集体庄稼；当干部吃亏，干集体吃亏；担心大田生产种不好，干部不好指挥，政策又会变；政策难落实，社员难管理，人口难控制，干部更难当。阆中、西充县反映包产只达到土地面积的11%，干部仍然害怕，不敢放手去搞。地委认为农村责任制要毫不动摇地抓下去，决不能"闪火"。农村要稳住分组作业，包到户的土地要达到15%，不要怕，即使有些地方划多了，甚至越了轨包到了人，也不忙去公开纠正，等到秋后再说。并且明确宣布：包产到组5年不变，社员的15%承包地时间还可以更长一点，养牛、副业承包至少也要包5年。地委的态度一明朗，各地就大张旗鼓地干开了。

中共中央10月份发出了75号文件，指示："边远山区和贫穷落后的地区可以包产到户。就全国而论，在集体农业占绝对优势的情况下，实行包产到户不会脱离社会主义轨道。"四川省委对贯彻中央文件又作了具体规定："生产队宜统则统、宜分则分，包产部分统一分配，超产减产部分分别给予奖罚。双方签订合同，按合同办事。"文件还规定："边远山区和长期贫穷落后的地区，可以包产到户。这是解决这些地方群众温饱问题的一种必要措施。至于哪些生产队可以包产到户，可由各县根据实际情况，自行确定。"

中央的文件，对包产到户又前进了一大步，省委把包产到户的决定权下放到县上。这对地、县两级，既是信任，更是责任。地委在10月24日召开的县委书记会议上，认为：包产到组的确解决了"大锅饭"的问题，但作业组内部又出现了"二锅饭",社员又在作业组里"磨洋工",而且干部也没有积极性,"公社干部下命令,大队干部带个信,生产队长就过混,只有作业组长在卖命"。会上,地委副书记康智盛代表地委就完善联产责任制工作提出了意见:大范围的责任制应限定在"一组三专"上,除社员15%的承包地外,大田要坚持分组作业,副业、牧业、林果业实行专业组承包;除极个别高山区生产队外,不宜搞包产到户。南充是个农业地区,搞责任制,只能走一步、看一步,不出大乱子,就是个胜利。

势如决堤潮滚滚

社员群众和区、社干部在联产承包责任制问题上的思想碰撞,1981年达到了"白热化"程度。地、县两级处于十分尴尬的位置。大多数群众坚决要求包产到户、一步到位,可上面规定只能边远山区和贫困地区包产到户,不能大范围推开。地、县委领导真是左右为难,无所适从了。

4月初,刘纯夫书记派我陪《人民日报》、中央社科院记者采访农村责任制,在交换意见时指出:南充是谨慎有余,灵活不足。记者返京后在《人民日报》发表文章《"三总"家乡的农民又笑了》,肯定了南充农民的做法。针对"群众想包产,干部不敢包"的现状,地委4月18日召集县委书记研究。形成共识:群众愿意包的,要有领导地去搞;群众不愿包的,不要搞强迫命令。

包产到户推进慢,主要是公社、大队、生产队干部不适应。对包到户是不是社会主义,还是顾虑重重,表现在:一是思想不通。南充县天峰公社一位副书记,在公社党委研究搞包产到户时,他当场顶,说"辛辛苦苦几十年,一夜回到解放前",坚决不干。二是怀疑改革。队干部害怕现在包,二天变了怎么办?干脆辞职不再干。天峰公社80个生产队,有17个队长辞职。三是小手小脚。担心包了后集体经济成了"空壳"。四是外出逃避。南充县东观公社二大队六队,一个月内选了三任队长,当选不到一周就悄悄跑出去打工。还有的公社干部说:包产到户搞得好是灵丹妙药,搞不好是一副烂药。地委本想再开会解决干部思想认识,可在7月13日至16日,狂风暴雨席卷川北大地,嘉陵江水咆哮疯涨,田野村庄烟雨苍茫,江里江外四处汪洋。在南充辖区的几百公里沿江两岸,数万城乡房屋被淹,数千万亩庄稼被毁。人民解放军、武警官兵、公安干警全力以赴抢救人民生命财产。我随着刘纯夫、冯希尧等领导,乘着冲锋舟,拨潮击浪,在洪涛中指挥抗洪工作。百年不遇的洪水持续了4天,给人民生命财产和工农业生产造成巨大损失。地委当务之急是抓抗洪抢险,灾后重建。

在嘉陵江重新恢复昔日的平静和温柔后，地委又开始了抓生产关系的变革。10月4日，地委用6天时间，听取派往各县的工作组汇报情况。汇报反映说：包产到户工作的进展是艰难的、缓慢的。仪陇全县包到户的只占生产队总数的12%，85%的队仍是"水统旱包"。南部县9086个生产队，包到户的2229个，占25%；按劳承包的占52.9%，还有6%的队搞定额管理。苍溪县许多社、队干部不愿包，认为这样搞"彻底变天了"！鸳溪公社跃进大队二队队长，请来全队190人吃分家酒，表示集体垮了，他也不干了！一些队干部到城市抢买毛主席画像珍藏，说"二天变了，就买不到毛主席像了"。地委搞试点的南充县东观区789个生产队，"水统旱包"的389个，占49.3%，包到户的不到40%。阆中县沙溪公社五大队大队长质问公社：去年我们想包不准包，今年上面催到包，你们到底在搞啥子？公社干部答：我也不晓得，只有听上面的。各工作组在汇报中还提出了包产到了户的"20个怎么办？"比如：包到户后，新增人口怎么办？大农具缺乏怎么办？砍树严重如何制止？部分社员外出挣钱不种庄稼如何处理？农田基本建设怎么搞？集体果园如何管？等等。而疑问最多的是：包产到户可以包几年，希望上面有个说法。

围绕工作组反映的问题，地委认真讨论后于10月14日至16日召开县委书记会议，交流包产到户的作法与经验。会议认为：要尊重群众意愿，不要只强调哪种责任制形式好，对包产到户、大包干、包产到劳、水统旱包，四种形式都可以搞。至于到底包多久，上面没有规定，地委也不好说，暂定3年吧！

1982年1月初，中央发出了关于农村工作的1号文件。文件肯定了农村"双包（包产、包干）"责任制，明确规定"两个长期不变"，还提出："农村经济以计划调节为主，市场调节为辅"，把市场经济写进了中央文件。

"天时人事日相催，冬至阳生春又来"。中央允许包产到户、大包干的信息，很快传遍川北大地。1月17日，地委组织县委书记学习中央1号文件，总结教训，端正认识。南充县委书记康咸熙说：过去对"双包"顾虑重重，现在迎刃而解。中央文件指出"包产、包干都是责任制形式，允许搞"，真是大快人心，农民高兴。"两个长期不变"，农民特别满意。准备全县放开搞"双包"。阆中县计划半年内"双包"要搞99%的生产队。南部县委书记文明富信心坚定地说，南充在全国属于三类地区，吃饭问题没有解决，应该大搞"双包"，而且要扭住不放，不能再东风吹来随东转、西风来了向西倒，计划全县80%以上的生产队搞包产到户。地委副书记冯希尧对贯彻中央1号文件作了部署：当前工作是稳定、完善、领导。首先稳定人心，稳定干部，稳定"双包"。其次是完善合同，已经搞了"双包"的也要重新按"长期不变"的政策签合同，田土、树木、果园、农具、生产、工程、干部责任制等，均用合同的形式固定下来。对于其他的责任制形式，群众欢迎的，让他们继续搞；群众不满意的，往"双包"方向引。再就是加强领导，以县为单位，组织宣讲团，分赴各个公社，逐个大队、逐个小队开展宣讲，让群众知晓中央允许包产到户、允许大包干，政策长期不变。宣讲时间至少半年。

"山中一夜雨，树杪百重泉"。经过3个多月的宣讲，群众充分发动起来了。包产到户责任制全面铺开，在开展中也出现了许多具体问题。为了使包产到户工作顺利进行，地委4月14日召开县委书记会议专题研究解决办法。岳池县反映，有13%的队搞得差，3%的队走过场，搞应付。武胜县反映，农村搞包产，上面先是批判，后是堵拦，现在又放任自流。有的人认为，本来各地都搞了，已经稳定了，社员习惯了，现在又要强行包到户，搞新折腾。广安县还出现了抗粮不交的情形，"包产包产，干部不管，公粮不交，集体瓦解"。各县汇报90%的队都包到户，群众"三个满意三个盼"：允许包到户，满意；责任制长期不变，满意；派工作组来帮助，满意；盼望政策千万莫变，盼望包产后干部要管事，盼望生产资料莫涨价。会议决定，宣讲组继续在下面搞，摸索解决承包后的配套政策，帮助解决后续问题。

5月12日，省委书记谭启龙专程来南充检查工作。在听取地委汇报后，谭启龙指出，贯彻中央文件态度要坚决，不能走样，不要怕"右"，要把重点放在发动群众搞好生产。并提出了"挖穷根、栽富根、站稳脚跟"的号召。挖穷根就是挖掉"大锅饭"，栽富根就是组织农民发展多种经营，站稳脚跟是保证粮食增产。谭启龙还强调：可进一步放宽政策，把荒山荒坡划给社员栽果植树植草，社员建的果园，归社员所有，集体不要去收。地委很快传达了省委领导来南充的讲话精神，并于9月底组织区、公社书记去外地考察，学习包产到户责任制的完善和引导农民致富的经验。

承包到户后，少数队出现了社员砍木毁果、拆公房、分晒坝、劳弱户田地丢荒、劳强户剩余劳力外出学手艺挣钱等情况。这些新问题摆在区、社干部面前，他们感到不好办。为了提高干部对包产到户的驾驭能力，地委10月21日用了13天时间在党校召开扩大干部会议，集中学习中共"十二大"精神，研究包产到户责任制的完善办法和配套措施。地委书记刘纯夫在升任副省长离开之前作了讲话，要求大家把工作重点放在引导农民致富，实现中央提出"翻两番"的奋斗目标上来。

变革激流浪滔滔

1983 年初，中央第二个关于农村工作的 1 号文件下发后，地委进行认真学习。讨论时分析了南充现状：一是"左"的余毒还有。苍溪县书记雍湘说，苍溪学大寨，一年变成大寨县，灾难不小；当了很多典型和样板，受害不浅；短时间要彻底纠过来，真有点难。二是包到户有点放任自流，引导不够，遗留问题存在。三是少数干部适应不了新形势，不知道该干什么？四是农村出现了私人雇工。包产到户后，农村出现了四种形式的私人雇工：带徒弟、请帮工、请技术员、招雇长期工。雇工是否算剥削，会上争论很激烈。会议形成的办法是"利用、限制、引导"，允许雇工，但限制雇工人数，限制雇主利润分配，引导发展成合作经济。

与农村联产责任制同时出现的便是农村专业户、重点户，当时称为"两户"。8 月 2 日，康咸熙在出任地委书记后主持的地委工作会议上，明确提出："两户"是巩固联产承包责任制的重要载体，是振兴农村经济的重要力量。会议重点研究包产到户责任制尽快向农业技术领域、流通领域及其他领域延伸拓展的工作。地委提出先对农业技术员实行技术联产承包，在武胜县三溪公社、南充县吉安公社试点，制种杂交水稻，超产部分 70% 归包产的社员，30% 奖励给技术员。由于那时人的认识的局限，执行中干部社员思想都不通。社员认为技术员拿了国家的钱，就该教我学技术。公社干部觉得他们比技术员还要累，也要求联产。出现了公社干部"有时下队走一走，碰到干部握握手，专业户家吃吃酒，喝足吃饱又开走"的现象；社员也有意见，说是"农民热，部门冷，区乡干部消极等"。

就在包产到户的成果推广维艰之际，《人民日报》发表文章，倡导技术人员通过向农村传授科技，技术联产后可以带徒弟，包产奖不封顶。这给大家"打了气"，地委及时召开"两户"座谈会，"两户"代表讲："集体干活是大锅饭，联产到组是二锅饭，包产到户是小锅饭，专业承包就是高压锅饭，香！"当年底，地委召开"两户"先进代表大会，大张旗鼓表扬了 200 户包产到户的致富带头人。地委政研室、办公室专门出版了《致富先锋》一书，传播"两户"的致富经验。

包产到户成果得到更广泛地运用，农村改革呈现为"两个不变，三大转变"：土地集体所有不变，分户家庭经营不变；农村工作对象由三级所有、队为基础转变为双层经营、分户作业，农村工作内容由"四大管理加分配"转变为技术指导，农村工作方法由行政指挥转变为市场服务。同时，包产到户责任制开始发展成农村新的合作经济组织。当时全区出现了 6 大类型：一是队、组双重集体组织；二是集体专业承包；三是联户合伙经营，到 1984 年底，全区已达 1 万多个；四是技术服务经营，比如植保、防疫；五是合股经营；六是家庭独立经营。地委在强调稳定包产到户成果的时候，重点倡导发展新的合作经济组织，在全区广泛宣传"五朵金花"：南充县石圭公社玛瑙大队、溪头公社一大队，蓬安县清溪公社十三大队，岳池县同兴公社十二大队，广安县瓦店公社芭蕉大队。"五朵金花"的共同经验就是：田地包产到户粮食获得丰收，林果业、加工业、矿产业等集体经济得到壮大，体现出了双层经营、分户作业的优越性。

从 1982 年至 1986 年，中央连续发出了 5 个关于农村工作的 1 号文件，推进农村联产责任制的不断深化。在 1984 年 1 月，地委召开县、区、乡书记参加的农村工作会议，总结包产到户经验，研究深化农村改革，并作出了十条规定：农民土地承包期在 2000 年前不变；鼓励社员搞开发性承包；农村建筑队可进城承包；允许农村集体、个人进城搞短途运输；允许社员进城摆摊设点，出售农副产品；允许农村专业户到集镇开店、办厂；允许耕牛、农具按承包土地人口分摊到户；允许 1、2 类产品在完成征、统、派购任务后由社员自行处理；减轻农民负担，提留金人平不超过 5 至 7 元；"两户"权益受到法律保护。

在 1982 年 12 月全国人大五届五次大会上，《宪法》得到修改，规定：实行政社分设，设立乡镇政权组织。1983 年 10 月，中共中央发出了"关于实行政社分开，建立乡政府的通知"。1984 年 4 月，地委决定：改人民公社为乡人民政府，改生产大队为村，改小队为组。

至此，农村的责任制改革推动了管理体制的重大变革。

从那以后，南充地区的农村改革便从稳定完善包产到户为主体的联产承包责任制逐步转向调整经济结构，开发立体农业，扶持专、重"两户"，鼓励农民致富的农村第二步改革迈进，南充的农村改革又掀起了一个新的篇章。

（作者曾任南充地区革委办事组干事、南充地委办公室秘书、南充地委政策研究室副主任）

乐山市别开生面的四次会议

吴体泉

粉碎"四人帮"后,尽管农村形势一天比一天好,但是由于人们受"左"的思想的束缚,不少同志脑筋还没有开动起来,怕这怕那,顾虑重重,想富不敢富,想富找不到"门路",又害怕富了走偏路,害怕富了被打成"暴发户",害怕富了要"背书",等等。一句话,思想没有解放。党的十一届三中全会后,原县级乐山市(由乐山县和五通桥合并而成,1985年改为省辖市)为落实"工作重点转移,解放思想,开动脑筋,实事求是,团结一致向前看"的精神,推进农村的改革和发展,市委作了大量工作。特别是在1979年至1982年期间,市委率先召开的五级干部会、冒尖户冒尖队代表会、技术专长人才代表会、专业户重点户代表会等四次会议,是别开生面、解放思想的重要会议,对统一思想认识,顺利地、健康地建立以家庭联产承包为主的双层经营体制,以及调整产业结构和促进乡镇企业大发展,起了非常重要的作用,由此才可能有今天乐山的大好形势。当时我在市委政策研究科担任副科长,亲身经历了四次会议,现将有关情况记述于后。

五级干部会

1979年2月6日至16日,共计10天,市委召开了有6300人参加的市、区、社、大队、生产队五级干部会。由于参加会的人数多,会场分别在五通桥、苏稽和乐山城区三个分会场统一召开,参加会议的除市委、市政府的领导外,还包括了市级各级委办的主要负责同志。会议学习了党的十一届三中全会公报,贯彻落实中共中央《关于加快农业发展若干问题的决定(草案)》,《农村人民

170

公社工作条例（试行草案）》，中央关于地主、富农分子摘帽问题和地富子女成份问题的决定等三个文件。这次五级干部会规模之大、人数之多都是空前的，是一次解放思想、落实政策的会，是一次总结经验教训、集中把农业搞上去、推进农村改革起步的动员会。它为贯彻落实党的十一届三中全会路线、方针、政策打下了扎实的基础。市委书记刘超主持了会议，副书记王尚先代表市委在会上作了农村工作的专门报告，要求把工作重点转移到以经济建设为中心，摒弃"以阶级斗争为纲"，集中精力把农业搞上去，切实解放思想，按自然规律、经济规律办事，坚持实事求是，反对"一刀切"和"长官意志"；尊重生产队所有权和自主权；加强经营管理，建立健全生产责任制，克服平均主义，贯彻按劳分配，抓好收益分配；认真落实干部政策，保护和调动基层干部的积极性，保护农民物质利益和政治上的民主权利。

会后，全市广大农村认真贯彻会议精神，农民欢欣鼓舞，拍手称快，认为中央决定真是"上顺天意，下得民心"。随即市委派出三个工作组分赴沙滨、金粟、双江三个公社试点，制定山区、丘陵、平坝不同类型地区的全面发展农村经济的规划，以指导全市工作。并根据省委［1979］100号文件精神，制定了全市搞活农村经济政策的九条措施，其主要内容是：

（1）切实保护和尊重生产队的所有权、自主权；

（2）搞好农业发展的全面规划；

（3）因地制宜地逐步调整作物布局；

（4）严格生产责任制；

（5）解决穷队、富队之间的悬殊；

（6）积极发展社队企业；

（7）调整和稳定生产队规模；

（8）调整自留地和家庭副业，对边远和鸡啄地实行包户经营；

（9）各行各业支援生产队发展经营。

冒尖户、冒尖队代表会

会议于1980年1月26日至27日在五通桥市委第一招待所举行，出席会议代表96人，代表着全市98个冒尖队和541户冒尖户。冒尖队的标准：粮经并举，生产好、分配多，人均分粮350公斤，现金收入人均150元以上，劳动日值1元以上，队内有一定的公共积累，并积极完成国家各项征购任务。冒尖户标准：积极参加集体生产劳动，搞好家庭副业，人均收入300元、粮食400公斤以上。市级有关单位和各区委书记等参加了会议。会议由市委书记刘超主持，副书记王尚先致开幕词，会上17个代表发言，交流致富经验。会上还给到会代表奖售了一批自行车、毛线、毛毯等商品，并以市委名义向代表发了勤劳致富的奖状。会议结束时刘超同志作了总结讲话，他在强调进一步肃清林彪、"四人帮"的"穷革命"、"富变修"的极"左"路线影响的基础上，号召和鼓励农民大胆冒尖、勤劳致富，让一部分人先富起来，并宣布了五条放宽搞活的规定：

（1）允许社员在自留地上、屋前屋后自由种植，可以栽竹种果，发展多种经营；

（2）取消禁养、限养家禽家畜的"土政策"，社员可以养牛，开放耕牛市场；

（3）凡不适合集体经营的果树、水面、边远瘦地、鸡啄地可以包产到户经营；

（4）开放集市贸易，允许社队经商，鼓励社员从事编织、缝纫等非农产业，允许"五匠"、个体手工业者串乡经营；

（5）社员粮食等农副产品分配标准、办法可由生产队自己决定，产品买卖自由。

会上，全体代表向全市农民发出了《倡议书》。

技术专长人才代表会

会议于1981年11月16日至19日，共计4天，在五通桥区招待所举行。出席会议代表118人，特邀代表2人，市级有关部门各区委书记等26人列席会议，共计146人参加。市委副书记、市长薛刁才致开幕词，乐山地区行署专员张治先到会祝贺致词，这次会议是在总结农村冒尖队、冒尖户致富经验的基础上召开的，一条很重要的经验即是涌现了一批有经营头脑、有技术专长的人才，对经济发展起到了关键的作用。在120名出席会议的代表中，有三分之二是农业的各类人才，有三分之一属医药、教育、文化、工业、交通、管理等科技人才。实际上这次会议是一次落实知识分子政策的会，是一次开发人才、培养人才、合理使用人才的会，总的目的是把全市各条战线、各行各业的科技工作者和有技术专长的人才都动员起来，调动其积极性，充分发挥他们的技术专长和聪明才智，为四化建设作贡献。

会上市委书记刘超作了重要讲话，他强调在全党工作重点转移、进行"四化"建设中要"一靠政策，二靠科学"，重视科技，重视人才。为落实各项政策，宣布了从五个方面加强的措施：

(1) 普查科技队伍；

(2) 政治上关心科技人员进步；

(3) 生活上关心科技人员疾苦；

(4) 事业上要积极支持科技人员的工作；

(5) 建立健全组织结构。

会议中对全市 204 人授予各种技术职称，包括工程师、农艺师 26 人，助理工程师、助理农艺师 140 人，技术员 38 人。大会发言交流了经验，并向全市发出了《倡议书》。

专业户重点代表会

会议于 1982 年 12 月 17 日至 19 日在乐山城区召开。出席会议代表 229 人，代表着全市 1.64 万户专业户重点户，列席会议的有市级有关部门和区社主要负责同志 102 人，共计 331 人。会前市委、市政府非常重视，要求会议开得像过去的劳模会一样。各区代表皆由专车送到城区，代表披红戴花进入会场，市级机关干部列队夹道欢迎，少先队员献花献词，会议开得十分隆重。市委副书记、市长薛刁才致开幕词，会上有 20 位代表作大会发言，交流了经验。市委、市政府向代表颁发了勤劳致富光荣证，全体代表向全市发出了《倡议书》。

这次会议是继市"双冒"、"人才"代表会议之后，在全面完成以家庭承包为主的生产责任制的基础上，又一次解放思想，进一步深化农村改革，鼓励勤劳致富的重要会议。会上市委书记刘超作了重要讲话。他在强调贯彻党的十二大精神，进一步解放思想，放宽政策，破除"左"的思想束缚，调动千家万户农民积极性，开创农村经济发展的新局面。为扶持和鼓励"两户"发展，宣布了十条政策：

(1) 农村种养专业户不搞工商登记；

(2) 从事种养业的专业户不交工商税；

(3) 允许请一二个帮手，带三五个徒弟；

(4) 可以一业为主，兼营他业；

(5) 允许办小桑园、小茶园等；

(6) 既允许经营"老五业"（农、林、牧、副、渔），又可发展"新五业"（工、商、建、运、服），允许农民买汽车；

(7) 允许农村能工巧匠、技术人才开展技术服务，私人可以办学；

（8）亏损的集体企业可以包产到户，或联户经营；

（9）合作商店可以包给个人经营，职工也可离店承包经营；

（10）私人财产和个人收入应受国家法律保护。

以上各条精神，在广泛征求意见的基础上，市委还下发正式文件，作出一个支持、发展、保护专业户17条规定。

经过1983年、1984年两年的工作，到1984年底，全市专业户发展到3万户，占总农户的19%。两年的发展，农村专业户数量增加，经营范围扩大，专业化程度不断提高，经营收入明显增加，专业户的收入比一般农户高出一倍以上，带动了农民勤劳致富，有力促进了农村经济的全面发展。

上述四次会议的召开，对解放思想，全面发展农村经济，起到带头示范作用，有力地推动了党的十一届三中全会路线、方针、政策的深入贯彻落实，完成了农村第一步改革。

（作者系原中共乐山市政策研究科科长、市中区区委办公室副主任）

阿坝县农村改革历程

索郎玉清

阿坝县在川西北高原北部，川、甘、青三省结合部，是一个藏族聚居县，又是红军长征两次经过的地方。全县土地面积 10352 平方公里，有农牧民 8502 户 48587 人，牲畜 4304670 头，耕地 99280 亩。全县海拔 3000 米以上，属高寒气候，灾害频繁，经济落后，地广人稀，交通不便。

改革前夜，充分准备

党的十一届三中全会以后，特别是关于真理标准的理论大讨论后，实事求是、一切从实际出发的思想已逐步成为人们观察、认识问题的锐利武器。人们从实际出发对农村经济体制和责任制度的议论、思考逐渐活跃起来，开始敢于大胆提出自己的设想和建议。

1979 年 9 月州委南坪工作会议后，县委发动全县干部群众重新认识县情，并对合作化以来的工作进行反思。从县情来讲，我县地广人稀，天然草场辽阔，自然优势是畜牧业。而我们在合作化以后的 20 年，把主要的精力、财力、物力，放到了农业，特别是粮食生产上，与天苦斗，还与人苦斗，结果农业经济发展仍然缓慢，一直在贫困线上挣扎而疲惫不堪。阿坝县要脱贫致富，必须摆脱"以农为主"的指导思想的束缚，走大力发展畜牧业的道路，围绕畜牧业，搞好农林副综合经营。1979 年 11 月，县委召开了声势浩大的五级干部会议，提出全县工作重点是"农转牧"，把畜牧业摆在第一位，并提出"以牧为主"的生产方针。在纯牧区继续加强畜牧的同时，半农半牧区要以农转牧，农牧结合，制定全县"一年准备，两年见效，三年转过来"的实施方案。政策上向畜牧业倾斜，鼓励集体、个人一起上。取消了对社员自留畜上的一切禁令，明确规定：社员自主养畜，所养的畜处和数量多少不受限制。这些举措极大地激发和调动了广大干部群众大力发展畜牧业的积极性。资金上的办法是财政补助一点、集体经济出一点、社员个人拿一点的集资办法，仅 1980 年就集资 280 多万元，从外地购回适龄母牛、后备母牛近 1 万头，绵羊 3000 多只。这步工作上下一致，积极扎实，声势浩大，转移快，见效也快。1981 年全县畜牧业总增率达到 16.7%，创历史最高水平，比上年多产仔 9000 头，多成活仔畜 8002 头，畜牧业收入达到 196.46 万元，比上年增长 10.3%。畜牧业收入在农民总收入的比重，从上年的 21.2% 上升当年的 24.7%。牲畜出栏 37375 头，出栏率达 9.9%，比上年多出栏 11813 头。奶汁、牛羊肉、皮张、牛羊毛等畜产品都有大幅度增加。

县委在加强畜牧业工作上采取五项措施：一是加大县财政对畜牧业的投入。农转牧后，每年原用于农业的防雹防霜费用 20 万元，转到支牧，先后共投入 60 万元，扶持支援穷社穷队加快转牧步伐，尽快改变贫穷落后面貌。二是县成立草场管理委员会，由县委、政府主要负责人任正、副主任，负责管理、协调，开拓利用全县草场。同时 1981 年、1982 年两年分别在我县主要牧业公社贾洛、麦尔玛集中州县补助和集体财力、技术干部力量，成立草原建设指挥部，大搞人工种草、围栏，平整草场，改良沼泽，新修棚圈和大队保管室，维修贾洛电站，新建麦尔玛电站等，大大改善了畜牧业生产条件，为加快畜牧业发展打好坚实基础。三是成立县农业区划委员会，抽调全县农、牧、林等专业技术人员 100 余人，组成 13 个专业组，对全县各项农业资源进行系统地全面摸底调查，编制调查及区划报告。为我县进一步贯彻"以牧为主、多种经营"生产方针，快速发展农牧业及农畜产品加工业，繁荣阿坝地区民族经济，提供了科学依据。四是成立县牧工商联合总公司，负责经营农畜产品、中药材的购销业务，疏通农畜产品、中药材的销售渠道，保证农牧民能够做到增产增收。五是对四个规模过大的生产队，一分为二划小规模和范围，便于加强领导和管理，有利于生产指挥和群众生活。

大潮滚滚，势不可挡

从 80 年代起，畜牧业生产上以户组群逐渐悄然兴起，显示出激发广大牧民生产积极性、有利畜牧业发展的强大动力和趋势。半农半牧区出现了社员自留畜发展快、情况好，同集体畜牧业生产发展缓慢相对比，形成强烈的反差。一些集体畜牧业搞得不好的社队，干部群众提出将集体牲畜下放给社员个人承包。1981年10月，县委在深入了解民意的基础上，选择了要求最强烈、有一定条件的安斗公社克哇大队作试点，组织工作组采取把集体奶牛群下放到户，实行"公有私养，承包到户，包交任务，一定三年不变"的承包办法。按各户人口计算承包数，将适龄母牛、后备母牛，按犏、牦、黄、杂牛种合理搭配分到户，然后按承包的牛种和适龄母牛多少，计算仔畜繁活、死亡和总增数，以及应产的酥油、奶渣等畜产品任务，年终按承包数交够，超产自得，减产自赔。公牛、绵羊仍由牧专队专人放牧管理。经过一个冬春的实践，1982年6月我们又到该地进行调查，证实这种责任制办法的效果相当好，与上年相比，多成活小牛40头，少死亡大畜52头，牛总增量高达13%，比上年总增高6.8个百分点，还多产酥油100多公斤。人人高兴，户户欢迎，都要求要长期搞下去。克哇的试验在半农半牧区，特别是上阿坝地区引起了很大的反响，纷纷要求效仿。在克哇办法指导下，1982年3月县委在离县城最远最分散的柯河公社四大队又搞了一个集体母牛承包到户、公有私养的责任制，反响同样好。

1982年在全国农村经济改革大潮的推动下，全县干部群众纷纷要求改革现行农村经济体制。县委经过充分调查研究和走访基层干部、群众，下决心顺应人心民意，搞农村经济体制改革。我们举办了两期干部培训班，一期是区、公社领导干部培训班；二期是区、公社会计辅导员培训班。在认清形势、统一认识的基础上，把当时全国农村改革办法和我县现行的责任制归纳为五种形式：包产到组、联产计酬；专业承包，联产计酬；联产到劳，个人包干；分户自种口粮地，集体共种商品田；家庭联产承包即包产到户。把每种形式的内容，具体做法利弊，全面如实地进行讲解和介绍。我们也有意识地倾向于家庭联产承包形式，对之进行了重点介绍、反复宣传，为我县农村经济体制改革做好干部和舆论准备。

1982年10月，县委组织两个庞大的工作组，分别到纯牧区的麦尔玛公社和半农半牧区的各莫公社搞我县农村经济改革试点工作。当时"左"的思潮影响尚存，上面要求要"稳"的压力大，干部中在选择哪种改革形式上众说纷纭，争论极其尖锐。而广大农牧民群众却比较一致地要搞包产到户。县委领导力排众议，明确提出按群众意愿搞包产到户，一步到位，不留尾巴；要求工作组把试点工作按群众愿望认真做好，做扎实，以便全县推广。

对牲畜如何搞家庭联产承包各说不一，有同志提出按畜种、性别搞专业承包到户，既有利畜牧生产，又可保留社会主义性质。由于我县自古就有养牛的传统习惯，广大群众都愿意养牛、喂马，面对技术性强、劳动最辛苦、风险最大的绵羊和只有投入、收入很少的公牛群，大多数人都不愿意养。半农半牧区的山羊，更没人愿意要。这样搞牲畜专业承包是万万行不通的，只能搞牲畜综合大承包的办法。牲畜综合大承包的统一做法为"综合承包，折价保本，增值（殖）分成，分户包干，一定三年。"首先牲畜按实有的畜种、性别、年龄，以当时的人均承包值计算到户，然后按好坏配搭，把牛、马、羊具体分给各户，实行公有私养。到户牲畜再按全县统一制定的价格表（是按照民改入社的价格和现价搞的低于现价的内部综合价）折算出本户承包牲畜的总价值，大队对社员实行保本经营，记入各社员户账上。今后社员不愿承包时，应按本户牲畜总价值，用牲畜归还集体。牲畜增殖，按各户承包牲畜数牛或羊的2%、马的1%计算出应交集体数，交够集体，其余全归社员自己。分户包干有两层意思：一是社员对承包牲畜、畜牧业生产及副业生产，有独立的自主权；二是社员有包交集体的畜产品和提留任务。这个办法管三年，然后进行第二轮的重定，但各户所承包牲畜不再作调整。如不愿再包，可交归集体。半农半牧区家庭联产承包，除与牧区相同外，多一个土地承包。办法也一样，土地不分好和孬，以人均值按各户人口计算出应分土地数，再抽签分先后顺序逐户划给。有的生产队是有多少块地，各户就有多少个承包地。柯河、下阿坝一部分生产队土地太分散，有的就采取就近划给，方便生产的办法解决。土地承包到户后，各户要负责包交一定的定购粮、积累粮。交够国家、集体部分后，全部归自己。牲畜、土地承包到户后，农牧业生产工具如帐篷、奶油分离机、奶桶、皮口袋以及农业上的犁、耙、小农具等也按人均分到户。半农半牧区的耕牛够分到户的全部到户，不够到户的，几户人合分一头耕畜。大车、播种机、拖拉机、脱粒机仍归生产队所有，共同使用。第一年生产所需的饲料、种子、零星费用，由原核算单位按正常需要，用实物、现金拨给用户，保证农牧业生产能正常进行。

在麦尔玛试点上，人均承包牲畜18.8头，其中牛9.9头，绵羊8.4只，马0.5匹。各大队因有牲畜数量不同，承包量也不一样。如一大队人均承包17.5头，二大队19.8头，三大队21.7头，四大队18.4头，五大队16.9头。牲畜增值分成上交集体的要求是，适龄母牛每三年交一头小牛，适龄母羊每三年交一只羊，适龄母马每四年交一匹小马。国家下达畜产品定购任务，不加码直接分摊到户。每头适龄母牛应交0.125公斤酥油、7.5公斤鲜奶，每只羊交售羊毛0.45公斤，每头牛交肉食1.5公斤，每户交牛皮2张。

当时州委领导对我们只搞家庭联产大包干而没有搞牲畜专业承包不放心，

怕出乱子。一位州长到麦尔玛了解情况，检查试点工作。当听完我们的详细汇报后，他首先肯定我们对责任制的选择和做法是正确的，是得到群众拥护，顺应民心的，对之表示赞同和支持。同时对我们试点工作做得深，做得细，做得扎实，发动群众充分，有条不紊等表示满意。他一方面向州委汇报情况，一方面连夜赶到红原县去，准备介绍和推广我们阿坝的做法。

在麦尔玛、各莫乡试点后，1992 年 12 月全县全面辅开，大搞农村体制改革，一致都选择了家庭联产承包这种包产到户的形式。到 1983 年 3 月，体改工作全部结束。全县参加家庭联产承包的农牧民共有 7682 户，36835 人。承包耕地 148157 亩。承包牲畜共 273157 头，其中牛 140860 头，马 10219 匹，羊 103370 只。纯牧区人均承包牲畜 18.1 头，半农半牧区人均承包牲畜 4.83 头、承包耕地 4.9 亩。

阿坝县在这次农村体制改革上，由于决心大，行动快，工作细，责任制形式选得准，顺应人心，一步到位，不留尾巴，没出乱子，顺利完成了农村体制改革第一步。后来的事实证明，这样改革是正确的，不吃"夹生饭"，广大干部群众可以把全部精力集中到发展畜牧业生产上来。

效果显著，改进提高

1982 年是阿坝县畜牧业生产受灾严重的一年，仔畜成活率低，成畜死亡大，畜情弱，加之搞分户承包时清理、搭配牲畜时间又长，这年全县牲畜总增只有 6%。1983 年渡春荒时，风雪灾害更严重，但由于搞了包产到户，很多社员群众像爱护自己自留畜一样，精心护理，大加草料，早搬帐房，早出晚归，保证牲畜吃草，在灾情比上年更严重的情况下，多活仔畜，少死成畜，牲畜总增达到 13.1%，比上年增幅高 7.1 个百分点，多得牲畜近 2 万头。1983 年农村总收入高达 1262.94 万元，首次突破千万元大关，比上年增长 29.6%。而牧业收入比上年增收 139.17 万元，增长 45.1%。因是包产到户的第一年，新增、新购的东西多，生产费用支出特别大，占到总收入的 31.13%，所以人均分配增加不大，仅增加 20 元。但从 1984 年起人均分配大增，迅速从 300 多元，一下就增到 500—600 元，1996 年人均分配已达 957 元。这一切都充分显示了家庭联产承包责任制的优越性和生命力。

为了巩固和提高牲畜综合大包干到户责任制，从 1983 年起，县委采取一系列政策措施促进其发展。（1）1983 年初把冬房草场划分固定到户使用，使牲畜包产到户与冬草场到户有机结合起来，为畜牧业生产提供了完整的生产条件。

（2）为了解决半农半牧区牲畜发展开始出现的草畜矛盾问题，1983 年 4 月，县委同意上中阿坝地区停耕还牧土地 1560 亩作放牧使用。（3）1985 年提出开发利用克柯河草场、修路、造桥、修建兽防点，为上中阿坝远牧点增大放牧草场。（4）在上中阿坝地区搞牦牛改良，购买改良牛，提高产奶量，增加收入（后因空怀大、死亡多，效果不好，推广不开而停了下来）。（5）1983 年起，半农半牧区改农牧业税为单一的牧业税，全县免掉农业税 8 万多元，减轻了半农半牧区群众的负担。为了沟通产销渠道，促进商品经济的发展，从 1985 年起恢复传统的扎崇节，以民族文艺、民族体育活动搭台唱戏，借以宣传阿坝，促进物资交流、招商引资，促进阿坝民族经济的发展。（7）新建了安羌电站、肉联厂、自来水厂、皮革厂、牦绒分梳厂，加上原有的牧机厂、地毯厂、奶粉厂，初步建成了农畜产品加工体系，对加快农牧业经济的发展创造了条件。

在牲畜承包到户以后，社员饲养的牲畜，既有自己的自留畜，又有集体的牲畜，可谓一户两制。集体的终归是集体的，不是自己的，这条鸿沟是抹不掉的。可是在放牧和管理中，又不能把集体的和自己的截然分开，久而久之就难于分清了。在出卖宰杀时，也不知是先动集体的好，还是先动自留的好。要解决这个两难的矛盾和尴尬，只有把承包的集体牲畜全部转成私有私养，才不用为区分集体或自留而尴尬。为了进一步深化农村经济体制改革，县委于 1985 年元月组织工作组，以 1982 年综合大包干为基础，在查理公社进行"牲畜折价归户，私有私养"的试点。试点工作分三步进行，第一是清理和退还社员入社牲畜的本金和 1972 年到 1974 年未付的畜股报酬；第二是清理社员集体劳动发展的牲畜，进行活劳动积累的再分配；第三是在 1982 年综合承包牲畜基础上，重新作价归户，以每户承包到户牲畜的总价值，扣除第一、第二两项后，不够的应由集体补给社员；如有剩的，则社员应补交回集体，一般应当年付清，对有困难的可以在一至三年内补清。对军烈属、困难户，根据经济情况可以全免或半免。对民改以来一直担任社队干部的，可免 80%—90%。试点后又在全县推广，迅速完成了这项工作任务。从此，集体牲畜全部转为私有牲畜，长期不变，使社员吃了"定心丸"，再无公有与私养的交叉干扰，一心一意地搞好畜牧业生产。

随着综合承包到户责任制的完善，社员热情和积极性的大大提高，当年畜牧业和总收入分配上有很大的提高。1985 年比上年多产仔 5172 头，多成活6230 头，总增率高达 12.9%，比上年总增 4323 头；当年出栏 51571 头，占年初基础的 12.2%，比上年总增 4323 头。从数字上看，牲畜总增率比 1983 年还低一点，其原因是牛马大牲畜的比重，已从1982年的58.4%，提高到1985年的78.1%，大牲畜的生产周期比小牲畜慢得多。从产仔、成活数看，都比1982年增加1万余头。1985年农村总收入高达2409.63万元，比上年增加797.15万元，增长49%；当年人均纯收入高达556元，比上年增加180元，增长47.9%，是我县合作化以来，增幅最大、增加最多的一年。

1982年实行综合承包到户以后，由于管理和宣传工作跟不上，集体观念大大削弱了，应交的集体提留社员也不愿交了。据统计1982年到1988年集体积累减少了34%。针对综合承包到户制度尚存在的问题，以及集体和社员统与分的矛盾、群众负担过重、几年来财务混乱等问题，1988年4月，县委组织工作组到各莫乡进行稳定农村家庭承包、完善双层经营制的试点工作。一是社（原大队）一级，成立经济联合社，群众民主选举社长，负责全村农牧副生产管理工作；社实行一套班子，两个牌子。二是在草场、耕地基本生产资料、家庭联产承包和承包关系、社员自有的生产生活资料、社员债权和债务关系"五不交"的基础上，充分发挥集体经济统一经营的职能作用，为解决社员在分散经营后，对某些事情一家一户想办又办不了或办不成的情况，建立健全为农牧副业生产的产前、产中、产中的技术、购销服务体系，重建和健全了乡一级兽防、农技、农经、医疗、供销等服务部门或服务站，制定了服务任务和项目。既加强了乡村在统一管理上的作用，又为广大农牧民提供各种服务，解决了生产、生活上的很多后顾之忧，有利农牧副业生产的发展。三是清理1982年以来的财务账目，对未交的集体提留进行了具体处理，本着节约原则，按实际需要，确定社员应交的提留数额：全县人均应交集体提留6元，最高的7.5元，比1983年人均负担16.5元，减少了68.2%。重新明确了承包合同双方的权利和义务，签订了新的承包合同。同时健全乡村农村财务制度。

回顾我县30多年来从合作化、公社化，到现阶段的家庭联产承包、包产到户的历程，全县干部、群众逐步突破"左"的思想束缚，通过不断摸索、不断实践、不断完善提高，终于找到了适合我县当前生产力发展水平的、有中国社会主义特色的这种新型的责任制和生产关系，它必将持续地推动我县农牧副工商各业和民族经济不断向前发展。

（作者系阿坝县政协主席）

隆昌推行农业技术责任制的回顾

范昌远

党的十一届三中全会后，隆昌县认真贯彻了党在农村、农业的一系列方针、政策，在农村中落实了各种形式的农业生产责任制，调动了广大农民的积极性。为了发展生产，农民迫切要求学习科学技术、运用科学技术。农村各方面发生了新的变化，农业技术推广工作也在发生变化，表现在三方面：一是接受技术的对象变化了，由面对队长、干部转变为面对千家万户；二是农民的要求变化了，由社员要工分转变为农民要技术；三是方法变化了，由依靠行政命令、抓催种催收转变为依靠典型样板示范、推广。在新的形势下，如何推广农业技术。怎样与多种形式的农业生产责任制相适应，满足农民的"科学热"。县、区、乡各级党政领导，县农业部门的干部、科技人员，以及众多的农民群众都在思考、探索。

1980 年，县农业局作了大胆的探索，进行了农业技术承包试点，首获成功。1981 年和 1982 年得到了市、县领导的重视、支持，区社队干部的赞同、参与，推行了以技术承包、技术服务为主的农业技术责任制，并与农业生产责任制、干部工作岗位责任制相结合，进一步调动了干部、科技人员、农民的生产积极性，加速了科技成果的推广，提高了农民的科学种田水平，促进了粮食、经济作物和家禽畜的增产增收，发展了农业生产，收到了良好的经济效益、技术效益和社会效益。干部欢迎，农民满意，他们说：科学种田少不得，技术责任制丢不得。

1980 年春季，县农业局派出两名农艺师、一名助理农艺师在平安公社试行技术联产承包、在顺河公社试点技术服务，经过当地社队和县农业局的干部、科技人员、农民技术员和农民群众的共同努力，作了广泛深入的技术培训、选用良种和推广杂交稻、改革育秧方法、改进栽培技术、加强田间管理等工作。县农业局局长、农技站站长到社队、田间查看水稻苗情动态，及时研究解决有关问题。秋收，两个公社的 11000 余亩水稻获得丰收。

1980 年冬至 1981 年春，许多区社领导干部意识到农业生产责任制后出现的新情况，了解到农民要求科学技术的迫切心情，知道了平安、顺河实行技术承包成功的信息，纷纷向县委、县政府领导反映，要求搞技术承包；有的干部直接到县农业局联系进行技术承包。县农业局认真总结了技术承包试点经验，对出现的新问题积极寻求解决办法。在不放松对大面积农业生产的指导下，兼顾到一些区社的要求，进行技术承包、技术服务。

1981 年后的农业技术承包、技术服务，采取了合同的形式、经济的手段、科学的方法，以服务为宗旨，增产增收为目的，在自愿互利、平等协商的条件下，与部分社队签订了合同。合同确定了技术项目、指标和增产增民指标，明确了农民、技术人员、干部的"权、责、利"。并与农业生产责任制、干部岗位责任制相结合，成为生产责任制、技术责任制、干部岗位责任制"三位一体"的责任制，极大地调动了农民、技术员、干部的积极性，发展了生产。

1981 年签订合同的公社有 19 个，大队 86 个，生产队 792 个。项目有中稻、双季稻、改造低产田、杂交稻和杂交玉米制种、甘蔗、养蚕、养鸡等。形式和方法，灵活多样，不拘一格，有技术联产承包、专项（业）技术承包、技术服务三种；有县农业局直接承包，也有农民骨干技术员出面承包。承包的对象，有社队集体，也有家户个人，主要适应农业生产责任制。县农业局长及农技、种子、土地、蚕桑、畜牧站站长 8 人、科技人员 18 人和农民骨干技术员 41 人，自带被盖驻在承包的社队，与当地干部、社员生活、劳动、工作在一起，经过各方的努力，落实了各项技术措施，承包的粮食、多种经营等项目，都获得增产增收。

1982 年，继续推行以技术承包、服务为主的技术责任制。其特点：一是县农业局派出的人员增加，共有干部、科技人员、农民骨干技术员 116 人，比上年增加 68%；二是承包社队也增加了，共有公社 22 个、大队 113 个、生产队 837 个；三是作物面积扩大，仅水稻面积就扩大 42.8%；四是方式方法灵活多样，逐渐完善，以适应农业生产责任制；五是内容广泛，项目由单一发展到多项，由粮食发展到多经，由种植业发展到家禽业；六是效果显著，达到了增产增收的目的。其中水稻承包、服务的 8 个公社、65 个大队、649 个生产队，面积共 46052 亩，平均亩产 453.4 公斤，比上年增加 54.8 公斤，增长 12.1%；总产 2037.98 万公斤，比上年增加 273.45 万公斤，增长 15.1%。连续三年承包的平安公社持续增产，3 年共增加总产 257 万公斤，增产数是承包前的 1979 年水稻总产的 75.8%。连续两年承包的文星公社水稻 1981 年平均亩产 465 公斤，比上年增长 32.4%；1982 年平均亩产突破千斤达 520 公斤，又比上年增长 11.8%。石燕桥公社 5 大队上年搞了技术联产承包，甩掉了低产帽子；1982 年公社领导和农民要求扩大到全公社 6489 亩水稻，当年稻谷总产达 263.68 万公斤，平均亩产 406.7 公斤，比上年总产增长 16%，亩产增长 17%。

另外，农民骨干技术员直接向社队、农户承包、服务的水稻、温室育秧也获增产增收。据 31 名技术员了解，有公社 10 个、大队 84 个、生产队 963 个，面积 84206 亩，平均亩产 423 公斤，总产 3561.9 万公斤，比上年亩产增长 11.3%，总产增长 12.5%。傅家公社傅家 8 队陈清章两兄弟会同本队 8 名农民技术员搞温室育秧专项承包，有邻近 4 个公社 266 农民来育秧的种子 555.9 公斤，收育秧费 713.4 元，除去建温室、制秧盘、烧煤炭等投资外，纯收入 516.4 元，占总收入 72%。

三年来，县农业局派出了科技干部 83 人次和农民骨干技术员 108 人次，技术承包、服务了公社 43 个、大队 214 个、生产队 1759 个次。其中：有水稻 89697 亩，杂交稻和玉米制种 4699 亩，甘蔗 705 亩，养蚕 2467 张，果树 79523 株，养鸡养鸭 4359 只。还有农民骨干技术员 100 人次承包、服务水稻的公社 27 个次，面积约 14 万余亩次。连年增产增收，项项增产增收，成效显著。仅水稻一项，县农业局承包服务的累计增产 665.34 万公斤，增产产值 155.68 万元。农民骨干技术员承包服务的累计增产 501.58 万公斤，增产产值 120.38 万元。

1980 年至 1982 年，推行以农业技术承包、服务为主的农业技术责任制中，主要做了以下四项工作：

一、提高基层干部、农民的科学种田水平，加速科技成果的推广速度，把农业先进技术落到实处 在技术承包和服务的社队、农户签定合同的同时，就商议制订好增产增收的技术措施，如水稻就有"水稻增产技术措施"八项，附在合同书内。同样，在制种、果蔬、蚕桑、鸡鸭等承包、服务项目都制订增收指标和技术措施指标，在农事活动中一一落到实处，从而提高了承包、服务社队、农户的科学种田水平，加快了推广科技成果的速度，促进了项目的增产增收，收到了"用好技术多产粮，吃饱穿好盖新房"的效果。

二、壮大技术队伍，建立健全技术推广体制 技术落实，培训先行。通过县农业干部技术培训学校，先后培训了农民骨干技术员 165 人，选用省农牧厅编印的教材，结合本县实际情况，传授和学习了农业基础知识，作物栽培、种子、土肥、植保等专业技术。培训经过考试考核后，大多数由县农业局、公社聘请录用，在推行技术责任制中起到了技术骨干作用。县、社两级多次动用有线广播、印发资料培训技术。仅县农业局在县广播站开办的《农业科技知识讲座》从 1981 年 5 月到 1982 年 7 月就有 20 多名科技人员讲授 68 次。

1982 年在推行技术责任制中，结合进行了县、社两级的技术推广体制的建设。经县人民政府批准，县农业局成立了县农业技术服务公司，负责签订技术承包、服务合同，供应有关良种、微肥、新农药、蚕网具等生产资料。实行技术责任制的公社试办了农业技术服务站，与县技术服务公司共同向生产单位、农户进行技术承包、服务。上半年全县试办了 16 个公社农业技术服务站，下半年共发展到 33 个。技术服务站站长由公社分管农业的领导担任，成员在县农业局培训过并参加过技术承包、服务的农民骨干技术员中择优录用，每个公社二至三人。技术服务站是在公社领导下的集体组织，属事业性质；采用企业管理方法，经济独立核算，以收养支；同县农业技术服务公司挂钩，向庄稼开方配药，提供良种、微肥、新农药等新生产资料。坚持农业技术的试验、示范、推广，搞好农业技术责任制，组织、培训、应用农业科技人材，建立生产队的科技示范户、专业重点户等。

在试办公社农业技术服务站的同时，县农业局与县文教局联合开办了公社农民技术学校，两局各派出一名股长负责建校、师资培训等工作。全县 43 个公社开办了农民技术学校 40 所 46 个班，就读学员 1739 人，广泛地培养了农林牧副渔业的农村技术人才。学校开办之前，由县农业干部技术培训学校培训了县文教局业教专职干部和公社选拔出的师资共 88 人，为公社农民技术学校提供了管理人员和师资。关于办学经费，县财政部门拨给了 0.3 万元；经县领导研究在杂交水稻和杂交玉米种子销售中，每公斤加收 0.3 元技术指导费，这笔钱作为公社农技站、农技校的活动经费。当时，全县有 23 个公社将农技教师列入农技站编制，农闲上课，农忙参加农技推广工作。

同时，根据县农业区划分的自然区，逐步建立了区农技站，辅导区所辖公社的农技站和农技校。区农技站成员都是国家农业科技人员。

当年，县农业局、县文教局、县科协联合印发了《关于组织、教育、使用人才，建立健全农业科学技术推广体制的意见》，多数公社建立了科普协会。这样，公社建立起一站、一校、一会的"三结合"农业技术教育推广的新体制；

科普协会发掘人才，农技校培养人才，农技站应用人才，作好农业技术服务、推广工作。

隆昌的公社站、校、会"三结合"受到了省、地、县的赞赏、肯定。

三、改进干部作风，增强事业心和责任感 实行技术责任制以前，有的干部抱着"搞好了没望头，搞孬了没来头"；"站得拢，走得开，少挑担子"的思想和态度。推行责任制后，订立了技术承包、服务合同，情况变了样，"联产如连心，责任感大增"。干部、科技人员都在为承包、服务的社队、农户着想，站进圈内，积极做好良种供应、调剂掉换、备办肥料、修建温室等工作。负责技术承包的技术人员、干部自带被盖到社队吃住，与当地干部白天深入到田间、农户，晚上开会研究解决问题，深夜入温室查看苗情。在育秧、栽秧、管理、治虫等阶段性的关键时刻，都要培训技术，安排工作，交流经验，及时检查，发现问题，迅速解决；大家都在急农民之所急，想农民之所想。干部中出现"四多"的新气象：即深入一线、田间的干部多了；放弃假期、休息的干部多了；钻研技术的干部多了；为承包、服务的单位、农户操心、操劳的干部多了。特别是干部改变了过去那种习惯于用行政命令指挥生产，忽视自然规律、经济效益的做法，转变为用技术示范、推广来指挥生产，讲求实际、实效，密切了干部与群众的关系。

四、实行"三个三结合"，走出新路子 推行农业技术责任中，县农业局主动与有关部门和区社配合，初步探索出"领导、技术干部、农民技术员三结合"，"农业生产责任制、农业技术责任制、干部工作岗位责任制三结合"，"社队干部、农户和技术干部、农民技术员的权、责、利三结合"的方式方法，走出一条新路子。实践表明，农业生产责任制是基础，农业技术责任制是动力，干部工作岗位责任制是保证。通过"三个三结合"，把领导、技术、生产融为一体，把干部的组织才能、技术人员的专业知识、群众的干劲和智慧有机地结合起来，有利于把潜在的生产力转化为直接的生产力，有利于迅速推广科技成果，有利于发展生产。

推行农业技术责任中，区、社、队的干部既坚持岗位责任制，又抓生产责任制和技术责任制，层层责任落实。承包的社队或农户要全面接受技术指导，按时、按质、按量完成各项技术措施；事先要落实好各项增产措施的物资、良种、肥料、农药、劳力、土地和资金等；缴纳技术指导费。县农业局干部、技术人员要提出各项增产技术措施，培训技术和指导技术；优先提供良种、微肥、新农药；因技术指导失误而造成的减产损失，按合同中规定的指标负责赔偿。

1981 年水稻生产，采取技术承包联产的是增、减产各奖、赔 20% 的产值；采取技术服务的是定额收费每亩 1 元（1982 年减少为 0.7 元至 0.8 元；其他收费也相应减少）。据当年先收齐技术指导费的 3 个公社和 5 个大队的统计，增产产值为 53.4 万元，收费为 2.24 万元，占增产产值 4.5%。其中开支：（1）聘请农民骨干技术员的工资、旅差费占 20%；（2）县农业局补助的生产资料费（每两个生产队补助一个温室的薄膜和每个生产队补助养细绿萍的绿萍种、磷肥）占 20%；（3）第一线的农民技术员、农技干部、社队干部奖金占 38%；（4）公杂费占 2%；（5）县农业局收入占 20%，主要用于技术责任制的赔偿、良种、微肥、农药等周转、底垫和参加技术服务的后勤人员奖金和职工福利。

这样，把承包双方有关人员的责任、权利和义务，以及经济利益紧密结合起来，做到"三兼顾、三满意"。即国家减少了投资，社队或农户增产增收获得绝大多数实惠，技术人员和有关干部得到一定的经济利益，稳定和壮大了技术推广队伍，发展了生产，领导、干部、社员均满意。

推行技术责任制，成效是主流，也还有一些问题。当时主要问题是技术力量不足，技术措施还未全部落实，因此有的地区和项目还未达到最佳效益；技术储备不多，不能适应多年连续承包的高产社队；生产资料和资金不能及时提供，还有短缺等。

（作者系原隆昌县农业技术推广站站长）

蓬南推行联产承包责任制的回忆

张永显

1975 年 8 月至 1988 年 2 月，我在四川遂宁市蓬溪县蓬南区委任职，亲历了推行联产承包制的工作，现按我当时的工作笔记整理如下。

包产到组

1978 年秋，我任蓬南区委副书记兼县委路线教育工作团蓬南公社工作队队长。当时的主要任务是开展"一批两整顿"运动，即批判林彪、"四人帮"，整顿思想，整顿组织。运动的重点是组织党员、干部和群众开展实践是检验真理的唯一标准问题的学习、讨论，揭批林彪、"四人帮"极"左"路线的流毒，整顿农村基层组织，推动农业生产。在运动后阶段的 11 月和 12 月，还整顿了农村经营管理，试行"分组作业、定产定工、超产奖励"生产责任制。这种责任制，是广汉县金鱼公社的经验，为当年省委肯定，强调在全省农村试行的生产责任制形式之一。蓬南公社虽经过了一个月的工作，但由于工作队以及社队干部心有余悸，怕犯路线错误，致使这种责任制没有真正搞落实。

1979 年 1 月，县委强调农村普遍推广金鱼公社的经验，建立生产责任制，加强经营管理工作。为此，区委确定我带领全区农经干部共 23 人，再次到蓬南公社四大队搞建立责任制的试点工作，摸索具体做法和经验。我以长期落后的第五生产队为重点，做法上，在生产队坚持五统一（土地农具、劳动力、生产计划、肥料、分配）的基础上，将 50 户、202 人，划分为 4 个作业组，实行五定到组：一定劳力和地块，选用作业组长和记工员；二定产量；三定工分（报酬）；四定成本；五定奖惩（工分），奖超产部分的 20%，赔短产部分的 10%。

188

当时，农民认为这种责任制不解决问题，要求搞包产到组，全奖全赔。但我们当时还不敢涉及一个"包"字，经过反复讨论和解释，群众才放弃了他们的要求。试点结束，这种责任制在全区推行。不久，随着形势的发展，便成了包产到组的前身。

2月12日，县委召开县、区、社、大队共2100人的四级干部会，历时8天，传达贯彻中央工作会议和党的十一届三中全会以及省委常委扩大会议精神。会上，县委书记周裕德传达和动员报告。他在讲到农村工作时，强调要认真贯彻按劳分配原则，按经济规律办事，建立生产责任制，严格奖惩。他说，只要生产队坚持生产资料公有制不变，坚持统一计划、统一核算、统一分配，经营管理的方式方法和制度，可以采取多种形式，哪种办法最好，就采取哪种办法，可以搞包产到组，也可以搞棉花、水稻等专业组，实行包产定工。

四级干部会上，农业部门还介绍了在城郊公社搞的大田生产实行分组作业，以产定工、超额奖励的生产责任制和副业、养殖业实行定人员、定任务、定报酬、定费用，超奖短赔的四定一奖专业合同制的试点经验。

县委四级干部会以解放思想、实事求是为指针，开得生动活泼。在小组讨论上，大家敞开思想，讲心里话，讲实在话，总结了农村工作的经验教训。我们心情舒畅，思想开始活跃起来，去思考农业发展缓慢的症结所在。但是，当时我们这些最基层的农村干部，对邓小平同志在中央工作会上讲的"解放思想，开动脑筋，实事求是"的真正含义并未吃透，对文件的深远意义更不理解，思想僵化的问题还比较严重。

县委四级干部会议后，蓬南区掀起了落实生产责任制的高潮。3月中旬，区委成员分头到各公社调查，了解到全区半数以上的生产队搞了包产到组（行动迟缓的蓬南公社，97个队中，包产到组46个，占47.4%）。但是，也发现群利中和、蓬南等公社的少数队搞了另外四种形式的责任制：（1）旱粮包产到户；（2）大组包产、小组包交；（3）把坡顶土和房周鸡啄地划到户种植；（4）给社员划猪饲料地。3月19日，区委开会总结讨论责任制问题，对另四种形式的责任制，由于上级红头文件未写，领导人也没讲，显然就不会被承认。所以，决定由区委成员分别到公社做工作，要纠正过来。

按照区委的这一决定，我于3月25日到蓬南公社召开座谈会，由搞了包产到户的三大队三队、六大队四队、七大队一、二、五队等五个队的队长和所在大队支部书记参加，一是了解他们包产到户的详细情况，二是研究纠正办法。这五个队在一个月前自发搞包产到户，包地面积不等，多的是六大队四队，人均包地 0.2 亩，共 30 亩，占耕地面积的 21.4%；少的是七大队二队，人均包地 2 平方丈，共 5 亩。经过讨论，我同意公社党委的意见，除允许七大队一、二队试点外（人少地多，居住分散，包地面积最少），其余队做好群众的工作，加以纠正。

3 月 26 日，我去到贫困落后的六大队四队和队长一同察看了全队承包地的情况。多数户已把承包的荒地、空地开垦和整理出来，准备赶早种上玉米、绿豆等大春作物，积极性很高。之后，我召开队委会议，讨论纠正包产到户问题。会上，队委们讲了很多包产到户的好处，要求允许试验，以改变落后面貌。鉴于当时的情形，我作了一些宣传教育工作，要他们纠正，并研究了有关具体问题的处理办法。但他们并未真正接受。后来，我听说这个队坚持包产到户，当年获丰收。这次全区纠正包产到户的活动，区社党委并没有采取像十一届三中全会以前那种搞政治运动，搞条条框框，动辄扣帽子、打棍子、搞批斗的错误做法。这说明，农村基层干部在学习了实践是检验真理的唯一标准和党的十一届三中全会精神以后，思想作风有了较大的转变，对一切从实际出发、不搞一刀切的原则，有了初步的认识。

由于极"左"路线的干扰，农村经营管理和建立生产责任制的工作，长期没有重大的改进和突破，按劳分配的原则不能全面贯彻，"下地一窝蜂，干活磨洋工"、"吃大锅饭"的现象十分严重，农民的社会主义积极性受到压抑，农业长期徘徊。素有粮仓之称的蓬南，70 年代也成了全县吃返销粮的大户。1979 年，蓬南春荒严重。3 月，县政府拨给返销粮 50 万公斤。4 月，我到惠民公社了解，他们缺粮较重的生产队还有 26 个，970 户、4137 人，占总人口的一半以上。其中最严重的 10 个队，共 406 户、1694 人。如七大队六队，72 户、303 人，耕地 167 亩，1978 年口粮人均 167.5 公斤，已经吃返销粮 1750 公斤，向亲友借粮 1550 公斤，有特困户 12 户、50 人，以卖架子猪或檀木买高价粮维持生存。贫困与灾害，致使一些婚姻、家庭发生动摇，年轻女人丢下小孩外出的 2 人，还有 3 人正准备外跑。在那个年代，这种现象屡见不鲜，有的已婚妇女被人贩子骗卖到湖北、安徽、山东等地，受尽侮辱，家庭也支离破碎，成为社会问题。

1979 年，蓬溪春旱、夏旱连伏旱，水稻面积大减，红薯栽插也推迟季节，农业生产形势严峻，为搞好抗灾自救，县委于 7 月 28 日晚召开电话会议，提出迅速落实红薯生产责任制问题。7 月 31 日，区委召开公社一、二把手会议，研究制定了五定、三统一、一奖惩的红薯生产责任制定实施办法，即以组定劳力、定地段、定产量、定肥料、定工分；劳力统一安排、肥料统一使用、生产队统一分配；红薯每超产50公斤奖实物15公斤—25公斤，每超产50公斤，赔实物10公斤。在实际操作过程中，一部分队搞包产到组，一部分队搞户管户收，抵分配口粮，成为单项作物联产承包责任制。

1979年，是蓬南区推行生产责任制的起步之年。由于包产到组以及部分单项作物联产承包等责任制的建立，劳动计酬办法有了改变，分配中的平均主义开始纠正。在贯彻中央调整农业政策，提高农副产品价格，尊重生产队的自主权，支持因地制宜种植和发展多种经营等方面的工作，也做得比较落实。所以，农民的积极性增高，坚持抗灾自救，迅速恢复和发展生产，使全年粮食生产在全县减产3000万公斤的形势下，蓬南区实现保产，群众生活要比近邻区乡的日子好过一点。

水统旱包

水统旱包，就是水稻作物以组或队统一种植，旱地作物承包到户，联产计酬。就全区而言，1980年多数队采用的是这种责任制形式。

1979年冬，蓬南区委继续把生产自救作为工作的首要任务。首先，抓好责任制的发展与深化，以有效地调动农民的积极性。10月，全区将田坎地按劳动力承包到户种小春，实行全奖全赔。11月11日，区委又召开扩大会议，决定扩大承包地面积，可以把坡顶土和荒坡地包产到户，并提出三条规定，一是充分尊重群众的自愿，如果干部通得过，群众愿意，可以马上下放到户去种小春；如果干群思想不通，也可以在小春种完后再承包下去。二是包地面积不得超过总耕地的15%。三是实行四定四统一制度，即定地块、定生产指标、定成本、定工分报酬；统一调配劳力、统一分配、统一使用肥料、统一奖惩。

会上，群利公社党委书记邓天元，介绍了他们在承包中对具体问题的处理意见，主要是：（1）包地范围和方法。独生子女包两份；无计划出生人口、非法婚姻、外流人口不给予承包地；按人、劳各半包地。（2）搞好三定（定产量、定成本、定报酬）。逐块评类，各户间大体平衡。（3）林木。现有林木造册登记，林随地走，谁种地谁管护。付酬方法为树干按承包期限实行农户与生产队分成，三年二八开，四年三七开，五年四六开，六年以上对半开。一年一次适度修枝的枝桠由承包户自得。包地三年一人必须新培植一株树（树围：柏树5寸，杂树1尺）。（4）蚕桑。成桑造册登记，桑随地走。每养一张蚕（发种单位）承包产值100元。养蚕半张以上的户分户养蚕；半张以下的户可分户管桑，自由结合养蚕。（5）经济作物如棉花、黄麻等分户承包，全奖全赔。稻田养鱼与管水结合，承包到户。

中和公社党委书记唐经洪，介绍了荒坡荒地包产到户，不打烂作业组与生产队原签订的包产合同，承认各户包产是作业组包产的一部分，以保持生产队范围内的稳定的做法。胜利公社党委书记段帮孝，介绍了田坎地包产到户后，社员用农家肥采取发票的管理办法，就不会与集体生产争肥。这些办法，可操作性强，体现了农村干部和群众的智慧和创造精神。

此次会议，实际上是取消了旱地包产到户的禁令，所以全区的形势发展很快。首先，群利、中和两个公社，在群利公社一大队六队、五大队二队、八大队一队等8个生产队，上半年把旱地大春作物（人均0.38亩）包产到户，实行三包一奖责任制（包产量、包成本、包工分、全奖全赔），在大灾之年粮食比1978年增产24.9%、人均增粮49公斤的影响下，率先大面积推行旱地包产到户。其他公社在包产到组的基础上，一部分生产队也发展为旱地包产到户。

可是，1980年春，对于包产到户是是非非的争议，在县城党政部门、机关学校和企事业单位沸沸扬扬，蓬南区委以及群利、中和等公社领导受到指责，村社干部也有思想压力。一方面，农民强烈要求包产到户；另一方面，干部怕犯错误又不敢搞包产到户，甚至一些村社干部躺下不干。2月27日，我到蓬南公社调查水统旱包责任制落实情况，在7个大队共55个生产队中，真正落实的生产队9个，占16.4%；部分落实的23个，占41.8%；遇到困难而停下来的16个，占29.1%；领导班子瘫痪无人管事的7个，占12.7%。第二天即2月28日，我到中和公社一大队检查备耕工作，见到的则是另一番情景。该大队8个生产队，在1979年秋种时，就已落实了水统旱包制，小春作物长势良好，大春备耕也很主动，干部和群众抗灾自救的信心足、情绪高。可见，联产承包责任制确定是一场重大的改革，需要各级党组织和农村干部采取积极而慎重的态度，做好引导、帮助工作。

区委针对全区发展不平衡的实际情况，为在春耕大忙前尽快把责任制搞落实，3月2日决定，将各公社分管农业的书记和会计辅导员，集中起来统一组成检查组，先集中检查蓬南公社，然后再分头到其他公社检查督促，帮助抓落实，历时半个月。在此期间，也发现一部分生产队（主要在群利、中和）把水稻（水田）随旱地一起承包到户，即将全部耕地包产到户。3月16日进行总结，区委领导根据对责任制落实的情况，强调在坚持实事求是、尊重群众自愿、不搞一刀切的原则下，必须做到以下几点：（1）水稻不准包产到户，只准包产到组；（2）旱地可以包产到组，也可以包产到户；（3）棉花、蚕桑、副业生产等，可以承包到组，也可以承包到户；（4）不管是正产物还是副产物，都必须坚持以生产队统一分配。

就在蓬南的包产到户责任制受到有的领导同志和机关干部的指责和非议时，县委主要领导人的态度十分鲜明。县委书记周裕德，在3月19日召开的县委宣传工作会议上讲话时说，蓬溪县是灾区，我们搞旱地包产到户是经上级领导同意了的，是符合组织原则的，同时，旱地包产到户也是一种生产责任制形式，所有制和分配原则并没有改变，我们可以搞试验……旱地包产到户，县委的态度是坚决的，不管有的人怎么反对，我们县今年是必须搞，坚决搞下去。县委主要领导人的这种鲜明态度，无疑给予了当时正在积极推行包产到户的蓬南区尤其是群利、中和公社的干部和社员莫大的支持，使我们吃了定心丸，解除了思想的顾虑。然而，我在参加绵阳地委党校举办的第九期训练班学习期间，4月17日，地委主管农业的部门领导来校作报告，他强调农村普遍建立分组作业、联系产量的生产责任制，不要搞包产到户。他还说中央一位领导人讲，包产到户不是一种责任制形式，是一种权宜之计，不宜宣传，不应提倡。说明那时蓬溪搞的包产到户，在绵阳专区还属个别现象，可能像国家搞特区那样是受到特许的。

5月27日，区委书记代泽洪从县上打回电话，说绵阳地委辛青碧书记和办公室陈久兴主任，近期要到群利考察包产到户的情况。为做好准备，他要我一定先去群利协助把小春产量弄清，收集增产和减产的详细数据，总结包产到户的优点，存在什么问题，如何解决，用事实说明旱地包产到户，是搞得还是搞不得。接此通知，区委在家的同志人人提心吊胆，恐怕搞包产到户错了，受上级的批评。5月28日至30日，我到群利公社，分别找了旱地包产到户搞得好的几个生产队队长和部分农户座谈、走访。参加座谈的干部思想压力大、顾虑多，怕上级领导不同意搞包产到户而受到批评、处分，所以他们准备了两本账，隐瞒承包面积，以多报少。经过反复作思想工作，大部分人才讲了真话。这几个队自1979年春开始旱地作物包产到户，效果非常明显，群众拥护。他们认为，包产到户适合于当前的生产方式，适合于干部的管理水平，适合于社员的觉悟程度。他们的结论是："要翻梢，全靠包。"经过座谈了解，我分别为他们理出向领导汇报的头绪，确定各队汇报的侧重点，如旱地包产到户一年改变长期落后贫困面貌的一大队五队，42户、159人，耕地143亩，1979年春吃返销粮3000公斤，还有38户向亲友借粮3250公斤。这年夏将旱地作物包产到户，玉米增产 98.7%，红薯增产 92%，全年粮食总产增幅为 37%。1980 年小春粮食增产幅度也较大。旱地包产到户一年，不仅不再吃返销粮，而且小春一季就向国家卖超购粮 1020.5 公斤，有 16 户借出余粮 97.5 公斤。再如四大队六队和五大队五队对劳强户、困难户收入对比分析，八大队六队和九大队五队处理好与水稻生产争劳争肥、农田基建和副业生产的矛盾，九大队一队掌握产量、搞好决算分配等。这些问题都是当时包产到户后人们普遍关心的热点问题，我认为，他们创造了好的经验，使这些问题基本上得到解决。

5 月 31 日，辛青碧等一行到群利公社考察后，在县委蓬莱会议上发表了讲话，他认为包产到户是一种生产责任制形式，只要能增产，一直可以搞下去。他还说，不要偏重于包产到户，搞包产到组、分段小包工等形式也可以。会上，县委根据辛青碧同志的指示精神，提出了总的原则，就是总结经验，稳定几年，不断完善，继续发展。做到政策稳定，责任制稳定，规模稳定，班子稳定。区委一班人听了代泽洪同志对上述精神的传达后，受到极大鼓舞，思想轻松了许多。

1980 年夏，蓬南区旱地包产到户责任制已基本普及。在县委下发《关于旱地包产到户若干具体问题的处理办法》（即八条意见）文件后，我们积极总结推广群利、中和公社在落实生产计划，推广新技术，弄清产量（中和公社的经验：收前估产、收时过秤、逐户登记、奖惩过硬），降低成本，饲养好耕牛等方面的经验，解决好 1979 年以来包产到户存在的具体问题。

正在这个时候，中央农林部派出调查组于 7 月 18 日到群利、中和公社考察包产到户。他们侧重调查了以下六个方面的问题：（1）生产资料是不是归公；（2）如何贯彻按劳分配原则；（3）如何坚持以队统一分配，找补调不调得动；（4）劳强户减不减收；（5）劳动力是不是由集体分配；（6）包产到户的具体做法。调查组走前到区上交换情况，他们认为，为了稳妥一点，可以稳定旱地包产到户，但水田不要包产到户；在生产资料归公，体现按劳分配和产量统一起来这个方面，要进一步完善；加强领导很重要，不在于哪一种责任制形式才能增产，只要领导加强了，几种责任制形式都可以增产；根据群利、中和的实际情况，落实县上提出的 8 条意见有些困难。当时，我认为虽然中央农林部调查组对包产到户提出了不同看法，但他们能深入到我们这些偏僻乡村来作专题调查，证明党中央和国务院坚持实事求是的思想路线，非常重视包产到户问题。

这一年冬，中共中央印发的《关于进一步加强和完善农业生产责任制的几个问题》的通知（即 75 号文件）传达到基层。蓬南区委按照县委的指示，把健全生产责任制作为冬季农村工作的一件大事来抓，总的要求是，稳定旱地包产到户、水稻承包到组责任制。但实际上，群利、中和公社的绝大部分生产队秋季已将关冬田（即全部耕地）承包到户。上级领导对此做法不赞同，当时认为水稻不能包产到户有三条理由：一是水稻不适合于分户种植；二是田包到户可能会出现雇工剥削；三是田包到户，集体经济就成了一个空架子，生产队没有了"拴马桩"。县委领导在一次会议上，还举例批评了群利、中和搞水稻包产到户的做法，要求已经把田包到户的，要坚决纠正过来。在这种情况下，1980年冬和1981年春，部分地方批判分田单干风，致使个别生产队长受到批判甚至处分。

尽管如此，全区大部分生产队，仍在悄悄地酝酿和进行着水稻包产到户。群众把当时各级的态度概括为三句话：中央在放，群众在望，县区社三根抵门杠。

1980年，蓬南区遭受了严重伏旱。但由于推行了旱地包产到户和水稻作物包产到组责任制，农业生产取得了有史以来最好的成绩，全年粮食总产达到620576担，比1979年增产158124担，增幅为34.2%，人均增粮95公斤。

水旱全包

蓬南区水稻包产到户责任制的迅速发展，引起上级的关注。1981年3月中旬，地、县委派出调查组，再次到群利公社考察水稻生产责任制。13日至16日，我参与了陪同，重点调查了一大队六队、四大队十一队、五大队二队、六大队七队、八大队一队等5个生产队水稻包产到户的情况。这5个生产队共152户、641人，耕地559.4亩，其中旱地196.9亩，田362.5亩。1978年秋种时将三类土（坡地）承包到户，1979年大春旱地作物包产到户、水稻包产到组，1980年发展为集体全部耕地包产到户（即水旱全包），粮食获得大幅度增产。群众从包产到户中得到实惠，他们总结为"一年饱肚子，两年盖房子，三年穿料子（好衣服）"。我具体参与了调查一大队六队和五大队二队，事实很典型，也很感动人，两个队共75户、301人，1980年水旱全包，粮食总产167136公斤，比1979年增加63205.5公斤，增幅达60%，一年人均增粮200公斤；其中水稻面积195亩，1980年总产101760公斤，比1979年增产50568.5公斤。一年产量翻一番，人均口粮大幅度提高，一大队六队由310公斤上升到431.75公斤，五大队二队由206.5公斤上升到425公斤。地县调查组对如何包地、包产、包工、包成本以及耕牛饲养、农肥管理、用水调配、产量核算、工副业生产、奖惩兑现等具体办法和制度，进行了详细的调查研究和座谈讨论。结束时，地委秘书长李庸认为：旱粮包产到户是一种责任制，水稻包产到户也是一种责任制；包产到组是一种责任制，包产到户也是一种责任制。同时，他说，水旱作物全部包产到户是一种责任制，不是分田到户，也不是分田单干，更不是资本主义。人们通过实践，以事实说明水稻也是可包产到户的，我们的思想又一次解放。

水稻包产到户得到上级的认可后，全区就突击性地抓了落实水稻生产责任制的工作。截至 4 月 20 日收集的情况，全区 641 个生产队，水稻实行包产到户责任制的队 389 个，占 60.7%；包产到组的队 208 个，占 32.4%；以生产队种植的队 44 个，占 6.9%。在水稻包产到户的 389 个队中，集体留有部分机动田（找补田、公粮田）的队 72 个，全部包产到户的队 317 个。

此时，群利公社又出现 17 个生产队在水旱全包后，首先取消"三包一奖"分配办法，实行大包干责任制。这一新问题的出现，县委非常重视。5 月 16 日，县委书记周裕德到群利公社考察，我陪同前往。他着重对下列问题与村社干部和群众进行了座谈讨论：（1）为什么喜欢按人口平均承包田土；（2）为什么要主张搞包干到户（群众说的一步走拢）；（3）如何完成粮油征超购任务；（3）粮食找补能否兑现；（4）计划生育奖惩制度如何逗硬；（5）大队和生产队干部的责任制、待遇、编制等问题。5 月 30 日，区委召开全体会议，传达县委的决定，一律不准搞大包干，就是试点也不准搞。

实行包产到户责任制后，在农村教育上，乡村学校的维修、民幼师待遇的落实、中小学生入学率和巩固率等方面，出现了一些新情况，中央主管部门对此十分重视。5 月 16 日至 18 日，国家教育部普及二司老徐等二人，在县教育局领导的陪同下，来到群利公社作调查，我自始至终参与了接待。教育部的同志以中心校和一、二大队小学为重点，就民幼师误工款的筹集，农忙季节民幼师如何使责任田与教学工作做到两不误，学校危房改造和整修投劳集资的办法等问题，同村社干部和公、民办教师进行了深入细致的座谈讨论。他们生活俭朴，平易近人，走访民幼师家庭，察看校舍，细心听取意见，作笔记非常认真。这种作风，我们深受感动。

1981 年，蓬南区在前一年大幅度增产的基础上，粮食总产实现 651291 担，比 1980 年增产 30715 担，增幅为 4.9%。

大包干

1981 年 10 月，全区集体耕地全部承包到户。区委鉴于耕地按人均承包，好孬搭配到户以后，实行"三包一奖"分配方法，不仅麻烦，而且很多具体问题不好处理，管理制度搞得越细越复杂、矛盾和漏洞反而越多的实际情况，10月13日，召开扩大会议，决定推行大包干责任制，在农户和生产队保持承包关系的前提下，分户经营，自负盈亏；公粮和定购粮、公积金、公益金、军烈属和五保户款、村社干部误工、民幼师补贴、育秧费、抽水费、病虫防治费等两金两费，统一标准，分户包交提留，取消工分分配。这种方法简便，深受农民和干部的欢迎。

在推行大包干责任制的初期，干部和农民也产生过误解，出现过一些消极的东西，如将集体财产蚕房、保管室、牛棚、晒坝等拆毁平分；把成材树木砍光分掉；一些社队干部认为"包干到了户，干部无事做"，埋头种责任田，许多工作无人负责，封建迷信等不良现象滋长蔓延。

1982年春，中共中央批转的《全国农村工作会议纪要》文件下发后，蓬南区的生产责任制进入稳定和完善阶段，一是建立合同制，把生产队与农民之间的经济关系和双方的权利、义务用合同的形式稳定下来，明确承包户的负担义务；二是坚持土地的集体所有制，明确承包关系和承包年限，建立保护耕地和合理利用耕地的制度；三是健全耕牛、大型农具、水利设施的饲养、使用管护制度；四是处理好统与包的关系，生产队该统的统起来（抽水、育秧、治虫、大型农田基建等）；五是建立乡村社干部责任制，及时处理各种纠纷。

大包干责任制，进一步调动了农民的种田积极性。农户大搞土地建设，培植地力，提高利用率，推广良种良法，因地制宜种植，保证农时季节，精耕细作。1982年，蓬南区又获丰收，粮食总产达到707024担，比1981年增产8.5%，人均增粮32.5公斤。

蓬南区自1979年的包产到组责任制，发展到1982年实行大包干，短短4年时间，农村发生了巨大变化。1982年比1978年增产粮食共233524担，上升了49.3%，人均增粮接近500公斤，人均口粮达300—350公斤，户户有余粮，甚至还为贮藏工具而发愁。农民手中有了粮，肚子饱了就盖房，农村兴起建房高潮，两三年时间，所有茅房换成了新瓦房。

后来，按照上级的统一提法，把大包干统称为家庭联产承包责任制。

（作者系蓬溪县政协副主席，原中共蓬南区委副书记）

群利改革三部曲

杨森云　何世宽

四川省蓬溪县群利公社（现为镇），此处蓬（溪）、武（胜）、合（川）、南（充）、潼（南）五县交会的边缘，当时有 10 个大队、84 个生产队，2573 户、10561 人、7853 亩耕地，田占三分之二，是一个典型的人多地少、田多土少、粮多钱少的社。

隐生包种三类地到户

1978 年出现连续 3 个多月伏旱，对四方无水源的群利公社来说，的确是极大的考验。为减轻灾害损失，减轻国家返销、供应、贷款、救济的程度，五大队二生产队的农民群众，采取不请示报告，不宣传外扬，42 户 120 多人一致讨论通过，把 370 多根田坎地折面积 11 亩，以及长期低产的"死黄泥"田 40 亩，按人、劳各半计算，劳力特强的 9 户社员，从 7 户劳弱和无劳力户中，适当调整 1.2 亩"四包"（包种、包产、包工、包收）到户；把离住户较近的"鸡啄地"人均 2 平方丈，合 7.04 亩，由社员种、管、收，全年交 104 公斤原粮记入各户分配，超产自得，少收自负。

包后，社员一个劲地当"自留地"一样经营，投工、技、肥一丝不苟。周德成、王方贵等 20 多户社员，披星星戴月亮，跑半华里之外，去武胜桥亭公社的文星河桶挑盆端，在本地挖浸水凼找水源，又打积青池 23 个；采取灌大窝，少用水，减少水的流失和蒸发，在大旱之年收到满意的效果。

11 亩田坎地，上下两季实收大麦 501.5 公斤，小麦 1200 公斤，油菜籽 39 公斤，秋红苕 25010 公斤，合计折原粮 2216.5 公斤，比 1977 年集体种收的 550

公斤多收 1666.5 公斤，高出 3 倍多，超产 1017.5 公斤，记入集体分配 1199 公斤。杜六合等社员说："看来夜工没白做，汗水没白流，田地全包给我都要做。"

按人劳各半划下去的 40 亩黄泥田，原打算只包挑沙面土，改变 PH 值的酸性偏高，做到水旱皆宜。后来看到田坎上有文章可做，就索性按头年平均亩产 200 公斤包到户，每 50 公斤产量集体给 4 元成本费用，150 分工分，全奖全赔。社员在"合同表"上签字盖章，保证两条：一是交够包产，二是保证找补兑现。包后社员没日没晚地大干，挑沙泥、打泡石、铲草皮、挖旧屋泥等。利用包成本款增养毛猪 21 头，购商品肥 1800 余公斤，换水稻良种 100 公斤；赶种一季冬土豆，种后精心浇灌，第二年土豆总产 5400 多公斤，亩均 135 公斤，人均分 25 公斤多。头年春荒时还吃借贷粮 1570 公斤、返销粮 4200 公斤，这年春荒不再有了。栽下的水稻由于客土渗合，土豆的根瘤菌使土壤特别疏松，水稻长势特好，当年亩产高达 502 公斤，比集体统一耕种的高 37.7 公斤。社员说："包产包得闹，超产超得笑。"张秀兰等三户劳弱户，耕牛打挤，互帮互助，人抬整干田 1.5 亩，也收得 406.5 公斤一亩的好收成，当年还清借粮，开始自给有余了。五大队二生产队包三类地到户的做法，尽管隐而不露，但社员间的走亲探友，免不了相互交流，包地的好处不胫而走。相邻的许多生产队也不同程度地包田坎和低产地到户，总面达 200 余亩，为联产承包责任制的建立奏响了"序曲"。

多形式责任制遍社开花

1979 年，拨乱反正步步深入；关于真理标准的讨论也逐渐深入人心；《人民日报》发表《进一步解放思想，实事求是》的社论文章。中央发出的《农村人民公社工作条例（试行草案）》，明确提出："公社各级组织都要努力提高经济管理水平，加强劳动组织，建立严格的生产责任制……"四川省委主要负责同志到蓬溪视察，原则同意蓬溪群利等地农民把"旱地包管、联产计酬"作为抗灾自救的特殊措施。这些来自上层的表态和政策，对群利人民来说，犹如春雷贯耳，受到极大鼓励和支持，加上这年的群利是连续第三个大旱年，从头年的秋季到第二年的春夏，一直是冬田龟裂，塘埝干涸，河水断流，竹木干死，人畜缺水，容积量大的响水洞水库，也一干见底。有鉴于此，当时的公社党委书记邓天元、管农业的副书记黄光诚与笔者等把建立生产责任制作为抗灾自救的特殊措施，提出只要有利于抗灾自救，有利于发展农业生产，有利于集体经济的巩固，什么责任制都让农民自己去探索。但无论小春大春，都是从管理期开始，集体统一计划、统一生产资料调配、统一种植、统一收割、统一分配产品。社员平时不记工分，按实际包产量评分，超短产自主分配。

这一年有以下几种责任制出现：

小春生产阶段有 81 个队旱地全包到户，占生产队 96.4%；农户 2411 户，占总农户 94.7%，人均 3.5 分地。另有 3 个队 92 户、387 人、160 亩小春包产到组，联产计酬。

大春生产阶段有 84 个队旱地作物包管联产到户，农户 2459 户占 98%，承包面积 2381 亩占耕地 29.9%，人均 2.3 分地。

大春水稻 5288 亩建立了三种具体的责任制形式：一是"联产计酬"的 57 个队，占 68%；二是"以队统一、定额包工"的 27 个队，占 32%；三是第一种"联产计酬"的深化（九大队二队），实行"定提留上交（包括公粮、统购、种籽、饲料、五保户口粮）、包干包产到劳"，超产短产社员自己负责，队不记账。从五花八门的责任制看，联系产量包到组、户、劳动者是主要形式，代表了一种趋势。包工到组、定额评分，把"大锅饭"变为"二锅饭"，比起"大呼隆"生产效果也好得多。

在大田生产基础上，确定"找钱地"，定、包、奖到劳。有 9 个生产队这么做，土地面积 21 亩。如：八大队六队为增加集体收入，抽出 3 亩找钱地，包给技术好、劳力强、有经济头脑的社员杨超然承包，包干交收入归队 1200 元，队上给 20% 的现金成本，每元收入评 20 分工分，全奖全赔，经济效果不错，实际收入 2160 元，与大田效益比，每 1 元成本收入 5 元，比大田每元成本收入高 2.7 倍。

这年多种形式责任制，促成粮增产、钱增收，全社粮食总产实现 406 万公斤，比 1978 年净增 29.15 万公斤，人均 27.6 公斤；商品收入增加 40% 左右，从此夺得第三个连续增产年。所以社员一谈到责任地，就有一种比喻性说法："责任地是农民的心上田，愈包愈奖愈有劲，越做越干越心甜。"

"水统旱包"，8 个队"水旱全包"

1980 年，群利公社有了头 3 年建责任制的实践经验，又从中尝到甜头，据粗略调查：全社至 1979 年底止，有 50%—60% 农户口粮全年够吃；有 20%—30% 农户开始略有积存；有 10% 左右农户一年也能拉拉扯扯，在最低水准过日子，到冬春"两荒"时节，虽有困难也不像过去那么严重，对于向国家伸手要粮要钱的行为已有"不光彩"的感觉。从公社的角度看，"三靠"、"三要"明显减少，先抓粮"保肚"，后收入"找钱"，再积累"建房"，已成明显趋势。又据信用社反映：近3年已有四分之一的队还清了贷款，有一定比例的农户存款。因此，尽管小春备耕前，上级对"包"字为核心的责任制没明显的态度，但公社仍准备以"水统旱包"作为一种主体责任制形式。同时从群利实际情况出发，水田占耕地三分之二多，"统"就抓住了龙头；旱地占耕地三分之一弱，包下去不会影响集体经济这一主流。基于此种考虑，为应付上级政治追查，公社根据一些典型事例，列举水稻与旱地作物具有完全不同的生产特点和"十大弊端"，"统一"农民群众的认识，不致放任自流。就是说：水稻与旱地作物比，花工量大，耗资量高，技术性、季节性、协作性、适应性都很强，只适合"包产到组"或"五定"小包工到劳。不仅如此，弊端很多，不能统一分配集体产品，违反社会主义按劳分配原则；产量难以累总，无法实事求是；产量包到劳或户，分配找补难以兑现；国家观念淡薄，集体很容易失去控制；公物损毁严重，十大队四队28户社员农忙季节争先使用集体耕牛、农具，4头壮牛损失2头，6架犁头损坏5架，11件竹制农具损毁一空；水稻包到户，会砍掉"摇钱树"，25个队副业收入有23个队减收，队均1424元；把同志关系，变成了雇佣关系；常闹纠纷，影响团结；包水稻到户，小农经济"自给自足"落后观念极难改变；最后使集体经济解体。尽管公社倡导水统旱包并加了"十条弊端"，但结果还是出现了三种责任制形式：一是从改变劳动计酬方式上，"以队统一，五定包工，定额评分，适当奖励"的13个队，占15.5%，栽秧面积1210亩，占21.45%；二是从改变生产关系上，实行"包产到组、联产计酬、包产归队、奖赔归组"的63个队，占75%，栽秧面积3732亩，占66.05%；三是冲破"三级所有、队为基础"，实行"定提留上交，产量包干，分户结算，不作找补"的水旱全包8个队，9.5%，栽秧面积709亩，占12.55%。一大队四、五、六队，五大队二队，八大队一、四、六队，九大队二队自发地"水旱全包"到户。尔后成为全公社和全县建立健全巩固完善推广"分户联产承包"责任制的典型经验和历史依据。有统有分的联产责任制，收到丰硕的经济效果。小春旱粮包产到户，联产计酬，总产量达到87.58万公斤，比1979年增加4.3%，亩产202.5公斤，增产36%；油菜籽在面积大幅度减少26%的情况下，产量仅减少18%；全年粮食总产量420万公斤，比特大增产的1979年续增3.7%，人均增14.2公斤；多种经济收入人均实现54元，队均6789.2元，创历史最高纪录。

　　群利"联产责任制"的步步深入，逐渐完善，经济效果明显，经济困扰减少，但政治影响越来越大。地处合川二郎、武胜桥停、潼南宝龙、蓬溪中和、胜利腹心的群利，建责任制的公开做法，难免不四下传扬、扩散。一时间，关于群利的"领导失职"、"集体经济解散"、"资本主义复辟"、"分田单干"等指责之声盛行；也有少数困难户、军烈属初期不适应责任制做法，向解放军总政、总参、各大军区反映，而使我们受到追查、指责，甚至默受"影响国防、毁我长城"的政治"打击"。由此，引来不少政界、军界、哲学界、经济界的领导、专家、学者明察暗访。其态度有公开不表态暗中称誉支持的；有公开反对，强烈指责的；有好坏不说，暗中观察的。为了不使"包产到户"，滑到"分田单干"上去，蓬溪县委、县政府派出强有力的工作组到群利检查指导工作。恰好这时中央农业部派出的巡防员、农业部农经管理总站政策研究处的曾副处长也来到群利考察。他一听汇报就是一天两夜，头不抬、眼不偏地作记录，有时也发问。第三天去大队、生产队、社员户搞座谈、观现场、听反映、查资料、拍照片。他对公社的同志说：深入实际，收获不小，所听到、看到的比你们汇报的还要生动。他讲八大队一队有个姓龙的社员说："责任地心连心，连谁谁积极，谁包谁关心。"一大队一队的杨明富反映说：大伙集体搞生产时，"红苕难牵藤，秧子难转青"，"联包到户就大变了"，"田产金、土产银，家家都有聚宝盆"。看来要农民纠偏很难。在离别群利时他语重心长地说："老杨啊，请转给公社党委和县委，你们（群利）公社部分队搞联产承包到劳，实际到户，还是一种责任制形式，这是农民总结多年好处的一个创造，又取得实际效果，是否不要去硬纠，让他们多搞一段再看。反正领导权在共产党手里，有问题再禁止也不难嘛！"我一字不漏地记下，当天给公社党委集体作了传达，给工作组打了电话。在中和的黄副县长听了，把"纠偏"动员大会改为"秋季生产动员大会"。这一年的下半年，党中央的75号文件，对"包产到户"开了口子，才从上到下打破了这个"禁区"。1981年的群利公社就干净利落的满足农民心愿，"一步到位，包干到户"了。

（作者系原蓬溪县群利公社干部）

五龙包干到户

舒光远　蒋玉林

1979 年大邑县五龙公社三大队九队在全社率先将胡豆秧包干到户。1980 年又将小春粮油作物包干到户。1981 年大春生产与全县一样正式实行家庭联产承包责任制。

包干原因

1979 年该队有农户 33 户，150 人，集体耕地 105 亩，自留地 9 亩。队领导班子为队长李元森、副队长晏志华、会计晏国华、出纳罗中全、保管陈克定。当时他们清醒地看到集体穷，社员生活非常困难。生产队欠银行贷款 6000 多元，社员每年每人贷粮 3 至 4 个月。"吃饭靠贷粮，用钱靠贷款"。在"四大管理加分配"的"大锅饭"条件下，劳动日值长期停留在 0.17 元—0.37 元之间，全队进钱户仅有 5 户，补钱户 20 多户。如陈少富一家 7 人，人多劳力弱，工分低，投资少，每年补钱 400 余元，生活十分困难。生产队每年每人只能分得原粮 175—200 公斤，社员粮食不够吃。为了解决口粮不足部分，每年借玉米达 3750 多公斤，人均借 25 公斤多，到水稻收获后，以大米偿还。许多社员靠养猪和家庭副业弥补生活费。为了调动社员养猪的积极性，摆脱贫困，于 1979 年秋在全公社率先把饲料田和田坎划到户。归社员种植，谁种谁收。

初尝甜头

该队饲料田和田坎胡豆包到户后，实行自种、自管、自收。承包的办法是由生产队划定胡豆秧田 20 多亩，种子 600 余公斤，按全社投肥总数 3000—4000

余元摊算，根据社员投肥数，以每百元投肥分配 15—20 公斤种子，划拨到户。由于分到户后用肥足，管理好，胡豆秧长势很好，产量大增，比集体种植时，亩产平均增长一倍以上，从而满足了猪用饲料，增加了农户收入。

该队当年的小春大田生产，也采用了"三包一奖"制，即包工、包产、包成本，超产奖励，减产赔偿，全队分成两个作业组承包，又称"小包干"。在1980 年初夏收割时，两组都超了产，得了奖，大家就更有兴趣了。待到当年大春秋收后，经队委集体讨论，又悄悄地按人头把田划到户播种小春作物。在当时"左"的思潮还存在的情况，队委一班人怕上面发现后批评搞倒退活动，曾先后几次给社员讲"不准向外说"。

划田到户

该队 1980 年秋小春包干到户，采用的办法是把全队土地按上中下三等（其中秧母田人均 0.1 亩除外）分田块编号，抽签落实到人，一次划拨，谁种谁收。全队征购任务和农业税金，则按田亩分摊到户，生产队负责技术指导。这样做，加强了社员的责任感，调动了广大农民的生产积极性，通过精耕细管，小春作物产量大幅度增加。过去，集体种植时，小麦亩产只有 150 多公斤，油菜亩产只有 50 多公斤。1981 年分别上升到 250 多公斤、100 多公斤。由于小春包干到户后长势好，与外队生产形成鲜明对比，当时的公社党委书记梁恩玉同志就来到该队总结经验，并召开了全公社队长以上干部现场会，总结包干到户的好处：一是出工人数增加，连 60 多岁的老人都积极出工出力；二是解决了账面上的假工分、假投肥问题；三是生产由少数人关心变为全队人关心；四是交够国家、留足集体、剩下归自己，体现了按劳分配，产量上没有瞒产私分。并倡导全乡学习该队经验。到 1981 年小春下种前，这个队为了解决上年土地承包到户时，户与户之间耕地田块不准确的问题，乃请丈手逐田丈量，把田亩按人头包干到户。包干到户后，由于农民生产积极性高涨，从当年到 1984 年都连年增产，每亩每年增产在几十斤到一百斤。

处理财产

九队由于比较穷，集体财产不多，主要有 5 间保管室和 1 台手扶式拖拉机。5 间保管室作价 1100 元，卖给社员何治安；手扶拖拉机作价 600 元，卖给盐店张某。两项收入 1700 元，除付欠大队的款项外，其余用于给社员安装电灯。另外集体尚有拌桶 4 个、打谷机 4 部、风谷机 2 部、大称 2 杆，均折价按作业组人数均分，实行好坏搭配，超额补钱，共同使用。

土地延包

1984 年中共中央 1 号文件明确指出：为了稳定家庭联产承包责任制，土地承包 15 年不变。大邑县农办、农业局经营管理股在银屏乡开展延包土地的试点后，很快在全县推广，并颁发了"土地承包使用证"。五龙乡人民政府马落河村九队李元盛的"土地承包使用证"上明文规定："为了维护承包者从事土地经营的合法权益，鼓励其向土地增加投资，培养地力，实行集约经营，向生产的深度和广度进军，不断提高生产力水平，使之尽快富裕起来。经议定将耕地承包期从 1984 年起，延包到 2000 年不变，生产周期长的和开发性生产项目的承包期应更长些。"使用证的内容包括承包户主、人口、劳力、自留地、自留山、土地承包明细登记（土地类别、性质、田或地、面积、等级、非耕地、承包期起止年限、坐落小地名等）。土地承包使用证还规定：（1）土地属集体所有，承包者只有使用权，无所有权；（2）承包地（田）不准买卖、出租、弃耕荒芜，不准转作非农业用地；（3）承包户要保质、保量、按时完成国家任务和集体提留；（4）属开发性（改造荒山、荒滩、荒坡）项目的生产，在承包期内允许转包，允许继承，允许变价处理；（5）在承包期内提高地力、改变生产条件者，在使用权转移时，要酌情给予补偿（双方协商），因掠夺经营而降低地力者，要酌情处以赔偿；（6）承包户在承包期内，经集体同意，允许退包耕地，允许在不改变同集体承包关系和内容的前提下，自找对象，协商转包。

土地承包使用证一式二份，不得涂改毁坏、遗失，从发证之日起生效，签证单位马落村九生产队，承包户主签字盖章，监证单位五龙乡人民政府、马落村村民委员会。

转包土地

1988 年初，全县实行队改社。五龙乡三村九社在实行家庭联产承包制以来，人口增减变化不大，计划生育搞得比较好，到 1995 年有农户 49 户，158 人。原有耕地 105 亩，因修机耕路占用 2 亩，修房占用 9.4 亩，水冲 0.6 亩，合计占地 12 亩，减少 11.4%，现有耕地 93 亩，人均 0.58 亩。承包耕地变动实行的办法是："生等死，进待出。"多年来平均生死进出有 5—6 人，坚持大稳定、小调整的原则，耕地承包保持了相对稳定。

转包的耕地有三户，包括杜洪旭二人，因办酒厂较忙，无力经营土地，自愿转包 1.18 亩给本社吴应章（后又转包给朱崇根）。转包办法，由接包人每年每亩付给原承包户大米 150 公斤，国家农业税、水利粮提留统筹费均由原承包户承担。王庆华二人转包 0.7 亩给本社李元森，邱炳林三人转包了 1.77 亩。三户共转包土地 3.25 亩，占承包耕地的 3.5%。

分工分业

该社从实行包干到户 14 年来，随着农村商品经济的发展，劳动力逐步从土地上获得解放，从而实行了分工分业，其特点是："农忙务农，农闲务工。"全社总劳力 72 人，占总人口 45.6%。其中，出外务工 20 人（主要从事泥工、木工、挖煤等）、经商 10 人、办厂 6 人（小机砖厂、酒厂）、运输 1 人、粮食加工 6 人（面粉、豆制品）、专业蔬菜大户 5 人，合计 48 人，占总劳力的 66.6%。

开始富裕

据调查分类统计，该社现已有富豪型 1 户（2 人），拥有楼房二幢 1600 平方米，存款 10 万元以上；小康型（即人均纯收入 1200 元以上）7 户（28 人）；温饱型 41 户（128 人）。

从物质生活条件看，49 户人中，新修和改建房屋的有 46 户、230 余间，占总户数的 94%；32 户有电视机 32 台，占总户数的 65%，其中彩电 2 台；自行车户均 2 辆；洗衣机 3 台；压水井 49 口。

（作者均系大邑县农业局干部）

取消人民公社体制的第一乡

王德明

广汉市向阳镇是最先取消人民公社体制的，成为全国第一个"吃螃蟹"者，此举世人瞩目。改革 20 年来，向阳发生了翻天覆地的变化，1997 年全镇实现总产值 10.3 亿元，利税 7200 万元，财政收入 2060 万元，农民人均收入 2677元。全镇 95% 以上的农户改善了住房条件，小汽车、摩托车、彩电、冰箱、录音机、洗衣机等进入农家，人民生活水平显著提高，向阳镇率先进入小康。

一

向阳人民公社，位于川西平原，土地肥沃，自流灌溉，交通方便，境内有宝成铁路、川陕公路，全公社 9 个大队、66 个生产队，3049 户、12475 人，集体耕地 10750 亩，发展生产的自然条件、地理条件都十分优越。但是，从建立人民公社以来，生产发展缓慢，社员并不富裕。1976 年全社粮食产量 566 万公斤，人均分配收入 74 元、口粮 260 公斤，与公社化前的 1957 年比较，粮食产量只增加 37%，人均分配收入增加 6 元、口粮增加 12.5 公斤。原因是多方面的。但其中一个重要原因，与"政社合一"、"三级所有，队为基础"这种体制有很大关系。

生产关系必须适合生产力发展水平，这是马克思主义的一条基本原理。人民公社是 1958 年"大跃进"形势下，没有经过认真的调查研究和试点，一声号令，轻率地成立起来的，是"左"倾错误泛滥的产物。当时四川全省是在"先搭架子，后挂牌子"的号令下，10 月 1 日公社化的。这种违背客观经济规律，主观地改变农村生产关系的做法，危害极大。

人民公社"政社合一",党、政、企不分党的组织、政权组织和经济组织合为一体,公社内部又形成上下行政、经济混合的隶属关系,这就无视了公社是劳动农民集体经济组织的客观性。上级单位可以用行政手段干预经济。往往是强迫命令、瞎指挥,侵犯生产队的自主权。

由于"政社合一",党、政、企不分,工作一把抓,使干部不能很好钻研农业生产技术,成天忙于行政事务,催种催收,这也助长了干部在生产领导上搞瞎指挥。群众称他们是"门门懂,样样瘟",浮在上面的"油水干部"。

由于"政社合一",公社干部由国家委派,是"铁饭碗",社员无权监督,他们对农业生产的好坏,既不承担经济责任,又不影响个人的经济收入。因此,工作中考虑如何完成上级交给的"任务"多,考虑群众的利益和要求少。

由于"政社合一",公社是基层政权组织,国家机关可以直接对社队摊派任务,把有些本来应由国家负担的费用,转嫁给了集体经济,加重了农民的负担。向阳公社各种非生产用工占工分的10%左右,各种误工补贴一年多达5—6万个劳动日。社员说:"我第一锄是给国家挖的,第二锄是给公社挖的,第三锄是给大队挖的,第四锄是给干部挖的,第五、第六锄是给民办教师、赤脚医生挖的,最后一锄才是为我自己挖的。活没少干,汗没少流,就是不见收入有多大增加。"

"三级所有,队为基础"是一种不科学的体制"三级所有",就是公社、大队、生产队三级都有经济,是各自独立核算、自负盈亏,平等的关系;"队为基础"是生产队为这三级核算单位中的基本核算单位。然而,在行政上,这三级又是上下级隶属关系。生产队受大队、公社的领导,在生产上必须听从大队、公社的指挥,生产计划他们可以任意进行"调整"。这样,生产队基本核算单位的自主权必然受到侵犯,使公社、大队两级为了将来"过渡"而平调生产队的土地、劳力、资金、物资"合法化",任意把生产队有"油水"的企业收上去,成为自己的企业,使生产队这个"基础"越来越被削弱。不改革这种体制,瞎指挥和"一平二调"的问题就难于解决,生产队这个基础也难以巩固。

人民公社"一大二公"是搞"平均主义"的根源。多年来,在体制上,生产队的规模要求大,搞穷过渡;在生产上,搞大哄大嗡、大呼隆;在分配上,劳动计酬搞"大概工分",干好干坏一个样,强调增加"共产主义"因素,实际是搞平均主义,破坏按劳分配原则。这些固然有"左"的思想影响,也与公社体制有关系,所以社员说:"什么一大二公,是越大越穷。"

实践证明,"政社合一"、"三级所有,队为基础"的体制有很多弊端,它超越了我国农村生产力发展水平，违背了客观经济规律，不符合马克思主义基本原理，挫伤了农民的积极性，阻碍生产力的发展。干部和社员反映："政社合一"是造成瞎指挥的领导班子；"三级所有，队为基础"是"一平二调"的架子；"一大二公"是"吃大锅饭"的根子。这个概括，虽然不够准确，但是也有一定道理。因此，向阳公社的干部群众强烈要求对这种体制进行改革，把党、政、企分开，以解放农村生产力，加速农、工、副业发展，逐步实现农业现代化。

二

当时的广汉县委书记常光南说：对于取消人民公社，一开始并没有明确的思想准备，当时想的是成立农工商公司。这一念头起因于 1979 年的西欧之行。常光南作为惟一的县委书记代表，随四川省政府代表团出访西欧三国，中央给代表团的任务是随便看看，开开眼界。省委给常光南的任务是考察农业。瑞士的一家农庄给了他很深的印象。常光南回来后，一是在广汉搞起了"油菜经济"，大力推广油菜种植；二是在各公社筹备成立农业公司、工业公司和商业公司，将生产责任制引入社办企业和供销社。这样搞起来后，必然要触及公社的体制，其经济职能也将由农工商总公司所取代，从而使得公社事实上失去了管理经济的作用，仅剩下行政功能，下一步就是何时把公社的牌子取下来的问题。但是，在涉及改变体制的问题上，常光南不敢轻举妄动。原因很简单，政社合一的人民公社不仅是一种生产和分配制度，它还是一级政府机关，是权力的象征。

常光南到向阳实地考察时，看到这里的工业基础比较稳定、持续，铁厂的铁水正在流，质量也还可以。即与公社党委和有关人员研究，先把社队工业从人民公社中拉出来，公社的架子不动，来一个"釜底抽薪"。于当年 8 月，正式成立"农工商联合公司"，下辖工业、农业、商业三个专业公司。人事上采用招聘制度，生产上实行计件工资制度，农业上试行联产承包。逐步改变"三级所有，队为基础"的生产关系，使农民得点实惠。常书记当时还很谨慎地讲："不准宣传，不准广播，不准登报，不准挂牌。"

三

1980 年 3 月初，原温江地委书记王德功和时任地委副书记的杨析综同志亲临向阳检查农业生产和农村工作，听了情况汇报后，对广汉县委和向阳公社的同志说："中央政策非常明确，不戴帽子、不打棍子、不抓辫子、不装袋子（档案）。要搞，就名正言顺地搞。"

3月底，省委在金牛坝招待所（现金牛宾馆）召开座谈会，用一天时间专门听取广汉县委的汇报。已上调中央即将离川的原省委主要负责人赵紫阳同志对常光南等在场的同志说："你可不可以在一个公社搞一个乡。我看，将来的趋势，政府和公社要分开。"还说："可以搞政、社分开的试验，这个不要普遍搞，政、社分开只能试验一下，一个公社搞不好，我可以收回来。"接着，他又于4月初来广汉实地考察，对向阳公社"撤社改乡"的想法表示同意，并说："搞就是了，不宣传，不广播，不登报，不挂牌。"这个"四不"，取代了常光南同志提的"四不准"。

5月5日，时任四川省省长的鲁大东同志来广汉检查工作，当县委领导汇报到向阳的试点工作有人议论说"没有经过审批"时，鲁省长讲："搞试点，没有关系，同意搞你就搞。"又说："对外不要讲，这东西要试验成功了再说，一个公社乱不了，即使乱，今天乱，明天改过来。我估计这个情况会好的。"

有了中央、省、地、县委各级领导的表态，以及省内外许多代表参观后表示的赞同，向阳的同志才鼓足勇气摘下了已挂了整整20年的"人民公社"牌子，正式挂出了"广汉县向阳乡人民政府"的牌子。此举很快被一位顺道来品尝向阳"陈豆腐"的新华社记者发现，连夜写了一份"内参"，送到中央。不久，全国人大常委会就给广汉县委打来电话询问："你们把公社的牌子取了，有没有这回事？"接电话的是县委办公室副主任李兴发，他如实说："有。"北京方面又说："《宪法》上规定是公社，你们把牌子摘了，是错误的。"一股兴师问罪的气势。接电话的同志委婉地解释："我们搞个试点。""谁叫你搞的？"看来北京方面要一查到底。广汉的同志只好说："公社的牌子还在，如果不行，再挂出去就是了。"

过了约半个月，全国人大常委会又来电话，这回语气缓和多了："中央领导同志同意你们搞试点。"常光南和广汉县委一班人以及向阳的同志这时才长长地舒了一口气。

很快，全国人大法制委员会主任周裕专程到向阳考察，当时的乡党委副书记兼工业公司副经理李万贵陪同他在向阳的村村社社听取群众反映，观看改革动向，亲眼看到其初步变化。临走时，他对向阳的这一惊人之举表示赞赏："大胆探索，实事求是，印象深刻。"

四

1980年11月5日，向阳公社党委名正言顺地向广汉县委补送了《关于进一步改革和健全管理体制的请示报告》，正式提出"建立乡党委、乡人民政府和乡农工商联合公司"的具体方案。

11月11日，广汉县委又向地委和省委报送了《关于农村管理体制改革的请示报告》，提出按照"向阳经验"对全县公社管理体制进行改革的具体细则。

11月13日，省委听取温江地委王德功书记汇报后指示，由省委办公厅、组织部、省政府办公厅、省计委、经委、财办、农办、社科院经济研究所等单位组成联合调查组，于11月26日到广汉进行调查，听了广汉县委、向阳乡党委的系统汇报，与县级机关、公司、基层工厂、农村社队的干部、群众进行了座谈，听取了各方面的意见。11月30日，省委书记谭启龙又到广汉听取了县委的汇报，并作了明确的指示。经过上下左右历时一月的调查论证后，联合调查组方于12月24日正式向省委呈送了《关于广汉县体制改革的调查报告》。

1981年2月12日，温江地委〔81〕1号文件转发了省委办公厅《关于广汉县体制改革问题的批复》的通知，通知称："经省委讨论同意，按广汉县委所报体制改革方案进行试点，并请省、地有关部门继续给予支持，帮助他们在实践中进一步摸索经验，不断改进、完善和提高。在经济调整时期，其他地方没有搞的，暂时不搞。"

4月13日，省委书记谭启龙到广汉，听了县委的工作安排后说："同意在栽完秧子后各公社成立乡政府。"并说："乡政府分出来，先选乡长，农业就搞农业公司，社队企业叫工业公司，还有个商业公司，这三个公司可以大胆地搞。农业技术服务公司还是叫农业公司好，光讲技术太窄。"

接着，原民政部长程子华来广汉，即到向阳考察，并对时任县委副书记兼县长的舒治良同志说，我受彭真副委员长委托，来此调查社改乡、政企分开、建立三位一体的农工商联合公司的情况，目的是要修改《宪法》。之后，程子华、崔乃夫两位民政部领导又相继来广汉，再次核实和正式确定社改乡的有关资料与改革方案。

7月18日，时任常务副总理的万里同志召集农口各部门汇报情况。当中央农研室主任汇报到人民公社问题时，万里说："看了广汉农村体制改革的材料，很有说服力。广汉的经验很好，将来一定要政经分开。但现在先不要登报，一登大家思想准备不够，容易引起混乱，国际上也非常注视这个问题，但可以登

《内部参考》。大家在这方面进行试点。我们现在将要修改的宪法，回避了公社这个问题，宪法不讲人民公社，讲基层政权组织，也没有讲不要人民公社。我们是个大党大国，要统一这个问题不容易，思想有个过程。"

1982年4月22日，彭真同志在五届全国人大常委第23次会议上所作《关于中华人民共和国宪法草案的说明》中讲到："为了加强农村基层政权，健全农村集体经济组织，草案按照政社分开的原则，规定设立乡政权，保留人民公社作为集体经济组织。这既有利于改进和加强政权工作，密切政权同群众的联系，也有利于集体经济组织的发展。政社分开，只是把政权那一部分职权分出去，公社、大队、生产队的企业和其他一切财产的所有权，仍然不变。"

同年12月4日，五届五次全国人民代表大会通过的《中华人民共和国宪法》第95条规定："省、直辖市、县、市、市辖区、乡、民族乡、镇设立人民代表大会和人民政府。"不再把人民公社作为一级政府机构。

1983年10月，中共中央下发了《关于实行政社分开，建立乡政府的通知》。到1984年底，全国已有99%以上的农村人民公社完成政社分设。从此，政社合一、三级所有的人民公社在中国大地上不复存在，整个农村管理体制实现了重大变革。

（作者系广汉市供销社农资公司原经理）

成都农村改革

成都市农村改革的回忆

刘海潮

从 50 年代初至 90 年代中期,算起来我在成都市从事农村工作已有 40 多年了。在各个时期的变革中,收效大、影响深远的是 1978 年。党的十一届三中全会以后,成都市在农村实行了经济体制改革。这一历史性的改革,调整生产关系,大大地调动了农民的生产积极性,整个农村发生了天翻地覆的巨大变化。下面我就参加这一时期的工作作一回忆。

成都市郊农村改革,大体经历了四个阶段,跨越了两大步。四个阶段分别是:

1978 年—1982 年,为改革第一阶段 为了彻底冲破"合作化"、"公社化"形成的结构单一的农村经济管理体制的束缚,成都市农村普遍实行了家庭联产承包责任制。在这一变革前,农村经济基本上属于自然经济,传统农业,谈不上什么商品生产。基本特征是"三级所有,队为基础"的所有制结构;一个样子的"统一经营,单一产业"的生产经营模式;一个样子的"吹哨出工,集体劳动"的劳动组织形式;一个样子的"圈圈工分"的按劳分配方式。由此伴随而来的是劳动生产率下降,耕地产出很低的状况。这些弊端,阻碍了农村生产力的发展。因此,适应农村生产力发展水平的家庭联产承包责任制应运而生,它驱动着农村改革与发展的两个车轮,标志着农村又一次进入了社会主义的春天,激发出农业的勃勃生机。

1983 年—1984 年,为农村改革第二阶段 这一阶段改革的重点是以确立"城乡一盘棋"建立新型的城乡关系为指导思想。根据省委和市委的部署,全市 15 个县(市)、郊区先后列入农村综合体制改革范围,全面进行农村经济综

215

合改革。农村涌现出了多种模式的试点，出现了全方位推进改革的新局面。承包经营进入了农村各个领域；县区普遍实行财政、粮食和主要农副产品三大包干；乡镇企业机动灵活的经营机制在前进中巩固发展；农村专业户、专业商品基地、专业市场、专业技术协会、产供销一条龙经营的"四专一条龙"商品生产体系雏形如雨后春笋破土而出；多渠道、多种经营方式、多种经济成份和少环节的"三多一少"的商品流通体系初步形成。

1985 年—1990 年，为农村改革第三阶段　随着经济改革的重心转向城市，农村则以改革农副产品统一派购制度为契机，在国家计划经济和市场需求的引导下，开展了调整农村产业结构为主要内容的改革。内容包括建立城乡开放的农产品和生产要素市场，完善乡镇企业经营机制，完善农村统分结合的双层经营体制，组织和发展农村合作经济（如地区性的合作经济组织、专业合作经济组织、筹办农村合作基金等），建设农村社会化服务体系，把农村改革引向深入。

1991 年—1998 年，为农村改革第四阶段　进入 90 年代，农村改革不断深化，在进一步完善统分结合双层经营、以户营为主联产承包的责任制的基础上，郫县农村找到了"公司＋农户"产业化农业发展的新方向。这一新事物一出现，立即为公司（企业）、农户所接受，进而在成都市农村普遍推广。由于要适应社会市场农产品的需求，依靠科学技术进步，进军高产优质高效农业便成为农业自身的一场深层次的改革，使农产品由过去的数量自给型转变为数质效益并重型，推进农业在市场竞争中发展。"公司＋农户"产业化规模经营，建立高产优质高效农业基地，因而促进了成都市农业不断开拓向前发展。我曾在西南财经大学出版的《财经科学》上向全国介绍了这一新事物，受到好评。

经过以上四个阶段的改革，农村走上了新体制运行的轨道，城乡新型关系初步建立，整个农村向生产经营商品化、现代化迈进。我亲自参加了这一时期的农村改革，深刻体会到：在长时期"合作化"、"公社化"形成结构单一的农村生产经营管理体制和计划经济的束缚下，经济和生产上不去，而在十一届三中全会以后农村经济就起了突飞猛进的发展。这是解放思想，改变了不适合农村经济发展的僵化体制，把改革全面引向深入的结果。

根据我的调查了解和搜集的有关资料，归纳起来，成都市农村经济在1978—1998 年的 20 年间，能持续全面发展体现在 8 个方面：**农业内部农林牧渔协调发展；农业总产值全面增长；主要农产品产量大幅度增加；乡镇企业异军突起，成为农村经济的支柱；农村产业结构逐步配置合理；城乡连通、开放，**

工农结合的新型城乡关系初步确立；推广农业科学技术，发展高效农业；农村经济发展到一个新水平，耕地产出量大大提高。

"公司＋农户"经营模式，是成都市郊农村经济发展的新思路，在实践中已经显示出重要作用。第一，由于进行专业化、商品基地规模化的大生产，有利于实现农业产业化、现代化，从而加速了传统农业向现代化农业转变。如开发区桂溪乡，推广蔬菜大棚栽培技术，实行集约化、工厂化生产，把分散的小生产纳入专业化、基地化、规模化的现代农业生产经营体系，便是传统农业向现代化农业转变的一例。第二，由于实行产供销、工农商一体化统一综合经营，有利于农村产业结构的调整，农业资源的合理开发利用，以及农业的合理布局。如双流县蚕丝绸公司，把栽桑养蚕作为第一生产车间，在全县适宜栽桑养蚕区合理布局，建设了6个桑蚕基地镇、28个基地村，拥有桑园2.5万亩。该公司通过产业一体化，将农工商融为一体，合理配置了一、二、三产业，不仅为蚕农扩大了土地规模经营，增加了收入，而且把产业各个环节连接为紧密的产业链，以充分发挥种、养、加、产、供、销综合经营的协同效应，减少了中间环节，提高了产品的附加值和资源利用的价值，增加了生产经营的利润。第三，由于以科学技术为依托，科研单位为后盾，使得科技与生产紧密结合。如四川通联珍稀动物养殖公司于1992年在郫县合作镇投资2000万元，用地350亩，从美国引进七彩山鸡、鹧鸪、绿头野鸭等野生禽进行集约化规模养殖，建立了标准孵化室、育雏场、防疫室、饲料加工厂、商品禽养殖场和产品加工厂。经过三年努力形成养殖七彩山鸡等珍禽40万只的能力，成为全国最大的珍禽养殖基地，1994年经国家科委批准列为国家星火科技项目，并在四川全省推广。在养殖方式上，采取以场带户的办法，养殖场与养殖农户签订了包种苗、包技术、包饲料、包回收的"四包"合同。1995年共产出各种珍禽27万只，产值达1000余万元，养殖户获利30多万元。公司在依靠科技养殖成功的基础上，继续扩大规模，增加了珍稀新品种孔雀、鸵鸟等的养殖。第四，由于"公司＋农户"的性质和特点，使得产供销、农工商综合经营的模式，有利于建立社会主义市场经济的制度。农户不再是个体家庭生产者与市场的关系，而成为市场参与者的主体。这样，直接把农户引入到社会主义市场商品经济中去，解决了小农户与大市场的矛盾。如新都县大力推进农业产业化的进程，打破了传统农业生产结构，实行商品生产基地规模化，产品系列化，形成一乡一业、一乡一品的格局。1995年，"公司＋农户"组织发展到149个，农户达42673户，占全县农户的30％。全县年利税达846万元，农户获利1553万元，每户平均收入

522 元。

　　成都市在农业产业化的道路上，实行"公司＋农户"的经营模式的时期不长，已经初见成效。据市农委 1995 年统计，全市农村初步形成了具有一定规模的公司和企业 400 多个，连接 40 多万户，兴办农产品商品基地 210 多个，生产农产品分属于粮油、副食、出口创汇、轻纺原料四大类，年产值达 60 亿元以上，约相当于全市当年农业总产值的 70％。这一经营模式正在逐步地完善，顺利地推广。

　　以上是我在工作岗位上蹲点、调查，并参照有关资料，经过回忆写成，力图想把党的十一届三中全会以来成都市郊农村改革取得的巨大成就作一反映。

（作者系成都市农委干部，写于 1998 年）

龙泉驿分户联产承包之路

张义楷

在党的十一届三中全会"解放思想，实事求是"的精神指引下，成都龙泉驿区广大农民冲破了人民公社"一大二公"体制的束缚，实行了"分组作业，超奖短赔"的生产责任制，进而发展到实行"土地分户经营联产承包责任制"。联产承包责任的推行和不断完善，有力地推动了农业生产的持续发展。1993 年和 1980 年比，龙泉驿区粮食面积减少 3 万亩，总产却增加 4747 万公斤，亩产增加了 145 公斤。农户人均实际收入由 211 元上升到 1094 元，广大农民解决了温饱问题，一部分农民开始走向富裕之路。

联产承包责任制的发展

龙泉驿区从 1978 年开始，对农业生产责任制进行试点。区委农工部在洪河公社果树四队实行分组作业经营责任制的试点，推行四定（定产量、定产值、定投资、定工分）一奖赔（即超产奖 50%，短产赔 20%）责任制，各公社选队试行。1978 年冬，各公社开展社教运动，开始注重抓经济发展，依靠社教工作队的力量，推行广汉县金鱼公社分组作业发展农业生产的经验。区社教办组织全区各乡社教工作队和乡镇领导，赴宜宾下食堂大队学习发展经济的经验，推动全区农业生产责任制的发展。

联产承包责任制于 1979 年得到初步发展。据统计 1979 年实行联产承包责任制的有 469 个队，占全区生产队总数的 30.48%，当年粮食产量达 5208.5 万公斤，增产 3.7%，总收入达 2013 万元，增收 13.9%；未实行联产承包制的队 1043 个，粮食增产 0.7%，总收入增收 10.7%，大大低于实行联产承包制的队。后来，一些公社开始实行专业承包，增产十分显著。洛带公社岐山九队果技员承包管理苹果树7亩，当年收入4200多元，获超产奖622元。柏杨村一队5亩多鱼塘承包给个人经营，连续两年收入超万元，对全镇震动很大。同安公社红星一队多种经营专业组承包蔬菜地20亩，当年收入1.4万元，比上年增收125.8%。各乡镇承包典型的增产经验，推动了全区联产承包责任制的迅速发展。经过三年多的发展和试点规范推广，到1982年，全区基本实行了分户联产承包、人均承包等多种形式的分户经营联产承包责任制，充分调动了农民的生产积极性。

大包干责任制从穷队开始

1980年4月2日《人民日报》发表"因地制宜，建立健全生产责任制"的社论后，多数农村干部解除顾虑，尊重群众意愿，着手解决分组作业中存在的"小而全"、"二锅饭"等问题，引导劳动力向"分工分业"、专业化生产承包制形式发展。

洪安公社（现为义和乡）三合大队二队是全区率先实行大包干的生产队。全队80户、158人，有耕地155.81亩，1980年开始承包。当年总收入达41879元，比1979年增长19.5%；农民投入生产费用由上年44.5%降为29.79%，降低14.8%；农民分配收入大幅度增长，全队农民分配实得25505元，较上年增收57.7%，加上农民超产自得部分（人均184元），较上年增收80.39%。这个队增收最突出的是旱地，1980年亩收入428元，亩产净增收入133元，较上年增产1.19倍。由于这个队增产效果十分明显，1981年2月26日市委副书记王学黎亲临该队座谈。为支持他们的做法，市农委专门发了通报介绍三合二队"包产一年，收入大增"的情况。

茶店公社三元八队原是较落后的队，从1980年小春生产开始大包干后出现八个新变化：一是解决了分组作业争肥的矛盾，促进了社员多养猪，私人养猪由65头上升到78头，且大猪增加了，个人积肥增加了。二是播种季节抓得紧。据队长胡朝华讲，过去要20天到1个月才能播完小春，承包后9天播完，不少农民既用水粪又用干粪，做到了适时播种合理施肥。三是劳动积极性高涨，除一部分劳力搞农田基本建设外，投工500多个建晒坝500平方米。四是干部参加劳动多了，队长胡朝华包产后定额误工90个，比承包前减少误工补贴110个，实际劳动价值大大超过了减少的补贴工价值。五是对人多劳少户，适当安排一些非包工活。六是包产后精打细收好，过去七队每到收获时，就有两个老婆婆来捡麦子，包产后由于精收细打没搞头了，这种捡麦的现象没有了。七是附产物及时收回无霉烂。八是生产积极性高，粮食大增产。全队 30 户包产后有 27 户超产增收。承包后的 1981 年小春全队总产 14643. 5 公斤，比上年增产 4233. 5 公斤，增产 40. 7%。胡朝贵包产 2. 5 亩，实产 426. 75 公斤，超包产 113. 5%。1981 年小春包产用工 4. 8 万分，比 1980 年大寨工节约 6. 05 万分，减少 20. 6%。

联产承包制无论在穷队还是在富队都受到了农民的欢迎。联产承包责任制的发展，如破竹之势出现在全区 555 平方公里的大地上。

历史的经验和教训

农村中推行的农业分户联产承包生产责任制，是对农业合作化劳动管理的彻底改革，充分调动了劳动者的个人积极性，解放了生产力。我国农业的劳动管理，自农业合作化以来经历过定额管理——大兵团作战——政治工分——分组作业——分户经营联产计酬等多种办法。事实证明，分户经营联产计酬是最受农民欢迎和充分调动农民积极性的最好办法。自农业合作化以来的 20 多年间劳动管理的主要教训是，人民公社化时期的大兵团作战，只讲"一心为公"，不讲"等量劳动领取等量产品"，忽视社会主义的按劳分配规律，因而对劳动力浪费极大，抑制了农民的劳动积极性。

各时期劳动管理形式不同，劳动积极性也截然不同。农业合作化时期的定额管理，农民忠实劳动，评分过硬，劳动积极性高。人民公社化后，劳动管理实行大兵团作战，实行"吃饭敞开干，吃了不付钱，只要眼睛转，人均（月）发 3 元"的"共产主义"分配方式，开初一段时间，农民劳动积极性高，不久便走向低落，加之"四高五风"盛行，广大农村处于困难时期。"文化大革命"后期实行劳动定额管理，农民虽有一定的积极性，但是抢工图快，农活质量粗糙的现象较为普遍，同劳不同酬，得"火巴火巴工分"的不少。当时一个顺口溜："要得工分长，跟着队长娘；要得工分多，跟着队长梭。"不按定额的"火巴火巴工分"随处可见。"文革"时期，推行政治工分，强调一心为公，"早请示、晚汇报"，不讲按劳分配，农民劳动积极性不高，生产停滞不前。从 1966 年推行大寨式工分到 1976 年的 10 年间，全区农民人均收入只增加 12. 4 元，年均仅 1. 24 元，农民生活基本没有提高。

（作者系泉驿区委政研室原主任，写于 1998 年）

"两田制"第一人银老五

李学明

2006 年，中国启动社会主义新农村建设。这是中国农村改革的伟大事件。

这一年，我到四川 23 个市、州，57 个区、县，118 个村考察，走访了数以百计的农村干部和农民，记录新农村建设第一年的口述历史。

成都双流县是全国"百强县"，2006 年 6 月 14 日，在去往该县煎茶镇老龙村九社的路上，县政协周国华同志对我说："煎茶镇老龙村银老五，搞两田制出了名，媒体宣传多，说他是两田制第一人。"银老五的真名银永清，1998 年 11 月 28 日担任九社社长，1999 年秋搞了个两田制。周国华长期在县农工委工作，他给我找出了双流县农委 1999 年 11 月 1 日的第 17 期《农村工作简报》，标题是《完善农村土地承包责任制的新尝试——煎茶镇老龙九社完善现有土地承包关系的调查》。县上的评价是："煎茶镇老龙九社在群众自愿的基础上，完善现有土地承包合同，调整产业结构，发展优质高效农业，无疑是我县农村深化改革过程中一次成功的尝试，农民群众的一个伟大创举，给我们留下了一些有益的启示。"

伟大创举，这是上个世纪末县上的评价。这第一人银老五何许人？他是怎样有此创举的？

调整土地：原先一户人 20—40 块田地，
现在两大块，一块种口粮，一块种梨树

银老五说，我当了社长后，到镇里开会，产业结构叫得很响。我在想，土

地这么分散，这产业结构没法调，心里头有了把原来承包的土地重新分一下的念头。有一次，在镇里开会时，我把想法跟老表（村文书）黄长清说了，问他：干不干得？他回答得很干脆：干得。老表当过兵，入党早，在村里当干部时间长，有威信，有他这句话，我一回去就开干了。

第一天，银老五找 5 户社员谈。第二天，他找 12 户社员谈。

没想到，两天找 17 户，他们都赞成。全社 34 户人，有一半都赞成，他心里有了底。银老五先后召开社员代表会、全体社员大会。"我讲给他们听，每人 0.5 亩旱劳保收田，保口粮，坡地集中起来统一分配，挣点钱花。很快统一了群众的思想，赢得了群众的支持。"

社员大会一开，第二天就开干。全社 8 个社员代表，与银老五一起算账、牵线、划土地，一天就处理下去了。在搞好统一规划的基础上，他们将全社耕地划分两大类，按照集中成片、有利生产管理的原则，重新发包给群众。一类是水源耕作条件好的槽冲田 70 亩作为稳粮田，按人均 0.5 亩承包到户，全社 35 户农户全部承包了稳粮田；另一类是水源耕作条件相对较差的坡耕地 170 亩，规划发展优质丰水梨，由集体统一规划，按照集中成片、分户承包经营的办法，承包到农户，全社 33 户农户承包了坡耕地发展梨园，另两户因外出经商，不愿继续承包坡耕地。

就这样，原来一户有 20—30 块分散的土地，多的有 40 块，现在统统只有这么两大块地，一块保口粮，一块搞果园。

土地调了，人也富了，九社成了梨花村

九社是地处煎茶镇和永兴镇交界的一个偏僻小山村，全社 35 户农户，135 人，耕地 230 余亩。1981 年底，九社土地实行家庭联产承包经营责任制，调动了群众的生产积极性，农业生产有了较大发展，农民收入有了一定增长，农民群众基本解决了温饱问题。但是，长期以来，该社农业生产基本上是"大春水稻、玉米，小春小麦、油菜"的种植格局，是一个典型的粮油生产社。由于粮油种植效益低，加之交通不便，农业生产条件较差，该社经济发展相对缓慢。1998 年全社人均纯收入 2400 元，低于全镇平均水平 150 元，低于全县平均水平 300 余元。

过了大半年，2007 年 3 月 15 日，我与黄长清和银老五通电话，他们说，现在正是梨花盛开时，你来看看村里的梨花，各家各户的"农家乐"很热闹。村里的坡耕地，贫瘠的土地，1999 年秋就栽上梨树，现在正是丰产期，看花、品

果成为九社社员致富的支柱产业。

说起那时产业结构调整，他们讲了两个统一：

一是统一认识，发展丰水梨。究竟搞什么产业好？他们先后组织群众代表到龙泉、简阳、太平等结构调整较好、经济发展较快的地区参观学习，开阔了眼界，解放了思想，坚定了结构调整、发展优质高效农业致富的信心。在搞好市场调查，征求有关科技专家的意见之后，确定选择目前较有市场竞争潜力的优质丰水梨作为老龙九社的优先发展项目。

二是统一行动栽植梨树。按照一次调整一次成功的要求，统一行动栽植梨树，调整产业结构。老龙九社在重新调整完善土地承包合同之后，立即组织群众，按照五统一的规范化要求，发展优质丰水梨，即统一规划，统一规格（统一放线打离），统一实行壕沟式改土、深埋秸秆、施过磷酸钙的栽植模式，统一组织梨苗，统一栽植时间。截止 10 月 20 日，全社 170 亩坡耕地基本都栽上丰水梨，栽植梨苗 3.4 万株。

我一进村，就看到满园梨树都已挂果，硕果累累。银老五说：我就是果树营销大户，前 3 年，果树没有收益，我们在 150 亩树下种二荆条辣椒、花生、人参果，头年的收入就比传统农业大大提高。2005 年，我们社人均收入 4300元。我今天还在想，这也是想了好多年的事，想在果园里养生态鸡，下午就搞个申请书递给政府，搞示范我一年的收入有 10 万元。我从小就调皮，混了 10年社会，原来什么也不懂，打牌出了名，我排行老五，人人都知道我银老五，贪耍，但我对人好，大家也喜欢我。不过，自从当了社长后，我就一门心思钻研果树了，原来一无所知，我爱学，在文星镇、老龙村十一社和仁寿县承包了五六十亩果园。梨子成熟时，每天下午 3 点，四川康元公司到我们这里来拉梨子，直接上飞机，运往新加坡、香港，全部出口。我从 2004 年开"梨花香农家乐"，21 天就赚三四万元。银老五一口气说了很多。

干成了"两田制"的大事

"老表"黄长清过去是村文书，现在担任村支部书记。银老五说，当初，镇里意见不一致，有风险，只做不敢说。但老表的胆子大，他敢支持我干。

黄长清说，这办法也是逼出来的。"这样一个穷村，要变，怎么办？银老五在镇上开会问我，土地承包 30 年政策不变，我们重新调整一下，把它打烂了重新承包，行不行？我说，你是社里的法人代表，只要老百姓说行，就可以干。这还是叫承包，只不过更完善了。我没有想到，一个星期后，开社长会议，我们跑去一看，他们把红线都放了，全都重新分下去了，大家都还不晓得。我那时是村支书，他连跟支部书记都没有汇报，就干了。"黄长清回忆起当时的情景。

银老五说："我哪敢汇报？那时镇上有人说土地承包30年不变，重新调整是违背政策。我对他说，其实没有变，农民还是有土地，只不过了搞产业集中调整了一下。事前我晓得他们有这个态度，如果汇报了就干不成了。"

"干了后还是要汇报，县委副书记周德洪知道了，给予了高度评价，说产业结构调整一步到位。第二天冷县长来了，记者写了报道，《成都广播电台》副台长胡明扬来作了专题报道。"黄长清说。

银老五说，成都广播电台把我们社播放了半年，还给了我一个碟子，现在还放在家里，不晓得放不放得出来。中央电视台、新华社都来过，《金土地》节目作过专门介绍。

黄长清说，县上开大会，他去发了言。

银老五说"还给我戴了大红花。"他那时好风光，成了名人。

为什么发生在1999年？为什么能干起来？有什么好处？

从2006年6月14日我来到九社，到2007年3月16日，我给黄长清、银老五打了电话，当时正写这篇文章，行文至此，脑子里有三个为什么跳出来。

为什么发生在1999年？上个世纪70年代末的家庭联产承包责任制，是农村改革的伟大创举。从1986年起中央连续发了5个1号文件，我国农村发生了历史变化。但从这以后，一家一户的承包慢慢受到挑战，"两田制、双层责任制"应时提出，成为一个大趋势。1999年秋，党的十五届三中全会要求，稳定以家庭承包经营为基础，实行统分结合的双层经营体制，是党在农村的一项基本政策，必须长期坚持。稳定完善双层经营体制，关键是稳定完善土地承包关系，这是党的农村政策的基石，绝不能动摇。对少数确实具备条件的地方，在提高农业集约化程度和群众自愿的基础上，发展多种形式的适度规模经营，不会动摇家庭经营的基础。在家庭承包经营的基础上，调整优化农村经济结构，发展农业产业化经营，积极探索实现农业现代化的有效途径，是不断深化农村改革，发展农村经济的客观要求。1999年秋，老龙村九社的土地调整，与党的十五届三中全会精神是一致的，是时代的产物。

为什么能干起来？

第一，银老五和九社的干部始终把群众放在心上，群众意愿、利益至上。

调整完善土地合同是在群众自愿的基础上进行的，符合群众的意愿，符合了稳定农村大局的要求，顺应了农村经济发展的需要，所以取得了成功。

第二，调整土地尊重群众的生产经营自主权，要坚持市场导向的原则。农民种什么、种多少，要由农民群众根据市场需求自己决定，政府只能搞好指导。九社发展优质丰水梨，是在参观学习、市场调查、征求有关专家意见之后，群众自己决策的，所以他们愿意投入，愿意大干。

第三，调整土地要讲究工作方法。首先是做好社员代表的思想工作，形成共识，然后通过社员代表做群众的思想工作，最后召开全体社员大会，统一思想认识，使土地调整获得成功。

有什么好处？从1999年秋，到现在，8年过去了，土地调整的好处越来越显现出来。

调出了规模。调整土地之后，解决了一家一户承包土地过于零星分散，不便耕作管理的矛盾，相对扩大了土地承包经营规模。农村土地实行第一轮承包时，耕地按照"三等九级"的标准分别承包到各农户，是符合当时实际需要的，但又造成了农户承包土地零星分散的情况。随着时间的推移，人口的增减变动，土地零星分散的矛盾有增无减，极不利于生产管理。老龙九社重新调整土地之后，各农户承包经营土地，田块数由过去的十几块、几十块变为两块，即一块稳粮田，一块梨园，有利于加强生产管理。比如该社农民刘泽成，全家过去承包9亩耕地，丘块数就达40多块，每次做农活要跑遍全社，重新调整之后，全家承包的耕地变为两块，非常满意。

调优了结构。土地整理为优化结构调整奠定了基础。老龙九社除70亩槽冲田种植粮食，解决口粮外，其余170亩坡耕地全部种上了优质丰水梨，农业产业结构高速优化，农作物品种布局趋合理，形成区域化布局、规模化生产的新格局。

调出了希望。在土地调整之后，老龙九社群众的生产积极性空前高涨，纷纷筹集资金，雇请帮工，栽植梨树。短短一个月之内，投入15万余元，户平均4000多元，栽植梨树苗3.4万株，平均每户栽植4.8亩，总计发展梨园170余亩。

现在，九社成了梨花村，农家乐也开办起来，九社的知名度高了。

黄永清在电话中说，相邻的八社、十社占地80亩，由正大公司进来，刚开始土建时，村里每天有100多人在这里打工，现在建成了，吸纳了村里10多个劳动力。土地流转80亩，每亩返黄谷700斤，折钱490元，对社员是一笔收人。2006年全村人均收入4700元，其中九社5500元，整个老龙沟村都在变。

（作者曾任中共四川省委统战部常务副部长、省社会主义学院院长、省政协文史委副主任）

大邑农村税费改革的回顾

游志良

大邑县位于成都平原西部，辖 3 乡 17 镇，总人口 51.37 万人，境内资源物产丰富，森林覆盖率 56.68%，是成都西部天然生态屏障。2002 年，我县实行农村税费改革后，给农村带来翻天覆地的变化，全县农民人均纯收入由 2001 年的 3060 元增加到 2007 年年末的 5314 元，年递增 9.63%。

农村税费改革的背景

税改前，大邑县农村的矛盾主要表现为农民收入偏低和干群关系紧张。一方面是农民收入增长缓慢，农民负担沉重，农民反映强烈；另一方面是一些基层干部作风还存在这样那样的问题，干群冲突、群体性事件时有发生。回顾上个世纪 90 年代，农民负担主要涉及五项：财政税收任务；乡统筹、村提留；涉农收费；生产性费用；集资、罚款。

就拿财政税收任务来讲，主要有农业税、农林特产税和屠宰税。农业税政策性较强，税额较固定，一般不会增加太多；而农林特产税、屠宰税弹性比较大，由县上将财税任务下到乡镇，乡镇按同样的方式将任务下达到村，村将任务分摊到组，组再分摊到农户，有的乡镇还层层加码。农林特产税多数按承包面积或人头数分摊的，屠宰税有的按猪头数征收，而有的则按人头数分摊。

乡统筹、村提留（"三提八统"：公积金、公益金、管理费及农村教育附加、计划生育、优抚、民兵训练、交通、有线广播、卫生、文化等民办公助事业费用），主要用途包括：一是上交县有关部门，如民兵训练费等；二是支付村社干部组织开展正常工作所需要的经费；三是支付为上级下达的各项任务所需要的开支；四是新办一些公益事业；五是兑现国家给特定对象的扶持补助政策；六是教育投入等等。

上述的五项中前两项是在某种行政性压力下收取的税费，后三项的内容很杂，主要有：涉农收费里的建房审批办证收费，教育杂费、校服，办结婚证、准生证、上户口的收费，计生怀孕检查收费，户口管理收费，农转非收费，林木采伐、销售办证收费，统一育秧费，病虫统防费，畜牧兽医服务收费，水利粮（在粮价市场前景看好时，以实物计征；价格低落时，则收钱），农产品加工审批、办证收费，民事纠纷调解收费，包括摩托车办驾驶证与牌在内的交通规费，政策阶段性专项工作收费等等。不交建房审批费就建不了房；不交学杂、校服费，小孩就进不了教室；不按农资部门锁定价格交足费，就拿不回急需的种子、化肥、农药之类农用物资。至于那些集资、罚款、摊派等，尽管让农民苦不堪言，但向农民伸手时，谁都不能不交。不仅因为这些费用大多能找到政策法规的依据，而且因为交不完这些费用，什么事都做不成，还会给自己带来数不清的麻烦，尤其是罚款，几乎无所不及，"乡村干部完不成某项工作任务罚，农民没有参加政府指定的某项活动罚，没有按政府指令完成某种作物种植面积罚，结婚未办证罚，砍树未审批罚，批少砍多罚，税收不按时交罚，车辆未办证照罚，打死野猪罚，户口未及时上罚，小偷小摸更要罚……"。农民的税费负担压力如山一般沉重，如果再不减轻，重压下的农民心里因长期积抑，稍有导火线引发，农民的过激行为就有可能出现。如仁寿县因集资修"国道线"，人平负担200—300元，引起农民群众烧乡政府的事件，就充分证明了这一点。拿我县来说，1997年农民负担总额达4812.68万元（不含乡村社加码），人平负担116.96元，而且乡镇之间不平衡，山区的农民负担66.32元/人，丘区91.27元/人，坝区159.56元/人。

农民收入增长缓慢、农民负担沉重的问题，从经济上讲是制约农村经济乃至整个国民经济发展的突出问题，从政治上讲是一个非常严重的不稳定因素。中央正是基于这种情况，作出了税费改革的重大决策，通过税费改革减轻农民负担，让农民进一步得到休养生息，为农村经济的持续发展和农村社会的长期稳定奠定基础。

农村税费改革情况

2002年，我县按照全国省市的统一部署，及时成立农村税费改革领导小组，下发了关于开展农村税费改革工作的通知，在全县扎实开展了农村税费改革工作，将原来农民负担交纳的"三提八统"改为按农户承包面积交农业税，此项改革赢得了全县广大农民的衷心拥护和积极响应。为什么这样说呢？因为农村税费改革的根本目的，就是通过改革税收制度，确保农民的负担公平、合理、减轻，有利于农民致富，有利于促进农村生产力的发展。实行税改以后，一切面向农民的行政事业性收费、政府性基金和涉及农民的集资项目都要取消，一切涉及农民的各种摊派和达标升级活动都要停止，同时取消乡统筹、村提留以及农林特产税、屠宰税，逐步取消劳动积累工和义务工，把农民负担切实减下来，并做到"户户减负"。

市上核定我县粮食生产计税的常产为 780 公斤/亩，税率为 7%，附加为正税的 20%，单价按原粮 1.40 元/公斤，即当年每亩交农业税 91.728 元。以韩场镇为例，在税改前，农民普遍每年每人负担均在 200 元以上（含村社负担），税改后当年每亩交 91.728 元，人平减负 1 倍以上；而山区乡镇在税改前，属全县负担比较轻的乡镇，每人只有 60—70 元，县上根据山区幅员面积比较大的特点，对山丘区乡镇农户的计税面积进行了较大幅度的核减，税改后每人负担均有所减少，以体现"户户减负"的精神。二轮承包后，税费改革全县共核减计税面积 5.35 万余亩，市上认定我县计税面积为 300120.03 亩，当年共计征收 2752.94 万元，较 1997 年减负 2059.74 万元，减 42.8%，人平减负 48.36 元。水费按税改后的计税面积 23.50 元/亩缴纳。

2003 年，农民负担的农业税与 2002 年标准相同。2004 年在上年基础上调减 3 个百分点，即按计税面积农民每亩只交农业税 52.416 元。2005 年，按照市上的统一部署，全县取消了农业税，比"十六大"提出的"五年取消农业税"时间早了 2 年。水费征收标准从 2003 年开始至今，按计税面积 28.00 元/亩缴纳。实行农村税费改革，进一步规范了农民同国家、集体的利益关系，不仅能够使农民自觉依法履行应尽义务，让农民明白哪些费用是必须缴的，哪些是不该缴的；同时，也能够使干部有法可依、依法行政，懂得应该干什么，不该干什么，这就为减少干群矛盾、改善干群关系、保证农村的长治久安打下好的基础。如 2003 年 7 月 2、3 日，县上组织检查农民负担收缴情况，全县共收农业税及附加 1902.09 万元，水费 620.09 万元，收缴进度分别占全年任务的 69.1%、70.5%，实现了"时间过半，任务过半"，真正把基层干部从每年"催粮催款"中解脱出来，一心一意抓经济建设。

农村税改后的变化

2004 年 4 月份，全县粮食直补工作正式启动。由县委农工办牵头，县监察、农业、财政、地税等部门协同配合，及时抽调了 12 人组成县粮食直补工作督查组，分赴到全县 28 个乡镇对此项工作进行督查。在时间短、任务重、战线长、涉及面广的情况下，由于各乡镇党委政府高度重视，及时召开专题会议研究，成立组建机构，开展宣传动员，调查核实公示粮食直补面积、补贴标准及金额。

4 月 19 日，副县长徐小禾率农工办、农业局负责人，深入到王泗镇庙湾村检查、了解该村粮食直补工作情况，随机抽了几户农户。先问一社农民："这次粮食直补的政策好不好？"农民文济元回答："党中央、国务院今年对农民的政策非常好，我们很满意！每亩补贴了 13.33 元，乡村社一点都没有截留。"还问九社的陈宏先："你们听到宣传没有？有没有省上发的一封信？"陈答："村上的大喇叭广播过，听到了，社上还开了会，发了一封信。"随即把一封信拿给徐县长看。徐县长又问："你知不知道一亩补贴多少钱？"陈一口接过去答："知道，每亩 13.33 元。"

4 月 22 日上午，县委副书记罗超、副县长廖新明、徐小禾率县粮食直接补贴工作领导小组成员单位负责人，先后到王泗镇庙湾村、蔡场镇新福村的村委会，参加村上的粮食直补兑现会。兑现现场拉着"手中有粮，心里不慌"、"脚踏实地，喜气洋洋"等红色标语和会标，场面非常热闹。乡财政所的工作人员有条不紊地按农民排队的先后顺序，凭镇上发的粮食补贴通知书、个人身份证，在资金发放登记册上签字、盖章或划押，逐笔办理粮食直补资金。罗书记随机问几位领到钱的农民朋友："此时，您们的心里有啥感受？"他们个个喜笑颜开，其中一位老农说："托共产党的福啊！这次粮食直补，农民户户受益。听说每亩农业税还要减少几十元，3 年全部减完，这是自古以来，都没有的好事！"廖副县长分别对两个村的基层干部和乡镇财政所的工作人员提出要求：对农民直接补贴的资金一定要按时、足额兑现到户，务必要做到'五个到户'（政策宣传到户、清册编制到户、张榜公布到户、通知发放到户、资金兑付到户）和'六个不准'（不准抵扣农业税及附加等任何款项、不准拖延补贴兑付时间、不准截留挤占挪用补贴资金、不准擅自改变补贴通知书的内容、不准村组集体代领补贴、不准以任何理由借机增加农民负担）。两个村共兑现 1090 户，面积 3764.20 亩，粮食直补金 50176.8 元。截止 4 月 30 日，全县 28 个乡镇（区），以直接发放现金的方式，共向农民兑付粮食直补资金 400.06 万元，减免农业税 970 万元，兑现农机具购机补贴 20.8 万元。

2005 年，由县农业局牵头负责核定的全县粮食直补面积为 295392.787 亩，补贴标准 16.927 元／亩，直补金额 500 万元，并以县财政局文件将 2005 年的粮食直补资金下到各乡镇，将直补资金足额拨付到各乡镇财政所，由各乡镇采用现金方式兑现到户。

2006 年，按照市上的统一部署，我县采用现金兑现方式全面完成了粮食直补、综合补贴和农机具购机补贴，共发放粮食直补和综合补贴资金 789.79 万元、农机具购机补贴 49 万元。

2007 年，我县农发局积极配合县财政局、信用联社，做到了各项补贴资金在 6 月底前采用"一折通"及时、足额拨付到位，即全县核定粮食直补、农资综合补贴的直补面积为 29.13 万亩，每亩补贴标准分别为 17.162、33.466 元；水稻良种推广补贴面积 28.22 万亩，每亩补贴标准 15 元；油菜良种推广补贴面积 14.5 万亩，每亩补贴标准 10 元；农机购置补贴发放补贴机具 32 台。全县共足额兑现粮食直补资金 500 万元、水稻良种推广补贴 423.32 万元、油菜良种推广补贴 145 万元、农资综合补贴 975 万元和农机购置补贴 49.62 万元，共计补贴 2092.94 万元，农村人均 52.32 元，亩平 67.51 元。

2008 年上半年，已兑现粮食直补资金 500 万元（17.036 元/亩），农资综合购置补贴 2216.09 万元（75.508 元/亩），水稻良种推广补贴 384.43 万元（15元/亩），全县共落实惠农政策兑现补贴 3100.52 万元。其中，农资综合补贴比上年增加 1241.09 万元，增长 1.27 倍。

综上所述，从治理"三乱"（乱集资、乱摊派、乱罚款）到农村税费改革，再到免征农业税以及落实一系列惠农政策，充分说明了我们党十分重视农村工作，非常关心维护农民的利益，采取以工补农、以城带乡，共享改革开放带来的文明成果，为农业生产发展和社会主义新农村建设奠定了良好基础。

山西农村改革

忻县农村推行承包责任制亲历记

刘　耀

1978 年 9 月，我被中共山西省委任命为忻县地委副书记、行署专员。就在那年 12 月，我们党召开了具有划时代意义的十一届三中全会。当时，全国上下掀起了学习贯彻十一届三中全会精神的热潮，省、地、县、公社先后召开会议，传达、贯彻、学习和讨论十一届三中全会公报，出现了思想大解放、人心思进、人心思变的可喜局面。我参加了省委召开贯彻十一届三中全会精神的扩大会议。会上，大家以实事求是的态度，结合实际畅所欲言，气氛非常热烈。在农村工作这个话题上，大家热议的有 3 个问题，也是我一直琢磨需要解决的 3 个问题。第一个问题，"不管白猫黑猫，逮住老鼠就是好猫"对不对？大家一致认为，只要能调动农民的生产积极性，能够发展了生产力，采取什么办法应该都可以。第二个问题，"三自一包"该不该批判？就这个问题，我简要介绍了汾阳县冀村公社实行"三包一奖"（包工、包产、包投资、超产奖励）的经验。1960 年 8 月，时任国务院副总理的邓子恢在省委第一书记陶鲁笳陪同下来汾阳视察。时任汾阳县委书记的我，亲自向邓副总理汇报了冀村公社"三包一奖"的办法，得到了肯定。他说："这个办法好，值得推广。"之后不久，《山西日报》全文发表了冀村公社"三包一奖"的经验，并配合 4 篇社论，予以推广。"文化大革命"时，竟把这个经验当作走资本主义道路的黑办法进行批判。我本人始终不服气，在造反派与我"拼刺刀"的会上我也坚持这个做法没有错，大家认为我坚持得对。第三个问题，自留地能不能稳定？当时在不少地方，自留地放了收，收了放，很不稳定。大家一致认为自留地有 3 个好处，一是补充口粮，二是解决吃菜问题，三是可种副产品作饲料。因此，自留地应该长期稳定下来。

省委扩大会议之后，我一面主持忻县行署的全面工作，一面协助地委书记马如龙同志在地委、县委召开的各种会议上，传达学习贯彻党的十一届三中全会精神。同时我走访了 12 位在职老同志，研究全区的改革发展大计。大家一致认为，农业要发展，必须打破旧体制，推行承包责任制。

1980 年 1 月 9 日，我和武绛贵同志在五台县县长贾树华的陪同下，到台怀镇附近的铜钱沟公社进行调研。公社书记李贵良向我们介绍了基本情况。通过介绍，我们了解到全公社的 11 个生产大队没有一间办公室，许多社员数九寒天穷得穿不上裤子，全公社一年人均 80 斤口粮、35 元钱。这么艰难的生活条件群众怎么生活？当天下午，我们即在铜钱沟大队召开了有地、县、公社、大队部分干部和群众参加的座谈会。会址设在学校，学生停了课，腾出教室让我们开会。

我问大队干部："你们怎么不修个会议室？"

大队干部说："没办法，连肚子都填不饱，哪有钱修会议室。"

我问："人均 3 亩多地，为什么连吃饭问题都解决不了？"

大队干部说："主要是人心不齐，荒了好多地，种地不上肥，上地一窝蜂，出工不出力，人哄地皮，地哄肚皮。"

我问："公社化以前怎么样？"

大家说："多数人够吃，有的户能打粮食五六千斤甚至上万斤，还卖余粮呢。"

我问："怎么样搞才能发展生产多打粮食？"

大家异口同声地说："分田到户保险能吃饱。"

我说："以组承包行不行？"

大家说："比现在的做法好，但不能从根本上解决问题。"

说到这里，我想，公社化一大二公的路子肯定是走不通了。我当即让公社书记在全公社开展以"怎样才能发展生产多打粮食"为主题的全民讨论。讨论的结果，定了两种形式：一是 7 个大队实行土地集体所有、家庭联产承包责任制；二是 4 个大队划小核算单位，以组承包，联产计酬。我们认为第一种形式比较好，第一是坚持了土地集体所有不变；第二是农民有了经营自主权；第三是利益直接，交够国家和集体的，余下都是自己的，能充分调动农民的生产积极性。承包刚 3 天，社员们就把厕所和畜圈里的肥料都掏出来了，这说明实行家庭联产承包责任制调动了广大社员的生产积极性。

1980 年 4 月，我到河曲县进行了调研，以旧县公社小五村大队为突破口推广家庭联产承包责任制。大队干部苗同志思想比较解放，我们一拍即合，很快在小五村实行了家庭联产承包责任制。这一下引起了河曲不少社队干部的反响，有人说："辛辛苦苦 30 年，一夜退到解放前。"我们经过反复宣传党的十一届三中全会精神，总结公社化以来的经验教训，使这部分干部的思想认识有了很大提高，逐步统一了思想。1980 年春，五台、河曲、繁峙、代县、宁武、静乐、保德、偏关等县就有相当一部分生产大队实行了家庭联产承包责任制。

1981 年 3 月间，忻县县委召开三级干部会议，我到会上去宣传实行家庭联产承包责任制的好处。当时有一部分干部思想有抵触，认为是倒退。也有一部分干部认为，家庭联产承包责任制在山区可行，在平川则影响农田基本建设和农业机械化作业。当时正好遇上全省闻名的两个大作家来到忻县，他们问我："刘耀，你搞包产到户是姓'社'还是姓'资'？"我说："不管白猫黑猫，逮住老鼠的就是好猫。"当时的县委书记刘振国同志思想解放，意志坚定，在三干会上做了大量扎实细致的工作，使忻县的多数地方也实行了家庭联产承包责任制。

经过 1980 年、1981 年两年的工作，1982 年初，全地区实行家庭联产承包责任制的核算单位达到 92.6%。大变革带来大丰收，1982 年全地区粮食产量达到 19.3 亿斤，比上一年增产 31%，创历史最高记录。同时还涌现出了人均收入超过 500 元的公社和年产粮食、油料 7 万斤的农户。

2008 年 4 月 5 日，我和武绛贵同志再上铜钱沟走访考察。由于撤社建乡、合并乡镇，原铜钱沟公社所辖的 14 个自然村已并入石嘴乡。乡党委书记白建康、乡长左拴生向我们介绍了全乡的发展情况。2007 年全乡产粮 2318 吨，户均 1 头牛，人均 7 只羊，农民人均收入 1781 元。

下午，我们和原铜钱沟公社党委书记李贵良、主任刘玉清在乡长左拴生的陪同下到铜钱沟村实地考察调研。通过调研，我们得知，28 年来铜钱沟实行家庭联产承包责任制一直没有变。其间，为了进一步稳定、完善、规范家庭联产承包责任制，县政府于 1998 年统一发放了《土地承包经营权证书》，一家一本，明确规定农民承包土地经营权 30 年不变，给农民吃了定心丸。

见证闻喜县农村 30 年的分合

文振西

30 年前，作为闻喜县委秘书、办公室主任，我曾冒着被批判坐牢的危险，亲自总结编发了两个暗里搞包产到户的典型材料。30 年之后，作为参加闻喜新农村建设试点村检查团的一名成员，我又亲自聆听了一位农村党支部书记主动成立专业合作社的经验。时隔 30 年的"分"与"合"，使我不仅惊异于农村改革开放以来的巨大变化，而且从农村经济社会发展的脉络中，清晰地看到了中国农民的坚韧和睿智，看到了党中央思想路线及方针政策的伟大和英明。

两个先"分"的队长

那是 1977 年 11 月，裴社乡南郭村第三生产队的孙炳新从河南平顶山市的招待所辞职回家了。因为当时他在那里学厨师，月薪 20 多元，而队里却规定他这个青壮劳力每月出勤 28 天，得交 56 元。他觉得算不过账，便只好回村务农。不料刚回家就被选成了队长。他用分段承包的办法领着社员整地，觉得既省事又见效，于是第二年便瞒着上面，偷偷将 100.5 亩棉田，与 11 户社员签订了承包合同（比 1978 年 11 月全国最早签订包产到户合同的安徽省凤阳县小岗村早 8 个月）。双方约法三章：一是严守秘密；二是一定要把生产搞好，不能让人挑出毛病；三是年底兑现，决不变更。结果，当年棉花亩产由上年的 25 斤上升到 84.3 斤，增产 2.3 倍，比历史最高年份翻了一番。同其余两个相邻的生产队相比，面积仅为这两个队的三分之一，总产却高出 50.7%。因为霜降之前就完成了合同数，所以为了不惹麻烦，孙炳新干脆让社员将没有摘完的棉花柴拔回去了。后来虽然有人告发，逼他交待，差一点招来了祸端，但是多亏十一届三中全会精神下来了，他才因祸得福，成了乡里和县里的先进典型。公社将他那份皱巴巴盖着 11 个鲜红指纹和生产队印章的合同贴在大门口，用七个大字盛赞"这份合同订得好!"我受县委委托，认真总结批转了这个队的经验，以县委［1978］117 号文件下发，全县迅速掀起一个推行联产计酬责任制的高潮。过了一年，县委又让我编写转发了南郭三队在包产到户后将一家一户不好办、办不了的事由集体统一经营的经验，引导大家宜分则分、宜统则统，逐步完善包产到户生产责任制，促使农村经济稳定而快速地发展起来。

谈及改革开放 30 年来的变化，孙炳新激动不已，感慨万千。他说：过去吃"大锅饭"，队里 1000 多亩地，两三个队长操心，现在一家 10 来亩地，两三个人操心，你看差多少! 农村改革最大的好处，就是一个"包"字，把人心都"拴"到发展上了，所以发展就快多了。拿小麦来说，过去旱地亩产 100 多斤，水地二三百斤；现在旱地亩产 500 多斤，水地 1000 多斤。过去收麦，得一个多月，现在两个小时就妥了。今年我家包了 20 亩小麦，打了 12000 多斤，粜了7000 多斤，每斤 7 毛 5，合计 5250 元，还剩 4000 斤，一年有 1000 斤就够吃了。全家 7 口人，两个孩子：老大在北京房地产公司上班，老二在上海一家麻将桌厂跑采购。女儿和女婿在海鑫钢铁公司搞安装，嫌体力活重，最近转到上海去了。我在家一边耕地，一边给人当厨师，一年挣 1 万多元。……谈到这里，他万分感激地说：过去吃的不好花钱愁，想要创业不自由，现在把人的手脚放开了，本事施展了，只要你肯干，光景想过多好有多好。要不是改革开放，哪里会有今天这好日子!

第二个包产到户的先行者是下阳公社峪堡大队第一生产队队长曹仰文。这个队 41 户，236 人，700 多亩耕地。过去社员上地等打钟，干活一窝蜂，记分"大概工"，分配一拉平，往往是"你看着，我坐着，打不下粮食都饿着"。1978 年小麦亩产 79 斤，棉花亩产 10 斤，每个劳动日只合 2.8 角，还兑现不了；队里欠外债 4000 多元，吃返销粮 2 万多斤。1979 年初，尽管当时中央文件中有"除个别边远山区，交通不便的单家独户外，也不许包产到户"的规定，但曹仰文按照三中全会精神和中央文件中关于"三个可以"的规定（可以按定额记工分，可以按时记工加评议，也可以在生产队统一核算和分配的前提下，包工到作业组，联系产量计算报酬，实行超产奖励），大着胆子，把地分到了农户，实行联产计酬。结果一年见效，粮食棉花大幅度增产，劳动日工分值合 1 元多钱，全部兑现，其收入水平明显高于相邻的两个队。1980 年初，我们用县委 1 号文件转发了这个队的经验，大大推动了全县各种形式生产责任制的建立。这些做法很快得到了省委书记霍士廉和副省长霍泛同志的首肯和支持。《山西日报》等新闻媒体多次报道了闻喜的经验。这里面，曹仰文是带了头、立了功的。

谈到 30 年来的变化，曹仰文的看法是没法比。他说：过去成天讲社会主义方向，其实我们村的方向就是信用社，没有钱就去信用社贷款；过去成天讲社会主义路线，我们村的路线就是粮站，没吃的就到粮站吃返销粮。现在是一心一意谋发展，几乎家家有余粮。有些户，再有三五年都吃不完。全村 176 户，存款最少有二三万。拿结婚彩礼说：50 年代是两身单一身棉，几十元的见面钱；70 年代是自行车，缝纫机，一块手表见面礼；80 年代是落地扇，洗衣机，电视机要买带彩的，双人沙发组合柜，3000 块钱安席费；90 年代是摩托、冰箱、大彩电，三金五金还不算；21 世纪初是，公公当官，婆婆上班，对象学历是个大专，城里房子几间，三大件不说，彩礼还得万儿八千。现在更厉害了：彩电不在话下，要买电脑；摩托不在话下，要买小车；大专不在话下，要达到本科；房子不在话下，要上单元楼。曹仰文说，有领导劝他当村长，他不干，一年养三四十头猪，收入三四万。他发自内心地说，现在农民种地不纳粮，国家还给补贴，看病有合作医疗，孩子上学不掏钱，少数困难户可以享受低保。党和政府为人民把啥心都操到了。真是毛主席领导中国人民站起来，邓小平领导中国人民富起来，江泽民领导中国人民一年一年好起来，胡锦涛领导中国人民一天一天强起来。每年过春节，有卖毛主席、邓小平画像的，一到村里就抢着买完了。群众心里装着我们的党，装着我们爱戴的领袖啊！

一个促"合"的书记

30 年前，农民吵着要"分"；进入 21 世纪，农村又酝酿着要"合"了。去年冬天，薛店镇丰乐庄村党支部书记李温安就向我介绍了他们成立丰乐中药材专业合作社的情况。

这个村 145 户，615 人，耕地 2080 亩。进入 90 年代，在市场经济条件下，为提高农业效率，他们因地制宜，不断扩大药材种植面积，产量由几吨增加到几十吨，每公斤由几元提高到几十元。靠个体商贩一家一户地无序销售，已经适应不了农民的需求。村民刘三师赊账收购了 5 吨远志，到广东盲目销售，赔了 10 万多元。侣炎庆把货发到东北被拐骗，损失 13 万元。在这种情况下，李温安牵头，同 4 名村民合作，自筹资金 10 万元，注册成立了丰乐中药材专业合作社，实行统一经营，民主管理，风险分担，盈余分享。2003 年以每公斤 18 元的价格，收购柴胡 1500 公斤，第二年市场价格跌到 14 元，赔钱 6 万元。合作社经社员同意，将 1500 公斤柴胡全部存压下来，做为股金，延至 2006 年，每斤价格涨到 23 元，每公斤净赚 5 元。大家说，还是合作社力量大，能收，能存，能赚。为此，他们进一步完善和强化了合作社的内部管理和外部营销功能，设立了生产技术、购销服务和财务信息三个科室，确定 9 名工作人员，分别负责技术培训，提供信息，签订购销合同，在广州、安徽、亳州、河北安固等地联系销售。合作社的社员由开始的几户，跨村、跨乡镇发展到 260 户，盖起一个占地 7 亩、建筑面积 960 平方米的办公场所，固定资产和流动资金达 230 多万元。去年，他们对社员生产的 30 万公斤远志，在分户加工后统一验收，统一销售。销售额达 1500 多万元。同时，根据市场需求，又统一购回 3000 公斤柴胡良种，安排了 1000 亩柴胡示范基地，同社员签订了协议书，实行统一采挖，统一加工，统一购销。社员的人均收入由 1500 元提高到 4000 元。在他们的带动下，全县中药材种植户达到 3000 户，种植面积达 4 万余亩，每亩增收普遍在 500 元以上。李温安说：这样的合作社，农民打心眼里欢迎。

"分"与"合"的三点启示

从 30 年前农民强烈要求的"分"，到 30 年后农民自愿搞起的"合"，使我不仅想到"天下大势，分久必合，合久必分"的古语，而且对于如何认识和发展农村社会主义事业的问题受到许多有益的启示。

一、群众是真正的英雄。农民是农村改革发展的真正推动者。孙炳新和曹仰文 30 年前带头"分"和如今李温安带头"合"，从形式上看截然相反，但实质上都突出了一个"宜"字，即宜分则分、宜合则合。

这种"分""合"，不是不顾农村生产力发展的规律，自上而下"切"下来的，而是在不同的历史条件下，当某种体制、机制束缚生产力发展的时候，他们不是从书本出发，而是从实际出发，从解放生产力出发，从农民的利益和意愿出发，首先站出来，带头打破桎梏，创新模式，从而给农村发展带来了希望，创造了生机。尽管他们的学历可能不高，但却有着中国农民特有的坚韧、求实和敢为天下先的创新精神。这种精神是农村改革发展不竭的动力，是完全应该受到保护和尊重的。

二、坚持正确的思想路线是党领导中国强盛起来的根本保证。孙炳新、曹仰文当初搞包产到户，如果上面不允许，也许很快就会扼杀于摇篮之中。如今李温安成立专业合作社，如果没有中央政策的支持，恐怕也搞不成样子。他们的成功和中国农村的巨变印证了一个道理：中国共产党之所以会立于不败之地，核心就在于从总体上说，坚持了一条正确的思想路线。毛泽东本着实事求是的思想路线，走农村包围城市的道路，建立了新中国，把中国人民从三座大山的重压下解放了出来；邓小平在"实事求是"前面，加了个"解放思想"，既没有全盘否定毛泽东，又引导中国人民从两个"凡是"的束缚下解放了出来。农村搞包产到户，就是农民思想解放的一个典型成果。中国改革开放 30 年，其实就是中国人民的又一次思想大解放，生产力大解放；以江泽民为核心的第三代领导集体，在"解放思想，实事求是"后面，着重加了"与时俱进"，提出了"三个代表"的重要思想，把中国特色社会主义事业推向一个新的阶段；以胡锦涛为总书记的党中央，承先启后，继往开来，提出了科学发展观和构建和谐社会，出台和实施一系列的以人为本、统筹兼顾、全面协调、可持续发展的政策和举措，使中国特色的社会主义理论体系更加完善和成熟。

三、按照客观规律办事，是引导农村经济社会发展唯一正确的途径。改革开放 30 年来农村分分合合的实践告诉我们：从我们国家来说，农村是大头，农民是大多数，农业是重中之重。农民富，则国家富；农村稳，则国家稳；农业兴，则国家兴。而振兴农业、建设社会主义新农村的根本途径在于以农民为本，充分尊重农民的意愿，切实保护农民的利益，一切按客观规律办事，一切以农业发展和改善农民的生活为出发点和归宿。如今农村包产到户经历了 30 年的发展历程，不少单靠包产到户解决不了或解决不好的问题，日渐凸现出来。倡导专业合作社，并不是 30 年前强加在农民头上的"合"，而是农村经济发展的规律的一种内在需求。如何在农民自愿的情况下，搞好土地的合理流转，适度地扩大规模经营，全力扶持农村专业合作社这一新生事物，妥善解决"分"与"合"、"统"与"包"的关系，不断促进农村生产力的新一轮发展，是一个带有全局性、方向性的大问题。我们从事农村工作的同志，一定要满腔热情地为之书写美好的答案。

阳泉区农村改革 30 年回顾

董有成

我是"文革"后恢复高考的山西农业大学的首届毕业生，1978 年上学前在平定县的农村老家曾经当过近 4 年的民办教师，1982 年大学毕业分配到阳泉郊区农办，1984 年转入区农业局从事农技推广工作至今。由于从小生长在农村，出农家门，入农学院，吃农技饭，办农业事；父辈是农民，几个兄弟姊妹现在也还一直生活在农村，我自认为是一个彻头彻尾的挣工资的农民。所以说，我是随阳泉农村的艰难改革和发展一路走来的一位相对资深的农业工作者，是阳泉农村改革开放 30 年的最直接的见证人之一。阳泉的农村改革一波三折，步履艰难，现就我自己的认识做一回顾，希望得到有识者的批评指正。

艰难的岁月，奋斗的里程

山西阳泉，这个在中国版图上毫不起眼的地方，在 70 年代随着全国农业学大寨运动的蓬勃兴起，其位置和作用也曾经享誉全国。它作为全国各地到大寨参观的必经之地，农业学大寨运动的桥头堡，可以说沾尽了大寨人战天斗地、名扬海内外的光，大寨人那种敢叫天低头、山让路、河改线、水倒流的大无畏的英雄气概，曾经激励和鼓舞过我的同龄人以及我们的父辈。放眼当时的阳泉河山，到处是移山填沟、劈山改河的农田修造工程。"一天三挑饭，晚上加班干，革命加拼命，累死也心甘"，这在当年可不只是政治口号，而是平定县和阳泉郊区农民生产和生活的真实写照。主食窝头，糠菜充饥，披星戴月，斗私批修，那些痛苦又艰涩的奋斗历程，人们是记忆犹新且不堪回首。

阳泉郊区的温河水库和桃河治理工程，平定县的尚怡水库及南川河的改河造地工程，都是当年具有相当规模、很有气派的农田水利工程。各公社、各大队调集由青壮劳力组成的突击队，自带食粮，自备劳动工具，红旗招展，歌声嘹亮，大兵团劳动会战的场面，那是何等的壮观！在自力更生、艰苦奋斗精神的鼓舞下，靠拼命苦战而修建起的农田水利工程，在今天的阳泉大地上，仍然随处可见。当时修建的大寨田，至今大都是村里的主要农田并发挥着巨大的作用。实事求是地讲，阳泉农村的学大寨运动，在改善农业生产条件方面，还是做出了相当大的成绩的。

改革前的阳泉农村，由于受学大寨和阶级斗争等极"左"思潮的影响，大批判的政治气氛非常浓厚，农民除思想受到禁锢之外，基本的人身自由也难有保障。当时在村里，没有队长的批准，是绝对不能休息或者出村的，而且天天讲政治，日日搞批判，稍有不慎，就可能被扣上"反大寨"或"现行反革命"的帽子。由于实行的是非常模糊的标兵工分制，即一个生产小队评出一个最好的劳力为标兵，挣最高的工分（一般为 10 分，即一个工），其他人分别与标兵做比较而确定每人的分值。农民的经济回报为年底统一结算，以生产队为单位，将当年全队总的经济收入减去总的经济支出后，再除以总投工，算出每个工分值相应的货币金额。记得 70 年代，在平定和阳泉范围内，一般的村庄，其工分值大约在 1 元钱上下，好的村 1 元多一点，差的村只有几角钱。按当时家庭人口、商品物价、粮食统购价格和农民全年做工折算，一般年份每个村都会有一多半的农户为欠款户，即由一个壮年男劳力一个妇女半劳力组成的家庭，只要有 3 个以上的孩子，一般是不会有长款的。这种农民劳动一年而不够抵顶口粮款的事，在每个村都非常普遍。这也是公社化后，特别是学大寨期间，本地农村的一大特色。农民劳力不仅不清楚自己每天的劳动收入，更不清楚具体的劳动时间和强度。每天干什么，干多长时间，全由队长说了算。加班加点简直就是家常便饭。除留有极少量的自留地外，农民家庭基本上没有劳动时间上的自由，更不会有作物种植等方面的自主安排。

我们阳泉，由于受学大寨及其他极"左"思潮的影响较为为严重，土地承包到户的时间相对较晚。就平定县和阳泉郊区而言，大范围的土地到户是在 1983 年、1984 年两年内完成的，由于当时农村干部及大部分农民对家庭联产承包责任制的意义认识不足，分田农户缺乏必要的经营土地的心理准备，许多人没有队长的指派不会耕种，面对到手的土地无所适从。记得 1983 年回平定老家帮助父亲播种玉米，曾和原先我们小队最好的一个扶犁把式争论过这个问题。他一直认为，分地到户做不成，许多人都种不过来的耕地，一家一户怎么能种得过来。由于我当时已经在郊区农办工作，且主要任务就是落实土地承包政策，所以费了许多口舌，也没能说服这位老叔。要知道，当时的农民对村集体是相当依赖的，就说这位老叔，妻子已离婚多年，早年我还是初中生时，在秋忙假里曾经跟他的那犋牛刨过边墙。由于是光棍生活，当时扶犁把式中午是要在地里吃挑饭的，于是这位老叔总是晚上把干粮蒸好，清晨再熬好中午吃的米汤并灌入暖壶里，将干粮烤在火台边，以便我们挑饭的小工能够顺利地为他把饭带去，相当的清苦和困难。可就是这样一位老实厚道的光棍农民，在分田到户的当年，作为我村最好的扶犁把式，无论给谁家耕种，面对每家都是好饭好菜款待的优厚待遇，竟然怀疑离开集体后农户对土地的耕种效益和劳动热情。由此可见本地农民当时的思想境界和认识水平。

当然，怀疑和彷徨总是短暂的，经过不到一年的运作，阳泉农民就习惯了这种自主种植、自我管理的劳动形式。他们用较少的劳动时间，通过高效率和不违农时的田间作业，取得了非常理想的收成，为家庭联产承包责任制在阳泉农村的落实提供了极好的佐证。

改革的年代，多彩的生活

阳泉农村土地承包责任制的落实，在全国范围内是比较晚的。当时实行的是大包干的形式，即先将全生产小队的土地分等论级，好劣搭配后，按家庭人口的多少，分成相应级次的份子，再按当时的家庭人口数，用抓阄的办法决定相应土地搭配份子的归属。由于当时主要考虑的是土地分配的公平和合理，唯恐造成分配上的争吵，所以大部分村庄都是照顾了土地的优劣而没能考虑地块的相对集中，形成了一户人家的土地东山二分、西坡半亩的零散分布现状。这种分配方式当时并没感觉有什么不妥，但对以后的作物种植，特别是近年里经济作物如果树、蔬菜等种植结构的调整形成了非常大的影响，许多村至今都没法予以调整。

就阳泉郊区而言，当时有些村的集体经济具有一定的基础，如商品菜地、果园、大牲畜、大型家具等，由于这些农业生产资料难以均摊到户，所以这些资产大都留了下来，于是许多村里都留有集体统一管理的林业队、蔬菜队、骡马社等集体组织。当然，随着农村改革的不断深入，这些大锅饭时期的东西终究不会长久，一般在90年代初也就自行消亡，大多以承包或拍卖的方式归属农户。

现就改革后阳泉农村及农民表现出来的一些崭新的东西加以剖析，以展现阳泉农业新时代的发展亮点。

改革前后两重天，潇洒自在村中仙　土地承包到户后，和以前最大的不同点，在于农民自主拥有土地以及自由支配自己的劳动时间。虽然土地最初到户后，许多人家无所适从，不会耕种，不知农时，也不会安排作物茬口，许多农活不知从何下手。但不懂可以问人，不会的农活还可以请种田好手来做。记得在我的老家，一个原来集体耕种时的技术老农，分田后可吃香了，因为此人犁耧耙盖样样通，耕种锄刨全在行。于是分地后请他指教的农户非常之多，到谁家都是好酒好菜地招待着，我前面讲到的那个耕地把式也是如此。也只有到这时，种田技术才真正被人们所追捧，种好地多打粮也才完全成为农民的奋斗目标。以往那种被动混工、出勤不出力的现象不见了，代之出现的是人人向往技术、家家追求效益的主动劳动姿态。农忙时节，如播种或收获季节，一般是以家庭为单位，男女老幼全出动，加上相互换工或帮工的其他人等，往往一户农田里的出工人数就相当于集体时的一个小队。农闲时各农户的主要劳力大多就职于工矿企业，就是去地里也往往是上午早出早归，下午晚出晚回，趁凉爽干活，凭心情动弹，潇洒自在，忙闲有别。和集体管理时被动劳动、心情压抑的景况相比，包产到户政策的落实，那才真正让农民找到解放了的感觉。他们是土地真正的主人，是谁都管不着的山村神仙。

从工从农我安排，勤劳致富巧挣钱　什么是真正的劳动效率，农民的劳动热情到底有多高，这些问题也只有在土地承包到户后才能显现出来。同样是那么多的土地，集体耕种时，几乎每年都是春天种不进去，夏天锄不出来，秋天收不回家，晚秋又耕不完地，冬天又要进行热火朝天的农田水利基本建设。自从土地承包到户以后，农户自主经营，自我理财，自愿寻求各自的挣钱门路和劳动职业。这时的阳泉农村，由于土地下放后正好空出了众多的精壮劳力，而以矿藏采掘、耐火材料为主的阳泉乡镇企业也正处于蓬勃发展阶段，这两者的结合，不仅成就了当年辉煌一时的乡镇企业，也为精壮劳力从工挣钱提供了机会，让阳泉农民真正尝到了兴工致富的甜头，使农户积累了一定资金，在山西省范围内率先实现小康，走向富裕。

由于大部分的男性劳力都在乡镇企业做工挣钱，农田劳作就主要是妇女和老人的事。说也奇怪，原来全村人都耕种不过来的土地，在每家每户的妇女和老人手里，也就是利用早晚相对凉爽的时间，被经营得井井有条，既不违农时，还不显忙乱。当然，农忙时全家的所有劳力，包括亲戚、朋友是都要下地帮忙的。于是，土地下放后，就再也没有出现过春种不进、夏锄不出、秋收不回的现象。一般是只要几天时间，闲地就成绿苗，熟秋又变闲田，其播种和收获的速度快得惊人。

不交农税不纳粮，种粮享补有　今天80年代初的阳泉农村，虽然对农户下放了土地，但许多重要的农业生产资料，如上所述的果园、菜地、牲畜、大型农机具等，还保留在原来的大队和后来的村委会（即所谓的村集体）手里。为了发展本村或本乡的集体经济，如村、乡办企业等，许多乡村都曾经对本乡村劳力的外出打工加以限制，如规定出外劳力一年上交村委会的钱数等，再有就是任意支配和挥霍村集体的资金和财产，单方面增加村民义务投工的数量等，视村民为草木，对组成集体经济的农户极不尊重。

严格地讲，阳泉农业在改革开放后确实也取得了相当大的进步，但由于本地的自然条件所限，即石多土薄、土地不好及矿藏资源较为丰富的事实，改革后农民获取的最大利益就是劳动投向的自由。事实上大部分农家也都是从企业打工上挣回了较多收入，而农田的种植模式则主要是玉米和谷子，利用作物优良品种的增产潜力，丰年多打点，歉年少收些，大的变化，如以经济作物种植为标志的商品农业等形式非常稀少。打下的粮食除满足自家消费外，许多村庄仍沿用玉米来兑换白面的以物易物方式，以改善家庭的食物构成。这种花钱靠打工、吃粮靠河北小麦的现象，是阳泉农村的特点，也是地理条件和自然选择的结果。

随着中央对农业投入的加大，特别是近年里许多惠农政策的不断落实，阳泉农民的思想终于得到了彻底的解放。最先是农村的税费改革，取消三提五统，取消两工，相继又取消了建国以来一贯施行的农业税征收，再后来就是逐年增加的对种粮农户的资金补助。应该说，中央对农民和农业确实是给予了较大的政策和资金扶持。阳泉农业在新政策的鼓舞下，也还是有了一定的起色。可是客观地分析阳泉的农业生产条件，实事求是地讲，靠补助来激发农民种粮热情并兴农致富的发展空间毕竟有限。要解决整体农民的富裕，还必须在综合开发、劳动力转移等方面寻求突破。就阳泉农业来说，因为土地较少，又多为旱坡地，就必须走调整种植结构，发展商品农业的路子，鼓励农民发展蔬菜、果树等经济作物，用先进的农业科技知识，挣商品农业的大钱。

农民进城住楼房，有钱照样能升天　在土地承包到户后的很长一段时期内，阳泉农村对村民外出打工是采取限制措施的，这和今天中央鼓励农民进城务工、倡导农村劳动力向城市转移的政策是存在较大差距的。这一方面是因为本地农村当时已建有一定数量小企业，需要本地较为廉价的劳动力，更主要的还是由于思想解放不够，对农民的创造性和致富能力估计不足。不过，随着国家各项农业政策的相继出台，阳泉农民的思想活跃程度和外出打工热情一点都不逊于外地。也正是因为阳泉这个矿藏资源丰富、挣钱门路较多的区位优势，完全放开手脚的农民，特别是农村中头脑灵活、思想解放的那些中青年，离开集体，自谋生路，跑运输，开商店，包企业，开矿山。实际上没有几年，农村中的一部分人就率先实现了一定程度的富裕，有些已走入"老板"的行列。

从发展的眼光看，阳泉农村在新中国的岁月里实际上经历了三个阶段。

其一是计划经济年代的苦干苦熬，那时候农民罪没少受但相当贫穷。

其二是改革开放的前20年。虽然已实行了土地承包等政策，但由于本地的乡村干部醉心于发展乡镇企业，其目的主要是为了发展和壮大集体经济，真正的农村劳力只是在企业里挣了点小钱，虽然也曾经在山西农村率先进入小康行列，但就是有钱的农户，也只能满足盖一套新房和娶媳妇等一般性花销，更多的利润则被用来新建企业和维持集体的诸多消耗。这个阶段的主要特点就是农村新宅院的增多和部分有资源村庄的相对宽裕。

其三就是进入新世纪前后的近10年。随着国有大中型企业的改造升级和我国市场经济体制的不断完善，特别是那些80年代一轰而起的粗放型、高污染的中小企业的全面垮台，阳泉农村赖以骄傲的集体经济框架实际上已不复存在。这时的阳泉农民，才可以说是真正进入市场经济的大潮，同时也涌现出了许许多多的能人和精英。当然，由于竞争、机遇、胆略、关系、资金、辛苦等方面的不同，农户间的富裕程度确实存在较大差距。

近年来，随着阳泉城市近郊房地产开发的扩张和小城镇建设的升温，加之政府及舆论的宣传推介，特别是农村撤点并校政策的实施，农民进城买楼、山村向城镇集中的浪潮非常得迅猛。由于年轻人大多向往城镇生活，羡慕楼房的清洁和煤、暖气配套等，所以只要家庭稍有积蓄，他们就要举债消费、借钱买楼，抢抓政策和市场的机遇，急于完成由农民向市民的转变。

如今的阳泉农村，所有时髦的事情都能找到市场，旅游、休闲、娱乐，干什么的都有，生活消费和城市基本上没有多大差别。记得一次下乡，听一位村民讲过这样一句很经典的话，说现在的农村是"除了打麻将没做的，除了吃白面没吃的"，此话虽然有调侃和讽刺的意思，但也足以说明现在农村的相对富裕和潇洒自在。还有一个退休后住在村里的老人对现在农村政策的评价也相当实在，说："现在的农民，只要不懒就不穷。"

亲历太原市南郊区的农业改革

高 华

  1978 年 1 月，我担任了太原市南郊区委副书记，主要分管农业。当时，农村集体经济在以阶级斗争为纲、坚持继续革命和一大二公的人民公社桎梏束缚下，"干活一窝蜂，劳动没精神"；农忙时"一出勤两送饭、十个小时地里干，晚上还要加班干，强迫命令加扣罚，动不动还要受批判"，就这样劳力还是不够用，不少社队农忙时还要"中学小学放假，社队企业关门"；分配时，"干多干少一个样，干好干坏平均分"。这种体制，造成农村粮食产量低，社员缺钱花，群众憋的一肚子气，干部忙的团团转，但都不敢越雷池一步。农村经济处于缓慢爬行的穷社会主义阶段。

  1978 年年底，党中央召开了十一届三中全会，作出了改革开放的战略决策。改革的春风吹到了农村，一些先知先觉的大队和生产队干部，从 1979 年就开始不声不响地试探着进行农村经济体制改革。有一个大队，实行定额记工，克服了"干活一窝蜂，出勤不出力"的问题，但没有解决了出力不求质量的问题。这个大队的一个生产队，下设作业组，生产队对作业组实行定劳力、定地块、定产量，以产评奖的经营管理制度，作业组和社员的生产积极性高涨，粮、菜产量和收入都比其他队高。大队党支部从中得到了启发，他们认识到要让社员不仅关心劳动所挣的工分多少，更要关心分配时的报酬高低，才能调动社员的生产积极性。这个大队在坚持生产队"五统一"的前提下，由生产队对作业组实行定劳力、定地块、定种植计划、定产量收入、定投资、定报酬、超产奖励的"六定一奖"产量责任制，并由生产队和作业组订立合同，用合同制保证责任制，调动了广大社员的生产积极性。比如，掏茅粪的茅桶，过去是生产队一年买一批，现在社员们说买一次能用 5 年；过去施化肥不捣碎，现在是捣碎还要过筛子；过去是干活各顾各，现在是社员对干活不求质量的人要进行帮管。还有的大队，大胆地把土地承包到户、运输承包到人，社员非常欢迎，生产积极性空前高涨。区委及时总结了他们的经验，在全区传播，很快就有 55 个大队建立了包工到组的联产计酬责任制，这些大队开始出现了剩余劳力，有的出外打工，有的搞起了商业服务业，有的成了养殖、加工、服务专业户，私营经济在农村开始兴起。

区委在总结经验的基础上，召开区、公社、大队、生产队四级干部会议，交流经验，典型引路，推广包工到组的联产计酬责任制。会后，各社队进一步解放思想，从实际出发，建立各种不同形式的生产责任制。这年 8 月，秋种小麦时，全区 453 个有小麦播种任务的核算单位，有 408 个建立了各种形式的生产责任制。

就在这年 10 月下旬，我到北京参加农业部干部培训班北京农业大学班的学习。在 4 个月的学习中，除学习农业科学知识外，农业经济管理课主要是学习经济规律。期中考试，农经考试是以《联系实际说明经济规律》为题写一篇论文。我根据 1979 年南郊区农村改革的典型事例写了一篇论文，题目是《产量责任制是符合按劳分配规律和物质利益原则的》，受到农业部领导、培训班领导和教授的肯定与表扬，也使我对农村经济体制改革有了进一步的认识。1980 年 2 月培训班结业回到南郊区，同区委领导、农工部同志一起对农村建立责任制进行调查研究，不断推广建立生产责任制的典型经验。这年 10 月，根据中央和省、市委的要求，区、社两级派出 300 余名干部，下乡住村，组织干部和群众学习讨论农村经济体制改革的文件和经验。区、社两级领导亲自动手，调查研究，总结了 90 多个生产队建立生产责任制和发展专业户的典型材料，并以公社为单位召开了公社、大队、生产队干部参加的三级干部会议，对基层干部进行了一次培训，全区的生产责任制向前发展了一步。全区实行联产计酬的生产队，由此前的 35% 增加到 54%

农村经济体制改革仍在不停步的向前发展。据 1981 年 7 月底统计，全区 628 个生产队，建立的生产责任制主要有六种形式：一、专业承包、联产计酬的 195 个生产队，占 31.05%；二、包产到劳的 55 个，占 8.8%；三、包产到组的 88 个，占 14%；四、包产到户的 1 个，占 0.5%；五、田间管理责任到人、连续包工、定额计酬的 211 个，占 33.6%；六、小段包工、定额计酬的 78 个，占 12.4%。除以上六种外，还有两田制（口粮田、责任田）等，但为数很少。在生产队总数中，实行联产计酬的占 54%，不联产的占 46%。在建立农业生产责任制的同时，林业、牧业、农机、农电、工副业也建立了承包责任制，干部也建立了岗位责任制。全区164个林业单位，建立责任制的有137个，占83.5%；牧业228个单位，建立责任制的217个，占95%；农机563个单位，建立责任制的有483个，占80.7%；农电226个单位，建立责任制的有135个，占59.7%；工副业795个单位，建立责任制的有759个，占95.4%。全区226个生产大队，建立干部岗位责任制的有113个，占50%。

从全区来看，当时是以专业承包、联产计酬和田间管理责任到人为主要形式，其次是联产到组、"三小五定"和联产到劳等形式。从当时的实践和发展趋势看，尽管当年生产周期尚未结束，群众还没有能从分配结果的比较看到不同责任制的优劣，但从生产过程各项作业的完成情况看，联产的比不联产的好，产量承包到户的又比产量承包到组的好，实践进一步激发了农民群众要求土地承包到户的积极性。群众反映："定额计酬难实行，三小五定挂了名，实际还是记出勤，多劳多得行不通"；"实行包工责任制，实际是平时打混工，忙时小包工，这种责任制实际上是没有责任制"；实行包产到队、到组责任制是"大锅变小锅，还是和子饭"；两田制是"顾了口粮田，丢了责任田"。

1981年5月6日，省委发出《关于搞好农村基层干部训练的通知》。通知指出，搞好农业生产责任制，是农村人民公社生产关系的一次大调整，是农村集体经济中肃清错误影响的一个重要方面，对巩固集体经济，发展农业生产极为重要。但是，由于农村社队干部长期受"左"的影响，对实行责任制的重大意义认识不足，对十一届三中全会以来的有关农业方面的方针、政策理解不深，害怕重犯历史上所谓右的错误，同时由于生产责任制是新事物，一些同志对如何具体执行缺乏办法，所以，农业生产责任制还没有普遍地建立起来，已经建立起来的还急需加以巩固完善，特别是对包产到户和联产到劳还放不开手，很不适应农业发展和广大社员的要求，因此，在基层干部中，以中央（80）75号文件、中央（81）13号文件和中办（81）14号文件为主要教材，利用农事空隙时间，进行一次普遍培训是十分必要的。

根据省、市委指示精神，区委主要领导认为，训练社队干部、区委"一班人"，首先要提高认识，统一思想，在认真学习中央文件的基础上，按照"实践是检验真理的唯一标准"的理论原则，联系南郊区推行农业联产承包责任制的实际，进行了深入的讨论，取得了共识。南郊区农村建立生产责任制，从1979年出现，1980年开始推行，虽然取得了一定进展，但和全国、全省先进地区相比，还是比较落后的，究其主要原因，一是区委受"农业学大寨""左"

的影响较深，还没有得到彻底清除，对推行农业生产责任制认识上不去、思想解放缓慢、决心不大，怕搞过了头，犯右的错误；二是强调南郊靠近城市，人多地少，机械化程度高，多种经营比较发达，集体经济巩固，不适宜搞联产承包责任制，搞联产承包责任制是贫困地区的权宜之计。实际上南郊区只是城边少数生产大队比较富裕，其他大多数生产大队还是贫困的；三是没有真正深入群众，倾听群众呼声，对群众真正拥护的责任制形式，没有认真推广；四是由于生产责任制是新事物，多数干部对如何具体实施缺乏办法，也没有及时进行引导。这四条，导致区、社、队三级干部中普遍存在思想阻力，正如群众说的，责任制是"两头热，中间凉，上面放，群众想，干部中间挡，一台好戏没法唱"。当时大队、生产队干部中存在的思想认识问题主要是：有的干部对实行农业生产责任制持怀疑态度，特别是联产到劳、包产到户责任制，认为这样做是复辟倒退，是走回头路搞单干，背离社会主义方向，不符合社会主义共同富裕的原则，集体经济就是就要集体在一起，不在一起，还算什么集体；有的干部认为南郊条件好，没有不温不饱问题，搞不搞责任制都行；有的干部认为，实行生产责任制，特别是实行了联产到劳、承包到户责任制，干部难当、社员难管、机械化发挥不了作用，"社员有了自主权，干部丢了手中权"。

这些思想认识问题的解决，既不能强迫命令，又不能搞"一刀切"，只有通过培训，认真学习，正确引导，教给办法，才是行之有效的办法。遂决定对社、队干部进行一次较长时间的培训，于1981年7月28日发出了，《关于举办公社、生产大队干部训练班的通知》，训练班从8月5日到9月4日，分两期举办，每期15天，参加培训的干部是公社党委书记、分管经营管理的副书记或副主任、经营管理专管员和生产大队党支部书记、大队长、会计，共716人。参加培训的党、团员都要带临时组织关系，通过组织生活会，保证培训达到预期目的。训练班由我主持，每期训练班分为四个阶段进行，即：动员、学习文件；典型引路；教给办法；明确建立责任制后的党支部如何开展工作、财务如何管理和如何大力发展多种经营。这次培训，基本达到了提高认识、统一思想、学会办法、加强工作的目的。

训练班结束后，各公社采取以会代训的办法，又培训了公社、生产大队、生产队所有干部2376人。各公社和生产大队，都召开了干部会、党团员会、户主会和群众会，宣讲了建立生产责任制的重大意义和具体办法，从而解除了顾虑，稳定了人心，为推行土地承包到户责任制奠定了思想基础。各个生产大队都把选择责任制形式的权真正交给农民群众，全区有142个生产大队召开了社员大会、84个生产大队召开了社员代表大会，由社员民主讨论，确定1982年的生产责任制。区、公社干部训练班结束后，区委责成我带领工作组，先后在北格公社和三贤、梁家庄生产大队，搞土地承包到户试点，以取得经验、以点带面。通过区、社两级对干部的培训和发动群众，全区628个生产队，有591个生产队确定了1982年的生产责任制形式，占生产队总数的94.1%。其中，专业承包、联产计酬的202个，占34.1%；联产到劳的188个，占31.8%；包产到户的35个，占5.9%；大包干的68个，占11.5%；两田制的12个，占2.1%；小段包工、定额计酬的86个，占14.5%。

1982年9月，区委一班人经过认真学习党的十二大文件，思想进一步解放，基本统一了对土地承包到户责任制的认识。从10月起，全区开始大面积推广土地承包到户责任制，由于这种责任制合乎实际，顺乎民心，加上本地典型引路，借鉴外地经验，所以进展比较顺利。到1983年5月，全区518个生产队中，实行大包干责任制的有407个，占78.5%；实行包产到劳的1个，占0.2%；实行联产到户的10个，占1.9%；实行专业承包、联产到队（组）的97个，占18.9%；还有1个生产大队的3个生产队，仍然实行"三小五定"，占0.6%。当时的大包干、联产到户责任制，就是后来的土地承包到户责任制。这就是说，到1983年，全区518个生产队，实行土地承包到户责任制的已经达到417个，占生产队总数的80.5%。随着大包干和联产到户责任制的实行，农村出现了大量剩余劳力，很多社员千方百计寻找生产门路，发展家庭多种经营，集体和有关部门在资金、物资、技术等方面给予扶植和支持。两个积极性结合到一起，带来了专业户、重点户的迅速发展，全区"两户"达到13285户，占总户数的26%。此后，大包干推行面继续扩大，到1983年底，全区只剩52个村实行的是统一经营、联产到组生产责任制。1984年初，党中央发出一号文件，区委按照一号文件精神，对这52个村进行具体帮助，取消了"二锅饭"，实行了大包干。至此，全区普及了家庭经营的大包干责任制，"交够国家的，留够集体的，剩下全是自己的"。这种大包干责任制，随着国家粮食经营体制的改革，大包干责任制就变成了现在的土地承包到户责任制。这种生产责任制，农民满意，生产发展。据当年6月底统计，全区"两户"已达到20606户，占全区总户数的39.5%。全区"两户"1984年收入预计可达8686.4万元，"两户"的人均收入可达843元，均比学大寨时期提高了几十倍。在此同时，区委下大力抓了农业生产责任制的稳定和完善，延长了土地承包期，给农民吃了"定心丸"，进一步完善了统分结合、双层经营。

　　南郊区推行土地承包到户责任制，从 1979 年起步，到 1984 年上半年，经历了 5 年多时间，基本完成。在土地承包到户责任制推行的同时，已感到了一大二公的人民公社管理体制与土地承包到户责任制很不适应，人民公社改革势在必行。

　　1983 年初，中共中央发出一号文件指出：人民公社的体制，要从两方面进行改革。一方面是实行生产责任制，特别是联产承包制；另一方面是实行政社分设。并指出：政社合一的体制要有准备、有步骤地改为政社分设，准备好一批改革一批。彭真同志在《关于中华人民共和国宪法修改草案的报告》中指出：改革农村人民公社政社合一的体制，设立乡政权。人民公社将只是农村集体经济的一种组织形式，这种改变将有利于加强农村基层政权建设，也有利于集体经济的发展。

　　区委、区政府领导经过学习讨论认为，1958 年人民公社化 25 年来的实践证明，政社合一的人民公社体制有不少弊病，一是容易产生强迫命令和瞎指挥，侵犯集体经济组织的自主权，削弱党的领导、削弱基层政权建设；二是"三级所有，队为基础"，使"一平二调"合法化，加重农民的负担；三是"一大二公"为搞"穷过渡"、"大锅饭"和平均主义开绿灯，不利于实行科学的经济管理和建立严格的生产责任制。并决定由区、社两级干部组成工作组，在区委的直接领导下，由我带领试点工作组到北格公社进行政社分设的试点工作。

　　当时北格公社辖 18 个大队（即 18 个自然村），79 个生产队，有 6840 户（农户 6462 户，非农户 378 户），人口 29434 人（农业人口 28651 人，非农业人口 783 人），耕地 67292 亩。北格地区在 1956 年以村办起了高级农业生产合作社，社长代替了村长的职能；1958 年成立了北格人民公社，实行"政社合一"的管理体制。1983 年，全社 79 个生产队，有 77 个实行了大包干到户责任制，专业户、重点户大量涌现，相应地有了进一步发展生产力、提高劳动生产率、提高经济效益、增加农民收入的迫切需求。人民公社政社合一的管理体制，已不能适应这个客观要求。主要表现在：一、政社合一的管理体制，不利于维护实行了以家庭经营为基础的大包干责任制农民的自主权，不利于搞好统分结合、双层经营，不利于对农户实行产前、产中、产后的服务，再靠行政命令和行政手段直接干预和指挥生产，必然阻碍生产力的发展。二、政社合一的管理体制，不利于实行科学的经济管理。长期以来，党政不分，政社不分，没有一套专门机构搞服务，不利于培养专业化、知识化人才，不利于贯彻农业一靠政策、二靠科学的方针。三、政社合一的管理体制，不利于加强党的工作和农村政权建设工作。由于长期以来，党、政、社不分，党委、党支部领导成员成天忙于日常事务，削弱了党的思想建设和组织建设，削弱了基层政权建设。四、政社合一的管理体制，不利于建立严格的经济责任制。由于不是由经济机构管理经济并承担经营好坏的责任，而是由党政机构、党政干部管理经济，如果指挥错误造成经济损失，却不承担任何经济责任；一个干部什么都管，也很难分清职责和建立严格的经济责任制。因此，现在这种管理体制已经不适应大包干责任制和"两户"发展的客观形势。五、政社合一的管理体制，不利于根据市场需求发展生产和多种经营。长期以来，政社合一机构，只着重抓农业生产，缺乏根据市场需求搞好对农户的服务。对政社分设，干部中也存在着一些不同认识和思想顾虑，有的认为分不分一样，分开也是多挂一个牌子；有的担心分家分了心，指挥不灵；有的怕职务调整，影响工作情绪。

试点工作组到北格公社后，从5月4日到14日，同公社、生产大队干部一起，认真学习了《宪法》和中央1983年一号文件，并到太谷县阳邑乡学习建乡试点经验，以提高认识、统一思想。为使干部、群众正确认识政社分设的重要性和必要性，还印发了一个宣传提纲，组织干部学习，派出干部进村、到户，深入田间地头进行广泛宣传。在广大干部、群众提高认识、统一思想的基础上，从5月15日到5月30日，进行村民委员会和村联社的组建工作，制订和完善村规民约和其他规章制度，同时制订了镇党委、镇政府、镇人民公社的组建方案、职权范围和工作条例。到6月10日，实施组建方案，召开了镇党员代表会、人民代表会、社员代表会，选举产生了北格镇党委、北格镇人民政府、北格镇人民公社三个领导班子，制订和完善了必要的规章制度。到6月15日，北格公社基本完成了政社分设的试点工作。

1984年，区委、区政府根据《宪法》、《党章》的有关规定和中共中央、国务院《关于实行政社分开建立乡政府的通知》、中发（1984）1号文件《关于1984年农村工作的通知》以及省、市关于实行政社分开，建立乡党委、乡政府的指示精神，结合北格试点经验，制订下发了《关于实行政社分开建立乡党委、乡政府的方案》。方案规定乡镇规模以原来公社的管辖范围为基础，实行乡镇领导农村的体制，村民委员会下设若干村民小组。在乡镇党委、政府领导下，各地可根据当地的实际情况，设立若干个公司或生产服务中心，形式可多种多样，不搞一个模式，不能与乡镇党委、政府形成平行机构。从4月29日起，经过宣传发动，召开乡镇党代会、人代会进行选举。在5月8日，全区完成了政社分开，建立了党委、乡政府的工作。南郊区的人民公社从1958年8月成立，到1984年5月，延续了25年又9个月，终于结束。

润城公社初搞包产到户的日子

裴余庆

    1978 年春，我复员回乡，在阳城县润城公社干"十大员"中的通讯报道员，后来又兼了理论教员、经营管理员。当时 20 来岁的我，每天无忧无虑，就是吃不饱肚子。公社食堂晚饭是一人两碗清汤面，头碗是有汤有面，二碗就成了有汤无面，我常常半夜里被饿醒。一个长我两岁的同事告诉我，用膝盖顶住小肚睡，就能一觉睡到天亮。

    这年年底，党的十一届三中全会召开了，可我们那里动静并不大，只是学大寨降温了，加大了劳动管理，开始落实"三级所有，队为基础"的管理体制，大队一级核算纷纷下放到生产队一级。1979 年秋，一些生产队搞开了小段包工、定额计酬。

    1980 年春的一天，河头大队主任侯小林来到公社，说他在自己包点的范家庄生产队（一个不足 10 户的自然庄）搞起了包产到户。他说："生产队的管理，什么法都试过了，只有这个法灵。你们有时间去看看，现在家家户户不用你叫，就早早上了地，可是撅着屁股真干呢！"他问我上边有啥精神。我说，今年《红旗》第一期就登了大理论家薛暮桥的文章，讲到了"因地制宜"，也讲到了"要补课"。之后我还把这篇文章翻出来让他看。他看后说，这下心里就有底了。他走后，公社的同事告诉我：你可别听他瞎吹，他是 1962 年压缩学校时从中专压回来的，有文化，鬼点子多，贼胆也大，前两年就在咱公社当事务，县委书记下乡，他端了一碗玉米面疙瘩，说让书记吃个稀罕，书记吃了反胃吐酸水还说不出口，不两天公社就把他打发了。我说，不管他那个，只要地里能打出粮来，社员能吃饱肚子，就是他有能耐。

后来，侯小林又来了几次，公社大院里的大干部都不表态，只有我官最小、年纪最轻、饭量最大，又自恃懂得上头的精神，常在大小场合为他鼓吹。公社大门外的信用社干部王国华是搞农村管理的内行，也说侯小林的办法好，积极为他筹划。夏初，公社组织检查生产，果真数这个生产队的庄稼长得好；麦收时，竟比其他生产队多收了两三成，大伙嘴上没说，心里可都服了。

河头大队的社员都活动开了，也要走范家庄的路子。河头是公社书记的点，书记何尝不想社员生活得好一些。我常在书记耳边吹风："包产到户是个好办法，是个灵方，是发展的方向。"而一些公社干部却说：上头精神只是允许边远山区、山庄窝铺那些落后地方搞，像咱这样先进的地方搞不得。我反驳道："毛主席老人家《愚公移山》的太行山、王屋山都在咱跟前，咱连肚子都吃不饱，还能算啥发达地区。"书记说："干！咱先在河头大队搞个试点。"秋收前，书记带着我们在河头丈量土地、核实产量、签订合同，准备秋收后就各干各的。

10月的一天下午，我们接到通知，要全体公社干部在晚上广播结束后收听地委紧急电话会。地委的电话会直接开到公社，还要公社全体干部参加，大家还是第一次经历，都预感到肯定是出了大事。

电话会上，地委书记严厉批评了一些社队大搞包产到户的问题，我第一次听到了"辛辛苦苦30年，一夜回到解放前"的惊人话语。地委会后县委会接着开，援藏归来的老县长哽咽着说："下乡时，一位老贫农拉着我的手哭着说，我们跟了共产党几十年，怎么忽然就不管我们了。"一晚上，公社书记手握着电话，额头上不住地渗出汗珠。电话会后，公社党委立即作出决定，迅速纠正河头大队的错误做法。

作为党员，组织的命令必须无条件执行。第二天，我即随书记来到河头，为了避免引起大的混乱，我们要求各生产队组织农户在原包产基数不变的情况下，自愿结合成组，每组不少于3户，实行联产到组。公社干部一人包一队，白天跟着秋收，晚上完成联组任务。

我所在的生产队，多数农户都没意见，大伙知道联产到组实际上是以包产到户为基础，各户基数不变，只是找几个伴在农忙时或"检查"时互助。多数农户很快就结成了伴，找到了自己的小组。最后只留下了3户，恰是兄弟3个。原来这家兄弟精明过人，在集体干活时，总是说得好听，干活不出实力，爱讨个小便宜，到分组时谁也不愿和他们搭伙，他们自家也不愿合伙。妯娌3人吵成一团，要生产队长给他们找组。我只好请生产队长把他们叫到一起商议，我说："三家哥嫂，是咱们能干，他们都怕拉了咱们的后腿，占了咱们的便宜。咱们是一家人，为什么不能来个'强强联合'？何况咱这个组是各人负各人的责任，宜分则分，宜合则合。"显然，这三兄弟也感觉到了自己的尴尬，于是老大挑头，勉强结成了一组。第二天一早，我们就完成任务回了公社。大伙心里全都清楚，河头大队是"名组实户"。第二年，河头产量果然在全公社领了先。

直到1981年春天，我才看到了1980年9月27日中央印发的《关于进一步加强和完善农村生产责任制的几个问题》的通知。中央提出了对于包产到户应当区别不同地区、不同社队采取不同的方针，并没有指责包产到户的意思，并特别指出："包产到户是依存于社会主义经济，而不会脱离社会主义轨道的，没有什么复辟资本主义的危险，因而并不可怕。"

到1982年底，全公社实行了以包产到户为基本形式的责任制，填不饱肚子的日子一去不复返了。

宁固公社历史大变革的开始

雷秀堂

1978年12月5日，我由平遥县辛村公社党委书记改任宁固公社党委书记。第二天，便奉命从老家平遥县北姚村，骑着自行车来到宁固公社所在地宁固大队。至于行李、衣服和书籍，随后由本公社供销社采购小组的运货马车往回捎。

县委调我来宁固，为的是完成县里的一项人事安排，让我接替在这里工作的郝培双书记。

郝培双是最近召开的人代会上安排的县检察院的检察长候选人。他是建国前就已参加工作的老同志，1970年8月到3202工地带民工时，是二营营长，我是副营长，算是我的老领导了。

很巧的是，和老郝搭班的公社主任成建国同志，也曾在3202工地当过连指导员，在太行山上与我并肩奋战过3年多，这次我来宁固，他还当他的公社主任。

走马上任，我已不是大姑娘上轿，惯例是受到欢迎、就职演讲，完全是一颗平常心。就在我开始进入宁固公社工作不久，国内政治环境使我察觉到：在宁固，面临的农村政策，既不同于过去我在千庄，也完全有别于刚刚离开的辛村。

1978年12月中下旬，以后才知道，它在中国历史上绝不是一段日出日落的平常时日。这个月召开的党的十一届三中全会，开创了有中国特色社会主义道路。全会发表的公报，让我这个学过马克思主义基础理论的人预感到：此后的中国，将会进行一场深刻的变革。历史性的会议昭示人们：要想把事情办好，把路子走对，只能认真贯彻落实十一届三中全会精神，而第一步是要通过学习，准确把握全会的精神实质。

通过新闻媒体，我密切注视着全国农村形势的变化，《人民日报》刊登的越来越多的安徽、四川的农业生产责任制，拨开了多少年来"农业学大寨"的迷雾，梳理着人们的思维。我开始感觉到，过去 30 年间，农村的这一套，很可能在这场伟大的变革中被洗涤得荡然无存。

怎么样才能把三中全会的精神有效地学到手、进入脑呢？公社党委组织班子成员和社队干部，深入到全公社展开调查，写出了题为《长时期内一个劲地"左"》的调查报告。此文后来刊登在 1981 年 3 月 10 日《山西日报》第 3 版。文中如实地记录了宁固公社 20 多年提供的历史教训。

下面是这个调查报告的部分章节：

　　五十年代的棉米之乡随着中国人民解放事业的胜利，宁固地区回到了人民的怀抱。人民群众在党的领导下，运用无产阶级政权的力量，剥夺剥夺者，摧垮了地主阶级私有制，土地回到了劳动群众手里。

　　饱尝无地与少地之苦的贫农、下中农，在分到土地之后，表现了无限的欢快与积极，他们运用多年积累起来的生产经验和技能，充分利用得天独厚的一马平川和可以保浇的汾河水，短短三、两年的时间，便使宁固地区成了平遥棉米之乡，对人们产生了极大的吸引力。这样一些现象都在表明人民的丰衣足食与安居乐业。50 年代前期，正当我国建立自己的工业体系，大批农民进入工厂的时候，在这里却很难招到工人；这里夏秋两季粮食征购任务与平遥其他地区形成鲜明对照，必须下达限制指令；成千的农户，家家粮满屯、油满瓮、棉储存，纺花织布的比比皆是；基层干部进城开会，从不在会议的大食堂就餐，十有八九要下饭馆。

　　农作物的布局，汾河灌区下湿低温，很不适合冬小麦返青，一般以秋熟作物为主，其中高粱、玉米、棉花的比重最大，瓜类、薯类次之。全面合作化的 1956 年，亩产皮棉达到了 60 多斤，高粱 500 多斤，玉米 500 多斤，达到了优良品种推广之前三项作物的最高水平。以当时人口计算，人均商品粮 800 斤，人均商品棉 100 斤。农民用多余的粮棉油，北到晋祠换回大米，南到洪赵调回白面。当时，河东的人们跑河西，往往是为了三件事：一是借粮，二是购布，三是为闺女们找婆家。50 年代的河西是平遥的棉米之乡，是人们非常羡慕的好地方。

　　过头粮伤了元气。1958 年 8 月，当人民公社从亚洲东方的地平线上升起的时候，经过 1957 年"反右"教育了的宁固人民，也一下子"一大二公"了。这一年，庄稼长得格外喜人。但是，正当半年多辛勤的劳动就要结出丰满的经济之果时，人们又以大跃进的步伐，离乡离土上了管涔山，去帮助"钢铁元帅"升帐了。这一年秋后，各级对劳力没完没了地平调而去，拉空了农业第一线的强壮劳力和可出动的辅助劳力，致使棉花吊了孝，豆角放了炮。不过，1958 年总还算是天赐的一个好年景。

到了 1959 年，由于想要跑步进入共产主义，共产风、浮夸风甚嚣尘上，实事求是的传统作风被伟大的空话所代替，宁固公社粮食总产 460 万斤，而任务粮就征去了 240 万斤，人均产 540 斤，口粮却只有 240 斤。广大社队基层干部和正直的共产党员对这种杀鸡取卵的做法进行了多方面的抵制，但右倾是严重的路线问题和党性问题，结果有的遭到了撤职，有的被开除了党籍并成为内专对象。

粮征走了，大家带着 240 斤原粮，进了公共食堂。低标准，瓜菜代，清水煮萝卜，除了屈指可数的几个人外，多数"胖"得连路也走不动了，得了浮肿病，即使是那些"肚饥口饱"的人，也把 2 斤代食品炒面视为至宝。宁固 10 多个自然村，几乎天天有葬人的。由于生产力中人这个最活跃的因素造到了很大摧残，1960 年到 1962 年连续 3 年，粮食产量 200 万斤、200 万斤地往下跌，棉花产量下降了 70%。但是，征购任务仍然很重，3 年征走 1200 多万斤，留下的口粮维持不了最起码的需求，大大伤了农民的元气。人们为了生存，生出了一个群众性的偷偷盗盗来。直到现在，三年困难时期的艰辛，人们仍然记忆犹新。

搞"四清"折腾了宝贵财富。面对困难，60 年代初，党中央采取了调整、巩固、充实、提高的方针，颁布了《人民公社工作条例》，即《六十条》，生产关系也做了适应生产力发展水平的调整，大公社分成小公社，管理区划开了生产队，"三级所有，队为基础"的政策调动了广大干部、群众的积极性，大大地解放了生产力，促进了生产的发展。1963 年、1964 年、1965 年连续三年，粮食 200 万斤、200 万斤地往上增，1965 年人均产粮 730 斤，人均产棉 40 斤。然而，当人们刚刚与苦苣菜分手的时候，伟大的社会主义教育运动，即"四清"开始了。宁固地区的基层干部很快成为党内"走资派"的现实人物，经过背靠背、面对面、大会小会的多次反复，90% 以上的大队支部书记、大队长被赶下了台，并一一给予发落：轻的受到倾家荡产的经济制裁，中等的开除党籍，不少土改、合作化以来刚正不阿的老干部却戴上了帽子，成为无产阶级专政最凶恶的"敌人"。干部所以被当作党和人民的宝贵财富，绝不仅仅出于人类的高贵与文明，本质的意义在于它能带领群众创造财富。"四清"以后的历史，好像偏偏跟人出难题，整了"走资派"，出了马鞍形，产量示意图上的数轴又急转直下了。

"文革"十年推向了贫困。"文化大革命"的号召传到宁固公社的时候，"四清"这出剧还没收场。人们带着心灵的创伤和历史的忧虑，为了巩固无产阶级专政，防止资本主义复辟，又继续革命了。从一次又一次的夺权到真枪实弹的交锋，从生产秩序的破坏到大寨一本经的统治，从坚持斗争哲学到对资产阶级实行全面专政，不停顿地反右倾、反复辟、反倒退，把长期以来"左"的错误推向了极端，给宁固人民同样带来了很大的不幸。在一切社会现象都是阶级斗争的"高度觉悟"下，干部换了一茬又一茬，群众一批又一批地住进了"很多问题可以解决"的学习班，连集体搞点副业都当作官办的资本主义加以批判。十多年的七斗八斗，把三级集体经济斗穷了。当时，为了造成资本主义既不能存在也不能再产生的条件，自留地也被当作小生产，几经反复，收回来又放下去，放下去又收回来。社员家庭副业、猪羊兔鸡、零散的匠人都当作资本主义的尾巴去割，把社员割穷了。为了防止两级分化，走集体富裕之路，平均主义成为分配的主要形式，不承认劳动者与劳动者之间工作态度、技术高低和贡献大小的差别，按劳分配只留下了一个徒有虚名的外壳。"文化大革命"期间，在不断重新认识大寨，推广一本经的过程中，宁固公社是吃大锅饭吃穷了。从1967年直到1976年的10年中，尽管高粱、玉米两项主要粮食作物推广了优良品种，但粮食作物与经济作物均衡考察，仍然不及1965年的水平，而且也不及1956年的水平。十年内乱长期灾难的岁月，把宁固推向了贫困的深渊。1978年底，全公社共欠国家贷款90多万元，社员欠集体110多万元，集体欠社员20多万元，公共积累多数单位出现赤字，社员辛苦一年算下来的工钱抵不起微薄的实物支付，现金分配微乎其微，物质资料的生产部门反而成了背在国家身上的沉重包袱。"文化大革命"十年内乱期间，这块50年代的棉米之乡，有人沿街讨饭，有人衣薄愁冬，低劣水平的温饱问题都得不到起码保障。

"无产阶级文化大革命"的战斗"洗礼"，给宁固公社带来了极其严重的后果。

一、穷社、穷队大批出现。过去，追溯到解放初，这一带也只有穷人，但是没有穷村，更没有穷乡（即穷社）。而走上集体化之后的农民，只凭生产资料的公有还不能真正解决自己致富的问题，如果经营方式不能与生产力发展的水平相适应，同样摆不脱贫困。

二、极大地挫伤了广大农民的生产积极性，人们对社会主义可以解放生产力产生了怀疑和动摇。西张赵大队从 1967 年至 1978 年，人均年分配收入一直在 20 元以下，劳动日值不足 3 角的年份就有 4 个，口粮长期处于 250 斤左右的水平。这里的闺女们远嫁到文水、汾阳、介休，一户 4 个婚龄儿子全部打了光棍的有的是。"大批判"、"学习班"把农民家庭副业的一线生路也给堵死了，这就使农民的生产积极性丧失殆尽，只是被迫地出工、做工，垂头丧气地生活。

三、农业的基本生产资料——土地严重盐碱化。人穷、村穷、社穷、地穷形成了一个恶性的循环系统。大寨的分配方式，造成了全局性的人的懒惰，出工不出力，干活数量少质量低，水利工程严重失修，灌溉不合理，能进不能退，加之指令性计划的控制形成作物布局上的脱离实际，使这个公社 42000 亩土地中就有 1 万多亩盐碱地、5000 多亩重碱地，上了一些年纪的人们都悲观地摇着头，叹息改变面貌的困难——地穷了。在碱地上种植，那时经常是入不敷出，其收入往往抵顶不起投资的种子、化肥、农药、水电费，根本谈不到有什么效益。

四、生产不景气，经济发展缓慢与倒退，生活无保障，普遍形成了三股风：赌博风、外流风和偷盗风，其中尤以偷盗风为甚。偷盗风一是行窃的范围广，二是参窃的人数多，三是持续的时间长。宁固大队是一个 3000 口人的大村，遇秋逢夏，护田的就有 200 多人，结果保卫人员越多，丢失也越多。农村秩序混乱，偷盗点东西，人们也习以为常。北侯大队一个姓薛的社员，偷了 80 穗玉米，被抓住后，大队拿出两条处理意见；一是罚款 80 元，一穗一元；二是自敲铜锣游街示众。他与老婆商量应该怎么办？老婆很坦然，开导他说："80 块钱，你 5 年也挣不回来，使不得。游街怕什么？当今游街的人又不是你一个，坐着拖拉机，又不用你步行，大不过两个小时就游回来了。为何而不为？"姓薛的觉得很有道理，就断然地去游了街。可见，羞耻与脸面，在生活的逼迫之下，人们是不会多去顾及的。

这个地区，1971 年曾由于吕梁地区的新建，从平遥划归汾阳，随汾阳进了吕梁地区的版图。吕梁地委和汾阳县委为改变落后面貌，曾经抽调了许多强有力的干部到这里工作。公社的党委书记，是县委常委兼任的。汾阳县贾家庄村原党支部书记宋树勋，后来升任县革委副主任，主管农业，他专门蹲在河西地区，从治碱入手，企图打通治穷之路，疏通了两条主干退水渠，将三坝灌区的四级渠道达到了配套标准，并采取了大量的工程措施改碱治土。在"两送饭"、"六对六"的日子里，动用了上千万的土方、条形排碱渠星罗棋布。但人让人干人不干，棉、粮产量低而不稳的状况依然没有发生大的改变。

吕梁地委为了改变河西地区的后进面貌，也发动过社会扶持，捐钱捐物，机关干部掏出粮票给缺粮的农民。但这些"输血"的办法，并没有使生产得到恢复，人们反而更加"增强"了对社会主义优越性的"理解"："社会主义不让饿死人"，与日俱增地进行着集体与个人贫困的不断积累。

宁固公社20多年的历史，印证了十一届三中全会公报中深刻指出的"按照客观经济规律办事，我们的国民经济就高速度地、稳定地向前发展，反之，国民经济就发展缓慢甚至停滞倒退。"宁固公社党委，组织公社、生产大队和生产队三级主要干部，在寻找贫穷根源，回顾总结本公社历史的过程中，不是表面地敷衍地把汾阳领导的个人能力和水平作为议题，而是从中国农村政策上寻找那些反映本质的带有规律性的东西。正因为基于自身的痛苦经验，所以对十一届三中全会精神的讨论，才成为多年来最好的一次学习。

回顾过去是为了面对未来，总结历史是为了指导当前。我不敢怠慢，只能是以只争朝夕的精神，借十一届三中全会的强劲东风，用理论指导行动，在宁固大地上坚持改革，冲破束缚思想的罗网，开创工作的新局面。

为了调动农民的生产积极性，宁固干部群众大力推行生产责任制，把当时的生产队划分为作业组，一个生产队划成2—3个作业组。牲口由生产队长掌握，种植计划由生产队统一制定，3亩以上的地块，统统2—3等分，男女全、半劳力拨成2—3组。原来担任副队长的干部，有独立工作能力的改当组长，不愿当组长或不胜任组长的当社员；有管理经验、懂生产的社员也可以当组长。作业组负责组织本组成员对全组农作物的全程管理。收获时，分场分仓，超过平均产量的进行奖励。作业组的建立，实质上是把核算单位生产队划小了，社员的利益比较直接了，积极性就有了很大的提高，越是集体经济薄弱的地方，作业组经营方式的优越性越显著。1979年，仅仅把生产队的组织方式稍稍变了变，拥有8000亩耕地的宁固大队就增产粮食100万斤、皮棉2000公斤，人均增收成28元，创下了高级合作社以来既增产又增收的光辉业绩。宁固大队自从1958年大跃进以来，村大、人散、管理纷乱，即使后来划成12个生产队，管理上也有不少漏洞，微薄的劳动日收入，寒了社员的心，社员根本没有信心搞生产。劳动大糊弄，分配大锅饭，地瘦人穷，人心散了，集体经济垮了。

在总结作业组将近一年试行经验教训时，原来仍然抱住"三级所有，队为基础"体制不动的3个村的干部群众坐不住了，他们从别人的经验中对照检查自己，克服了怕犯右倾错误的顾虑，开始认真考虑自己的出路了。

群众是真正的英雄，他们是行者，更是智者，是实践的主体，是智慧的主人。群众坦诚地找到领导提出："虽然划分了作业组，但生产队对作业组干预过多，既然要放，就胆子再大一点放到底，把土地干脆交给农民经营算了。"从后进队的实际出发，宁固公社首先在北侯村和河西村试点，同时在先进队左家堡也尝试变革：前者实行"大包干"，"交够国家的，留够集体的，剩下都是自己的"；后者全承包，把那些集体看不起、管不了、管不好的村边地沿、汾河沿岸的小块地议定租赁价，大包出去。一年跟踪下来，效益非常显著，成倍或几倍地超过了集体经营时的经济效益。先进大队更先进，后进大队也能赶先进，处于中间状态大队的人们，不得不在事实面前重新确立自己的思维方式和工作方式。

综合群众的要求和试点的经验，党委一班人的认识又有所深化，除了大胆地进行农村政策的调整，要想改变宁固公社的落后面貌是不可能的。

1981年春季，党委召开公社、生产大队和生产队三级干部会议，为新的一年的工作端盘子。我们在会场的主席台上，大胆地贴上了这样一副对联。上联是"有钱有粮就有理"，下联是"咋能上去就咋干"，横批是"八仙过海"。

这是又一次破除迷信、解放思想的大会，通过学习中央文件，通过总结身边的成功经验、典型示范，全公社11个生产大队，57个生产队，全部实行了"包干到户"的家庭联产承包责任制。

阶级斗争把人心斗散了、斗乱了，经济建设把焕散了的人心又凝聚起来了。宁固公社干部的思想早解放了一步，全社上下面貌焕然一新，周边公社前来参观学习的络绎不绝。

县委决定推广宁固公社改革的做法和经验，晋中地委书记连荣德同志、晋中地委农工部部长李英灿同志、晋中地区农业局长王庶茂，先后来到宁固公社调研，分别撰写了指导全区农村改革的调查报告。

1981年4月17日，县委常委、农工部长崔银宝同志主持了在宁固召开的部分公社和生产大队干部参加的现场会议，我代表宁固公社党委，在大会上介绍了建立家庭联产承包责任制的做法。当我讲到牲口再不采用公有私养，而干脆作价卖给农民，土地再不照顾思想认识，而全部分户经营时，有人给我递来了一张纸条，上面写着"你们是复辟资本主义的典型"。他们听着我的发言，思想上感到害怕。可见多少年来，恐右症是何等根深蒂固。

不久，任清海同志从介休调来平遥任县委书记，他以解放思想、实事求是为主题，专门培训全县的公社干部。培训采取理论联系实际的方式，让大家学文件，联实际，谈体会。宁固公社的学习总结，在培训大会上发言后，受到鼓舞的宁固各级干部，更加理智地再一次寻找落实十一届三中全会精神中的不足之处，从思想认识上来了又一次升华。

1981 年底，任清海同志又调回临汾地委任副书记，排在任清海同志后面的李辅同志出任平遥县委书记，他更坚定地主持全县的改革开放，平遥工作站在了又一个新的起点上。

1982 年，我坐下来冷静思索，和在宁固公社先后同事过公社主任成建国、宋天清、郭树仁，副书记赵志勇、彭家骥、张光信，副主任王立基、安清玺，老干部蒋时悌、陈锦平、毋扬礼、阮培山、李晋华，年轻干部李天福、刘思福、郭风有、左荣昌、孙光杰、杨丕灵、梁裕后、任光录、郭月梅、霍履贵和当时已调任兄弟公社任主要职务的李中英、柴书田以及全体社队干部一道，回顾总结了我们在大变革中的所见所闻，在县委、县委办公室领导的帮助指导下，撰写了题为《土地到了户，工作要到户》的调查报告。

这篇文章出来后，很快引起当时主持晋中地委工作的副书记籍希俭同志的关注，他让地委办公室主任高永康、副主任王秉奎二同志，调查落实文章中涉及的事实，并对文章提出了十分重要的修改意见。

中共平遥县委书记李辅，对我写的这篇调查报告备加重视，他亲临宁固公社，同我共同拟了三个小标题中的两个，并对文章中引用的一个例子，亲自作了核实。县委办公室王鏽主任、任志强副主任，两次赶到宁固收集第一手资料，并通宵达旦一句一句加以斟酌，连一个标点符号也不漏过。

1982 年 5 月 20 日，我写的这篇调查报告以晋中地委（1982）26 号文件下发到晋中各县县委和全区各公社党委，印了 405 份，文前加了上千字的引言，很有分量。下面是引言中的一部分：

全区农业生产责任制的大变动时期已经过去。目前，摆在农村各级党组织面前的一项重要任务，就是研究新情况下出现的新问题，进一步总结、完善、妥定各种形式的农业生产责任制。什么是新情况下出现的新问题？比如说，第一，过去公社领导的一个主要任务就是催种催收，大队、生产队领导的一个主要任务就是发动组织社员出工、出力，实行责任制后，社员的主动性和责任心提高了，不需要像过去那样催种催收和担心社员不出工、不出力了，需要的是国家计划指导、科学技术指导、扶富帮贫、协作互助。第二，实行责任制后，农民在生产和交换方面的自主权增多了，国家、集体、个人三者利益的矛盾突出了，对农民进行"一坚持"、"两不变"、"三兼顾"的教育，将成为社、队工作的一项中心内容。第三，实行责任制后，由于生产管理形式、劳动组织形式的改变，社队干部的工作方法也必须相应改变。特别是实行"双包"的地方，社员分散劳动，独立经营，这就需要把工作做到各家各户，而不是靠"打钟、吹号、喇叭喊叫"。第四，随着物质生活的改善，劳动剩余时间的增多，农民对精神文化生活的要求高了，特别是要求有一个安定的社会秩序，良好的社会风气。这就要求社队在抓好物质文明建设的同时，抓好精神文明建设。

引言最后，希望全区各级党组织，特别是县委和公社党委，都要进一步解放思想，研究新情况，探索新问题，实行正确有效的领导，推广平遥县宁固公社党委创造的"一干联三户"的经验，使我们全区的农村工作出现一个崭新的局面。

晋中地委文件下达各县、各公社，上报省委、省政府。老资格的前副省长霍泛慧眼识珠，反复审改了这份文件，认为很有价值。他向晋中地委主要领导电话核实后，决定推荐给《山西日报》全文刊登。这位曾经参加过越南土改的农业专家，精干聪慧的老干部，亲自为这篇文章写了"编者按"，《山西日报》1982年6月9日头版刊出，并为此配发了评论。这里将"编者按"抄录于后：

> 本报今天登载的平遥县宁固公社党委书记雷秀堂同志写的调查报告《包干到户要工作到户》，是一篇朴素实在、言之有物、切合时宜的好文章，它提出农村各级干部都要在社员中建立联系户。这是在实行责任制以后，特别是实行"双包"的地方，农村干部在工作方法上的一项重大改进，值得引起农村工作的同志们重视。
>
> 从报告内容看，这种联系户其意义与目前各地方正在建立的重点户、

专业户在实质上都是相同的，只是为了适应目前的新形势的需要，着重地从改进领导方法方面把问题提出来。这当然也是非常重要的和必要的。但是在社员中建立联系户、重点户、专业户的重要意义，还要比这更广阔的多：第一，它是体现了如何贯彻执行邓副主席所指示的争取一部分农民先富起来，而后逐步使全体农民都富裕起来，实现小康之家这一战略方针。第二，领导所建立的联系户、重点户、专业户，都是这样一些劳动态度好、政治思想好、联系群众好和有技术、有生产经营能力的先进人物。不管在发展生产，贯彻执行党的政策，热爱国家、集体，以及积极采取和推广先进科学技术方面，他们都是广大农民的好榜样和带头人，是使党和广大社员取得密切联系的中间纽带和桥梁。如果我们党在农村，真正能够培养和依靠有百分之十几、二十几、三十几这样一批先进人物，我们的工作将会是无往而不胜的。第三，在农村建立各种形式联产责任制的新形势下，普遍建立和依靠联系户、重点户、专业户，联系户、重点户、专业户再带动一般户，一带三，三带九，九带百，一个核算单位带一个大队，一个大队带一个公社……如此反复推广，由几个人到一群人，由点到面，逐步地把所有社员都带动起来。这是完全符合我们党历来所坚持的依靠先进、带动中间和后进的领导方法的，也是党的走群众路线的优良作风在新形势下的继承和发扬。第四，随着联系户、重点户、专业户的大量出现，必将有力地促进农业生产上的分工分业，使生产向专业化和商品化发展，这非常有利于先进技术的推广和采用，有利于专业人才的培养和发挥，生产力就会有更快、更大的发展。与此相应地，各种生产上的新的联合和协作，也会更加广泛地发展起来，农民多余劳动潜力将会得到发挥。第五，随着上述各种先进人物的不断涌现，我们就可以适时地、有计划地把他们吸收到农村基层领导组织中来（包括党的、政权的、经济的组织），以改进我们农村现有的组织结构。

上述五点，就是我们对这篇调查报告应有的认识和理解。

1982 年 7 月上旬，县委通知我和吴翼彰同志参加省委组织部举办的中青年干部培训班培训。培训班的宗旨是，紧急培养一批县处副职干部。我俩通过严格的政治理论和文化知识考试，8 月 30 日就离职到山西省委党校报到了，开始了为期二年的离职学习。

从那时到现在，光阴如箭，岁月如流，改革开放又进行了 25 年。我每逢回想当时在宁固公社工作的情景,翻阅那时留下来的文字材料,觉得太幼稚、太可笑,太鼠目寸光了。怀着对过去的深深遗憾,在过退休生活的今天,我常常情不自禁地打听宁固一带的情况,在身体允许的情况下,还实地去看一看。现在,时过境迁,宁固公社和净化公社早在 2000 年已合并为宁固镇,和我同时在宁固公社启动改革的同事们也几乎全都离开了岗位,在自己家里安度晚年。我衷心祝愿宁固的干部和人民,在中国共产党第十七次全国代表大会精神的指引下,为夺取全面建设小康社会的新胜利谱写出动人的新篇章。

(作者曾任平遥县政协副主席)

三十年改革忆姚村

张玉开　张建明

我们是 1977 年去姚村公社上班的，近年退休离岗。在这 30 年的漫长岁月里，经历了不少风风雨雨，现在回忆起来，犹如昨天的事。1984 年姚村公社管理委员会改为姚村乡政府。1998 年 1 月，又由姚村乡政府改为姚村镇政府。历任党委书记职务的有吴在秋、李开宾、张昌文、李培荣、赵未生、吴黑保、武双喜、郭德魁、王志勇、王冲峰、王吉康，担任公社主任、乡镇长的有闫六五、李锡亭、赵未生、韩福红、武天娃、王志勇、王冲锋、曹文海、杨润生、李晓俊共 21 人次，副职领导有 100 余人。

改革前的姚村

我们姚村镇地处晋源区的最南端，在改革开放前是全南郊区 13 个公社中经济欠发展、农业产量低的后进公社，在社会上被称作"烂姚村"。1977 年，正处于农业学大寨的高峰期，当时的口号是"一出勤，两送饭，12 个小时地头干，白天不够加晚上"，各村都确定有各自的工程项目，公社有"平川汾战区"和"边山二坡地"两大工程。领导分兵把口、各负其责，我们搞统计的每天去两大工程地和各个村了解工程进展进度，包括出动劳力、车辆、机械、抬筐及动用多少土石方，连夜汇总，上报南郊区农工部和河西指挥部，隔三差五出简报，宣传鼓励。公社机关只有一辆旧"130"汽车，供领导们开会、公务使用。办公场所是低矮的小平房，有的房间还漏雨，职工工资每月只有 30—40 元。农民们辛苦干上一年，到头来，人均口粮平川村为 400 斤左右，山区村只有 300多斤，口粮中绝大部分是粗粮。老百姓无奈地说："好面豆面不见面，莜子面里捏的鱼皮面"。经济收入就更不行了，全公社除有副业收入的西邵村每个劳动日的分红可上 1 元多，其余的 14 个村，每个劳动日的分红只有 4—8 角，除去粮菜款，存款户寥寥无几，欠款户只能等到过大年，才能领到每人 2—3 元的人人钱。老百姓的生活费用只好靠养猪、养鸡的微薄收入来维持。

当时农业学大寨平田整地，大搞农田水利基本建设，是农村政治大气候的要求，虽在近期内收效甚微，但对长远的农业生产、联产承包制实行的分产经营，奠定了坚实的基础。这个事实是世人公认赞同的，其艰苦奋斗、自力更生的伟大精神是我们永远应该继承和发扬的。

好事还须好人办，温饱生活有保障

党的十一届三中全会的强劲东风吹暖了神州大地，这个划时代的会议使中国的经济发展翻开了崭新的一页，我们姚村公社也随之而发生了巨大的变化。在贯彻三中全会精神后，农村实行了以农户为单位的家庭联产承包责任制，它打破了原来的管理模式，纠正了平均主义、出工不负责的倾向，彻底解放了劳动生产力，极大地调动了农民的生产积极性，收到了空前的成效。实行一两年，农民家里就堆满了粮食，粮瓮装满了，水泥箱子盛不下，尼龙口袋堆小山，人们相互谈论收成，说的是你家打了多少袋子粮食，根本不是以斤论产。正是"联产制，大包干，直来直去不拐弯，交了国家的（任务粮、农业税），留足集体的（指摊销），其余的全是自己的"。困扰多年的温饱问题彻底得到解决，口粮质量也发生了根本变化："粗粮变成稀茬饭，一日三顿吃白面"。

说到这里，我们不禁想起一个人来，他就是曾任姚村公社副主任、主任、姚村乡乡长、姚村党委书记的赵未生同志。他是南郊区农业专家（曾去坦桑尼亚指导农业），当时分管农业，主抓联产承包责任制的落实工作。俗话说："好事多磨，好事还得好人办"。开始，群众对联产承包责任制这个新生事物不了解，认识不足，部分干部也持有怀疑态度，意见不统一。赵未生见解独到，力排众议，带着干部亲临第一线，一个村一个村地做工作，宣传党的农村政策。首先统一村干部、生产队干部的思想，然后以生产队为单位召开群众会，宣传中央精神，征求群众意见。当时有人同意，有人怀疑，也有人反对，记得北邵七队的一位老农说："解放前还不是单干，照样填不饱肚子，年年挨饿。解放后，搞互助合作集体干，好赖还吃个半肚肚，现在又要分田单干，我看还得吃二遍苦，受二茬罪。"赵主任耐心解答，解放前是土地私有制，旧政府黑暗腐败，只管收粮，不支持农业生产；当时的生产条件也不好，因而农民受穷。现在不同了，党和政府大力支持农业、关心农民，土地是公有的，只是让大家分户管理，谁种的好打的多，谁就得好处、多收入。终于说服了那位老人。有时会上说不通，赵主任就在第二天个别上门做工作。这样没日没夜的干了一冬天，每天吃住在各村，终于打开局面，最后在全公社实行了三种责任制类型，经济基础较好的西邵、姚村等实行"三小五定"，中等村实行"联产承包"，村干部认识高的和山区贫困村实行"大包干"，意在典型引路，以点带面，全面推开，结果第二年大部分村实行，第三年全公社推开。

在李培荣书记执政期间，由于他政治素质高，思想觉悟好，工作作风严谨，组织领导能力强，与赵未生同志配合默契，融为一体，联产承包责任制得以巩固和进一步完善，我们姚村公社的各项工作进展顺利，在南郊区初露头角，公社办公室由原来的平房迁到了早三年居委会占的北院七字半壁楼上。

经济腾飞的十年

农民的温饱问题解决之后，紧接着又提出怎样创收，如何致富的课题，上世纪 80 年代社会上有"无工不富、无农不稳、无粮则乱"的说法，这话很有道理。联产承包责任制的实行，极大地提高了劳动效率，解放了大批劳动力。这批劳力，一部分仍在农业上搞集体化经营，由单一种粮，逐步发展蔬菜果品生产；一部分搞拖拉机、汽车运输业；但还有一大部分成了剩余劳动力，就业的出路在哪儿呢？在党和政府大力发展乡村企业政策的感召下，姚村乡党委书记吴黑保同志和乡长武天娃同志思想统一，认识到位，慧眼识才，大胆提拔起用了当时任乡教委主任的周长贵同志为专管乡办、村办企业的副乡长。周长贵是姚村乡教育界乃至南郊区的名人，姚村的老百姓只要一说到学校、教学无不与周长贵这个名字联系起来。他在姚村任教数十年，从小学到中学到教委，由一名普通教师逐步走上领导岗位。他为人正直诚实，思维敏慧，认识超前，工作认真，责任心、事业心特强，具有很高的工作能力和领导才干。他调到哪个学校，哪里的教育面貌就会发生根本变化，教学质量显著提高，特别是任姚村中学校长和教委主任期间，达到了他教育生涯辉煌业绩的顶峰。在他的直接指挥下，在同仁们吴和生、梁巧忠、王有生等同志的紧密配合下，在全体教师的勤奋努力下，在各级政府和教育部门的大力支持及社会各界知名人士的无私援助下，建成了一流的中学教学大楼——逸夫教学楼。各村的小学也相继新盖了教学楼，教学环境大改观。教学质量上，姚村中学连续几届夺得太原市南郊区中考冠军，为国家培养输送了数以万计的各类人才，为社会做出了巨大的贡献。

周长贵同志在教育界，为了补充教育经费的不足，就曾领导办过校办工厂，分管企业后，对市场进行了认真分析研究，经过1—2年的筹划运作，姚村乡的乡村企业如雨后春笋争相涌现，乡办企业由原有造纸厂、桃园煤矿等4个发展增加到16个，村办企业也相继办起了20多个，吸纳安排了2000多名农村剩余劳力，集聚了300多辆汽车、拖拉机。经过几年的发展，姚村乡的经济收入飞速增长提高，由1982年的536.50万元，提升到1992年的13132.87万元；农民人均纯收入由1982年的140元提高到1317.3元；缴纳税金132.45万元，比1982年提高了8倍。1990年新盖了姚村乡政府办公楼。我们姚村乡在外界的知名度越来越大，跨入了南郊区先进乡镇的行列。

乡村道路和小城镇建设

在狠抓经济建设的同时，姚村乡历届领导对乡村道路和小城镇建设工作很重视，特别是王志勇书记，他在姚村任职期间，除搞好各项日常工作和完成区上安排的中心工作外，总是找事干，以实践他"为官一任、造福一方"的宗旨。1996年—1999年，积极筹集资金，实现了全乡15个村，村村通油路工程。2000年主动向市、区争取，率先争取到太汾公路姚村段的拓宽修路工程，这段路北至牛家口，南与清徐连接，全长3公里，既奠基础又铺油，工程量大，交通局负责出资，但数额有限，稍不慎重，资金就会造成缺口，形成半截子工程。对修路工程他虽外行，但他积极物色使用本镇的各种工程技术人员进行测绘，做出预算，组织人员分兵把口，各负其责。工程进行期，除区上开会和出外办特殊事外，他每天亲临工地，手握铁锹，头戴草帽，既是指挥员，又是战斗员，这样冒酷暑、顶烈日苦干了两个多月，终于保质保量顺利竣工，现已8年了，晋祠、晋源段后来修的路已出现较大损坏，而姚村段的基本未损，创下了外行加辛苦胜内行的奇迹。在小城镇建设方面，把红楼地区的房屋建筑格局全面进行规划，该新建的新建，该拆除的拆除，使我镇所在地，面貌焕然一新，步入了省、市小城镇建设重点行列。

2003年，杨润生镇长组织修建了南峪沙河坝堰和高标准公路。近年，现任领导在红楼地区大刀阔斧的继续进行小城镇建设工程，各村也积极进行街道的整修、硬化工程。姚村镇的镇容村貌正发生着日新月异的变化。

2007年姚村镇的经济总收入达90784万元，农民人均纯收入5028元，上缴税收 2503 万元，三次经济指标均创历史新高。我们坚信，姚村的阳光会更加明媚灿烂，姚村的明天会更加美好，姚村定会以崭新的姿态竣立在晋源区的南方。

（张玉开系晋源区姚村镇政协委员，张建明系退休干部）

我经历的林家坪公社农村改革

李永民

"枣焉单干了"

1980年3月15日，我在临县团县委副书记任上，被县委以临发〔1980〕13号文件，任命为林家坪公社革委会主任。

3月下旬的一天下午，时任林家坪公社党委书记的王永海同志来到我的办公室，与我接头。他简要谈了林家坪的大致情况后，一脸凝重地告诉我："用群众的话说，'枣焉单干了'！"

王书记说，枣焉的事县里也知道了，地县领导层认识不统一，有的让搞，有的要求纠正，公社党委压力很大，这是你上任后，咱们首先面临的一个棘手问题。

我对枣焉并不陌生，因为我岳父家在枣焉，从订婚到结婚，我在枣焉已跑了十来年。枣焉是全吕梁最穷的大队之一，人称"五保队"。该村坐落在马枓峁上，山高沟深，十年九旱，交通不便，贫穷落后。全村76户，290口人，耕地1094亩。1956年办社，1958年生产了18万斤粮食，是历史上的最高产量。合作化以后，修成梯田600多亩、沟坝地60亩，这是合作化、人民公社化的主要成绩。1958年后，生产一直滑坡，总产量最低下降到3万多斤。从1960年到1977年，枣焉共吃国家供应粮48万斤。工分值很低，1979年才3—4角，大部分年景只有1角左右，国家免了农业税，分红还不能兑现。集体家底越来越薄，初办社时，全村有大牲畜47头，从1960年到1979年，死亡牛、驴14头，到1979年只剩下大牲畜11头；集体原有羊100多只，后来绝迹；牲畜农具共折价

3260 元，人均 11 元。社员欠集体 8602 元，人均 29.9 元；集体欠国家 9154 元，户均 29.9 元。最糟糕的是 1976 年，极"左"路线猖獗，天天"大批大斗促大干"，亩产跌到 30 多斤，总产仅 35590 斤，除留种籽、饲料，人均口粮 22 斤，分红倒贴 1 分。这一年吃了国家供应粮 66166 斤，社员们用临县秧歌气愤地自嘲：

> 从春到冬不能歇，
> 数九寒天把工出，
> 人家分红咱分黑，
> 辛苦一年还倒贴！

大寨之缘

我是农村生、农村长，从 1966 年"文革"开始学校停课，到 1970 年这 4 年间，除短暂的复课闹革命外，我都在村里劳动，还担任了一年多生产队记工员，对生产队的劳动管理和农民的情绪有着直接的了解和体会。在我的印象中，自 1966 年"文革"开始到 1969 年前后，举国上下处于政治狂热状态，农村社员的情绪也特别高涨，大批促大干，大斗促大变，队队学大寨，人人学雷锋。几乎村村都成立了"青年突击队"、"铁姑娘战斗队"，修梯田、打坝堰，改天换地、战天斗地，农田基本建设一个高潮接着一个高潮，一心为集体、做好事不留名、干活不讲价钱的典型到处涌现，农村社会秩序井然，即使在"文革"武斗时期，不少地方都能达到路不拾遗、夜不闭户的程度。1972 年，我被推荐上了山西大学中文系。

1973 年春，山西人民出版社组织编写《昔阳遍开大寨花》一书，负责人是杨宗（后任山西大学党委副书记、省政协秘书长、中国作协办公厅主任、《中华合作时报》总编辑等职），成员有赵政民（后任《山西青年》总编辑、省政协副秘书长、文史委主任）、许天雄（时在部队，据说转业后到深圳检察院任职）等，从山西大学中文系抽了一个老师（高捷）、4 个学员，分别是高文翔、李学玲、唐银兰和我。到了昔阳，接待编写组采访的是当时县革委会办事组组长宋莎英（曾任新华社驻大寨记者）。我们参观了大寨、李家庄、石坪、南垴等，深为昔阳大干社会主义的热情和气势所感动，对大寨人昔阳人充满崇敬之情。

1974 年，省委成立大批判组，写出的文章以"何东"笔名发表。何是河的谐音，意为山西在黄河之东。组长是吴象（时任省委副秘书长、省委政策调研室主任），副组长是张恩慈（时任省委政策调研室副主任），全省抽调 28 人，山西大学抽调 3 人，政治系金大海、历史系郝天喜、中文系是我。我记得"学大寨还是反大寨"也是选题内容。

1975 年 8 月，我大学毕业被分配到雷家碛公社任团委书记。随公社书记李庆亮在薛家峁大队（白家坪、泉井沟均属薛家峁大队）下乡，那时只要公社、县里不开会，干部都在村里，与社员"同吃、同住、同劳动"。时间长了，觉得干群矛盾很大，群众生产积极性很低。

1976 年 12 月，第二次全国农业学大寨会议召开，提出全党动员，大办农业，深入学大寨，普及大寨县。

1977 年 2 月，山西省召开 1977 年农业学大寨会议，农业学大寨再掀高潮。省委将一部分昔阳干部派往各地，陈有堂（昔阳县李家庄公社石坪大队党支部书记）任交城县委书记。9 月，临县来了 4 位同志，刘乃珠（昔阳拖拉机厂党委副书记，主持工作）任县委书记，任增录（昔阳拖拉机厂党委副书记）任副书记，毛金联（山西农学院到昔阳开门办学，为系党总支书记）任县委常委、万安里公社党委书记，王联英（昔阳拖拉机厂团委副书记）任刘乃珠的秘书。

1978 年 3 月，我从雷家碛公社调到县委通讯组，当时五届全国人大代表会议正在举行，李考才组长派我到三交公社孙家沟大队采访，为支部书记王佩福同志写篇署名文章。孙家沟是学大寨的典型，曾有"西山大寨"之誉。这篇文章在 3 月 12 日《吕梁日报》刊出。就在当天，县委副书记、县革委主任赵丰田找我谈话。他说刘乃珠书记到万安里公社上西坡大队蹲点，点名让你跟他去，只许搞好，不许搞坏，刘书记马上就走，你到后面等他。当时我既激动，又担心：激动的是，跟上刘书记工作，是锻炼提高的好机会；担心的是，县委、县革委领导都非常敬畏昔阳来的同志，干不好怎么办？具体接触以后，我觉得昔阳来的同志很廉洁、很朴实，对干部参加劳动要求很严，在临县并没有过分推行极"左"的东西。

1978 年 5 月，地委要在临县召开全区经营管理学大寨现场会，刘乃珠书记不同意，他说，我刚来半年多时间，情况还未能掌握，更谈不上创造经验。地委坚持要开，刘乃珠又提出，可在临县开，不叫现场会，叫经验交流会。地委执意开现场会，拗不过，只得开。当时，我也被抽回来参加筹备工作，我在起草万安里公社的典型材料时，感到特别吃力。到上西坡下乡才两个月时间，大小队干部还未都认识，只是去公社开过几次会，其他大队都未去过，万安里全公社的情况更是茫然无知。6月1日至7日，全区经营管理学大寨临县现场会召开。6月20日，地委以吕发〔1978〕77号文件向省委打了报告。报告说：

> 交城、临县县委的主要领导把大寨的经验带到了吕梁山上，我们也有了自己学大寨的好典型。……在推广大寨劳动管理经验的问题上，有些同志由于对其优越性和精神实质认识不足，不是积极认真地学习推广，而是消极观望，坐等条件，说什么"大寨劳动管理经验应该学，应该推，就是我们这里的工作基础差，群众觉悟低，干部能力弱，不好学，难推广"。有的甚至把劳动管理经验同"定额管理，评工记分"制度对立起来，他们认为大寨的劳动管理制度没有按定额计酬，就怀疑是否符合按劳分配原则，还有的则由于对大寨劳动管理经验学得不认真，推得走了样，出现了"大概工"、"一拉平"，到头来却错误地认为大寨评工法还不如按定额计酬的办法好。通过参观学习，回顾总结过去在劳动管理中正反两方面的历史经验，认识到大寨"一心为公劳动，自报公议工分"的劳动管理经验是英雄的大寨人按照毛主席无产阶级专政下继续革命的理论，坚持党的基本路线，在两条路线斗争中创造出来的，它是大寨根本经验的重要组成部分，具有鲜明的阶级性、强烈的革命性、严密的科学性、广泛的群众性，与其它计酬办法相比较，有许多优越性。它既体现了无产阶级政治挂帅、毛泽东思想领先的原则，又坚持了党在社会主义历史阶段"各尽所能，按劳分配"的原则；它有制度但不繁琐，好懂易行；它有差别却悬殊不大，不是平均主义；它有利于对农民进行马列主义、毛泽东思想教育，培养农民为革命种田的思想，培养农民的集体观念和组织纪律观念；它有利于密切干部群众关系，造成人人当家做主的生动活泼的政治局面；它把干部从繁琐的管理制度中解放出来，有利于干部参加集体生产劳动。多年的经验证明，它是充分调动广大干部社员社会主义积极性、高速发展社会主义农业的好经验。那种认为亦可推亦可不推的想法和做法都是错误的。那种空喊学大寨的口号，不认真推广大寨具体经验，实际上还是假学大寨的表现。认真不认真学习推广大寨劳动管理经验，不单是一个计酬方法问题，而是关系到方向路线问题。

交锋在继续

随着真理标准讨论的深入，尤其是党的十一届三中全会召开，各级干部的思想观念逐步转变。1979年2月14日，《人民日报》发表中共吕梁地委书记王国英的《旗帜鲜明地清除极"左"的流毒》，文章不长，稍作删节照录于下：

> 全党工作重心的转移，有大量的工作要做。当务之急，是要旗帜鲜明地肃清林彪、"四人帮"那条极"左"的反革命修正主义路线的流毒，纠正那种宁"左"勿右的错误思想。多年来，农村中政治运动一个接一个，一波未平，一波又起，而且是一次比一次"左"。每次政治运动，都是从上到下，打击了一批又一批的基层干部，出现了"一茬庄稼，一茬干部"、"春天是红人，夏天是忙人，秋天是罪人"的怪现象。一个劲儿反右的结果，使得许多人患了"恐右症"，以为"左"比右好，越"左"越革命，遇事"左"三分，宁"左"勿右。
>
> 农村的经济政策，也被践踏无遗了。从"割资本主义尾巴"、"堵资本主义的路"到"大批集体经济内部的资本主义"，把社员的自留地、正当的家庭副业和集市贸易割掉了，把发展多种经营和集体工、副业的路子堵死了，把生产队的自主权和按劳分配的原则也批掉了。我们吕梁地区曾经刮过"浮夸风"，搞过"高征购"，有的县还搞过没收社员自留地、自留树、自留羊、小平车、缝纫机的所谓"五大革命"，对农业生产和群众生活破坏很大，出现群众缺粮外流的现象。这明明是极"左"路线造成的恶果，有的人却矢口否认，硬说这是"粮食问题上的阶级斗争"。
>
> 我们一定要从痛苦的经验教训中分清路线是非，大胆落实党在农村的各项政策，把广大干部和群众的社会主义积极性充分调动起来。实践是检验真理的唯一标准。一切政治斗争都是为着经济的利益，一切政策的正确与否都应当用经济效益来检验，一切政治运动都需要用是否推动生产力发展的实际效果来衡量。多少年来，我地区广大干部和群众尝尽了"左"的苦头，亟需要发展生产，休养生息，补补家庭。

这是三中全会闭幕仅2个月时间的言论，距经营管理学大寨临县现场会也仅8个月时间，如此巨大的转变应当说是惊人的！这说明在重大的转折关头，我们党的一批老干部，为了人民的利益，既不怕承担政治风险，又敢于彻底否定自己。行文至此，令人肃然起敬。

1980 年 1 月 11 日至 2 月 2 日，在国家农委召开的全国农村人民公社经营管理会议上，大包干又受到了围攻。国家农委表态，要贯彻中央农业政策精神，不许分田单干，也不要包产到户。

1979 年底，吕梁地委王国英书记从中央党校学习返回。1980 年 1 月 22 日至 30 日，地委在离石召开有公社书记、主任参加的全区三级干部工作会议，进一步传达贯彻十一届三中全会精神。时任林家坪公社党委书记的王永海同志参加了这次会议。

会上介绍了离石县坪头公社赵家山大队包产到户再到人的经验（《山西日报》1980 年 7 月 14 日报道）。讨论中，两种看法截然不同，一种认为生产责任制是一种管理形式，一种认为是包产到户分田单干，至会议结束也未统一。会议期间的一天下午，王国英书记要每县出一个公社书记，召开座谈会。临县是王永海书记参加。座谈会上，王国英提出让参加座谈会的公社书记都选一个"吃粮靠供应，花钱靠救济，生产靠贷款"的三靠队，试搞生产责任制。这次会议虽未形成允许包产到户的正式文件，但地委书记的吹风，使王永海书记胆壮了。会议结束后，他就跑到枣宓大队，与干部群众一起总结了包产到作业组的经验教训，商定暗暗实行包产到户。为避免引起本公社其他大队和相邻公社的连锁反应，公社对枣宓采取"暗搞明批实支持"的策略。

直到 1980 年 9 月 27 日，中共中央批发的各省、市、自治区党委书记座谈会纪要，即 75 号文件《中共中央印发关于进一步加强和完善农业生产责任制的几个问题的通知》，才松了口：

在那些边远山区和贫困落后的地区，长期"吃粮靠返销，生产靠贷款，生活靠救济"的生产队，群众对集体丧失信心，因而要求包产到户的，应当支持群众的要求，可以包产到户的，也可以包干到户，并在一个较长时间内保持稳定。

紧接着又作了限制：

在一般地区，集体经济比较稳定，生产有所发展，现行生产责任制群众满意或经过改进可以使群众满意的，就不要搞包产到户。

据《南方人物周刊》2008 年第 19 期所刊杜润生的回忆，此次会议的多数与会者不同意他起草的"只要群众要求就允许包产到户"这条原则，他们主张仅限贫困地区，其他地区不准。只有辽宁的任仲夷、内蒙的周惠、贵州的池必卿等少数几个人明确表示支持。著名经济学者周其仁（杜润生的弟子）认为，包产到户这一重要变革中，杜润生的个人因素起了重要作用，正是杜的圆通和协调，促成了75号文件的诞生。（联想到1992年，吕梁实行拍卖"四荒"地使用权。1993年10月，国务院研究室研究员王西玉同志来吕梁调研，地委书记姚新章同志让我陪同。王西玉通报了全国农村改革试验区的情况，地委想把吕梁也纳入试验区。11月，地委派地委农工部部长薛培荣、离石县委副书记王文德和我赴京，向杜老汇报。1994年3月5日，地委以吕呈文请求省委、省政府上报国务院，把吕梁地区列入全国农村改革试验区。文件附一个总体方案和5个附件，5个附件是薛培荣同志主持的，总体方案是我执笔的。这是后话。）

最管用的文件

1980年3月底，县委副书记、县革委副主任冯其福送我到林家坪赴任。我第一次去了碛口，又一次近距离看到黄河。站在二碛，浊浪排空，震耳欲聋，我的勇气和信心也油然而生。

到任后，我走马观花跑了有代表性的大队，主要征求干部群众对生产责任制的意见。当时至少半数大小队干部不同意，他们说，学大寨十几年了，周总理总结的大寨经验"政治挂帅思想领先的原则、自力更生艰苦奋斗的精神、爱国家爱集体的共产主义风格"，还要不要？人民公社已经20年，这不是一下退到合作化之前了吗？而群众却强烈要求包产到户，说"枣宸能干，为什么我们不能干，一样的孩子两样看待"。

随后，我就跑到枣宸调查。1979年，他们3个生产队建立了6个作业组，组内还是和子饭，上地人叫人，干活大呼隆，记的人头工，社员没干劲。一年下来，没增多少粮食。他们说，种地是为了多打粮，多打粮才能对国家做贡献。社员吃饱了，集体才能富裕。还得改变办法，他们顶住压力，一过春节就干起来了。新办法是，在生产队统一核算和统一分配下，以牛犋划组，以地定产，以人劳分产量，以产量分地，包奖包赔，按人口包基本口粮数的产量，其余产量按劳力包。在包产内扣除种籽、饲料、征购、生产费用等，生产队按人劳比例分配。现金收入按包产的产值计算，扣除生产费、管理费、公积金、公益金等，按15斤粮计一个劳动日分配。这种办法实行后，社员的生产积极性空前高涨。1980年7月16日，《山西日报》发表的吕梁山区实行联产到人责任制调查报道《"五保队"翻身让社员先富》有如下文字：

——一个8口之家，有5口人在刚收完的麦田里忙着复播糜子。男的扶犁，女的点粪，3个儿子拿柳条帽给运粪，最小的只有七八岁。

——路旁梯田里，一个青年农民在锄田，他身上挎着个塑料袋，一边锄一边追肥。

——一个刚 9 岁的孩子，趁放学的空隙，担了两个饭罐去给大人们送饭。

调查中，我受到了深刻的教育。原来我想，像枣凥这样的落后队，实际是包袱，干脆甩开就算了，只要其他大队保持稳定。可我从所到之处群众的情绪体会到，包产到户、包干到户的势头，像地火运行，像春潮涌动，人心所向，不可抗拒。与其各大队逼上梁山，一队一个样自发搞，不如公社出个办法统一搞。我把调查情况和我的想法给王书记汇报后，王书记完全同意。

随后，我把自己关在办公室 10 来天，翻阅了当时能看到的中央、省委、地委文件，安徽等地和离石赵家山实行生产责任制的经验，以及有关理论文章，着笔起草《林家坪公社落实生产责任制的若干意见》。第一稿共 21 条，经公社党委讨论后，合并为 19 条；又召集公社全体干部及社级机关的负责人讨论，作了细化和合并，成稿 17 条。隔了两三天，估计在 5 月中旬，把各大队支书、主任、会计召集起来，开了 3 天会，集中讨论这个文件，获得一致通过。有的大队干部讲，原来不同意搞责任制，是因为不会搞，现在有了这个办法，能搞了，肯定能搞成。最后，由业余教育指导员张成富用蜡板刻印出来，公社干部和大队干部人手一份，公社干部到所包队指导督促。

到 7 月中旬，除个别小队外，全公社推行生产责任制工作基本完成了，且运行平稳，群众比较满意。在 7 月 15 日至 24 日召开的县委扩大会议上，我们的办法作了介绍，有的公社还索要了这个材料作参考。当年，枣凥的粮食产量由上年的 61 吨增加到 81.2 吨。此后 28 年，枣凥发生了巨大的变化，正常年景，粮食产量稳定在 60 吨—100 吨，2004 年达到 142 吨；红枣产量由 1980 年的 0.5 吨增长到 2005 年的 60 吨；农民人均纯收入 2007 年为 1251 元。即使灾年，群众的温饱问题也稳定得到解决。如今，枣凥村路通、电通，都吃上了自来水，不少人家安上电话、买了摩托车，家家都有彩电，基本实现了安居乐业。

由于时过 28 个春秋，人事数度更迭，这份文件未能保存下来，现根据回忆，把要点列于此：

一、肯定各种形式的生产责任制是社会主义的。理由是土地、农机具、水利设施等生产资料所有权仍然属于集体，只是使用权归组归户，并坚持集体统一分配，尤其是有共产党的领导。

二、联产到组、联产到户，包产到户、包干到户各种形式都可以选择，由大小队根据群众意愿召开社员大会确定。

　　三、耕牛、平车、木犁等农机具可合理作价给个户，碾米机、磨面机等也可承包给个户，柴油机、水泵、水渠等灌溉设施由集体统一管理，个户使用要交费。集体财产不容破坏。

　　四、无论实行何种形式的责任制，必须留不少于5%的机动地。

　　五、实行口粮责任田和劳力责任田相结合的办法，人口承包口粮田，劳力承包责任田，人劳比例7：3为宜。地块划分上，要将好赖、远近、枣粮等搭配起来。

　　六、集体与个人、集体与国家的债权债务关系继续有效，不能赖账。

　　1984年8月至2002年6月，我在吕梁地委政研室工作，长达18年的时间，还未发现公社一级出台的指导农村改革的文件。这个文件是我起草的文件中最管用的一个，所以，它的遗失，我特别惋惜。

土地下户前后的西关村

韩 民

改革开放 30 年来，我们阳城县凤城镇西关村从以农为主发展到多种经营，从人均收入近 100 元增长到人均收入 6000 元，从村民向集体交钱到村民每年领取福利近 1000 元，从公共积累区区数万元到 2007 年的 4000 多万元，全村经济文化社会各项事业发生了巨变，西关村走向了全面建设社会主义新农村的康庄大道。回顾这些年的变化，还得从土地下户的岁月说起。

一

"穷西关，富南关，生意买卖在东关"。这是从我记事起就常听老人们念叨的顺口溜。

远的不说，就从 20 世纪 60 年代开始说吧。说西关穷，穷的连自己村的主要干部都挑选不出来。从 1960 年到 1965 年西关的两任书记、两任会计和保管都是村外单位调来的。1962 年，西关由大队核标下放到生产队核标，1968 年又上到大队核标。生产队核标期间的 1962 年，西关共 1074 口人，分配收入 45870 元，人均 42.7 元。到 1968 年全村 1290 口人，分配收入 64900 元，人均 52.38 元。全村总资产共 3 万元。

1971 年工作组进驻西关，进行整党，整党后选举田守荣同志为村党支部书记。当时正处在"农业学大寨"的高潮期，通过去大寨等地参观学习，一场轰轰烈烈的学大寨运动在西关开展起来。从下半年开始到 80 年代初，先后在北岭建成三个水池，在南岭建成一个水池、一条上水管道；分别在西大泉和死人沟建成两处高灌站，在死人沟打深井一眼，还在农机厂院内配套深井泵。这样从根本上解决了西关水灌地的问题。同时，发动全村所有劳力，打坝垫滩，土地连片，平田整地，起高垫低，深翻土地，改造三类田，修渠铺路。经常是白天一把锁，晚上一片灯。苦干实干 10 余载，使西关所有的土地基本上达到了园田化标准。那时侯，几乎所有的劳力都投入到了农业上。1971 年，粮食亩产达1000 斤，但群众的生活依然没有改善。全村 1325 口人，分配收入共 52640 元，人均收入 39.7 元。一家人起早贪黑干一年，往往还欠集体的钱。所以当时有人就说这叫"高产穷村"。那年代吃粮靠返销，花钱靠贷款，没有多少工商业的西关全村群众的主要收入来源还是靠农业。

到了 1972 年，全村 500 余亩土地，1325 口人，人均土地不足 4 分。尽管农业收成好，收入也超不过 7 万元，除了各种费用，纯收入不足 4 万元，人均也只有 30 元。加上一些工副业收入，全村分配收入 94519 元。尽管村办企业小打小闹也办了几个，但还是作为重工轻农的资本主义"尾巴"，如当时办的机砖厂就作为县里的"反面"典型，受到了批判。

二

20 世纪 70 年代末 80 年代初，全国农村开始推行家庭联产承包责任制改革，报纸上也多有报道，特别是四川省关岭自治县顶云乡石板村与安徽省凤阳县小岗村的农民，以生产队大集体的方式实行家庭联产承包责任制"包产到户"模式的经验，轰动全国。我县城关镇于 1984 年秋在岳庄村召开了村支部书记、村委主任参加的"土地下户"专题会议。会后村主要领导认真学习文件，领会精神，统一思想，提高认识，加深理解，形成了共识。接着又召开各种座谈会，走访了干部群众。尽管大家都不觉得突然，因为这种改革宣传已经很多，而且周边省县已经先行了一步，但仍然表现出了极大的茫然。有的说，集体的财产要分掉，这种做法到底对不对？有的担心，这些年来政治上一会儿东，一会儿西，我们老是跟不上，万一跟错了又要挨批判咋办？有的怀疑道，辛辛苦苦 20年，一夜回到解放前。也有的认为"集体大锅饭，奸猾人能脱懒，干多干少一个样；土地自己干，出力又流汗，种好管好自己挣"。有的也认为，自己干有奔头，修房盖屋钱不愁，但也担心土地分到户，以后变动不变动？土地到了户，我们成了单干户，集体服务不服务？总之，当时的看法、说法、想法，真是形形色色、五花八门。大多数不会从生产力与生产关系相适应的角度去理解这次改革，而是从政治感情的角度去看问题。不过茫然和担忧是一码事，执行不执行又是另一码事，理解的要执行，不理解的也要执行，西关的土地下户很快的开始了。根据群众的意见，根据我村特定的地理位置和可能发生的变化，村里制定了一系列的有关土地下户的规定和制度。

我们根据县城建设"巩固东南，发展西北"的发展方向和趋势，把全村的自留地安排到西关的边远地段，把承包地安排在离县城较近的地段，并尽量集中在有种植经验丰富的农户家中。多则十余亩，少则三五分，集体的牲畜和小型农机具优先承包大户，由集体作价，个人购买，一时拿不出钱的先挂在集体的账面上。所有灌溉总渠道由集体维修，各机电灌站由集体统一管理，集体统一安排承包户用水，水费减半收取，其余由集体承担。承包土地不交任何承包费，农业税由集体统一承担。夏收时的打麦场由集体整理，打麦机电由集体统一服务。特别是为稳定人心，我们做出了承包土地一定15年不变的政策，并和承包户签定了合同。

这一方案由村两委干部深入到每个生产队，几天时间很快就落实了。在随后的几年里，绝大部分承包户以种植蔬菜为主，收益和收入超过了集体。其他村民靠外出务工、承包小型工程、养殖、做小买卖等，收入也不同程度地有所增加。全村人的吃饭有了初步保障，生活水平有了一定改善，所有家庭的悬殊也不大。

三

"无工不富"是改革初期的一句口号。因此，土地承包后，村干部的主要精力集中在村办企业上。为此，我们在1971年建起的机砖厂的基础上，很快就修建了大队办公窑洞，组建了建筑队，办起了带锯加工厂、丝织厂等小工厂，农户也开始自办小饭店、小商店。全村的集体经济逐步有所好转，村民的收入进一步提高。随着各行各业的蓬勃发展，越来越感到人才匮乏，跟不上企业发展的需要。为此，1985年村里办起了建筑、机械、财会三个学习班，外聘老师来村讲课；同时派人到外地学习，请技术人员到企业解决技术难题，以请进来、走出去的办法解决人才问题。这样一来有效地提高了干部职工的文化和技术素质，为进一步发展奠定了一些基础。打这以后，企业的规模逐步扩大，建筑队改为阳城县裕华建筑建材公司，小工厂改为阳城县通用机械厂，相继新建了西池宾馆、西关商场、制氧厂、工业硅厂、面粉加工厂，成立了水电服务队、电视服务台等企业。1993年又与香港荣森公司合资创办了荣泽装潢材料有限公司。工业硅厂停产后办起了特钢厂，主要冶炼特种钢材和金属还原罐。又扩建了西池宾馆西楼、新建了丰泽酒店、丰泽装潢厂等。这些企业为西关的集体经济积累了一定的资金，作出了应有的贡献。1999 年荣获了"省级文明村"的光荣称号。

进入 90 年代后，我们村正式纳入城市发展的版图。怎样使区位优势转化为经济发展优势，成为班子考虑的重点。为此，西关村确立了"依托县城，大力发展第三产业，开发房地产业，巩固扩大原有的优势企业，关停无效益或效益差的企业"的发展思路。1997 年以后先后建起了丰泽商厦、村委大楼、建筑公司办公综合大楼和公司院内外的商业经营场所，还有通用机械厂的综合大楼、舞台院临街楼的加层、舞台院东西两处住宅楼，并在荣泽路气象站路边修建了两层小楼，开始了房地产的经营。近年来又增加商业用房近万平米、专向投资五中学校后勤服务，创办了节能建材项目年产 2000 万吨轻型空心砖，开辟了建南桥下的商业服务区，建成混凝土搅拌站，组建了村里与拆迁户共同投入的丰隆商贸股份公司，修了镇阳巷循环路等等。

西关村的快速发展，得益于村两委班子的长期相对稳定。1971 年至今西关的班子稳定，书记、主任先后就是四个人担任，有力地保证了西关村持续、快速地发展。2007 年全村实现社会生产值 18600 万元；农村经济总收入 14200 万元，人均纯收入 5500 元；固定资产达到 4187 万元，人均 2.79 万元；实现利税 1100 万元。

集体经济的发展壮大，使全体村民共享着改革发展的成果。1989 年开始实行了村民"三补助"，即职工粮油补助（每个企业职工每月 30 斤粮、1 斤油，半价供应），老年生活补助（每个老年人每年补助 60—80 元，另外根据在集体时的劳动积累，60 岁后按比例进行补助），亡故村民的丧事补助（按老年人 1 年补助标准一次性付给）。还实行了集体职工养老保险制度（根据工资额，每年按一定比例，由集体和个人共同出资），还实行了 60 岁以上老党员特殊补助制度，实施了村民闭路电视收视费全免等等。现在，村民的粮油全部由集体供应，近年来又提高了老年生活补助标准，仅此每年就支付 1502 多万元，全村人均近 1000 元。

我还想特别提一下的是我们创办村里的读物《西关》。创刊 4 年来，繁荣了乡村文化，传播了党的方针政策，搭建了村群桥梁，沟通了干群关系，为构建和谐西关、促进文明建设发挥了积极作用。

从贫穷落后的昨天到文明富裕的今天，回顾西关村这些年实实在在的变化，归功于党的路线方针的正确，归功于改革开放不断的深入实践，归功于西关的党员干部不懈的努力工作，归功于西关村民的全力支持和社会各界的大力关心帮助。我相信在党的正确路线指引下，在新农村建设的进程中，西关党总支一定会带领群众，干得更出色，把西关建设得更加富裕、文明、和谐、幸福。

（作者系阳城县凤城镇西关村原支部书记）

吕梁山改革第一村——
赵家山变迁的回顾

郭裕怀

在改革开放"三十而立"的今天，中国已一跃成为世界第四大经济体，从几乎完全封闭的孤立状态，发展为开放的、欣欣向荣的经济大国。与此同时，一些深层次的问题也开始日益严重地阻碍改革的深化，必须直面而不是回避，必须解决而不是绕开。在这样的时刻，回头看看改革的发端，看看它如何"破茧而出"的情况，是有意义的。

改革开放之初，我在山西省离石县任县委书记。1979 年秋天，我从中央党校学习 10 个月回来，第一个下乡点就选在坪头乡（那时称公社）的赵家山村。当时，对我国发展有深远影响的农村改革正在酝酿起步，山雨欲来风满楼。我从北京带着那股子"解放思想，实事求是，一切从实际出发"的勇气，出于为发展农业寻找新的出路、新的办法的渴望，同赵家山的干部群众共同探索，决心改变这里长期以来"吃粮靠返销、花钱靠救济、生产靠贷款"的"三靠"局面，使农民群众求得温饱，进而走向衣食无忧的生活。长期在饥饿线上挣扎的农民，已经别无出路，我们相互鼓励，甘冒风险，终于冲破了"一大二公"的旧体制，成为吕梁山上第一个也是山西最早一批包产到户的大村大队。

岁月悠悠，往事历历，如今回想起当年那种群情振奋的热烈场面，以及一年之后出现的奇迹般的变化，仍令我心潮起伏，感慨不已。赵家山的变迁，向人们昭示一个深刻的道理：改革是被逼出来的，改革激发活力，活力推动发展！

今天，尽管全国的整体发展步伐大大超过了像赵家山这类贫瘠的山村，但是，中国这场伟大的变革，却正是发端于赵家山这样一批内陆的不得温饱的贫困农村。改革的内在动力，来自解放和发展生产力的历史性要求，来自广大人民群众要求摆脱贫困走向富裕的强烈愿望，来自生产第一线广大劳动者长期的实践和勇敢的探索。一句话：来自于生存危机逼迫下的"冒险"。在我们这样一个社会主义国家，20 世纪 70 年代末需要改革，今天全面建设小康社会，仍然需要改革。只有持续不断的深化改革，才能使我们的现代化建设事业向着更好更快的科学发展方向前进。

一

赵家山地处山西省离石县边远落后的西部山区。这里沟深坡陡，交通不便，干旱缺水，土地条件很差。解放前，这里曾是革命老区，出人、出粮，对革命贡献不小。农业合作化以来，由于生产经营上的"单打一"、"一刀切"，分配领域里的平均主义、"大锅饭"，只讲"意识形态正确"，不准讲生产力发展，使农业经济长期处于每况愈下的状态，成为远近有名的吃粮靠返销、花钱靠救济、生产靠贷款的"三靠"队。从 1955 年至 1978 年的 23 年中，这个村就有 12 个年头靠吃返销粮度日，多数年份人均口粮只有 200 多斤，每工分红 2—3 角，集体穷得有时买不起牛鞭梢，个人穷得点不起煤油灯，年轻小伙子穷得找不到对象。由于生活不下去，不少人一到春天，就外出乞讨谋生，还有几户举家迁走。直到 1979 年，全村人均年分配收入仅有 23 元。

为了改变落后面貌，赵家山村曾试着采用过不少办法。如组织人员外出"参观取经"，打坝修地，评工记分。特别是 70 年代以后，每年都要进行一至两次整党整社，"大批促大干，不干就批判"。但这些办法始终没有使这里摆脱困境，"三靠"程度反而越来越严重了。

我进村后走访调查了半个多月，对村情民意有了越来越深的印象。群众在诉说贫苦的同时，又饱含希望地探问：我们还能不能另想别的办法？群众对一个下乡蹲点的县委书记如此倾吐心声，充分说明了他们对党的信赖和希望，深深地触动着我，强烈地冲击着我。我想，我们成天宣传社会主义制度的优越性，但解放 30 年了，连群众的温饱问题都解决不了，怎么能向群众交代呢？作为一个党的基层负责干部，此刻真有一种难言的痛楚和深深的歉疚。党的十一届三中全会强调解放思想、实事求是，是要求我们去付诸实践的，其核心是从有利于生产力发展的目标出发，冲破"左"的框框束缚，走自己的路。"穷"是赵家山最基本的实际，抓住这一点，解放思想找出路，才是具体贯彻中央精神。只要有利于改变赵家山的贫困面貌，有利于使这里的群众尽快实现温饱，应该什么办法都可以试，什么路子都可以闯。个人的良知、党员的党性、领导干部的责任都要求我为了群众的利益，拿出甘冒风险的政治勇气，与他们一起闯出一条解决温饱问题的新路子。

经过同一些干部、社员的个别酝酿之后，当我在会上提出"包产到户"的办法，请大家讨论时，干部群众一致拥护。不出 3 天，我原先所担心的一些问题，如不好处理的集体财产的保护、好地坏地的搭配、债权债务的问题等等，全都得到了解决，包产到户就迅速在全村实施开来。

包产到户在赵家山出现，引起了社会上的强烈反响，支持肯定者有之，怀疑反对者也不少。有的说："赵家山搞单干了"，"倒退到旧社会了"，"弄得四邻不安了"。有的拿上当时中央文件中关于允许包产到户范围的规定，责问社队干部："这上边那一条规定让 160 多户的大村大队搞包产到户的？"还有的直接向省委、地委"告状"。但是，实践是最有权威的裁判。从备耕、播种到出苗，短短三四个月的时间，赵家山村的地变了，人变了，到处焕发出勃勃生机。这个什么办法都用过而没有变化的"三靠"村，以人们意想不到的变化出现在离石的西部山区。它鼓舞了支持拥护者，教育了怀疑反对者。夏收后，拥护的人越来越多。"赵家山的办法"逐渐普及到吕梁西山和全县大部分农村。

包产到户责任制的实行，使赵家山村一年大变，一举摘掉了吃返销粮的"帽子"。1980 年，该村夺得了历史上第一个丰收年，粮食总产量上升到 50 万斤，比上年的 28 万斤增长了 78.7%，比包产指标增长 48.9%。全村 163 户中，除两户平产外，其余户超产，其中有一半的户超产在 1000 斤以上，有 32 户人均产粮上了 1000 斤。粮食丰收了，经济收入也增加了。当年全村集体总收入 45539 元，比上年增加了 30%；农户家庭副业收入 5.25 万元；人均集体分配收入由上年的 23 元增加到 40 元，加上家庭副业收入部分，人均收入超过了 100 元。这一年全村买牛 l7 头、骡 5 头、驴 4 头，养羊增加了 151 只，买回手表 10 只、自行车 2 辆、缝纫机 10 台、收音机 5 台，还有 9 对青年结了婚。

这些事实有力地说明：一旦对不适应生产力的生产关系作出合理调整，就会释放出巨大的能量，有力地推动经济的发展，同时还能够锻炼和培养一批新型的人才和干部，取得出乎意料的效果。由于全民受益，因而形成了全民积极、全民推动之势。有如此强大的推动力，才会有日新月异的变化。"穷则变，变则通"，赵家山的实践再一次说明了这是一条真理。

二

从 1978 年改革起步到现在的 30 个年头，赵家山村伴随全国改革的步伐，在农村改革的道路上不断探索，不断前进。它虽然不像沿海和内地城郊那样依靠乡镇企业迅速振兴，也不像资源发达地区那样凭借资源优势而迅猛发展，但是，这个山村的改革目标同样非常明确，同样是朝着社会主义市场经济的方向前进。

这30年中，赵家山村靠政策、靠科技、靠制度、靠改革为支撑，经过了三个发展阶段。第一阶段的主要内容是打破集体统一经营格局，建立联产承包、分户经营责任制，清楚地划出一条农户私人权利的界线，以达到求温饱的目的。这一阶段大约到1984年底为止，成效非常明显，生产者的积极性和土地的潜力均发挥出来了。第二阶段从1985年到1991年，以调整农业内部结构为重点，因地制宜，完善双层经营，兴科技，增投入，在求得温饱之后，依靠粮食增产增收和发展多种经营，集中解决住、行、用的问题。这五、六年中，全村65%的农户建起了新房，绝大多数农户有了自行车、手表、缝纫机"老三件"。第三阶段从1992年到现在，在发展种植业的同时，发展林果业、畜牧业、建材业、运输业，开展技术培训，外出打工，转移农村劳动力，开始了产业结构调整和专业化分工。这期间共栽植优质枣树300亩，苹果树200亩，购置简易农用车16台。农户开始从小而全的经营状态中走出来，商品意识、市场意识、成本意识、竞争意识日渐增强，由生产为自给变成生产为销售、为交换。在1995年遭受特大自然灾害的情况下，这里灾年无灾象，坝地玉米亩产仍然达七八百斤，仍然有一部分农产品出售，全村农民人均纯收入达到500余元。

赵家山所走过的改革之路，是贫困山区、特别是中西部贫困山区农村改革和发展的一个缩影。从中可以看得很清楚：保障农民的财产权、自主权和表达意见的民主权，是商品经济、市场经济的起码条件和起点。赵家山村的农民在1980年以前之所以不得温饱，无法实现商品交换，就是因为他们不是土地的主人，没有生产、经营的自主权。农民有了生产、经营的自主权，就可以按照自己的意志发展生产，求得自足；就可以按照市场的导向，生产商品，走向市场，脱贫致富。

三

我国的改革是以农村建立家庭联产承包责任制为突破口而逐步展开的，我国有社会意义的产权界定也是从包产到户开始的。30年来，改革成就之巨大，举世瞩目。我们今后面临的首要问题，仍然是改革，仍然是产权的重新界定。正如邓小平同志所指出的那样：四项基本原则是立国之本，改革开放是强国之路。赵家山村包产到户的事例，只是改革大潮中的一滴水，但它映射出的真理之光，却可以给人以许多有益的启示。

其一，社会主义事业不断发展的活力来自自身的改革和制度的不断完善，改革的动力和勇气源于人民群众生存危机的逼迫。恩格斯早在100年前就已指出："所谓'社会主义社会'不是一种一成不变的东西，而应当和任何其他社会制度一样，把它看成是经常变化和改革的社会。"（《致奥·伯尼克》）这话在今天的中国，已经被实践所证明。不过，现实生活告诉我们，接受一条平凡的真理并付诸实践，并不那么容易，而是要像《国际歌》中所说的那样，"要为真理而斗争"。斗争，需要勇气和智慧。回想当年赵家山搞起包产到户的时候，来自上下左右的种种责难，一时间沸沸扬扬，气势汹汹，是需要巨大的勇气去面对，去化解的。

勇气与智慧从哪里来？一句话，来自人民群众的社会实践。历史上大凡一场成功的社会变革，往往发端于最有实践经验的人民群众的创造。坚持实践是检验真理的唯一标准，就必须尊重最富有实践经验的人民群众。坚持党的实事求是的思想路线与坚持群众路线，二者是一致的。领导者的责任，就在于虚心倾听、认真吸取、精心概括群众的经验和创造，又善于正确地引导群众前进。不要在事前带上这样那样的框框，而要看哪一种办法为群众所欢迎，从而能把群众的积极性调动起来。富有实践经验的农民群众最清楚哪种办法好，哪种办法不好。长期被"一大二公"体制束缚着手脚的农民们，当时最强烈的要求是摆脱这种束缚，实行包产到户。

农民群众积极性的高低是农业生产发展快慢的决定性因素。如今粮食安全问题迫在眉睫，能否从根本上解决问题，起决定作用的依然是种粮农民的积极性。支持农民群众的正当要求，就会大大调动他们的生产积极性，解放生产力，由此就可以带来农业战线的勃勃生机和活力。30年前赵家山村和全国各地农村的实践，完全证明了这个真理。与此同时，赵家山的实践也使我们认识到，一切从人民的利益和愿望出发，以合乎人民的利益和愿望、为人民所拥护为一切言行的最高标准，这些是共产党人必须遵守的根本原则。这一原则说起来很容易，在关键时刻要真正做到，却绝非易事。农村的改革实际上就是马克思主义在农村的新实践，也是合作化理论的新发展。

其二，分散决策是农村改革起步时的一种基本做法。农村改革具体设计者之一的杜润生同志当年反复向我们强调："农村改革要坚持分散决策、好处留给地方的思路"。这也是改革取得巨大成功的一条重要原因和重要经验。一般地说，是因为它遵循了我们党的"一切从实际出发，实事求是"的思想路线，直接体现了党一贯倡导的"从群众中来，到群众中去"的群众路线，有利于充分发挥并集中全党上下和人民的智慧；具体说来，这种放权改革的做法，正是针对我国过去长期推行的高度集中统一的计划经济的决策程序的弊端，为冲破这种经济模式和决策程序所必需采取的有效措施。实践已经证明并将继续证明，分散决策、简政放权，是保证地域辽阔、条件各异的农村改革顺利展开和深入发展的正确措施，也是分散化解改革风险，进行多样化比较选择的成功办法。推而广之，这种做法和经验，对我国的城市改革、特别是国有企业的改革，也应当具有启迪和借鉴的意义。在深入进行国有大中型企业改革过程中，我们面临不少的困难。事实表明，这些困难靠一种思路、一种模式或一种办法，是难以解决的；必须从实际出发，依据不同的情况和条件，群策群力，探索各种思路，采取多种办法，分别地逐步地加以解决。

其三，改革必须触动体制，重新界定产权，深化改革尤其如此。我国的农村改革，首先是从突破"一大二公"的体制入手的，其后的逐步深入，无不触及体制机制问题，因而成效显著。城市改革，国有大、中、小型企业的改革，面临的问题也同样在于认真改革旧的体制，重新界定产权。始于 1998 年的国有企业产权改革，一直到 10 年后的今天还没有形成一个规范性的法律文本，以至于几乎所有的国企产权改革都充满了灰色和不确定性。房地产和股市的动荡及暴富景象，在一定程度上也是制度缺陷所造成的。对此，党的十七大已经作出许多明确的指示，我们必须依据具体情况，抓住机遇，认真贯彻执行。只要我们在认真调查研究、摸清情况的基础上，抓住改革旧体制、建立新体制这个要害，特别是在资产经营体制、人事体制和分配体制方面多下功夫，企业的改革才会逐步深入，收到应有的成效。

其四，改革是宏大的系统工程，必须抓住有利时机，一环紧扣一环，锲而不舍、深入持久地进行下去。就农村而言，如果说联产承包责任制使农民成了农业生产经营的主体，那么，随着社会主义市场经济体制的建立和发展，又面临着如何使农民成为开放的大市场的竞争主体的问题。为了实现农业的现代化，除了兴科技、重投入、提素质等必要的条件必须逐步到位之外，对于农民的土地财产权利、商品定价权、价格谈判权、民间金融等合法权益的保护，"以工补农，以城带乡"长效机制的建立和负担反弹问题，也必须给予足够的重视和认真的解决。这就需要在巩固、发展 30 年来改革成果的基础上，认真总结历史经验，努力研究新情况和新课题。从 2004 年开始，中央连续 5 年发出关于"三农"工作的一号文件,我们应按这些要求继续在改革农村的体制方面下功夫,以期形成相应的决策,采取有力的措施,把农村改革引向深入。

其五,改革的动力来自生存危机的逼迫,改革的条件来自全党、全社会的思想解放。粉碎"四人帮"之后,国民经济走到崩溃的边缘,"文革"的灾难也从反面为改革开放创造了条件。也就是说在走投无路的困境下,逼迫出了求生存、求发展的改革开放之路。当时我们面临的问题,就是要让全国人民吃饱饭。事情就这么简单!当时之所以能推动改革,有两个必备的根本条件:一是1978 年12 月党的十一届三中全会重新确立了一切从实际出发,实事求是的思想路线;二是有1978 年的思想解放运动。如果没有这两条,一切都无从谈起。1980 年代确实是富有活力的年代,也是一个非常重要的历史时期,它给我们留下了一种伟大的文化遗产,这是中华民族再次闪光崛起的、拥有活力的灵魂,也是年轻的朋友们要认真思考和面对的。

回顾这 30 年改革开放的艰辛历程和其中的脉络,可以看到,我国的改革开放走的是渐进的路子,是探索的路子,即"摸着石头过河"的路子,这样就避免了社会的大动荡。改革有明确的方向,主要是市场导向;开放主要是面向最先进、最发达、最开放的市场经济国家,不但获得了广大的出口市场,而且获得了建设现代化社会的技术、知识、经验和外汇,少走了弯路。因此,渐进、市场、体制、开放、兼容是我们取得成功的法宝。30 年来的经验告诉我们,新的改革动力应来之于新的思想解放,来之于群众的激情和广泛参与。1978 年邓小平同志说:"一个党,一个国家,一个民族,如果一切从本本出发,思想僵化、迷信盛行,那就不能前进,它的生机就停止了,就要亡党亡国。"这一段话,说得很深刻,很精辟,我们应该始终牢牢记住。

30 年来中国改革开放的巨大成就,称之为"奇迹"并不过分。然而,看不到成就后面的阴影和潜伏的危机是危险的。正如蛇口创立时的创始人袁庚老先生所言:"在光明中能够揭露黑暗,在前进中能够看到落后。"这句名言是极具针对性的。中国的改革开放仍然任重道远。十七大后,全国各地,特别是以广东为排头兵的沿海省份,正在以新一轮的思想大解放推动新一轮的大发展。曙光再现增强了国人的信心。我们可以期待,一次新的具有重大意义的跨越,即将到来。

我与"山西的小岗村"上朝村的改革

李庆平

从十一届三中全会到如今已整整 30 年了。30 年的时光眨眼而过。作为当初山西省内第一批敢冒天下之大不韪，将土地下放到户，形成联产承包责任制模式，把全村群众从饥饿线上挽救回来的农村党支部书记之一，每当我目睹这 30 年改革开放农民群众芝麻开花节节高的幸福生活，每当我追忆 30 年前那贫穷饥饿、度日如年的艰苦岁月，禁不住满腹苦辣酸甜，往事历历在目。

贫穷苦难的家乡

在秦晋豫三省交界的黄河金三角地带的山西一方河畔上，有一个不足千人的村庄。村西的崖下是黄河与汾河两条母亲河交汇的地方。村南几里处是汉武帝刘彻七次临幸并留下千古绝调《秋风辞》的中华后土祠和秋风楼。这便是我的家乡万荣县荣河镇上朝村。

家乡是美丽的，但家乡曾是苦难和贫穷的。

1937 年，国破山河碎，日寇铁蹄踏进我的家乡。这年 3 月，盘踞在当时的荣河县的日本鬼子前往秋风楼下的庙前村时途经我村，3 名鬼子骑着 3 匹大洋马招摇过路，没料到遭到地下党领导的抗日组织的伏击。鬼子的一匹大洋马被打死。3 天后，鬼子前来我村报复，由于地下党及时疏散了群众，全村 400 多人除了 4 名没来得及转移被鬼子杀害外，其他的都幸免于难。但是，可恶的日寇在我村放火焚村 3 天 3 夜，全村 500 间房屋全部毁于火海，上朝村便成了远近闻名的无房村，村子从此落下了贫穷的根子。直到 70 年代全村 90% 的农户依旧住的是仅能避小风遮小雨的土墙土厦，有的甚至还是茅草屋。饥饿常年充斥着全村。人们终日思谋的是，吃了上顿如何应付下顿的问题。

1978 年，27 岁的我从部队复员回村后，担任了党支部书记。我曾想尽办法改善村里的生产条件和群众的生活，但终因极"左"路线政策的干扰和天气多旱少雨的原因，始终未能让乡亲们吃上一顿饱饭。这年，我村小麦亩产仅 80 多斤，除去上交公粮外，人均口粮仅有十几斤。每个劳动日仅有 7 分钱，每年靠国家微薄的救济粮从根本上解决不了群众的吃饭问题。90% 的户吃糠咽菜，一个个饿得面黄肌瘦。许多人得了浮肿病，却因无钱治疗只能等死。记得过春节时，身为一村之长的我家徒四壁，油没一两，钱没一分，面没一碗。为了过年，我只好厚着脸皮到一位名叫卜英杰的村民家里，借了 10 元钱购买年货，因为卜英杰是个杀猪的，经常"偷机倒把"钻政策的"空子"，手中有些零花钱。妻子到我的同学卜世强家借了一碗白面包饺子，卜世强的父亲是公办教师，有固定工资。时隔多年后，我还经常对杀猪的卜英杰说：伙计，我永远忘不了你那 10 元过年钱啊！一个村干部的光景都过到了这种地步，全村百姓的日子怎样便可想而知了。有位姓李的中年汉子，家中 9 口人，人口稠，嘴巴多，全家人一年四季衣着不变颜色，只上身不下身，因为没替换的。老母亲常年瞒着村里人在外为全家讨饭，怕别人知道了丢人。没想到，一次在外村与我们村另外一个讨饭的老汉不期而遇，后来不知是谁说漏了嘴，村里人都晓得了，弄得这两家人在村里好长时间都感到没面子。由于人们填不饱肚子，干活无力气，当时便流传着这么一段顺口溜：上工摇哩，干活熬哩，下工跑哩。人们干活无精打采，牲畜拉车拉犁也没劲。牛马驴一头头瘦得皮包骨头，经常倒在犁沟壕、倒在车辕里再也起不来，最后只好送到了食品厂让宰了。牲畜为什么这样瘦？是因为饲养员把分给牲畜的饲料偷回家里去了。因此，在那些年，饲养员一直是群众眼中的一个肥缺，谁都想去干。

目睹这些惨景，作为一个党支部书记，我常常昼不想食，夜不思寝，苦苦思索着生产队发展的路子。如何能使群众吃饱肚子，如何能调动群众的积极性让他们把庄稼做好一点，解决实际问题啊！

胆大无畏的决策

1978 年，中央召开了三中全会。不久，各大媒体陆续开始讨论《实践是检验真理的唯一标准》这篇文章。在一段时间里，"不论白猫黑猫，抓住老鼠就是好猫"、"摸着石头过河"成了热门话题。我是一名喜欢读书看报的人，经常拿着报纸一边看一边分析估摸着上面的政策。凭着一名共产党员的直觉，我预感到中央将有大的农村政策调整，并且这种调整一定是让农民吃饱肚子，逐步富裕起来的。我想，在解放初期50年代，就有"三自一包"的说法，这种说法是符合市场经济规律的。经过反复思虑后，我决定迈出破天荒的一步，冒着与当时政策相违背的风险，把土地下放到农户，让农民自主经营。

1979年春季，我把这种想法带到了支部和革委会上。没料到我一开了个头，会议就炸了锅，有的支委说：这种做法可是要犯弥天大罪的，是与社会主义唱反调；有的说：辛辛苦苦几十年，这样一来一下子就回到了解放前，我们可不敢担这个责任啊！第一次会议争论了两个多小时，不欢而散。当时的农业股长大力支持我的行动，会后他积极地在下面活动，希望得到大伙儿的支持。但是，有的村干部明知道土地下放是件好事，却胆小怕事，一直回避我。还有不少年龄较大的人，找到我用非常关心的口气规劝我："好娃哩，可千万不敢闯这个乱子啊，到时候谁都救不了你啊！"面对七嘴八舌的议论，我感到自己孤立无援，只有孤军奋战了。但是，我是一个敢想敢干而且拿定主意、说出口的事就一定要办成的人。在第二次大队召开的讨论会上。我说："我爸是1937年就入党的老党员，我在部队上就加入了中国共产党。我家根红苗正，三代贫农，成份好，谁也给我扣不上帽子，即使将来出了事，也由我一个担当，决不牵连大家。"干部们见我已做出了决定，都不吭声。

几天后，我带领革委会主任吴敬春、支委李维芳、农业股长刘泽娃等人既紧锣密鼓、又悄无声息地干了起来。我们把300亩闲置准备种麦的土地以承包的名义下放到各户。土地下放后，极大地调动了群众自主经营的积极性，人们日出而作，日落而息，精耕细作，把自己的田地视为"刮金板"，把自己的庄稼看作"摇钱树"。也许是上朝村的运气从此转过来了，这年夏季雨水特别多，人们按时种上了麦子；第二年开春又下了几场好雨，庄稼户又及时点种上了棉花。1980年，全村小麦亩产全部达到了400斤，创历史最高年；棉花亩产也由过去的七八斤猛增到30多斤。有位在学校帮工的农民，承包了村里最烂的3亩靠崖地。他一担担将学校的茅粪挑到了自己的棉花地施肥。这年，他的棉花亩产籽棉达到了300斤，轧出皮棉110斤，一年卖出的棉花分量顶过去一个生产队的1/4。上朝村人笑了，露出了祖祖辈辈从未见过的笑脸。

群众高兴了，我却倒霉了。上朝村敢把土地分到户的消息在让周围邻村农民羡慕的同时，传到了公社，传到了县上。公社负责人把我叫到公社，劈头盖脸批评了我一顿，说："李庆平，你胆大包天，破坏社会主义道路，走修正主义路线，为刘少奇翻案。"我流着泪说："谁当领导都首先要让群众吃饱肚子，包括中央领导也是这样。我们分地是被逼出来的。你们去看看，村里有个小孩成天拉屎都是大人用棉花柴棒往外抠，这是因为吃糠咽菜的原因。再不分地，就要死人了。"公社领导说："吃饭是小事，路线是大事。现在是搞'三级所有，队为基础'，谁叫你们搞单干了？"面对公社领导的训斥，我理直气壮地说："全国都在讨论农村问题，中央也在为农村积极找出路。这真是中央和农村两头都急，就你这中间的不急，稳坐不动。"公社负责人拿我没办法，叹了口气说："你得有个思想准备，县上农工部的同志要找你谈话。"第二天，我又被召到了县委农村工作部。我与农工部的同志争吵了半天，也没个眉目。也许是在特殊时期，县上把握不准上级以后的政策精神，没有办我的"学习班"，把我放回了家。并特别强调："一定要把土地收回来。"乡亲们见我平安地回来了，便一个个地来到家中看望我、安慰我。面对大家的支持，我更加坚定了信念。我决定把没有下放的 1200 亩耕地再次下放。从县上回来那几天，公社天天把我叫去，几位公社负责人轮流做我的思想工作，要求我必须把下放的土地限时收回来。家里人成天为我提心吊胆，我不回来他们连饭都不肯吃。一天晚上我因为别的事回得迟了，一进家门看见 60 多岁的老父亲坐在门坎上唉声叹气。见我回来了，父亲哽咽着说："庆平，我以为人家又把你逮走了。"面对这位饱经风霜，1937 年就入党，冒着生命危险搞地下工作的老人，如今为我这个为群众"争饭吃"的儿子担惊受怕的老父亲，我流泪了，我能说啥呢？我说："爸，你当初入党是为了人民，我如今分地也是为了群众。只要乡亲们能吃饱饭，我不干书记了。但我要趁着还没有被停职的机会，把地全部分下去。只要分下去了，看谁能收得回来。我就是进了教育所，也不怕丢人。"我以最快的速度，冒着风险，顶着压力，于 1980 年将所有的耕地一次性下放到各户，并且将牛、马、驴和车、犁、耙、耱等农具全部作价分给了农民。还把 56 名村干部精减到 12 名，取消工分，改为村干部领补贴，制定了一系列体制改革方案。时隔多年之后，许多朋友还惊讶地说：庆平啊，中国现行的农村联产承包制模式与你当初的一模一样，你真是一个走在时间和政策前面的奇人啊！

土地下放后，我便到公社辞去了支部书记的职务。就这样，我们上朝村提前 4 年解决了温饱问题，从根本上为扭转上朝村落后的面貌打下了基础。

改革开放的变迁

几年之后，联产承包责任制终于"春风度过玉门关"，如雨后春笋般地在全国各地遍地开花。我们万荣县的联产承包责任制也由最初的互助小组试行之后推进到包产到户。而在这期间，率先创造性地推行这种模式的上朝村已为群众先解决温饱再走向致富打下了坚实的基础。政策深入人心，加之风调雨顺和精耕细作，庄稼发疯似的猛长，产量大幅度提升，收入连年上台阶。1000 多亩曾贫瘠薄收的田地像是变戏要似地成为一片又一片的"海绵田"、"高产田"。40 多岁的孙仲招，家里分了 6 亩责任田，1980 年他全部种上了麦子，1981 年麦收时，不说小麦产了多少，仅麦秸草的堆子就比 1978 年全生产队的麦秸草还要多。农业社时人口多，负担重，吃糠咽菜的农民卜福治，调整产业后栽植了 15 亩多葡萄。60 多岁的老卜夫妇精心伺弄，一亩葡萄年收入突破 5000 元，每年家中仅此一项就收入七八万元。老卜家盖起了两层洋楼，家中三轮车、摩托车、电视机、电话、洗衣机、电冰箱、煤气灶，应有尽有。据了解，上朝村到了1990 年，人均年收入就达到了 3000 多元。人们说："咱这是沾了土地下放早的光，沾了党的政策不变的光，沾了改革开放的光。"每当看到这些，我心里真有说不出的高兴。

农民的吃饭问题解决了，作为一名共产党员我为自己能办了一件为人民服务的事而感到欣慰。80 年代中期，党的改革开放政策愈来愈活。党中央强调"无农不稳，无工不富"。于是，在党的好政策指引下，我放弃"老婆孩子热炕头"的传统观念，开始自谋出路兴办小型化工厂。最初是背着小背包外出到各大城市的门店搞销售，后来又发展成先签合同后在家中发货，再后来随着眼界的不断开阔，我又放弃家中的小型化工厂，到外面开始办厂。20 年来，我跑遍了全国各地大小城市，每年虽说非常辛苦，但收入还算不错。家中盖起了两层楼房，各种先进设施一应俱全。随着手中积蓄的增多，我为了做生意方便，又在西安购置了一座房子。现在，虽然在本村算不上冒尖户，但手中也有相当数量流动资金。

在上朝村，充其量我只能算个中等水平的富裕户，有一大批年轻有为的人近年来在党的政策的引导下，确实致了富。万荣县是国家认证的"全国防水材料之乡"，我村有 30 多名在外跑防水材料或者是兴办工厂的年轻人，有的手中高达近千万元，有 20 多个人手中有三五百万元。每年一到农历腊月二十几，就有一辆又一辆的高级小轿车，从北京、上海、天津、西安、大庆、大连等城市陆续开了回来。全村 20 万元以上的小车达 26 辆，15 万与 20 万元之间的小车有19 辆，面包车比比皆是，数也数不清。38 岁的卜武生，在生产队时他家人口多，父亲母亲口挪肚攒也填不饱孩子们的肚子。从小受了苦的卜武生长大后赶上了好政策，如今在西安开了一个防水材料厂，家中盖起了价值 30 万元的两层小洋楼，在西安还购买了两座院落，手中有积蓄高达 300 多万元。还有年轻人卜新坤、范治斌等一批人，都成了在京城小有名气、在家乡颇有影响的人物。他们手中的钱虽然是自己辛辛苦苦挣来的，但是，没有改革开放的好政策，纵然有天大的本事，他们还是离不开上朝村这块贫瘠的土地，哪有机会发财致富达小康呢？

如今的家乡，条条巷道均已硬化、香化、美化，教学大楼高高耸立，家家门高楼大，户户电器齐全。过去贫穷的痕迹早已荡然不存，取而代之的是一派欣欣向荣的社会主义新农村的风貌。上朝村像一道亮丽的风景线，屹立在母亲河畔，向滔滔河水展示着"儿子"今日的骄傲。每当看到这些，我心中便自然而然升起了一种非常甜美的感觉。我的家乡富了，我们子孙后代再不受穷挨饿了，他们会在党的开放政策引导下一代更比一代强、一代更比一代幸福。

历史是公平的见证。你为人民有所付出，你为时代的进步做出了贡献，人民就永远不会忘记你。1999 年，在纪念改革开放 20 周年的日子里，《山西日报》、《运城日报》等媒体分别在醒目位置登载了题为《万荣有个小岗村》的文章，介绍了我当初把土地下放到户的事迹。同年，我的事迹被录入大型史册《中华人民共和国新闻人物大辞典》和《中共万荣县党史》中。在我们村举行的纪念改革开放 20 周年活动中，万荣县委委托副书记、宣传部长等领导前来我村祝贺。在县委、县政府举行的纪念三中全会 20 周年座谈会上，我被应邀出席。随后至今，我连续几届被选为县政协委员。1999 年 1 月 19 日，中共荣河镇委员会、荣河镇人民政府向上级部门打出申请报告，要求将我们上朝村冠名为"中国农村体制改革第一村"。2007 年 6 月 3 日，县农村工作领导组又向市农村工作组写出申请报告，要求将我村命名为"中国农村体制改革第一村"。2000 年 5 月 24 日，"全国包产到户第一人"安徽省凤阳县小岗村严宏昌慕名来到上朝村，与我交谈了很久。他说："老李，你的土地不但下放得早，而且一次性完成了一整套的联产承包制方案，比我们更有远见啊！"今年初，我在电视上看到胡锦涛总书记在元旦讲话中说，2008 年将隆重庆祝改革开放 30 周年，于是我在百忙之中又多次回到家乡，筹备改革开放上朝村 30 年大庆活动，决定立碑纪念当初下放土地的举动和改革开放的成果，并将为上朝村争取应有的荣誉申请报告上报到了中央有关部门。我渴望着国家能给我们一个应有的定论。

在即将举行的改革开放 30 年大庆之际，我以我的亲身经历再次告诉我们的

见证共和国农村改革

同龄人和后辈人：吃水不忘共产党，翻身不忘毛主席，幸福依靠邓小平，改革开放富百姓。我相信，全国人民将会在胡锦涛总书记的带领下，依靠科学发展观，把千千万万个村庄建设得更加美丽富饶。

（林智宏记录整理）

内蒙古农村改革

忆周惠同志和内蒙农牧业改革

田聪明

2004 年 11 月 18 日上午 11 点刚过，接到周惠同志病危的电话，我即往北京医院赶。一进病房就下意识地向监护仪器望去——心电图的轨迹已呈现出平行直线。我已难以说出话来，便急匆匆走到他枕前，伸手从前额抚摸到脸颊，确认他已经走了，我泣不成声。

冬去春来更逍遥

由于类风湿关节炎的疾患，周惠同志的最后十多年基本上是在轮椅上度过的。进入 2004 年则基本在床上躺着，只有精神好些时才能起来趴在移动的平板桌上坐一会儿。但他的头脑一直很清醒，思维很敏捷，说话也很利索。我每次去看望，他总是聊个不够。

2003 年下半年，他多次同我说，他不想死但不怕死。有一次很认真地对我说：我们相处这么多年了，你说说对我的评价。我就根据这些年的接触和对过去的一些了解，通过一件事一件事谈了他的长处，也谈了他的不足。他点了点头。后来又几次同我谈及墓志铭，主要谈及古人的墓志铭和后人对墓志铭的感受。再后来又几次谈到如果他自己给自己写墓志铭该如何写？

2002 年上半年，有一次去看望他，他要来一张 16 开纸竖写了 4 行字："人世沧桑近百年，匆匆忙忙春去了，风吹雨打花落地，冬去春来更逍遥。"他一笔一画地写，我边看边琢磨。他手抖写得比较慢，但每笔每画都很认真。从这几行字不仅可看出他流畅的书写风格和字体特点，而且明显感到他对

305

自己一生概括的思想境界和文字表述韵味。他还一字一句地讲了他的考虑。特别最后一句中，原来是"冬去春来也逍遥"，经过反复推敲后改为"冬去春来更逍遥"。他说这样好像更积极些。一字之差真实反映了他的生死观。

2004年7月23日上午我去看望，我们聊得时间比较长，而且基本上是听他说。他聊得很认真，坐起来过两三次。12点过了，家人两次说吃饭吧，但他摆摆手后继续说。先是聊围绕台海局势有关的事。后是聊了有关人生的一些事。

过了两天我出差了，又过了几天周惠同志住院了。8月6日中午得知他住院，可当我赶到时已经上了呼吸机。此后的三个多月里，我有空就去看看，可只能用眼睛交流，只见到他的嘴在动，没能再听到他的声音。每忆及此就想掉泪。

伴此"君"非伴虎

我是1980年农历正月初三上午开始与周惠同志直接接触的。自那以来的25年里，在他的领导下工作，和他聊天、谈心……从未间断，无拘无束。由于他从领导岗位上退下来近19年，所以我们谈的更多的是工作以外的事，海阔天空，随意道来。但所有这些都使我能够更深刻地了解他一生未变的人格，理解同他共事中一些事的决策过程。老人走了，但我却经常不觉老人已经不在世，多年同老人相处的情景，不断地在脑海中反复浮现。老人求真务实，爱憎分明，宽厚待人的形象更加清晰逼真。

1979年农历腊月二十七日下午，内蒙古自治区党委宝音图秘书长找我，说拟调我到自治区党委第一书记周惠同志身边工作，侧重文字方面。还说一过年，也就是1980年农历正月初五就要跟随周惠同志到北京参加中共中央十一届五中全会。我一时为这一很突然的问题而惊呆了，觉得"这不可能"，可又不知该怎么说。冷静了一会儿自觉找到了"充分"的理由：一说我是记者，自由活动习惯了，做秘书不适合；二说我性情锋芒毕露，好坚持自己认准的意见，做秘书不适宜；三说我属总社管的干部，分社社长已回山东过年去了，正月初五肯定赶不上。那时，我对新闻业务刚刚开始入门，并已见到了些成果，特别是对新华社记者这个职业已经深深地爱上了。加之"伴君如伴虎"的世俗观念和现实生活中的一些现象，越想越觉得不能去。所以，对以上三点我反复向宝音图作了陈述。可腊月二十九日中午，宝音图下班顺路到我家说：已同总社联系上了，总社党组已经同意，要我正月初三上午就与他一起去见周惠同志。这天下午，分社也将总社的通知转告了我。

对这一调动我确实很不情愿，但组织已经决定了，我想说的话只好咽到肚子里。初三上午9点多，宝音图领我去了周惠同志的家里。当时正好有位自治区党委书记、自治区副主席和他在办公室里说话。周惠同志只问了我哪里人？什么学校毕业？什么时间入党等。然后说跟他去中央开会，并叫来机要秘书交代和我做些携带材料的准备。对给他做秘书的事却只字未提。所以，包括五中全会期间，不论直接间接，一有机会我还总是强调那些不适宜做秘书的理由，可他仍未有半点表露。

在会后返回呼和浩特的火车上，周惠同志让警卫员把我叫到他的包厢里。只见小桌板上摆着一瓶半斤装茅台酒、一小盘猪头肉、两个小酒杯、两双筷子。坐下后周惠同志说，睡前喝点酒能减少小便的次数，咱们一起喝吧。周惠同志能喝点酒，我当时也可以喝点，便边喝边聊。大概喝了三四杯，老人便很郑重地说：小田，调你来帮我工作，思路差不多。至于有不同意见可以讨论嘛！原来湖南省委秘书长同我常讲些不同意见，我们也常争论，可我们关系很好。我顿时又说不出话来了，特别是对自以为锋芒毕露、爱讲不同意见这一条最不适合做秘书的理由，说到家了，我还好说什么呢？与此同时，一种崇敬感油然而生——亲身感受到了这位老人当年在庐山会议上讲真话、报实情的高尚品格。由此也使我讲话更放开了。聊着聊着，我就冒出了几句话：周书记，那我对您就没有不可说的话，但我们记者有条规矩，就是事实讲错了我负责，而认识上有错是允许的；如果我的错误认识被您采纳了就应该是您负责，而不是我负责。他没有任何犹豫，一边喝一边点头，并非常轻松地说了声"那当然"。这时我凝视着他的一举一动，想象着庐山会议上不顾个人安危而捍卫党的原则，反映真实情况和人民群众呼声的情景，心里想："伴此君非伴虎，可能是近良师益友。"

靠实践统一认识

在中共中央十一届五中全会期间，我是华北组整理简报的内蒙古工作人员，周惠同志的文件和生活由另一位同志管。可他有空就叫我去他的房间闲聊。当时我没有任何"包袱"，所以不论全国的事还是内蒙古的事，只要我知道的，问我什么就说什么，有话茬也说些我不适合做秘书的意思。在返回呼和浩特的火车上说我"思路差不多"的结论，大概也就是这么得出来的。我后来开玩笑说，我反复强调的不适合做秘书的理由大概是周惠同志认为"最适合"的条件。

确实，周惠同志听意见，首先看真话还是假话，然后才论是对话还是错话，而且是只论对错，不计较态度、方式。内蒙古呼和浩特市托克托县中滩公社1978年冬就悄悄搞口粮田、责任田（集体）的改革。公社书记马存发有点胆识，硬抗住了1979年春天那场批判农村资本主义复辟的"倒春寒"，取得了当年出乎预料的好效果：口粮田单产成倍地超过责任田。所以，1980年不仅中滩公社由口粮田、责任田发展到了大包干，而且县委书记还要在全县推广。这是自治区首府城市的一个郊县，所以，一时间引来好多说法。这年4月份，周惠同志到这个公社调查，随同调查的一位领导干部就有不同的看法。当公社书记、县委书记谈到他们的做法时，这位领导很激动地说：这不真是资本主义复辟了吗？而公社书记和县委书记则用充分的事实和理由加以阐述。周惠同志越听越高兴，笑着说他们讨论得很热闹，鼓励他们继续讲。但周惠同志的观点是很清楚的，正如耀邦同志所说，他是全国搞包产到户最早的三个省（区）委书记之一。周惠同志所以高兴就是觉得他们都讲的是真心话。最后还说讨论得好，当然也很明确地表示可以试验，特别强调看看如何搞才能使老百姓吃饱肚子。

内蒙古东部的呼伦贝尔盟、哲里木盟和昭乌达盟，1969年至1979年曾划归东三省管辖。东三盟的农村改革明显比西部晚一些。1982年春天，周惠同志到呼伦贝尔盟阿荣旗调查，听说音河公社和平大队党支部书记盖广义同志坚决反对包产到户，周惠同志坚持要去看看。盖广义面对自治区党委第一书记毫不掩饰地说：队里有人说要包产到户，俺就说要将队里欠信用社的贷款也一并包到户。这下他们就不敢包了。然后他还很得意地说：俺让你包！周惠同志听得直笑。到离开时周惠同志也没有批评盖广义，只是深情地对他说：现在这个搞法我们已搞了20多年，老百姓吃不饱肚子，欠的贷款却越来越多，总得想个办法呀！包产到户也可算一个办法吧？

盖广义是个老党员、老农村干部，人很好，很热爱集体。周惠同志与盟旗领导说，不能责怪这些基层干部，我们搞了这么多年的"一大二公"，影响根深蒂固，这说明思想解放的任务还很重，最终还要靠实践来统一人们的认识。多年后周惠同志还常提到这位老盖，并说他是好人，称赞他敢讲真话。

我在周惠同志的直接领导下工作了6年。不论是任自治区党委政研室副主任、秘书长，还是副书记，没有向他说过一句假话。我刚到周惠身边工作时，他能吃、能喝、能睡，也很健谈，但毕竟已 62 岁，加之坎坷经历，头发少而全白，牙齿也很不好。出于责任，也出于尊敬和同情，总想尽可能为这位长我 25 岁的老人多分担点具体事务。在他身边工作的 3 年里，每次为他起草讲话，听他讲，我也讲，一遍一遍地修改后送他；报送他处理的一般文件我也都是先认真看，送到他手里时不仅讲清是什么事，也讲我的意见；有些事我主动找他讲，有些事他找我交代或询问。这期间不同意见是常有的。记得我到他那里工作不久，内蒙古一个县不是候选人的同志当选了县长。这在当时确算得上是一条"新闻"了，所以人们议论纷纷。我对这个县的书记和县长候选人及当选县长都比较熟，我怎么认识就怎么说。周惠同志在一次常委会上说："对这个问题我和小田曾发生过激烈的争论。"这个话传出后，不少要好的同志提醒我说："没有你这么当秘书的。"可他们不知道的是，周惠同志这话是用赞赏的口气说的。

敢为人先不觉先

在内蒙古很多人都记得周惠同志的一句名言，叫"从大青山出发"。大青山是《敕勒川》里提到的阴山的一个支脉，呼和浩特市就在大青山脚下。1981年中央就西藏问题向全国发了一个文件，周惠同志认为其中一些做法不适宜内蒙古，所以当有同志提出如何在内蒙古实行的时候，他就脱口而出说：内蒙古的事要从大青山出发。从此，人们常用这句话来说明周惠同志凡事从实际出发，讲究实效的作风。

周惠同志是 1978 年 7 月到内蒙古工作的，当时中央任命他为内蒙古自治区党委第二书记、革委会副主任。在从北京赴任途中就下火车开始深入农村牧区调查研究。在调查研究中他很快发现牧区和畜牧业在内蒙古不仅占有重要地位，而且工作指导上也同农村和农业有很大的不同：牧民基本是蒙古族等少数民族，牲畜对牧民不仅是生产资料，也是生活资料。同年 10 月，周惠同志任自治区党委第一书记、革委会主任后，区党委就决定从第二年开始大幅度调整牧民自留畜政策，每户牧民可牧养的自留畜数量，包括小畜大畜，都放宽了许多。这在全国几大牧区是第一家。过了两年，牧民的自留畜发展很快，在牲畜总头数中的比例迅速上升。各种说法又多起来了，不少人担心偏离社会主义方向。当周惠同志弄清楚牧区牲畜总头数增长后，他却很欣慰地说，只要整个畜牧业发展了就好说。

1980 年下半年，中央下文允许"三靠队"（吃粮靠返销、花钱靠救济、生产靠贷款）实行包产到户。周惠同志就向中央领导讲，我们内蒙古可否说是"三靠省"？这位领导同志只笑了笑，这下他心里更踏实了。所以，到 1981 年底，全区农村土地大包干已呈"席卷之势"。可牧区怎么办？而且不只牲畜还有草场呢？周惠同志继续进行深入调查，特别注意到内蒙古牧区大多三年一黑灾（旱灾），五年一白灾（雪灾）；近半数牲畜循着夏饱、秋肥、冬瘦、春死的圈子转；畜群大多需夏营地、冬营地（需储草和棚圈）等。他逐步从这些实际中形成了两点认识：一是自留畜发展以后集体畜要实行承包，不然就会成了"后娘的孩子"；二是牲畜承包以后草场吃"大锅饭"不行，也得实行承包，而且有利于轮牧定居相结合。这就是内蒙古首先实行，后在全国牧区推行的草畜"双承包"责任制。

到了 1982 年秋，自治区党委研究室的同志汇报说，呼伦贝尔盟（现为呼伦贝尔市）陈巴尔虎旗、昭乌达盟（现为赤峰市）巴林右旗等地一些嘎查（生产大队，牧区是嘎查核算），自留畜已经或将近超过集体牲畜，而且自留畜的繁殖母畜比例和牲畜膘情等普遍比集体畜好。有的嘎查因此将集体牲畜作价归了户，牧民大多很赞成。所以，许多基层干部想推行这一做法，问行不行？我当时是研究室副主任，就如实向周惠同志作了汇报。周惠同志详细问了情况后说，牲畜总头数发展了，说明自留畜政策和草畜"双承包"政策是正确的。如果作价归户能使牲畜数量增加，质量提高，就可以试。这个问题还没有来得及经自治区党委和政府讨论，可周惠同志的意见就传开了，牧区的牲畜作价归户很快大范围推开了。这当时无疑会在各方面引起不同反应，有的"纲"还上得很高。这些意见也反映到了中央领导那里。1983 年初夏，中央书记处书记、中央书记处研究室主任、中宣部部长邓力群到内蒙古视察，我当时任自治区党委常委、秘书长，分管区党委研究室的工作，就决定由我向邓力群同志汇报牧区草畜"双承包"和牲畜作价归户等问题。我用统计数据汇报了周惠同志所问过的那几个问题，如牲畜数量增加了，质量提高了，牧民收入增加了，集体牲畜变成了钱，也没受损失等。邓力群同志听后说，那就证明你们搞对了。这也是后来在全国牧区推广的做法。

周惠同志由于坚持求真务实，心中有数，所以他敢为人先不觉先，面对风险不畏险。

亲情、友情都在真

周惠同志十分尊崇中华民族的传统美德，很重亲情、感情。周惠同志在弟兄中排行老七，他三哥惠浴宇 1982 年以前任江苏省省长，人们都称他"惠老"。中央每次召开有省委书记、省长参加的会，周惠同志的业余时间就基本上交给他三哥了，不是一起去看熟人，就是兄弟俩一起聊。惠老退下来后到内蒙古去过一趟，周惠同志没让惠老住宾馆而是住在他的家里，并且是把他老伴的卧室腾出来给惠老住。对此，我当时很受感动。

1980 年 6 月，周惠同志率党的工作者代表团出访罗马尼亚，提前一周全团在北京万寿路中联部招待所集中。一天晚上，他和一些熟人一起吃饭，喝了点酒，回来就睡了。可 11 点多来了一个长途电话，我不得不把他叫醒。

大概是晚上吃饭时与熟人聊到了往事，又喝了一些酒，接完电话后老人的话多了起来。我一边给他茶杯里倒水，一边听他讲。周惠同志先是说我们过去党内斗争中的一些教训，记得主要谈到了小平、陈云、彭德怀、黄克诚等老同志受到的不公正对待。当谈到陈云、黄克诚等因讲真话多次挨批无法工作，拨乱反正后可以工作了，可他们的身体却不行了。这时他掉泪了，而且泣不成声。我也跟着掉泪，从中受教育、被感动。他再一次泣不成声是谈到他的孩子，那是在"文革"中，他被关起来了，四个孩子相继下乡插队，经过再三交涉才允许他们见一面。他说他当时给孩子们讲了三层意思：一是你们的爸爸、妈妈都不是反革命；二是不论走到哪里，相信老百姓能生活你们就能生活；三是任何情况下都不必寻短见。这个时候我也泣不成声了。我们都只穿着背心裤衩，一直聊到第二天凌晨两点多钟。

我参加工作后父母一直跟我一起生活。我父亲 50 年代开始就患有肺病。1981 年 6 月下旬，我随周惠同志参加党的十一届六中全会。全会结束后的 7 月 2 日上午，中央在怀仁堂召开省委书记会，专门讲废除领导职务终身制，实行离退休制度和成千百万培养选拔中青年干部的问题。陈云同志讲文件，小平同志讲话，耀邦同志主持会议。这时接到家里电话，说我父亲病重，周惠同志得知后一定要我快回去。我 3 日赶到家，送父亲住院，18 日就去世了。父亲受了很多苦，刚刚生活好一点却去世了，我和母亲及全家都悲痛极了。当天周惠同志就到我家里，含着泪安慰我妈妈，安慰我们全家。这么大的"官"为一个老农民去世来看望，我们全家特别我妈妈非常感动。后来，包括到北京以后，周惠同志几次到我家，和我妈妈聊天。我妈妈是个一字不识的老农，可两位老人好像很能聊得来。周惠同志还说我妈妈是个"农民政治家"。大概也是这个原因，周惠同志对我曾有过一个评价："知道老呀、小呀!"

（作者曾任新华通讯社社长、党组书记，2008 年 3 月任第十一届全国政协常委，现任全国政协民族和宗教委员会主任）

对草畜"双承包"调查的回忆

张文奎

草畜"双承包",是20世纪80年代初内蒙古牧区改革中推行的一种生产责任制,对内蒙古乃至对全国牧区经济社会发展和生态保护产生了深远影响。1984年我到内蒙古党委宣传部理论处上班以后不久,有幸深入到牧区改革开放的前沿,对这种责任制进行了全面深入地调研,并由此开始了一个普通机关干部与周惠这位老资格的省级一把手一年多的忘年交往。这段机缘不仅使我深入到相关事件的内部,而且看到一位饱经沧桑的老共产党员的高尚品格和时时想着人民的革命情操,使我终生难忘,终生受益。现根据我当时的记录把这次大规模调查的情况记述下来,既作为自治区改革开放30周年纪念,也寄托对逝世4周年的周惠同志的哀思。

接受任务

1984年7月上旬的一天上午9点多,时任自治区党委副秘书长的万继生同志给我打电话说,周书记让你马上来听常委们的讨论。进入会议室后我找了靠墙的一个空椅子坐下来拿出笔记本。这时周惠同志指着他左侧的一个空位子说:"小张同志,坐过来!这里听得清楚。"我说:"在这儿能听见。"当时的党委秘书长田聪明同志说:"文奎,周书记让你坐前面,快过来好开会!"这样,我就坐到了离周惠同志一坐之隔的位子上。

这次常委会讨论的似乎是一个农村牧区改革会议上的主报告稿。会议结束前,周惠同志在讲话中,对农村的大包干责任制和牧区的牲畜作价归户,固定草牧场使用权对于调动农牧民生产积极性、解放农村牧区生产力给予高度评价,也讲到遇到的各种阻力。最后特别说到：牲畜作价归户、适当提留，草场划分到户或组承包、收取草原管理费的畜草"双承包"责任制，作为一项政策已经推行下去，实践效果还不错，牧民和基层干部都欢迎，但在理论上怎么看，同志们没怎么讲，我心里也没底，请你们研究研究，论证论证。

我第一次听周书记的正式讲话，对他"乱石铺街"式的讲话还不习惯。散会后我一边等待常委和副主席们退席，一边归拢刚刚听过的周书记"海阔天空"的讲话要点。这时，一位40岁左右的军队干部（后来知道他叫周公和，以后周书记找我大都是他给我打电话）跟我说：周书记请你到后小院等他，还有点事和你聊聊。

到后小院一杯茶还没喝完，周书记就回来了。他先是问了问我在复旦大学学习情况和来宣传部工作情况，便直接进入主题。可能是考虑已过了下班时间，总之周书记讲得很直接，主要是两方面的意思：

第一，组织力量对牧区改革进行详细调查。调查的面要宽，牧区和半农半牧区比重大的盟，都要有人去；调查要深入，多听听牧民和基层干部的意见。

第二，对畜草"双承包"从理论与实践的结合上进行论证。要集思广益，参加调查的同志最有发言权，要尊重他们的意见；要多听听专家和实际工作部门的意见。周书记还说到：过几天我的老朋友于光远要来考察，顾委接待。他说和你熟，请你陪陪他，有机会可以和他讨论讨论，理论上向他请教。

在中国这样的行政管理体制和行政治理结构下，一个省级一把手向他治下部门的一个有着四、五个"级差"的工作人员直接交代工作任务，我当时总觉得哪里有点"不对劲儿"，但经过一段时间的接触，特别是通过一次次平等、亲切、他称作"聊聊"的讨论，我清楚地感到，周惠同志并不是把我看作下级而是当作朋友和"聊天"对象的。这对于刚刚进入党政机关工作的我影响很大，20多年来，我一直视部下为朋友，肯定有周惠同志的影响。

实地调查

当天下午，我向我的处长时青同志汇报了周书记的要求。时处长领我向分管理论处的副部长袁志发同志汇报。袁部长说："乌恩部长刚才和我讲过这件事。请文奎先拿个畜草"双承包"调查工作方案，再研究。"

《畜草"双承包"调研工作方案》经有关领导批准定下来以后，我做了些必要的准备，并向盟市委宣传部发了通知。

实地调查是7月下旬开始的，以高等院校理论课教师为主体的5个调查组陆续出发。8月4日晚我随同自治区顾委林蔚然副主任在集宁把于光远同志一行送上火车后连夜回到呼市,准备买票赶往呼盟参加由几位青年教师组成的调查组的工作。但8月5日上午10点多,我从周惠同志处回办公室上楼时不慎从楼阶上摔下来,致使左足骨折,直到13日左脚才勉强敢着地。由于买不上卧铺而不得不乘硬座,直到白城子两人才补上一张卧铺票,于19日赶到海拉尔。这时调查已近尾声,但还需补充一些资料,所以,决定兵分两路继续工作。第二天,内蒙古大学哲学系教员苗恒泰、那日松和财院的一位经济学教员,在盟委宣传部理论科一位同志陪同下,步行到鄂温克族自治旗巴彦套海镇的一个嘎查核实材料。当时路况差,车也少,加上正赶上雨季,他们当天被困在嘎查,第二天中午才赶回海拉尔;我当时虽然能借助单拐慢慢行走,但左脚还肿得只能穿大号拖鞋,所以留在海拉尔市里与盟直有关部门交换意见,搜集综合材料。

8月中下旬,调查组陆续回到呼市。但这时只完成了东部四盟和锡盟的调查,而以高校教师为主体的调查组因学校开学而不得不解散。因此,回到呼市听完各调查组汇报,研究和布置了各组调研报告撰写以后,我便带着内蒙古党委讲师团的张琛和宣传部理论处的白廷辰继续进行西部各盟的调查。当我们10月6日结束了巴盟、阿盟的调查去伊盟时,在离东胜20多公里的地方遇上大雨,红胶泥公路封闭。送我们的是乌海市委宣传部一辆京吉普,黑夜绕路行车迷了路,第二天凌晨3点多才绕过达拉特旗到达东胜。这时我们已近18个小时没吃东西,中间曾把张琛在阿左旗买的大酸枣吃光,虽然解了一时饥渴,但过一会儿饥饿感更强烈了。到东胜住下后,盟宣传部的同志在办公室找来几块饼干,又喝了些开水,总算扛到了早上7点宾馆开饭。

到10月中旬,实地调查结束。各调查组的认识问题都是边调查边讨论统一的;实地调查结束后,在撰写调查报告过程中,我们不时地交换意见,统一认识。到11月中旬17篇调查报告全部形成,经过审改,于12月下旬印出《草畜"双承包"调查报告集》。《调查报告集》对草畜"双承包"从不同角度、不同层面进行了详细阐述,其主要内容如下:

——粉碎"四人帮"以后,内蒙古牧区普遍恢复了20世纪60年代初行之有效、1971年10月内蒙古党委《关于当前农村牧区若干政策问题的规定》曾充分肯定和推行的"两定一奖"、"三定一奖"责任制,十一届三中全会以后又发展为"专业承包"、"新苏鲁克"等生产责任制,并放宽了自留畜政策。这些政策极大地调动了牧民的生产积极性,牧区社会生产力得到进一步解放,但也使一系列矛盾不断激化:

一是"公私矛盾"。落实自留畜政策，使全区牧区自留畜由 1979 年末的 205.6 万头（只）猛增到 1981 年末的 565 万头（只），两年增长 1.75 倍，而集体牲畜却从 1980 年末的 1612.5 万头（只）（无 1979 年末数）减少到 1981 年末的 1111.9 万头（只），一年减少 31.4%。自留畜在经营中与牧民承包的集体畜混群，因而类似"亲儿"、"后妈"之类的事儿经常发生，加之处罚"化公为私"、"假公济私"事件中牧民个人利益损失等引起的干群矛盾，使"公"、"私"矛盾不断激化。

二是草场问题。改革开放以来一直只有畜群的生产责任制而没有草场的责任制，草场的使用仍然实行从民主改革时期延续下来的"草场公有，自由放牧"政策，存在着严重的集体畜和自留畜共吃草场"大锅饭"问题。随着牲畜数量增加特别是自留畜急剧增加，越界放牧、过度放牧和争草场的问题越来越严重，草原沙化、退化面积超过可利用草场的 1/3，草场中优质牧草减少，毒草劣质草增加，草场产草能力下降 30%，草畜矛盾不断加深，严重地影响牧区经济社会发展和生态安全。虽然牧区改革激发了牧民巨大的生产积极性，又有自留畜快速增加这个因素，但牧区牲畜混合头数仍然逐年下降，仅 1981 年与 1980 年相比，就减少 323.7 万头（只），减产 16%。这样的现实，引起各级领导和牧民的深入思考，并在探索中寻求解决问题的办法。1982 年呼伦贝尔盟（现为呼伦贝尔市）陈巴尔虎旗、昭乌达盟（现为赤峰市）巴林右旗、兴安盟伊和塔拉公社等地，在"新苏鲁克"等大包干责任制的基础上实行牲畜"作价承包、提取积累"和"作价保本、现金提留"责任制，从而使对集体牲畜实物形态的承包经营转为对货币形态的承包经营。自治区党委、政府因势利导，及时总结并于 1983 年末在自治区党委三届十三次全委（扩大）会议（也称旗县委书记会）上推广了这一经验，又通过立法程序及时颁布了内蒙古自治区《草原管理条例》，允许把草场的使用权和管理、建设、保护责任长期固定到基层单位。这样，畜草"双承包"生产责任制便应运而生。

——畜草"双承包"的基本要求是："牲畜作价归户、适当提留，草场划分到户（或组）、收取草原管理费"，草场的使用权和保护、建设的责任落实到户（或组）长期不变，但具体做法并不完全相同。比如，大部分牧区是牲畜作价归户，而锡林郭勒盟镶黄旗和阿巴嘎旗的部分苏木则是"无偿归户"；有的地方每年按作价款总额的一定比例向牧民提取集体积累由嘎查（原生产大队，相当于行政村）统一使用，有的地方则不提取；提取积累的，有的按作价款总额的 5% 提取 20 年，有的按作价款总额的 3% 提取 30 年；牲畜作价时数量的界定，一般以羊为单位计算，有的按当时的家庭人口平均分，有的则是人口和劳力各按一定比例核算出每户获得作价牲畜的数量。此外，牲畜作价的价格各地也不相同。再比如，各户划分承包草场面积的确定，各地一般是以各户牲畜数为基础，同时考虑未来的发展，但也有个别地方完全按实有牲畜来确定；草场大都划分到户，也有划分到组的；草场面积相对较少的牧区把放牧草场划分到户，不分打草场，有的则打草场也划分到户或组；大部分牧区把全部草牧场划分到户或组，有的地方则留了部分机动草场；草原管理费，大部分牧区按牲畜数量、牲畜品种收取，个别地方按每亩每年 0.03 至 0.05 元收（其中有的地方只记账暂不收），个别地方宣布不收。

——畜草"双承包"责任制在坚持草场公有的前提下，把草畜经营结合起来，把畜牧业第一性生产与第二性生产统一起来，使草畜两方面经营的责、权、利归于牧民一身，人、草、畜结为一体，打破了重畜轻草、以牲畜为中心论牧区畜牧业的传统观念，冲出了草原畜牧业生产资料经营权与所有权只能合二为一的旧框框，结束了草与畜"两张皮"、集体畜与自留畜"两笔账"和牲畜吃草场"大锅饭"的局面，受到牧民普遍欢迎，调动了他们保护、建设草场和养畜两个积极性，促进了牧区畜牧业的发展：草原畜牧业建设加强，以"羊单位"核算的牲畜数量大幅度增加，畜种改良、畜群周转加快，牲畜的出栏率、商品率提高，牧民的生产方式、生活方式迅速转变，畜牧业的商品经济观念大大增强。

理论论证

对畜草"双承包"一些问题的讨论，可以说延续到 1985 年 10 月。调查的过程，也是研究、讨论的过程；调查报告形成的过程，更是研究讨论的过程；在调查报告汇集成册前后和周惠书记发表在《红旗》杂志 1985 年第 13 期上的署名文章形成过程中，以多种形式听取了有关理论工作者和自治区、盟市、部分旗县实际工作者的意见，包括我与周惠书记的几次讨论和交流。从 1984 年 10 月 12 日到 1985 年 11 月 4 日，在我的笔记本上记录的与周书记的谈话有 16 次。1985 年 6 月 23 日以前主要是围绕草畜"双承包"，以后的谈话有时也涉及草畜"双承包"，但主要是谈人生和为政、做人、处世的道理。我的感觉是：所有的谈话，都不是领导对下属，而是朋友对朋友、长者对后生，充满着平等、和谐，使我能畅所欲言，甚至和老人家争辩，有时还争得很厉害。根据我的记录，主要在以下这些问题上统一了认识：

一、关于草场与牲畜的关系。草场和牲畜都是草原畜牧业的基本生产资料，牲畜还兼有牧民生活资料的性质。但是，比较而言，作为社会"财富之母"土地的组成部分，草场更是根本性生产资料，草足则畜多、畜壮，没有草场牧区就不能养畜是不争的事实。但是，历史上广大牧区地广人稀畜少、草场宽裕，在游牧中牲畜自然采食，这里吃完倒场到那里，牧民无须担心草场问题。而牲畜既是生产资料又是生活资料，牧民时刻与牲畜打交道，衣、食、住、行、用都离不开，久而久之，使人们只看到"人随畜走"而忘记"畜随草转"的事实，逐渐形成了重畜轻草、以牲畜多寡论财富和草原畜牧业的传统观念。正是上述情况造成了长期以来只重视牲畜数量的增减，忽视草原保护和建设的局面，形成了以牲畜为唯一的草原畜牧业考核指标体系。草畜"双承包"的功绩，除了解放生产力、促进畜牧业发展以外，还应当加上它在草与畜的关系上"正本清源"，冲破了以畜为本的各种传统观念，终结了对草原只利用不投资建设的行为和把草原当"荒地"的法律条文解释。

二、关于这种新责任制的名称。牧民称这种责任制为"畜草双到户"，自治区从上到下都叫"畜草双承包"，而且似乎已约定俗成。我们认为，中共中央十一届三中全会以来改革中出现的是新型责任制，与社会化大生产过程中分工协作形成的劳动者对自己承担的任务负责那种一般意义上的责任制有本质区别。它的根本特征，或者说与以往责任制的本质区别，是在生产资料所有权与经营权分离的基础上形成的劳动者对自己承包经营的那部分生产资料享有完整的责、权、利。既然牲畜作价归户后已经是私有私养，即这部分生产资料的所有权、经营权、处置权、收益分配权都集于牧民一身而没有"两权分离"的因素，就不能再叫"承包经营"责任制；其次，牧区畜牧业中牲畜和草场这两种生产资料，草场是基础，有草才有畜；牧区畜牧业经营都是围绕草场展开的，这种新型责任制实际上是对草场承包经营责任制，并在此基础上把公有草场和私有牲畜经营统一起来了，虽与农村"大包干"在本质上一致，但在具体形式上又具有必须实现草与畜生产或称第一性生产与第二性生产相统一才能形成物质财富的特点，因而应称它为"草畜经营统一的责任制"。讨论到最后考虑牧区畜牧业草场是基础，也为了规避姓"社"姓"资"的争论和1979年春批"包产到户"造成的"心有余悸"，并顾及"双承包"已约定俗成的连续性，按照周书记的想法，定名为"双承包"加引号的草畜"双承包"。

三、关于草畜"双承包"评价的实践依据。在和我谈畜草"双承包"调查任务时周惠同志曾说：看草畜"双承包"可行不可行，第一要看牲畜增加了还是减少了，草场改善了还是变坏了；第二要看牧民和基层干部是多数人满意还是少数人满意。只有第一条说明是好事但不能急着办，还要宣传；没有第一条，第二条也立不住。对这两条，调研和讨论中没人提出异议，但对于实行草畜"双承包"以后牲畜数量是否增加了却有不同意见。有些同志，包括一些理论工作者，以统计资料公布的牧区牲畜年末混合存栏数在一段时间内下降为据，认为草畜"双承包"到底怎么样还不是下结论的时候，否定的倾向十分明显。甚至有个别人以某地区 1984 年牧区牲畜存栏低于 1949 年水平为据，不仅否定草畜"双承包"，而且指责这个地区主要领导不懂经济瞎指挥，并进而拷问自治区执行的民族政策和干部政策。其实，在新的历史条件下存栏的牲畜混合头数已不能准确地反映牧区畜牧业状况。第一，实行草畜"双承包"以后，牧区的牲畜品种结构调整力度比较大。牛（尤其是奶牛）等大畜比重增加，山羊大量减少，一些牧区还开始饲养不计在牧区牲畜存栏数内的猪、鸡、鹅等畜禽，因而许多同志认为折合成绵羊单位的存栏数比较科学。第二，草畜"双承包"后，出栏率提高，畜群周转加快。公羔当年出栏牧区已普遍出现，两岁牛出栏也不是个别现象。出栏数多则年末存栏数自然就会减少。说到某地区 1984 年末牧区牲畜存栏数低于 1949 年水平，确是事实。由于社会反响中涉及民族政策和干部政策，周惠同志高度重视，原计划亲自去调研并兑现看望地方病重的某苏木牧民的承诺，后因类风湿病加重而让我代他前往。他说：你去也好，不兴师动众，还能了解真情况，并嘱我一定替他去看看那 13 户肺结核病重的牧民。经过 20 多天包括"暗访"在内的多种形式的调查，所有材料都证明：这个地区牧区年末牲畜存栏减少不仅与推行新责任制和该地区新上任的主要领导的领导能力无关，恰恰相反，正如一位副盟长所说，如果没实行草畜"双承包"，如果某书记再晚到任半个月，牲畜得减到"爪洼国"去！这个地区牧区牲畜年末存栏数大幅度下降，是由自然灾害、畜群结构调整和经营管理不善等诸多因素造成的。

四、关于草畜"双承包"姓"社"姓"资"问题。经过"文化大革命"这场特殊洗礼和 1979 年至 1980 年批包产到户那场"倒春寒"的人们，当时仍心有余悸，对姓"社"姓"资"问题很敏感，所以我很慎重，围绕这个问题查阅的资料、马克思原著最多，并就此请教过于光远。根据马克思在《资本论》、《剩余价值学说史》即《资本论》1—4 卷和恩格斯在《家庭、私有制和国家的起源》、《社会主义从空想到科学的发展》、《法德农民问题》等著作中的有关论述，我向周书记保证："我以一个理论工作者的良心确认草畜'双承包'姓'社'不姓'资'！"为了让他接受我的观点，我从"土地是财富之母"这一马克思主义命题和第一产业与其他产业相比的三大基本特征说起，证明牧区畜牧业生产的根本性、基础性生产资料是草场，畜牧业经营的社会性质由它决定；牲畜的存亡依附于草场，在生产过程中类似种植业中的禾苗、林业中生长中的树木、养鱼池中的鱼，是经营对象，既具有劳动对象，又具有劳动资料和产品等多重性，对其经营反映的是生产的自然过程，不涉及生产的社会性；草畜"双承包"，是畜牧业基础生产资料——草场在公有制基础上由牧民家庭承包经营，只是经营权的转移，而不是所有权变更，是恩格斯在《法德农民问题》中肯定的所有权与经营权分离的具体形式，它表现的是草场经营上公与私的联合，属于集体经济范围，如同种植业的家庭联产承包以后耕地公有、禾苗私有，并没有改变集体经济性质一样；如果非要以草场是"全民所有"、耕地是"集体所有"为据，说二者不能类比，那么草畜"双承包"体现的也是以草场承包经营为中间环节的国家与牧民之间的联合，充其量是"国家资本主义"，仍属于公有制范畴。周惠同志考虑得很细，甚至让我把马克思、恩格斯几段关键性论述抄给他。老人家这种认真负责的态度和求真务实作风确实让人感动。

五、关于牲畜"作价归户"的理论依据。这个问题因为镶黄旗和阿巴嘎旗搞的是"无偿归户"而提出，受苏联在改革中分公有资产归私人的做法的影响而变得"敏感"，既引人关注又争论多。经过讨论，大家比较一致的认识是：牧区的牲畜，是在人民公社"三级所有队为基础"（牧区是以大队为基础）体制下形成的积累，是原大队（后来的嘎查）范围内所有劳动者的共有（集体所有）财产，无偿归户、作价归户都不错。这是因为，"无偿归户"，不过是"物归原主"，把劳动者多年积累起来的劳动成果一次性回归于它的本来主人，但不能按人口多少而必须按劳动力多少"归户"；劳动力也不能以自然人为依据平均分畜，而必须考虑劳动力强弱、能力大小、贡献的时间长短等因素，而且还要把债权、债务也按合理比例分到"劳"。总之，作价归户不过是集体资产由实物形态转化为货币形态，并且通过"适当提留"若干年后全部收回来，集体财产并没有损失。

此外，在讨论中还涉及其他一些认识问题，如草原管理费该不该收、适当提留该不该留等等，各方争议不大，很快就统一了认识。

（作者原任内蒙古自治区工商联党组书记，政协内蒙古自治区第九届委员会委员、文史资料委员会兼职副主任。曾任内蒙古党委常委会秘书、内蒙古党委政室副主任兼内蒙古农村牧区工作领导小组办公室主任）

内蒙农牧区改革的回忆

王守陆

　　我是 1981 年 4 月从自治区团委"转业"到当时的农业厅人民公社经营管理处工作的。这个处的职能就是负责指导农村人民公社的经营管理工作。我一报到就投入到了农村改革的大潮中。

半路出家也能成佛

　　中共党的十一届三中全会后的 1979 年、1980 年，全区广大农牧民和各级干部，认真贯彻三中全会精神，克服来自"左"的干扰和各种阻力。大胆地探索各种生产责任制形式。有的生产队实行包产到组，专业承包；有的实行包产到户，包干到户。在前两年酝酿、初试的基础上，1981 年就成了全区农村牧区推行生产责任制的关键一年。

　　我区农村牧区的改革初期，存在着一热一冷的情况。广大农牧民迫切要求实行利益更直接，管理更简便的责任制形式。各级干部中的一部分人，受"左"的影响多年，脑子总是在考虑哪种形式能搞、哪种形式不能搞，什么形式责任制是社会主义的、什么形式的不是社会主义的，总是给群众定框框、划线线。他们把生产责任制划分成三个层次：一是集体经济办得比较好，社员收入比较高，群众生活比较富裕的社队和城郊蔬菜社队。对于这类社队，已经有了一套行之有效的管理措施的，不要轻易改变。如果群众有意见就缺啥补啥，实事求是地解决存在问题，原则上不要搞包产到户。二是经济水平和管理水平属于中间状态的社队，主要应在整顿领导班子、改进干部作风、加强经营管理、坚持按劳分配、克服平均主义上下功夫。没有搞包产到户或包干到户的，就不要搞；经说服教育，多数群众仍要求实行包产到户的，也应当允许。三是对于那些多年"吃粮靠返销、生产靠贷款、生活靠救济"的"三靠队"，为了尽快改变贫困面貌，可以实行包产到户、包干到户的办法。有的还把责任制分成高级形式、有发展前途的形式等。我记得在当时有一份文件中就写到：专业承包、联产计酬的形式，是以劳力承包任务，而不是按人口承包任务，并按农、林、牧、副、渔各业分工，较之其他形式的责任制，具有更多、更明显的优点，是一种有发展前途的责任制形式，应当大力提倡推行，已经实行的社队，也要不断加以完善和提高。

对于这些做法，广大农牧民意见很大，一些地方出现了顶牛。有的群众甚至说，把我们队变成"三靠队"还不容易，用不了两年就变成"三靠队"，那时候不就可以包产到户了嘛！1981 年五六月间，为了进一步推动农牧业生产责任制的迅速落实，自治区党委第一书记周惠同志，亲自率领有关部门的同志深入实际调查研究，督促生产责任制的落实。周惠同志用 20 多天的时间走了乌兰察布盟（今乌兰察布市）、锡林郭勒盟、昭乌达盟（今赤峰市）、哲里木盟（今通辽市）和兴安盟等 5 个盟市 10 多个旗、县、市，行程 3000 多里。每到一地，都与干部群众座谈讨论，到农牧民家中了解生产、生活情况，并与沿途正在劳动的农牧民亲切交谈，征求他们对党的农村政策的意见和要求。所到之处，凡是明里暗里实行了包产到户责任制的地方，农牧民的生产积极性就高涨，春播和田间管理都比往年进度快、质量好。所见所闻，农业生产上，春播干活的人多了，出动犁杖多了，用的粪肥和良种多了；牧业生产上，牧民爱畜如子，成畜保育率、仔畜成活率比往年显著提高。出现了土地改革以后、合作化初期以来的第二个扎扎实实的生产热潮。

在调查中，周惠书记充分肯定了包产到户、包干到户责任制形式，认为内蒙古属于边远落后地区，包产到户与这里的生产力水平相适应，顺乎民心，合乎民意，群众拥护。因此，凡是群众自愿搞包产到户的都应该支持，干部不应该与群众顶牛。调研中很多农牧民群众围拢上来，要求马上就搞包产到户或包干到户。基层干部认为，现在春播已经结束了，要搞包产到户或包干到户也要等到秋收以后才能搞。周惠书记当即很严肃的说，现在春播虽然已经结束，但是只要条件成熟，青苗也可以包下去，这叫半路出家，半路出家也能成佛，许多地方已经这样做了，效果很好。当然不要一轰而起，不要一刀切，少数人不要强迫多数人，多数人也不要强迫少数人，要真正把自主权交给群众。

周惠书记的"半路出家也能成佛"一语既出，尤如给广大农牧民的热情，又加了一把火，浇了一桶油，包产到户、包干到户（简称"双包"）责任制迅速在全区推开。原来没有实行责任制的，或实行了所谓"高级形式"责任制的，纷纷开始分青苗，实行"双包"责任制，主要是包干到户这种形式。广大农牧民称赞"大包干，大包干，直来直去不拐弯。交够国家的，留足集体的，剩下都是自己的"。

据统计，到1981年底全区实行"双包"责任制为主的各种生产责任制的社队已达95%以上，基本上完成了从人民公社的管理体制向生产责任制的过渡。当然，这仅仅是迈出了农村牧区改革的第一步。

周惠书记提出的"半路出家"是在特殊的情况下，特定的时间上，为冲破来自"左"的思想的干扰和重重阻力而提出的，是思想解放的成果与内蒙古农村牧区生产力与生产关系严重不适应的实际相结合的大胆举措。这一举措把内蒙古自治区农村牧区改革至少提前了一年。可以说，内蒙古自治区农村牧区的改革是直接在自治区党委、政府领导下推行的，这在全国实属罕见。

改革才会柳暗花明

广大农牧民为什么对实行"双包"责任制这么热情与急迫呢？还是用我能回忆起的几个典型说话吧！

巴彦淖尔盟（今巴彦淖尔市），是我区农业条件比较好的地区，黄河河套灌区基本保证了巴盟的农业灌溉。光照条件得天独厚，农民耕种的水平也比较高。可就是这样一个地区，农业生产也很不景气。

1978年底前，全盟有相当一部分生产队集体经济濒于破产，社员收入逐年下降，有的甚至连温饱都解决不了。据不完全统计，仅探头粮（即当年口粮吃完了，借吃下年口粮）一项就是两三千万斤。有些贫困社队，群众辛辛苦苦劳动一年，不但一无所得，还要倒分红，挣工分越多，倒贴越多。社员情绪低落，鼓不起生产的劲头。临河县（现为临河区）团结公社永丰七队，在农活大忙季节，无论干部怎么动员也无人下地干活。就是出工也是"出工一窝蜂，干活磨洋工，地头坐个坑，回家一溜风"。

五原县复兴公社48个生产队，有43个吃返销粮，最长的一吃就是13年。有84%的户超支欠款，款额达109万元。

1978年我在托克托县南坪公社苗家梁大队蹲点，蹲点工作队进村见到社员总要问问近几年生产、生活情况怎么样？他们会不加思索地告诉你，"今年不如去年，比明年强"。仔细一想不就是一年不如一年嘛！苗家梁地处呼托公路旁，离呼和浩特和托县县城都不远，交通便利，耕地质量也很不错，又有麻地壕灌区的灌溉保证，可就是吃不饱饭。每年一到青黄不接的季节，大多数社员都要为口粮问题而东挪西借。常常看到他们端着洗脸盆到加工厂加工高粱、玉米混合面。这个村每个社员都有几分自留地，天不亮他们就扛着农具到自留地干活，太阳老高了，已是精疲力竭的他们，才慢步向集体地走去。社员们认为只有在自留地才是为自己干活，集体劳动是瞎捞毛。记得麦收季节的一天，晒场上正碾着小麦，突然下起雨来，我急忙回村里喊人，以免集体受损失。可我喊得急，社员们却不急，他们迈着四方步往晒场走。此时此景，我心里很不是滋味。正当我们蹲点工作队收队的时候，十一届三中全会召开了。

伊克昭盟（今鄂尔多斯市）达拉特旗树林召公社刘存圪旦生产队包产到户前，集体生产一年不如一年，社员生活一天不如一天。1954 年，互助合作初期，这个队人均生产粮食 1200 斤，全队交售国家余粮 2 万斤。1956 年，该村由互助组一步跨入了高级农业生产合作社，当年人均生产粮食下降到 600 斤，减少 50%。1958 年，人民公社化了，刘存圪旦和周围 18 个自然村，800 多户人家，3000 多口人，组成了一个大队。生产关系急剧变革，群众说：这是"碌碡跑在了耧前头"。与此同时，把"小段包工，定额管理"等计酬办法也统统取消了。代之而来的是"一大二公"和"共产风"。生产上"打混工"，到地一窝蜂，东打量、西瞭哨，磨蹭一阵少一阵"。生活食堂化，吃饭不掏钱。"大锅饭"吃垮了集体经济，吃穷了社员。

1959、1960 年的两年间大队平调了他们 3 万多斤糜谷，每天人均口粮仅有 3 两 8 钱。"一大二公"给刘存圪旦带来的是"低标准、瓜菜代"，群众生活陷入了极度困难之中。"文化大革命" 10 年，集体经济更是遭到了极大破坏，粮食生产逐年下降。到 1972 年，全队前十年共吃返销粮 12 万余斤，户均 3000 斤。

刘存圪旦生产队从 50 年代互助合作初期到 70 年代末期 20 多年走过的道路，再明白不过的告诉人们，人民公社的"一大二公"的管理体制，严重地脱离了农村生产力水平，再也走不下去了。这就是为什么农牧民群众那么迫切要求改革，急切地要实行包产到户、包干到户责任制的原因。

经营状况不佳的"三靠队"群众要求包产到户，生产条件较好的高产队，群众也要求包产到户。这是为什么呢？如达拉特旗树林召公社平原大队，位于伊克昭盟北部，黄河沿岸。这里是地势平坦，土质肥沃，机械化水平较高，水利条件优越，耕地全部能灌溉。粮食生产和交售国家商品粮，一直走在其他社队前头。1979 年实行"定额管理，小段包工"的生产责任制；1980 年大部分生产队实行"包产到组，联产计酬"责任制；1981 年初，社员强烈要求实行"包产到户"。有的干部开始时认为，平原大队不是"三靠队"，实行包产到户不合适，但群众强烈要求包产到户，原因大体上有三：

原因之一，高产穷队，社员得到实惠少。就粮食生产和向国家交售商品粮而言，平原大队确实贡献大，并且逐年增加。但是就经济状况而言，平原大队却是一个穷队。全大队有固定资产 13.3 万元，人均 76 元；现金积累，账面表现为赤字。截止 1979 年底，全大队集体累欠国家贷款和其他债务总额为 25 万元，人均 142 元。把集体财产全部卖掉，也只能抵偿一半债务。社员不仅不能从集体得到好处，反而还要为集体背债。

从社员的经济收入看，1979 年平原大队每个劳动日分值 5 角左右。一个 5 口人家按一个半劳动力计算，人均集体收入只有 50 多元。每人扣除口粮款 40 元钱，所剩无几。

由于集体分值低，收入少，社员家庭超支欠款逐年增多，到 1980 年底，全队社员超支欠款已达 20 万元。这样，即使少数劳动力多的户，分红也变成了"分空"（即不能兑现了）。结果，无论劳力强弱、劳动多少，大家都是"辛苦一年，手中无钱"。

从社员口粮看，按照当地的生活习性和劳动强度，大人小孩平均 500 斤原粮，才能维持正常生活。但多年来，这个大队人均口粮只有 400 斤左右。多产不能多分，多劳也不能多吃。"够不够（吃），三百六（360 斤原粮）"，真实地反映了当时全区农村正常年景口粮分配的基本情况，遇上灾年连 300 斤原粮都分不上。

原因之二，管理缺失，损失浪费严重。平原大队尽管粮食生产逐年增加，由于"大锅饭"式的经营管理，经济效益很差。

一是生产费用开支大，粮食生产成本高。1979 年全大队生产费用开支占收入的 60%，平均每斤粮食生产成本 9 分 3 厘多，几乎等于销售价格。这个大队的蛇羊圪堵生产队更为典型。1979 年分组作业，全年纯收入 44250 元，但全年开支电费 2036 元、化肥 10058 元、电机修理费 1300 元、请客送礼招待费 900 元，连同其他生产费用，共开支 32474 元，占总收入的 74.7%，比一般实行包产到户的生产费用高出 40% 到 50%。

二是损失浪费严重。劳动"大呼隆"，分配"一拉平"，社员对集体生产不关心，对经营管理不热心，因而在各个生产环节上用工多、花钱多、效果差。例如，集体地每亩用 40 斤化肥，还不如社员自留地 20 斤的增产效果好；浇地时，大水漫灌，集体地浇一亩花的钱，比社员浇二亩花的钱还多；集体地锄三遍不如自留地锄一遍效果好。据社队干部初步估算，每年集体生产费用至少有30%左右被白白浪费掉。劳动力的浪费更为严重，本来一个人可以干的活，实际上要2个人，甚至3到4个人才能完成；一天能干完的活，集体要2到3天才能干完。

三是非生产人员多，享受补贴的人多。这个大队仅大队一级的非生产人员就有正副支书、正副队长，青年、民兵、妇女干部，会计、出纳、保管等10余人，再加上大队林场、油坊、拖拉机驾驶员、养蜂员、民办教师、赤脚医生等，共有46人享受高工分补贴。蛇羊圪堵生产队，1979年支付大队人员补贴1897元，是全队社员分配总额的23%。大队人员补贴再加上本生产队干部补贴，几乎占到人均收入的30%。这种"铁饭碗"式的补贴，不但降低了社员的收入，而且加深了群众和干部之间矛盾。社员们说："紧干慢干，养活了一群闲汉"。

原因之三，种地的没权，有权的不种地。

一是用行政命令的办法指挥生产，取代经济规律，无视自然规律，形成"种地的没权，有权的不种地"，这就不可避免地带来事倍功半、劳而无效，甚至劳民伤财的后果。

二是在生产经营活动中，常常是责任不明确，不能真正体现按劳分配的原则。相反给多吃多占、不劳而获等特殊化和不正之风提供了方便。

三是由于一味追求"大、公、纯"（要求纯而又纯的社会主义），不断"割资本主义尾巴"、搞"穷过渡"，从而堵塞或扼杀了许多发展生产的门路，捆住了社员治穷致富的手脚。

以上几个典型事例，在当时是极具代表性、普遍存在的现象。总而言之一句话，"一大二公"的人民公社管理体制实在是走不下去了，已是山穷水尽，不改革就没有出路了，只有改革才会柳暗花明。

不断完善和规范

以"双包"形式，特别是大包干形式为主的生产责任制，在较短的时间内普遍实行，难免出现一些始料不及的问题，需要做好后续完善工作。主要有以下这几点：

一是基层干部特别是一部分社队干部思想不通，对工作撒手不管。这部分同志大都是从合作化初期就担任社队干部，对党、对社会主义有感情。他们认为大包干就是单干，"大帮轰"保险，包产到户危险："不包，打不下粮食可以吃返销；包了，打不下粮食就没治了"！他们受"左"的影响深，一下子转变过来是很难的。"辛辛苦苦三十年，一夜退到解放前"，正是这部分人思想认识的真实写照。所以他们从一开始的顶牛，变成撒手不管。做好这部分干部的思想转化工作就成为当时首要任务。自治区党委要求自治区各部门、各盟市旗县，组织干部深入第一线，进社队入村屯，做社队干部的思想动员、说服教育工作，帮助他们转变观念，挺起腰杆大胆工作，承担起"半路出家"分青苗以后的完善工作。

二是对除耕地之外的集体财产的管理。如集体林地、拖拉机、机电井、米面加工厂、大小牲畜等，这些都要继续管好用好。各级干部下去之后，组织社员、社队干部集体讨论，出主意，想办法，分别不同情况，采取多种形式承包下去，确保管好用好。集体林木、林地、林场承包给专人管护；机电井从受益农户中推选专人承包；米面加工厂、拖拉机等大都承包给原来机手，实行有偿服务，自负盈亏；小牲畜（如羊）分配到户，大牲畜（耕役畜）作价变卖给个户或联户。

三是"半路出家"分青苗年终收益分配。这是个新的课题。我们在认真调查研究之后提出原则性意见：

首先要结算包青苗前的集体收支和用工，按承包田分摊到户。然后核实各户实际做工数。具体办法，是按本队过去丰、平、欠三种年景的平均分值加权计算出平均分值作为本年度的分配分值，以这个分值为依据，根据各户做工多少进行结算找补。根据收益分配必须兼顾国家、集体、个人三者利益的原则，公积金、公益金、管理费均按前三年平均数减去集体可支配收入后的差额按各户承包地亩数分摊。承担国家的商品粮任务数按承包地亩数分摊到户。

四是由于分青苗要求基本合理，就出现土地分配过于零碎的现象。分青苗既要考虑到农作物种类不同，又要考虑到耕地质量等级差别，所以一般农户要有10多块承包地，甚至有的更多。这类问题留到秋收后再行调整。

各种形式的责任制不同，各地在实行责任制时具体办法也千差万别。为了不断完善和规范，我们处还起草了专业承包、包产到户、包干到户等几种责任制形式的实施细则或管理办法，以农业厅文件下发全区参考。

中共中央十一届三中全会结束了以阶级斗争为纲的"左"的错误路线，确立了全党以经济建设为中心、改革开放的正确路线。三中全会召开30周年的今天，农村新一轮的改革在神州大地上如火如荼地展开，我希冀于未来的改革能把中国农民引向富裕，把中国引向民主、文明、和谐、富强。

（作者曾任农业厅副厅长、农业厅党组书记，政协内蒙古自治区第九届委员会委员、人口资源环境委员会副主任）

回忆奈曼旗农业大包干

张庆宗

20世纪70年代中国经济接近崩溃边缘，群众生活苦不堪言。城里人均住房不足5平方米，"苞米面肚子，的确良裤子"，吃粮要粮票，买布要布票，买油买煤要票，连火柴、洗衣粉、肥皂都要凭证供应，物质匮乏到至今想起不寒而栗。农民生活更苦，"五指并拢，人心归田"、"干到腊月二十九，吃完饺子就动手"，白天劳作，晚上三六九学习，就是这样长年累月地被拴在土地上农民还是难得温饱，眼睁睁一个个基本生产经营单位沦为"三靠队"，即吃粮靠返销、生产靠贷款、生活靠救济。

80年代初，顺应历史潮流实行改革开放，尊重农民意愿选择大包干到户生产责任制，仅仅20多年，中国发生翻天覆地的变化，不仅早已解决温饱奔向小康，经济也由短缺走向过剩。推销广告满天飞，城里减肥成热门，住房人均20多平方米，农村也出现一轮又一轮民工进城务工潮。产业化、工业化、城镇化的战略措施的实施使农村面貌日新月异，鞋、服装、玩具等数百种轻工产品雄居世界之首，重工业正在步入高科技、智能化、规模化、基地化的发展轨道，现已成为世界重要的制造业生产基地，成为世界第四大经济体。

中国能有今天，农村土地的大包干功不可没。没有1979—1982年那场解放8亿农民手脚的大改革，今天的一切都无从谈起。大包干到户摒弃了农村"三级所有，队为基础"的经济体制，使每个农户成为真正的生产经营单位，从而适应了生产力的发展。农村推行家庭联产承包责任制，所涌起的涛天巨浪，把中国这艘巨轮推上了强国富民的正确航道。纪念改革开放30年，不能不回想起农村大包干。

内蒙古的农村大包干是从 1980 年开始的，1979—1982 年，我在奈曼旗委办公室工作期间，亲历了推行大包干的全过程。

不包到户稳不住

奈曼旗在当时的哲里木盟是农业生产条件较差的旗，1979 年全旗 380 个大队 1321 个生产队，一半以上的生产队粮食不能自给，60% 的生产队人均收入不到 60 元。"三靠队"占南山区 6 个公社的 80%。为改变局面，从上到下操碎了心，想绝了法。

"严重的问题是教育农民"。为提高农民觉悟，会议三天两头一次，白天开到田间地头，晚上开到炕头，可抓革命却促不动生产。

"政治路线确定之后，干部就是决定的因素"。队长一年换一茬，后来一年换两三茬，全村有头有脸的男女都换遍了，可仍无起色。

"学大寨赶小乡"，"以点带面"。县委书记、公社书记、大队书记搬行李下到生产队，同吃同住同劳动，可是以点却带不了面。

1979 年中共党的十一届三中全会精神传达下来，像一股春风把农民从"等、靠、要"的状态中唤醒。农民的第一个要求就是划小核算单位，分队分组作业，联产计酬。1979 年至 1980 年两年形成分队分组热，一村一队的分成两个队，再分成若干包联小组。开始说是以队核算以组包产，很快过渡到以组核算，个别队干脆悄悄地把组为单位定额上缴的提留粮、农业税款分到了户，由户承担起向队缴纳任务。这就是后来广为普及的农村大包干，"大包干，大包干，直来直去不拐弯"，"交足国家的（税），交够集体的（提留），剩下都是自己的"。

位于奈曼旗南部的白音昌公社居住分散，村屯小，人口少，一个生产队一般百十口人，分成两三个作业组，每组也就二三十口人，且自由组合的组多为同族或姻亲，这些自家人一商量也就各干各的了。1979 年对外还保留以组上缴公购粮和提留款的名义，1980 年春干脆把该摊的义务按人口分摊到户，把耕地也按人口分包到户了。大包干以后每块地种什么何时种的瞎指挥没有了，何时铲、耥的电话会议催促也没了，不需吹上工号，天刚蒙蒙亮，间苗、铲地的农民布满了山坡。这一年白音昌公社春旱，夏天还下了雹子，可这个公社先后包干的 50 个生产队，队队丰收，家家垒起了小粮囤。农民乐不可支，受感染的公社干部也顺过了拐，以农村受灾需要生产自救为名，支持全公社各队全面搞起了大包干。与此同时，位于奈曼中部沙沼区的白音他拉公社高敖木队也尝到包干到户的甜头。这两年实践说明，农村分队不如到组，到组不如到户，不到户稳不住。大包干是人心所向、众望所归，1980年冬以不可阻挡之势波及全旗山沙两区，到年底有604个生产队选择了大包干，占到全旗生产队总数的45.7%。

农业大包干完全是农民群众的自发的选择和创造，是党中央及各级党委顺乎民心尊重民意的德政与善举。最早同情、提倡大包干的基层干部，在当时不但没有得到肯定，倒是担了许多政治风险呢！

干群之间的一场拔河赛

1980年秋冬正当农民以前所未有的热情，热火朝天地推行大包干责任制的时候，旗直属机关干部却众说纷纭，莫衷一是，总之是想不通的多。其焦点是"辛辛苦苦三十年，一夜退到解放前"，"如果单干能解决农村问题何必要土改？何苦要公社化？""共产主义是天堂，人民公社是桥梁，不要桥梁怎至天堂？"

县社两级干部主要是受"左"的影响深，在理论上转不过弯，接受不了。一些大小队干部不愿接受包干到户，除上述原因还有既得利益上的问题。农村当时流传甚广的"十等人"民谣很能说明问题："一等人当书记，孩大老小有出息；二等人当队长，酒壶酒盅叮当响；三等人当保管，肥猪喂得哼哼喘……十等人大老黑，苞米面子不够塞"。当时的贵州省委书记池必卿说"1979至1980年情况像一场拔河赛，一边是各级干部，一边是千军万马的农民群众"。那时的农民群众不管干部们怎么教育引导，怎么苦口婆心，就是铁了心要分要包，不分包就不出工不干活。农民的理由直截了当："再也不许黑爪子挣钱白爪子花了"，"合作化前拱着吃，公社化后数着吃，再不分包都得要饭吃！"

奈曼干部层的思想认识上的争论交锋大的有两次。一次是1980年春夏，白音昌公社大包干消息公开化时，旗直属机关沸沸扬扬，非议较多，对坚决支持大包干的干部也产生非议，有人甚至指责说分管农村工作和宣传工作的旗委副书记胡祥同志是胡宣传，要犯方向路线性错误。不久《人民日报》发表了吴象的《阳关道与独木桥》一文，旗委书记舍布扎布站出来表态：白音昌包干的队多是"三靠队"，又赶上灾年，是搞自救的需要，既然眼前没有阳关道，走走独木桥也比没路走强。后来盟委领导也让试行，盟委秘书长张佐才还把有关领导支持安徽包产到户的大参考给奈曼干部看。为解决认识问题，舍书记组织我们秘书班子成员、宣传干部、党校教员等去白音昌搞调查，调查后一些人的看法逐渐改变了，这样一场舆论大责难才逐渐平息下来。

分青苗的是非之争

新镇公社与白音昌紧邻，白音昌包干到户后新镇各队纷纷效仿。可公社党委按上级要求没有批准新镇这样一些基础较好的生产队搞包干到户，而是搞了小段包工、联产计酬等责任制形式。这些队的群众有意见，由消极怠工发展到集体罢工，五六月间高粱谷子青苗封垄，可无人间苗、铲锄。在万般无奈中公社书记王明同意群众分青苗，分一垅农民铲锄一垅，分一个队弄清楚一个队。新镇的做法受到广大群众的普遍欢迎，却招致旗里的反对，王明同志不得不到旗里去"说清楚"。正在此时传来内蒙古党委书记周惠视察哲盟（现通辽市）的消息，在了解到大包干问题上干群顶牛，一些地区不得不分青苗的做法时，周惠表态："既然大包干年初搞可以，半路搞也应该可以，半路出家也能当和尚。"同行的人民日报社总编胡绩伟说："半路出家也能成佛。"周惠和胡绩伟通辽之行使我们戏称的"王明分青苗事件"，最终有了一个好的结论。

以后，旗社干部压制、防范大包干的做法没有了，认为包干到户就是分田单干、就是"复辟资本主义"之舆论也小多了，但取而代之的是对大包干后一些负面后果的非议。当时流行一套顺口溜："包干到了户，农机入了库，没人修公路，当兵花钱雇"等等。针对落实生产责任制中出现的新情况、新问题，1981年七八月间，旗委领导带队再次赴农村搞调查研究。我随吴庆和副书记走了青龙山、白音昌、土城子、新镇四个公社。青龙山公社书记杜生、白音昌公社书记于宪章对包干到户责任制认识深刻，对随之出现的新情况、新问题提出许多探讨性的解决办法。我们在深入调研、广泛征求基层干部意见的基础上，起草了《关于包干到户生产责任制若干意见》，经旗几大班子讨论后于1981年8月14日以旗委政府名义下发，对当时的农村大包干责任制的落实起到了指导作用。

1981年是奈曼向大包干总进军之年，到年底奈曼旗就有92.5%的生产队实行了大包干，比全国早了一年多。1982年奈曼旗集体经营的生产队只剩先锋、光明等5个。大面积推行大包干后，农业产值和农民收入大幅度提高，到1985年农业产值比1981年增长了60%，农民人均纯收入由64元增长到295.6元，增长4倍多。

行文至此，我对率先指导农民实行大包干的上述奈曼旗社两级领导油然心生敬意。今天他们大多已退出政坛，有的已离我们而去，如最早支持大包干的胡祥同志。他们顺应历史潮流，尊重多数群众意愿，在历史转折关头的胆识和努力，永远值得怀念。须知那是一个干什么都要红头文件的年代，那是一个乍暖还寒、动辄得咎的年代，那是一个恐右不怕"左"的年代，上推数年只为几句实话就可能被打成右派，与地富反坏划到一起，何况包产到户这种与公社化集体化相悖的"倒退之举"呢。

认识与启示

参与农村大包干的过程是我个人由幼稚走向成熟的过程，也是我从思想上摒弃"左"之影响，由迷惘走向清醒的过程。

1979 年我刚 25 岁，调到奈曼工作，既有解决家庭生活的需要也有改变家乡面貌的志愿。我主动要求到集体经济搞得好的大沁他拉公社先锋大队蹲点，想通过边工作边学经验，把积累到的本事用到普及大寨县中。白音昌和高敖木包干到户的消息乍听到，我和大多数干部一样很不以为然，甚至还和力主大包干的同事涂献春舌辩。1980 年 9 月我与同事李作斌第一次去白音昌专题调查大包干后思想迷惘了。当年 11 月，我的出生地也搞起了大包干，特别是年底当我再次来到白音昌看到家家的余粮囤，看到到处都是农民绽放的笑脸时心里被震撼了。

我开始反思，主动要求随管农业的胡祥书记下乡，并主动写些讴歌生产责任制的报道发表在《哲里木报》。特别是 1981 年冬我作为旗委工作队到清河公社四合福大队抓"五统一包干到户"试点，使我受到实践的锻炼，从此思想认识更加清晰自觉了。正是在推行大包干 3 年中，使我转变了思想观念，增长了才干，1982 年走上农村工作领导岗位。

参与大包干的实践我认识最深刻的有两点：一是要唯实。察实情务干实事，一切从实际出发，不唯上、不唯书、只唯实。这话说说容易，做起来很难，许多时候是人云亦云，不做独立思考的。特别是在极"左"年代，人们的思维定式是先理论，再原则政策，再次才是实际情况，这种不正确的思维定式至今也不被一些人所放弃。二是要尊重群众意愿。虽然毛主席早就说过，人民群众是真正的英雄，而我们自己则往往是幼稚可笑的。但真正在大是大非面前，在大的历史选择面前，尊重大多数人意愿，保证大多数人利益是很难的。大包干的实质是放弃坚持 20 年的"三级所有，队为基础"，承认农户的生产经营地位问题。为坚持集体化道路，我们错批了许多干部，付出了几亿人几十年受穷的代价。大包干的实践说明，尊重大多数意愿顺势而为就是德政，就是以人为本，就是顺乎潮流，就是尊重历史。

农村大包干是中国第一轮改革中被实践证明了的成功改革，但农业和农村改革还有待于进一步深化，在未来的农业和农村改革中，我们应始终坚持实事求是，坚持依靠和相信群众，以农民的利益为本，是我们最明智的选择。

（作者是通辽市政协第二、三届委员会委员，现任通辽市政协副主席）

中滩公社与小岗村同步搞起大包干

李东涛　李　亭

　　我国改革开放是以农村改革为先河而展开的。30 年前呼和浩特市托克托县中滩公社（撤乡并镇后划归双河镇）与安徽省凤阳县小岗村同时在全国率先实行了土地大包干，经过大胆探索和实践，为全区普遍推行家庭联产承包责任制，探索了一条成功之路。

　　1978 年，中共党的十一届三中全会前，中滩公社农民生活极其贫困。群众用这样的顺口溜来形容全社 14 个大队当时的生活："早上铜铃铃（高粱面窝窝头），中午黄绳绳（玉米面做成的面条），晚上照清清（一眼见底的稀饭）"，生活全靠吃国家返销粮来维持。

　　中滩公社下滩村一小队，当时 200 多人，700 多亩土地，粮食产量仅 2.5 万公斤，只相当于现在 10 个人、40 亩地的粮食产量，农民的生产积极性越来越低。从 1975 年开始，产粮区中滩公社的粮食就填不饱社员的肚子，公社也成为"吃粮靠返销，花钱靠贷款，生活靠救济"的"三靠公社"。从 1975 年到 1978 年，公社有的生产队人均吃返销粮近 500 公斤。中滩公社社员在最差的年份人均年收入只有三四元钱，有一个六口之家的农民，3 年劳动下来倒欠了生产队 3000 元。1978 年公社吃国家返销粮 122 万公斤。当年农民有少量的自留地，收益要比集体土地收益好得多。但这唯一能够激发社员生产积极性的自留地，也被当作"资本主义尾巴"割掉了。

中滩大包干的成功实践

　　中滩公社书记马存发心里一直在想这样一个问题：为什么守着黄河边这么

一块好地，不但不能种出粮食贡献国家，反而靠国家拨粮养活呢？怎样才能摘掉"三靠公社"的帽子呢？

中共中央十一届三中全会以后，马存发认真学习、反复推敲全会精神以后，与公社副书记菅光耀研究试验给社员分配口粮田，请示县委同意，几乎与安徽省凤阳县小岗村同时在全国率先搞起大包干。

1979 年 3 月，马存发、菅光耀在公社党委成员的支持下，形成党委决议，把部分土地以口粮田的名义分到社员手中。为了保证集体经济不受损失，作出如下规定：一是根据当地最低口粮标准和土地多年来的平均单产，划给社员相应数量的口粮田，其他土地为商品粮田。土地权属于集体所有，不准变卖、倒换。二是实行口粮田包干，口粮田的收获都归社员所有，除了不可抵御的自然灾害，国家不再向实行口粮田的队返销或供应粮食。三是不打乱生产队原有适于机耕的大块土地，不准对原有的农田水利设施有任何损坏。四是生产队可统一调配劳力，按规定完成集体工作任务，商品粮田与口粮田在劳动力方面发生矛盾时，首先要保证商品粮田用工，以确保完成国家粮食征购的包干任务。五是一切生产工具（包括大牲畜的饲养、使用）由生产队统一管理、调配，在集体优先使用的前提下，社员轮流使用。六是社员经营口粮田的剩余劳动力不准外流，由生产队统一组织从事集体工副业生产，生产所得（包括交售粮食所得）纳入集体分配。七是集体为社员口粮田提供机耕、电灌等作业，由社员缴纳工本费。八是凡丧失劳动力不能自己经营口粮田的社员，由集体每年供给不低于 320 斤的基本口粮，丰收年份口粮标准可适当提高。

4 月，中滩公社的分地工作陆续开始。分地过程中，社员的思想也不统一，一种意见认为分地不公，还有一种意见认为根本不该分地。干部们的思想也多种多样。有相当一部分社员不敢接收土地，认为这是违反政策，担心受到牵连。为了消除广大社员的顾虑，公社党委分工负责，对干部、社员们一对一地做工作，告诉他们粮食打多少都是自己的。然而，有的人怕政策再变，硬是把分到手里的土地给退了回来。经过不懈的说服动员，最终分地工作顺利进行。把地分给社员后，社员深翻土地，排碱、打坷拉，连老太太也跪在地里，把一块一块土坷拉打碎，有的社员中午也不回家吃饭。就在这一年，中滩公社的粮食产量获得好收成，摘掉了全县倒数第一的帽子，不仅结束了吃国家返销粮的历史，完成了国家的粮食征收任务，家家口粮有了保障，还上交了 8 万斤商品粮。

担心政策变是当时群众的普遍心理。河口大队社员就担心分到的土地会被收回去，在小麦还未成熟就提前抢收，结果使丰收的小麦减产很多。为了消除社员的顾虑，充分调动他们的生产积极性，公社党委向社员郑重承诺，要进一步落实分地政策，制定了"一定五年不变"的政策，尝到分地甜头的社员们消除了顾虑，开始争取好地。

中滩公社为社员分土地的改革从一开始就被人们传得沸沸扬扬，许多思想保守的干部认为是公社主要领导私自刮起的"单干风"，应该对他们给予严肃处分，打消他们的"单干"思想。但是，自治区党委第一书记周惠、呼和浩特市委书记布赫及托县县委许多领导给予了他们肯定和支持。

1980年，中滩公社在总结"两田"分离经验的基础上，推行了土地大包干责任制，在实行过程中采用两种模式：一是把集体的土地以及集体财产（包括耕作农具和牲畜）平均分给社员。采用这种分配模式的涉及下滩、柳林滩、碾子湾、把栅、什四份、中滩、河上营、海生不拉、郝家窑、东营子、皮条沟、格图营12个大队。二是除集体土地平均下放给社员外，其他集体财产仍然属集体所有。这种分配模式涉及河口和哈拉板申两个大队。土地下放后，农民除依法缴纳国家公粮外，承包地的收益均归承包户所有。1980年4月，中共托克托县委七届二次全委（扩大）会议对中滩公社实行的生产责任制给予充分肯定，并决定在全县推广，要求不管实行哪种形式的责任制，都要稳定下来。呼和浩特市其他旗区社队看到中滩公社包产到户的好处，开始效仿实施。9月，自治区召开半农半牧区工作会议，对中滩公社的改革给予充分肯定。周惠批示让营光耀介绍中滩公社从口粮田到大包干的做法。

从1981年开始，在我区中西部地区全面推广大包干，到1982年底，东部地区也得以实施，家庭联产承包这一新型农业生产方式在全区全面开花，彻底冲破了"一大二公"旧体制的束缚。中滩公社推行的分田到户、自主经营模式，是内蒙古乃至全国最早进行的农村改革。与小岗村不同的是，中滩公社的改革是在基层党组织的领导下，自上而下进行的。

大包干使中滩面貌焕然一新

1980年，中滩公社实行的大包干，极大地调动了当地农民的生产积极性，在大旱之年粮食仍获丰收，不但全部解决了农民的温饱问题，还向国家缴纳了35万公斤商品粮，比上年增加了1倍多，同时偿还了53万元的贷款。

看到了希望的中滩公社农民，生产信心更足了，家家户户男女老少都在一心一意搞生产。随着粮食产量的大幅增加，农民的现金收入也逐渐增长。1983年，中滩公社下滩村出现了第一个以养殖种驴、母猪而发家致富的万元户刘厚，从此多种经营开始逐步取代了传统的小农经济。公社瞄准市场，鼓励、引导农民办砖厂，从事淡水养殖、奶牛养殖等各种养殖业，胡麻、红辣椒、倭瓜、葡萄等特色农产品种植面积不断扩大，并向区域化生产方向发展。以种粮为主的种植结构发生了改变，不仅农民的收入有了较大的增长，大包干时没有分集体财产的村集体经济也得到了迅速发展，人民群众得到了实惠。河口村当时只是把土地分给了社员，该村抓住了改革开放的有利时机，先后组建了运输队，建起了砖厂。

随着社会主义市场经济的发展，一家一户分散经营的模式已逐渐不适应经济发展的要求，特色农产品难以形成集约化、规模化的生产水平，再加上河西地区交通不便，农民收入的增长幅度相应趋缓，甚至停滞。撤乡并镇以后，镇党委、政府把解决该地区农民增收缓慢的问题作为头等大事来抓。

在有效解决中滩乡农村改革的同时，按照建设社会主义新农村的方针，立足于农业增效、农民增收，在全镇加快了调整农业产业结构的步伐。全镇农村的面貌和农民的生产生活条件都发生了巨大的变化，95%以上的农民由原来的破土房住进了宽敞明亮的砖瓦房，家家户户有了三轮、四轮车，普及了摩托车，有的家庭已拥有了小轿车，青年农民普及了手机，从而实现了从解决温饱到奔向小康的发展之路，加速推进了社会主义新农村建设步伐。

从2000年到2007年，全镇的主要经济指标保持在全县5个镇的上游水平。全镇工农业总产值由2000年的23.88亿元增加到2007年的41.36亿元，年均递增11.5%。乡镇企业总产值由22.76亿元增加到38.93亿元，年均递增8.5%。农业总产值由1.11亿元增加到2.43亿元，年均递增6%。粮食总产量由1.33万吨增加到3.95万吨，年均递增25%。社会财富和居民财富也成正比增长，改革的成果最大限度地惠及人民群众。全镇财政收入由2000年的1487.83万元，增加到2007年的4770万元，城镇居民人均可支配收入由3680元增加到12800元，农民人均纯收入由2441元增加到6470元。初步建成了覆盖城乡的社会保障和社会救助网络，3957户7739名困难居民享受到了最低生活保障，3899名镇内70周岁以上老人享受到每月100元的敬老金。1234户2280名农村生活困难居民和685户失地农民享受到了最低生活保障，保障标准由每年720元增加到1000元。双河镇农村新型合作医疗参合率达92.7%。

包产到户究竟是资本主义的洪水猛兽，还是致富良策？这个争论在我国农村工作中延续了20多年。只有在改革开放的春风吹拂下得到肯定，这春风就是邓小平提出的"解放思想，实事求是"的思想路线。30年只是人类历史长河中短暂的一瞬，但双河镇城乡面貌却焕然一新，城乡居民的生活发生了翻天覆地的变化。

　　（作者李东涛现任托克托县双河镇党委书记、县政协第七届副主席；李亭曾任托克托县统计局原副局长，现任县政协学习文史委主任）

江苏农村改革

江苏农村改革和为中央农研室
"打工"杂忆

吴 镕

年少时作文开头难，总是写"光阴如箭"，如今到了"奔八"之年，才真正体会到如箭如梭的境界。今年是从农村改革开始的改革开放 30 周年，写此杂感以志纪念。

发端于安徽的大包干，与之接壤的江苏泗洪、盱眙等县首先波及。中共江苏省委三派调查组，第一批回来报喜："平安无事，温饱有望"；第二批亦喜粮食增产，但称冻死了牛，扒了些农机和公房；第三批则上纲为"修正主义的萌芽、资本主义复辟的典型"，用大喇叭对着安徽喊"不让包产到户的妖风刮到江苏来"等话。

省委又第四次派出调查组。在汇报会上，省委书记问一位老同志："包产到户究竟好不好？"答："我是翻来覆去，思来想去，结论是四个字：很难讲的。"作为省委农业工作部部长，我是躲不掉的，轮到我时，想避开"方向道路"上的风险，遂呈上题为《访谈记录》的书面汇报，内容客观，未置一评，但这个小"花招"过不了关。

书记追问："你的观点呢？"我只得如实回答："从记录中可以看出，上层反对者多，基层拥护者众；从增产数据看，包到户的比包到组的产量高，最高的是大包干。"会后常务书记胡宏把我叫到办公室悄悄谈，细细听，后来他轻拍桌子说："看来这么搞，干部吃白搭的问题可以解决，农民收了粮先归自己家了。"

我们还是建议让主要负责同志出马，于是省委书记亲自点将，包括搞理论的沈立人、搞计划的顾丽青及省委直属研究室、办公厅、农委等一干人乘上面包车，浩浩荡荡直接到了泗洪上塘公社谷墩子大队。农民们正忙着打场，一个会计说，吃了24年救济粮，今年大包干，收了粮打点家具，准备结婚。转了一圈，只见到处欣欣向荣。书记又问："不知地主富农怎么看？"新华社记者殷学诚和我自告奋勇到当地"地主"家看看，见他家四个儿子都未婚，剃着光头，但他们也说包产到户好。我俩如实汇报，书记听了很高兴，说："基本上都赞成，回去就到人民大会堂开会推行吧！"继而又一拍脑袋："慢着，毛主席说，凡是敌人反对的，我们就要拥护；凡是敌人赞成的……"我说；"解放几十年了，这些称作'小地主'的其实已是子女或第三代了。原本说地主三五年也可改变成份嘛！"这时一位同志说："包产到户好是好，就是容易滑向单干。"书记向来欣赏新观点，说："这个'滑'字用得好！"农委的周告急了，他冲口而出："好个屁！"接着双方激辩，争得不可开交，书记一直耐心听着。当时省农委（1983年改名为农工部）有出名的三员大将：陈志方写包产到户，朱培才跑包产到户，周浩讲包产到户。很可惜，这三位同志现均已谢世。

几十年过去了，这场辩论仍历历在目，令我终身难忘。

调查中我们还得到农民许多教益。例如，争水争牛争农机怎么办，农民说"抓阄就行，最公平，体育比赛抽签也就是抓阄呀"等等。当时我都写成"村头闲话"在《新华日报》发表。

后来，中央连续下达农村改革五个1号文件。地方上常去参与文件讨论起草的有四个代表，时称东吴（我）、西赵（四川农委主任赵文欣）、南社（广东省顾委副主任杜瑞芝）、北霍（山西省委副书记霍泛），分别代表华东、西南、中南和华北（参见杜润生《自述：中国农村体制变革重大决策纪实》）。当时江苏省的一些观点为中央采纳并融入文件，众所周知的是受到小平同志称赞的社队企业（乡镇企业）异军突起。杜润生自述中还专门提到当时颇有争议的话题："江苏闯出了'无农不稳、无工不富、无商不活'三足鼎立的农村经济综合发展路子，也叫贸工农一体化。"

在今天看来，有些问题是非很明显，但当时每迈出一步都十分不易，有时还免不了妥协和折中，有待瓜熟蒂落。那时参与文件的操作流程一般是：春季酝酿题目，回来调查，夏季碰一次头，深化主题，到9月间再去汇报，进入初稿写作。其间要开多次部门座谈会，协调农村工作的方方面面，我们也参与座谈和争论。到了11月间，一般就开一年一度的中央农村工作会议。因为中国农民没有一个全国性的组织，在农村工作会议上，做农村工作的同志作为农民代言人慷慨陈词，争论激烈，当时被戏称为"农民议会"。会后有时还得留下一些同志协助修改文件，然后报中央。到年底前，中共中央政治局开会，讨论通过，第二年元旦正式发出。1987年因为前面已出了几个反对资产阶级自由化的文件，所以推迟到1988年1月20日才发布《把农村改革引向深入》的农村工作文件，即5号文件。

这里再记述几件反映党和政府在农村改革初期采取审慎而得当措施的事，颇值得品味。

一是"阳关道"与"独木桥"之争。对包产到户的争论，有一个形象化的说法，叫"你走你的阳关道，我过我的独木桥"。这句话首先提出并非在安徽，而是在1980年9月中央召开的各省市自治区会议上。当时思想解放还处于"早春时节"，时任贵州省党委第一书记的池必卿根据贵州"地无三尺平，人无三分银"的情况，勇敢地提出在贵州打算全面推行包产到户，时任黑龙江省委第一书记的杨易辰立即表态："我们不能搞那个东西。"池必卿针锋相对："那你走你的阳关道，我走我的独木桥。"两位书记的话上了会议简报，成了搞不搞包产到户最形象的表示。全国各省、市、自治区的书记分成赞成的、反对的、骑墙的三类，最后取得一致，允许多样化，不搞一刀切，凡有利集体、有利生产、有利增加收入的都可以支持，不拘泥于一种模式；后来进一步演变为对农村许多事情允许分散决策，以分散风险，降低改革成本。这是第一步农村改革的一条重要经验（参见吴象《阳关道与独木桥》）。

黑龙江省委后来认真学习外省经验，创造了机械化与家庭联产承包制相结合的办法，到1983年87.1%的生产队均实行家庭联产承包制。省委书记杨易辰不再坚持自己的"阳关道"之说，而是诚恳地告诉基层干部："责任制形式可由群众选择，因地制宜。"当年全省粮食产量突破600亿斤，比1982年增产70亿斤，农民收入等指标均创历史新水平。

二是"家庭"两字不可丢。1984年的1号文件提出了"农民在家庭经营的基础上"稳定和完善联产承包责任制。联产承包要统分结合，宜统则统，宜分则分，基础是家庭经营，它与农业现代化不矛盾。农业服务体系主要是办一家一户办不好、办不了的事。

但对家庭联产承包责任制的争论一时并未平息。1984年夏，罗马尼亚党政代表团与胡耀邦会见时亦对此问题提出了一些疑问，耀邦同志要杜润生考虑一下联产承包制的前缀词"家庭"两字可否删去，以免引起国际友人疑虑。杜润生在座谈会上一传达，立即引起吴象等同志的反对，多数同志认为这个前缀词不能认为只是一般定语，而是定性的，绝不能丢弃。"联产联到心，基础是家庭"，去掉家庭基础，联产承包到队、到组，仍旧是大锅饭、二锅饭。后来这个提法就没有变。

此事到 1989 年又有过余波，原因是当年的国庆讲话在联产承包制前未加"家庭"两字，安徽凤阳县小岗村（大包干发源地之一）农民上书中央，担心政策会变。江泽民迅即在 1989 年 12 月 1 日召开的全国农业综合开发经验交流会上指出，党的十一届三中全会以来的农村基本政策不会变，要"给农民吃'定心丸'，让农民一百二十个放心"。在以后的中央文件中，凡讲到联产承包制的，都冠以"家庭"两字为前提，或说明是以家庭经营为基础。

三是雇工问题之争。历次会上都提出农村雇工问题：什么叫雇工？学徒、帮工算不算？雇工是否属剥削？最多允许雇几个？党员可不可以雇工或被雇？争论一直反映到邓小平那儿，他回话：看不准的事可以再看几年。

经济理论家林子力首先向中央写内部报告，认为人分两种，一种人想创业做老板，另一种怕风险或能力、资金不够，愿意受雇于人，这是一种天然的配合。当时纪登奎不再做副总理了，在农研室做部级研究员，杜润生请他到东欧社会主义国家去考察。纪登奎考察回来后，在小范围内做过报告，大意是说雇工现象世界各地都有，问题是要有个合理的解释。于是大家就去翻经典论著，终于在马克思《资本论》中找到了一个假设，即假如业主想使自己的生活水平比普通工人高一倍，他可以请 2—3 个学徒、3—4 个帮手。这种人不能称为资本家，而只是小业主。这样一算，雇人可以不超过 8 个为宜。

既然找到了根据，1983 年 1 号文件就明确规定："农村个体工商户和种养业的能手请帮手、带徒弟，可参照《国务院关于城镇非农业个体经济若干政策性规定》执行，对超过上述规定雇请较多帮工的，不宜提倡，不要公开宣传，也不要急于取缔。"

这样规定后，争论并未解决，因为有几个乡按马克思讲的雇工不超过 8 人，连砖瓦窑都办不下去了。会上讨论来讨论去，最后大多数人取得了 6 点共识：

1. 中国这么大，什么例子都可以找出来，不能靠找例子吃饭，要寻找共同点。

2. 雇工现象旧社会多，现在才刚刚发生，看不准，吃不透，不必匆忙下结论，还是照小平说的，再看几年。

3. 马克思当年也是假设，不能从概念出发，要研究活生生的现实。

4. 不能只从道德角度审视，要研究经济关系。

5. 中间的、过渡的、可变的、非驴非马的事物是客观存在的，不能用准许或不准许的简单办法处置，而要允许试验、比较和反复，择善而从。

6. 有些事物共存于一个机体之中，不能任意搞乱，捣巢伤卵。

于是，1984年1号文件第三部分第四条针对农村雇工问题又提出"各有关部门要认真调查研究，以便在条件成熟时，进一步做出具体的政策规定"，而对雇工超过规定人数但在利润分配上有益于工人和公益事业的，"可以不按资本主义的雇工经营看待"。这在当时是一大突破。

从上述几件事可以看出，这几个农村1号文件确实来自实践，不拘泥于教条，在调查研究基础上与时俱进，及时决策，为解决"三农"问题创造了良好的范例。

我在为中央农研室"打工"的几年里获益颇深，很为当时那支"三农"队伍而自豪。杜润生后来在九十寿辰时说，那时有一个很好的"团队"，且至今未发现一个腐败分子。

（作者时任中共江苏省委农业工作部部长，后任省政协秘书长）

忆上塘公社的"江苏第一包"

刘朝文

1978 年 9 月 8 日，江苏省泗洪县上塘公社党委毅然决定，在当时中央文件还不许可的情况下，在全公社三级干部大会上号召广大党员干部率领 3.6 万农民破体制、分田地、搞改革，开了当代中国农村以公社为单位公开、全面推行"联产承包制"的先河，比现在公认的中国"最早实行大包干"的安徽小岗村联产承包改革还早将近 90 天，比中共十一届三中全会召开更是早了 101 天。

一

1978 年暑假，我回农村担任江苏省泗洪县上塘公社响桥大队第六生产队会计。9 月 8 日，在参加的当年第一个全公社三级干部大会上，听了上塘公社党委书记张世明作的"联产承包"动员报告。

那次会议规模空前。除了每个生产队留一名非主要干部在队里组织全体社员收听大会有线广播外，其余从公社到生产队的所有干部全部集中到公社参加会议。公社原先那个低矮狭窄的会议室根本容纳不下，会场临时设在公社院内。

会议主题很集中，就四个字——"联产承包"。

作为公社党委书记的张世明在动员讲话中不时冒出惊人之语，给我印象特别深的一段话是这样说的："你别看那红旗招展，黑压压一片人，那不是干社会主义的，而是骗社会主义的！出勤不出心，出人不出工。你看我，我看你，实际是在哄自己！到了年底，大家都往粮管所里挤——排队购买救济粮啊……"

张世明还说："从人民公社成立开始，已经骗了 20 年。我们不能再这样骗下去啦！只有实行'联产承包'，才能调动广大社员的积极性！"

张世明讲到激动时，那张作为主席台的大桌子被他拍得噼噼啪啪响。参会人员对会议内容感到震惊，但大家越听越想听，越听越过瘾。

日过中天，张世明的报告终于结束。

就在这时，一辆吉普车开到会场外面，没等灰尘散尽，便有两人下车，朝会场走来。等能看到主席台时，其中一人冲已经站起身的张世明打"快过来"手势。三人相向走近后，同来的另外一个人不停地用右手食指做往地上点的动作，明显是在责备张世明。见会场有人起身准备离去，那个人急匆匆走上大会主席台，用很高的声音招呼："大家慢走一步！刚才公社党委的动员报告不符合当前中央政策，'联产承包'的事，上面没有文件，不能干。任何人都不要犯这种政治路线错误……"

发话者是当时中共泗洪县委的主要负责人。

由于当天会议通过"户户通"有线广播网全程实况转播，会场外的人也知道会场内情况。有人议论："这才真叫'对台戏'：一个说要干，一个说不能干。"因为针锋相对，会场内大家手捂胸口，等待"收场"。

"这样吧，天也不早了，上午的会就开到这里，其他同志回去吧，大队书记留下来，下午开个小会。"

当天下午大队书记小会的内容很快就被好事者"探听"出来——张世明对大队书记们说："搞'联产承包'是为了让老百姓能过好日子，我认为政治方向没问题……要下定决心搞下去！"他最后摊牌："作为公社党委书记，我叫你们干，你们就得干。如果干错了，坐牢由我张世明去坐，与你们不相干。如果哪个不干，我们党委就拿哪个问责……回去就干！明天就干！今晚能开会向老百姓作动员，更好！"

县里知道后，马上责令张世明在与9月8日"联产承包"动员会同等规模的大会上作公开检讨。但检讨之后，张世明仍然把大队书记都留下来开小会。

在小会上，张世明手拧络腮，浓眉扬起，神情凝重，语气坚定地对大队书记们说："我检讨归我检讨，'联产承包'还要继续搞。不能因为怕丢乌纱帽，就放弃我们的正确选择；不能因为怕坐牢，就不管老百姓死活。我们都是共产党员啊！"

县里责令张世明作第二次公开检讨，并派人监督张世明检讨。

第二次检讨会不在上塘公社院内举行，而在离上塘公社所在地最近的向阳大队小学露天篮球场上举行。上塘公社三级干部都在现场听张世明检讨，还有向阳大队包括与向阳大队接壤的安徽泗县许多社员也都特地跑来，围在会场外面看热闹。

第二次公开检讨会结束前，张世明依然要求大队书记留下来开小会。在当天下午的大队书记会议上，张世明拍着桌子说："我们不就是为了让上塘老百姓能有吃有穿有钱花嘛！究竟能错到哪里去？现在怎么办？还是要继续干！哪个不干，我就要撤你的职！"

"联产承包"的烈火在泗洪海拔最高的西南岗，在西南岗最高的上塘，以前所未有的"燎原"之势熊熊燃烧。

上塘已经成为周边观望的热点、议论的焦点、"偷看"的亮点。很多人到上塘"看热闹"、"看门道"、"看技巧"。整个泗洪地区被上塘"联产承包"影响着，触动着，激荡着。

对张世明和上塘公社到底怎么办？县里专门开会研究。但出乎意料，长期在上塘公社所在的泗洪县西南片工作的一位领导，把在上塘看到、听到、想到的如实道来："上塘的做法，确实得到了老百姓的拥护。老百姓从来没有像现在这样拼命干活，就连走路，腿上都有劲了……"县委主要领导打断他的话题，责怪说："你是不是被上塘人同化了？"

次日，县委几位领导全部到上塘私访。

不访则矣，一访，大家都不同程度被上塘人"同化"。他们感慨：看来"联产承包"真管用！

二

县委有所松劲，但当时还管着泗洪县的淮阴地委不让。

日前在接受我专访时，张世明回忆说："地委主要领导和各个系统、各个部门三天两头派人到上塘，走大队，进小队，串农户。其中地委主要领导多次亲临上塘公社，把搞不搞'联产承包'上升到'两条路线斗争'和'坚持不坚持走社会主义道路'的高度，对上塘公社党委班子成员，特别是我本人，批评来指责去。"

张世明被批评急了，"回应"说："让老百姓穿裤露屁股，干活饿肚子，住房不遮风，那就叫走社会主义道路？"

《人民日报》的一篇报道突然给了上塘人当头一棒。1979 年 3 月 15 日《人民日报》在头版显要位置发表甘肃省档案局干部张浩《"三级所有，队为基础"应该稳定》的长篇来信。《人民日报》在为这封来信所加的按语中说："不能在条件不具备的情况下，匆匆忙忙地搞基本核算单位的过渡……已经出现'分田到组'、'包产到组'的地方，应当认真学习三中全会原则通过的《中共中央关于加快农业发展若干问题的决定（草案）》，正确贯彻执行党的政策，坚决纠正错误做法。"

这篇报道坚定了淮阴地委工作队在上塘纠偏的信心和决心。

而上塘农民用他们最传统、最朴实的方式反抗淮阴地委工作队。走路遇到淮阴地委工作队成员，他们就远远地躲着走，绕道走。偶尔从身边走过，上塘人会回头冲淮阴地委工作队成员吐唾沫，擤鼻涕。

改革路途很艰难，天变只在一时间。

1979 年 3 月 30 日，《人民日报》又在头版显要位置发表安徽省农委辛生、卢家丰《正确看待联系产量的责任制》的来信，文章批评 3 月 15 日《人民日报》刊发的张浩的长篇来信和"编者按"的看法，尖锐指出有人把联系产量责任制看得一无是处，视"包"字为洪水猛兽。来信还指出：不要硬要群众只能这样不能那样。《人民日报》在为这封信所加的"编者按"中承认：3 月 15 日的提法有些不够准确，今后应当注意改正。

后来得知，《正确看待联系产量的责任制》一文是当时安徽省委书记万里亲自安排组织写成的，万里还用坚定的口气对安徽地、县领导干部说："报纸不种田、不打粮，到了秋后农民没有饭吃，可要来找我们哩！别理那一套，我们照样干！"

安徽人敢干，上塘人也不甘落后。对工作队的"指示"，上塘人"左耳听右耳扔"；对工作队的批评，上塘人"拒不接受"。可令上塘人着急的是，又痛苦地等了半年，直到 1979 年秋天才盼来的结果仍对上塘人不利。

1979 年 9 月 25 日至 28 日中共十一届四中全会正式讨论通过《中共中央关于加快农业发展若干问题的决定》，虽然指出在农村夸大阶级斗争是错误的，承认自留地、家庭副业、农村集市贸易是社会主义经济的附属和补充，但仍不允许"分田单干"和"包产到户"。由国务院农委主办的颇具权威性的《农村工作通讯》在 1980 年第 2 期和第 3 期分别发表《分田单干必须纠正》和《包产到户是否坚持了公有制和按劳分配？》两文，批评分田单干违反党的政策，导致两极分化；批评包产到户既没有坚持公有制，也没有坚持按劳分配，实质是倒退。

而此时的上塘公社，像 1978 年秋天一样，还是超前走在了中央文件精神的前面，绝大部分生产队早已经推行"包产到户"，甚至有不少生产队或劳作组已经"包干到户"。上塘人欲哭无泪：难道真的要我们放着好好的日子不过，再回到"大集体",再去过吃不饱、穿不暖的穷日子？

三

"水来，山挡不住。"得民心的事，谁都挡不住。

县委工作队被上塘人"同化"了，地委工作队也很快被"同化"，他们不得不承认："联产承包"确实调动了上塘公社老百姓的生产积极性。不久戏剧性一幕在上塘出现，淮阴地委驻上塘工作队突然消失。

据荀德麟著《淮安史略》记述："泗洪县上塘公社党委在群众的要求下，从1978年起在全省率先实行包产到组、包产到劳、包产到户的计酬责任制……上塘为淮阴专区农业经济体制改革创造了经验。1980年1月，中共淮阴地委召开三级干部会议，贯彻中央《决定》，介绍上塘经验，布置县、公社进行联产责任制试点工作。同年10月，地委根据中央75号文件精神，全面实行农业联产承包责任制，颁布《关于进一步落实和完善农业生产责任制的意见》。到1981年8月，已落实的生产队占总数的99.4%。11月，新华社报道：淮阴地区推行联产责任制，农业获得全面大丰收，粮食总产达40亿公斤。本区人民从此解决了温饱问题。"

"树欲静而风不止"，上塘公社的改革刚刚得到泗洪县委和淮阴地委默许，又遇到了更大的阻力。

1980年3月中旬，淮阴行署经营管理组几个人到上塘作了所谓调研后，向省里打了《泗洪县部分社队出现包产到户、分队、分田单干》的报告，给上塘"大包干"编出四条"严重"后果：一是造成思想混乱；二是动摇了"三级所有，队为基础"的人民公社制度；三是削弱了集体经济；四是影响了春耕备种，希望引起高度重视。结果引起了江苏省委的注意。

当时的江苏省委主要负责人发狠说："我就不相信那个上塘'张大胡子'的'胡子'真的拔不尽！你们先拔。拔不尽的话，我亲自去拔！"

淮阴地委和泗洪县委只好"响应"，把已经撤退的工作组、纠偏队重新组合起来，再度派驻上塘，配合省委工作队开展工作。

事实上，从1978年秋开始，工作组、纠偏队反复进出上塘已经多次。张世明说："1980年秋天，'联产承包'在上塘大见成效。但省委向地委、地委向县委几乎一天一次电令，核心内容就八个字——紧急收回，立刻纠偏。县委常委一班人带领56位县直有关部门的领导，抽调近百名副科级以上干部，浩浩荡荡开进上塘。上塘20个大队中最小的大队，进驻的纠偏队员也不少于3人。"就是在"文化大革命"期间，上塘也没来过这么大阵容的工作队。

张世明回忆说："江苏省农委一位领导，到泗洪一下车就说：'我这次到泗洪，是要把你们县搞包产到户的来龙去脉搞清楚，把现在议论纷纷的一些问题从界限上搞清楚。像上塘这样大面积搞包产，性质就变了，这关系到所有制问题、两条路线的问题。你们讨论讨论，什么叫社会主义，什么叫资本主义？不要连马列主义老祖宗都忘了。'他还说：'我看你们这里出现包产到户，地委是有责任的。经济作物全面联产计酬，不就是地委农先会（指农业社会主义建设先进单位代表会议——作者注）上提出来的嘛！'"

上塘人心中疑惑不解：为了让咱老百姓有饭吃、有衣穿、有房住、有钱花，究竟能错到哪里去？一位女社员在"高干"们面前毫无畏惧地说："你们不要瞎摆弄！让我们这样搞上几年，有了饱饭吃，有了衣裳穿，再听你们的。"

当时作为生产队会计和劳作组长的我编了一副"对联"，上联是"纠偏会，整改会，经常有会"；下联是"大批评，小批评，到处乱评"；横批"枉费心机"。

就在省委调查组准备以更严厉的措施整治上塘时，上塘的做法得到了党中央的肯定和支持。1980 年 9 月 27 日，中央印发《关于进一步加强和完善农业生产责任制的几个问题》指出：实行包产到户，是联系群众、发展生产、解决温饱问题的一种必要的措施，不会脱离社会主义轨道。

然而，省委那位主要负责人还是弄不明白：上塘到底有没有问题？究竟会不会带来资本主义复辟？他亲自带领一帮人马，直接到上塘谷墩大队召开干群座谈会。

座谈会持续了很长时间，也没人顺着省领导思路发言。一位老农被憋火了："我知道你们都是大官，说话值钱。把土地分到户下耕种，我们老少有了饭吃，有了衣穿，盖上了新瓦房，还买了'三转一响'。你们千万不能让俺们不干！俺们已经坐到粮囤上了，不能再叫俺们下来了。求你们发句话还不成吗？"

省委那位主要负责人不甘罢休，决定回到上塘公社党委所在地，重新召开更大范围的座谈会，看到底能不能暴露出问题来。情急之下，他直接向农民发难："你们这样干，就不怕资本主义复辟吗？"立新大队副大队长李绍正猛地站了起来，斩钉截铁地说："我们不怕资本主义复辟！有共产党领导，权把子攥在共产党手里，难道共产党还能让资本主义复辟吗？"

四

上塘"联产承包"遭受阻挠，不仅表现在工作队、纠偏队接连出现，座谈会、训话会喋喋不休，更表现在省、地两级对上塘改革的舆论封锁上。从 1978 到 1981 年春，3 年多时间里，在江苏省委机关报《新华日报》上没有一篇关于上塘"联产承包"的专门报道。

日前接受我采访时，《新华日报》一位资深老记者感慨万千："那里是江苏'第一包'。为解决千百万农民的生存问题，解决农村改革的路线问题，为农业发展以及城市发展提供物力和人力资源开了好头。上塘人民和乡村干部为之奋斗所付出的代价和承受的压力，大大超过了华西村。"

1979 年农历的最后一天，一名男子悄悄来到上塘。当晚家家户户都在吃年夜饭，这名男子却到处转悠，走东家，串西家。

上塘人警觉起来：这人是不是准备年也不让我们过安稳？当时市场没有放开，上塘仅有的一家饭店已经放年假，供销社也关门过年。本来非常好客的上塘老百姓以为他是纠偏队员，不请他吃饭，这位不速之客整整饿了一晚上。后来人们才晓得，这位客人是《新华日报》驻淮阴记者站记者刘峥。

之前，刘峥向上报"上塘改革"的选题被枪毙了，他到上塘采访的请求也未获许可，因此他选择年假机会采访上塘。这次采访收获很大，刘峥写了几篇报道，但所有这些报道都没让发表。其中一篇"供领导同志参阅"的内参已经打出小样，报社具体负责人已签字发排，但终审还是被领导撤换下来。刘峥想出了"曲线报道"的策略。他报道上塘，只字不提"包产到户"，只说"包产到户"的效果。他拐着弯报道上塘"包产到户"效果的《九个新郎话新春》、《泗洪县扩大花生种植面积》、《"摇钱树"与"聚宝盆"》等文，分别在 1980 年 2 月 10 日、5 月 1 日和 10 月 15 日的《新华日报》上发表……

28 年后，刘峥非常动情地说，虽然那些报道都未提到"包产到户"，但能在遭到干扰和压制最紧张的时候给予上塘人民一点支持，自己对此感到无比欣慰。

省里如此，地区更是如此，连内部交流上塘情况都被禁止。1980 年 1 月，淮阴地区召开农先会，上塘公社立新大队作为一年巨变的典型受到表彰。但会前泗洪县委办公室把立新大队先进经验材料送到淮阴农先会筹备组时，有人表态：上塘收的粮食再多，都不宣传。已经打印好的立新大队先进经验材料不给装进材料袋。对立新这个先进典型，绝大多数与会者只知其然，不知其所以然。

新华社江苏分社的记者采访上塘时，也遭遇了当时对上塘"大包干"舆论封锁的"警告"。日前，我专访了当年在新华社江苏分社工作的周昭先。周老说他清楚地记得，1981 年一开春，省委那位主要负责人听说在分社采编室工作的周昭先和农村新闻采访组的王孔诚要去上塘采访，就打来电话"警告"："你们不要去采访那个上塘。那里的做法有方向性问题……"

事实上，周昭先和王孔诚早已关注上塘的"联产承包"，1980年就到当地作过秘密采访，并且完成了近7000字揭示上塘改革遇阻内幕的长篇报道。此稿发到北京后，时任新华社社长的曾涛眼睛一亮，心头一热，拍案定夺：发《内参》！

这是一份题为《江苏泗洪县访"穷"见闻》的机密文件，发中共中央、国务院，送党和国家领导人，同时在全国各地县团级以上领导干部中传阅。

周昭先和王孔诚根本没拿"警告"当回事，照样到上塘作了将近半个月的深入采访。1981年3月4日，《人民日报》以少有的通栏标题形式，发表周昭先和王孔诚采写的《春到上塘》长篇通讯，充分肯定上塘的改革决策与成就，也毫不客气地公开批评："上塘公社农民在按照三中全会路线前进的路途上，曾经遇到了很大阻力，从省到县的各级领导中不支持者有之，横加指责者有之。"

五

上塘以公社为单位推行"联产承包"制改革，步步都比当时中央文件精神提前，不仅调动了上塘3.6万农民的生产积极性，更提前给当地农民带来了真真切切的实惠。

在"联产承包"促动下，上塘公社原先101905亩耕地得到了高效利用，原先几十年无人耕种的抛荒地也被农民开垦出来种上了庄稼。1979年度上塘公社农业生产汇报表显示，粮田扩大到119045亩，收粮1200万公斤，比1978年800万公斤增长近50%，增长幅度居全县第一。

"联产承包"后的第一年，这里的农民告别了解放以来一直要国家发放救济粮、救济棉、救济布、救济衣、救济煤、救济款的历史。经济生活上翻了身，上塘的男女老少欣喜若狂，有人编了顺口溜："家家户户粮满仓，社员个个换新装；腰里票子哗哗响，明年就盖大瓦房。""联产如联心，谁联谁操心，谁联谁出勤，早联早翻身。"

1980年，由于从1979年开始由"包产到组"发展为"包产到户"、"包干到户"，社员生产积极性更加高涨，尽管遇到了历史罕见的百日连绵阴雨恶劣天气，但上塘粮食仍然夺得大丰收。最早搞"联产承包"的垫湖大队第五生产队1979年产粮76500公斤，1980年产粮超5000公斤的农户有3户，一般农户都在1500－2500公斤。

我老家所在的响桥大队第六生产队第二劳作组人均口粮突破 800 公斤大关,是"联产承包"前 1978 年的 18 倍,出现了受到县政府表彰的刘凤龙等轰动全县的"种粮大户"。刘凤龙家现在还用着当年县里奖售的蜜蜂牌缝纫机和永久牌自行车。

上塘农民那时最大的心愿就是家里能有"三转一响":手表、自行车、缝纫机和收音机。当时物资供应紧张,泗洪县给种粮大户的奖励,就是发给自行车和缝纫机等紧俏商品销售计划票,被奖励者凭票到商店购买实物,能买到的人都感到非常光荣。

从 1980 年春节开始,上塘农民自己创作出许多不拘泥于对仗的春联,有"包产到户富了困难户,联产计酬发了老实头",也有"联产责任好,粮食吃不了"。这是上塘农民在用自己的语言表达丰收后的喜悦之情。

丰收喜人,丰收也"恼人"。

到 1981 年,上塘公社在粮食总产跃过 1437.98 万公斤大关的同时,花生总产更是高达 538.845 万公斤,比 1949 年到 1978 年 29 年当地花生产量总和还多。实行"联产承包"之前,上塘各个生产队卖粮指标都完成不了;实行"联产承包"之后,上塘各个生产队卖粮指标都远远不够用。上塘农民普遍为卖粮难和卖花生难发愁。

1981 年 11 月 1 日,《新华日报》头版头条(由于篇幅太长,从头版"下转"至第二版——作者注)刊登了记者刘峥、王柏森采写的超长篇新闻特写《喜人的烦恼——花生丰收时节访上塘》。特写描述:"我们到来的时候,正是花生收购的高潮。只见清晨薄雾之中,装满花生的大车一辆接着一辆,宛如一道欢跳的激流向上塘粮管所汇去。随着这车流人流,我们分享着上塘人民由丰收带来的喜悦和烦恼……好不容易挤进粮管所大门,扑入眼帘的是一座座小山般的露天囤子,一数有三十六七个,全是装的花生。囤子间的空地上分散着设了六个收购点,每个点一杆磅秤,负责收购一个大队的花生。八点多钟辰光,六杆磅秤都已被大车围住,少的也有百十辆,大门外面还在不断往里涌,整个粮管所顿时显得拥挤不堪了……'仓库怎么造得这么小呢?'我们不由得埋怨当初建造仓库的人缺乏远见了。'小?它的库容在全县占第二位呢!'公社分管财贸工作的副书记老胡和粮管所的夏德兴同志告诉我们:上塘粮库是 1977 年建造的。当时很多人都嫌太大了……确实,按当时水平,把全公社的粮食都收上来一两不吃,也不够仓库存的。可是今年,就是一两粮食不收,全部用来装花生也不够装的……"

1982 年初再次到县里参加 1981 年度总结表彰大会的刘凤龙回忆说："刚到会场就接到通知，说是县粮食部门找我们商量事情。"

原来是新华社等传媒记者就上塘农民为卖花生难、卖粮难发愁的事写了内参，时任中共中央主席的胡耀邦亲自就此作了重要批示。泗洪县把这事当作特事办，决定给上塘农民增加粮食和花生出售指标。

上塘"联产承包"的口号是："交足国家的，留够集体的，剩下都是农民自己的。"

可以这样说，1978 年以前，国家用救济粮、救济棉、救济布、救济煤、救济款养活上塘老百姓；实行"联产承包"后，上塘老百姓极大地支援了国家。1980 年，在遭受严重涝灾情况下，上塘还向国家出售余粮 140 万公斤、花生 160 万公斤，另外还获得国家奖励售粮指标 80 万公斤。别说在苏北，就是在整个江苏省都很冒尖。

可以说，"联产承包"不是削弱了集体而是壮大了集体实力。老百姓富起来，意味着集体也富起来；农民户下收入总和，等于集体收入。"联产承包"后农户收入成倍递增，等于是集体经济成倍递增。

更为关键的是，富裕起来的上塘人实实在在地感到自己赢得了做人的尊严。

1981 年后，上塘"联产承包"后的喜人景象被记者们以文字和图片等形式通过省和中央媒体报道出来，广播里也不断传来关于上塘改革后农民过上好日子的录音、特写、连续报道。上塘由被压制的"苦孩子"突变为省内外参观学习的"好样板"。

现已退休的张世明说："那时候接待任务太重了，一天都会有 10 多个参观学习团到上塘来。我当时感觉接待参观比我搞'联产承包'还累人。"

上塘改革步步领先，成为当代中国农村以公社为单位公开、全面推行"联产承包"的好样板。这是上塘对党和国家的最大贡献，也是上塘最值得称道的地方。

江西农村改革

工西求林政革

见证崇义县林业改革 30 年

沈世香

崇义，是一个"九分山，半分田，半分水面、道路和庄园"的山区县，也是南方集体林区重点林业县。山林面积、森林蓄积、森林覆盖率、年产商品材，都名列全省前茅。崇义，又是江西林业一系列改革的试点县。改革起步早，抓得紧，出成果，出经验，在全省乃至南方集体林区中，都有一定影响。

党的十一届三中全会后，以家庭联产承包责任制为主要内容的农村改革，在全国广大农村波澜壮阔地推进。崇义跟进农村改革步伐，探索林业改革新路，促进了林业生产发展，取得了林业改革的辉煌成果。我因曾任崇义县县长，有幸参与了这场改革的决策和实践，感受至深。

改革来之不易

长期以来，在计划经济体制下，全省森工企业的人、财、物，都由省森工局一条线管理。计划统一下达，财务统收统支，产品统购统销。这种高度集中的计划经济，县里没有自主权，农民没有积极性，造林抚育没有钱，导致集体林区树砍光了，钱拿走了，留下的是荒山和贫困。1977 年，我县财政收入不过200 万元，农民收入不足 100 元，荒山残林面积达到 28 万亩。改革开放后，全县广大干部群众，对林业的现状忧虑，对现行的林业体制、政策不满，要求改革的愿望和呼声非常强烈。如何走出困境，搞活林业，摆上了县领导班子的紧迫议程。县领导班子，在广泛开展调查研究的基础上，召开各种层次座谈会，议县情、摆问题、查原因，逐渐达成了共识。要兴林，谋富民，只有改革才有出路。而且林业改革的轮廓也逐渐清晰起来：一是要建立林业基金，以林养林，才能让林业步入自我循环的良性轨道；二是要搞活流通渠道，才能搞活林区经济，致富林农；三是要增划自留山，才能调动农民造林积极性。改革的思路清晰以后，崇义以搞活流通为切入点和突破口，来启动林业改革。因此，县里向省、地提出三点改革建议：一、甲种育林基金全部留县，用于造林抚育；二、更改资金全部留县，用于延伸伐区公路；三、木竹放行权下放到县。

改革决策艰辛曲折，来之不易。

1982 年 7 月，县林业局长钟至鸿出席了全国林业"三定"会议，将崇义林业改革设想和作法在会上作了汇报，得到了林业部雍文涛部长的高度评价和充分肯定。雍部长在总结报告中用了很大篇幅赞扬崇义的改革思路："崇义的情况很有代表性，建议和想法很好，设想和作法实际上就是要实现以林养林"，"育林基金相当于工业原料消耗的补偿，返回林区是合理的；更改资金属于固定资产折旧部分，返回林区也是应该的；小杂木、等外材的经营，《中央林业决定》中已作了原则规定，只要认真抓好合理采伐，平价收购，对资源保护、利用可以兼顾"。雍部长把崇义改革的三项措施和三点建议，称之为"崇义办法"，"是多快好省地调整林业经济和加速林业建设的有效措施"。他说，类似崇义这样的南方林区县有 48 个，要求先抓这几十个县，不失时机地促进这些措施早日实现。

林业部对崇义改革的重视和支持，极大地鼓舞了崇义县委、县政府带领广大干部群众推进改革的信心和决心。然而，在落实"三点建议"时，省里有不同意见，有赞同的，也有反对的。后者，习惯于计划经济的思维方式，怕搞活流通会带来人为长材短锯、优材劣造，影响国家木材收购调拨计划的完成；怕放行权下放到县，造成限额采伐管理失控；怕"两金"全部留县使用，省里手头钱少了，调控能力小了。因此，"三点建议"的实施，在省里搁浅。

为了减少阻力，争取省里支持。1983 年 3 月，崇义县委专门写信给省委书记白栋材、省长赵增益，并附上县委、政府要求搞活木竹流通渠道的请示报告。白书记、赵省长审阅后有一段很长的批示，认为崇义思想解放，改革措施可行，允许试点。并批示主管林业的副省长具体抓落实。

同年 4 月，县委书记兰舒出席中共中央书记处在北京中南海召开的南方山区建设座谈会，汇报了崇义改革的一些情况和建议。崇义要求放权、搞活的林业改革意见进入了中央领导的视野。

不久，林业部林业工业局副局长刘之杰一行四人专程来到崇义，对"崇义办法"进行了为期十多天的考察，他们跑林区、进林场，调查研究，与县有关部门共同探讨改革之路。通过实地调研，他们对崇义的林业改革之路大为赞赏。考察组回京途经南昌时，特意将在崇义考察的情况，向江西省政府作了通报，建议江西省在崇义先行试点，总结经验后，逐步推开。为推动崇义林业改革又烧了一把火。

经过一年锲而不舍地努力，1983年7月，江西省政府下发文件批转了林业厅《关于在崇义进行搞活等外、非规格木材和计划外毛竹流通渠道试点》工作的意见。主要内容是：森工企业下放到县；"两金"70%留县；等外非规格材，先省内调剂，后出省外销，并由县办理放行手续。

崇义拿到改革试点的"尚方宝剑"后，立即铺开了试点工作，并出台了一系列配套改革措施，以保证试点工作的顺利进行。在国家、省、市各级的关心支持下，崇义林业改革试点工作取得了成功。其间，不少媒体作了大量正面报道，前来参观、考察、交流的人员络绎不绝。在总结林业改革成功经验的基础上，接二连三的改革又在崇义试点。1984年4月，省委、省政府决定在崇义进行"农村综合改革试点"，涉及粮食、财政、林业、农副产品包干和计划、人事制度以及政府职能转变等十个方面的改革。从林业改革起步，逐步纵深推进到全面综合改革。1992年7月，崇义又被列入全省"林业综合改革试点县"。林业的单项改革走向综合改革。2004年10月，崇义再次成为"林业产权制度改革试点县"，在更深层次上解决林业发展的根本问题。这一系列的改革，不仅推动了崇义林业的发展和林区经济的繁荣，也为全省改革积累了经验，起了示范带动作用。

改革循序渐进

崇义林业改革，坚持解放思想、实事求是的思想路线，不唯书、不唯上，敢为人先，大胆尝试。在改革的进程中，不断研究新情况，解决新问题，探索新路子。做到先易后难，由浅入深，积极稳妥，循序前进。每提出一项改革问题或推出一项改革措施，都从崇义的县情、林情、民情出发，深入调查研究，科学论证，精心设计，然后，广泛宣传发动群众，认真组织实施，从而降低了改革成本，减少工作失误，规避林业动荡和风险。

那么，崇义林业有哪些主要的改革创新动作，探索了哪些林业发展路子呢？

建立了"三分一统"的林业生产责任制 崇义是属于森林资源开发比较晚的集体林区。改革开放前的基本情况是：山林权绝大部分属大队（村）所有；交通不便，大部分村不通公路，大片森林尚未开发；有待开发的大片森林，是天然用材林多,大径松杂木多,成过熟林多。改革开放后,农业大包干,林业怎么办?这个很现实而且很迫切的问题摆到了县领导班子面前。决策者们既借鉴农业大包干的成功经验,又区别林业与农业的不同特点,并根据本县特定的地理环境、资源状况和生产条件,在林业"三定"时实施了两项改革:一是下放一部分山林权。将权属大队(村)一半的山林,就近划给生产队(村民小组)所有和经营,其中,按人均2.4亩划定社员自留山。二是调整山林权的同时,因地制宜、因林制宜,宜统则统,宜分则分,逐步建立起了"三分一统"双层经营的林业生产责任制。即将便于一家一户作业的经济林、毛竹林、薪炭林(部分荒山、用材林)以责任山的形式承包给家庭经营。集中连片的用材林,开发利用,必须先修通公路,需要大量投资,靠单家独户无力经营,所以实行集体统一经营。用材林统一经营,是以采育林场形式出现。有国乡合作性质的采育林场,有县、乡、村以村为主体的采育林场,形成了多形式、多层次结构。以采育林场为载体的统一经营,就是统一规划,统一开路,统一伐区,小片皆伐,连片造林。村采育林场实行统一核算,专业承包,按件计酬。林木收入,除林价、采运工资、公路投资,剩下的经营利润归村分配,有的直接按全村人口平分,有的以免交农民统筹提留或以支农、兴办公益事业间接返利于农。

回过头来看,这种"三分一统"双层经营的林业生产责任制,符合崇义实际,适应当时生产力发展水平,找到了一种比较好的林业生产组织形式,促进了林业的发展。从分的层面看,山林承包到户,调动了林农爱林护林、发展林业的积极性,掀起了承包荒山造林种果热潮,涌现出了一大批承包造林大户、育苗大户、种果大户。过去,村庄周围、房前屋后,遭到破坏的山林,通过封山育林、补植造林,很快绿了起来。从统的功能看,用材林统一经营,充分体现了集体经济和适度规模经营的优越性。统一经营,摆脱了小农经济的束缚,克服了家庭经营的弊端,有利于森林资源开发和后续资源的培育,有利于集中投资开路,降低采运成本,提高劳动生产率和资源利用率,实现规模效益,加快商品材基地建设。到1984年,全县村采育林场已发展到121个,经营山林面积125.5万亩,其中列入商品材基地面积99.93万亩。1980年至1989年的十年间,村采育林场造林31.65万亩。1983年6月,全国林业厅局长会议,重点研究如何建立林业生产责任制问题,我应邀出席了会议并在大会介绍了崇义"三分一统"的作法和经验。1987年7月,林业部在崇义召开南方集体林区经营方式研讨会,对崇义村办采育林场为主体的林业经营模式予以肯定。

建立了林业基金 过去，集体林业存在的一个严重问题是，砍得多、造得少，管理差，荒山面积逐年扩大，森林资源不断减少。造成这种状况，当然有多方面原因，但主要是林业资金不能回流于林业再生产。我们粗略算了一笔账：1982年前，全县上交国家统配材223万立方米，提取甲种营林基金865万元、更改资金517万元，共计1382万元。"两金"是收支两条线，县里提取的如数交省，返回时按核定的基地造林计划分配。因此，上交865万元甲种育林基金，返回给集体造林只有86万元。由此可见，林区以大量的资源消耗和低价木材、廉价劳力，为国家建设积累资金作出了很大贡献，而得到的造林经费补助却是微乎其微。以1979年为例，集体造林平均每亩补助是4.46元，而一般情况下，清山、炼山、打穴、植树需要7.5工/亩，每日工值0.59元。所以造林补助少，林农报酬低，林农造林没有积极性，这是集体造林欠账大的主要原因之一。

为了扭转砍多造少、荒山扩大的被动局面，在国家财政困难不可能有大量资金投入林业的情况下，主要靠林业自己的积累，建立林业基金制度，以林养林，这是崇义林业改革探索的一条路子。开始建立林业基金制度时实行的是"砍造挂勾"的办法。采取销售一方木材，由林站代扣5元的造林押金，用于林权单位当年迹地更新造林，专户存入银行，不准平调、挪用。通过这项过渡性、权宜性的行政措施培育了集体林业基金雏形。对保证其当年采伐迹地当年更新造林，起了积极作用。1981年，取消造林押金，改为从林价中提取60%（相当于林价提高部分）作为林权单位林业基金，每年可提取120—150万元。林站代征代管，专户存入银行，用于林权单位造林抚育。1983年，搞活木竹流通改革试点，"两金"70%留县使用，林业基金成倍增长；1984年农村综合改革试点，"两金"全部留县使用。加上其他渠道如林业罚没款、非规格材销售的部分利润列入基金，到1985年，全县林业基金达到632万元。从而满足了每年延伸伐区公路50公里、造林4万亩、抚育15万亩的资金投入。从根本上改变砍得多、造得少，抚育跟不上的状况。

搞活了流通渠道 崇义的森林主要是天然次生森林，且为林相不整齐的复层异龄林，生产方式是小片皆伐，这就必然产生大量的非规格材。每年生产国家统配时，大约有6—7万立方米非规格材，由于林业政策卡得死，不让外销，被弃在山上烧掉、烂掉；43万亩毛竹每年可产400—800万根商品竹，国家只收购20—30万根，其余让它在山上自生自灭。这是资源和财富的极大浪费。如果把这些国家不收、林区不要、缺材区适用的非规格材运销出去，不仅满足了市场供应，解决了缺材区用材困难，而且会使林区变废为"宝"，给林农带来一笔可观的收入。可是"树在山上烂，人在家里穷"的问题，却长期得不到解决。

1983年，崇义据理力争，率全省之先，开展了搞活等外、非规格木材和计划外毛竹流通渠道试点工作，把以统购统销为特征的计划经济体制下木材市场冲开了一个缺口。当年，全县销售等外非规格材、易腐材4.9万立方米、毛竹5.3万根，增加收入546万元。互通有无，协作换回化肥、大米、钢材、汽车等物资。1984年，开展农村综合改革，进一步扩大了县里的自主权，于是，崇义又放开了自留材。在完成上调国家统配材11.29万立方米的同时，自销自留材和非规格材12万立方米、毛竹74万根，实现收入2082万元。1985年中央1号文件，决定"集体林区取消木材统购，开放木材市场"。崇义，从放开非规格材，然后放开自留材，直到全部放开木材市场，走在全国的前面。

为了适应木材放开新体制的建立，崇义制定了一系列的配套改革措施，逐步完善了一套宏观控制、微观搞活的管理办法。

首先，坚持限额采伐。按上级下达的采伐限额和国家收购计划（1985年后国家不再统购），根据采伐量不超过生长量原则，分配到各乡（镇）、场，按照规格材比例确定非规格材自销数量，然后实行凭证采伐、凭证购销、凭证放行。既不突破采伐限额，又保证完成国家木材上交任务。

其次，加强伐区管理。划定伐区生产，严禁在伐区外作业，计划到伐区，验收到伐区。

第三，多家经营，一家把关。1984年开始，一改过去林业一家经营的作法，允许生产单位自销自留材、非规格材，允许协作公司、二轻、供销、乡镇企业等单位经营，但检尺、放行则要林业局把关。

第四，加强了林政管理，坚持依法治林。乡（镇）都设有林管站，县乡有森林纠察队，县境边界有木材检查站。所有这些措施，保证了木材放开后有限额地生产，有秩序地流通，基本上做到了山上管严、山下搞活、活而不乱。

毛竹林租赁经营，人工林"拍卖青山" 这是崇义推动山林流转的新探索。毛竹林承包到户经营，10年过去了，经营的情况千差万别：凡是离家较近、看得见、管得住的竹林，一般都经营得比较好；有的因公路不通或缺少劳力，或缺少资金而无力经营；有的以坐收林价的形式，承包给外来民工大量挖笋加工笋干或生产竹筷，掠夺性经营；有的村、组不便均山到户的竹林，虽然落实了承包管护责任，实际是无人负责的状况，这部分竹山也破坏严重。为了改变这种状况，关田镇下关村实行毛竹林租赁经营改革给全县很大启示。

下关村在千担窝有一块 2000 亩的毛竹林,因离村 10 多华里远,管护难度大,资源破坏严重。1994 年,村民邱远发首先提出抵押租赁这块毛竹经营权的要求,很快得到了村委会的赞同。经过协商,邱远发以每年交租金 2 万元的价格承租了这块竹林,承租经营期 15 年。签订合同时,当场兑现当年租金 2 万元,同时交了 2 万元押金,专户存入银行。合同规定,承租期山上的竹木归邱远发自主经营,自负盈亏;租金年初一次交清,租赁期满后,将竹林交回集体时,必须保证每亩立竹量在 120 根以上,以防掠夺性经营;中途违约,押金连本带息归村所有。这种竹林经营权流转的租赁形式很快在全镇推开。有些有胆有识的农户跃跃欲试,互相竞标租赁。不到半年,全镇有 21 户通过投标中标,承租了集体未均分到户竹林 1.45 万亩。县委、县政府充分肯定这种改革作法,于 1994 年 10 月下发《关于租赁毛竹林经营权的十条规定》文件,因势利导,有领导、有步骤、由点到面,逐步在全县推开。截止 1997 年底,全县已经租赁毛竹面积达 20.2 万亩,出现了不少承租几百亩、上千亩的经营大户。

竹林的租赁经营,推动了村采育林场人工林流转。大多数是通过评材作价,公开招标,一次性拍卖一代林木经营权(也称"拍卖青山")形式流转给个人或合伙人经营,承买人享有林木所有权、自主经营权、产品处置权和收益分配权。林木采伐完后,将林地交回集体,经营权即行终止。2000 年前后,是人工杉木林流转最快时期,有的乡镇的人工林近一半已拍卖出去了,有的已基本拍卖完了。租赁、拍卖,是集体森林资源资产市场运作的一种形式。它的积极意义在于:产权进一步清晰,优化资源配置;是公有制的一种实现形式;符合公平与效率原则;加快林业投资提早变现收回,同时有利于吸收社会资金投资于林业,促进林业发展。

开展了林业产权制度改革 崇义于 2004 年 8 月实施的产权制度改革,围绕"明晰产权、减轻税费、放活经营、规范流转"为内容展开,使集体山林建立归属清晰、权责明确、经营自主、保护严格、流转顺畅的现代林业产权制度,更好地与社会主义市场经济接轨。

明晰产权,是以林业"三定"时确定的所有权,是村的归村,是组的归组,是农户的归农户,稳定不变,保持政策的连续性,并确定四至界址,勾图造册,重新换发了山林权证。已经承包到户的责任山、租赁经营的毛竹林和依法流转的山林,在明确四至界址后核发经营权证。

明晰村采育林场统一经营的山林产权是这次林改的重点。村采育林场,为开发林区森林、培育后续资源,作出了历史性贡献。但也暴露了四个问题:一是产权界定较为模糊；二是利益分配不够直接；三是人工林管理难度加大；四是纳入统一规划、统一开发的责任山，农户要求退山还林。于是，也按林业"三定"确权归属，还山于主，还利于民。其人工林，按"谁造谁有""合造共有"的政策，通过流转落实了经营主体，实现了"山有其主、主有其权、权有其责、责有其利"。到林改基本结束时，集体山林经营权属状况为：自留山52.6万亩（按勾图面积比林业"三定"时发证面积有所增加），责任山131.2万亩，集体统一经营面积10.8万亩，山林到户率为87.3%。

全县10个国有采育林场中的"协议林"，在林改中，稳定不变，并重新签订了协议，调整了利益分配，进一步明确了双方权责利，保持了政策的稳定性和经营的连续性。

减轻林业税费负担，调动林农自主经营积极性，是这次林改的重要内容。税费负担重莫过于林业。过去，林农销售木材，林业税费有十几项之多，占销价的60%左右。除去采运工资等生产成本，经营利润所剩无几，严重挫伤林农发展林业积极性。这次林改取消了特产税、增值税、所得税，各种收费由原来的53.24%下降到20%。随着市场价格的提高，这"一减一增"，林农收入成倍增长。林业产权明晰后，山林经营权可以进入市场流通，可以抵押，加上税费减轻，自主经营，林业效益显著提高，经营利润空间不小。因此，林改后，林业被看成是具有投资价值的产业，一些林业企业、合伙人、个体户，纷纷到林区租山、买林经营。从而推动了山林流转，优化了资源配置，激活了林业各种要素，给林业注入了新的生机和活力。

林农是产权制度改革的参与者、推动者和受益者，他们在改革中焕发出的发展林业的热情，转化为"耕好自家山，管好自家林"的自觉行动。林业生产、流通、护林等自我管理、自我服务的互助合作组织（协会）应运而生，联户、大户经营的民营林场、合作林场相继涌现。

崇义是江西林业产权制度改革试点县，备受外界关注，一些好的作法、经验已在全省推广。在全国推进集体林权制度改革后，县林业局长刘小明被分别邀请到宁夏、湖南全省林业工作会议和全国集体林权制度改革研讨会、师资培训班上作经验介绍和学术交流。

改革成果辉煌

崇义改革开放30年，是思想解放、体制创新、经济转型的30年，是崇义林业和全县经济发展最快最好、最富有活力的30年，是铸造辉煌的30年。

造林绿化以前所未有的步伐前进　改革开放后，崇义很快摆脱了"以粮为纲"的束缚，把工作重心转移到林业建设上来。"咬住青山不放松"，着力把崇义打造成生态大县、资源大县、产林大县。并提出了建设160万亩商品林基地的目标。因此，把"以营林为基础"理念，融入到改革的设计中，落实到改革实践中。1981年起，实现了采育结合、造管并举，不再出现新的采伐迹地荒山；1983年—1986年，用了4年时间，分"六个战区"开展了群众性"灭荒"行动，把过去几十年来留下的造林欠账一举还清。1992年，崇义成为赣州地区"第一批基本消灭宜林荒山县"。改革开放后的30年，全县造林104万亩，是1977年前造林保存面积的8倍；封山育林面积109万亩（主要是生态林、长防林）；有林地面积增加43.3万亩；森林覆盖率达到85.59%，比1980年提高了17.89个百分点；活立木蓄积量达到1169万立方米、立竹量7304万根。160万亩商品林基地基本建成。上个世纪80年代是全县造林最多、质量最好、速度最快的10年，人工林面积达到万亩以上基地的乡镇有16个、千亩以上的基地村74个。

林产工业以突飞猛进的势头发展　林业改革冲破了计划经济束缚，催生了森工企业下放，木材市场放开，林业资金积累，林产工业发展。1986年第一条年产2000立方米胶合板生产线和1万箱木筷生产线在崇义落户，开了崇义人造板生产的先河。1990年后，林产工业迅速扩张，刨花板、中纤板、细木工板、竹胶板、竹地板厂陆续建成投产，共投资2.5亿元。木竹人造板最高年产达7万立方米，涌现出了华森、晨宇、盛竹等一批林产工业的龙头企业；打造出了"齐云山"、"长青"、"华森王"、"贵竹"等一批品牌产品；大厂连小厂、小厂连农户、工厂建基地，带动了乡镇企业发展和农民致富。据统计，现在全县大大小小的林产化工、林产食品、木竹加工企业有163家，消化70%原木，95%毛竹，90%采伐、清山、加工剩余物，提高了资源利用率，提高了林业附加值，增加了农民收入，林产工业已经成为全县经济的支柱产业。

县域经济以超常的幅度增长，林区人民分享改革成果　林业改革，启动了林业发展；而林业的发展，又为全县经济发展奠定一定的基础。随着经济体制改革不断深入，崇义县域经济发展步伐不断加快，经济总量不断扩张，经济实力显著增强。2007年，全县生产总值25.6亿元，按可比价格计算，比1978年增长50倍，年均增长10.5%；人均生产总值由1978年的314元增加到2007年的13457元，增长42倍；财政收入由1978年的198万元增加到2007年3.01亿，年均增长18.2%。县域经济综合实力大幅提升，主要表现在三个方面：一是产业迅速壮大。改革开放初期，林业成为县域经济的一大支柱产业，成为农民收入的主要来源，所提供的财政收入占了半壁江山。进入上个世纪 90 年代后，矿业崛起，小水电快速发展，绿色食品工业由小到大，逐步强大起来，林业、矿业、水电、食品四大主导产业成为全县经济的四大支柱，它们像四辆马车，推动经济向前发展。二是农业长足发展。推行家庭联产承包责任制，完善统分结合双层经营体制，放开农产品市场，极大地调动了农民的积极性，农业结构实现了根本性转变，优势产业基本形成，构建了以竹业、脐橙、油茶的农业产业发展格局。三是第三产业蓬勃兴起。改革开放以来，全县旅游、金融、保险、房地产等第三产业发展迅速，改变了传统第三产业的量小、单一格局，特别是近几年来，旅游业发展方兴未艾，带动了交通、商业、服务业和文化娱乐业的发展。2007 年第三产业总值 5.8 亿元，占全县生产总值 22.5%。

经济的发展推动了社会各项事业前进，城乡面貌翻天覆地，人民生活显著提高。30 年来，交通、能源、通讯等基础实施建设步伐加快。2007 年底，全县农村公路总里程 973 公里，100% 的乡镇和 58.4% 的行政村完成道路硬化。城镇居民每百户拥有汽车 6 辆、摩托车 54 辆。小水电快速发展，装机 10 万千瓦，生产生活用电覆盖全县乡村农户。通讯便捷，全县固定电话入户率 55.5%，每百人拥有移动电话 29 部。科教文卫体全面发展。九年义务教育全面普及，大山里的适龄儿童入学率、小学毕业升学率均达到 100%。建立了县、乡、村三级文化网络服务平台，广场文化、创业文化、乡村文化蓬勃发展。医疗卫生条件显著改善，人民健康水平显著提高。新型农村合作医疗参保率 91.7%。城镇基本养老保险覆盖率在 90% 以上。人民生活水平和生活质量大大提高。现在，人民群众钱袋鼓了起来。全县金融机构存款余额由 1978 年的 619 万元增加到 2007 年的 17.6 亿，年均增长 20.7%，城乡居民人均存款 6386 元；职工平均工资收入由 1978 年的 553 元，提高到 2007 年的 13929 元，年均增长 11.4%；农民人均纯收入由 1978 年的 80 元提高到 2007 年的 3145 元，增长 38 倍。"衣着讲时尚，饮食讲营养，住居讲宽敞，代步车上档（次）"已成为崇义人民的真实写照。人民群众从县域经济和社会各项事业的发展中，得到了实惠，分享了改革成果。

上高县敖山镇接官村改革 30 年的变化

潘向东

江西省上高县敖山镇接官村离县城 10 公里。全村下辖 10 个村民小组，总人口 1400 多人，共 358 户，耕地面积 2800 亩。自农村改革 30 年来，接官村发生了翻天覆地的变化，经济社会发展取得了巨大成就，生产力得到了极大促进，农民收入不断增长，生活水平不断提高，从一个全县有名的"贫困村"跃入了宜春市"红旗村"的行列。

接官村一无资源特色，二无地理优势，自然条件较差。改革开放前，村里经济十分落后，村民大多数住的是土砖平房，少数几户住茅草房，人均住房面积不足 8 平方米，村民经济收入主要来源于水稻种植。由于人多田少，地势低洼，加上又靠近河道，这里历来内涝灾害严重，每年发生内涝至少在三次以上，常常是"三年两不收"，村民们守着 2800 亩耕地，只能"望田兴叹"。由于穷，本村女子往外嫁，外村女子不愿来，好多青年壮汉婆不到老婆。当时村里流行着这样的顺口溜："接官村，水淹涡，人穷光棍多"，"半饱肚子破衣裳，有女莫嫁接官郎"。全村每年有近 50% 的村民吃救济粮，90% 的村民用不起电灯。1981 年，人均纯收入仅为 138.5 元。

1982 年的初秋，以联产承包责任制为主要内容的农村经营体制改革在上高县全面铺开，并逐步缩小承包单位，建立起多种形式的生产责任制。此后，经整顿、调整，逐步形成了以包干到户或包产到户为主体的多种农业承包经营责任制。1982 年年底，根据全县的统一部署，接官村 2800 亩耕地全部承包到户，年限为 15 年，极大调动了农民生产积极性。一年到头，什么赚钱就种什么，从没让地闲过，除下交够国家的、留足集体的，剩下的都是自己的。1984 年，全

369

村粮食总产量达到历史最高水平，村民人均纯收入达到 349.5 元，比 1981 年增加了 211 元，使全村粮食供应紧缺的状况得到了较大改善。

1985 年 1 月，中共中央、国务院下发了《关于进一步活跃农村经济的十项政策》，即第四个"一号文件"，取消了 30 年来农副产品统购派购的制度，对粮、棉少数重要产品采取国家计划合同收购的新政策，家庭联产承包责任制进一步系统化；同时，从实行农产品统派购制度、调整产业结构、发展乡镇企业等方面活跃农村经济，加快农村经营体制改革，使计划经济逐步向市场经济转换。接官村牢牢抓住这一时机，不断进行产业结构调整，大力发展棉花、蚕桑产业，促进了农民收入的增长。1995 年，全村人均收入首次突破千元大关，达到 1003 元，10 年增加了 653.5 元。

1996 年，村里几户有市场经济头脑的村民开始发展生猪养殖业，在一两年内就成了村里的致富大户。村里养猪专业户在较短时间内就翻身致富的事实，引发出了村领导班子新的发展思路：要想尽快让村民的钱包鼓起来，让村集体经济壮大起来，必须走专业化、规模化、科学化养猪之路，把养猪业做大做强，使它成为全村最大的产业。于是，一个高标准、高质量、高速度建设村畜牧经济小区的盘子也就在 1998 年年初敲定了。

接官村的畜牧经济小区于 1998 年 3 月破土动工，村里本着既有利于养猪业的发展，又有利于全村生态环境的保护和改善的原则，按照"科学规划、合理布局、相对集中、人畜分开"的要求，统一划出了 9 块约有 200 亩的山坡地供小区发展用。小区建设共投入资金 710 万元，其中通水、通电、通路投入 180 万元，猪舍投入 420 万元，购母猪投入 110 万元。这么一笔庞大的资金投入，除上面给了不足 30 万元扶助金外，其余都是村集体和养猪户自筹资金解决的。

为帮助村民发展生猪产业，村里出台了多项优惠措施：一是税收优惠。村里规定，凡年养 50 头以上生猪的农户村里给予税收额 20% 的奖励，100 头以上的奖励 30%，200 头以上奖励 40%、"四包费"优惠 40%。二是技术优先。在小区内优先推广了四项技术：推广良种，由"二元杂交"猪全部转换为"三元杂交"良种猪；推广"三自"饲养模式，即子猪自繁、肉猪自养、饲料自配；推广母猪繁殖障碍病综合防治技术；推广稻谷转化低成本养猪技术。走出了一条"良种化、转粮型、低成本、高产出"的发展路子。三是服务优质。村里先后聘请了数十名技术人员和土专家到养猪户家传授技术，激发了村民学用科技的热情。全村共引进纯杂"长大"母猪 1100 头，"杜洛克"种公猪 18 头，使小区内的生猪生产全部实现了"三元杂交"纯杂良种化。为帮助养猪户解决资金紧缺难题，村里积极为农民贷款、借款、垫款，并投资100万元在村里建起了一座年产饲料1万多吨的饲料加工厂，不仅确保了本村养猪户用饲料的需要，还方便了邻村农友。此外，村干部把主要精力放在流通服务上，全村的生猪和60%以上的农产品都是村里协助销售出去的。

为使小区迅速撑起养猪大业，村里坚持党员带大户、大户带小区、小区带全村的"三带联动"，群众在他们的示范引导下，致力于发展专业化养猪。到2005年，全村建有生猪畜牧小区10个，猪栏面积18.6万平方米，90%以上的农户建了猪栏。2005年全村共出栏商品猪33678头，占全县出栏总量的1/10，人均出栏24头，村民人均纯收入5080元。

随着生猪养殖产业的不断壮大，对环境和水污染越来越严重，为解决养殖污染问题，该村对全村所有猪舍进行了全面改造，100%的猪舍建立了三级沉淀污水处理。同时，加大项目的引进力度，全面实施沼气工程。自2003年以来，通过向上争取项目、农民自筹等方式筹集资金54万元，建立小型沼气池350个，平均每户一个。2005年，又争取到国家农业部大型沼气池项目工程60万元，按每个150立方米标准建设了8个大沼气池。至2006年，该工程全部实施完成，从根本上解决了猪粪排放所带来的环境污染问题。

为了提高产业抵御市场风险的能力、提高生猪疾病防控能力，使生猪产业可持续发展，接官村委会结合实际，积极引导，一个由20人自愿发起的养殖协会应运而生，于2007年2月1日正式成立，办公场所设在接官村委会。协会使生猪养殖管理做到"五个统一"，即统一规划建设，统一购进猪种，统一供料，统一防疫，统一销售。同时定期聘请市、县养殖专家为会员作技术辅导，提高养猪技能。协会通过与广东农牧公司合作，采取"公司+协会+农户"运作模式，使会员享受"进料更便宜、技术更专业、出售价更高、经营更保障"的优质服务。有协会为养殖户撑腰，村民们养殖积极性又一次高涨起来。2007年全村共有母猪存栏3600头、出栏商品猪6万头，产值达9800万元，年收入达1000万元，人均纯收入达7000元，人均出栏生猪居全省首位。

接官村所处地理位置偏远，地势低洼，交通不便，洪涝灾害频发，长期以来严重制约着村级经济发展。历年来，接官村党支部在带领群众致富奔小康的同时，也着力改善村级环境和基础设施的配套建设。

1995年，投资12万元除险加固水库，扩大灌溉面积500亩，缓解了洪涝灾害的发生。

1996年，投资15万元修建村电排站和饮水渠，彻底根除了洪涝灾害的侵袭。

1997 年开始，每年村里投资给纯女户办理养老保险。

1998 年，投资 40 多万元，兴建了教学楼及教师宿舍和村卫生所。

1999 年，投资 18 万元用于村级公路的拓宽硬化、美化工程。

2000 年，投资 27 万元修建河道和提灌站。

2001 年，投资 10 万元建立农民夜校。

2002 年，投资 15 万元安装了有线电视和程控电话网络。

2003 年—2004 年，投资 30 万元，完成了 1000 多亩园田化的改造。

2005 年—2006 年，筹资 180 万元修通了敖山至接官各村的水泥路。

在抓好物质文明建设的同时，接官村还注重抓精神文明建设，丰富农民的精神文化生活。目前，10 个村民小组有 8 个建有文化俱乐部，6 个建有村图书馆，9 个村建有体育健身场所，大多数村民在家门口就可以使用科学简易的健身设施进行健身和娱乐，所有自然村都接通了有线电视线路，家家户户都能接收到丰富多彩的电视节目。如今，村民学文化、学科学蔚然成风，养成了科学、健康、文明的生活方式，打架、斗殴、赌博、封建迷信活动在接官村无处觅踪，村民的文化道德素质随生活水平的提高，也上了一个新档次。

2006 年，接官村被列为新农村建设示范点，按照"布局优化、道路硬化、村庄绿化、路灯亮化、卫生洁化、河道净化"的要求，围绕"改水、改路、改厕"，加强了对村庄环境的整治，推进了新农村建设。2006 年，该村争取到水利部门的支持，实施了饮水工程改造，解决了全村村民的饮水安全问题，家家户户都用上了干净卫生的自来水。结合村庄整治，80% 的自然村完成了改厕，农户水冲式厕所占 77.5%，90% 的村民用上了沼气能源，95% 的自然村实行了垃圾集中处理，村村都修通了水泥路，完成了电网改造，程控电话和手机全部普及。村里卫生和社会保障事业也得到了明显增强，建立了以最低生活保障为基础，以养老、医疗、教育、救助为重点的农村社会保障体系，不断完善了卫生所设施，村民全部参加了新型农村合作医疗，使农民看病难的问题得到了缓解。

如今，全村村民全部告别了低矮潮湿的土砖房，60% 的村民盖起了钢筋混凝土的楼房，40% 的村民住进了砖木结构的新房，人均住房面积从 1981 年的 8 平方米增加到 50.6 平方米，彩电、冰箱、空调等家用电器得到了普及，手机等通讯工具更是人手一部，95% 的村民拥有摩托车、电动车，50% 的村民购买了农用车，10% 的村民购买了家庭小汽车，电脑、摄像机等高档耐用消费品正成为村民的消费热点，村民们无不自豪地说："是党的好政策让我们过上了城里人的生活。"2007年，接官村被评为宜春市50个"红旗村"之一。2008年4月，又被评为"江西省创建文明村镇工作先进村镇"。

新的社会发展趋势给接官村带来了新的发展机遇，同时也提出了更高的要求，接官村将进一步围绕市场发展和壮大农村经济，继续沿着"做大主导产业，建设红旗村"的道路坚定不移地走下去，把接官村建成名副其实的小康村。

（作者系上高县政协干部）

山东农村改革

山來東林齿革

临沭县推行农业大包干纪实

明华祥

临沭县的农业家庭联产承包（简称大包干），是从 1979 年参观学习凤阳开始的。

1978 年党中央召开十一届三中全会后，对农业问题先后发出了《加快农业发展若干问题的决定》等两个文件。在 25 项政策和措施中，"包干到作业组，联系产量计算劳动报酬，实行超产奖励"为农村深化改革的纲领。许多省、地纷纷在农业经营管理上进行探索，其经验做法经常在报纸上登载。当时临沭县委的主要负责同志把改革农村经营管理的工作交给农办，我时任农办主任，担子就落在了我的身上。重任在身，所以我十分重视报纸上的有关报道。1979 年 12 月《人民日报》发表了特约记者吴象报道的《从凤阳得到的启示》一文，我看了以后很受启发和鼓舞，觉得凤阳的经验值得学习推广。可以说，就是这篇文章推动我县的"大包干"揭开了序幕。

参观凤阳

1979 年 12 月 23 日，县委书记张志奎责成我带队去安徽凤阳学习，一起去的有农办、县委办、党校、科委、农业局以及岌山、泉埠、周庄三个比较贫困的公社党委书记，共 9 人。到达凤阳的次日，凤阳县委书记陈庭元同志和农办、调研室的同志向我们介绍了经验。当时凤阳的做法有两种，一是在生产队的基础上分组作业、联产承包，二是包产到户。介绍完后，带我们到农村和农户家中参观。第一站到了大包干的发起者小岗村。所到之处，干部群众对农业大包干心满意足，农户家中都是粮满囤、柴满院、猪满圈。干部群众都高兴地说：

"农业合作化20多年没能解决吃饭问题，搞了大包干一年多就解决了。"他们对未来充满信心："再干一两年我们就要建新房、买机械。"我们感到深受教育和启发，简直觉得是进入了另一个世界。所以，也都一致认为这是农村改革的方向。同时，我们也想到"文革"中把包产到户作为重点批判，上上下下都忌讳"包"字，推行起来一定难度很大。参观中，陈庭元书记也谈到这一点，他问我们："你们来参观，上级党委同意不同意？如果不同意，你们回去不但推不开，还要受到攻击。"他又说："这是我们经历过的。我们在搞大包干时就发生了几次曲折，是省委书记万里来我县亲自支持才得以推开的。"为了多学些经验，我们又到了嘉山县、全椒县，要了一些典型材料，满载而归。回来以后，我们一起研究如何向县委汇报。大家意识到联产承包在目前是新生事物，推行起来一定充满风险。所以，我们建议，由县委常委集体听取参观人员的汇报，我们听了什么、看了什么，就汇报什么。1月2日，县委常委集体听取了汇报。由于怕担风险，会上多数领导都不表态，最后形成的决定是由参观人员先搞试点。

曲折前进

试点在泉卜公社小河涯村。群众是真正的英雄，小河涯村干部群众对实行大包干都很同意。他们认为好处有八条：一是能增产；二是分组后单位小了便于领导；三是非生产人员减少，非生产性开支自然减少；四是土地能精耕细作；五是社员劳动积极性高了；六是大锅饭变成小锅饭，能做到勤俭节约；七是收入分配时减少很多麻烦；八是干群关系改善了。这次座谈会精神很快传到各村，几天后这个公社的31个大队，有18个大队报名搞分组作业包产到组。据此，我们建议去参观的3个公社都可以搞试点。县委同意后，从县机关抽调了23名同志，会同3个公社的干部，搞了16个试点。1980年春季，我们总结了16个试点的经验做法，归纳为以下几种方式，让干部群众选择：一是统一耕种，统一收获分配，中间管理包工到组或户，简称"统两头包中间"；二是包工到组，联产计酬，即定土地、劳力、计划、成本、牲畜农具，超产奖励，简称"五定一奖"；三是以队为基础，分组作业三定三包，按劳分配，每10户左右为一个组，由组上交和分配，叫做"交足国家的，保证集体的，下余为自己的"，简称"大包干"。我们还提出各级领导不要硬性规定，更不搞一刀切。

1980年1月9日至11日，临沂地区召开了农村工作会议，县委书记和具体做农村工作的同志参加，我同县委书记参加了会议。当时上级对农村联产承包责任制还没有明确的文件和部署，所以，我县汇报时没汇报去凤阳参观，只汇报了组织干部搞了16个试点（全地区只有我们去凤阳参观）。会上地区一位领导讲：我们是老区，合作化基础好，干部经营管理水平高，不能搞什么家庭联产或大包干。这就是说，搞家庭联产承包责任制路子不对。回来传达会议精神后，原本思想就不通的同志，更有了理由反对推行大包干。他们指责主张搞大包干的是单干的急先锋、带头人，甚至上纲上线说"大包干就是破坏人民公社，就是搞资本主义"等等。主张推行凤阳经验的人顾虑重重，部分人在观望。两种思想认识的斗争一天比一天激烈。

1980年4月底，地区专门召开了农村经营管理会议。我和经营科长参加了这次会议。地区领导的指导思想很明确，就是反对推行大包干。会上，日照县和莒南县的农办主任首先发言，他们旗帜鲜明地反对联产承包责任制，指责："不是社会主义道路，不是群众的要求，绝大部分群众反对搞大包干，即便放手搞，同意的也不会到5%。"会议期间展开了辩论，但争论了两天，谁也说服不了谁。争论的焦点，就是大包干到底是姓"社"还是姓"资"。双方都提到方向道路和农村体制政策的高度上。最后地区农办负责人讲话明确指出：不准搞分组作业，特别不能搞大包干，大包干等于单干。5月初县里召开了一次大队支部书记参加的农村经营会。县里分管农村工作的负责同志在讲话中提出六个不准。即：不准分组拆队；不准分掉集体机械；不准分掉集体副业；不准社员个人向国家交售农副产品；不准搞什么作业组分配；不准拆散生产队队委会。另一位负责人在大会上讲："中国单干了几千年没有富，现在又搞单干就能富了吗？我认为，情愿戴上僵化半僵化的帽子，也不能搞分田单干。"会议争论得非常激烈，焦点还是方向道路问题、人民公社的体制问题。主张大包干的同志受到了攻击。反对者以社会上个别不满的人编的顺口溜作为"枪弹"，什么"拆了队，分了牛，社会主义到了头"，什么"辛辛苦苦几十年，一夜退到解放前"。县上分管农村工作的领导对主张大包干的同志进行了批评，说："你们要犯大错误。"为了彻底阻止大包干，这位领导还专门召开了一次有线广播大会，号召农村基层干部、共产党员要站出来，坚决顶住单干风；并要求各公社把已分组的和包干到户的抓紧再合起来，恢复原生产队的体制。一时间，推行大包干工作陷入低潮。

但是，社会的发展毕竟不是由部分人的意志所阻挡得了的，广大农民乐意搞，大多数基层干部也都同意搞，许多原来分组的大队虽然合了也是明合暗分，多数还是继续分组包干。基层干部对此都是睁一只眼，闭一只眼。

1980 年中央发了 75 号文件，重点讲了建立农业生产责任制问题。把大包干作为农村深化改革生产责任制的一种形式肯定了下来。按理说，这不应该再出现什么问题了，但县里有些领导仍是断章取义，取其所需，说"中央指的是边远地区和贫困地区，我们不包括在内"，继续反对推行。

这年秋收以后，许多基层干部反映，从收获结果看，分组作业的比生产队大呼隆的好，包产到户的更好。为掌握第一手材料，我们组织人员到农村，特别是到包产到组到户的村庄调查。周庄公社李蒿科大队春季分的组，麦收后包产到了户，粮食亩产比 1979 年增产 110 斤。支部书记李长存说，过去春播花生 10 天完不成，今年抗旱播种 3 天就完了；1979 年全村分配现金 3000 元，今年能分 2 万元。南古公社班家官庄大队，历年欠贷款 8 万多元，是个无机械大队。1980 年春，先把 850 亩花生田分包到户，承包是亩产花生米 120 斤，实产 157 斤，向国家交售 11 万斤，归还贷款 3 万元，全村还购买 12 马力拖拉机 5 台。社员分配 1979 年是 39 元，这年是 110 元。群众高兴地说："办社 20 多年啦，今年俺是第二次分现金，第一次用上了俺自己的拖拉机。"实行大包干的生产队，实际收入都大大高于"大呼隆"时期。到 1981 年春，"大包干好"的呼声日渐高涨，可以说是大势所趋，人心所向。但是县里个别领导仍是顽固坚持。他们精心组织了这样的会议：会议分东西两片召开，西片 25 个大队，在南古公社的寨东大队开；东部 20 个大队，在蛟龙公社的东泮大队开。会议的中心内容是为这些还没有实行大包干的大队鼓劲：坚持社会主义道路，稳住群众情绪，坚决不分组，不包产到户，保住人民公社的一块地方，为发展社会主义树立样板。会上有的大队干部表态说："请领导放心，我们一定顶住。"

1981 年夏收后，我们又到大包干搞得早的大队调查，调查的结果更是令人振奋，因篇幅所限，这里就不再一一列举了。这时，《人民日报》刊登了湖南的一则消息，文章指出，对待联产承包是"中央放，群众望，中间设了顶门杠"，对推行生产责任制过程中部分中层干部的思想和做法批评得很尖锐。这则报道，对解放思想、推行大包干工作，无疑起了巨大的推动作用。

全县的形势有了很大变化。1981 年 7 月 15 日，县委召开了生产责任制座谈会，由公社书记参加，并吸收部分责任制搞得好的大队支部书记参加。到会的同志，人人发言，讲自己的认识，讲大包干带来的变化，讲农民如何满意，增产效果如何突出。会上，我把我们一年多来通过调查研究汇集的大包干工作中的做法和注意的问题，列出 30 条，作为征求意见稿，向会议传达。会后全县上下议论纷纷，奔走相告，对于大包干，支持的放下了思想包袱，思想不通的通了，反对的也默认了。县里又于8月23日召开了全县四级干部大会，首先学习了中央75号文件，以上的30条县委以正式文件印发，由县委负责同志向大会传达。实行生产责任制好的两个公社、八个大队在大会上作了典型发言，介绍了他们大包干的做法和具体问题的解决办法，以及推行大包干后的巨大变化。岌山公社东萨庄大队发言对与会人员震动最大。这个大队是出名的贫队，他们1980年春实行分组，秋种全部包产到了户。包干的优越性体现在以下五个方面：一、调动了千家万户的积极性。吃大锅饭时外流东北的28人、去西安打工的近百人，现在全部回来了，认真种好自己的责任田；二、干部群众多年的矛盾解决了；三、减少了非生产人员的开支，过去大小队干部吃补助工的60多人，现在只有28人，人均负担由1980年的5元降到3元；四、解决了入社以来的等靠要思想，原来年年要贷款，现在社员自己集资3万多元，购买牲畜58头、犁耙76件、胶轮车100辆、平车20辆、小农具700多件，还买化肥7万斤、农药1500多斤；五、大包干两年收入大幅度增加，社员生活大改善、新买自行车60辆、缝纫机5台、盖瓦房30间。至此，全县上下统一了认识，大包干在全县全面推开。根据上级精神，县委于5月9日从县机关抽调214名干部，组成68个组，分赴到68个生产责任制不够完善的大队帮助工作，时间半年。

为了使各级干部适应新的形势，掌握新的经营管理办法，县里不断总结转发典型经验，并在党校干部培训中增加了大包干责任制的内容。每期训练班都由分管这项工作的同志到党校讲课。

县委还于1982年12月召开了全县劳动致富代表大会，以表彰先进，鼓励农民致富。到会者1000余人，有33个劳动致富户发了言，有107户受到了奖励。大会在全县震动很大，进一步消除了一部分人怕大包干长不了，富了成为资本主义等思想顾虑。想富，盼富，千方百计找富路，成了广大农民的自觉行动。

巨大变化

联产承包责任制使全县农村发生了翻天覆地的变化，农民真正成了土地的主人，种田的积极性空前高涨，粮食产量和人均收入都有了很大的提高。大包干前的1978年，全县粮食亩产为568斤，总产3.12亿斤，人均占有610斤；农业总收入5447万元，人均分配59.2元。大包干后的1982年，粮食亩产891斤，总产3.96亿斤；农业总收入1.26亿元，是1978年的两倍多，人均分配183元，是1978年的三倍多。1983年，粮食亩产994斤，总产4.84亿斤，是1978年的四倍；总收入1.91亿元，人均分配295元，是1978年的5倍。

五莲县推行果树承包到户责任制始末

马先驰

马莲县松柏乡坐落在离县城 12.5 公里处的东南部。这里山峦起伏，沟壑纵横，是地地道道的山区。这里不但山青水绿林茂，而且历史上就有栽植果树的传统习惯：如满山遍野的樱桃树，繁密茂盛的板栗园以及难以数计的桃树、李树和杏树。每到春季万紫千红，百花争艳，是游人观赏的天然花园。更值得一提的是当地人叫"小苹果"和"棉苹果"的苹果树，栽培历史悠久，。但那时没有像现在这样的修剪和管理技术，树干低矮，产出的苹果质量不好，当地群众称之为"酸球溜"。直到 1950 年代初，国家林业部调拨来 14 万株苹果苗木，分配给松柏乡 25000 棵，并且设置林业管理机构，培养果树技术员，使苹果树迅速发展起来。淳朴厚道的山里人感谢地称之为"毛主席给咱送来的苹果树"。

松柏乡土地多是黑沙土质、沟壑淤泥，多数地块儿比较肥沃，宜于苹果树的生长，加之老解放区的人民勤劳能干，经改造后的苹果树所结苹果个大、皮薄、色泽鲜艳，食用口感好，因此备受消费者喜爱。当地的老百姓平常购买油盐酱醋等生活日用品全靠卖苹果的收入，农民们称苹果是他们的"摇钱树"。经大力发展和推广，该乡到 70 年代末，已成为全县苹果的主产区，面积已达 2500 亩。党的十一届三中全会后，土地实行家庭联产承包责任制，在此种情况下，果树的管理与发展是继续沿用过去那种集体大呼隆吃大锅饭，还是像土地那样承包到户，联产计酬？面临着一场重大的争论和变革。松柏公社（那时未改乡，仍称"公社"）经过反复实践，取得了果树承包到户的成功经验，为全县全面推行果树承包到户生产责任制起到了很好的推动作用。作者当时任松柏公社党委委员、秘书，亲身经历了果树承包到户的全过程，看到了这次变革中一幕幕曲折而又感人的场面。现回忆整理出来，作为历史足迹的真实记录。

一

1978 年十一届三中全会会后，党中央颁发了关于在农村实行土地联产计酬生产责任制的文件。根据党中央的指示精神，五莲县委、县革委结合全县工作实际，组织有关部门和人员于 1980 年在中至公社陡峨村试行土地联产承包责任制，然后在全县广泛深入地开展了以家庭联产计酬生产责任制为主的大包干工作。1981 年，松柏公社根据县委、县革委的统一部署，将全公社的土地全部实行家庭联产责任制承包给农民。农业生产形式发生了根本性的变化：在经营管理上，由集体统种变为以户分种；在耕种操作上，由粗放型变为集约型；在分配形式上，由上工一窝蜂、工分一拉平变为所得利益直接与一家一户挂钩。广大农民积极性空前高涨，把大部分时间和精力都用在种好责任田上，都想在自己耕种的土地上多打粮食增加收入。

土地承包到户使广大农民尝到甜头，但也随之出现了新的矛盾。由于农户一心一意经营自己的责任田，也就不同程度地放松了果园管理。种田与管果出现了三争现象：一是争肥料。当时由于处在过渡时期，各村对苹果园的管理大致有三种模式：由村里统一管理，果树专业队具体去干；由山林专业队进行果园专门管理；由一人带头承包，与村里签订承包合同，年底上交承包费。当土地实行家庭联产承包责任制后，农民都把肥料用到承包田里，顾不上给苹果追施肥料。二是争劳力。果树管理需要大量的劳动力，而大批劳力都在种自己的承包田，难免出现顾此失彼的现象。三是争时间。苹果收获季节，也是农业生产最忙的季节，农民们忙于秋收秋种和收刨花生地瓜，没有时间顾及苹果的收摘。随着农业大包干形势的发展，农业生产与果树管理的矛盾越来越突出。同时，由于缺乏严密的管理技术措施，部分村的苹果树叶子发黄，个别村的苹果树还过早出现落叶现象。地处九仙山环抱中的宣王沟村，农民的土地瓢一块、碗一块，像鞋带子一样挂在半山腰里，到了庄稼收获季节，村民们肩挑人抬爬岭进山，顾不上果园管理，致使全村 1000 棵苹果树全部落叶，造成苹果大减产。针对这些问题，公社党委多次召开会议进行讨论研究，想方设法解决农田生产大包干与果园管理发生的矛盾，但迟迟未能解决。1982 年秋的某一天，公社党委书记于世民骑着自行车，先后到鞠家西崖、刘家南山、前苇场、娄家洼子、前长城岭等村反复召开老干部、老党员和果树技术员参加的会议，多方征询意见，寻找如何管好果树的新路子。大家一致认为，果树要发展，必须走土地承包的路子。当他把这个意见在党委会上提出时，立刻引起一片哗然，少数人同意将果树分户承包，而大部分人则不同意这种做法。都说果树承包到户没有先例，而且面广量大，要冒很大风险，因而意见未能统一。党委会最后决定，请示县委、县革委后再作决定，公社党委会再一次陷入僵局。

时过不久，县委书记于潮来松柏公社检查指导工作。公社党委书记于世民汇报了公社的全局工作后，跟着就反映了部分群众要求把苹果树分户承包管理的想法和意见，结果当场就遭到于潮书记的否定。他说："你这个松柏是全县苹果产量大户，产量高低对全县关系极大，我看先稳定原来的承包形式，不要急于承包到户。"因而果树承包到户的构思和设想被暂时搁置起来。

这年秋后，全县的农村三级干部工作会议在县城召开，主要内容是总结贯彻落实家庭联产承包责任制的经验教训。在讨论期间，民主气氛浓厚，讨论非常热烈。本来是讨论土地家庭承包责任制情况，结果话题都集中在苹果园如何实行大包干责任制方面。松柏公社参加会议的36个大队党支部书记和大队长，就有34个坚持要求把果树分户承包。公社党委根据本社果园管理的现状和存在的问题及广大群众的意愿，决定再一次向县委作一次专题汇报。党委书记于世民主持三干会的讨论，由管委会主任王志明电话联系县委常委、办公室主任王丕和，请求县委领导尽快作出决定。办公室转达领导同志意见，说正在开常委会议研究这个问题。这天晚上，于世民书记通宵达旦没合眼，天不明就找县委的同志打听常委会议研究果树承包的指导性意见和结果。当他听到县委常委会仍未作出最后决定时，早饭没顾上吃就跑到县委找于潮书记，详细地把与会者讨论的意见和当前松柏公社果树管理的现状作了汇报。于潮书记听后说："县三级干部会议结束后，你们回去做做工作。要搞果树分户承包，先抓好几个试点，在取得经验的基础上，再在全公社逐步推开。"

二

县三级干部会议后，松柏公社召开了一次不寻常的党委会议。

夜深了，连续三天的党委会议还在灯光明亮地进行。这次会议除了研究县三干会议的贯彻落实情况外，讨论的焦点自然是果园分户承包问题。这可是个关系到全公社生产和民生的大问题。松柏公社有苹果树14万棵，产量占全县第三位，是农民增加收入的主要来源。长期以来，人们习惯于集体管理，一下子分到一家一户是否能行？特别是管理技术是至关重要的事情。在会议上，党委成员七嘴八舌，讨论热烈。大家通过回忆土地联产计酬也是经过了由不认识到认识的过程，最后统一了思想认识：苹果分户承包，是件新鲜事，只有摸着石头过河，不断总结经验，才能把这项工作搞好；要搞好农村经济，尽快使农村广大群众摆脱贫困，根本问题是大胆改革，既然土地可以承包到户，果树经营同样也可以走大包干的路子。

随着天边最后一颗星星的消失，党委会议关于果园承包的决议产生了：统一领导，分工负责，大事集体研究，小事分头去办。公社党委兵分三路，党委书记会同林业、经管部门负责果树分户承包；管委会主任负责县三干会议落实和当前农业生产工作；多种经营书记负责果树分户承包后的管理技术等方面的问题。新的历史时期赋予了公社党委新的工作任务，人人感到责任重大。在果树分户承包过程中，绝大多数村一开始就搞得热火朝天、慎重稳妥而又切合实际，因而大面上的工作进度较快，富有成效。但也有一部分村步子迈得不大，甚至束手无策，原地踏步。针对这些问题，党委一班人深入各村搞调查研究，终于找到了问题的症结：有些村的干部队伍素质还不适应新形势发展需要。这大体可分为三种类型：一种是建国前和合作化时期即进入班子的"老干部"，他们参加过土改、互助组、合作社和人民公社，走老路走惯了，守旧思想比较重，只求安于现状，不想或不敢大刀阔斧地进行改革。二种是"大跃进"和三年自然灾害时期任职的，经历了"大呼隆"，尝过"挨饿受苦"，忙于抓粮食生产解决温饱问题，缺乏搞多种经营的热情和魄力。三种是"文革"期间任职的，他们受"左"的思想影响较深，长期忙于抓阶级斗争，不懂或不善于搞农村经济。为了改变这种状况，党委召开会议进行研究，认为要治穷致富，必须有一个好的带头人。于是，公社党委连续举办了三期由村支书、大队长、会计等人参加的学习班。同时，由党委书记和组织委员负责对各村的领导班子成员进行全面的考察了解。摸准情况后，经党委研究，马上着手调整了5名年龄偏大、文化较低、思想不太适应新形势发展要求的干部。通过调整加强村级基层领导班子，从而使各村党支部充满朝气和活力，也使果树分户承包工作得到了有效的推动。为了使果树分配合理，公社党委根据大中小三种类型果树，先进行估产，然后以树定产，以产分树。由于工作过细，分配合理，绝大多数农户对这次大的承包变动感到非常满意。

果树分户承包实行后，立即带来了明显的变化。原来是集体的果树成了农民自己的，管理果树积极性一下子调动了起来，果农们起早贪黑，推着小车子、拉着驴车子，肩挑人担地把人粪尿送进果园。有的果农没有肥料，千方百计挖掘肥源，把旧锅圹子、炕洞砸了施进果园。在给果树打药时，机器忙不过来，有些农民就用饭帚、扫地笤帚往树上洒，还有的户到邻村搬来亲戚帮忙。这年的冬春，的的确确掀起了一个从未有过的果树管理高潮。

经过一冬春的艰苦努力，松柏公社满山遍野的苹果树黑油油，绿葱葱，繁花似锦，一簇簇、一串串挂满枝头。1983年春末，县委书记于潮来松柏公社检查指导工作，听取了公社党委的汇报后，要求到各村去看看。当他看到全社苹果树枝叶繁茂，越看越爱看，越看越想看，全社36个村都走了个遍。他高兴地说："老于（指于世民书记），全县苹果分户管理你带了个好头，也给县委抓了个典型。下一步在你这里开个会，把你们的经验推广出去，把全县的果树分户承包全部搞起来。"

4月底，县委、县革委在松柏公社召开了果树分户承包现场会议。会后，五莲县的果树分户承包轰轰烈烈地全面展开。

在初步取得果树承包的成效后，公社党委又决定，在果园的整个管理过程中实行四统一，即统一看管、统一施肥、统一打药、统一收摘。对违背四统一的人和事进行严肃的批评和处理。王家口子村支部委员王某，私自提前进果园收摘苹果，引起群众不满，看管人员把这件事反映到公社党委。经核实后，除让其在全体村民会上作了检讨外，又在全社领导干部会议上进行通报。此举对全社影响很大，在以后的果树管理工作中，各村的"四统一"均搞得扎扎实实，有条不紊。后来，这"四统一"的做法和经验，也在全县得到普遍推广。

果树分到户管理后，迫切需要解决的是农民的果树管理措施和技术问题。为了及时解决这个问题，公社党委在东白庙村办起了一座面向农民的科普学校。采取"实地、实用、实效"的办学原则敞开办学，实施以培养"四有"新人和新型农民技术员为目的的办学方针和方向。领导管理体制由公社统一领导，林业、科技等有关部门参加联合办学。教学方式采取长期与短期培训结合、农忙与农闲结合和先普及后提高的多种形式，教学内容以传授科学技术为主，兼学多样。科普学校成立后，公社干部、农村干部以及广大群众积极报名进校学习。通过培训，全公社80％的农村干部群众掌握了1—2门专业技术。松柏公社科普学校办学取得了巨大成绩，得到了上级党组织和有关部门的认可。1984年，乡（是年公社改乡镇）党委副书记刘景盛光荣出席了全国农村科普工作经验交流会议。会后，全县22处乡镇都建起了科普学校。科普学校的诞生为普及农村科学技术，提高农民科技素质起到了不可估量的作用。

三

大包干带来大变化，这话不假。松柏公社自从1982年秋把果树分户承包后，1983年苹果获得历史上前所未有的大丰收。产量由1982年的608万斤，猛增到1405万斤。果品丰收后，公社党委遵循"领导就是服务"的原则，深入到各村搞调查研究，进行苹果产量预测。针对果品产量高，可能出现销售难的情况，公社决定及早采取一切措施做好果品消化文章，确保果农丰收的果品卖得出、卖得了、卖价好。一方面他们安排经委的同志到外地考察论证，一方面多次召开会议进行讨论研究，在掌握情况做到胸中有数的基础上，采取了五种措施做好果品销售工作：一是建起一座年产200吨的果品加工厂，把不够等级的苹果进行深加工，制作成果干、果脯等优质干果。工厂办得非常红火，产品销路也很快打开，除国内市场外，还先后销往美国、日本、加拿大等国家和地区。二是健全流通网络体系。公社党委成立了由党委书记、分管果品的副书记及经委有关人员组成的果品销售领导小组，各村也相应成立了果品销售组织，负责果品销售工作。三是将全公社果品销售"能人"组织起来，实行"三定一奖"制度，猛促果品销售，对沟通信息、传递行情及销售表现优秀者，给予一定的物质奖励。贺家店子村刘某，因为掌握信息及时，成为全社果品销售大户，公社奖给他青岛产大金鹿自行车一辆。四是组织专门力量，广泛联系客户。他们除在江苏、浙江、济南等地大力开拓市场，广泛联系客户外，对外来联系苹果业务的人员，公社党委主动介绍情况，并且提供车辆，安排生活食宿。五是实行一条龙服务网络，营造良好的宽松环境。公社党委组织管委、经委、工商、税务等部门人员成立果品销售办公室，一名管委会副主任和经委主任坐镇指挥。在果品收购期间，果品销售办公室负责一切手续的办理。同时由公社派出所负责从社直企业中抽掉人员组成维护社会治安秩序巡逻小分队，维护果品收购秩序，杜绝欺行霸市和刁难客户的行为发生。由于采取上述措施，当年产的1405万斤苹果销售一空，并且卖了个好价钱，仅果品一项，户均收入2500余元。全公社到处呈现出"住瓦房，吃细粮，大把票子存银行"的动人景象。

沂南县张家哨公社包产到户回顾

王西杰

沂南县的家庭联产承包责任制是从 1980 年开始的，张家哨公社是沂南县最早实行家庭联产承包责任制的公社。当时张家哨公社党委书记是解守常同志，我任党委副书记，主管农业生产和农村工作，全过程地参与了家庭联产承包责任制的推行。

一

当时的张家哨公社农业生产非常落后，群众生活非常困难。

张家哨公社位于沂南县的东北部，北临沂水，东邻莒县，全公社 9 个管理区，64 个生产大队，447 个生产小队，5 万人口，13 万亩耕地。地处丘岭，土地瘠薄，既怕旱又怕涝，尤其是怕旱。粮食总产长期停留在 2000 万斤上下。作为主要经济作物的花生，1979 年亩产皮果仅 94 斤，留下种子，每亩只剩皮果 40 斤。一部分生产队，甚至连种子都不够。全社工日值平均只有 0.24 元。多数生产队没有积累，缺乏生产资金。多数的群众生活困难，有 30% 以上的群众生活严重困难。人均口粮在 300 斤以下的生产队占 40%。李家哨大队李振琢所在的生产队，连续几年小麦每人只有七八斤，1979 年全家 6 口人，作为主要口粮的鲜地瓜（红薯）只分了 1800 斤（折合瓜干 360 斤）。下坊沟大队是花生产区，连续多年不分油料，社员在集体收获后的地里拣拾一点，就算是分给社员的油料。第三小队麦季分配，小麦连根带秸每人分 16 斤，一户折合小麦不到 10 斤，用簸箕搓搓就算打了场。陆家哨大队 6 个小队，3 个队每年小麦每人只有七八斤。劳力不分钱，除了开支，每个工日值是负数，群众叫"倒喝水"，账目调整后每个工日 8 分钱。相当大的一部分生产队是"三靠队"（生产靠贷款、吃粮靠统销、花钱靠救济）。1980 年春天全公社安排了 100 多万斤统销粮，群众的生活困难还是解决不了，一部分群众外出讨饭。大部分生产队缺资金、缺种子、缺饲料、缺口粮，群众对集体丧失了信心。生产队干部谁也不愿当，"拔了棉花柴，生产队干部就重来"，连个小队长也很难找出来。

相当一部分生产队，每个工日几分钱、1 毛多钱，社员辛辛苦苦干一年，还要向集体交口粮钱。干与不干、干多干少，没多大区别，群众也就没有那个积极性了。越差了越不干，越不干就越差，陷入恶性循环。我就任公社副书记后，全社 64 个大队，很短的时间内，就大部分跑到了。我亲眼看到有的困难户家中，囤里没有一粒粮（一片瓜干），灶前没有一根柴。

摆在眼前现实的、紧迫的问题是群众生活、生产问题。我们作为基层干部，何尝不想把生活、生产问题搞好？但在"一大二公"的人民公社那种体制下，在"割资本主义尾巴"那种年代里，年复一年，不但没搞好，反而每况愈下。怎样才能使群众不挨饿，生产有提高？1980 年之前我们考虑，当务之急是用分给社员自留地和饲料地的办法，先解决群众的吃饭问题。

在此之前，中共中央有两个文件，一个是农村工作十二条，一个是农村政策六十条。文件重申三级所有、队为基础的体制，意在制止搞大队、公社一级核算的穷过渡，还规定了社员可以经营自留地。按有关规定社员自留地可以占到集体耕地 7%，全社每人平均可以达到 0.15 亩。社员养猪，多年来是斤猪斤粮，就是社员每向国家交售一斤生猪，集体补给一斤饲料粮。饲料地按亩产300 斤粮折算，每头猪 300 斤重的标准，每户 2 头猪，可分得 2 亩饲料地，加上自留地，每户可分得 2.5—3 亩地，能达到人均六分地。社员自己种植的自留地可以搞到集体平均产量的 3—5 倍以上。1979 年全公社小麦亩产平均 82 斤，花生皮果亩产 94 斤，社员自己种植，亩产小麦四五百斤。占总耕地三分之一的自留地和饲料地，产量却比集体全部土地的产量还要多接近一倍。

这个办法有效，一下子解决了吃饭问题。但社员分了自留地、饲料地，对集体生产更没了兴趣，集体生产更难组织，集体耕种的土地造成大面积撂荒。

这个办法，是抓住了小头，扔掉了大头。

1980 年开春，我们党委讨论，既然自留地、饲料地，社员能种得很好，那么把土地全部分给社员种，不就都种好了吗？但也忧心忡忡，怕这种办法不是社会主义的。虽然当时全国已经开展了真理标准大讨论，但是干部群众思想普遍还没有解放到那个程度，传统的"左"的紧箍咒还在束缚着人们。想来想去，还是得从劳动管理入手，打开缺口，走出路子。三中全会后的1979年，曾在劳动管理和分配上作过一些探索。劳动管理上，包工到组，但没能联系产量，尽管考核目标繁杂，收效甚微。我们认识到，要调动社员积极性，必须责任具体，到组还不行，必须到人；还必须联系产量，抓住了产量，就抓住了根本。尽管实际上是"包产到户"，但我们避开"包产到户"这个提法，就说它是"联产计酬"。

因此我们确定先从花生分包到户管理入手。花生分包到户管理，实际是花生的"包产到户"，而对外讲还是"联产计酬"。要求按劳分包到户，定面积、定产量、定投入（肥料、种子、费用）、定报酬（主要是工日）、定奖惩。集体和个人两家分配劳动成果，"只要交上集体的，剩下的都是个人的"。

于是就在一部分大队做这个工作，试行这个办法。特别是一些长期落后的大队、生产队，群众要求很迫切，积极性很高。

在承包花生的过程中，问题出现了：花生承包了，其他作物怎么办？其他耕地怎么办？尤其是地瓜，面积很大，与花生同季节播种，两种作物占春季作物的90%以上。花生包了，地瓜不包，肥料、劳力、牲口都没法调配。按过去方式，集体没法组织地瓜的生产，包一部分，留一部分，"一队两制"，行不通。群众要求把花生、地瓜一块包下去，有的已干脆花生、地瓜一块包下去了。事情反映到公社，应该怎么办？当时上边仅有的一点说法是只限于经济作物，只限花生，还没有说粮食作物、粮田可以包。从实际看来，地瓜不承包，实在没法弄，而且季节不等人，群众要求又很迫切。如果包下去了，粮食生产解决了，所有问题也就解决了。所以，公社就决定地瓜、花生一起包下去，也就是把所有春地全部包下去！

就这样，凡是搞承包的队，花生、地瓜也就是所有春地一古脑儿全包到户了，而且有的已经开始酝酿把正在生长着小麦的地也包到户里去。

当时也曾考虑过按劳动力多少承包土地和搞专业承包的办法。理论上说得通，实践起来行不通。如果按劳力承包，首先是劳力的多少就很难确定，谁是整劳力，谁是半劳力，都很难划分，你怎么按劳承包？另一方面劳力多的，怕承包多了，又挣给劳力少的吃，不情愿；劳力少的，又怕承包少了，要吃亏，不愿少承包。按劳承包，行不通，按专业承包更不行。所以承包责任制，只能是按人口平均承包土地，相应地按人口也就是土地的数量承担义务。

到这时，包产到户这种形式事实上已经出现了。从劳动管理、责任到人，到联产，到包产到户，成为必然，成为现实。这是合作化、公社化以来的第一次。风风雨雨，曲折漫长，旧体制的躯体上终于长出了新体制的幼芽。

群众的实践打破了禁区，群众的创造闯出了路子。

联产承包这种形式一出现，就引起了社会的极大关注，也引起了激烈的争论。争论的焦点不是增产不增产，对于承包能增产，稍有农村工作常识的人都承认，争论的焦点是这种形式是不是社会主义的。当时我们解释：社会主义的基本原则有两条，一是生产资料公有，二是按劳分配。土地是最重要的生产资料，搞承包，土地只是分到户里管理，所有权还是集体的，公有制性质没有变；谁种谁得，不种不得，种好得多，种孬得少，是彻底的按劳分配。所以承包性质是社会主义的，是更好地贯彻了社会主义的分配原则。我们强调指出，这是坚持了社会主义的。

二

路子有了，决心定了，还要做大量工作。开始先在党委统一认识，然后召开脱产干部会、大队干部会、小队干部会，层层进行引导；并且利用各种形式，广造舆论，还利用有线广播，直接向全公社干部和社员群众讲话，进行动员。

党委领导广泛找人谈话，找机关干部谈，找管理区干部谈，找大队干部谈。其中管理区的干部全谈过，大部分谈过多次，驻村干部也全谈了。

对面上整个工作的掌握上，决定先从落后地方抓起。因为这些地方干部群众顾虑少，要求包下去的愿望更迫切，社会上对他们相对宽容些，指责少一些。这些地方的问题解决了，全公社的问题也就基本解决了。对生产情况好一点的大队，暂时先不动作，看下一步的发展再说。在大会动员时，声明不强求一律，强调各种形式都可以，只要搞好生产就行。决定在北边几个管理区重点展开，同时先抓好一部分大队作为试点，推动面上开展。

我在北片蹲点，决定先在李家哨管理区全面推开。当时的李家哨管理区是全公社生产最差，群众最困难，也是问题最多的地方。全管理区 11 个大队，10个吃统销。谁也怕到那个地方去当干部。为了加强李家哨管理区的工作，将张喜同志从公社拖拉机站调回来任党总支书记。张喜是个老同志，当时已经 60 岁了，长期在农村工作，有着丰富的农村工作经验，对农村情况了解很透彻，对农村问题看得很明白。他与群众关系也很密切。

张喜非常热心搞承包，随即在李家哨大队开展工作。李家哨大队书记李振贡、大队长李振琢，虽然年轻，但都当过多年的农村干部，有文化，脑子灵活，框框少，工作认真扎实，能拿得起放得下。我和张喜与振贡、振琢见面交谈，一谈就通。当时两人表示：咱就豁出去，也要把这个事办好，大不了这小干部不当了！

张喜先帮助李家哨大队讨论制定方案。方案制定得很细，以生产队为单位，实行五定，即定土地、定产量、定投入（肥料、种子、其他费用）、定报酬、定奖惩。各个项目很具体，很明确。对四属五保、特殊困难户，实行照顾（四属五保可以不承包或少承包土地，由集体保证口粮和油料。但是他们还是都要求承包了；特殊户只有一户因病残少承包了一部分土地）。坚持了统一核算的形式，上交国家任务也得到了落实。

承包过程中的工作，我要求得很严格。干部群众都理解，都能照办。他们也怕出问题，怕被抓住把柄。对于四属五保户、困难户，都有安排，尽量使他们满意。农业税、国家粮油任务、集体的提留积累，都定得很明确。基层干部群众的要求只有一个，只要允许分开，其他怎么都行，一切都好商量。

在土地承包的同时，对集体的牲口、农具也作了处理。少量机械还由大队统一安排使用。牲口、犁、耙、小胶车，按人口所占份额，划分到组使用。各组又打了价，将份额分配到户。然后抓阄，谁抓到谁使用，抓到的同时付钱给没抓到的，没抓到的再自己添置牲口农具。

李家哨大队分了地以后，群众积极性非常高，很快添置了牲口农具。过去一个队只有两三头牲口，全村不到20头，现在80%以上的户都添置了牲口，一下子到了100多头。过去每队只有两三把小车，现在户户都有，全村一下子添了200多辆。过去每户只有两个人出工干活，一个生产队只有十几个人下坡；现在男女老少都出动，一个生产队出坡100多人。一些多年不干活的人也下了坡，多年不推小车的人现在肩上又挂起了车袢。有一个社员，年纪才40多岁，在生产队干活时，总喊腰疼腿疼，不能挑担，不能推车。分了地以后，担子挑得比别人重，小车推得比别人快。

土地搞了承包，生产队的牲口、农具，甚至场院也都分到户里去了，当时社会上的风言风语攻击得很厉害，说这是"拆散集体，破坏集体"，甚至有人说这是"现行（反革命）"，大帽子很吓人，也很压人。因为从现象上看，确实是分了，集体的分到了户。我曾经和李家哨的干部讨论过，一致认为不分开确实不行。生产是一家一户的进行了，集体还留牲口、农具做什么用？从实践看分开是可行的，是必要的，是必须的，但要回答人们，单有实践还不行。因为当时人们的心理还是唯上的，没有上边的说法就不合法，说服不了人，也解除不了人们的担心。当时几个大队干部，特别是李家哨的干部，被攻得最厉害，张喜也有压力。集体的财产到了户，是不是拆散了集体？是不是破坏社会主义？下边提出来的问题必须给以回答。我也在思索这个问题。后来回到公社，我见到了邓小平、赵紫阳对陕西旬邑把牲畜分包到户饲养管理的做法所做的肯定的批示，赶紧把这个批示的精神传到李家哨，传给张喜，传到所有搞承包的地方，打消了人们的顾虑。分掉牲口农具，也有了依据，联产承包最后一个障碍也消除了。

张喜把李家哨大队承包经验在全管理区推广实行。承包责任制，在李家哨管理区很快开展起来了。

李家哨大队的承包，李家哨管理区的承包，像一阵风一样迅速传遍公社，传到外公社甚至邻县，产生了很大反响。

在动员各管理区开展承包工作的同时，还抓了一批点。党委负责，先后到十几个大队，动员安排承包工作。通过工作，一批大队实施了承包，起了示范作用。刘春富在张家哨管理区，孙西合在湖头管理区也开展起来。其他管理区也开始出现了搞承包的大队，一部分公社驻点干部，也在所驻大队搞起了承包。一时间，承包在全公社形成了热潮。

陆家哨是个多年落后的大队，今年又特别困难。

公社管委会副主任杨汝芳在陆家哨大队驻点，召开干部会进行动员时，他针对有些干部怀疑担心的思想，说道："你们尽管办，错了不该你们的事，要割头割我的头。"这个大队很快搞起了承包。原来极为困难的生产，现在一下子热火朝天，局面一下子全活了。

下坊沟大队长期生产落后，年年完不成任务，年年吃统销粮，生产生活都困难。我和解守常到下坊沟，找到了冯启信。冯启信多年在公社做领导工作，当时退休在家，任大队支部委员，我们过去就熟。我们找来冯启信和大队书记邹会贤，询问了情况，动员通过承包解决问题。冯启信说："这个办法还行。"邹会贤也点了头。解守信对他们说："你们搞承包，只要你们不再向国家要吃的就行了。上边的任务全给你们免了，农业税也不用交了。"邹会贤首先在他所在的生产队搞了承包。其他队看到书记的队分了，也都纷纷把地分了搞承包。下坊沟的承包还算顺利，没费多大周折。但是邹会贤的一个在县机关工作的弟弟坚决反对，弟弟对哥说："你这是找死，非坐公安局不可。"两人争论，谁也说服不了谁，后来邹会贤进县城，到了弟弟那里。说起这个事，两人又争吵起来，谁也不让谁，惊动了机关大院。当然弟弟是好心，是怕哥哥"犯错误"。

地还是分了，并且弟弟的家属也分了一份。可是弟弟坚决不种。邹会贤本来缺人手，孩子多，人口多，还有老人的地，自己的责任田就够累的。自己的耕了种了，又得去给弟弟耕种，找了人帮忙还累得够呛。

我到最北边的英山管理区去。管理区的同志告诉我，大阿疃把花生和地瓜田全部分了。我毫不含糊地说："分了就好，把地种好就行了。"他们只知道我提倡搞责任制，没想到对分地态度这么明确，这么坚决。管理区是大队的直接领导，我的话就给大阿疃的承包在管理区挂了号，合法了。随后我就赶到大阿疃了解情况。大阿疃的西、北、东三面都是沂水县，土地全部在沙岭上。大队书记李纯红到公社开会，听到动员搞承包责任制，回到村，和干部一商量，不管三七二十一，就把地全分了。土地是按一二三类搭配好分的，比较合理，地块也不零碎。牲口、农具、小车，包括生产队的场院也分下去了。彻底干净，一分到底。在全公社是最彻底、最利索的。

大阿疃的承包影响很大，连邻县都惊动了。沂水县四十里公社党委的领导，多次到大阿疃"微服私访"，了解承包情况。社员群众在坡里干活，他们就在一边与社员交谈，一谈就是一半晌。其中有位同志后来还成为地区领导。

各种议论纷至沓来，管理区开会，有人说李纯红："秋后国家任务，我看叫谁拿。"李纯红有几个亲戚是相邻的沂水县农村大队干部，他们几个和李纯红凑在一起喝酒，批评指责，上纲上线，比开批判会还厉害。大家一致说李纯红把地分了，牛分了，是作死，犯了大错误，等着处理就是了。相邻的沂水县四十里公社都传遍了，莒县也传去了。担心的多，怀疑的多，反对的多；肯定的少，支持的少。当时压力非常大。开始时李纯红没有料到会造成这么大的影响，也没有认识到问题严重到这个程度。将来如何，自己心里也没了底。分了地群众兴高采烈，他却沉默了，也不能收回，只能听天由命，就看形势的发展了。李纯红的4个孩子都还不大，他对支部的人说："分了地，责任我来负。将来出了事，我被抓去，你们看顾着孩子，帮助给拉扯大。"

讨论方案、分土地、分牲口农具等，各生产队都开会，男女老少都参加，比过年还热闹。从天黑到天明，彻夜不眠，连老人和妇女也都不回家睡觉。大年节也没有这么多人熬夜。

大阿疃地分得早，也最彻底，群众积极性也最高。全大队每口人一亩花生，全部更换良种，施足基肥，起垅扶沟，适时播种。满坡转来转去看到的是一个标准，一个样子。夏季生产大检查时，一致公认大阿疃的花生是全公社第一。品种好，管理细，长势均匀，周围十里八里是拔尖的。

承包一开始，争议就很大。随着承包的开展，"包产到户"、"分田单干"

的指责越来越多。因为不管怎么搞承包，不管定得多么细，土地分了，牲口、农具分了，集体的肥料种子分了，生产由各户进行。形式上看，"分田单干"、"拆散集体"确实是那么回事。"辛辛苦苦三十年，一夜退到解放前"，"先分地再分牛，集体道路到了头"，一时四处流传。到还是不是社会主义，到底上边允许不允许？人们顾虑重重。已经搞了承包的地方，干部群众也很担心，是否会被收回去。李家哨大队有个社员，他认为这个法子行不通，秋天没准又合起来，再收回去，吃大锅饭。承包田种好了，也是给大家伙种的，是出憨力。他多了个心眼，花生承包田，人家种花生，他撒上了芝麻。种芝麻倒省事，不耕翻，不施肥，撒上种划拉一遍，出了苗，薅几次草就行了。力气倒是省了，可是秋天收获时，他傻眼了：别人一户收了几千斤花生，他只收了几十斤芝麻。自己少收了东西，还闹了个大笑话，前庄后庄没有不说道的，见了人都抬不起头来。

责任制超出了人们的预料，超出了人们的想象范围，已经闯破了传统禁区。

就在这时，全国经营管理座谈会召开了，会上有个十条纪要，国务院副总理、国家农委主任王任重有个讲话。纪要讲到了可以搞多种形式的生产责任制，可以联产计酬，责任到组到人。王任重的讲话里说到，有些地方搞了包产到户，也不要去纠正，要帮助把生产搞好。

这下子有根据了。联产到组、到人，我们联到户，比到人更大些，更是符合社会主义的。包产到户都不纠正，要帮助搞好生产。我们最多不就是搞了包产到户嘛，没有什么大不了的，不就是帮助搞好生产嘛。承包在理论上符合社会主义，在政策上有纪要和讲话作依据。有根有据，合理合法，可以放开手脚，大张旗鼓地去搞承包了。

当时我们把纪要和讲话的精神迅速传达给党委的同志，迅速传达到公社干部、各管理区的干部，传到大队小队干部。基层干部群众的情绪迅速稳定下来了。已经搞了的，吃了定心丸；正在搞的，信心更足了，加紧搞下去；没有搞的，干部群众纷纷要求把地迅速承包下去。全公社承包责任制迅速发展。4月份，县里组织的经营管理检查团到张家哨公社检查。检查首先碰到的就是联产计酬，也就是包产到户的问题。为了防止检查中出现批评指责，造成混乱，我们对检查团的领导表示：经营管理检查中，在各大队、生产队发现的问题，等检查结束后，汇报到公社党委，党委统一研究采取措施解决。

第二天，在东城子大队召开全公社小队长以上的干部大会，我在会上又强调了检查中发现的问题由公社党委解决。这样，检查团到各大队、生产队检查，对联产计酬、包产到户，就不便再说什么了。

检查结束，按照惯例，要向公社党委汇报。这次我没听到汇报。过了几天，县委打电话要我去一趟。我随即赶到县委，原来是找我谈话。谈话的是县里的两位领导，他们询问了生产责任制的情况，我作了简要汇报。他们问我："你看怎么样？"我根据全国经营管理座谈会纪要和王任重讲话的精神回答说："差不离。"意思是符合上级有关精神和政策（一年以后，有位县领导见了我，开玩笑地说："西杰，你还真'差不离'。"）。两位领导一再向我交待：要停下来，已经搞的就搞了，现在不做纠正；没有的，就不要再搞了。很明显，县委听取了经营管理检查团的汇报后，对张家哨公社的情况极为关注，所以才找我到县委谈话。

事情并不那么简单。已经搞的，就搞了，不纠正，这当然可以；可是正在搞的，却很难停下来；没有搞的，就不要再搞了，也很难办到。有些大队、小队继续搞，甚至连招呼也不向你打，一制止就出乱子。干部群众要求很迫切，态度很坚决。

大势所趋，不能阻止，也阻止不了。

是机械地执行县委领导指示，还是按照实际情况去办？最后还是决定，从实际出发，按实际情况处理。在实际工作的掌握上，不再去发动（已经都发动起来了，没有必要再去发动了）；对正在搞的，不去制止；对将要搞的，不去劝阻。对那些特别落后困难的生产队，还是要动员他们去搞承包，因为他们别无出路。总之是不回避，不撒手，靠上去，做工作，指导帮助，把承包搞好。

我到北边去转，从刘家岭、杜家洼翻过岭，到了上坊沟。坡里没有干活的，地还未耕，粪也未送上，更不用说种了。到了村里，看到一些人披着破棉袄在墙脚闲坐，村里村外没干活的。我打听支部的人在哪里，有人说在东山林业队。我随即到了东山，支部和管委干部在研究分配统销粮、救济款。我询问了情况，他们提了一大堆困难，愁眉苦脸，满脸是无可奈何。他们去日照买了两拖拉机地瓜种，因管理不好，畦上后全烂了，一棵芽也没出。再贷款，信用社也不给贷，就是贷给再买种苗也来不及了。另外花生种也缺乏。我横下一条心，告诉他们，把地包给户里，由各户自己去买种子、弄苗子，自己去解决牲畜农具的困难，自己去种。谁种谁收，不种没有。先种上，保住这季再说。

又过了几天，我再去看，满坡都是人，男男女女、老老少少，一边送粪，一边耕地，一边播花生，栽地瓜苗，热火朝天。群众到外村、外地求亲告友，借了地瓜苗子，借了花生种，借了牲口农具，邻近公社、邻近县都借到了，还请来亲戚帮忙耕种。过去三四个月完不成的春耕春种，现在只用十多天就有质有量地完成了。

看到这种情况,我才稍稍感到放了点心,不管怎么说,都种上了,今年收成有指望了,群众有盼头了。如果不是断然采取措施,分包到户,地里不种,全年无收,后果不堪设想。

路家庄的情况也很特殊。路家庄上年935亩花生,亩产皮果只有42斤,总产皮果40400斤,合花生仁26000斤。5.8万斤的花生米的定购任务,只上交1200斤,完成任务的5%,社员自留油料一点未留,还不够花生种。另外,地瓜种也缺,饲料也缺,有的队连牲口也没有了。社员口粮严重缺乏。路家庄在全公社、在周围的村队中,自然条件、生产条件是比较好的,人均土地多,土质也比较好些。"左"的政策、大锅饭的做法把路家庄推到极端困难的境地。管理区总支书赵荣田向我汇报,路家庄生产搞不起来,有好几个队没地瓜种,牲口农具不齐,生产陷入停顿,问我怎么办。我告诉他,把地包到户里去种,一切困难由户里自己去解决。结果全大队12个小队一齐把地分包到户。路家庄是大村队,在莒界公路线上,北边与沂水相连,东边与莒县相连,路家庄的包产到户,传到了县里,惊动了县里,也传到了莒沂两县。舆论大哗,沸沸扬扬。不过,生产是迅速搞起来了。

在联产承包问题上,我们原来是不想让外人知道,不想引起外边注意,不愿引起争论,不去对外宣传,尽量缩小影响。可是,消息还是不胫而走,越传越远,越传越厉害。周围公社传遍了,全县传遍了,邻近的县,特别是莒县、沂水也传遍了。到处都知道张家哨公社包产到户了,李家哨也因为包产到户出了名。

一天,县委办公室的领导打电话直接找我,问肖家官庄大队的情况,是怎么回事。显然是肖家官庄大队搞承包的事又反映到了县里。我在电话里说:"这个大队的情况我知道,没什么大问题,我去安排一下就是了。"

张家哨公社的联产承包,引起了各级领导的极大关注。县委县府的领导多数都到张家哨公社来过,有的直接到大队、生产队去考察情况。地区领导和有关部门,也不断有人到张家哨来。地区的会上也谈过张家哨公社的问题。事过十多年后,与当时的县领导谈起来,他们还说:"当时据反映,是分了田,搞了单干,很乱,很糟,问题好像很严重。亲自去看了,才知道根本不是那么回事。生产很好,秩序很好,干部群众很满意。"

东坡子大队书记王士朋,一天早晨突然跑到公社,找到我,含着眼泪,说:"坏了,出事了,要犯大错误了。"我问他是怎么回事,他说,有两个小队把地和牛犋都分了。我宽慰他:"不要紧,犯不了错误。做好工作就是了。"接着向他作了些解释,具体交代了一下工作。王士朋是多年的支部书记,对党忠诚,组织观念很强,工作也很认真。他以老眼光看承包,又听到了社会上的议论,当然害怕了。通过谈话,他想通了。后来东坡子大队的承包搞得还比较顺利。

一部分生产比较好的大队,公社没有对他们提出搞承包的要求,他们原来也没有这个打算。现在看到搞承包的队里生产热火朝天,自己还在那里催耕催种,也纷纷开始搞承包。

就这样,已经搞了承包的没有纠正,正在搞的搞下去了,没有搞的继续搞。全公社的承包责任制发展越来越快,已成潮流。

经过一个春季,全公社比较困难的地方基本上都搞了承包,原来生产情况比较好的队也大部分搞了承包。全公社的落后面基本上解决了,初步达到了用承包这种方式改变落后、走出困境的设想。整个春季生产,比哪一年都要好,比哪一年都主动。

三

到了夏收夏种的时候,一些大队、生产队纷纷把麦田分到户里,由各户自己去收麦子,去播种。有的生产队,前边干部分麦田,群众在后边收割,分到哪里收到哪里。早晨分了地,上午收割完,下午开始播种。真是争分夺秒。多少年三夏号召的"三抢"(抢收、抢打、抢种)第一次变为现实。

这一年的夏季雨水大,但是这一年收得最快最好,种得最快最好。没有烂一粒麦子,没有荒一寸田。别的地方是干部催收催种,张家哨公社是群众抢收抢种。当县里开会布置如何完成三夏任务,特别是夏种时,张家哨公社已经全面完成夏收夏种任务了,有的已经转入田间管理了。往常开这样的会,参加会的人都有压力,一个公社,几万亩地的收种,要及时组织完成,谈何容易。而这次参加会,我却感到从来没有过的轻松。

夏收夏种后的田间管理,张家哨公社由于普遍春播好,夏收夏种又及时,庄稼特别好,群众管理也特别用心仔细。原来一部分生产队春播是集体进行的,这时也把春季作物分包到户里管理。

7月份,公社组织夏季生产大检查,公社各管理区和各大队干部都参加,两天时间,全公社跑了一遍。特别引人注意的是,过去多年落后的地方,今年包产到户以后,庄稼长得特别好,管得特别细。参加检查的人叹服:"戴着眼镜也查不出一棵缺苗,也找不到有一棵杂草。"到户不到户,泾渭分明,一看就知道。整个检查过程，议论纷纷。检查完讨论时像开了锅，非常热烈。包产到户的地方干部喜上眉梢，多年搞不上去的老落后，第一次被人刮目相看，扬眉吐气。过去持怀疑反对态度的一些人，现在口服心服，承认"还是包了好"。黑牛石大队的书记孙守明，自恃是全县花生生产点，生产还可以，人家搞承包，他说"我就不信单干比集体好"。这下他也彻底服了，表示回去就要研究搞承包。

大会进行总结的时候，我讲得很简单。事实胜于雄辩，用不着我再多谈了。

事后有人说，这次生产检查会议实际上成了包产到户现场会，外边也盛传张家哨公社召开了包产到户现场会，说会上如何如何。其实这样的会每年都开，不过今年的会议非看到包产到户不可，非议论到包产到户不可，包产到户自然成为中心话题，不是有意安排的。

责任制，打破了一些干部职工家属长期形成的靠吃平均口粮的习惯，一些职工说长道短。供销社的一个主任到党委对我说："分了地，职工都要回家种地怎么办？"我说："地还是要承包的，责任制还是要搞的，这个坚决不能改变。他耽误了工作，你就坚决处理他。"

我参加县里的会，蒲汪公社党委的一个负责人碰到我，半开玩笑地说："俺的干部家属在你那里的不少，你分了地，干部工作不安心，都往家跑种地，你说怎么办？"我也半开玩笑地说："俺的生产没搞好，没办法，只好分地，真是对不起。要不你就把他们的家属户口都迁到你那里，干部就安心了。"

教师队伍人数多，其中民办教师占多数，公办教师家属也大多在本公社，每个村都有，影响大。李家哨的民办教师写了"身在教室心在田"的稿子，抱怨既教书，还要下田，县广播站向全县广播了。不分给他们承包田，他们非要不可；分给他们，他们又抱怨。教育部门也反映了一些问题。县教育局召开会议，也讲到张家哨公社分田，影响教学。一次我下乡刚回来，党委办公室的同志就对我说："报纸上点咱的名了，你看看。"随手递给我一张《大众日报》，报上有篇短文，批评沂南县张家哨公社在实行生产责任制中，民办教师承包责任田，影响教学。虽然是批评，但说是联产责任制，并没有社会上指责的分田单干倒退，连包产到户这样的字眼也没有。这就从根本上肯定了我们的做法。至于民办教师责任田，只是工作做得不细的问题。想不到从搞承包以来，对我们的搞法是不是责任制的争论，《大众日报》在批评稿里有了肯定的答复。

为了统一教师思想，我对教育组长马富田说："你召开教师会，我去讲。"星期天召开全公社教师大会，全体公、民办教师都参加，先讲了教育教学的问题，然后讲了农村形势，讲了家庭联产责任制，说明了实行责任制是个好路子，是对的，非实行不可；同时讲了党委采取的措施和办法，特别强调"脱产干部职工家属、民办教师一律不承包责任田。由大队负责解决，保证口粮每人500斤、油料12斤。哪个大队不给油料，不给口粮，你们直接找公社党委，找我本人！"据后来教育组长反映，所有的教师家属、民办教师当然还有脱产干部和职工家属，都承包了责任田。因为谁都清楚，集体保证的口粮和油料，在过去是高不可攀的标准，但比起承包后的收获来说，连个零头都不到。他们要求承包，队干部还是按人口分给他们责任田。不过从此社会上再没有对教师家属、民办教师、脱产干部、职工家属承包责任田的指责了。

联产计酬继续发展，各种议论沸沸扬扬。怀疑的不少，攻击的也有，而更多的是担心。已经搞了的，担心要收回去；未搞的，也担心下步不允许搞。特别是今年三秋，将如何搞，是集体组织进行还是承包到户，成为全社干部群众关注的焦点。

8月份，召开全社三秋动员大会，通知范围是小队长以上的干部，结果是小组长和一些社员群众也来了。会场在露天，几个大喇叭架在树上，党委前后两个大院，满满是人，比规定的到会人数多了两倍。因为群众急切地想知道对责任制是个什么说法。我在会上作了讲话，除了总结生产，总结工作，重点讲了联产责任制。讲话比较长，因为包产到户还没有文件真正认可，讲起来要策略。讲到最后，下起了雨，我站在雨里讲，与会者站在雨里听，那个情景到现在还使我非常感动。会议散了，好多人还不肯离去，围着问这问那。

经过春季夏季的实践，又经过这次大会，全公社都被动员起来了。已经承包的，群众积极做秋收秋种的准备工作，继续置牲口，添农具，备化肥，换良种；未搞承包的，忙着搞承包。有的生产队，春种是集体进行的，现在也把作物分到户，由户里收获，再去播种。当时县里的三秋工作会，还是强调以集体为主，强调搞了承包的也要坚持统一计划、统一耕种、统一标准、统一良种的所谓几统一。秋种期间，一位省里的同志来到张家哨公社了解情况。我汇报了情况，他只是听，没有多说话。县里陪同的同志一再解释，虽然搞了承包，我们县还是坚持五统一的。当时那位领导反驳说："还坚持什么统一？怎么坚持统一？"

秋种期间，县里召开了一次会议。参加会议的有全县18个公社党委的负责同志，一部分县直部门的同志。张家哨公社已经完成了秋种任务，到县城的沿途看到还有好多地未种上。会上主要是各公社汇报工作，重点内容是生产责任制。不少同志发了言。我本来没打算发言，当主持会议的领导要我谈时，我就把张家哨公社搞承包的情况全面作了汇报，对于长时间来，有关张家哨公社的种种传闻、种种议论，甚至责难，详细地进行了解释，旗帜鲜明地表明了自己的态度。发言比较长，头天下午没谈完，第二天又继续谈。这是第一次在全县性的会议上公开地、全面地谈张家哨公社的承包，谈自己的主张。发言引起与会者的极大注意。我知道与会的人中有不少倾向我的观点，他们只不过是没有去做。

三秋期间，张家哨公社来了县里派的工作组。他们当然张家哨搞承包了，到一些地方察看时，强调坚持集体、坚持统一。他们还到一些已经搞了承包的大队去做工作，要求把承包到户种植管理的花生，再由集体统一收获、统一分配。这个办法当然行不通。户里种的集体收，产量怎么定，分配怎么定？根本无法进行。坚持集体收，结果必然是要么群众不收，把花生烂在地里，要么造成哄抢。事实上，已经发生了个别小队因不搞承包，群众哄抢的事件。群众根本不听那一套，照原来定的，还是各收各的。后来他们也就不再怎么说"统一"了。

联产承包，先是在一些落后困难的地方发展起来，到秋种时，一些生产条件、生产基础较好的单位也都搞了承包，并且取得了很好的效果。有些人说：联产承包只适宜在落后困难的地区，是没办法的办法，不适宜生产较好的地方。联产承包的实践，否定了这种观点。东城子大队生产和各项工作历来比较好，是多年的老先进，大队书记是县人大代表。大队干部认为搞承包走回头路不光荣，支部要保红旗保荣誉，坚持不搞承包，但社员群众强烈要求搞承包。公社派人帮助召开小队长会，队长们一致要求搞承包，大队挡也挡不住。各生产队撇开支部，就把土地全部承包了，生产搞得比过去还好。河南沟头、南岭沟头、薄家店子等一批生产基础、生产条件比较好的村队也实行了承包，生产都是更上一层楼，没有哪里减产的。说明联产承包不仅适合落后地方，也适合在那些生产条件比较好的地方实行。

这一年的三秋生产，基本上搞了承包，所以这一年的三秋生产也是从来没有过的好，收得及时，收得仔细，种得及时，种得标准。

10月份，中央75号文件下发了，随同下发的还有国务院农村政策研究室主任杜润生关于75号文件代拟稿的说明。75号文件对联产承包、包产到户都作了详细阐述，都给予了肯定。特别是杜润生的代拟稿的说明，讲得更透彻。

这下可好了，中央文件发了，中央有说法了。当时在办公室值班的宣传委员张国仁，拿着文件和代拟稿的说明，逢人就讲，中央发文件了，承包搞对了。当时我们心里的石头一下子落了地。

四

三秋以后，张家哨公社已经普遍实行了联产计酬的责任制。当到处还在争论观望的时候，张家哨公社已经完成了联产计酬责任制，即包产到户、大包干的农村历史性变革，实现了一次历史性飞跃。

实行联产计酬包产到户的结果，是立竿见影，大见成效。可谓一分就灵，一包就富。真是从来没有实行过的责任制，从来没有过的生产积极性，从来没有过的大丰收。那一年雨水好，群众积极好高，群众说是政策好，人大干，天帮忙。这里边政策好是根本，人大干是政策的结果，至于天帮忙，过去的年份里，天也帮忙，但是政策不行，还是帮不起来。承包当年的结果，全公社粮食增长了一倍以上，花生增长了两倍，全公社收入增加了一倍多。凡是承包到户的队，产量增长了二三倍，有的增长了五六倍，群众形容是"一下子直了腰"。我到下边转，到处是群众在忙着收，忙着运，忙着耕种。男女老少，喜气洋洋。场里、院里、屋里到处是花生果、玉米棒、地瓜干，真是成堆成山。因为在承包中就和他们熟了，不论走到哪里，再忙，他们也要停下手头的活，拉着我转一转，指给我看，介绍花生收了多少，玉米收了多少，瓜干收了多少。喜悦自豪之情溢于言表。

承包后，有的一户就收五六千斤皮果，一户收三四千斤是平平常常，比过去生产队一年收的还多。李家哨大队700亩花生，平均单产皮果450斤以上，是上一年的6倍。过去多年交不上油料任务，今年破天荒一下子交了3.8万斤花生米，比上年全管理区交的总和还多。李家哨在全公社率先超额完成油料任务，在全公社大会上发了言。群众交上任务，留足种子，每户还有上千斤皮果。大阿疃大队720亩花生，单产皮果平均500斤以上。陈永贵一家就收了120多篓（推粪的篓子，每篓50多斤）皮果，比过去一个生产队还多。大阿疃大队上交花生米7万多斤，在全公社是人均交售油料最多的大队。下坊沟大队承包一年也翻了身。支部书记邹会贤一家就收了100多篓皮果、12000多斤瓜干。他向粮站借了50多条麻袋，找了拖拉机，一下就向国家交油料3000多斤，全大队超额完成了国家任务。春天动员承包时，我们曾向他许愿："不用交任务，只要不向国家要吃的就行了。"丰收了，他们还是超额完成了任务。考虑到底子薄，年底结算后，还是把他们的农业税退了回去。

　　承包制带来了大丰收，群众感谢党的好政策，憋着一股劲，踊跃交公粮、交油料、交农业税、交提留，安排照顾好困难户、四属五保户，表现了高度的社会责任感。路家庄大队一下子向国家交售了 6.8 万斤花生米，是上一年的 50 多倍，留足了种子，群众手里还有大批的油料。大阿疃大队，原来计划上交 10 万斤油料（合 5 万斤皮果），这在只有 100 多户的大队来说，不啻是个天文数字。后来考虑到承包第一年，家底不厚实，应让群众多得点实惠，就动员他们少交些，他们还是交了 7 万斤，超过了国家定购任务的 2 倍多。李家哨管区，一下子交了 23 万斤，是上一年的 5 倍多，是全公社完成任务最早的管理区。集体还凑了粮食、凑了油料送到四属五保户家里，使他们吃用不愁，收入增加，生活改善。

　　开始承包时，有人说："分田到了户，我看任务谁去交，四属五保户怎么办？"秋后的结果却是：国家的任务交得更多了、更好了，群众拣最好的油料、粮食，以最快的速度去交。全公社第一批完成粮食油料交售任务的大队、生产队，就是最早一批搞承包的大队、生产队。他们交售的数量也是最多的，谁也没想到他们会交得这么快，这么好，这么多。当公社党委召开大会布置动员粮油入库时，他们中有一批大队、生产队已经超额完成了任务，在会上报了捷，使一些爱用老眼光看问题的人大吃一惊。烈军属困难户除了自己承包责任田以外，集体还作了安排，受到了较好的照顾，他们也都满意。脱产干部职工家属，普遍和其他社员一样承包责任田，虽然累一点，但是看到收了上千斤的花生、几千斤的瓜干、几千斤的玉米棒，过去集体分配还没有现在的零头多，再也不用交口粮款，再也不缺粮食油料吃，过去是吃别人挣的，似乎是欠了人家的人情，现在是自己劳动养活自己，一样承包责任田，一样完成国家和集体的任务，谁也不欠谁的。心理平衡了，心情舒畅了。所以脱产干部职工和家属，对承包责任制也是由衷地欢迎和拥护的。

　　这一年，全公社粮食总产比上一年翻了一番，花生产量增加了两倍，总产值也增加了一倍以上。全公社上交油料（花生米）180 多万斤，是上一年的三倍半。特别是一大批长期落后的"三靠"队，承包以后，一年翻身。

官草汪渔业生产责任制纪实

王召远

　　官草汪村地处日照市东南，临海而居，共 732 户、2531 人，基本上无耕地，属岚山头街道这个"大渔村"中的一个小渔村，祖祖辈辈以打鱼为主。1970 年代，官草汪村的发展与其他村一样，缓慢和滞后，全村 9 个生产队的全部财产就是 46 只 80 马力以下的木质船和 100 余件网具。渔民们以单调、原始的捕捞方式，过着日出而作、日落而息的生活，靠每天捕得的鱼货换些粮食，维持生计。一年下来，全村人均收入不足 100 元。那时候乡亲们没有太多的向往和追求，能填饱肚子也就满足了。当时整个安岚公社的发展均处在封闭和落后状态，不通电，不通水，走的是羊肠小道，住的是简陋草房。农民们对那种听来的"点灯不用油，耕地不用牛，楼上楼下电灯电话"的生活方式连想都不敢想。20 年来，由于得益于党的政策，官草汪村才在改革中走向辉煌，涌现出日照市最早的一批万元户，成为日照市首富村之一。其间，我与村支部一班人带领群众积极探索，走出了一条老百姓们梦寐以求的富裕路。

　　1961 年春，19 岁的我进了村生产队，先是干出纳，两年后又干了会计。1975 年，我加入了中国共产党，第二年即担任了村支部副书记，1981 年又走上了村支部书记的岗位，直到 1995 年 2 月份退休。

　　1978 年，党的十一届三中全会召开，中央开始实施改革开放的政策，但在农村有雷声大、雨点小的感觉，真正付诸行动的不太多。当时日照县农村改革也未全面实施。这期间，官草汪村在全公社较早地搞了一次生产结构的调整，实行"五定一奖"办法，即由原来的干多干少一个样、亏盈都由集体担负的体制改为集体统管，对船只实行定财产、定人员、定收入、定费用、定分配、超产奖励的办法。这种生产方式使渔民明显增加了责任心和压力感，积极性也调动起来。后来到了1982年初，县里下达了农村改革的号令，采取先试点后推行的办法。安岚公社积极响应县里的号召，先是在岚山头二村搞试点，时间是1982年初，试点非常成功。1983年秋，我们官草汪也决定进行彻底的改革。起初，村干部中有部分人思想不通，觉得集体财产，全都下放下去，舍不得；另一方面也有担心和顾虑。但中央政策的感召，还有从上到下的大环境，还是坚定了我的信念，最后村班子达成一致意见，改革之路非走不可。

官草汪村进行改革时的全部财产就是46只船和120条网具，总价值120万元。我们村两委经过商定后，折成96万元的低价下放给个人。具体过程是由村集体认可一位捕捞技术能手或技术骨干，由他们自由组合三至五户联合分配一条船，或由集体统一安排三至五户由一位捕捞技术能手带领组成小联合体。船员们共同投资，按照投资多少、技术高低、作用大小等条件，由船员商定分成，搞家庭联产承包。当时有文化、懂技术的渔民们则成为船老大或技术骨干，而无文化、无技术的劳力则无人愿要。彻底改革了"吃大锅饭有无技术都分成，干孬干好一个样"的体制。渔民们自身都有了压力感和责任感。

家庭联产承包责任制的实施，使中国贫困的农民从苦和累的束缚中解脱出来，积聚在勤劳纯朴身躯中的巨大潜能成倍地释放出来，社会主义农村出现了勃勃生机的新局面。在这期间，官草汪涌现出一支由梁作娥等妇女组成的搞贩运的娘子军。她们主要以海货鲜熟加工为主，用两个提篮，挑着赴碑廓赶坪上，后又坐车到临沂、青岛等地，开创了贩运的先河。

俗话说"靠山吃山，靠海吃海"。我与村班子其他成员经过一番认真思索和讨论后，觉得以渔为主的官草汪人在靠海吃海文章上还做得远远不够，也发现以渔业为主的官草汪长期发展缓慢的弊病：一是渔具渔技落后，捕捞范围小；二是多年来只搞捕捞，而与之相配的其他行业一个没有，就连为渔船建造修复的木匠、捻匠、铁匠村里都没有，渔业始终是"单条腿"走路。片面的发展，也是经济发展缓慢的一个主要原因。但是，走全面发展之路，当时仅靠一家一户或几家一户搞生产势单力薄。我们通过反复研究，决定从服务入手，搞集体的渔工商一体化，壮大经济。1984年，我们成立了渔工商贸易公司。本着人人都能有活干的原则，对人员的安排采取了"三三制"的办法，三分之一的劳力从事贩运。具体生产经营中，村领导积极提供信息，协助解决资金困难。渔民们以一口缸、一把盐起家，靠肩挑手抬迈向市场，以滚雪球的方式，收入逐年提高，规模不断壮大。

　　老百姓常这么说;"人要逼,马要骑。"的确,"逼",逼出了胆识、魄力、策略,逼出了人才。官草汪的不少人正是在改革大潮"逼迫"之下而成为驾驭经济大船的"船老大"的。像以张宗采、宋有全、张守爱为首的船只每年人均收入都在 3 万元左右;由赵洪德负责的包括加工贩运在内的联合体每年人均分配在 1 万元左右。

　　随着改革的深入,渔民们心里踏实了,干劲更足了,视野更开阔了。也正应了"树大分权,业大分家"的道理,渔工商贸易公司成立不到一年的时间,公司成员们便纷纷以只变经营体制、不变名分的方式开始再创事业,随之整个官草汪的合作户陆续拆伙,成立了由兄弟、父子或者亲属组成家庭联合体,并开始利用增加的收入添置新设备,扩大生产规模。

　　个人富了,固然是好事,但我认为,经济体制不可单打一,应该全面发展,集体、个体、联合体要同步发展。特别是集体更应有自身的经济支柱。我们看准形势,于 1986 年 2 月投资 250 万元上马了岚山头镇第一座村级冷库,库容量 500 吨。1987 年,继岚山一村(现圣岚路居委)第一对 185 马力钢质渔轮后,村集体投资购置了一对 185 马力钢质渔轮。在集体带领下,赵洪德兄弟于 1988 年联合投资兴建了一座冷库,相继又有 9 户家庭建筑冷库。捕捞能手张守爱率先承包了村集体的 185 马力钢质渔轮,后有几名捕捞能手与村集体联合或单独购置了钢质渔轮,全村捕捞生产开始向大马力渔船、深海域发展。随着时间的推移,个体、联合体的经济逐年丰厚,规模不断扩大,他们不再满足于小打小闹,也不再停留在家庭合作的互相依附的形式中,大部分的家庭成员分别携带一笔资金,分离出来独立门户,各闯天下。这便是官草汪人经营方式的第三次变革。用村民们自己的话说:"分久必合,合久必分。"

　　打破"单条腿"走路的历史,我们深深明白全面发展的道理,"抓全面,全面抓"。我们以捕捞为龙头,带动养殖、加工、销售;调整渔业生产结构,提出近海、浅海、远海远洋一齐抓,形成系列化、一条龙发展体系,向"大渔业"的广阔天地迈进;同时坚持集体、个体、联合体一齐抓,三个轮子一齐转;倡导一、二、三产业多元化发展。

　　应该说,党的农村政策深入人心,家庭联产承包责任制给老百姓们提供了发家致富的机会,特别是一批有知识、头脑灵活的人率先富起来,是他们开辟了市场,引导更多的人踏上富裕路。

　　1990 年代初期,岚山提出了耕海牧渔,向大海进军,发展大渔业的战略思想,岚山从而掀起了渔业迅速发展的新浪潮。1990 年我们全村的各业收入

2557.6 万元，人均收入 1742 元；1995 年各业收入 25633 万元，人均收入 3604 元；1997 年各业收入 33630 万元，人均收入 3828 元，每年都以较大的幅度增长。

我当段庄村支书十二年

陶九岭

　　1976年，命运之神把我推上段庄村党支部书记的岗位，当时我22岁。那一年秋季，我们这个地区秋雨连绵，低温早霜。记得是8月下的霜，玉米根本没熟，俗话说"肥不过六月雨，瘦不过八月霜"。历史上有名的金段庄，经过"十年动乱"，穷和乱已经在全县出了名，县委派了县法院和县公安局组成工作组在这里坐镇。刚上任的我，面临的最大问题，就是缺粮问题。一进腊月，全村190户人家已经有70多户断粮了。我一户一户访问断粮户，不知有多少夜晚，我翻来覆去不能入睡，那面黄肌瘦、明显缺乏营养的儿童，那一家人围坐在昏暗的油灯下，为柴米而啜泣的情景，使我的心碎了。我当时读了不少马列的书，如《政治经济学》、《列宁全集》、《共产党宣言》，还研究过《中国通史》，但面对现实却束手无策。有一天晚上，我翻身而起，抓着自己的头发往墙壁上碰了三下，大喊了一声"不解决段庄人吃饭的问题，我誓不为人"。当时我已结婚，大女儿刚刚出生，妻子吓得呆呆发愣，她以为我疯了。

　　好大的雪。1976年的农历腊月二十三，正是灶王爷上天的日子。在这一天的下午，我叩开了公社王秀生书记的办公室。门开了，我发现在座的还有许万沂副书记、郭尚廷副书记，好像在开什么会。"你们在开会吧？"我连忙又退出来。雪下得正紧，三个书记都出来了，他们把我让进屋里，上下打量着我，好一会没有说话。因为当时我实在寒酸得很，一件破棉袄，两个袖子上露着棉絮，一对球鞋前面也露着大拇脚趾。也许正是这些感动了这几位老书记，他们静静地听着我的汇报，不时地点点头。结果，正月十五之内，10万斤统销粮食到户。我踏着风雪回家，天很冷，但我觉得一股暖流通上我的心头。我心里明白，

408

没有这 10 万斤统销粮，段庄人将不知如何度过 1977 年的春天。

1977 年的春节，段庄没有一户放鞭炮的。当年我高中毕业后，研究过几天古诗，就在这一年的除夕之夜，自斟自饮，面对红烛，心潮起伏，填词一首《满江红》：除夕之夜，独对红烛夜难熬，风也潇潇，雪也潇潇……

探索农村改革之路，我是在 1977 年春开始的。当时 10 万斤统销粮上级如期如数分到各家各户，我在正月初六就掀起春季生产高潮。当时我年轻气盛，在群众大会上宣布"我不管你哪个家庭哪个派，不管是横的、楞的，还是不要命的，我只知道春不种，秋不收，不收我们吃什么，谁要是不出来参加劳动，我的拳头可是六亲不认。"这一招也起了作用，只 15 天的时间，段庄 1000 亩白茬地普浇一遍水。公社还在段庄开了现场会，表扬了我。乱了十年的段庄一时得到了安定，我好似看到了一线希望。但好景不长，二月二刚过，段庄又乱套了，劳力大部分外出，生产队长连一个人也召集不起来。一个老支部委员找到我说："九岭啊，这样不行，10 万斤统销粮看起来不少，但人们根本没钱买，你知道我正月十五之前是怎么过来的吗，只有 60 斤萝卜呀！"说到这里老支委已泣不成声了。这件事使我陷入了深思，是啊，分到社员手里的粮食没人买得起，拿出一半到自由市场卖掉，用那一部分差价再买另一半，这样一来，10 万斤就成了 5 万斤，谁也能算出这个账。生存是人的本能，为一家糊口，他们只有去下苦力，去邯郸拉煤、拉草，送到济南造纸厂，当时全凭拉车步行，还要过黄河摆渡，有的累得半路吐了血。接连几天，我陷入痛苦的思考。我召开了支委会，展开讨论，我问一个老支委："三年困难时期用的一人三分保本田的办法，好使吗？""灵得很！"是啊，三年困难时期，村里那年春饿死了 18 口人。眼下段庄已死了 8 口人，没别的路子，也分吧！我立即召开了支部扩大会议，吸收小队长和会计参加，用自留地的名义，每人两分离开大路的好地，也就是上级走不到、不容易发现的地块，统一种春玉米。要保密，亲戚家也不准走露消息。有人问："县公安、县法院就在咱眼皮底下，他们知道了怎么办？"我顾不得这些了，路走到哪里算哪里，"坐大牢，我去"。

事情进行得异常顺利，第二天黎明各队开始活动，一天之内 150 亩地全部到户，半月之内苗全齐旺。这一招还真灵，段庄又安定下来了，准备下关东的也放下了铺盖卷，人们好像看见了希望，麻木的脸上开始露出一丝笑容。是啊，多好的农民，他们十分听话，大白天自留地里一个人也不见，他们只是晚上或黎明之前干这些活，并且没有一个人走露风声。他们是这样的讲求实际，要求是那么的低微。日子一天天过去，有一次工作组长韩敬安同志（当时任县法院民庭庭长）和我一块出去转转，他故意领我去自留地方向。我发现苗头不对，说："那地方不好走，咱到别处去看看。"但他坚持要去，于是我们进入了羊肠小道。真来到自留地了，事也凑巧，一个十多岁的小姑娘正在拿一个小袋子给玉米施肥。韩庭长问："那小孩在干什么？"那小姑娘看见我们连忙趴下，但已经来不及了。我说："可能在拔草。""我看不是拔草。""调皮的孩子，不知干什么，不管好。"韩庭长笑了笑，我们又往前走。"我怎么看这地像是一家一户的"，"哪能呀？韩庭长真会说笑话，哪能是一家一户的呀？分明是集体的吗，只不过这块长得好了点。"韩庭长看着我笑了笑，再也没有说什么，实际上韩庭长早就知道了，只是我们之间谁也不挑明罢了。

1977年麦收不久，几个队长找到我，说生产队要栽地瓜（麦茬地瓜），没钱买秧子。当时分自留地已尝过甜头，我毫不犹豫地告诉他们，分下去，让社员自己想办法，队上统一开垅，看上去像集体的一样就行，每人三分地，不要靠大路太近。这次连支部会也没开，更没向工作组汇报。这法子灵得很，以前，这些活最少干5天，分下去之后，两个下午就完成任务。当时几个队长为我担心，我说了这样一句话："扯了龙袍是死，打死太子也是死。"是的，按当时情况，分自留地一条就够呛，反正是豁出去了，人站着躺着一样长。地瓜田再分三分，每人就有半亩地在手，秋后差不多每人就能有400斤粮食，基本够吃的了，劳力在队上还能分一部分，也不违背社会主义多劳多得的分配原则。事实证明这一步又走对了。这件事很长时间没被发现。后来县里人走迷了路，自留地才被无意中发现。我差一点进了大牢，多亏了县公安局、县法院网开一面。记得石院长、孙局长、王局长都为我奔走："九岭有缺点错误让他改就是了，撤了他，谁去段庄收拾乱摊子。"这些话真管用。段庄打派仗远近有名，没有两下子谁也不来段庄找头疼。但是他们还没有联想到"资本主义道路"，只有韩庭长心里清楚。有一次韩庭长在工作组和我喝酒，他突然背过身去像背台词一样"自留地这个问题吗，县委没有国务院六十条大，有人竟然吃了熊心豹子胆，在法院的眼皮底下公然走资本主义道路，真的要坐牢的，太年轻啊，太年轻，可惜啊！"我想这下子算完了，真的过不去了。他忽然回过身冲我一笑："我这人有个毛病，就是爱睁一只眼闭一只眼，看天意如何吧！"我放心了，我知道韩庭长为人耿直，不会坏我大事，但他也为我捏一把汗，他也有责任。是啊，谋事在人，成事在天。当时我想地是分了，听天由命吧。说到这里不能不提一下我们的村民，要是当时有一个人告状，那后果真是不堪设想。

1977年一进腊月，奇迹般地听到了鞭炮声，除夕之夜，大街上张灯结彩。

我绕大街一周，看到孩子们穿上新衣服，脸上带着笑容，那高高兴兴的样，忍不住热泪盈眶。望着这万家灯火，暗暗说了一句"仓廪实则知礼节，衣食足则知荣辱"。

麻雀虽小，五脏俱全。一个村子虽小也是一个社会，有人说支部书记是"小国之君"，我认为也不为过。我认为当家人的心是黑是白这一点最重要，百姓心中自然有杆秤。一个老人对我说："这一年你只走了两步，一步一层楼。"我对他说我还要走三步、四步，一步一层天。他所说的两步，一步是二分自留地，一步是三分"口粮田"。1978年一开春，我又每人三分春地，全部种春地瓜，当中穿种芝麻；秋种时种麦子，队上只留一少部分，不超过30亩，其余全部分到户，自种自收。1979年粮田地已全部到户，棉田地无论如何还是没有敢动。这时段庄彻底解决了吃饭穿衣问题，粮食吃不了还可卖一部分，地瓜加工成粉条，也可卖一部分钱，劳力多的还能分到一部分。我的工作也十分顺手，还经常受到上级的表扬。这一段时间我狠抓了干部的素质教育，使他们廉洁奉公，不多占社员一分钱。事实也是这样，我们村的干部十几年来没一个因贪污多占犯错误的；村里也十分安定，没有一个上访告状的，甚至连打架的、骂大街的也没有。我自己也是这样做的，我当支书12年没喝过社员一滴酒，没贪过社员一分钱，相反哪一年都要赔进几百元。我自己规定：上级来人在我家吃饭一年只领100元补贴，多了自己掏腰包，其他成员这样的补贴一分也没有。

1979年冬，那时三中全会已开过，我开始考虑在棉田地上做文章。我想：有组织地施行承包，我已尝到甜头，老百姓真能富起来，通过我自己三年来的试验证明这是一条可行之路。我是共产党员，应当把这个经验推广出去，让全公社、全县以至全国的老百姓尽快解决温饱问题，但就我自己的力量无论如何也是无能为力，必须有党委的支持，也就是最起码的一条得需公开。有一天县委副书记徐士高来段庄，当时他是从外地调来的，来夏津后对段庄问题有些耳闻，但具体情况不甚了解。确切地说，当时关于段庄分地的情况，上头只是听到一些传闻，真实情况只有段庄人心里明白。在谈话时我发现徐书记思想开放，为寻求一条农村改革的道路，我们进行了一次长谈，他只带一个秘书。我把真实情况全盘告诉他，并把下一步我准备全盘实行承包的计划告诉他，得到了他的充分肯定和赞赏。临走时他吩咐："你充分做好准备，我向县委汇报，把你的经验推出去。"就在1979年冬天，我接连开了几次支部扩大会议，研究如何全部承包的问题，实际上是轻车熟路，一个月的时间关于怎样承包的一系列问题就做好了计划和筹备了。

　　1980 年初春，徐士高副书记来搞责任制试点，在公社的大办公室里，召开了全体脱产干部会议，吸收 33 个大队党支部书记参加。在这次会议上展开了东李公社一次空前的大讨论，讨论的第一个问题就是承包责任制符合不符合中央精神。当时中央没有明确规定搞什么分还是包，徐书记讲"要解放思想，如果只按中央文件办，那是照章办事，《人民日报》发表评论，要我们解放思想。"接着大家展开讨论，如现有的集体财产怎么办，军属五保户怎办，收了棉花不卖给国家怎么办，不在夏津县卖怎么办……最后竟吵成一锅粥，谁也听不清谁在说什么，有的扯着嗓子喊，有的面红耳赤，瞪着眼呲着牙。我坐在最后面的墙角里静静地听着，最后王秀生书记站起来，挥舞着双手让大家停下来，好一会儿会场才终于静了下来，"让段庄支部书记发表一下意见，看他有没有高招"。我站了起来，手里拿着一个大烟斗，人们把目光都投向我。因为当时我26 岁，是全公社支部书记中最年轻的一个，在我们这个地方年轻人没有一个吸烟用烟斗的。我赶紧放下烟斗，开始发表我的看法："三中全会文件上有这么一条，在我国边远地区可以搞承包到组。我认为边远地区是因为贫困，也就是贫困地区可以这样做，我们是贫困地区就等于边远地区，所以说是符合中央精神的。"我说完这些话，有些人觉得有些道理，我听着好像有人说了一句"对"。徐副书记喊了一声："你接着讲。""粮田不在计划的可以按人口平均分，国家计划这一块我们可以按社会主义分配原则'人七劳三，多劳多得'，叫做承包到组，责任到人，不叫包产到户，更不叫分散单干。""好，有道理。"徐副书记说。我接着说："关于集体财产如大牲畜、机器什么的可以折价卖给社员，得来的钱发展再生产、打机井什么的，机井要统一管理，保证每户使上水，这是干部的责任。"关于棉花不卖给国家和不卖给夏津这个问题，我回答得很圆滑，我说："这个问题不需考虑，哪里给的钱多上哪去卖，就是卖到台湾也出不了中国地盘，还可以卖给美国、日本、加拿大。"有些人笑了，很多人提出的问题我都一一作了回答，像答记者问了。最后有人问，这样干你觉得段庄秋后向国家交多少皮棉？"十万斤吧，我准备比去年翻一番。"我说得像讨颗烟那么轻松。在座的都有些震惊，好大一会儿，一个人也没有吭声。徐士高副书记、王秀生书记、许万沂副书记几个人好像同时站起来："分，坚决地分。分不开的，不会分的，让陶九岭教你们。"

　　散会了，徐士高抓着我的手说："我喜欢听京剧，今天你演了一出叫诸葛亮舌战群儒，我给你喝彩。"我只是笑了笑，说："我无古人之风，更无诸葛亮之才，关于喝彩，秋后吧。""好，秋后你收十万斤，我来给你开庆功大会，就这样。"也就是在这一年,东李公社全面地实行大包干,翻开了农业改革历史上新的一页。

在1980年,我体会最深的一点就是,我终于能甩开膀子,施展我的才华了,至于是怎样分或是怎样干的,我想现在已是俗套不必赘言,但是有一点我需要说,这一年我掉了20斤肉,但是秋后卖皮棉的确超过了10万斤,段庄人均分配一下跃居全县第一。我笑了,哭了,同时也醉了,我觉得没有什么语言,能描绘当时那幸福的情景和心情……

徐士高副书记庆功来了。公社王秀生书记、许万沂副书记、郭尚廷副书记与我们同席而坐,那酒杯举得高高的。随之而来的是记者,新华社的、人民日报的。在全县三级干部大会上,县委书记刘凤岐听完我的发言之后,高兴得无以言表:"好小陶啊,好小陶啊,全县学小陶啊,学小陶,小陶是何等的好啊……"当时团县委书记房玉梅问我,当时你的感想是什么。我只说了一句:"我感动了上帝。"房玉梅叹了一口气。我们在一块当过公社团委副书记,她对我是了解的。段庄沸腾了,1980年的除夕之夜,鞭炮一直到零点未停。我醉了,但不是自斟自饮的1976年了,我邀来了几位支委共度这除夕之夜,良宵美酒,我欣然命笔:"曾几何时,风雨伴我走春秋,风也停了,雨也停了,风雪自此不潇潇……"

是啊,忍饥挨饿的日子,在段庄一去不复返了。

1981年我除了深入完善我的大包干之外,主要是接待记者和作家的采访,再就是给各地介绍责任制的落实经验。1981年开始就成了鲜花盛开的日子了,《中国青年报》、《人民日报》、《大众日报》、山东人民广播电台、中央人民广播电台、《中国青年》、《解放军报》、《解放军文艺》、《文汇报》……先后介绍和报道了段庄实行责任制的情况和取得的成绩。

消息迅速传遍全国各地。1980年底或是1981年,陕西省一个大代表团来我县,据说当时陕西省委书记是山东人,听说老家实行大包干,派了3个地区的地委书记,30来个县委书记和报社记者,来老家取经。山东省委派一个粮食厅副厅长带领他们来夏津,县委书记用专车来段庄接我。在县委招待所的大会议室里,徐士高副书记和我接待了他们。记得开会前徐书记嘱咐我:"今天你面对的都是不小的官,不要怕,他们是来学习的,大胆地讲,讲好了不但露夏津的脸,还给咱山东露脸。"我一笑说:"既然是来学习的,我不管官大小,都是我的学生,世界上哪有老师怕学生的道理。"就这样,我详细地介绍了有关分地的情况,然后就回答他们不明白的问题。整整一个上午,他们很认真,提的问题也很具体，我一一为他们做了满意的答复。最后一个同志问："用简单的话说，大包干到底是怎么一回事？"我说："大包干，直来直去不拐弯，交够国家的，留下集体的，剩下全是自己的。"说到这里时，我看好多人记录着，当我说到"棉花一堆，粮食一堆，棉花有数，粮食没有什么确切的数"时，省粮食厅的同志挑了眼，他说："你说一下，粮食产量到底是多少？"我说："粮食产量没数。"他有些发火，当时他正从火炉用什么东西夹起一块煤炭来准备吸烟，只见他一摔说了一句："这是什么话，没数算是什么账，是不够吃的，还是吃不了，你说清楚。"一开始我就发现他说话苗头不对，这时我见徐士高副书记冲我直摇头，看样子很着急。我心里明白了，当时省里为鼓励种好棉花，规定每斤皮棉国家贴给4斤粮食，后来又变成2斤，2斤又变成1斤，另1斤给差价钱，当时是国家有困难，拿不出这么多粮食来，他是让我说粮食吃不清，借此就不拿这部分粮食了。我仍然坚持自己的话，"有的吃不清，有的不够吃。""到底是不够吃，还是吃不清？"他站了起来。陕西的那些同志们有些摸不清头脑，我见他们全都呆呆发愣，我果断地回答了他："没真数，有的吃不清，有的不够吃，我村吃不清，别的村不够吃；我公社够吃，别的公社不够吃。"这时徐副书记站起为我解围："领导同志，你别追问了，全县几百万斤粮食补贴，他说露了担当不起，你们省里一句话，全县人不知多少人没饭吃。"谁再也没言语。散会之后徐副书记对我说："你不该说粮食吃不清。"我当时有些生气，回了徐书记一句："是啊，大包干后我们在讨饭吃，那陕西的同志们来学什么？"徐书记没言语，我又加了一句："以后这样的场合甭叫我，我不会守着大官说话。"

1981年初春，我正召开全体干部会，公社的人通知我，国务院来人了，让我马上去公社汇报情况，一会又来人催。在公社办公室里，我向国务院的同志汇报了责任制的有关情况，他们不时记录着，不时让我重新说明一下。最后他们问取得成绩，是老天爷帮了你的忙，还是好种子帮了你的忙。另外几个也在讥笑，说法宝的时候，把"宝"读轻声，也就是我们县城西双庙一带常用"儿化韵"，"宝儿"。我终于恼火了，他们近乎谩骂的语言激怒了我，我站起在屋里走了一圈。"是法宝就是法宝，事实是胜于雄辩的，尊敬的领导同志，不信的话，你们可以跟我去看看，就二里地，你们最好听听老百姓是怎么说的，到底是法宝还是他妈的什么玩艺。"当时我很气愤，几年来，我和各级领导发生过不少不愉快的事，但我和领导之间也没吵得不可开交。县农业局的徐子初领他们来的，这个人为人耿直，又有才干，他挺身而出，替我上了。他从1958年棉花说起，至于哪一年一斤皮棉等于几斤小米说得有理有据。最后他表示："事实证明，责任制确实是法宝。"当时我一甩袖子，扬长而去。其实责任制这个问题我和徐子初意见也不尽相同，他认为是权宜之计，而我认为是长远利益，只能越来越彻底，这是中国的国情。就在这次座谈会上，我们之间的友谊又加了一层。1983 年《解放军文艺》发表评论员文章，说我"高瞻远瞩，有领袖的胆略和气度"。徐子初和韩富东找我喝酒，我连连说道："过分了，过分了。"我们同时一阵大笑。

1981 年，段庄人均分配 800 元以上。段庄用上电，我买来彩电，每天晚上在大街上演，邻近村里的人们来看，段庄怎样去拥抱现代文明，我不必细讲。房玉梅向省委汇报了我的情况，受到团省委的重视，孙淑义书记专程来我家看望我，并在全省青年中树我当标兵。吃饭时我对孙书记说，请不要找这样的典型，应找个学雷锋做好事什么的。我记得我边说边提动我那能装一斤半酒的烧杯，你看我只会喝酒，喝醉了还骂人，骂过群众也骂过领导，让人家学我什么呢！说得孙书记哭笑不得。

1982 年我赴省参加新长征突击手表彰大会，会上我第一个发言，用记者的话说，我得了这次会议的"单打冠军"。在长时间的鼓掌中我再一次向台下鞠躬谢幕。之后我又在山东作了巡回报告。

回忆鲁埠村的经济改革情况

魏有藻

我是平邑县保太镇鲁埠村人，今年 67 岁。自 1956 年农业合作化以来，先后任村大队会计、村长、村支部书记。1978 年 12 月党的十一届三中全会在北京召开以后，我就借会议的东风，领导和发动了我村的经济改革。这场改革是从家庭联产承包责任制开始的，当时我村是在全县农村中开展承包责任制最早的一个，也是临沂地区开展最早的典型。

改革前我村有 600 户人家，2500 余人，粮田 2400 亩，经济田 280 亩．自然条件优越，村的上游就是水库，除 600 亩岭地，其他平原地全是自流灌溉。有了这样的条件，群众本应该富起来，但事实并不是这样，快要进入 80 年代了，全村群众还是过着穷日子，许多人家住房简陋，破烂不堪，有好多青年娶不上媳妇。这时，全村只有两台拖拉机，一台 8 马力，一台 24 马力，黑白电视机一台，自行车五辆，粮食产量每年递增速度只有 30 斤左右。

从合作化开始，奋斗了七年，粮食上"纲要"，又拼搏了七年，才过了"长江"。进入 1980 年代，亩产上升到 957 斤，群众的吃饭稍宽松了一些。总的看，改革前，农村经济发展的速度太慢，不能适应国家发展和人民生活的需要。经济改革势在必行，非搞不可！

投石问路

1979 年初春，我在一张报纸上看到，四川省山区的一些农民，把边远地、山岭地和鸡嘴地，下放到户，自种自收。由队里给承包户规定：收获后，交上国家的，留够集体的，剩下全是自己的。这种办法，效果很好，群众很满意。

有很多农民，由挨饿到吃饱，由没衣穿到有衣穿。这张报纸，对我影响很大，想来想去，最后下了决心，要学习四川农民的做法，下放土地，承包到户。

决心下定以后，我接连召开了党支部扩大会议，党员干部会议和群众大会。在每次会议上，对于我提出的"要冲破旧的框架，取消工分制，取消大锅饭，学习四川，搞土地下放，承包到户，长期不变"这个新问题，都积极发言，人人表态。

在支部会议上，少数人思想不通，表示反对。他们认为，分田到户，就是倒退。公社没说话，我们不能搞。还有人说："四川是四川，山东是山东。山东历来是老革命根据地，应当是社会主义阵地，决不能滑向资本主义。"会上多数人表示支持，一致认为：土地下放到户，搞大包干生产责任制，并不是搞倒退，更不是放弃社会主义阵地，而恰恰相反，一定会调动群众的生产积极性，一定会在粮食生产和经济发展上来一个大跃进，也一定会使社会主义阵地更加坚固。老支部委员魏长满同志发言说："我支持改革开放，党中央号召全国各地要解放思想，放宽政策。我们把土地放给群众，让他们自种自收，按合同规定办事，收获后先交上国家的，再交上集体的，剩下的一大头，留给自己。这样的政策，能说是资本主义吗？我们不能光靠上级说话过日子。我看是一鸡去了一鸡鸣，小鸡叫得更好听。"

在党员和群众大会上，发言人的争先恐后，群情激昂。青年社员魏佃吉像说快板一样，把工分制的弊病说得有根有据：

> 工分制不可行，千疮百孔净毛病，
> 干部工、教师工、电工工、医生工，
> 看坡工、养路工、大队保卫工、学校卫生工，
> 水库看坝工，渠道维修工，
> 亦工亦农工，代购代销工，
> 党员开会工，团员学习工，
> 电影放映工，妇女查访工，
> 民兵上操工，演员排戏工，
> 军工烈属优待工，林牧副渔工业工，
> 机械管理司机工，还有各级开来的白条工……
> 这些工是老爷工，农业工是孙子工，
> 老爷工是余粮工，孙子工是缺粮工，

年终一决算，社员两手空。

如今推行大包干，爷工孙工一抹清。

魏佃吉的述说，引起了不少人的共鸣，甚至鼓掌欢迎。

接着九小队队长魏有春在会上说了他的心里话。魏有春是个共产党员，说话实在，工作积极，在他们队已当过 10 年的队长，起早睡晚，催耕催种，出了不少力，吃了不少苦。光哨子吹坏了 15 只，可就是越吹越没有人听，人心散，地里懒，在很多人的脑海里，社会主义社会成了一句空话。他还说，在 70 年代最初那几年，每年收入的粮食，有一半以上，被常远工（老爷工）分走，大大挫伤了农业人员的生产积极性。1971 年夏收，麦子熟落了，哨子吹坏了，地里收麦的人还是很少。队长没有办法，只好一天三次向地里送饭，烧饼加馍馍、豆腐加猪肉、银花大锅茶，管吃饱，管喝足，用这种办法诱使社员下地割麦。魏有春同志最后说："搞土地下放，包产到户是形势所需，是历史召唤，要想过好日子，就必须这样做。"

发言的人很多，要达到人人在会上发言，是不可能的。这时候有许多人聚在一起，选出自己的代表，推举代表一人发言。其中有位代表马振江发言说："我代表俺 18 户，向党支部建议，咱们第一步先把边远岭地放下去，看看情况再大搞，一是因为我们缺少经验，二是因为公社领导还没有说话，不如先来个投石问路，看看有没有风险。"

我们支部采纳了这个建议，会后及时将 600 亩岭地，下放到户，并规定长期不变。凡分到土地的社员户户心里满意。他们适时种上了地瓜和花生。有些户还间作了大豆、绿豆、芝麻等杂粮。

到了 5 月间，公社组织小队长以上的干部检查生产，当看到我们满岭的庄稼，苗全苗旺，绿绿葱葱的大好景象以后，有些大小队干部当场赞扬。但是，公社领导却没有一个满意的表情。检查了一圈，最后在福禄庄村西停下来开会。在会上，公社书记对我们下放土地、包产到户的做法，进行了十分严厉的批评。说我们是搞倒退，搞散集体，犯了方向性、路线性的错误。最后命令我，三日内把下放的土地全部收回，然后听从处理。

会后，我没有收回土地，上级也没有处理我。

到了秋天，下放到户的 600 亩岭地，呈现着一片丰收的景象。秋后，地瓜平均亩产 4000 斤以上，花生平均亩产皮果 700 斤以上。春天搞了间作的一些户，还收了不少大豆、绿豆、芝麻等小杂粮。改变了过去单调种植，改善了群众生活。

从此，实行大包干责任制的决心更大了，信心更足了。

大胆改革

1980 年秋天，公社党委开始有重点地推行农村的经济改革政策。我们大队便紧跟形势大借东风，在我们上年的工作基础上，大胆地积极地进行了第二步工作，将 1800 亩粮田，按农业人口实有数，全部下放到户。按大包干"四统一"的管理方式和每个承包户签订了合同。"四统一"就是统一种植计划，统一农田耕耙，统一管理用水，统一使用农机具和耕畜。在当时，"四统一"的推行保证了大包干生产责任制的顺利进行。对这种办法，上级支持，群众欢迎。

有一天，遇上四五家无劳力户，对我十分满意地说："'四统一'解除了我们无劳力户的后怕。"他们的后怕是，一怕不知道什么时候该种什么和不该种什么；二怕光靠老婆孩子镢刨锨剜，会贻误农时；三怕天旱浇水，有劳力的争先浇，无劳力的后边站；四怕用不上农机具和不会使用农机具。多亏有了"四统一"，无劳力户种地就不用怕了。

的确，这种形式的大包干生产责任制，非常适合当时的生产管理水平。它不但完成了由集体生产到每家每户单独生产的过度，而且解除了工分制给农民造成的负担，解除了干群之间的矛盾，还解除了生产队干部催种催收的强大压力。人与人之间，相互帮助，稳定了农村形势。

我们对于承包下去的 1800 亩土地，分成一、二、三等，若分到一级地一亩，到二级地就是一亩二分，到三级地就是一亩四分。采用这种方法分地，既保证了公平承包，也避免了把地分得太小太零，又有利于浇溉用水。

10 月 1 日前，队里的玉米、高粱等作物已经全部收完。我们村两委就及时组织了大包干以后的第一个秋种高潮。大队先将两台拖拉机同时开进田里，优先为烈军属及无劳力户运肥耕田，昼夜不停；16 个生产小队的牛犋也一齐上阵；更有许多户，为了争抢农时，来不及等待机械和牛具，就全家老少一齐出动。有些户还请来了亲戚朋友协助秋种，用镢锨深刨细翻。他们早出晚归，干得质量好，标准高，速度快。整个秋种现场，热火朝天，人山人海。机器声，耕牛声，夹杂着许多人的歌唱声，响彻大地。这宏大的声势，激励着秋耕秋种的高潮，一浪高过一浪。

还有我们大队全体干部和 10 名种田技术能手，组成了一个秋种技术指导小组，一天到晚，忙碌在田间，负责指导。领导小组要求群众在秋种过程中，要做到两通、三充足和四适宜的秋种要求。两通是：在整地做畦当中要保证渠渠通和路路通。三充足是：肥料要充足，墒情要充足和播种亩数要充足。四适宜是：播种时间适宜，用种量要因时因地因品种适宜，用药量适宜，播种深度要因地因墒情适宜。群众根据大队的这些要求，结合自己的种田经验，都在自己的承包地里，干出了一番令人满意的成绩。

1800 亩秋种计划，只用了半个月的时间，就播种完了。种子播下一个星期后，破土而出的麦苗，整整齐齐，绿绿油油，无缺苗、无断垅，不稠又不稀，长势喜人。社员魏一连看着满坡的麦苗，高兴地说："好孩子有好娘，好苗子多打粮。我快 60 岁了，可从来没有见过这样均匀茂盛的麦苗。"

时间过得好快，不知不觉，麦子到了成熟期。满坡的麦子，黄生生的，穗穗沉甸甸，粒粒似珍珠。经过统收统打，平均亩产达到 950 斤，赶上了 1980 年两季的每亩单产量。

完善提高

1981 年初春，我们又忙活起来了。

当我们胜利地完成了第一步和第二步的大包干生产责任制以后，全村群众积极要求大队，尽快完成最后一步完善工作。从 2 月 15 日开始，白天生产，晚上开会。通过会议，认真总结了上两年的工作经验和失误，详细讨论了大包干生产责任制，还有哪些方面需要完善和加强。

首先确定，林牧副渔业仍需要用大包干的方式，一杆子到底，不留尾巴，不定框框，下放给个人或小组承包。原属大队管理的 240 亩果园和 40 亩苇汪、藕塘及鱼池，以每亩 300 元的标价承包给 4 个小组和 8 个个人。此外，还有两台拖拉机、一个面子房和一个木工组，照物作价，一次性卖给了原来参加管理的社员。大队将这一次的收入，全部投向水利建设和电力方面。群众对我们这样做，非常满意。

当时，16 个生产小队，各有耕牛三至四头。在机械化还没有发展起来的情况下，耕牛是主要的生产力，非但不能处理。还须加强饲养。因此，决定依照种地多少，各家摊草摊料，派专人饲养，另外给饲养人员适当补助。各小队还有经营的豆腐坊、挂面坊、粉皮坊等。经过分析，这些小作坊不适宜集体经营，决定以物打价，全部卖给了个体管理。

再就是，群众最关心的还有一个债务问题。比如，很多缺粮户的缺粮款交不上来，余粮户的余款得不到手。也还有一部分社员对生产队或生产大队的借款或借物，一时还不上。所有这些债务，都彻底进行了清理。例如，第四生产队有 37 户社员，余粮的 16 户，缺粮的 18 户，其他 3 户不余不缺。经过清理，全队累计缺粮款及社员借款是 2750 元，兑付余粮款 1900 元后，生产队还有资金 850 元。这时候，缺粮户、余粮户和生产队之间，三方曾一度出现矛盾，相互讨债。为了妥善解决这些问题，支部拿出两项举措：第一，由生产队作中，促使缺粮户和余粮户，提前协商兑付计划，双方意见达到后，由生产队协助办理兑付手续，明确兑款数额、兑付时间，两方各持一份手续，生产队监督执行。协商不妥的个别户，生产队负责协助调解，促进兑付。第二，社员欠小队或大队的借款，要根据还款能力，分三次还清。确实没有还款能力的，采取了减、免、缓的办法，也都建立了还款手续。在处理债务中，所收回的款项，仍为集体资金。动用时，要经社员会议同意。

过去对烈军属和困难户的照顾，多半都使用工分，现在取消了工分制，采用什么方法照顾军烈属和困难户呢？这也是实现大包干生产责任制以来新出现的难题。经过充分讨论酝酿，最后决定采用工日加现金的办法：免除烈军属的一切建设用工，每年再发给数额不同的现金补助；困难户根据困难程度，给予现金和物资上的救助。

还有，大小队干部、民办教师等人的工作报酬，也随着形势的发展，重新作了妥善安排。过去吃大队常远工的有 110 多人，小队干部 64 人。这些人，虽然在集体生产中，也起到了不少作用，但也给群众增加了不少负担。为了取消这些负担，我们将吃常远工的 110 多人，减下来 85 人，原小队干部减下来 48 人，留下来的大小队干部及民办教师共有 41 人。这些人除了同样分到承包地以外，每年由大队负责，根据各自担负的不同工作，分别给予 300 元至 400 元的现金补贴。对工作成绩突出有发明创造的户，还要给予奖励。

有不少群众将大队的这种改革说成是一次"大手术"。群众的这种说法倒也不错，这次手术确实很彻底，割去了过去人浮于事的大瘤子，减轻了干部和群众身上的负担，个个轻装上阵，快速出击，一个一个的改革项目，成绩显著，好戏连台，不断受到党委、政府的表扬和群众的支持。

典型介绍

我们村的大包干生产责任制，进行了三个年头，走了三大步。从村内到村外，从山岭到平原，到处都呈现着一片崭新的景象。粮食产量从改革前的每亩单产 975 斤，已上升到 1400 斤；从过去卖斤豆芽都被视为资本主义的尾巴，到办起了一个100余人的草编厂，全村400余人出外做起了各种生意。所有这些，不能不说是一个天翻地覆的变化。

1981年3月初，公社书记孙德泉到了鲁埠大队对我说："你们的大包干生产责任制干得很好，成绩显著，也很有影响。县上让我通知你，明天到东阳公社，在小队长以上的干部会议上，介绍你们的具体做法和经验，这叫'传经送宝'，一定要很好地准备一下。再过两天，还请你到县里和仲村公社去介绍。特别是在县里的介绍，更要注意，听会的都是局级以上的干部。"

实际上，做介绍我并不怯场。原因谁都知道，凡从合作社时期走过来的干部，爬台子讲话，已经是老油子了，不过我对领导的叮嘱还是考虑了大半夜。

去东阳的这天，风和日丽。一路上看到不少村庄的野外，都有一伙伙人，拉着皮尺，端着算盘，在地里走来走去。不用说，他们是在丈量土地，搞联产承包。

到了东阳，是上午的10点钟。在一个小岭坡上，已经坐下了一片人。公社书记十分热情地上前接待了我，并紧接着向会场上的人们把我的来意作了介绍。一时间，掌声突起，"欢迎"、"欢迎"的喊声，合成一片，震荡得本来就春意浓浓的小岭坡上更加热情洋溢。

因为我们推行大包干生产责任制的从始至终，我都是领头的，所以介绍起来，就有条有理，从容不迫。而且当讲到一些关键环节的时候，还数次引起一阵阵的鼓掌。我看到听会的人，思想都很集中，无数只明亮的眼睛都在盯着我。有的人嘴巴张开了好久，自己也好像没有感觉到。当我介绍完，走下会场的时候，又是一阵长时间的鼓掌。

我的介绍，受到这样好的欢迎，并不证实我有非凡的口才，而在于我讲了一件深得民心的事情——大包干生产责任制。

从东阳介绍回来后不久，我又先后在仲村公社小队长以上干部、县里局级以上干部会上，作了大包干生产责任制的先进经验介绍。每次介绍，都受到与会人员的肯定和支持。

会后，县上总结了我们的经验和全县的情况，号召全县人民要像鲁埠那样，大胆地进行土地下放，搞好大包干生产责任制。从这以后，有不少公社和兄弟大队，自动组织干部和群众来我村参观学习。地区也几次来人，对我村的大包干生产责任制进行考察和指导。这对巩固我村的改革开放，起了很大作用。

我是怎样当上"王三万"的

王本跃

我所在的王庄位于鲁西北产棉大县——高唐县。高唐县是聊城地区较早实行家庭联产承包责任制的县份，而我们王庄又是高唐县实行包产到户最早的村。1981 年，我承包的 23 亩棉花，收籽棉 1 万多斤，自产口粮 3000 多斤，加上棉花奖售粮共得 1 万斤粮食，各种收入加在一起超过 1 万元。省委领导李子超称我"王三万"，这样"王三万"的名字就叫开了。《人民日报》、《大众日报》、省广播电台等多家新闻媒体对我们王庄和我的情况多次进行宣传、报道，我成了劳动致富的典型。

1980 年前后，我们王庄大队共有 54 户，229 口人，690 亩耕地。十年动乱期间，粮食单产只有 200 斤左右，棉花单增 15 斤，社员口粮最低时只有 140 斤。因队穷户贫，全村连续 14 年没有一户修房盖房，没娶一房媳妇。20 多名劳力因生活所迫外流他乡。家家院里没鸡鸭，栏里没猪羊，不少社员变卖家具买口粮，卖掉门板买衣裳，年年春荒难度，忍饥受饿。集体的家当只有十几头风吹就倒的牛驴，两张缺铧少件的犁，一盘没齿的耙，满打满算也不值 7000 元。从 1966 年到 1978 年，全大队吃国家统销粮 12 万斤，欠国家贷款 1 万元，还要了 1 万多斤救济粮，花了 2000 多元救济款，是全县有名的"三靠队"。

春江水暖鸭先知。我们王庄实行责任制早，走在全县的前头，关键是有一个好带头人——支部书记张修正。张修正是一个政治觉悟高，改革观念强，敢担责任，实心实意为村民着想的人。1979 年春，党的十一届三中全会精神传下来了，他不顾社会上的冷言冷语，担着风险把大队划分了 12 个作业组，那时还不敢提包字，叫"定产到组"，实际上，有 7 个组已经搞了包产到户。说也神

423

奇，包干责任制像一剂灵丹妙药，极大地调动了社员群众的生产积极性，社员管的棉花、种的粮食，和大集体时大相径庭。1979 年是王庄的转折年，迎来了第一个丰收年，在这一年，全村不仅还清了拖欠国家十多年的 1 万多元贷款，还破天荒向国家贡献了 2 万多斤粮食，2.1 万斤棉花，社员人均分配由前几年的几十元增加到 126 元，社员口粮由 200 来斤增加到 680 斤。这些数字和变化，放到现在已不算什么，但在当时，可是了不起的事情。

说起来真是遗憾，由于长期受极"左"路线的影响和束缚，在 1979 年，我没有跟上时代前进的步伐。队里实行联产到劳、包产到户责任制，我想：这不是和前几年批的分田单干一样吗？这可不是闹着玩的，咱可不能干！我任组长的这个小组，共 6 户社员，都是叔伯兄弟，个个身强力壮，我不信赛不过其他小组，但是小组干活不过是把过去的"大呼隆"改成"小呼隆"，大家的积极性还是调动不起来。干了一年，算盘一拨拉，人家联产到劳、包产到户的组，一个劳力分了好几百元，最多的一家分了 2400 元，可我们组一个劳力才分了 15 元，我家也不过 30 多元。在事实面前我认输了。三中全会精神的指引，党支部的教育帮助，使我思想开了窍，心中像打开了两扇窗户。1979 年秋后，公社召开全年工作总结会时，别人上台介绍经验，我主动上台谈了自己思想不解放的教训。

王庄富，靠棉花。1979 年，聊城地委、行署提出的"粮棉一齐抓，重点抓棉花"的指导思想和我们梁村公社结合实际提出的"3 分粮田吃饱饭，多种棉花做贡献"的农业生产思路，完全符合我们王庄的实际。国家提高棉花收购价格和"斤棉斤肥"、"斤棉斤粮"的奖售办法，极大地调动了农民种棉的积极性。1979 年拔完棉柴，我们组也搞起了包产到户责任制。我借来两辆小车，和爱人干了一个冬春，动了 500 多方土，硬是把 12 亩高低不平的碱洼地，整成了平展展的丰产田。早春二月，天上还飘着雪花，我和爱人就开始造墒整地了。买肥料、农药，腰有没钱，晚上走亲告友借了 600 元现款。锄草、追肥、治虫、整枝，大忙季节，我们俩早上天不亮下地，晚上看不见人才回来，吃饭都是孩子往地里送。我还虚心向公社技术员请教，努力钻研植棉技术，学到了不少知识。我全身心扑到了棉田里，难怪邻村人都说我发疯了。不但是我，王庄每个劳力都在拼着命地干。

庄稼不负勤劳人，多流汗水就会有大的收获。1980 年，王庄庄稼长得比以往任何一年都好，3 万亩棉花单产由上年的 70 斤提高到 227 斤，总产由上年的 2.1 万斤提高到 4.65 万斤，人均贡献皮棉由上年的 91 斤提高到 297 斤。粮食产量也有较大幅度提高。我管的 23 亩棉花（包括夏播棉）收了 8700 多斤籽棉，分配加超产奖，共得 8100 元，成了小王庄的"冒尖户"。这一年，全大队有 80% 的户分到现金 1000 元以上，其中分得 3000 元以上的 15 户、5000 元以上的 5 户、上万元的 1 户，人均分配达到 582 元。过去的穷王庄，成了全县的一个富裕队。

1980 年初秋时节，县委书记翟瑞华到王庄大队检查工作，听了队干部关于我的情况的介绍，在棉田里找到我，和我拉起了家常。临走，翟书记许下愿，给我家当"生产顾问"，鼓励我往万元上奔。由于 1980 年丰收，有了经济实力，这年冬我买了一匹骡子、一头牛，养了两头猪，积肥养地。1981 年，又花了 900 多元钱买了饼肥、磷肥和化肥，全部投到责任田里。肥料多了，加上管理及时，虽然这年老天不帮忙（大旱），但我管的棉花还是一个劲地往上长，棉花桃子个个像小鸡蛋，一串串像大蒜瓣子，走进棉田直碰腿。那两年，翟书记成了我家的常客，从种子落地开始，他隔个半月 20 天就到我家坐坐，到责任田里转转。地里下多少种，留多少苗，啥时该追肥、治虫，甚至连治虫用多大药量，都给我以科学指导。1981 年，我家的收入更上一层楼，23 亩棉花（包括夏播棉）收籽棉 1.07 万斤；3 亩粮田收粮食 3000 多斤，加上棉花兑现粮，共得粮食 1 万斤；棉花、粮食，加上棉饼、棉油，共得现金 1.06 万元。干部群众纷纷向我祝贺，叫我"王三万"。这一年，我村同样上了一个新台阶，棉花总产猛增到 7.24 万斤，人均贡献皮棉 299 斤，粮田面积虽然减少，每亩增产 300 斤，总收入由 4.68 万元增加到 18.13 万元，社员人均分配猛蹿到 606 元。

随着社员收入的增加，全村生产条件、生活状况有了明显的改善。家家有存款，户户有余粮。全村有 30 多户社员盖起了新房，20 多个光棍娶了媳妇，社员个人买了拖拉机、柴油机、轧花机和榨油机，家家有缝纫机、自行车，户户有手表、挂钟、收音机，不少社员买了电视机，置了新家具。真是"油满缸，粮满仓，穿新衣，住新房，腰包票子鼓囊囊，全村一片新气象"。社员们都说："没想到好日子来得这么快，连做梦都没想到过。"1982 年 8 月 23 日，在党的十二大召开前夕，我们王庄大队全体党员和社员给党中央写了一封题为《富路全靠党指引》的致敬信，赞颂党的方针政策，讲了几年来俺村发生的巨大变化。胡耀邦同志作了批示，《文汇报》、《光明日报》、《解放军报》等媒体公开发表。

责任制把我带上富裕路，可我不是那种生活富裕、思想空虚、眼界狭窄的人。我想，我王本跃一念之差，两种天地，靠的是党的三中全会以来的政策，靠的是上级领导和党支部对自己的帮助和引导。我认定，只有跟党走才有前途，也只有为党多做工作，才能报答党对自己的关怀和培养。因此，我对自己提出了更高的要求。在生产上，我下决心种好责任田。我家 8 口人，只有我和爱人能下地，种好 23 亩棉田，要付出很大代价。成年累月的操劳，我的一双手结起的老茧有铜钱厚，手心手背到处都是渗着血丝的裂口，贴满了胶布，像干裂粗糙的老树枝。1981 年秋天，我到济宁去介绍经验，县委负责同志和我握手。在会上，这位负责同志请我把手伸出来，然后对到会的人们说："请大家看看这双手。'王三万'是干出来的啊！"

为了帮助大伙都富起来，我把宣传党的方针政策看做是自己分内的事。我劳动致富的消息传开后，从全国各地寄来许多信件，有的请我介绍经验，有的向我祝贺，还有的对我的事迹表示怀疑。我认真地给他们一一回了信，以自己的切身体会告诉来信人："三中全会指引的路，就是农民致富的路，一心一意跟党走，没错！"在科学种田方面，我毫不保留地把植棉技术传授给大家。有的社员向我借钱买生产资料，我慷慨解囊；有的社员治虫缺少农药，我把自己好不容易买到的 12 斤久效磷让给他一半；有的社员种责任田缺少劳力和工具，我就套上骡子，带上农具去帮忙；别人给了我部分夏播棉良种，我也全部分给了大家；秋天大旱，让别人用水先浇地，自己后浇。1982 年 1 月，我被光荣地批准为中共预备党员，实现了自己多年的愿望。入党以后，我对自己的要求更严。生产好了，过去队里外流的社员陆续回来了，在调整责任田时，我情愿把自己改造好的地无偿匀出 9 亩给了他们，自己又要点孬地种。

责任田减少了，我就按照翟书记的主意，改变耕作方式，在全村第一家实行麦棉间作。1982 年，收 1.07 万斤籽棉，1.1 万斤粮食（含棉花奖励粮），收入逾万元。接下来的 1983、1984 年，我们王庄同全县所有村一样，粮棉生产又连续两年获得大丰收。1983 年，我们高唐县植棉 52.83 万亩，总产皮棉 63 万担。1984 年植棉 54.5 万亩，总产皮棉 81 万担，是迄今为止本县年产棉花的历史最高纪录。1983 年全省有 77 个植棉县（市），高唐县棉花总产量列第 13 位，人均贡献到第四位；全省人均贡献皮棉 250 斤的大队共有 672 个，其中高唐县 101 个。我所在的梁村公社人均贡献 287.5 斤，在全省 1221 个植棉公社中名列榜首。1983 年，高唐县成为全国 36 个提前翻番县之一。1984 年，全县人均贡献皮棉 197 斤，名列众多县市之首。那几年，我们王庄一直是产量高人均贡献大的村庄。

河南农村改革

浚县推行农业家庭联产承包责任制经过

栗松岭

浚县农业生产责任制从 1978 年开始推行，到 1983 年完成大包干到户合同的签订，长达 5 年之久。中间经历了解决干活"一窝蜂"，从小段包工到"五定一奖"；解决分配"一拉平"，从不联产到联产；从以队、组为单位到以家庭劳力为单位；从包产到户到大包干到户，由点到面、依次渐进的过程。当时，我在县委办公室工作，时常跟领导下乡蹲点调查，整理汇报材料，参与一些决策会议的记录工作等，亲身经历了浚县家庭联产承包责任制推进的过程。现就回忆所及，记其梗概，供存史参考。

推动"小段包工，定额计酬"田间管理责任制

中共十一届三中全会前的 1978 年 11 月，安徽省小岗村首创"大包干"形式的家庭联产承包责任制，在中国农村大地上点燃起改革之火。后来，蔓延全国的"大包干"之风也吹到了浚县。这时，浚县周边的一些穷困队也公开或半公开地搞起了包产到户，并将不适应个体使用的骡车马车和大型农机具拉到集市卖掉。这给浚县带来了巨大的冲击波，震撼了浚县上上下下，人们对此议论纷纷。

为了统一党内在农村改革方面的思想，县委召开常委扩大会，会议集中讨论了周边地区出现的包产到户对浚县的影响问题。与会的多数同志对分田到户予以十分强烈的非议与责难，但也有少数同志内心支持但害怕再犯方向、路线上的错误不敢表露真实思想。会上各公社的领导反映说，由于周边一些社队搞包产到户，卖掉不少大型农机具和骡马，便宜得很，让我们浚县拣了大漏，壮

大了集体经济。最后与会者一致认为：搞包产到户，第一不符合党的现行政策，中共十一届四中全会正式通过的《中共中央关于加快农业发展若干问题的决定》明确规定"两个不许"（即不许包产到户，不许分田单干），同时，"三级所有，队为基础"，是写进了宪法的；第二，农业机械化和农田基本建设会受到破坏；第三，久而久之，两级分化不可避免。所以，我们坚决反对和防止分田单干的做法。县委主要领导最后说："我是共产党员，又是县委书记，不能不对党负责，我们千万要牢牢把握大方向，只能跟党往前走，不能后退犯错误。"像这样心态的干部为数甚多，他们之所以要反对包产到户，是因为上边红头文件还不允许，是受长期以来对包产到户大加讨伐的"历史经验"和思维定式的支配，是基于模范执行上级指示的党性的驱使。会议一致同意，排除一切干扰，坚决反对和防止分田单干和包产到户的做法。为稳定群众情绪，各社队要搞好宣传教育，引导群众走社会主义阳关道。会后，在部分社队与周边县、社接壤处，一度竖起了"坚持社会主义道路，反对分田单干"的标语牌，以示抵制。

会议同时根据三中全会精神，为解决生产上的"大哄翁"、分配上的平均主义，有效地调动广大农民群众的生产积极性，在全县推行"小段包工，定额计酬"的田间管理责任制（即：在生产队统一经营、统一分配的条件下，将农活分段、分项包工到组或到劳力，规定数量、质量和应得工分，任务完成后，经检查合格，如数记工，按工分配，否则返工或扣减工分）。从 1978 年下半年，到 1979 年底，已在全县多数队中得到普及，初步解决了"干活大呼隆，分配一拉平"的问题，也初步调动了广大农民搞好集体生产的积极性，在推行农业生产责任制中走出了第一步。

实行"五定一奖"责任制

1978 年到 1980 年，以家庭联产承包责任制为主的农村改革尚是局部的、自发的。自 1981 年以后，农村改革便开始进入自觉的、上导下促、整体推进阶段。其主要原因是：

首先，邓小平等中央主要领导对包产到户的态度发生了重大变化，除了肯定包产到户的积极意义外，还鼓励大胆探索新的农业发展道路，这对于全党解放思想、开拓创新有重要的积极意义。

其次，中央〔1980〕75 号文件对包产到户的性质作出了结论，肯定了包产到户不会脱离社会主义轨道，没有复辟资本主义的危险，为包产到户正了名。

其三，《人民日报》等重要报刊对推动农业生产责任制从正面给予了前所未有的大量和连续报道，特别是 1980 年 11 月 5 日，《人民日报》发表了吴象《阳光道与独木桥》的文章，此文洋洋万言，观点鲜明，说理透彻，是《人民日报》最早系统阐述"包产到户"的理论文章。

然而，上边政策的松动和全国农村改革形势的影响，在浚县却引起了更为强烈的反应。特别是一些领导干部并不是从积极意义上去理解中央 75 号文件精神，而是简单地套用个别词句消极对待包产到户，甚至仍持强烈反对态度。特别是有些集体经济较好的社队，竟从中央 75 号文件中找到抵制包产到户的依据。如说，中央文件讲得清清楚楚，就是在边远山区和长期困难的"三靠"地区可以搞包产到户，我们浚县不是边远山区，绝大多数队也不是"三靠"，集体经济还比较巩固，社员年平均收入也不算低，经济发展在原安阳地区 11 个县中排名在一二名，在全省排名也是靠前的。所以，浚县不属中央文件允许包产到户的范围；还有的说，原来对个别队受外界影响搞包产到户吃不准，只有马马虎虎，睁一只眼闭一只眼，现在有了中央文件作依据，应该理直气壮的去抵制和纠正。所以，在浚发〔1980〕43 号文件中强调，"一定要坚持'三不变'、'四统一'的原则，不要因为外部影响，搞包产到户或大包干、口粮田，更不能因几户闹包产到户，就把集体经营变成个体经营"。直到 1981 年 4 月 9 日，浚发〔1981〕10 号文件还强调"不准搞包产到户、包干到户和口粮田"。

为什么一些社队干部不敢或不愿搞包产到户呢？主要原因有四个方面：

一、由于 1981 年前中央对联产承包责任制的态度并不明确，实行的是有限度的开放，如中共十一届三中全会和十一届四中全会都把包产到户限于边远山区和"三靠"贫困队，并强调坚持"三级所有，队为基础"的原则，所以基层干部有理由限制包产到户的实行。

二、感情上一下子难以转弯。特别是对于亲身经历和领导几十年农业集体化实践的干部，要转而支持长期以来与集体劳动不同的包产到户等分户经营方式，情感上总有些别扭，总认为"辛辛苦苦几十年，一步退到解放前"，感到对不起毛主席他老人家，所以在这方面做到自我否定是较为困难的。

三、包产到户，特别是包干到户的分户经营方式，必然强烈冲击着沿袭多年的"一大、二公、三平、四统"的人民公社体制，在原来体制下形成的领导权威受到严重挑战，干部说话不像过去那么灵了，群众不像过去那样听话了。一些干部，特别是大小队干部，在原来体制下享受到的种种好处受到了影响，干部的权势和自身利益出现流失，如基层干部不便再以各种理由和借口脱离直接的生产劳动，而不从事直接的劳动，就难以获得生活保障。这是一些社队基层干部对包产到户持消极态度的直接原因。

四、认识仍停留在长期以来形成的"左"的框框里，总认为包产到户是走资本主义道路，担心包产到户从根本上动摇"三级所有、队为基础"的体制，所以，对推行包产到户心有余悸，怕方向不对头，再反复折腾犯错误受批判。

由于上述原因，特别是心理上的支配，浚县各级干部对包产到户不像边远落后地区那样有紧迫感，反而持消极观望和等待态度。中央对于这种情况予以理解，没有采取强制措施改变这种思想，也没有采取过去得心应手的群众运动的方式加以促进，而是强调"解放思想，实事求是，尊重群众，尊重实践"，为农业生产责任制的健康深入发展创造良好的环境和大气候，希望随着实践的发展，广大干部能转变观念，走出自我设置的种种樊篱，将农村改革推向前进。

1980 年，浚县由于贯彻了党和国家的一系列农村政策，普遍推行了以"小段包工，定额记酬"为主的农业生产责任制，初步克服了劳动计酬上的平均主义和劳动组织上的"大嗡班"，有效地调动了广大农民的生产积极性，在连续遭受严重干旱的情况下，取得了农业生产大丰收，粮食总产达 4.6 亿多斤，创建国以来最高记录，并出现了"一季翻身"、"一年大变"的典型。特别是一些长期贫困落后村，自发搞了包产到户后，扭转了"吃粮靠返销，生产靠贷款，生活靠救济"的"三靠"状况，群众高兴地说："联产联住心，一季大翻身，再干三五年，旧村换新村。"

农业生产的丰收，以及那些长期贫穷落后队实行联产责任制后迅速翻身的事实，促使对农业生产责任制，特别是部分对包产到户、包干到户等分散经营、联产计酬责任制持有种种偏见和抵触情绪的干部，开始转变观念，使农业生产责任制从过去主要是在广大农民群众迫切要求下进行，转向由上而下有领导有组织地推进。从 1980 年开始，在"三不变"、"四统一"的原则下，浚县普遍推行了以"五定一奖"为主体形式的联产到组和联产到劳的生产责任制，实现了从不联产到联产、从以队组为单位到以家庭为单位的突破。这是浚县实行农业生产责任制走出的第二步。

全县实现"大包干"责任制

1981 年底，为指导在全国大规模兴起和扩展的农业生产责任制工作，中共中央召开了全国农村工作会议，着重讨论了农业生产责任制问题。1982 年 1 月 1 日，中共中央批转了《全国农村工作会议纪要》（即 1982 年 1 号文件）。

《纪要》指出，全国农村已有 90% 以上的生产队建立了不同形式的农业生产责任制（其中"双包"队占70%以上），大规模的变动已经过去，现在已转入了总结、完善、稳定阶段。首先，《纪要》对几年来农业生产责任制的兴起给予了高度评价，认为"建立农业生产责任制的工作，获得如此迅速的进展，反映了亿万农民要求按照中国农村的实际状况来发展社会主义农业的强烈愿望"，"带动了生产关系的部分调整"，"必将给农村经济建设和社会发展带来广阔的前景"。其次，《纪要》以中央文件形式再次明确肯定了联产责任制，特别是包产到户、包干到户（以下简称"双包"）是社会主义集体经济的生产责任制，使"双包"这一长期被视为大逆不道的"异端"终于取得了正式"户口"。其三，《纪要》强调了"两个长期不变"，即土地等基本生产资料公有制长期不变，集体经济要建立生产责任制长期不变。这对于继续解放思想，消除广大干部的思想疑虑，推动以"双包"为主的农业生产责任制的发展具有重要作用。

1982年2月6日，《人民日报》发表了农业部调查组的文章《怎样完善农业生产责任制》。文章指出，"现在人们议论的中心已不是责任制要不要、好不好的问题，而是使各种形式的生产责任制更加完善和稳定"。

与全国相比，浚县联产责任制，特别是"双包"责任制，起步晚，发展慢，徘徊时间长。到1981年底，3158个生产队中只有165个生产队实行了双包到户，占总数的5.2%，还有332个生产队是"大嗡班"。2661个生产队（占总数的84.3%）实行的是"三不变"、"四统一"、"五定一奖"等形式的联产责任制。这种形式的责任制是在稳定"三级所有，队为基础"的旧体制的基础上，适当改善经营管理，贯彻大集体下的按劳分配的一种办法，比集中劳动和平均分配、"大呼隆"加"大锅饭"、社员在干部监督下进行劳动要好，但有它不容否认的局限性和消极因素。所以，在中央1982年1号文件公布后，对"双包"责任制的明确肯定和支持已成为主流，要求进一步解决人们的思想认识问题，积极鼓励和引导"双包到户"责任制。

为贯彻中央1982年1号文件和省、地委农业生产责任制会议精神，中共浚县县委召开了扩大会议，会议认为：浚县"双包"责任制至少晚了一年，如果和先进地区比，试验和推行工作则晚了二到三年，发展不快的主要原因是没有彻底摆脱"左"的思想影响，被老框框老套套束缚了手脚。如有的同志一怕集体财产受损失，粮食产量掉下来；二怕农民富了，忘了国家；三怕倒退走回头路。还有的担心"队长无权、会计无账、保管无物"，集体经济成了空架子。部分基层干部认为"包干到了户，何必要干部"，从而消极对待或撒手不管。所以，尽管中央1982年1号文件公布后，对"双包"责任制的肯定和支持已成为主流，"双包"责任制已在群众中扎了根，并显示出强大的生命力，但有些同志对它还是另眼看待，不把它列入正册。他们现在尽管口头上并不对"双包"责任制的社会主义性质表示什么异议，但在实际上还是带着"双包"就是"分田单干"、"资本主义"的框框来看待。归根到底，在对待"双包"责任制上，存在不同的思想认识。浚县在进一步推行责任制问题上，"左"的思想影响仍然是主要障碍。

县委统一认识后，表示要开创浚县农业建设的新局面，必须继续冲破"左"的思想束缚，进一步解放思想，在"双包"特别是包干到户责任制上放开手脚，积极鼓励、引导和推行"双包"责任制。为此，一是于1982年2月4日印发了《关于进一步稳定完善农业生产责任制的意见》（即1982年3号文件）；二是加强领导，除县委少数同志坚持日常工作外，县委、人大、政府、政协四大班子领导亲自包社蹲点，解剖麻雀，总结经验，以点带面，推动全局；三是从县、社两级抽调618名干部，组成工作队，驻村包队；四是为保证质量，完成一个队，组织验收一个队。到1982年11月，全县已有2046个生产队实行了"双包"责任制，占总数的60%，大包干责任制在全县已占主导地位。

11月17日，县委又发出《关于今冬明春进一步落实完善农业生产责任制的意见》（即浚发1982年44号文件）。文件要求："在学习中央1982年1号文件的基础上，继续解放思想，发展大好形势，进一步稳定完善以大包干为主的家庭联产承包责任制。"到1983年春，全县实行大包干责任制的行政村已达95%。同年底，全县普及。

大包干责任制，就是在主要生产资料集体所有的情况下，生产队将土地按人口或劳动力比例分到各户承包经营。农户在承包土地上可自主经营。生产队的耕畜、小型农机具作价卖给农户，大型机械设备和农田水利设施仍归队统一管理。国家征购、集体提留分别落实到户，队与户签订承包合同。农户承包收入，除完成国家定购和集体提留任务外，全部归己。群众用风趣的话把这种责任制总结为"大包干，大包干，直来直去不拐弯；保证国家的，留足集体的，剩下都是自己的"。

家庭联产承包制的完善、稳定和发展

1983年春，家庭联产承包责任制在浚县普遍推行，极大地调动了广大农民的生产积极性，为沉闷多年的浚县农村带来了勃勃生机，显示出一派欣欣向荣的景象，广大农民眉飞色舞，普遍有获得"第二次解放"的感觉。

但是，由于全县普及"双包"责任制时间不长，人们的思想问题并没有完全解决，加之在承包过程中吃了一些"夹生饭"，甚至有些承包合同还未签订，已签订的也不尽完善，等等，使家庭联产承包制在其发展过程中，出现了一系列新的问题：

一、农民从过去高度集中统一的体制中摆脱出来，但面对新的环境和生活一时不适应，难免无序和混乱，以为自由就是为所欲为，谁也不管谁，谁也管不了谁；农村干部没有能将注意力及时转移到为农户经营和为农业生产提供服务上，而是从过去管得过死，走向另一极端，干脆撒手不管，导致农村干部之间、村民之间、干部和村民之间的矛盾增多；公共设施和集体经济无人管、无人抓，农田水利设施老化，农村正常的社会治安秩序受到威胁。

二、"种田累死牛"的现象屡屡出现。大忙季节，各家都想不误农时，都在赶农活儿，使得仍属集体所有或几家共有的耕牛过度劳累，又得不到足够草料照顾，累死耕牛的事儿时有发生。据县畜牧局 1982 年 11 月 1 日调查显示，1981 年底耕畜存栏 39702 头，较 1980 年 42524 头减少 2822 头，1982 年又比 1981 年净减 3439 头。当然，减少的不完全是累死的，还有卖掉和出生率低等原因。

三、由于承包合同不落实，再加上承包期短，农民对土地重用轻养，为眼前利益，实行掠夺式耕作，"种一季，得一季，是一季"，不关心投入养田，使土地越种越薄。

四、集体经济受到损失。拆公房，卖机器，分财产，公活无人干，公事找不到人，遇事雇人先讲价钱。

五、集体树木乱砍乱伐。农民担心政策变，认为"晚得不如早得，早得不如现得"，对承包地上的树木重伐轻种。

六、更为严重的，是因用水纠纷而大动干戈，进而转为刑事案件的增加。

七、家族势力复活。村民组织的力量和影响减弱，由家庭、亲戚构成和宗族观念维系的家族势力复活，依势压人，仗势欺人。

八、生育失控，中小学生缀学严重，人口素质下降。一些农户为了增加劳动力，保障生老病死，就多生子女，特别是重男轻女。一些家长为家庭责任田考虑，不愿让子女上学，特别是不愿让女孩读书。

面对家庭承包制后出现的新问题，国家的基本政策是：长期稳定，不断完善，深入发展。1983 年 1 月 1 日，中共中央发出《当前农村经济政策的若干问题》的文件（即中共〔1983〕1 号文件），对农村家庭联产承包责任制给予前所未有的高度评价和肯定，并指出，"稳定和完善农业生产责任制，仍然是当前农村工作的重要任务"；文件重申，"联产承包制是要长期实行的制度，决不允许违背人民的意愿轻率地加以变动，以使农民放手发展生产，劳动致富"。那种认为家庭联产承包制"好是好，只怕长不了"的顾虑，是完全不必要的，1号文件使农民吃了定心丸。

为了贯彻落实中央〔1983〕1号文件，进一步稳定、完善家庭联产承包责任制，中共浚县县委发出〔1983〕25号文件，文件认为家庭联产承包责任制已经普及，现在转入总结、完善、稳定阶段，为此，要求各级领导要深入基层，调查研究，总结经验，统一认识，认真为群众破解与家庭联产承包有关的难题，使现行的家庭联产承包制进一步充实完善。同时，针对农村出现的新问题提出如下完善措施：

一、签订和完善承包合同。利用合同制的契约关系把生产队与农户之间的责、权、利固定下来，把集体的领导者（发包方）和农户（承包方）放到了平等的地位上，最大限度地调动农民的生产积极性。在3年至5年的基础上，只要群众同意，合同期可以延长至15年。

二、搞好林、牧、副、渔、农机、水利等各业承包责任制。

三、压缩集体提留，最大限度地减轻农民负担。

四、解决好烈军属、五保户和扶贫助难工作，县政府为此下发了优扶照顾试行办法。

五、根据群众要求，调整解决承包地块过于零碎的问题。

六、积极推广技术承包责任制。

七、大力发展专业户、重点户和经济联合体。

八、整顿财务，严管集体提留。

稳定和完善工作从1983年冬季开始，到1985年底基本结束，用了两年半时间。以双包到户为主体的家庭联产承包责任制终于在浚县大地上深深扎下了根，并结出了丰硕的成果。从1978年到1983年的5年间，农村改革破除了大锅饭，克服了平均主义，广大农民获得了生产自主权，从而使农村经济和农业生产得到持续的、超常规的发展。农业生产总产值由1978年的9093万元，到1983年增加为17710万元，增加94.8%；粮食总产量由1978年的40.808万斤，到1983年增加为72.992万斤，增加78.9%；农民人均纯收入由1978年的63元增加到1983年的253元，翻了两番。农业总产值、粮食总产量和农民年平均纯收入均创历史最高记录，发展速度为20多年的人民公社时期所少见。

为将方兴未艾的农村改革引向深入，中共中央除在 1982 年、1983 年、1984 年连续下发了三个关于农村改革的 1 号文件外，1990 年底，中共中央、国务院发出《关于 1991 年的农业和农村工作的通知》，为稳定和完善家庭联产承包制规定了一系列相应政策。1991 年 11 月，中共中央召开十三届八中全会，专门讨论农业和农村工作，并通过了《中共中央关于进一步加强农业和农村工作的决定》，将以家庭联产承包为主的责任制和建立统分结合的双层经营体制作为党在农村的基本政策之一，决不是解决温饱问题的权宜之计，一定要长期坚持，不能有任何的犹豫和动摇。1992 年，中共十四大政治报告再次强调："要把家庭联产承包为主的责任制，统分结合的双层经营体制，作为一项基本制度稳定来，并不断充实完善。"

至此，中国农民以其实践精神创造的，由中国共产党人以其尊重实践、尊重农民群众的作风和胆识，及时支持和引导的农村家庭联产承包责任制，已深深植根于中国大地。

（作者曾任浚县县委办公室干部、县档案局局长）

回忆我们韩庄大队搞承包的经过

张保国

1971 年至 1988 年，我担任南乐县梁村公社韩庄大队党支部书记。韩庄大队位于梁村公社的北部，曾经是梁村公社最贫困的"北八村"之一。

上个世纪 70 年代，韩庄大队共有人口 940 余人，耕地 1610 余亩，分为 4 个生产队。当时的韩庄人全靠"土里刨食"，而粮食产量又非常低，小麦亩产仅 150 斤左右，玉米亩产 200 余斤，红薯亩产 800 余斤。每人全年所分口粮不足 100 斤。由于粮食不够用，很多家庭都是变着法倒腾粮食吃，用细粮换粗粮，1 斤小麦可换 1 斤 3 两玉米，也可以换 5 斤红薯。就这样，大部分家庭到年底粮食仍不够吃，长期靠吃国家统销粮过日子。

当时人们下地干活都是"红旗招展，劳力一片"，出勤不出力，出人不出心，大家你看我、我攀你，就是不肯出力气。很多人下地都是为了磨洋工、糊工分，致使劳动力贬值，工分贬值，每个劳动日仅值 0.25 元。

面对这种情况，我上任后思考最多的一个问题就是：难道这就是社会主义吗？社会主义就是让人吃不饱饭吗？社员吃不饱饭，饿肚子、受穷，我这个当支书的"领头人"有不可推卸的责任。封建社会的县官还"当官不为民作主，不如回家卖红薯"呢，何况作为共产党的干部！

后来发生的一件事对我的思想震动很大。那是 1974 年底临近年关的一天，我们大队一名长年患病、家庭非常困难的社员，手持木棍来我家要饭。看到他饿得站立不稳的样子，我当时忍不住直掉眼泪，赶忙从家里拿出用小麦、玉米混合面做的两个馍馍（当时也是最好的）给了他，而我自己那天难受得再也没有吃下去饭。

438

一夜难眠后,第二天我就把几个大队干部召集来开了个会,大家都痛感不能再这样下去了。但下一步该怎么办,谁也想不出一个好办法。都知道粮食产量低、不够吃,是因为社员的劳动积极性没有调动起来,责任心不强,生产情绪低落造成的。社员下地干活都是"一躲、二靠、三哄",致使集体耕地越种越坏,"大家哄了地皮,地皮哄了我们的肚皮"。如果换一种劳动方式,兴许能改变目前的状况。

最后大家抱着试试看的态度,决定各生产队去年留下的准备栽种红薯的春地(上年冬天未种小麦,留下准备来年只种一季秋作物的白地),按每人半亩分给社员,由生产队统一耕种、供苗、供肥、浇水,其他农活由社员个人负责管理,红薯收获后按上年亩产量上交生产队,多余的归个人所有。

这是发生在1975年春天的事,大概就是最早的"承包责任制"吧。这种很不完善的"承包责任制",很快就显示出了它的优越性。本来由社员一个人承包管理的责任田,变成了全家管理,男女老少齐上阵。这不仅充分调动了广大社员的积极性,而且也极大地增强了他们的责任心,缺苗断垄现象再也没有发生过。结果到秋天,每个社员承包管理的红薯都获得了大丰收。平均亩产达2500斤,是集体管理时亩产840斤的3倍。社员们的脸上都乐开了花,并把吃不完的红薯晒成红薯干作为来年的食物。大家都高兴地说:"还是承包这种办法好啊!"

但好景不长,消息传到公社后,公社党委书记专门找我谈话,严令不准再用此法,否则,就要当作"资本主义的尾巴"割掉。就这样,韩庄大队干部社员刚刚激起的生产热情一下子就被一盆冷水浇灭了。

1976年,粉碎"四人帮"后,全国形势出现了好转,国家政策有了松动,阶级斗争的"弦"不再绷得那么紧了,"左"的那一套也开始纠正。这时已尝过"甜头"的韩庄人又想到了"承包"。看到这种情况,在1978年初,我便适时召开了由生产队长参加的大队干部会,对"承包责任制"进行了再探讨,并决定按实际人口每人分半亩地承包到各户,仍由生产队统一安排耕种、供种、供肥、浇水,其他农活由个人负责,并按上年亩产量规定上交任务,多收部分全部归个人。同时,我也做好了承担"罪名"的准备,如果上级追究此事,责任由我一个人承担。当时,前任老支书和我妻子都劝我还是安全一些好,但为了韩庄人都能吃饱饭,我也只好"豁"出去了。

经过一年的"承包"实践,到了1978年底,凡承包到户的责任田,小麦亩产都达到400多斤,大队全年粮食总产也由原来的70多万斤增加到120多万斤。这时，党的十一届三中全会胜利召开，又给我们韩庄人带来了新的鼓舞。第二年，我们在原有的基础上，把"承包责任制"进行了完善和扩展，粮食产量又有了新的提高，每户生产的粮食也够自己用了，我们大队也彻底摘掉了长期吃统销粮的帽子。公社党委听说后，也没有把我找去"谈话"。相反，到1980年还把我们的做法当作典型在全县进行了介绍和推广。就在那年，我们韩庄大队全部实行了"包干到户"。

这次，韩庄人才真正地笑了。

（赵文泽记录整理）

焦林坡村改革前后的故事

屈效东

　　党的十一届三中全会召开之后，社会上掀起"实践是检验真理的唯一标准"的大讨论，这场讨论影响到我国广大农村，也影响到了我们宁陵县金厢公社，不少有志有识的农民在反思农村以生产队为"一家"的生产模式究竟有什么优越性。1980年春，离我们村很近的小郭庄大队竟然把面积很大、长满荒草的土地全分给社员。这些常年长茅草的荒沙地一旦到农民手里，他们便拿抓钩刨去野草茅根，施肥后点上花生、大豆，秋后就结出好果实来。到了种麦时节，靠分荒地尝到甜头的小郭庄村人，又瞒上不瞒下地把队里的可耕地划分给社员。于是，该村的社员为解决耕作问题，就出钱买回牲口，及时种上小麦，我们宁陵县这场农村变革就这样拉开了序幕。

　　我们村（苗岗大队焦林坡生产队）离小郭庄只3里远，那里的变化和"动静"自然会传到我们的耳朵里。于是，社员就在茶余饭后或结伴出工时议论着这些事情，说生产队里干活窝工，生产队干部有瞎指挥现象，还有吃拿占贪现象，这些现象耽误了生产发展。

　　群众这些话自然会传到干部耳朵里。一天傍晚，生产队长敲铃召开社员大会，他在会上讲："我们是远近闻名的先进队，我们队里的社员每年能分到180多斤麦子、150斤谷子、三四百斤鲜红薯。到年底，各家多则能分到百十元红利钱，劳力弱的也能分到二三十元红利钱。你看，从县城往西数18村，哪个生产队有咱队的收入高、分成好？可有人生在福中不知福，现在正捣鼓着要学小郭庄来分地。他小郭庄在咱金厢公社属落后大队，那里的社员穷得叮当响，咱不管他们咋着，咱的队不能散，咱的地不能分，谁要回头走资本主义道路我也

441

不答应。再说，我队造这坏舆论的人，都是一些落后社员，他们平常出工不积极，习惯开小片荒，希望热爱集体的社员别轻信他们的话，别学落后村小郭庄，今后他们说不定要倒霉！"

我们队长所讲的这番话多少有点"道理"，因为我们村有两眼好机井，又有两台手扶拖拉机，这几年在种田时又注重选种和施用化肥，再加上队里只有百十余人，社员又是善良本份的老实人，所以生产效益在附近村寨是数一数二的，社员一年分到的粮米几乎比小郭庄人多了一倍。可看到小郭庄村农民在分到小片荒之后，把打下来的豆子、花生拿到市场上换了大钱，分到可耕地后种的麦子长势良好，我们村的社员又坐不住了。几位本家叔叔要我到县里打听打听，上级对农业到底要制定啥政策？小郭庄村走的路能不能行得通？

我从 1971 年开始学习写作，在县里文化部门也有几个熟人，文化部门的人对党的政策是很敏感的。于是，我就带着乡亲的嘱托到县委宣传部找我写新闻的辅导人赵自培老师。当我说明来意后，赵老师沉思一阵然后才说："分田分地的事，争论由来已久，啥事不能太出头，仍需等等看看。尤其是你，因为在报上常发表文章，在农村会有一定的影响，当前说话做事要谨慎！"

转眼到了来年麦收时节，小郭庄村民自耕自种的麦子取得了好收成，每家打的粮食大囤尖小囤流，我们队的社员看到眼里再坐不住了，又一次议论起"分地风"。队里的干部又一次召开社员会，狠批起这股风气。可一月未过，县里召开三级干部会，要求全县推行生产责任制，实行"大包干"。

当时上级推行责任制的口号是"农民分了地，种着责任田，一有责、二有权、三有利，打下的粮食交了国家的、留足集体的、剩下的都是自己的！"上级制定了明白的政策，队里干部就很无奈，可他们却推行"分田到组不到户"的政策，把"大集体"变为"小集体"，把 171 人分为 4 个组，把 351 亩可耕地和 52 亩荒废地，还有 24 头骡马耕牛和两台手扶车，分到了 4 个组。

与我们相隔不远的朱槐村，在土地分到组的当夜，又偷偷地把土地分到各户。这年（1981 年）俺村分为 4 个组之后，仍然沿袭着派工记分的办法，结果出现种种矛盾，和"大集体"时一样。1982 年种麦时，我们村农民一致认为把可耕地"一捣到底"的做法很优越，就酝酿起"分田到户"的做法。可分田到户遇上了一些困难：一是组内的农机牲口，农户不能家家分担；二是分组一年后，村内人员有增有减，死去的人要不要保留分的地？新添的人口要不要分地？大家为这事争论不休。这时，金厢公社党委发现我村存在这些问题，及时派出司法助理耿玉启前来坐镇，指导"大包干"的推行工作。耿玉启农村工作经验丰富，人又很善良随和，他走村串户征求各方意见，终于把耕地分到各户。农民分到责任田后，一些农户一没牲口、二没机械，浇地、犁田都存有困难。可这些困难也不是不能克服。于是，一些兄弟、爷们、邻居就自愿组成临时"互助组"，他们结伴合使机械、耕牛，解决了耕种、浇地的诸多困难，及时种下了麦子。

生产中的困难再多，农民可通过帮扶和积累经验逐渐克服解决。可人们若对党的政策信不过或思想保守不解放，势必要吃亏。与我村一河之隔的皮堂村，有位叫刘天民的农民是远近有名的"小精细"。他在分到责任田后，看到旁人在种麦时换良种、施化肥，感到很可笑，他曾对人说："别看你种麦时恁下劲，到收麦时说不定会刮来一场'合队风'，到时谁投资多谁吃亏！"刘天民带着这个想法在种麦时，8亩地里没上一两肥料，一春天没浇一遍水，没打一遍药，庄稼当然长得"稀巴松"。小麦成熟了，他还没听见"合队"的消息。这年麦收后，人家的小麦亩产都在400斤以上，可他家的麦子亩产只有100余斤。看着别人拉着大袋小袋的麦子往自己粮囤里倒，他开始后悔起来。我是党报通讯员，及时抓住这一典型，写出了《刘天民不相信党的政策小麦减了产》，于当年6月22日登在《河南农民报》上；阳驿乡党委也抓住这一典型，在全乡广泛宣传党在农村的政策，并在完善农村生产责任制时做了大量的工作。来年种麦时，刘天民积极地备良种、买化肥，并精耕细作，结果取得了好收成。我经过实地采访，又写出《刘天民再不当"小精细"了》，于1983年7月2日又发表在《河南农民报》上。这段往事虽然过去很多年了，但这段佳话至今在阳驿乡还留传着。

在农村改革的30个年头间，我村农民按照党的惠民政策，一步一个脚印地向小康之路迈进。其间，地方虽有加重农民负担乱收费、乱摊派的歪风，农民也遇到过"卖粮难"、"卖棉难"、假冒种子农药坑农害农的事，可这些事毕竟不是农村变革前进中的主流。目前，我省广大农村通过"农税改革"、"乡镇机构改革"和农业多项补贴，"三农"工作前进的路子已初步理顺，广大农民种粮的积极性空前提高，外出打工挣钱的路子也越来越广。拿我村为例，目前在我村虽然比分地时多了100人，可人均年占有粮食已达1500斤以上，人均年纯收入已达3200余元。这两个数字与30年前相比，分别翻了8倍和20倍。近几年，我村新建楼房10座，家家有彩电、洗衣机、电动车、电话手机、机动三轮车，还有2户农民有小汽车。更让人骄傲的是富了的我村农民把钱用到教育投入上，在20年里养育出32名大学生，成了远近闻名的"状元村"。

见证共和国农村改革

　　我村农民谈起国事与家事，大家都不约而同地说，农村要不是这场伟大的变革，还停留在"生产队"的基点上，大家连肚子也难填饱。为此，广大农民相信在以胡锦涛为首的党中央领导下，农村政策会越来越好，农民阔步进入小康社会决不会是一句空话。

湖北农村改革

恩施地区试行农村生产责任制小记

王利滨

1998 年初夏，我重回湖北恩施。飞机自武汉起飞，别长江，越汉水，掠过广阔的江汉平原，清江很快闪现在眼底。在阳光的抚照下，苍山滴翠，碧水淌金，大地妩媚而凝重……来不及多想些什么，飞机已抵许家坪机场。我匆匆步下弦梯，踏上这块熟识的土地，仍感觉到一串串炙人的地火自脚下升腾……

一

1978 年，经历了"文革"十年浩劫的中国农村，依然没有恢复元气，经济萧条，发展缓慢，思想沉闷，人民困惑、渴望，黑云压城之后的一场深刻变革有山雨欲来之势。

这年 4 月的一天，中共湖北省委书记找我谈话。书记的眼神是坚定的，看得出有些为难，话没三句就谈到了恩施。恩施地区被誉为"湖北的西藏"，山高路远，经济文化落后，"文革"后又两年受灾，困难重重，省委是想把时任省委常委、省革委会副主任的我派去工作。谈话前后共 15 分钟，意见是"不等任职文件，先去恩施"。后来得知，书记怕我思想不通，准备了半天时间来做说服工作。

两天后，我和司机、秘书就告别江城，匆匆上路。

经宜都、五峰，翻越连天接云的摩天岭，穿行使人闻之胆寒的千丈崖、老虎口，我们先抵鹤峰县。城关名容美，高山夹峙，河沟两畔，稍有几块平地，散布着百十间房屋。县委汇报的第一件事情是群众缺盐吃、缺粮吃……离开鹤蜂，又途经来凤、咸丰两县，存在的突出问题八九不离十，都是讲粮食指标、

447

油、盐、交通、群众日用生活品等等。一路上反映的问题，在我原先工作过的地方早已不存在。暗自地，我不由得开始更换脑筋，转变思维，变得现实起来。

抵达恩施后，地委组织召开了一次科局级以上干部参加的小型欢迎会。会上我有好多话要说，但终于憋在了心里，只捡轻弃重地说了几句，"我奉命来恩施，是来向大家学习的，……恩施目前有些困难，但只要我们发挥优势，团结奋战……"此时此地，我不敢谈也谈不出惊天动地的工作目标，人民群众现实生活的状况给我留下了太深的烙印！还是先从群众最贴心的事情做起，还是先依靠自身的力量干些力所能及、量力而行的工作。在当时那种境况下，我扮演不了救世主的角色！贫苦农民家庭出身的我，自觉地把自己的全部身心化为恩施山区的一分子……

二

在省里工作时，我分管农业、水利，跑过几次恩施。当时自然是以另一种身份和视觉来看待问题，因而感觉是表面的、肤浅的，总的感觉是恩施地区风光秀美、资源丰富、人民勤劳。最近一次到恩施，是1976年在恩施大吉公社蹲点，前后两年，那次对恩施的触觉，使我了解到许多实际的情况，对这次上任地委书记是一个有利的条件。但这毕竟还不够全面和深入，我决心花时间用更尖细的眼光来看恩施。

"五一"节过后，全地区8个县开始陆续留下我的足迹。

恩施山大人稀，交通不便，群众居住分散，有句俗话说："望见屋，走得哭"，"喊得见，走半天"。一个大队，十几里，一个公社，几十里上百里。

恩施地形复杂，气候垂直差异大，低山、二高山、高山气候分明，就连同一海拔、同一座山，朝阳背阳，差异也很大，即所谓"阴阳坡，差得多"；恩施雨量充沛，山区小气候的特征很明显，受冰雹、暴雨、冷风等的袭击较多，霜雪偏多，灾害频率较高。

在农作物种植结构方面，以种旱粮为主、水稻为辅，包谷、土豆打天下；农民当家田少，多种经济作物面积大。

一路走，一路看，一路山河依旧、贫困依然。朴实憨厚的农民群众，终日面朝黄土背朝天，以温饱为最美的祈愿，年复一年，往往还是失望和无奈。清苦的基层干部，他们革命热情高，但面对现实，除了埋头苦干，也一时没找到带领百姓告别贫苦的"灵丹妙药"。

这就是恩施？恩施的百姓命该如此？

一路上我发现了一个现象：大田大地的作物长得差，而房前屋后小块土地上的作物却长势很好。我不禁问自己：如果所有的作物都长得像小田小地里那样，农民群众不就可以饱肚子了吗？

三

1978 年 11 月，具有划时代意义的党的十一届三中全会在北京召开。次年初，中央一号文件作出了关于农村和农业工作的意见，调整改善了农村工作政策。

春风化雨，点滴入土，广大农民久旱逢甘霖，很快成为全社会最活跃的细胞，他们以小草钻破石缝的勇气和毅力，各自努力寻找着发展最快的门路。

这一年，恩施的农村很热闹，各县农民和基层干部在中央精神的指引下，自发地、创造性地进行了很多生产责任制方面的摸索。有些地方搞畜牧业公有私养，有的地方搞"大窝子包谷"，有的试行"定产到田"，有的实行"水统旱包"、"明统暗包"等等办法，各式各样，实际上都是各种形式地搞包干，是大包干的信号弹。

关于群众的首创精神，关于责任制，地委机关的争论也很激烈，有的说行，有的说不行，有人说："好是好，就是不能搞。"说行的是因为他们看到了责任制立竿见影的效果，说不行的是坚持认为这是"资本主义尾巴"，"文革"批判过，现在不能"死灰复燃"。

作为一方"长官"，我尽管有倾向性意见，但开始是非常矛盾的。从很多联系户来看，搞责任制后，他们确实增产增收了，但各方面的不同意见又确实太多。最重要的是省委对此采取的是非常审慎的态度。怎么办？我决定采取"不提倡，也不批判"的默许的办法，一切等待实践来证明。一年下来，我看了很多，广泛地看，对比地看，结果发现试行了责任制的地方，收入都有增加。一年过去了，我的信心越来越足。

这一年，基层的反映不错，而各方面给省委打报告，告我状的也不少，各种说法都有。一方面，基层的要求很强烈，要求地委有一个正式的说法，利川县委书记在地委会上就公开要求地委有一个明确的态度。我理解他的心态。从事任何矛盾性的工作，一个负责人总希望直接上级有一个明确的态度，以便理直气壮、大刀阔斧地开展工作。另一方面，要求"纠偏"的风声也很盛，有的说，中央的精神是允许，而不是提倡，恩施大可不必逞能，小心戴上右倾的帽子。省里也几次派人到恩施检查。我该有一个正式意见了！

1980 年春节一过，我去利川县作调研。通过同农民、基层干部及县委进行反复的交谈，用正反两方面的例证进行反复的验证，我的思想终于定下来了，责任制是成功的，不能纠，要全力支持！当天，我在利川县委招待所给省委起草了一份正式意见。电报传到地委，地委在家的同志研究后，怕引起麻烦，劝我先不发电报，稳妥一点为好，最多口头报告一下。我理解经历了十年"文革"摧残的同志们的谨慎心态，但问题已是很尖锐了，作为恩施地区的"一把手"，如果我也持等待、谨慎心态，全区 300 万农民怎么办？初春时节，大地阴沉，乍暖还寒，我在利川招待所辗转反侧，是保住乌纱帽还是坚持实事求是？正义与良知让我选择了后者。我立即给地委秘书长打电话，以个人名义向省委发了紧急电报。

省委就我的报告展开了热烈的讨论，意见很不一致，最后意见是允许恩施搞试验。关心我的省领导还特地打来电话，告请我好自为之。地委很快将省里的意见传到各地，"纠偏"风终于镇住了。

6 月初，省委再次派工作队来恩施调查，了解全区贯彻农村经济政策中建立联产计酬责任制的情况。经过认真调查后，工作队给省委递交一份报告。报告是实事求是的，澄清了有些不公的说法，肯定了恩施的做法和取得的成绩。报告中说："党的三中全会以来，恩施地委和所属各县委，贯彻执行中央确定的路线方针和各项政策是比较好的，思想比较解放，工作比较扎实，在贯彻农村经济政策、加强人民公社经营管理、建立联产责任制等方面，做了大量工作。总的说，是坚持了四项基本原则，加强领导，依靠群众，大胆试验，及时总结，不断提高。实践表明，他们所走的路子基本上是正确的，效果也是好的，调动了干部和群众的积极性，促进了农业生产和建设的发展。"

四

省委转发了这份关于恩施地区试行联产计酬责任制的调查报告，我一字一句、颤颤惊惊阅完后，不由松了一口长气，同时心情也很沉重。检验一项政策的好坏，不是一时半载就能得出结论的，尤其是农业生产受"天公"的影响较大，有些事情一时看不很准，出了问题怎么办？

我一方面强调，要加强各级领导，要坚决把好事办好，让群众满意，让群众得到实惠，让农村经济真正发展起来。另一方面，因为对生产责任制的认识得有一个实践的过程，我决心继续深入调查研究，用第一手资料来提高自己的认识，统一同志们的思想，同时通过不断地总结、修订、完善、提高，把政策逐渐稳定下来。

为了得到第一手材料，我继续深入高山、二高山、低山考察农作情况，不断下到县、公社、大队、生产队，看、听、议，广泛了解各级干部和群众的意见，我渐渐从基层弄懂了许多问题，并向同志们回答了许多认识上的问题：

比如，为什么群众对大包干感兴趣？是因为这样做真正克服了平均主义、贯彻了按劳分配原则；大包干利益直接、办法简单；农民有了自主权；农民真正得到了经济实惠，实现了增产增收。怪不得群众说："过去搞大合班，吃'大锅饭'，累死了干部，拖死了社员。现在这样搞，一不要人喊，二不要人催，人人自觉劳动，千斤担子一人挑变成了众人挑，集体生产搞好了，家庭副业也搞好了，还有时间赶场、走亲戚，真是劳动愉快、玩得舒服、生活幸福。"我在调查中发现，上至七八十岁的老人，下至七八岁的小孩，都有参加力所能及的劳动的，各家各户成了一个个最活跃的社会细胞，人人屁股后头都有一个"发动机"。农民很会合理安排劳动、合理利用土地、合理支配时间，处处精打细算，把生产组织得很好，既继承了过去小农生产精耕细作的好传统，又积极采用现代科学技术，很有成效。

再比如，为什么说搞责任制不会偏离社会主义方向？通过调查，我觉得是由于做到了几个坚持：坚持了生产资料集体所有，责任制只是形式，不是所有制的变革，坚持并更好地体现了按劳分配；坚持了正确处理国家、集体、个人三者之间的关系；党的农村基层组织坚持发挥了先锋模范作用，计划生育等基本国策能很好地得到贯彻，国家的各项经济计划能得到落实。由此看来，生产责任制并不是许多人认为的简单的分田单干。

人心齐，泰山移。思想统一了，必然会形成更加巨大的生产力。恩施各级干部从群众的实践中统一了认识，振奋了革命精神，对工作敢抓敢管了，从上到下呈现出多年未有的良好精神面貌。

1980年，全区大丰收，经济形势很好。农业生产实现了两年灾害一年恢复，粮食产量超历史最好水平，多种经济作物有了较大发展，油菜、烟叶等持续大丰收，茶叶、生漆、桐油、桑蚕、贝母、天麻等增产，生猪发展也很快，农村市场繁荣，物价稳定、购销两旺。社员家庭收入猛增，生活明显改善，农民喜笑颜开。

五

生产责任制好，它极大地调动了广大干部群众的积极性。群众的热情高涨起来了，解决温饱之后还有别的更高的想法吗？敢想致富吗？社会主义的宗旨是什么？是致富！

致富，在当时，很多人可不敢讲！"四人帮"横行时，农村"抓走资派"、"割资本主义尾巴"、"堵资本主义道路"、"批唯生产论"、"抓暴发户"、"挖修根"等等，哪一件不是批富的？谁穷谁光荣，谁穷谁革命，谁富谁挨整。不少人由此得了"恐富症"，想富不敢谈富，盼富不敢抓富，大家只好捆在一起受穷。久而久之，人们在思想上产生了社会主义等于穷、资本主义等于富的观念，出现很多怪现象：思想上反富、政治上批富、经济上限富、门路上堵富、分配上卡富，真是谈"富"色变。

贯彻三中全会精神以来，对按劳分配、家庭副业、集市贸易、发展多种经济、自留山和自留地等问题，已基本解决，干部群众思想解放、政策落实，干部心情舒畅，群众心里高兴，农村面貌一新。但是，极"左"路线的流毒和影响至深，大家谈到"富"字还是心有余悸。

1981年，地委在各种场合反复强调，要把农村致富工作深入持久地开展下去，必须批判极"左"路线，必须进一步解放思想，否则，党的政策再好，也不能很快变成群众的自觉行为；我们有再大的优势，再多的长处，也得不到充分的发挥；我们有再美好的致富愿望，也永远是空中楼阁，变不成致富的现实。"富"的途径有很多：

有"为富不仁"，那是旧社会靠剥削他人发财致富；有"只要能发财，什么都能来"，那是忽视了致富的方向；有"只顾当前，不顾长远"，那是靠破坏生态平衡，违背经济规律来致富……

恩施地区在把农民朝"富"字上引的时候，批判了这些不正确的"致富观"，讲了很多通俗的道理，积极引导农村群众富得好、富得快、富得正、富得长。

关山挡不住，江水东流去。人民群众的潜能一旦发挥，其创造力是无穷的。全区8县156个公社很快掀起致富大热潮，各地靠政策、靠科学、靠本地优势，广开门路，一派生机勃勃景象，一批"冒尖户"很快涌现。户年收入过万元，人年收入过千元，原来想也不敢想，现在已不算稀奇。

六

农村生产责任制实行了两三年，人心思定，人心思富，成了广大群众的现实要求，农村致富开始上路了。但这毕竟只是开了个好头，求发展，谈何容易！

恩施要真正达到小康目标，还有更长更艰巨的路要走。

由于历史、区位等多方面的原因，恩施地区"封闭、原始、小农"的气息还很浓，基础设备落后，工业基础薄弱，这无一不是发展社会化生产的羁绊。

怎么办？地委研究决定县主要负责同志到平原地区考察学习，在宜昌、荆州、沙市等地看了100多个工厂，涉及多种产业、多种所有制形式。在沙市，看了一家残疾人办的鸡毛制品厂，全厂30多名残疾人，靠加工鸡毛毡等产品，打入国内外市场，经济效益很好。看完，我的心如刀绞、如抽丝，在恩施的山山水水里，该还躺着多少活生生的资源没去开发，"鸡毛蒜皮"的东西比比皆是，我们怎么就不能从实际出发，没想到从身边的小事干起呢？看来还是思想意识的问题，"因地制宜"、"实事求是"光挂到嘴边不行，我们已经到了埋头苦干、急起直追的时候了。我们一口气开了三天会，集中讨论了农工商结合的问题。不久之后，又召集全区各县主要领导和地区局以上干部到鹤峰县走马公社开了七天现场会，充分解剖了全区工业的现状，结论是"三少"、"三小"，即"门类少、企业小，品种少、批量小，收入少、步子小"。会议决定，各地一定要从实际出发，切实做到因地制宜、扬长避短、趋利避害。

这一年，我们狠抓交通、原材料，改善生产经营环境；狠抓骨干拳头产品，抓批量生产，提高生产率，由小批量到大批量，由提篮小卖到车拖船运；狠抓科学技术，提高生产力水平，大搞智力投资，立足本地区培养，办好职业学校，搞好技术和人才引进，搞好科技普及推广；狠抓农、工、商一条龙，充分发挥综合经济效益，确定了种植、加工、销售相结合的"十条龙"，即分别以粮食、茶叶等为原材料加工各种精制产品；狠抓财政收支，讲求生财、聚财、用财之道，充实财政收入、解决财力不足，发扬艰苦奋斗精神，把有限的精力积聚起来办实事；狠抓了干部工作作风，坚持"两个文明建设一起抓"，认真转变作风、深入调查研究，总结推广典型经验，加快经济发展步伐。应该说，这一系列的措施促进了恩施农工商的协调发展，推动了全区农村经济向大农业的方向前进。

这一年秋天，根据组织决定，我回到省里工作。

16年后再回恩施，恩施旧貌换新颜，从州府到各县，从城镇到乡村，一派生机盎然。见到了不少老同志，大都已头白脸皱，谈起20年前的改革，现在已觉得有些不值一提，但回想当时沉重艰辛的步伐，谁能说那是一段轻松的经历呢？

在州委的安排下，我走了5个县。沿着当年的足迹，城郭村野，田间地头，我在寻觅着……探访了几家过去的联系户，有些户主已经不在人世，当年的后生小伙的脸上也已刻上了岁月的年轮，他们正热火朝天地干着更大的事业，胖墩墩的小孩子笑得还是那样诚朴，眼睛还是那么亮，只是面对外人，少了他们父辈原来的那份好奇。

现在大搞农业产业化，涌现出一批典型，与当年的"冒尖户"当然不可同日而语。大批大批的年轻人大胆地编织着自己的梦想，无拘无束地施展着身手。他们放眼世界，又都有一个共同的特性，大山的儿子总是那样义无反顾、执著坚定地热爱着脚下的每一片土地，他们深知，那里有根，是生命之源，那里有火，在生生不息地燃烧。

从鹤峰坐汽车回武汉。和往常外出归途一样，我和秘书一起总要概括点什么，或总结，或谈感受，哪怕是只言片语。秘书问我，在恩施5年体会最深的是什么。我直说，是人民群众，人民群众有智慧，是真正的英雄，所有的难题都会依靠群众的智慧和力量解决的。20年前，我始终依靠了两个方面，一是群众，二是干部，而干部又往往是被时代、群众以及群众创造的事实推上形势的。至于我个人，尚觉得脑子放得还不开，步子迈得还不快……

车经老虎口，我们下车体验惊险，雨下得很大，眼前一片迷蒙，脚下深不可测。我想到了徐九经，那是一个封建时代为民作主的代表。今天，我们作为地方领导干部，是否有所作为，在于关键时刻考验自己，是不是真正地坚持了实事求是，是不是真正地想到了人民群众。

（作者时为中共湖北省委常委兼恩施地委书记）

我在蕲春县贯彻中共十一届
三中全会精神的回忆

周北辰

我 1931 年出生于河南孟津县，1948 年参加革命，1949 年 1 月加入中国共产党，同年 3 月南下到湖北，1994 年离休。我曾在黄冈工作 30 多年，难忘的是党的十一届三中全会后我任蕲春县委书记的岁月。现将在蕲春工作的情况追记如下。

贯彻三中全会精神的几项措施

1979 年 3 月的一天，我突然接到中共黄冈地委组织部副部长岑道斌打来的电话，说："地委研究，你的工作有变动，你明天来地委，董书记要亲自找你谈话。"第二天，我就赶到了黄冈地委，地委副书记董舒同志已在办公室等候着。他是河北人，南下干部，抗战时期参加革命的，曾在蕲春县担任过多年的县委书记，又任黄冈地委副书记多年，威信挺高。他对我说："老周呀，你在广济县任了 7 年县委书记，工作干得不错，地委研究，让你参加地委常委，到蕲春任县委书记。"

我到蕲春报到的第二天，在县大礼堂召开县直机关部、办、委、局和厂矿企业领导干部大会。原县委书记张海景同志在会上把我向大家作了介绍，并让我讲话。这次的干部大会，实际上也是对我和张海景同志的欢迎和欢送的交接班会。

会后，张海景同志陪我看望了几位已休息的老同志后，便回地委报到（任黄冈地区计委主任）。我在蕲春县委副书记漆林的陪同下，到全县各公社看了看。

我到蕲春时，正值全国各地认真贯彻中共十一届三中全会的精神，党的工作重点转移到经济建设上来。这是一个战略性的、历史性的、根本性的转变。要贯彻落实十一届三中全会的精神，关键问题是要做好全县干部群众的思想工作。我决定从学习宣传入手，在全县迅速掀起一个学习、宣传、贯彻、落实十一届三中全会精神的高潮。

新中国成立 30 年来，我们一直都是讲"以阶级斗争为纲"，"走社会主义集体化道路"，人民公社"一大二公"的优越性，现在忽然间变成"要以经济建设为中心"、为"地富反坏右分子"摘帽平反、搞"包产到户"，不但很多群众想不通，那些从土改、合作化、人民公社化运动中成长起来的干部更是想不通。他们在解放前都是苦大仇深，在解放后的历次政治运动中立场坚定，旗帜鲜明，爱憎分明，拥护社会主义，是土改、合作化、人民公社时期的积极分子和带头人，他们在这些运动中，作出了成绩，入了党，当了干部。现在一下子转这么大的弯，这让他们怎么想得通呢？干部们总感到"手中无纲，心里发慌"，怕搞右了，搞偏了。有的被过去的政治运动搞怕了，想转不敢转，想抓不敢抓，思想上顾虑重重。有的甚至怀疑三中全会的路线、方针、政策是不是错了。这无疑会给我们的各项工作带来不利影响。

针对这种情况，我主持召开了县委常委扩大会议，先组织大家认真学习十一届三中全会的文件和中央领导的讲话，并研究决定，县委从抓学习入手，组织各级干部认真学习三中全会的文件，学习中央领导同志的讲话，开展真理标准的大讨论。另外，把三中全会的精神宣传到城乡的各家各户。

那时可不像现在有这么好的条件，开个电视电话会议，家家户户都知道，当时的有线广播只能通到大队部，还不能到各家各户。我要求全县开动一切宣传机器，运用各种形式，把三中全会的精神宣传到千家万户，使之家喻户晓。为了弄通人们的思想，在学习、宣传中，我们还紧紧联系思想实际，提出各种问题开展讨论。如，是集中精力搞经济建设、多打粮食多出产品好，还是天天搞空头政治好？搞社会主义建设是调动所有人的积极性好，还是只调动一部分人的积极性好？搞农业生产是因地制宜好，还是搞"一刀切"、瞎指挥好？农业生产是人人献计出力好，还是一切听队长安排、搞大排工好？是允许发展家庭副业、让农副产品上市好，还是"割资本主义尾巴"，限制家庭副业、取消集贸市场好？在大讨论中，同志们思想活跃，发言积极。

一位雇农出身的干部在发言中说："我们在土改时，斗了地主分了田地，后来又搞农业互助组、合作社、人民公社，搞了几十年情况如何呢？如今还是计划供应，吃穿用的样样凭票买，有时手上拿着票还买不到东西，不要说群众，就是我们当干部的也想不通。这样长期下去怎么行？还是得发展生产，搞经济。大山区气候寒冷，上面不顾当地的实际，硬要搞双季稻，结果工费了，钱花了，却只有一半的收成，有的甚至颗粒无收，造成多么大的损失呀！社员出工都由队长安排，做好做坏、收多收少一个样，与他们没有直接的利益关系。所以社员出工是'出门望，走路荡'，'出工如背纤，收工如射箭，一天农活两天干'，'只要点圈（记工分）斗争、不管地荒地瘦'。"

还有一位公社干部说："1976年我们那里割'资本主义尾巴'，把社员们的自留地统统收归集体，还限制各家养鸡，规定每户养鸡最多不能超过三只，一个村子只能养一只公鸡。群众都抱怨说：'这下可累死了公鸡，熬死了母鸡。母鸡下的蛋都抱（孵）不出小鸡，这是砸破了盐罐，端走了菜坛。'这一割资本主义的尾巴，结果把群众的积极性给割掉了。第二年，我们公社的粮食产量减少了300多万斤。"

就这样，大家你一言我一语，既批判了过去的极"左"路线，又加深了对贯彻十一届三中全会精神重要性的理解和认识，澄清了糊涂观念，从思想上达到了共识。在此基础上，县委本着实事求是的原则，对当前群众反映强烈的问题采取了以下几项措施：

一、核算形式上，把84个大队由大队核算恢复为生产队核算。前几年，有一批生产队核算过渡到大队核算，因规模过大，不利于生产和管理，群众意见很大，要求分开，经过征求意见，我们作了调整。调整之后，生产队核算单位由1978年的140个增加到1462个。

二、劳动记酬上，改变过去"记大寨工"的方式，实行按劳分配的原则，纠正平均主义。

三、取消年人平口粮不超过600斤、食油不超过6斤、纯收入不超过150元的限制。

四、将过去收归集体的自留地退还给社员。

五、县委成立专门班子，平反冤、假、错案。对1966年以来的3083件案子，根据有关精神，本着"实事求是，有错必纠"的原则，重新调查，逐案审议，为1480人重新作了结论，落实了政策。同时，先后接待、处理了各种上访人员和信访材料4023件，赴京上访的9起案件、赴省城上访的10起案件全部结案，赴黄冈地区上访的8起案件已结案5起，为稳定社会起了重要作用。

六、对当时社会上出现的封建迷信和干部、群众反映强烈的刑事犯罪活动给予了严重打击。比如，4月上旬，全县共发现封建迷信活动点57处，涉及17个公社，修建新庙宇7座，恢复庙宇旧基36处，每天参与封建迷信活动的达几百人。有的装神弄鬼，看相算命；有的制造妖言，迷惑群众，在社会上造成混乱，严重影响了当地的春耕生产。对社会上出现的这种现象，我们主要是充分发挥公、检、法部门的作用，抓紧进行法制教育和破除封建迷信的教育，同时对于严重危害社会秩序的犯罪活动，该打击的及时给予打击，以维护社会政治安定，保障正常的工作秩序、生产秩序和社会秩序，为工作重心的转移创造一个安定团结的政治局面。

在对生产关系作出重大调整之后，我们遵循自然规律，调整了农业生产布局。在大山区，改变过去的油稻稻、肥稻稻的三熟制，种植以芋稻、油稻为主的两熟产品。对其他一些地方的水稻、棉花、苎麻及其他经济作物也作了适当调整。由于我们调整了农业布局和耕作制度，使当年全县的经济效益有了显著提高。全县的早稻面积虽然比1978年减少了3万多亩，而产量却增加了1370多万斤；中稻面积增加了2万多亩，产量增加2000多万斤；棉花面积减少7000多亩，产量却增加了70多万斤；还扩大了"两麻"（苎麻、黄麻）种植面积，"两麻"多收120多万斤。其他多种经济作物，如花生、芝麻、生姜、荸荠、瓜果等，都比往年种得多，农民收入大幅度增加，群众的生产积极性空前高涨。

在调整农业生产布局中，一个带有全局性的重大突破，就是油菜在全县的推广。当时广济县是全省油菜生产的先进县，而与之近邻的蕲春县却是另外一个天地，不仅种植面积少，而且品种多是本地型，农民人平年吃油不到半斤。我到蕲春后，便到处宣传种植油菜的好处。当年县委作出决定，学习广济县和本县新生活人民公社种植油菜的经验，使油菜种植面积迅速扩大。在1979年6月下旬召开的全县四级干部大会上，县委大张旗鼓地表彰了27个夏粮、夏油生产先进单位和13个油菜籽过百万斤的公社，奖品是拖拉机、柴油机，在全县引起强烈反响。自那以后，蕲春县的油菜生产一年一个新台阶，1980年油菜籽产量达1869万斤，1981年又上升到2458万斤，比1979年增长64.4%。

在对农业生产布局进行调整的同时，县委还狠抓了基层党组织建设，对部分大队党支部书记作了些调整，起用了一大批德才兼备的新干部。有40名过去因为有些这样那样的问题而被撤下来的大队党支部书记，对他们进行了考核，符合条件的重新启用。这批干部上任后，精神振奋，斗志昂扬，较快地改变了大队的面貌。

现在看来，在农村撤换一个干部很容易，但用准一个干部、用好一个干部很不容易。一个党支部书记关系到一个大队上千号人的命运，用准了，就能为社员群众造福；如果上面随便撤换，不仅不能提高社员群众的生活水平，还会脱离群众。

为了帮助基层贯彻落实十一届三中全会的精神，县委组织了干部工作组分驻各大队，以加强对农村工作的领导。对向基层派工作组，开始也有不同意见。有的同志认为："现在十一届三中全会已开了，还派工作组下乡驻点，是不是搞包办代替？瞎指挥？"经过讨论，县委认为派工作组没有错。现在实行党的工作重点的转移，没有现成的经验可取，这就更需要派工作组，深入实际开展调查研究，取得工作经验。但是，我们派工作组的方式方法要改变，要改变过去搞政治运动的那一套，不搞"一批二斗"，不搞"包办代替"，不搞"瞎指挥"。思想认识统一后，县委组织了县、社、管理区三级单位的1200多名干部分派到475个大队驻点帮助工作，受到当地群众的欢迎。很多大队在工作组的具体帮助下，农业生产出现新气象、新变化，起到了以点带面的作用，推动了全县工作的开展。彭思公社得胜大队原是公社党委的点，也是有名的"老大难"大队，生产上不去，群众生活十分困难。1975年，彭思公社曾向这个大队派了"路线教育工作队"。工作队一进村，就从抓"阶级斗争"入手，将第二生产队一个被怀疑为偷谷的社员何立志作为斗争对象，到何家搜查，将其捆绑吊打，最后罚他30个工、赔300斤谷。何不服，到处申诉，弄得大队、公社层层不安。这次工作组进村后，对这个案件重新进行了审查，查出何立志没有偷谷，将罚他的工分和300斤稻谷如数退还。何感激不尽，逢人就说："还是三中全会精神好，工作组干部作风好！"还有，过去"路线教育工作队"怀疑这个大队的团支部书记有"破坏军婚"问题，对他又是批又是斗，整得这个青年人要跳塘自杀。群众都说："那时工作队一来就到处找'活靶子'，整了干部整群众，叫人日子真难过。"由于搞阶级斗争扩大化，以致从1970年到1978年这9年间，得胜大队的农业生产一直徘徊不前。这次工作组进村后，从落实政策入手，广泛听取群众意见，帮助他们一心搞生产，使这个大队的面貌彻底发生了变化。1979年，得胜大队粮食总产量比上一年增长了48%，集体收入增长了42.9%，社员收入增长46%，向国家上缴粮食100多万斤。干部高兴，群众满意。

1979年，可以说是蕲春县大转折、大变化、大丰收的一年。在十一届三中全会精神的指导下，由于农村各项经济政策的落实，农业内部结构的调整，经营方针的进一步贯彻，有力地调动了干部群众的积极性，促进了农业生产快速的发展。全县粮食总产达到 7.2 亿斤，比 1978 年增长 66.9%；皮棉总产 495 万斤，增长 16.8%；油料 1621 万斤，增长 82.9%；生猪生产数 44.2 万头，增长 4.3%；农业总收入 1.4452 亿元，增长 22.5%；农民人平均纯收入 114 元，比 1978 年增加 25 元；向国家贡献粮食 1.8 亿斤，增长 29.6%；贡献油籽 125 万斤，增长 1.15 倍；大队集体积累 1900 万元，是 1978 年的 1.38 倍；人平口粮 587 斤，比上年增加 11.6%；人平食油 6.5 斤，增加 1.03 倍。群众都说："千好万好，比不上十一届三中全会精神好！"

为"地富反坏右分子"摘帽

当时，在贯彻落实十一届三中全会精神的过程中，蕲春县委感到最难做、最棘手的工作有两件：一是在农村推行联产承包责任制，让一部分人先富起来；再一个，就是处理过去的遗留问题，给"地富反坏右分子"摘帽，平反冤、假、错案。

处理历史遗留问题，落实政策，之所以难度大，最突出的就是干部、群众思想不通。不要说他们当时不通，就连我这样的县委领导干部当时也不是很通的。尤其是那些从枪林弹雨中闯过来的老革命、在清匪反霸和土改运动中成长起来的贫雇农干部，同他们一谈起平反冤假错案，他们就说："那些都是我亲手搞的，怎么会是冤案、假案呢？我们都是吃'白饭'的？"当你谈到为"地富反坏右分子"摘帽，他们的火气更大。一位老土改根子说："那些地主、富农解放前欺压我们尚且不说，土改时是我斗的，他们有的祖父、父亲还是我亲手镇压的。现在给他们摘帽子，他们不反攻倒算、想法报复才怪！我实在想不通，怎么'参加革命几十年，一夜回到解放前'了呢？"

株林公社株林管理区党委副书记陈某某也和我说过："周书记，为'五类分子'摘帽我日夜想不通，就是砍了我的头也想不通。我是一个土改时提起来的干部，在旧社会熬了 20 多年，吃够了地主、富农的苦头。土改时，好多地主富农分子是我亲手批斗的。这些年来，不少地、富分子和他们的家属一直对我怀恨在心。现在一下子要为他们摘帽，不讲阶级，不要成份，我不是瞎得罪人？地、富分子不感到好笑吗？我认为，'五类分子'的帽子即使要摘，也只能是逐步的，重在表现，通过评审，分批分期地摘帽。那种不管三七二十一，凡是'四类分子'就都摘帽，凡是右派分子就都安排工作的作法，我是不同意的。例如，我们管理区矿山大队五生产队就有这么个人，他既是右派分子又是反革命，家庭出身地主，解放前当过国民党的空军营长，他老婆也是右派分子。这次不但他被安排在中学教书，连他的老婆也作了安排，以后他的儿女可能还要安排。不少群众反映说：'现在贫下中农没翻身，五类分子却翻了身'。"

对这些同志提出的问题，我们没有责难他们，也没有给他们扣帽子、打棍子，而是积极引导他们总结过去的历史经验教训，开展真理标准问题的讨论，用三中全会的精神解释党的工作重点转移和为"地富反坏右"摘帽的意义，排除来自"左"的和右的两个方面的干扰，从而澄清了一些同志的糊涂思想观念，使广大干部、群众的思想能够自觉地统一到三中全会的精神上来，统一到以经济建设为中心的大目标上来。

通过学习，干部、群众在认识上有了很大提高。例如，株林公社三角山管理区党委书记陈济安说："在为'地富反坏右分子'摘帽的问题上，我原来也是思想不通。后来通过学习中央的5号文件，我想通了。我认为，党中央作出的这项决定是完全必要的，一是为了朝前看，化消极因素为积极因素。摘掉一顶帽子，调动几代人。搞革命，搞建设，多一个人总比少一个人要好，实现四个现代化需要调动千百万人一齐努力干。二是解放近30年了，地主、富农分子也改造有二十八九年了，右派分子接受改造也有20多年了，从实际情况来看，他们当中的绝大多数已经改造成了自食其力的劳动者。同时，摘帽要经过群众的评审，中央已经讲得很清楚，现在给这些人落实政策、给出路，是有利而无害的。三是摘帽对统战工作有利，对解放台湾有利。我们应该认真贯彻执行中央5号文件精神，把摘帽工作做好。"

县委研究决定，组织由县公安局、法院、刘河公社组成的工作组，在石马管理区的董畈、黄金寨、张畈三个大队办"四类分子"摘帽工作试点。这三个大队共有"四类分子"66名，这次给其中的61人摘了帽，纠正错戴（帽）、错管（制）的3名，为地主、富农家庭第二代共225人重新划定了成分，为第三代的182人修改了家庭出身。另有两名因至今没有改造好，暂缓摘帽，并落实了对他们的监改措施，什么时候改造好了，就什么时候给他们摘帽。这次的试点工作是分三步进行的：第一步，宣讲文件，提高认识；第二步，深入调查，摸清底子；第三步，群众评议，张榜公布。

通过这次试点工作，落实了党的政策，使消极因素转化为积极因素，真正调动了社员的积极性。董畈大队原"反革命分子"王南村，摘掉帽子后感动得热泪盈眶，他说："我要以实际行动感谢贫下中农对我的改造，我有两个弟弟在香港，有个亲戚在台湾当中校，我要想办法写信把他们找到，做他们的工作，为台湾早日回归祖国贡献力量。"张畈大队原"地主分子"胡连西，摘帽后说：

"我今年有 70 多岁了，虽然老了，但还要自食其力，报答党的恩情。以前我想早点死，现在我想多活几年，为农业现代化多出一把力。"一些地主、富农的子女也都反映说："过去，我们背上家庭出身不好的包袱，干活没劲头，现在包袱甩掉了，我们要舍死亡命地干，为四个现代化贡献自己的力量。"广大干部、群众都高兴地说："党的政策真英明，摘掉一顶帽，调动几代人！"

试点工作一结束，一个贯彻中共中央〔1979〕5 号文件、为"四类分子"摘帽的行动便在蕲春县迅速铺开。由于有试点经验作指导，因此落实政策的工作进展十分顺利。全县 5908 名"四类分子"，摘掉帽子的有 5600 多人，改错的有 46 人，对群众通不过的 262 人则实行缓摘。另外，还为 333 名"右派分子"平了反。

全面推行联产承包责任制

十一届三中全会后，带给中国社会大变化、大转折的另一个显著特点，就是在农村全面推行联产承包责任制。随着农村政策的大幅度调整，农村生产的变革在底层开始涌动。从安徽到四川，从黄河两岸到长江边上，以联产承包、包产到户、包干到户的各种经营形式在各地农村开始出现，中央给予了肯定和支持。但在指导思想上，中央没有搞"一刀切"，而是要求各地从实际出发进行探索。

对于分田到户，人们并不陌生。三年自然灾害中试验过，"文化大革命"中又批判过，一听说要搞联产计酬，要搞大包干，人们好像碰上了"高压线"，非常紧张。回顾土改以来所走过的历程，黄冈地区可以说是在集体化的道路上走得最快、在全国最有影响的地区之一。浠水县的饶兴礼率先在全省第一个成立了互助组、合作社。1958 年，毛泽东主席说"人民公社好"，黄冈便闻风而动。当时，我在黄冈县任县委常委、宣传部长兼黄州指导组长。县委觉得黄州是地委、行署所在地，要尽快成立人民公社。我当时也认为：毛主席都说人民公社好，那就是好。不好，毛主席怎么说好？我们不仅要办，而且越快越好。经过一番紧张的筹备，黄州人民公社在一片喜庆的锣鼓声中宣告成立。从那以后，我们一直走的是人民公社的集体化道路。现在一下子来了个 180 度的大转弯，大搞包干，加上黄冈地委一直不明确表明态度，我不敢贸然行动。对这样的事，我是有过教训的。"文革"前，我在黄冈当指导组长时，下乡检查生产，发现棉花除草不干净，我就在白衣大队搞了棉花锄草分段计工，连续操作，效果很好。这件事被地委一位领导知道了，便找到我说："你不要光看草少了，但人们的集体主义思想也少了，把它改过来吧!"因这件事，后来组织上在给我作鉴定时，还写了一条从来没有过的"思想右倾"。

鉴于上次的教训，我在蕲春县推行农业生产联产承包责任制的初期，存在着一些顾虑，有着等等看的思想，因而不敢放开手脚大胆搞。有的干部还提出："这样一分，牛不够怎么办？农具不够分怎么办？年轻人不会种田怎么办？水利灌溉怎么搞？推广农业技术怎么搞？无劳力户、军烈属户、五保户怎么办？农业机械化还怎么实现？"他们的思想顾虑重重。但农民群众却很欢迎，包产到户不胫而走，人们纷纷议论着包产到户的好处，有的干脆动手干了起来。此时，各级干部还是持观望的态度，举棋不定。在马畈办试点时，我的意见是：将好田、好地留给集体种，坏田、坏地分给个人种。别人讲分田到户，我还处处讲要保护公社、大队和生产队的所有权、自主权，坚持壮大集体经济等。不少干部、群众批评说："上边放，下边望，中间有个顶门杠。"这句话对我的触动很大。我从参加革命工作时起，就告诫自己时刻听党的话，党叫干啥就干啥，尽管自己文化水平不高，但对党是忠心不二的，无论什么工作都是尽最大努力做好。在这场农村的大变革中，怎么成了"顶门杠"呢？既然中央有政策，群众有要求，外地也有经验，我不能再等待观望了，必须紧跟当前的形势，走在社会变革的前头，勇敢地担当起领导全县农村改革的责任。

听说毗邻的安徽省太湖县农村已实行了责任制，而且搞得很好，我就带着一批县委常委和公社书记去太湖考察。到了那里，我们没有与太湖县委打招呼，而是直接到田间地头看，找农民群众了解情况。当地的农民告诉我们："实行生产责任制后，我们再也不为吃饭着急了，生产自由了，不仅种田，还可以搞家庭副业，粮也有了，钱也有了，现在就担心这个责任制搞不长，怕政策会变。"这样的参观考察，比找县里干部谈要直接得多，受教育深刻得多。考察回来后，我要求每个公社党委书记亲自办一个队的试点，成功与否不要紧，但必须亲自动手。我回到县里，听到县委办公室的同志讲，有一批生产队已经自发搞起了责任制，他们掌握了一些情况。于是，我又带着办公室的干部，一个队一个队地作走访调查。这些队的干部群众听说我们是来总结经验、向他们学习的，都很高兴，把他们自发搞责任制的情况作了汇报。我听后，尽管感到还有很多不完善的地方，但由于增了产，群众满意，干部也高兴。我一连走访了7个生产队，这几个队都搞了责任制，有的搞了一年，有的才两个月，在方式方法上也各有不同。我前面讲的有些干部所担心的那么多怎么办，在这些搞了责任制的生产队都有了具体的解决办法，从而解开了我心中的疙瘩，消除了顾虑。人民群众的确是有无穷的创造力，很多事情坐在办公室里是想不出来的，但是群众有办法。

调查结束后，我主持召开了县委常委会，向大家汇报了调查的情况。这时，常委们的认识统一多了。经过讨论，他们都说，在农村实行责任制看来是大势所趋，势在必行。一致认为，与其让群众自发地搞，不如有领导、有组织地搞；与其被动地搞，不如主动地搞；与其迟搞，不如早搞。最后，常委会决定，在秋播之前的 8 月份召开全县四级干部大会，全面推行家庭联产承包责任制。大会的动员报告当然是由我来作，我集中精力作好报告的起草工作。为了排除工作上的干扰，我带着县委办公室几个"笔杆子"住到远离县城的太平水库，每天学习中央文件，研究政策，研究外地经验，用了一个多星期才写完初稿。然后，我又主持召开有各公社书记和县直各部、委、办、局领导参加的县委常委扩大会议，反复讨论、修改这篇讲话稿。在准备大会主题报告的同时，县委又派出调查组总结各地责任制的经验，并且组织专门班子在新生活公社芝麻山大队第二生产队办责任制试点，取得经验，用来指导全县。

1981 年 8 月 21 日上午，全县四级干部大会在县大礼堂举行，黄冈地委宣传部长方道南等几位同志特意赶来参加了会议。我在大会上作了主题报告，主要讲了形势、建立责任制以及应注意的问题，责任制问题是这次会议的中心议题。

我们要建立什么样的责任制呢？我在报告中讲了实行责任制的五种形式：

第一种形式是专业承包，联产计酬。这种形式在生产队统一经营的条件下，分工协作，按劳力的擅长和能力的大小，分包农林牧副渔工商各业。各业的包产，又根据方便生产、有利经营的原则，把各种活路分别包到专业队、专业组、专业户、专业工，联系生产成果计算报酬，简称"四专一联"责任制。

第二种形式是联产到组。这种形式把擅长不同活路生产的劳力划分为不同作业组，然后将耕地、农具、种植面积、包产指标、肥料、种子等分配到组。队对组实行定工、定产、定成本，超产和减产奖赔，最后按各组的生产成果算报酬，生产队统一核算分配。

第三种形式是统一领导，联产到劳。这种形式是坚持"三不变四统一"，即坚持集体所有制、按劳分配原则、基本核算单位不变，在统一种植计划、统一使用耕畜农具、统一调配劳力、统一核算分配的条件下，按劳或人劳比例分地、定产，以产计分，实行按比例奖赔或全奖全赔。

第四种形式是包产到户。这种形式是生产队把耕地按劳力或人劳比例落实到户，队对户签订合同，包产量（产值）、包工分、包费用，超产或减产奖赔。

包产部分生产队统一核算分配，超产或减产部分可全奖全赔或按比例奖赔。

第五种形式是包干到户。这种形式是在坚持基本生产资料公有制的前提下，生产队把耕地按人口或人劳比例承包到户，耕畜和农具固定到户管理使用，国家的征购任务、集体提留部分，分别落实到户，通过经济合同形式来保证承担任务的完成。简单说，就是"保证国家的，留够集体的，剩下的都是自己的"。

联产计酬责任制的这五种形式，每一种形式都有它的共同点和不同点。既然是责任制的一种形式，在进行选择的时候，都应该允许。对于包产到户和大包干，中央75号文件指出："在那些边远山区和贫困落后的地区，长期'吃粮靠返销，生产靠贷款，生活靠救济'的生产队，群众对集体丧失信心，因而要求包产到户的，应该支持群众的要求，可以包产到户，也可以包干到户。"解决"三靠队"的贫困问题，"不要限于包产到户一种办法去解决"。群众不愿包产到户和包干到户的，同样不能勉强，可以采取其他措施，对症下药，解决问题。总之，不可拘泥于一种模式，搞"一刀切"。要发动群众民主讨论，共同商议，权衡利弊，自由选择，根据少数服从多数的原则，提出本队要建立哪一种生产责任制，由党支部研究，社员代表大会通过。在这个过程中，必须相信群众，尊重群众意见，不能包办代替，不能以少数人的意见强加于多数人。经过群众讨论，选择的生产责任制，一经确立以后，就要发动群众民主讨论如何解决各种责任制中的具体问题，这些具体问题的处理，要从"充分发挥集体优越性和调动个人积极性，正确处理国家、集体和个人三者关系"这个原则出发。

在劳力组合上，大队和生产队如何根据生产项目的特点，确定劳力组合，要很好研究。可以根据宜统则统、宜分则分的原则，适合到队到组的就到队到组，适合到户到劳的就到户到劳。专业承包要根据各人的技术特色，擅长什么专业就搞什么专业，适合什么工种就搞什么工种。一户中有几个劳力的，可以既有搞农业的，也有搞多种经营和工副业的。可以因事设人，也可以因人设事，做到各尽所能，使各人都能发挥特长，发挥优势。

在耕地的承包上，前一阶段，各地划分面积的办法不尽一致，有全部按劳力的底分划分，有的全部按人头划分，有的按劳七人三的比例划分，还有的按人、劳各半的比例划分。到底怎么搞，大家讨论。看来划分承包面积按劳力底分为主，同时兼顾人头的办法比较好，一般以人三劳七的比例为宜。

在定产上，有的根据耕地上的土质好坏、水程远近来定；有的把田地分等，以等定产，好坏搭配，尽量不把大田分成一块一块的；定产的基数，一般以近三年平均水平为准。到户的办法，有的是协商，有的是拈巴（即抓阄），这样一拈把近田拈成远田。是协商好，还是拈巴好，我说拈巴就不如协商，协商的工作量虽然大一些，但有利于生产。

在投资上，要从勤俭节约和生产合理需要的原则出发，发动群众制订各项作物的费用定额，按承包面积的不同等级落实到户，包干使用，超过不补，节约归己。

在耕牛和农具的划分上，各地的办法也不相同。一般的都是先将耕地分类排队，划分等级，根据耕牛的头数和等级计算每头牛应担负的耕地面积，然后确定几户共用一头牛，组成用牛联户，实行保本保值。对耕牛的喂养，有的是生产队集中喂养，有的是在联户内轮流喂养，还有的是由联户派专人喂养，饲料和养牛报酬按联户中各家承包的耕地面积分摊。实践证明，后一种办法比较好。犁、耙、磙、秒等大件农具，一般的是由集体购置配套齐全后，采用随牛走的办法，划分到联户，做到一牛一套，既便于使用，又有利于管理。

各承包户的粮食脱粒入库后，要按超产的实绩张榜公布，对超产多的表彰奖励，对超产特别多的给予一定的物质奖励，营造一种增产光荣、超产有功的氛围；对超产少甚至没有达到定产指标的，就帮助总结，查出原因，制订增产措施；对明显超了产而又不上报、不交公、私自处理的，要进行批评教育，情节严重的要实行经济惩罚。

在集体用工上，实行责任制后如何保证农田水利建设和集体其他公务和需要，以及集体用工怎么提取、怎么到户呢？各地在年初制订生产计划时，就应把集体用工列入全年的各项合同中，再按劳力应担负的用工落实到户。这样，集体有计划、社员有准备，就保证了集体用工的需要。

对烈军属的照顾，仍然按原规定的优抚待遇不变，列入合同，统一提取；对五保户的生活，也要按原来的规定办法执行。随着生产的发展和社员生活的提高，对他们的照顾标准也相应提高，使他们的生活不低于一般社员的平均水平；对劳力弱的困难户，可以少包田或不包田，由生产队安排他们从事力所能及的劳动，尽量增加他们的集体分配收入，并帮助他们开展家庭副业，使他们收入逐年有所提高。大队和生产队在分配化肥、农药和农贷时，应优先考虑烈军属和困难户，对劳力弱、缺技术的烈军属、困难户，生产队要派人给予帮助、指导，解决他们生产上的困难。

在合同的签订上，怎么订好也要认真考虑。合同制是用经济手段管理经济的一种办法，为了保证联产责任制的落实和兑现，应把合同制推广到责任制中，通过合同把承包的产量、产值、投资、报酬和奖赔的办法，用契约的形式固定下来，使签订合同的双方都承担义务。此合同可以一定两三年不变。今后即使要变，也得通过群众讨论。

我在报告中还强调，不论实行哪种形式的责任制，我们的干部都要加强领导，履行好自己的职权。各种责任制建立后，干部有权使党的各项方针政策在本队实施；有权因地制宜地安排生产计划；有权维护集体财产和利益不受损害；有权安排农田水利建设和其他公务；有权管理、安排使用农业机械和水源；有权抓承包合同兑现；有权执行上级关于计划生育的规定和办法。社员也必须同样履行以上义务，服从领导。

在建立和健全农业生产责任制中，还应注意以下几个问题：一是切实保护集体财产。对集体原有的房屋、仓库、农机具等固定资产，要逐项清理，造册登记，做到件件有着落，管理有制度，使用有办法。二是农村社队的土地都归集体所有，并统一管理。社员承包的耕地和划分的自留地，只有使用权，不准私自买卖、出租和转让，不准在责任田以外的地方扩大耕地面积。三是要巩固、发展社队企业。四是对现有的农田水利设施，要严格管理，不准任意毁坏，大队、生产队对水利设施要经常检查，抓好维修。五是在社队管理体制和核算形式上，总的指导思想是稳定。

我在作报告时，与会代表听得非常认真，整个会场1000多人，除了我讲话声外，听不到一点杂音。

会议结束后，各级干部回去迅速传达贯彻会议精神，盼望以久的家庭联产责任制终于在全县各地农村广泛实施了。基层干部从实际出发，选择了群众所欢迎的具体形式。经过两个月的工作，全县5518个生产队中，就有4694个生产队实行了联产到劳，占85.1%；535个生产队实行了包产到户，占9.7%；48个生产队实行分组作业，联产计酬，占0.9%；160个生产队实行小段包工，占2.9%；39个生产队实行包干到户，占0.7%；31个生产队实行专业承包，占0.6%。

县委还宣布：各种责任制形式一经确定下来，一律承认，不经群众讨论不准随意变动。

由于联产承包责任制是刚刚从旧体制脱胎出来的新生事物，一方面给农业生产带来极大的活力，另一方面难免有很多不完善的地方。事实表明，责任制建立起来后并非就万事大吉，还必须进一步规范、探索。农业技术推广、保护集体财产、干部的领导方法等方面出现的问题比较突出。

责任制建立起来后，科学种田是个大问题。过去是实行大排工，队长叫干什么社员就做什么，农业技术服务有技术队长、技术员来搞。可现在，耕地承包到了户，一户就是一个生产单位，很多农民不懂科学种田。我带着县委办公室的干部下乡搞调研时，就发现有70%以上的农民不懂科学施肥，不懂防虫防病，不懂科学浸种、下秧。有的施化肥过猛，造成农作物疯长；有的打农药不对路，不仅没有灭到病虫害，反而把农作物打死了。至于白叶病、卷叶螟、黄矮病、白粉病等这些连农业技术员都不一定搞得清楚的农作物病虫害，普通农民更是一无所知。针对这种情况，我在各种会议上都反复强调，要搞统一技术指导，每个生产队要有专人抓技术工作，负责病虫害的测报、除虫防病。我说的这个"统一"与过去的"集中"有着本质上的区别，它实际上就是现在的社会化服务的雏形。这样一抓，使情况有了迅速好转，县、社各级农技人员纷纷下乡为大队、生产队培训农业技术员，并为他们免费提供技术资料，还有一部分技术员直接搞技术承包。这就大大推动了农业技术的普及，使很多农民掌握了常用的施肥、植保、用种等农业技术，其中一部分人后来还成了当地的"土专家"。

在实行联产承包责任制之初，尽管县委反复强调要"切实保护集体财产。对集体原有的房屋、仓库、农机具等固定资产，要逐项清理，造册登记，做到件件有着落，管理有制度，使用有办法"，但在实施过程中还是走了样。有的把队里的农业机械拆散，将部件分给农户；有的机械不能拆，就干脆卖了分钱；有的将集体林场分给农户后，一夜之间就将树木砍个精光。这些情况表明，长期受压抑的农民一旦摆脱了束缚后，在生产积极性得到空前发挥的同时，其"小农意识"也暴露无遗。对此，县委专门召开会议，要求各地农村必须切实保护好集体财产，这是农民辛辛苦苦几十年的积累，决不能一分了之。对农业机械要承包到人，实行统一服务；对集体的不动资产，要落实责任管理人；对可变卖的资产要及时变卖，但变卖的收入不能分掉，必须用于发展集体生产；对一些闲置的资产，要尽可能利用起来发展社队企业；对集体林场、渔场、果园场等可以实行统一管理、统一经营，也可以承包到户，双层经营。这样，就把集体财产的管理逐步纳入到了规范管理的轨道上，为后来创办乡镇企业打下了良好基础。

实行责任制后如何加强领导，当初一些干部对这个问题认识不足。有的干部认为，既然实行了承包制，农民自己知道怎么做，干部不必操那么多的心；还有的认为，长期以来干部对农民实行集中管理，与群众"结怨结仇"，现在干部可以撒手不管了。这些思想都说明，有相当一部分干部把尊重农民的自主权与加强领导对立起来，自觉或不自觉地放弃了对农村工作的领导，尤其是大队、生产队的干部表现得更为明显。针对这种情况，县委组织调查组，调查总结了三渡公社三渡大队、桐梓公社龙溪大队十一生产队等单位联产到劳后干部开展工作的经验，并向全县推广，引导各级干部面对新形势，研究新问题。县委一再强调，建立责任制后，基层干部一是要振奋精神，真正负起领导责任；二是要抓落实，把责任制的各个环节落到实处；三是要解决推行责任过程中出现的新情况，新问题；四是要带头种好自己的责任田，努力把干部的责任田种成"示范田"、"样板田"；五是要改进工作方法，干部要驻点、进队、包户；六是要建立干部工作责任制、目标责任制，实行奖赔制。

从推行联产承包责任制的整个过程来看，蕲春县委在这个大变化、大转折的面前，开始有些情况不明，行动有些迟缓，但后来态度是坚决的，执行是果断的，效果也是明显的。

生产关系的变革极大地促进了生产力的发展，使蕲春的农村面貌发生了巨大变化。如刘河公社黄坪大队五生产队，1980年人平分配仅61元，口粮480斤，建立责任制后一年就大翻身，粮食比上年增长71.6%，油料增长3.3倍，皮棉增长83.4%，总收入增长93.7%，人平收入比上年增长1.3倍。彭思公社叶塆大队有12个生产队，1个队实行联产到劳，1个队实行联产到组，10个队实行定额计酬，16个副业组全部实行了专业承包，一年生产大变样，粮食增长35.1%，皮棉增长12%，油料增长了3倍，总收入增长20.6%。张塝公社歇肩岭大队二生产队，地处海拔700米的山上，社员胡全文承包的15亩田，共有129丘。全家勤劳苦干一年夺得了丰收，粮食超产了7710斤，超收入1384元；油菜籽超产133斤，超收入66.5元；芝麻超产80斤，超收入69元。总计超承包合同收入1526.15元，加上工分收入1501.4元，全家农业生产共收入3021.55元。加上全家副业（养猪、种生姜、山药等）收入518元，总收入达3531元。过去，胡全文是全队有名的困难户，欠债884元。没想到实行责任制后的第一年，他就还清了所有债务，还积攒了2000多元。胡全文高兴地说："责任制，想得巧，深山独户包产好，超产多得贡献大，党的政策是法宝。"

1982年6月底，我调回黄冈地委工作，由梅玉成同志接任蕲春县委书记。

贵州农村改革

实事求是敢于决策的池必卿

王朝文

池必卿同志在贵州工作的时间比较长，所办的事情比较多。但我认为，最有价值最有意义的还是他在贵州敢于决策，从贵州农村的实际出发，放宽农业政策，支持推行包产到户。这件事是最主要的，值得大书特书。

贵州农村的自然条件较差，农业生产水平不高，农民生活也很贫困。全省农业合作化以来，直到党的十一届三中全会以前，一些贫困地区和偏远山区的农民群众，自发地偷偷搞包产到组甚至包产到户、包干到户，实际上改变了"三级所有，队为基础"的体制。他们认为这样才能搞好农业生产，解决吃饭问题，可以避免"吃大锅饭"、出工不出力、生产积极性低的现象。

1978 年 3 月，关岭自治县顶云公社根据当地实际和群众要求，在 16 个生产队实行"定产到组，超产奖励"的生活责任制。当年增产效果比较明显。同年 11 月 11 日，《贵州日报》在头版刊登了《定产到组姓"社"不姓"资"》的报道，介绍了顶云公社的做法，并在编者按中肯定了"定产到组"的社会主义性质。广大农民把这称为不是红头文件的"11 号文件"，全省各地实行定产到组的生产队迅速扩大，有的地方还实行了更为彻底的包产到户、包干到户。他们理解现在的政策放宽了，能搞包产到组，也能搞包产到户。这就连起来了。

随着贯彻党的十一届三中全会精神，广大干部群众受到极大鼓舞，因地制宜地实行了各种形式的农业生产责任制。尤其是包产到户和包干到户的发展很快。从 1979 年秋收开始，到 1980 年春耕大忙前，贵州农村实行包产到户、包干到户的生产队越来越多，农业生产责任制的变革实际上呈现出不可阻挡之势。

党的十一届三中全会召开以后，公布了《关于加快农业发展若干问题的决

473

定（草案）》和《农村人民公社工作条例试行草案》两个农业文件，还传达了小平同志的重要讲话。我理解有两点最重要。第一点是反复讲实事求是，从实际出发的思想路线；第二点是千方百计把农业搞上去，解决好城乡人民的生活问题。

1979 年 4 月，贵州省决定成立农业领导小组，协助省委抓好农业工作。当时我任省委常委、省革委副主任，兼科委主任，搞科学、教育、卫生、体育和民族方面的工作。1979 年 5 月以后，我调整到农业战线搞农业工作。常委里头搞农业的还有张玉环，老同志有吴肃、张军直，那时人比较多，也比较强。1980 年 1 月 4 日，中央批准我为贵州省委书记，同月省革委改为省人民政府，我当选为副省长，分管农业工作。池必卿同志是贵州省委第一书记，苏钢同志是省委书记兼省长。对于当时农村出现的包产到户和包干到户，起初省委的意见是要纠正。1979 年 12 月，省委四届四次全会通过《中共贵州省委关于搞好国民经济调整工作的决定（草案）》，重申"要坚持人民公社三级所有，队为基础的体制"，强调"三不许"，即不许以作业组为基本核算单位，不许分田分土单干，不许超出中央规定的界限搞包产到户。1980 年 1 月，省委转发《贵州省农村人民公社经营管理座谈会纪要》，再一次强调"三不许"的规定，并要求"对分田分土单干和包产到户的生产队，要做艰苦细致的工作，在春耕大忙前，把容易纠正的先纠正过来，恢复集体生产"，其余的也要"确定纠正的步骤和方法"。

这个文件下发以后，全省各地立即派工作组对违反"三不许"的行为强行纠偏，打算坚决纠正一些地方出现的包产到户、包干到户现象，及时扭转所谓"走资本主义道路的歪风"。这种强行纠偏的做法，遭到了广大农民本能的抵制。有的地区向省里"告急"，省里也很被动，形成了"顶牛"的严峻局面。

省委三令五申不准搞包产到户、包干到户，对这个大是大非的政策问题，我是知道的；省委下发的纠正包产到户、包干到户的文件，我也是同意了的。但是农村包产到户、包干到户的势头很猛，农民群众要搞，又该怎么办呢？我感到不晓得怎样搞才好。

正在这个时候，铜仁地委副书记韩德林、副秘书长钱云洲联名写信给中央的华国锋同志，也抄了一份给我。信里说："我们山里东一家西一家，居住分散，有的已包产到户。看来（这种情况）死活也不能说是资本主义，它是适应生产力发展的。希望中央支持我们，不要说是方向性、路线性的错误。"这封信春节前送到我手里，省里正在要求纠偏，感到压力很大。以前碰到这类问题，不是支持就是反对，没有第三条路可走。如果我不是书记也就算了，但我作为分管农业的书记，不表态也不行，很作难。

在这种情况下，1980年春节过后，我向池必卿同志请假，要求去遵义地区作调查研究，没说调查什么内容。正月初五（1980年2月20日），我邀了省委副主任庞跃增、处长陈谨之，一行三人登上一辆"伏尔加"车去遵义。遵义地区的生产条件在贵州是比较好的，但同样有起伏，去这里调查很有代表性。

当时的遵义地委书记是李明，刚从黔西南州调去不久。考虑到他们刚过年，也想了解遵义农村的真实情况，就没有请遵义地委的同志一起参加调查。我们第一站到湄潭，我把铜仁那封信的意思跟县委讲了一下。县委书记杨春时说，要按省里的意见办，农民连饭都吃不饱，要是搞包产到户，又怕犯错误，我们当县委书记、县长的也很苦恼。我说，我们这次来就是要调查研究这个事，调查以后再看到底怎么搞。

在湄潭县兴隆公社调查时，公社书记承认搞了包产到户，并说搞包产到户好，怕就怕你们来纠偏。当时在场的还有公社的其他干部，大家议论纷纷。一位供销社的主任说："你们怕什么？土地是集体的，公安法院是你们掌握的，我们不会走资本主义道路，如果走了，你们把我们拉回来嘛！"

我们从湄潭县到凤冈县，再到务川，还到了毗邻贵州的四川彭水县（现属重庆市）。彭水县委的同志谨慎地介绍说，县里个别的生产队农民自发地搞包产到户，有多少说不清。在南川，看到一男一女正在田里薅麦子，我就问他们：这地是集体的还是个人的？他们得知我们是从贵州来的，就放心地说：生产队的田有三分之一给个人作为口粮田，三分之二是集体种的交公余粮。又说，个人种三分之一的田就够吃了，只不敢让上头晓得。

离开南川以后，我们又到道真、正安，再从绥阳返回遵义，遵义县是这次调查的最后一站。在半个多月的时间里，连续跑了遵义地区7个县的10多个公社，访问了几十户搞包产到户的农民。实地看到，农村不但有搞包产到户的，而且有搞包干到户的，确实比集体种的庄稼好。经过这次调查，我感到应该尊重农民的意愿，尊重农民的选择。

回到遵义地委，正巧碰上地区召开县委书记会议，李明要我把调查的情况、自己的意见跟大家谈一谈。我说，这一次调查后思想有了变化。原来说要纠正包产到户，现在看来纠也纠不了，横竖都是顶牛，再要纠偏，今年春耕生产恐怕搞不上去了。纠还是不纠，这是一个大是大非问题，究竟怎么搞，我说了也不算数。先听你们的意见，第一征求地委的意见，第二征求县委书记的意见，然后回去向省委汇报。省委如果同意不纠，另外再部署；如果不同意，那还得按原来的要求坚决纠正。

李明召集了地委、行署的几位负责同志，我就向他们先说了一下。多数同志表示支持，他们说，第一土地是集体的，所有制也不改变；第二按劳分配，多劳多得。只要抓住这两条，也不是什么方向、路线问题。一位副专员讲，得向省委报告，不然就搞乱了。李明书记、辛墨林专员都建议我再跟县委书记讲讲，征求一下大家的意见也有好处。

这样，我就跟县委书记讲个人的看法。我说，农民要求包产到户，有的搞了一年，没有搞的也在蔓延。现在到底是坚决纠正还是引导他们搞好？我倾向于认为，强行纠正不好纠正，明纠也要暗搞。还不如公开化，包产到户、包干到户干脆公开，引导农民把它搞好。我们领导干部的想法、做法，要和农民群众想在一起干在一起，才能把农业搞上去。一段时间以来，我们的干群关系，就像猫鼠关系，我们和农民群众老是想不到一块去。特别是农业合作化以来，我们想到东，他们想到西，我们说农村形势大好，他们说小好或不好。老是这样顶牛，农业也搞不上去。现在再继续同他们顶牛，纠了以后他们还要再搞，这样大家都不踏实，还是搞不好的。多数县委书记听了以后，赞成积极引导农民搞好包产到户、包干到户，愿意搞集体的也可以。

最后我说，今天跟地委讲的、跟县委书记讲的，只是通报我来调查研究的一些情况和个人意见。省委知道我来调查，但不知道调查哪样东西。省委同意还是不同意搞包产到户、包干到户，我马上回去向省委报告，省委研究决定以后再作传达。

这次调查历时 21 天。回到贵阳以后，我想这个问题太大，就直接去找池必卿同志。大约是 1980 年 3 月 12 日（农历正月二十六日），我到了池必卿同志家，跟他讲了一个多小时，把下去调查的活生生的情况，正面反面的都作了汇报。池必卿同志听了以后，表示同意。又说，你讲的这个事大了，光你说了不行，今天晚上开书记会。

池必卿同志对搞不搞包产到户，尤其对在贵州这样的地方坚持农业合作化以来的那种做法，也有想法。早在 1979 年底，他指示省委办公厅整理一份全省农业合作化、人民公社化的资料，印发省委常委参阅。我给他汇报时，他说乔学珩同志提出过，可以允许农民在集体地里套种红苕归个人。听了我的汇报后，当即决定晚上 8 点开书记会研究。

当晚的书记会，只要书记、副书记参加。池必卿同志是第一书记，苏钢同志是书记兼省长，我是书记兼副省长。参加会议的同志还有：苗春亭、徐健生、陈行庚、吴实、李庭桂。其他常委都没有参加，哪个参加哪个不参加，都是池必卿同志亲自定的。这个书记会开了两个多小时，是在池必卿同志家楼上的会议室里开的。

这个会议比较神秘，不让秘书到会作记录。池必卿同志主持，由我汇报，讲了以后就讨论。吴实说，我当红军出生入死，是要为人民服务，给老百姓做事的。从土改到农业合作化，想要解决老百姓的吃饭问题，让老百姓富起来。但是搞来搞去，到现在也富不起来，连吃饭都解决不了。我们想得是很好的，但就是干不上去，方法上有问题。说是要相信群众，依靠群众，实际上干起来就不依靠，也不相信。我看包产到户就包产到户，现在去纠正也不好纠，纠了以后他们还要搞。徐健生说，搞来搞去饭都吃不了，我们这些人是"抵门杠"：上头不叫搞，我们跟着不叫搞，老百姓要搞，我们在中间成了"抵门杠"。我现在不再当"抵门杠"了，要和农民群众一起干，我们的干部也不要当"抵门杠"了。和群众想在一起干在一起，这样才能搞上去，我们想的和他们想的不一样，还要他们干，怎么干得上去？

池必卿同志说，我支持。我知道在党内这是一个很大的问题，但在贵州这样的地方，我同意搞包产到户，具体就看怎么去搞。这个时候有位同志说，我建议请示一下，中央同意以后再搞。池必卿同志说，要请示哪个批准，哪个同意你搞？要干就不要汇报，如果要汇报，我看也没有人批准你搞。我们省委干，我们省委承担责任。搞错了，我负责。最后书记们同意池必卿同志的看法，都说不要汇报了，我们自己搞，责任自负，敢作敢当。池必卿同志说，光我们书记定了还不行，开常委会，朝文同志把他调查的情况和他的意见跟大家一起讲。

隔了一天，常委会在池必卿同志家楼下的会议室召开。池必卿同志主持，先由我讲，然后讨论。在会上，书记们都支持，同意搞。常委里有的同志说，搞了包产到户，集体财产恐怕会被破坏，树子会被砍伐，带来负面效应。池必卿同志坚持要搞，说我们加强领导，把工作做好，把损失和负面效应减少到最低就行了。

这时我提了一个建议说，下面正在贯彻省里强调"三不许"的那两个文件，正在强纠硬扭包产到户，今年春耕要受影响。应该开个全省电话会议，解决当前的问题。常委会同意了我的建议。池必卿同志说，立即停止纠偏，不要影响今年的春耕生产。

1980 年 3 月 17 日，省委召开全省电话会议，各地州市的书记和专员、州市长以及农委主任参加。池必卿同志主持，由我主讲。主题就是：承认现状，停止纠偏。会上没讲省里那两个强调"三不许"的文件作废，但实际上停止执行，不再纠正包产到户。

那天的常委会决定，第一开电话会，第二下去调查。池必卿同志说，常委、书记，除了个别实在下不去的以外，包括我在内，都要下去1个月，调查现在农村的情况，再作进一步的研究。按照当时的安排，池必卿同志到黔东南，我到黔南，每个地区都有书记或常委去搞调查。调查时间从1980年4月上旬到5月上旬。

调查回来以后，5月中旬，池必卿同志主持召开了连续9个半天的常委会，半天工作，半天汇报。下去调查的同志分别汇报调查的情况，畅所欲言，正面反面的都可以讲，同意不同意的都可以讲。人人都讲，时间不限，那9个半天的常委会就是这么来的。这次会议决定放宽农业政策，由省委办公厅组织一个起草小组，起草一个正式文件。会后先发一个通知，即《关于立即制止纠正包产到户、分田分土单干的错误做法的通知》，正式停止执行强调"三不许"的那两个文件。

1980年6月中旬，省委召开地州市委书记座谈会，传达那9个半天省委常委会议的精神，讨论省委关于放宽农业政策的决定。最后形成的正式文件，标题定为"关于放宽农业政策的指示"。7月15日，池必卿同志审定签发了《中共贵州省委关于放宽农业政策的指示》，即1980年省委38号文件。文件里讲，生产落后的生产队可以实行包产到户，实行包产到户也困难的允许实行包干到户。当时全国还没有一个类似的省委文件，只有贵州，以省委文件的形式有领导、有组织地推行包产到户、包干到户。

1980年9月，中央召开各省、市、自治区党委第一书记座谈会，重点讨论农业生产责任制问题。池必卿同志为贵州允许实行包干到户据理力争，说了那句后来很有名的话：你走你的阳关道，我走我的独木桥。1980年12月，省委在写给中央的《关于建立农业生产责任制情况的报告》中，报告了贵州放宽农业政策的情况，并将包干到户定性为"社会主义的一种生产责任制形式"。当时胡耀邦同志在报告上批示："应当同意他们的看法和做法。"到了1981年底，中央召开全国农村工作会议的时候，贵州全省实行包干到户的生产队达到了98%。中央农村工作会议形成的《全国农村工作会议纪要》，成了1982年中央1号文件，其中正式明确包干到户是"社会主义农业经济的组成部分"。

现在回头来看，在贵州放宽农业政策，推行包产到户、包干到户这件事情上，池必卿同志所起的作用既可以说是重要作用，也可以说是决定作用，反正作用很大。依我看，他在贵州搞得真正有点振动的，也是包产到户、包干到户。当然还有好几件事也做得很不错，比如落实贵州干部政策，解决贵州"四清"遗留问题。

那个时候思想比较活跃，群众敢搞，我们也敢思考。这还是要归功于党的十一届三中全会的思想路线，没有三中全会也就没有思想活跃，我们也不敢去调查研究包产到户问题。池必卿同志的支持是很重要的。问题的提出，是由铜仁地委那两位同志的信引起的，然后我去遵义调查，回来向池必卿同志汇报。这样才有：第一召开书记会，第二召开常委会，第三停止纠偏的电话会，第四1个月的下去调查，第五9个半天的常委会，最后第六放宽农业政策的指示。这项工作是一步一步来的，从召开书记会开始，都是池必卿同志亲自领导的。

池必卿同志的功绩也在这里。因为是我个人向他汇报，也表示支持才开书记会，他不支持那就完了。我是刚刚提起来的书记兼副省长，他是第一书记都不同意，我能咋办？再消极也得继续纠正包产到户。第一书记他要支持你就干得成，不支持你就干不成，甚至犯错误受处分，或者说你搞资本主义。池必卿同志敢搞包产到户、包干到户，敢作敢当，明确表示搞错了我负责，这样才有后来的那些工作。这个过程搞清楚了，你就可以看出池必卿同志的思想路线和工作作风，看出他对贵州工作的作用和贡献。

回忆池必卿和贵州包干到户艰辛历程

李 菁

以党的十一届三中全会为起点，以推行家庭承包经营责任制为标志，拉开了我国社会主义经济体制改革的序幕。我国的全面改革首先是从经济体制改革开始的，而经济体制改革首先是在农村突破的，在农村的突破又首先是从内陆的贫困山区引发的。

贵州是喀斯特地貌非常突出、岩溶面积占全省国土总面积72%的内陆山区。这里耕地面积稀缺，而且破碎、瘠薄、水土流失严重，农业基础十分脆弱，经不起自然灾害特别是旱灾的袭击（因为山谷纵横，立体结构地形决定了虽年降雨充沛而不能有效蓄水），农村贫困面大、贫困程度深，是全国集中连片贫困县数量最多的省份。这里的农民迫切要求放宽农业政策，改变"大锅饭"、"大呼隆"、"一拉平"的"三级所有、队为基础"的人民公社体制。以池必卿同志为第一书记的贵州省委，在党的十一届三中全会精神指引下，顺应广大农民的意愿，勇敢地掀起了农村经济体制改革的巨浪。其主要标志是，在吃透上情、熟知下情的基础上，据理说服一班人，于1980年夏，在全国各省中，率先在全省范围内调整农业生产关系，闪电般地推行以包干到户为主要形式的家庭承包经营责任制。我当时担任贵州省委主管文字工作的副秘书长，对这个过程基本了解，有一定的发言权。下面就我的记忆和翻阅的有关资料，记述贵州农村激动人心的"包干到户"的诞生。

切记历史的经验教训

池必卿同志从内蒙调贵州工作，一直关注农民、农业、农村问题。他首次

480

到黔南、黔西南自治州调查，看到贵州农业基础脆弱，生产水平低下，农民生活贫困，嘴里老叨咕：解放几十年了，贵州农民为什么还是这样穷？1979年冬，他指示省委办公厅整理一份全省农业合作化、人民公社化的资料。我们查阅了大量档案，整理成文，池必卿同志指示印发省委常委参阅。

贵州是1949年11月解放、1952年完成土地改革的新区。资料表明，当时我们忽视了贵州农业生产力水平低下的实际，照搬照套老解放区的做法，一再拔高农村生产关系。就在土地改革刚刚结束的1952年底，全省组织了22.29万个互助组，入组农户达142.6万户，占全省总农户的54.4%。事后，省委开始意识到这是不妥的，指出：大约有40%的互助组是强迫命令组成的，要求按照自愿、互利原则，切实做好巩固工作。但在1954年，省委就又紧跟全国的步伐，提出试办农业生产合作社。到1956年初，全省入初级社的农户达41%，入高级社的农户达52%。同年8月，省委又提出"初级社升高级社"，并要求到1957年春，全省实现"高级农业合作化"。大约半数高级合作社还没有经过一次年终分配或刚从初级社合并成高级社，就于1958年卷入了人民公社化。接着，就是小社变大社，一般是一乡一社，个别是一区一社。尽人皆知的"天灾人祸"，导致产生了"三年困难"。10年"文革"过渡到"大队核算"，农民称它为"穷过渡"；到处"割资本主义尾巴"、"打暴发户"；随意改变农贸集市的场期，驱赶"劳力归田"。这些错误做法，严重脱离群众，造成不良后果，教训是深刻的。

经过1979年和1980年的深入调查和民主讨论，池必卿同志从生产关系必须适应生产力发展的高度，在1980年7月15日亲自签发的《中共贵州省委关于放宽农业政策的指示》中，深刻地指出："长期以来，我们往往忽视生产关系必须适应生产力发展的规律，误认为农业生产关系的改革只能进不能退，公有化的程度只能高不能低，生产队的规模只能大不能小；集体化就是劳动集中化；分不清私有制条件下产生的'两级分化'和公有制条件下富裕程度不同的界限。过去，我们一直把包产到组、包产到劳动力、包产到户当作'所有制倒退'，当作'方向道路错误'，甚至当作'资本主义复辟'，开展所谓'两条道路斗争'，反复进行批判、纠正。粉碎'四人帮'后，又继续'纠偏'。一年多来，省委纠过包产到组，作过不许以小组为基本核算单位、不许包产到户的规定；纠不过来，才承认现状，停止'纠偏'。"也就是这个时候，有的同志说，我们是前进还是后退？池必卿同志说：是前进，也是败退，而且是节节败退。

顶云公社的"号角"

粉碎"四人帮"后，贵州农村进行了大量拨乱反正的工作，逐步调整了党在农村的方针、政策，特别是对农业劳动管理形式和经营管理体制作了有益的探索。曾发端于20世纪50年代农业合作化时期的许多农业生产责任制形式"春风吹又生"，相继在一些地方"复活"，并秘密地发展，产生了积极的影响。

具有代表性的是关岭县顶云公社。自1978年3月起，顶云公社28个生产队中的16个队实行了"定产到组、超产奖励"的劳动管理形式。具体做法是：把生产队划分成若干常年作业组，实行"五定一奖惩"，即定劳力、定生产资料、定当年生产投资、定各种作物的产量、定工分报酬，超产奖励、蚀产惩扣。尽管当年夏收作物遭受冰雹袭击，秋收作物遇到旱涝灾害，但16个生产队仍然队队增产，平均粮食产量比上年增长3成，打破了连续10年徘徊的局面，创造了历史最好水平。

同年11月11日，《贵州日报》以大标题《定产到组姓"社"不姓"资"》加"编者按"，头版头条报道了顶云公社部分干部的座谈会纪要，迅即引起强烈反响，导致一场震动全省的大讨论。赞成者认为，顶云公社的做法很好，符合实际，行之有效，能够调动社员的生产积极性，促进增产增收，《贵州日报》这篇报道，"说出了我们想说而不敢说的话"。特别有趣的是，广大农民争相传阅这张报纸，把这张报纸称之为"11号红头文件"珍藏起来，作为姓"社"不姓"资"的依据。反对者认为，"定产到组的做法是倒退行为，不符合社会主义方向"，"会出现贫富分化，回到旧社会的道路上去"。

这篇报道的编者对"定产到组"的肯定，究竟是对还是不对？仅《贵州日报》社编辑部截止1979年1月8日的统计，共收到农村基层干部和社员群众对这一报道的来信来稿121件，其中118件赞成顶云公社的做法。这场大讨论，吹响了全省农村解放思想和兴起改革的号角，为包干到户责任制的诞生奠定了思想基础。

正当大讨论如火如荼进行之际，党中央召开了党的十一届三中全会，确定把党的工作重点从过去抓阶级斗争转向搞经济建设，并制定了《关于加快农业发展若干问题的决定（草案）》和《农村人民公社工作条例（试行草案）》两个农业文件。广大干部群众受到极大鼓舞，思想更加活跃，纷纷仿效顶云公社的做法，因地制宜地实行多种形式的农业生产责任制。1979年4月，省委决定成立农业领导小组，协助省委抓好农业工作。9月，省委在《关于执行中央两个农业文件的情况和今冬明春农村工作安排的意见》中，肯定了联系产量的责任制，认为"这种责任制比较适合当前农业生产水平和干部管理水平"。文件指出，在经营管理形式上，只要"有利于巩固集体经济，全面发展农业生产，行之有效，得到本队干部群众拥护就行，不能强求一律"；并允许"深山偏僻地区的孤门独户，经县委批准，可以包产到户"。这实际上为"包产到户"乃至"包干到户"网开了一面。

当时的责任制形式大致可分为两类：一类是不联系产量的包括定额管理、小段包工、季节包工、常年包工等形式；另一类则是联系产量的包括定产到组、以产计工，定产到地、责任到人，包产到劳和包产到户等形式。定产到组是多种农业生产责任制的主要形式，覆盖了全省半数以上的生产队，它在一定程度上解决了干活"大呼隆"的问题，克服了组与组之间分配上的平均主义。但是，定产到组还有很大的局限性，作业组内还存在"小呼隆"、"二锅饭"，个人责任不明确，劳动者的物质利益不能直接体现出来，农民生产积极性仍然得不到充分发挥。农民群众在实践中很快感受到了定产到组的局限性，要求实现更为彻底的生产责任制形式。于是从1979年秋收开始，包产到劳、包产到户等责任制形式在一些地方扩散开来，有的地方进而采用"包坨坨"（实为包干到户）的形式。

立即停止"纠偏"

作为一种责任制形式，包产到户在贵州历史上从未间断过，总是屡禁不止。

大的浪潮曾出现过两次：第一次是1960年，全省农民自发实行包产到户的生产队占生产队总数的25％。到1962年春，发展到占生产队总数的40％，有的地区达60％至70％。当时省委把它定性为"单干半单干"。但是，这次包产到户使农村经济很快得以复苏，渡过了50年代末60年代初的"三年困难"时期。第二次是70年代末，广大农民不顾省委1977年"坚决纠正单干半单干"、1978年"坚决打击所有制倒退"、1979年"限期纠正包产到户"等三令五申的指令，包产到户扩散的势头依然很猛。一些地方的农民用"硬顶软抗"两手对付省委、省政府。

1979年4月，省委《关于贯彻执行中共中央批转国家农委党组〈关于农村工作问题座谈会议纪要〉的通知》中，对中央已明确规定的"深山、偏僻地区的孤门独户，实行包产到户，也应当允许"，指示贵州各地"目前暂缓执行"。可见，当时省委一班人对包产到户仍然是一种谈"包"色变的心态。

5月和7月，省委召开了两次会议。根据大家的意见，省委采取了调整农业内部种植结构和拨出资金培训基层干部这两种办法，企图以此稳住集体经济原来的经营模式。事后，池必卿同志说，由于农民早就对"大锅饭"、"大呼隆"、"一拉平"的模式丧失了信心，"这些办法收效甚微"。当时，他的反思还没有被省委一班人所接受。9月，省委在《关于执行中央两个农业文件的情况和今冬明春农村工作安排的意见》中仍然规定："对少数滑向以组核算、分田单干和不应包产到户而搞了包产到户的"，要"引导他们恢复生产队统一核算"。但是，秋收后，各地经营模式仍然由定产到组继续向包产到户、包干到户发展。12月，省委在《关于搞好国民经济调整工作的决定（草案）》中，进一步提出"三不许"，强调要坚持人民公社"三级所有、队为基础"的体制，"不许以作业组为基本核算单位，不许分田分土单干，不许超出中央规定的界限搞包产到户"。尽管省里三令五申不准搞"包产到户"，但群众坚持要搞，形成了"顶牛"、"拔河"的局面。省、地、州、市、县各级派出大批工作组"纠偏"，结果是"纠而不正"、"堵而不死"，甚至更加蔓延。

1980年春耕大忙之前，贵州农村包产到户、包干到户形成了不可阻挡之势。有些地方试图压制这一趋势，但农民却针锋相对闹"罢耕"。各地纷纷向省里"告急"，使省委越来越被动（所谓闹"罢耕"，就是1979年秋后，许多地方大片大片的稻田变成"板田"、"泡冬田"，农民拒种小麦、油菜等越冬作物）。

在这种严重对峙的情势下，池必卿同志顺应农民的意愿，说服省委一班人，果断地指出："不能再同农民对立下去"，"不能敬酒不吃吃罚酒"。根据池必卿同志的建议，省委于3月17日召开全省电话会议，明智地宣布：立即停止"纠偏"。为了保证春耕生产的顺利进行，"群众已经采取的办法，不管什么形式，目前一律不动"，"油菜的管理，可以实行包产责任制"。这次电话会议，标志着省委的态度进一步松动，放宽农业政策的工作真正起步了。

为期 32 天的调研

深入调查研究是坚持群众路线、坚持实事求是的基本方法。池必卿同志非常重视调查研究，特别提倡领导人亲自深入基层、深入群众，掌握第一手资料。

1980年4月和5月上旬，在池必卿同志的带动下，省委常委分别下到地、县进行了一个多月的农村政策大调查。

我随池必卿同志一路。参加这一路的同志，都是省委办公厅的工作人员和省直农口部门的中层干部，共 10 人。包括池必卿同志在内的全体同志共乘一辆中型面包车。我们的行程，事前不通知地、州、市、县，免除他们迎来送往和一切事前安排，有时在路旁小饭店吃饭，有时在乡村住宿。到了调查点，不分白天晚上，一般分为两三个小组下去开座谈会，广泛听取农民的呼声。我们的碰头会，常常利用乘车行路的时间在车上进行，池必卿同志称这样的会议为"过电影"。在调查组的会议上，池必卿同志静听各种观点及其阐发观点的依据，并作笔记，有时简洁地插话，或明事实，或点分歧，引导大家求是争辩。在调查中，池必卿同志从不长篇大论，占用他人发言时间，也不随意下结论，中止求是争辩。

调查组经过为期 32 天的调查，亲眼看到实行"包产到户"的生产队和经过"纠偏"的地方，农业生产形势大不一样。经过这一轮调查，加深了我们对包产到户生产责任制生命力的认识，得出了以下两条基本结论：一是包产到户是广大农民的自主选择。对于广大群众来说，停止"纠偏"则皆大欢喜，硬要"纠偏"则叫苦连天；对于党委、政府来说，停止"纠偏"则工作主动，硬要"纠偏"则处处被动。二是包产到户不改变土地公有制性质，只是生产劳动、经营管理、收入分配形式的变动，不能说是"单干"、"倒退"。

正在这时，中央和国务院领导同志在全国长远规划会议上指出，"贵州可以搞包产到户"。一些长期在贵州工作的省委领导同志，总结 20 多年来的经验教训，也积极主张省委下决心放宽农业政策，允许"包产到户"。

5 月中旬，由池必卿同志主持，连续召开了长达 9 个半天的省委常委会。围绕一个问题，连续开 9 个半天的省委常委会，在贵州历史上还是第一次。与往常不同的还有，吸收参加调查的工作人员列席会议。因为有分头下去调查的基础，大家的共同语言多了，回顾了贵州农业发展的历史，检查总结了粉碎"四人帮"以后的农村政策上的失误和教训，决定在全省范围内有步骤地放宽农业政策，调整农村生产关系。会后印发了《关于立即制止纠正包产到户、分田分土单干的错误做法的通知》。为了统一地、州、市委一班人的认识，6 月，省委召开了地、州、市委书记会议（池必卿同志多次说，我没有本事开大会，开小会比较好）。这次地、州、市委书记会议，决定尊重农民的自主选择，允许因队制宜地采用生产队统一组织生产、定产到组、包产到劳、包产到户等灵活多样的经营管理形式。与此同时，省委决定由省委办公厅组织一个起草组，起草一个正式文件。7 月 15 日，我把几经修改的送审稿送到池必卿同志手里，经他亲自逐段逐字敲定，签发了《中共贵州省委关于放宽农业政策的指示》，即著名的省委〔1980〕38号文件。文件指出："居住分散、生产落后、生活贫困的生产队，可以实行包产到户"；"对于少数经营管理水平极低，集体经济长期搞不好，实行包产到户也有困难的生产队，允许实行包干到户"。"包干到户"一词，第一次在贵州省委的正式文件上出现。这是调整农村生产关系的一个重大突破，是池必卿同志深思熟虑后勇敢的一跳。

由"副册"进入"正册"

1980年9月，中央召开各省、市、自治区党委第一书记座谈会。提供会议讨论的《关于进一步加强和完善农业生产责任制的几个问题》的稿子，只说"允许包产到户"，没有"允许包干到户"的字样。会议开始前夕，负责文件起草的中央农村政策研究室主任杜润生同志来京西宾馆看望池必卿同志，我在场。杜润生同志征求池必卿同志对讨论稿的意见。池必卿同志说，贵州搞包干到户的生产队已经达30%左右，讨论稿上没有态度，我们回去是否要纠正？杜润生同志反映了贵州省委的意见，但是，会上有一个省的领导同志对允许包产到户提出异议，说他们那里不仅不搞包产到户，而且要升级，搞"以大队为核算单位"。会议经过充分讨论，中央吸取了池必卿同志的意见，在正式发出的中共中央《印发<关于进一步加强和完善农业生产责任制的几个问题>的通知》中明确指出：在边远山区和贫困落后地区"可以包产到户，也可以'包干到户'，并在一个较长的时间内保持稳定"。至此，包干到户作为一种制度被正式确立了。

同年12月，贵州省委向党中央作的《关于建立农业生产责任制情况的报告》中，将包干到户由"副册"转入"正册"，并定性为"社会主义的一种生产责任制形式"。当时的中央总书记胡耀邦同志在这个报告上批示："应该同意他们的看法和做法。"省委认识的提高，推动了包干到户责任制的发展，不仅贫困落后地区的社队实行了包干到户，相对富裕地区的社队也纷纷起而效仿，而且大都取得了明显的效果。到1981年4月底，贵州农村实行包干到户的生产队增加到占总队数的86.8%。

针对部分干部和农民认为包干到户是"权宜之计"而担心政策会变的思想顾虑，省委于1981年5月14日在向党中央作的《关于稳定和完善农业生产责任制的情况报告》中明确提出："在贵州，'包干到户'不仅是当前解决农民温饱问题的有效措施，也是实现社会主义农业现代化的新起点。既不要把'包干到户'说成是权宜之计，也不能认为'包干到户'万岁。"

这段时间里省委下达的各项指标，消除了干部群众对包干到户的疑虑。1981年，贵州遇到了解放以来最大的一次旱灾，但包干到户责任制经受住了严峻的考验。实行包干到户的地方，大大减轻了灾害造成的损失。农民群众经过对比得到启示，原来实行其他形式责任制的生产队，纷纷改为实行包干到户。到年底，全省实行包干到户的生产队进一步发展到占总队数的98.2%。

"包干到户"是"阳关大道"

包干到户的发展历程，总是伴随着一波未平一波又起的争论。正当包干到户在全省乃至全国发展方兴未艾之际，发生了一场关于推行包产到户是"阳关道"还是"独木桥"的争论。这是继围绕定产到组姓"社"与姓"资"和包干到户"可以"与"不可以"争论之后的第三次大争论，其影响超过了前两次，震动了全国。

1980年9月，在各省、市、自治区党委第一书记座谈会上，池必卿同志为贵州允许实行包干到户据理力争："你走你的阳关道，我走我的独木桥。"吴象同志得知会议上这一争论后，于同年11月，将自己已经写成的一篇论文改名为《阳关道与独木桥》，发表在《人民日报》上，引起了全国上下的普遍的关注。文章评述了包产到户的由来、利弊、性质和前景，指出"包产到户并不是什么独木桥，它同各种形式责任制一样，是集体经济的阳关大道"。

包产到户不是独木桥，那么，包干到户是不是独木桥呢？各级领导、干部群众、新闻单位进而又展开了激烈的辩论。1982年春，新华社记者与《人民日报》社记者在贵州进行了长达两个多月的调查，提出包干到户也不是什么"独木桥"，而是花了很大代价、费了很多周折、用了很长时间才摸索出的一条社会主义的"阳关道"，即有中国特色的社会主义农业的新路子。这个结论，不是哪一个人做出来的，而是党的领导与群众的实践相结合的创造。

1982年1月，党中央发出的（1982年）1号文件，正式明确包干到户"是社会主义集体经济的生产责任制"、"是社会主义农业经济的组成部分"。这为包干到户在全国的推广打开了"绿灯"。于是，包干到户迅速"跨越长江，渡过黄河"，在全国蓬勃发展起来，并逐步走向完善。

家庭承包经营责任制的主要形式是包产到户和包干到户。包产到户是怎么回事，当时几乎是尽人皆知的。但是，包干到户对于许多地方来说还是耳生的。一些地方推行的是"大包干"，也有一些地方说的是"双包"。其实，这都不甚准确，还是分别讲包产到户和包干到户较好。

　　包产到户和包干到户各自的含义是什么，区别在哪里？长期未取得一致的认识，全国上下都是用"联产承包责任制"概括的。后来，还是党中央、国务院把"联产"二字从中央文件中去掉了。笔者一直认为，包产到户和包干到户之间的区别在于：前者联产，后者不联产；前者是农户对所种植的作物产量的承包，后者是农户对土地经营权的承包；前者是60年代初、70年代末就曾出现的由暗转明的制度扩散，后者是80年代初产生的新制度创新。

　　实践证明，包干到户对农民有着更大的吸引力，"完成国家的，交够集体的，剩下都是自己的"，"直来直去不拐弯"，较之包产到户的"三统三包"（生产队统一计划、统一核算、统一分配；农户包工、包产、包费用；双方签订合同，超产者奖，欠产者罚）而言，包干到户对劳动者的责任更明确，利益更直接，方法更简便，深受广大农民和基层干部的欢迎。当时遵义地区的两副具有代表性的对联，就是对农民选择包干到户责任制的真实写照。一副对联是："包干到户，迎来春花万朵；政策放宽，呈现瑞气千祥。"另一副对联是："戊戌变法，维新百日；庚申改革，流芳千古。"大量事实说明，从包产到户发展到包干到户，具有历史性意义，是一次大飞跃。

　　　　　　　　　　　　　　　　　（作者时任中共贵州省委副秘书长）

后 记

　　1978 年末，中共十一届三中全会确立了解放思想、实事求是的思想路线，开辟了中国历史发展的新阶段。几乎与此同时，中国农村的基层干部和农民群众开始试行包产到组、包产到户、包干到户的农业生产责任制。中国共产党坚决支持群众的首创精神，迅速领导这场改革在全国展开，极大地调动了农民的积极性，促进了农业的发展，推动了从农村到城市、从经济到政治、从内政到外交的改革开放历史进程。在纪念改革开放 30 周年之际，回顾这一段历史，具有重要的现实意义。

　　《见证共和国农村改革》是全国政协文史和学习委员会为纪念改革开放 30 周年而提出的专题征编协作项目之一，她和全国政协文史和学习委员会于 1998 年组织协作征编出版的《农村改革风云实录》是姊妹篇。《实录》收录的"三亲"史料，反映了从 1950 年代中期的包产到户责任制、1960 年代初的责任田到 1970 年代末兴起的家庭联产承包责任制的农村改革历程。《见证》收录的"三亲"史料，不但进一步丰富了农村家庭联产承包责任制的产生和推行情况，还反映了 1990 年代上半叶开展的农村税费改革情况。

　　参与《见证共和国农村改革》协作征编的单位有安徽、四川、山西、内蒙古、江苏、江西、山东、河南、湖北、贵州和成都等省、自治区及计划单列市政协文史资料委员会。全国政协文史和学习委员会委托安徽省政协文史资料委员会牵头，负责具体的组稿和选编工作。

　　限于编者水平，难免会有史实失考、文字失校等错舛之处，敬请读者指正。

《见证共和国农村改革》编委会

2008 年 12 月 15 日

图书在版编目（CIP）数据

见证共和国农村改革/全国政协文史和学习委员会编.
北京：中国文史出版社，2009.10
ISBN 978 - 7 -5034 -2492 -2

Ⅰ. 见… Ⅱ. 全… Ⅲ. 农村经济 - 经济体制改革 - 中国
Ⅳ. F320.2

中国版本图书馆 CIP 数据核字（2009）第 162574 号

责任编辑：韩怡宁

出版发行：**中国文史出版社**
网　　址：www.wenshipress.com
社　　址：北京市西城区太平桥大街23号　邮编：100811
电　　话：010 -66173572　66168268　66192736（发行部）
传　　真：010 -66192703
录　　排：伟名驰图文设计公司
印　　装：北京铭成印刷有限公司
经　　销：全国新华书店
开　　本：787×1092　1/16
印　　张：31　字数：539 千字
印　　数：2000 册
版　　次：2009 年 10 月北京第 1 版
印　　次：2009 年 10 月第 1 次印刷
定　　价：58.00 元